Rainer Gievers

# Das Praxisbuch
# Google-Anwendungen

# Vorwort

Viele verbinden mit Google nur die bekannte Suchmaschine. Tatsächlich betreibt das amerikanische Unternehmen eine Vielzahl an Diensten, die man erst einmal für sich entdecken muss.

Dieses Buch besteht aus drei Teilen:

- Im ersten Teil stellen wir das Google-Konzept und die verschiedenen Google-Dienste vor, die Sie im Webbrowser auf Ihrem PC nutzen können. Beispielsweise erstellen und verwalten Sie über Google Docs, Google Tabellen und Google Präsentationen Ihre Office-Dateien und haben mit dem Google Kalender immer Ihre Termine im Blick. Optimal einsetzen lassen sich die Google-Angebote mit dem Chrome-Browser, dem das Buch deshalb ein eigenes Kapitel widmet.

- Der zweite Teil widmet sich den auf Android-Handys und Tablets mitgelieferten Google-Anwendungen, die es Ihnen erlauben, auch unterwegs auf Ihre Daten zuzugreifen. Dabei berücksichtigen wir die aktuellste Betriebssystemversion Android Lollipop. Eine kleine Einschränkung mussten wir hier leider vornehmen, denn auf Kapitel zu Kontakt- und Terminverwaltung mussten wir verzichten – hier bringt leider jeder Hersteller seine eigene Anwendung an den Start. Eine ausführliche Darstellung würde Ihnen daher nichts bringen.

- Als Bonus lernen Sie im letzten Kapitel den Chromecast-Stick kennen. Dieser wird für nur 35 Euro angeboten und spiegelt die Bildschirmanzeige von PC oder Android-Gerät auf Ihrem TV. Der Chromecast-Stick ersetzt daher in vielen Fällen eine separate Multimedia-Settop-Box.

Sollten Sie nach der Lektüre dieses Buchs trotzdem noch einige Fragen haben, können Sie sie im Diskussionsforum des Gicom Verlags (*www.das-praxisbuch.de*) loswerden. Falls Sie im Buch irgendwo einen Fehler entdecken, schicken Sie bitte eine E-Mail an *info@das-praxisbuch.de*.

Rainer Gievers, im April 2015 - Version 1.0: Startversion vom 20.04.2015

## Hinweis

Die Informationen in diesem Buch wurden mit größter Sorgfalt erarbeitet und zusammengestellt. Dennoch können Fehler nicht vollständig ausgeschlossen werden. Verlag und Autor übernehmen daher keine juristische Verantwortung oder irgendeine Haftung für eventuell verbliebene Fehler oder deren Folgen.

Microsoft, Outlook, Windows, Windows NT, Windows XP, Windows 2000 und das Windows Logo sind entweder eingetragene Warenzeichen oder Warenzeichen der Microsoft Corporation, in den USA und/oder anderen Ländern. Alle anderen in diesem Buch erwähnten Warennamen und Bezeichnungen werden ohne Gewährleistung der freien Verwendbarkeit benutzt und sind möglicherweise eingetragene Warenzeichen.

Alle Rechte vorbehalten. Das Werk einschließlich aller Teile ist urheberrechtlich geschützt. Kein Teil darf ohne schriftliche Genehmigung durch den Autor Rainer Gievers, Borgentreich, reproduziert oder unter Verwendung elektronischer Systeme verarbeitet, vervielfältigt oder verbreitet werden.

»The Android robot logo is being reproduced from work created and shared by Google (*code.google.com/policies.html*) and used according to terms described in the Creative Commons 3.0 Attribution License (*creativecommons.org/licenses/by/3.0*).«

Copyright © 2015 Rainer Gievers, D-34434 Borgentreich

Gedrucktes Werk: ISBN 978-3-945680-10-0
Ebook: ISBN 978-3-945680-11-7

Buchdruck: Gicom Druckservice (*www.gicom.com*)

## Aufbau der Kapitel

- Damit Sie erkennen, welche Bildschirmkopie zu welchem Erläuterungstext gehört, sind die Texte mit Zahlen (❶,❷,❸) durchnummeriert.
- Webadressen, Menübezeichnungen und verwiesene Kapitel sind *kursiv* gesetzt.
- Auch Verzeichnis- und Dateinamen, sowie Webadressen sind in Kursivschrift gesetzt.

In den Rahmen sind weiterführende Infos zum jeweiligen Thema untergebracht.

# 1. Inhaltsverzeichnis

## 2. Einführung ....................................................................................................12
    2.1 Das Google-Konzept.............................................................................12
    2.2 Vor- und Nachteile...............................................................................13
    2.3 Anwendungen in der Übersicht...........................................................14
    2.4 Google-Anwendungen aufrufen..........................................................15
    2.5 Tastenfunktionen..................................................................................16

## 3. Google-Suche................................................................................................17
    3.1 Standardsuche beim Mozilla Firefox auf Google umstellen................18
    3.2 Standardsuche beim Internet Explorer auf Google umstellen..............19
    3.3 Google-Suche in der Praxis..................................................................20
    3.4 Einstellungen........................................................................................24

## 4. Das Google-Konto........................................................................................26
    4.1 Neues Google Konto anlegen...............................................................26
    4.2 Mit einem Google-Konto anmelden.....................................................30
    4.3 Die Abmeldung....................................................................................31
    4.4 Authentifizierung.................................................................................31

## 5. Chrome-Browser..........................................................................................33
    5.1 Ersteinrichtung.....................................................................................34
        5.1.1 Download und Installation..........................................................34
        5.1.2 Lesezeichen importieren.............................................................36
    5.2 Grundfunktionen..................................................................................37
    5.3 Tabs......................................................................................................39
    5.4 Favoriten..............................................................................................40
        5.4.1 Lesezeichenleiste........................................................................42
    5.5 Dateien herunterladen..........................................................................43
    5.6 Einstellungen........................................................................................45
    5.7 Benutzerverwaltung.............................................................................49
        5.7.1 Konto wechseln...........................................................................52
        5.7.2 Abmelden und Anmelden ..........................................................53
        5.7.3 Gastmodus...................................................................................53

## 6. Gmail.............................................................................................................55
    6.1 Gmail in der Praxis...............................................................................57
        6.1.1 E-Mails abrufen..........................................................................57
        6.1.2 Absender ins Telefonbuch aufnehmen.......................................58
        6.1.3 Dateianlagen...............................................................................59
        6.1.4 Labels und Kategorien...............................................................60
        6.1.5 E-Mails beantworten..................................................................62
        6.1.6 E-Mail neu schreiben.................................................................64
        6.1.7 Weitere Funktionen bei der E-Mail-Erstellung..........................65
            6.1.7.a Vollbildansicht...............................................................66
            6.1.7.b Cc/Bcc............................................................................66
            6.1.7.c Dateianlage.....................................................................67
        6.1.8 Entwürfe.....................................................................................68
        6.1.9 E-Mails löschen..........................................................................70
    6.2 Weitere Funktionen..............................................................................71
        6.2.1 Nachrichten durchsuchen...........................................................71
        6.2.2 Archivieren.................................................................................74
            6.2.2.a Unterdrücken..................................................................76
        6.2.3 Labels..........................................................................................77

6.2.3.a Label zuweisen..................................................................78
6.2.3.b Wichtig-Label und der sortierte Eingang.........................79
6.2.4 Markierungen...................................................................................81
6.2.5 Spam.................................................................................................83
6.2.6 Stapelvorgänge.................................................................................85
6.2.7 Posteingang-Anzeige........................................................................85
6.3 Einstellungen..............................................................................................86
6.4 Der Umgang mit anderen E-Mail-Konten...................................................87
6.5 Gmail offline nutzen...................................................................................92

## 7. Programmverwaltung.........................................................................95
7.1 Anwendungen starten..................................................................................95
7.2 Anwendungen installieren...........................................................................97
7.3 Chrome-App installieren..............................................................................98
7.3.1 Chrome-Apps verwalten.................................................................101
7.4 Chrome-Erweiterungen..............................................................................103
7.4.1 Erweiterungen verwalten................................................................105
7.5 Der Chrome App Launcher.......................................................................106
7.6 Designs.......................................................................................................107

## 8. Google Play Music...........................................................................109
8.1 Musik hochladen........................................................................................113
8.1.1 Musik von Hand hochladen............................................................113
8.1.2 Musik automatisch hinzufügen.......................................................114
8.2 Die Benutzeroberfläche..............................................................................116
8.3 Der Wiedergabebildschirm........................................................................120
8.3.1 Wiedergabeliste...............................................................................121
8.4 Playlists......................................................................................................123
8.4.1 Wiedergabeliste erstellen................................................................124
8.4.2 Playlist nutzen.................................................................................125
8.4.3 Playlist bearbeiten..........................................................................126
8.5 Kauf von Songs oder Alben.......................................................................128
8.6 Einstellungen.............................................................................................129
8.7 Musikflatrate..............................................................................................130
8.8 Die Google Play Chrome-App...................................................................131

## 9. Google Notizen................................................................................132

## 10. Google Drive.................................................................................136
10.1 Dateien bei Google Drive hochladen.......................................................138
10.2 Ordner......................................................................................................139
10.3 Dateiverwaltung mit Google Drive..........................................................141
10.4 Dateien freigeben.....................................................................................145

## 11. Google Office-Anwendungen.......................................................147
11.1 Eine Office-Datei mit mehreren Personen bearbeiten.............................149
11.2 Office-Dateien in Google Drive verwalten..............................................151

## 12. Google Kalender..........................................................................152
12.1 Kalenderansichten....................................................................................153
12.1.1 Monatsansicht................................................................................153
12.1.2 Wochenansicht..............................................................................154
12.1.3 Tagesansicht und 4 Tage...............................................................155
12.1.4 Terminübersicht.............................................................................155
12.2 Kalendernavigation..................................................................................156
12.3 Neuen Termin hinzufügen........................................................................156

12.4 Kalendersteuerung mit der Tastatur..................................................158
12.5 Einstellungen.....................................................................................159
12.6 Kalender............................................................................................161
    12.6.1 Kalender von anderen Personen einbinden................................163
    12.6.2 Mehrere eigene Kalender verwalten............................................165
    12.6.3 Hinweise zur Mehrkalenderverwaltung.......................................167
12.7 Termine mit Teilnehmern..................................................................167
    12.7.1 Als Veranstalter einen Termin erstellen.......................................168
    12.7.2 Als Teilnehmer einen Termin bestätigen.....................................169

## 13. Google Kontakte..................................................................................171
13.1 Kontakterfassung...............................................................................172
    13.1.1 Kontakt in Kontaktverwaltung eingeben.....................................172
    13.1.2 Kontakt in Gmail erstellen...........................................................174
13.2 Kontakt bearbeiten............................................................................175
13.3 Kontaktfoto .......................................................................................176
13.4 Suchen...............................................................................................178
13.5 Gruppen.............................................................................................178
13.6 Favoriten............................................................................................181
13.7 Stapelverarbeitung............................................................................181

## 14. Google Maps........................................................................................183
14.1 Google Maps nutzen..........................................................................184
14.2 Einstellungen.....................................................................................185
14.3 Suche.................................................................................................186
14.4 Google Street View...........................................................................188
14.5 Routenplaner.....................................................................................189
14.6 Ansichten...........................................................................................192
14.7 Google Local......................................................................................193
14.8 Markierungen....................................................................................194

## 15. Google+..................................................................................................196
15.1 Kreise und Freunde verwalten..........................................................200
15.2 Beiträge veröffentlichen...................................................................202

## 16. Google Fotos........................................................................................203
16.1 Das Mehr-Menü.................................................................................206
16.2 Bilderanzeige.....................................................................................207
16.3 Alben verwalten.................................................................................208
16.4 Fotos oder Alben veröffentlichen.....................................................211
16.5 Einstellungen.....................................................................................212
16.6 Mediendaten mit Picasa verwalten..................................................213

## 17. Google Hangouts.................................................................................217
17.1 Hangouts in Gmail.............................................................................217
17.2 Telefonie............................................................................................221
17.3 Hangouts-Anwendung.......................................................................222

## 18. Medienkonsum auf dem PC..............................................................226
18.1 Spielfilme...........................................................................................226
18.2 Ebooks...............................................................................................229
18.3 Kiosk..................................................................................................231

## 19. Youtube.................................................................................................232
19.1 Videos suchen und anzeigen............................................................233
19.2 Playlists..............................................................................................235
    19.2.1 Playlists nutzen............................................................................235

    19.2.2 Playlist erstellen...................................................................237
  19.3 Kanäle.........................................................................................240
  19.4 Tipps zum Videokonsum...........................................................242

## 20. Android-Bedienung..................................................................**244**
  20.1 Bedienelemente..........................................................................244
  20.2 Displaysperre.............................................................................244
  20.3 Der Startbildschirm....................................................................245
  20.4 Hauptmenü................................................................................246
  20.5 Systemsteuerung........................................................................247
  20.6 Titelleiste und Benachrichtigungsfeld........................................247
  20.7 Menüs und Register...................................................................248
  20.8 Ausklappmenü...........................................................................249

## 21. Das Google-Konto auf dem Android-Gerät.............................**250**
  21.1 Funktionsweise..........................................................................250
  21.2 Einrichtung des Google-Kontos.................................................251
    21.2.1 Anmeldung auf einem Samsung-Handy...........................251
    21.2.2 Anmeldung auf einem Sony-Handy..................................255
    21.2.3 Anmeldung auf dem Android Lollipop-Handy.................258
    21.2.4 Anmeldung in einer Google-Anwendung.........................259

## 22. Chrome-Webbrowser (Android)...............................................**261**
  22.1 Tabs............................................................................................263
  22.2 Lesezeichen................................................................................265
  22.3 Dateien herunterladen................................................................267
  22.4 Einstellungen.............................................................................267
    22.4.1 Datenschutz.......................................................................268
    22.4.2 Bedienungshilfen..............................................................269
    22.4.3 Website-Einstellungen......................................................270
  22.5 Lesezeichen des PCs auf dem Handy nutzen............................270

## 23. Gmail (Android)........................................................................**273**
  23.1 Gmail in der Praxis....................................................................273
    23.1.1 E-Mails abrufen................................................................273
    23.1.2 Absender ins Telefonbuch aufnehmen..............................275
    23.1.3 Dateianlagen.....................................................................276
    23.1.4 Labels................................................................................276
    23.1.5 E-Mails beantworten.........................................................277
    23.1.6 E-Mail neu schreiben........................................................279
    23.1.7 Weitere Funktionen bei der E-Mail-Erstellung.................280
      23.1.7.a Cc/Bcc......................................................................280
      23.1.7.b Dateianlage...............................................................281
    23.1.8 Entwürfe...........................................................................281
    23.1.9 E-Mails löschen................................................................283
  23.2 Weitere Funktionen...................................................................284
    23.2.1 Nachrichten durchsuchen..................................................284
    23.2.2 E-Mail aus Telefonbuch senden........................................285
    23.2.3 Archivieren.......................................................................285
      23.2.3.a Unterdrücken............................................................286
    23.2.4 Labels................................................................................287
    23.2.5 Wichtig-Label und der sortierte Eingang..........................289
      23.2.5.a Benachrichtigung......................................................290
    23.2.6 Markierungen....................................................................292
    23.2.7 Spam.................................................................................293

  23.2.8 Stapelvorgänge...................................................................................294
  23.2.9 Wischgeste zum Archivieren..............................................................295
 23.3 Einstellungen.................................................................................................295
  23.3.1 Allgemeine Einstellungen....................................................................295
  23.3.2 Label-Einstellungen............................................................................296
  23.3.3 Konto-Einstellungen...........................................................................297
   23.3.3.a Abwesenheitsnotiz.....................................................................298
   23.3.3.b Automatisch zugewiesene Labels...............................................299
 23.4 Nutzung mehrerer E-Mail-Konten.................................................................300
 23.5 Andere E-Mail-Konten mit Gmail..................................................................301
  23.5.1 E-Mail einrichten.................................................................................301
  23.5.2 E-Mail in der Praxis.............................................................................303

## 24. Programmverwaltung (Android) .............................................................. 305
 24.1 Konten............................................................................................................306
 24.2 Programme installieren/deinstallieren............................................................307
 24.3 Wunschliste....................................................................................................310
 24.4 Gute von schlechter Software unterscheiden.................................................310
 24.5 Einstellungen..................................................................................................312
 24.6 Softwarekauf im Google Play Store................................................................312
 24.7 Google-Gutscheine........................................................................................314
 24.8 In-App-Käufe..................................................................................................315
 24.9 Spiele..............................................................................................................316
 24.10 Programme verwalten..................................................................................316
  24.10.1 Anwendungsmanager (Samsung).......................................................316
  24.10.2 Anwendungsmanager (Sony)..............................................................317
  24.10.3 Anwendungsmanager (Android Lollipop)..........................................318
  24.10.4 Programm deinstallieren/deaktivieren (Samsung).............................319
  24.10.5 Programm deinstallieren aus dem Hauptmenü (Sony).....................320
  24.10.6 Programm deinstallieren (Android Lollipop)....................................320
 24.11 Google Play Store über den PC-Webbrowser...............................................320
  24.11.1 Programme installieren.......................................................................321
  24.11.2 Programme verwalten.........................................................................323
 24.12 Programme im Hintergrund.........................................................................324
  24.12.1 Samsung Galaxy..................................................................................324
  24.12.2 Sony Xperia........................................................................................325
  24.12.3 Android Lollipop................................................................................325
 24.13 App-Sicherheit..............................................................................................325
  24.13.1 Virenscanner.......................................................................................327
  24.13.2 Unnütze Programme identifizieren....................................................327

## 25. Google Play Music (Android) .................................................................... 328
 25.1 Der Wiedergabebildschirm.............................................................................331
  25.1.1 Warteschlange.....................................................................................332
 25.2 Playlists..........................................................................................................332
  25.2.1 Playlist erstellen..................................................................................333
  25.2.2 Playlist nutzen.....................................................................................334
  25.2.3 Playlist bearbeiten...............................................................................334
 25.3 Wiedergabe im Hintergrund..........................................................................335
 25.4 Der Google Play Music-Dienst.......................................................................335
  25.4.1 Erste Einrichtung.................................................................................336
  25.4.2 Kauf von Songs oder Alben.................................................................336
  25.4.3 Play Music in der Praxis......................................................................336
  25.4.4 Offline-Nutzung...................................................................................338

  25.4.5 Streaming-Einstellungen..................................................................339
 25.5 Welcher Song ist das?..............................................................................340

## 26. Google Notizen (Android)..........................................................................**341**
## 27. Google Drive (Android).............................................................................**344**
 27.1 Dateien bei Google Drive hochladen......................................................346
 27.2 Ordner........................................................................................................347
 27.3 Office-Datei erstellen...............................................................................348
 27.4 Dateien freigeben......................................................................................349

## 28. Google Maps (Android).............................................................................**351**
 28.1 Google Maps nutzen.................................................................................351
 28.2 Einstellungen............................................................................................353
 28.3 GPS-Empfang aktivieren.........................................................................354
 28.4 Eigene Position.........................................................................................354
 28.5 Kartenausschnitt auf dem Gerät speichern..........................................354
 28.6 Suche...........................................................................................................356
 28.7 Google Street View..................................................................................358
  28.7.1 Street View auf dem Handy............................................................359
 28.8 Navigation.................................................................................................360
  28.8.1 Routenplaner.....................................................................................360
  28.8.2 Navigation in der Praxis..................................................................364
 28.9 Ansichten...................................................................................................365
 28.10 Google Local...........................................................................................366
  28.10.1 Markierungen..................................................................................367

## 29. Google+ (Android)......................................................................................**369**
 29.0.1 Erste Einrichtung.................................................................................369
 29.0.2 Google+ in der Praxis..........................................................................370
 29.0.3 Personen den eigenen Kreisen hinzufügen......................................371

## 30. Google Fotos (Android).............................................................................**374**
 30.1 Start und erste Einrichtung......................................................................374
 30.2 Die Benutzeroberfläche............................................................................375
  30.2.1 Medien verwalten.............................................................................376
 30.3 Einstellungen............................................................................................377
  30.3.1 Automatische Sicherung..................................................................377
  30.3.2 Kontoeinstellungen..........................................................................378

## 31. Google Hangouts (Android)......................................................................**379**
 31.1 Die Programmoberfläche.........................................................................379
  31.1.1 Einen Chat durchführen..................................................................380
  31.1.2 Chat-Verwaltung..............................................................................382
  31.1.3 Einladungen......................................................................................382
  31.1.4 Anrufe................................................................................................383

## 32. Medienkonsum auf Android......................................................................**385**
 32.1 Ebooks auf dem Handy lesen..................................................................385
  32.1.1 Google Play Bücher..........................................................................385
  32.1.2 Ebooks von unabhängigen Anbietern..........................................387
  32.1.3 Kopierschutz?....................................................................................388
 32.2 Google Play Kiosk.....................................................................................389
 32.3 Google Play Filme.....................................................................................390

## 33. Youtube..........................................................................................................**393**
## 34. Google Now (Android)...............................................................................**395**

## 35. Chromecast .................................................................................................. **397**
### 35.1 Funktionsweise ........................................................................................ 397
### 35.2 Einrichtung .............................................................................................. 397
#### 35.2.1 WLAN-Zugangspunkt vorbereiten ............................................... 398
#### 35.2.2 Einrichtung mit Android-Handy oder Tablet ................................ 400
### 35.3 Einrichtung mit dem PC oder Notebook .................................................. 402
### 35.4 Chromecast am PC oder Notebook nutzen ............................................. 404
#### 35.4.1 Chrome-Browser vorbereiten ....................................................... 404
#### 35.4.2 Chromecast ein- und ausschalten ................................................. 405
#### 35.4.3 Youtube ......................................................................................... 406
#### 35.4.4 Fremdmedien wiedergeben ........................................................... 408
#### 35.4.5 Webvideos .................................................................................... 409
#### 35.4.6 Amazon Prime .............................................................................. 410
#### 35.4.7 Chromecast auf dem Android-Handy und Tablet ......................... 411
##### 35.4.7.a Grundsätzliche Bedienungsweise ....................................... 412
##### 35.4.7.b Play Musik .......................................................................... 412
#### 35.4.8 Die Chromecast-Anwendung auf Android ................................... 413
##### 35.4.8.a Bildschirm übertragen ......................................................... 414
##### 35.4.8.b Bilderrahmen ....................................................................... 416
#### 35.4.9 Weitere Chromecast-Anwendungen ............................................. 419
### 35.5 PC über Chromecast fernsteuern .............................................................. 419
#### 35.5.1 Einrichtung auf dem PC ............................................................... 420
#### 35.5.2 Einrichtung auf dem Android-Gerät ............................................. 424

## 36. Stichwortverzeichnis ................................................................................... **426**
## 37. Weitere Bücher des Autors ........................................................................ **427**

# 2. Einführung

Ohne Frage ist Google inzwischen das bekannteste Internetunternehmen und hat es sogar mit dem Begriff »googeln« (nach etwas im Internet suchen) inzwischen in den allgemeinen Sprachgebrauch geschafft.

Neben der Google-Suchmaschine betreibt Google zahlreiche weitere Dienste, die leider bei vielen Anwendern unbekannt sind. Dazu zählen unter anderem das Video-Portal Youtube, der Kartendienst Google Maps, der Kalender und die Dateiverwaltung Google Drive. Die verschiedenen Google-Dienste sind kostenlos und finanzieren sich ausschließlich mit Werbeeinblendungen.

In diesem Buch gehen wir davon aus, dass Sie bisher nur sehr wenig mit Computern oder Handys zu tun hatten. Deshalb soll vorab das Konzept hinter den Google-Anwendungen erläutert werden, denn viele Besonderheiten und Einschränkungen ergeben sich aus der dahinterstehenden Idee.

## *2.1 Das Google-Konzept*

Als PC-Nutzer sind Sie es gewohnt, Ihre Anwendungen, beispielsweise die Textverarbeitung Microsoft Word oder Open Office, mit einem Klick zu starten. Eine Internetverbindung ist nicht notwendig.

Die Google-Anwendungen arbeiten dagegen nach einem ganz anderen Prinzip, das wir im Folgenden an einem Beispiel erläutern.

Rufen Sie beispielsweise mal die Suchmaschine *www.google.de* in Ihrem Webbrowser auf. Danach geben Sie die Begriffe, nach denen Sie suchen, ein und betätigen die *Google-Suche*-Schaltleiste oder wählen Sie einen der eingeblendeten Suchvorschläge aus.

Was passiert? Ihre Suchwörter wurden über das Internet an einen Google-Rechner übertragen, der irgendwo in Europa steht. Dort hat ein Programm eine Datenbank abgefragt und das Ergebnis wieder übers Internet an Ihren PC übertragen. Ihr Browser stellt dann das Ergebnis dar. Ihr PC beziehungsweise Ihr Webbrowser dient also nur der Dateneingabe und Ausgabe, während die eigentliche Datenverarbeitung irgendwo Hunderte oder Tausende Kilometer entfernt auf einem Internet-Rechner stattfindet.

Genauso wie oben beschrieben arbeiten auch die anderen Google-Anwendungen (und natürlich konkurrierende Onlinedienste von anderen Firmen).

> Die Datenverarbeitung im Internet bezeichnet man auch als Cloud-Computing. »Cloud« lässt sich in diesem Zusammenhang als »Datenwolke« übersetzen.
>
> Auch die im Internet zur Datenverarbeitung genutzten Rechner haben einen besonderen Namen, man nennt sie Server (vom englischen Verb »to serve« = bedienen).

Bei fast allen Webbrowsern brauchen Sie übrigens nicht extra die Google-Website aufzurufen, sondern geben einfach die Suchbegriffe in der Adressleiste ein. Wählen Sie dann einen der Suchvorschläge aus oder betätigen Sie die enter-Taste auf Ihrer Tastatur.

Beachten Sie bitte, dass die Browser Mozilla Firefox und der Microsoft Internet Explorer standardmäßig als Suchmaschine Microsoft Bing (*www.bing.com*) einsetzen. Man kann die Suche aber auf Google umstellen – darauf kommen wir später noch.

## *2.2 Vor- und Nachteile*

Die Datenverarbeitung im Internet hat viele Vorteile:

- Ihre Daten beziehungsweise Dateien werden in einem Rechenzentrum gespeichert, das sich im Hintergrund auch um die Datensicherung kümmert. Sollte hier mal ein Speichermedium ausfallen erfolgt automatisch, ohne dass der Nutzer es merkt, eine Datenwiederherstellung.
- Von jedem Gerät, das eine Internetverbindung und einen Webbrowser besitzt, können Sie auf Ihre Daten zugreifen. Dazu gehören nicht nur PCs, sondern auch Handys, Tablets und sogar internetfähige TVs.
- Einige Internetdienste erlauben auch die Kollaboration, das heißt, mehrere Anwender dürfen zum Beispiel an einem Dokument arbeiten oder einen gemeinsamen Kalender nutzen.
- Programm-Updates gehören der Vergangenheit an – Google sorgt dafür, dass alle Anwender mit der gleichen Programmversion arbeiten.

Die Nachteile:

- Der größte Nachteil: Es wird eine (unterbrechungsfreie) Internetverbindung benötigt. Dies

- ist weniger für PC- als vielmehr für Handy- und Tablet-Nutzer ein großes Problem.
- Eine 100%ige Datensicherheit kann auch Google nicht bieten. Von wichtigen Daten sollten Sie auf einem lokalen Speichermedium, beispielsweise einen USB-Stick, Kopien anlegen.
- Von Google vorgenommene Funktionsänderungen wirken sich manchmal negativ auf die eigene Arbeit aus. Zudem fallen ab und zu auch Programme oder Funktionen weg, auf die Sie vielleicht angewiesen sind.
- Google hat Zugriff auf alle Ihre privaten Daten, was nicht jedem Anwender gefallen dürfte, zumal das Unternehmen in den USA beheimatet ist und die amerikanischen Behörden praktisch unbegrenzten Zugriff darauf haben. Als Firmenmitarbeiter sollten Sie mit der Unternehmens-IT abklären, ob und inwieweit Sie die Google-Dienste nutzen dürfen.
- Die Leistungsfähigkeit einiger Google-Anwendungen, beispielsweise der Textverarbeitung Google Docs ist (noch) nicht mit Desktop-Programmen vergleichbar.

## *2.3 Anwendungen in der Übersicht*

Die verschiedenen Google-Dienste decken praktisch alle Bereiche ab, wovon wir in diesem Buch Folgende behandeln:

- *Google-Suche*: Die Suchmaschine war Googles erstes Produkt.
- *Gmail*: E-Mails empfangen und senden.
- *Google Play Store*: Google und viele Drittanbieter stellen im Play Store zahlreiche Erweiterungen für Android-Handys und Tablets zur Verfügung, die Ihren Alltag erleichtern. Außerdem können Sie hier Musik, Spielfilme und Ebooks ausleihen/kaufen.
- *Google Play Music*: Play Music ist eine Musikverwaltung, in die Sie Ihre bereits in digitaler Form vorhandenen Alben und Songs hochladen, die sich dann auf vielen Endgeräten, vom PC bis hin zu (Android-)Handys und Tablets abspielen lassen. Die Wiedergabe erfolgt dabei als sogenanntes Streaming. Zusätzlich dürfen Sie einzelne Songs beziehungsweise Alben im Play Store käuflich erwerben.
- *Google Notizen*: Ein elektronisches Notizbuch, in dem Sie Texte, Bilder und Audioaufnahmen verwalten.
- *Google Drive*: Bei Google Drive handelt es sich um einen Online-Speicher, worin Sie beliebige Dateien ablegen. Das Arbeitsprinzip kennen Sie vielleicht schon vom Konkurrenten Dropbox. Die meisten anderen Google-Dienste bieten die Option, auf die in Google Drive abgelegten Dateien zuzugreifen beziehungsweise dort Dateien zu speichern.
- Mit *Google Docs, Google Tabellen* und *Google Präsentationen* zeigen, bearbeiten und verwalten Sie Ihre Office-Dateien.
- *Google Kalender:* Eine Termin- und Aufgabenverwaltung.
- *Google Kontakte*: Google hat die Kontaktverwaltung in der Gmail-Anwendung integriert.
- *Google Maps*: Google Maps zeigt nicht nur Straßenkarten, sondern auch Satellitenansichten an und dient als Routenplaner.
- Mit *Google Fotos* verwalten Sie Fotos und Videos direkt auf Google-Servern.
- *Google Bücher* und *Google Spielfilme*: Ebooks beziehungsweise Filme ausleihen und lesen beziehungsweise ansehen.
- *Google+*: Ein soziales Netzwerk, ähnlich Facebook, das aber keine große Rolle spielt.

Kostenlose Google-Programme, die nicht im Webbrowser laufen, sondern von Ihnen vor dem Einsatz auf dem PC installiert werden müssen:

- *Chrome-Browser*: Die Web-basierten Google-Dienste lassen sich mit jedem beliebigen Browser nutzen. Wir empfehlen aber trotzdem den Einsatz des Chrome-Browsers, denn einige Komfortfunktionen stehen nur bei ihm zur Verfügung, darunter die automatische Sicherung Ihrer Lesezeichen auf Google-Servern (genauer gesagt, in Ihrem Google-Konto – aber darauf kommen wir noch) und die Medienwiedergabe über den Chromecast-Stick auf einen TV.
- *Google Picasa*: Umfangreiche, aber trotzdem einfach bedienbare Fotoverwaltung mit zahlreichen Bearbeitungsfunktionen.
- *Google Earth*: Ein virtueller Globus, der zu fast jedem beliebigen Ort auf der Erde entsprechende topografische Daten und Satellitenbilder anzeigt. Google bewirbt das Programm folgendermaßen: »Begeben Sie sich auf eine virtuelle Reise an jeden beliebigen Ort auf der Erde. Sehen Sie sich 3D-Gebäude, Bilder und Geländeformationen an. Erkunden Sie Städte, interessante Orte, lokale Geschäfte und vieles mehr.« Da inzwischen alle Google Earth-Funktionen inzwischen auch in Google Maps vorhanden sind, gehen wir auf Google Earth nicht gesondert ein. Sie können die Software unter der Webadresse *earth.google.com* herunterladen.

## 2.4 Google-Anwendungen aufrufen

Ein Klick auf ⋮⋮⋮ (Pfeil) listet im Apps-Menü die verfügbaren Google-Anwendungen auf, die Sie starten. Alternativ geben Sie einfach die Webadresse des jeweiligen Google-Dienstes in der Adressleiste ein, beispielsweise *mail.google.com* für Gmail (in diesem Buch weisen wir in den Kapiteln jeweils auf die Webadressen hin, mit denen Sie die Google-Dienste in einem Webbrowser aufrufen).

> Damit Sie so wie beschrieben vorgehen können, müssen Sie bei Google angemeldet sein (siehe Kapitel *4 Das Google-Konto*).

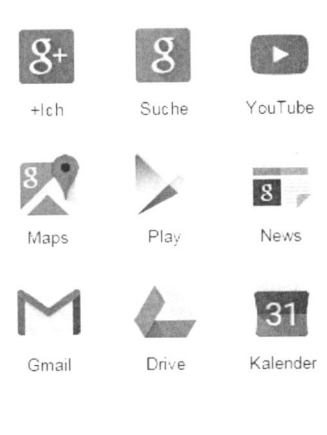

Klicken Sie die zu startende Anwendung an. Die *Mehr*-Schaltleiste listet noch weitere Anwendungen auf.

> Auf häufig genutzte Anwendungen sollten Sie, wie im Kapitel *5.4 Favoriten* beschrieben, ein Lesezeichen für den schnelleren Zugriff anlegen.
>
> Im Kapitel *7.1 Anwendungen starten* stellen wir Ihnen die Möglichkeiten, wie Sie die Google-Anwendungen in Ihrem Browser starten, umfangreicher vor.

## *2.5 Tastenfunktionen*

Einige Funktionen der Google-Anwendungen steuern Sie mit Sondertasten auf Ihrer Tastatur, die wir hier kurz vorstellen möchten.

| Taste | Bezeichnung | Beschreibung |
|---|---|---|
| esc | »Escape« | Menü oder Dialog beenden (engl. Escape = dt. Verlassen). |
| ⇄ | Tab | Tabulator setzen; zum nächsten Eingabefeld springen. |
| ↵ | enter-Taste | Eingabe bestätigen; zum Zeilenanfang wechseln. Auf einigen Tastaturen ist diese Taste mit **enter** beschriftet. |
| ⇧ | Hochstelltaste | Zwischen Groß- und Kleinbuchstaben umschalten. Außerdem erreichen Sie damit die zweite Tastenbelegung, beispielsweise das »!« auf der »1«-Taste. Auf einigen Tastaturen ist diese Taste mit **shift** beschriftet. |
| strg | Steuerung | Auf einigen Tastaturen ist diese Taste mit **ctrl** (= Control) beschriftet. |
| alt | Alt(ernativ) | **strg**- und **alt**-Taste verwenden Sie, um Programmfunktionen auszulösen. Dabei drücken Sie beispielsweise die **alt**-Taste gleichzeitig mit einer weiteren Taste. |
| alt gr | Alt(ernativ) Gr(oß) | Dritte Tastenbelegung abrufen. Zum Beispiel fügt gleichzeitiges Drücken von **alt gr** und der »Q«-Taste das »@«-Zeichen in einem Eingabefeld ein. |

# 3. Google-Suche

Das Unternehmen Google ist durch die gleichnamige Suchmaschine in wenigen Jahren zur führenden Internetsuchmaschine aufgestiegen. Und dies nicht ohne Grund, denn obwohl es noch viele weitere Suchmaschinen gibt (beispielsweise Microsofts Bing), ist Google bei den Suchergebnissen immer noch unschlagbar – inzwischen wird sogar Internetsuche (genauer gesagt: die Websuche) mit Google so stark assoziiert, dass man auch von »googeln« spricht.

> Google mag als universelle Suchmaschine in der Regel eine gute Trefferrate aufweisen, wenn Sie aber zu einem ganz speziellen Thema Informationen suchen, können spezialisierte Websites bessere Ergebnisse liefern. Beispielsweise hat Google mit *Shopping* eine Preissuchmaschine integriert, die nur minderwertige Ergebnisse liefert, weil nur wenige Online-Shops angeschlossen sind. Besser geeignet sind in diesem Fall Preissuchmaschinen wie beispielsweise *www.geizhals.at/de, www.idealo.de* oder *www.billiger.de.*

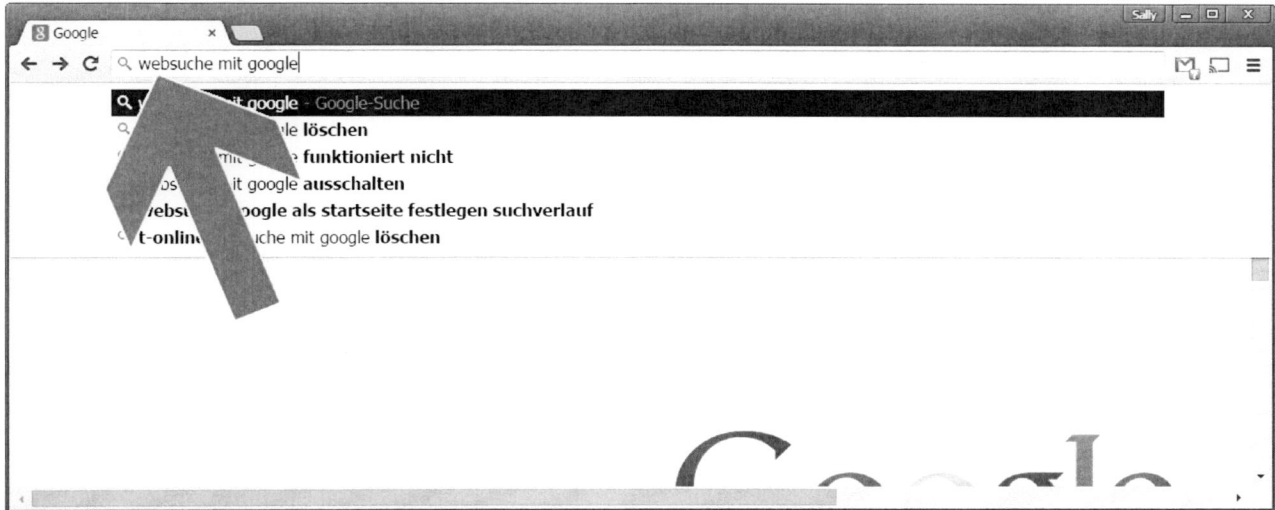

Weil die Internetsuche wohl zu den meist genutzten Funktionen gehört, müssen Sie nicht unbedingt erst die Webadresse von Google, also *www.google.de* im Browser aufrufen. Stattdessen klicken Sie einfach in die Adressleiste (Pfeil) und geben die Suchbegriffe ein, worauf sofort Vorschläge erfolgen.

Wenn Sie jetzt denken, dass automatisch die Google-Suchvorschläge erscheinen, liegen Sie leider falsch, denn neben Google gibt es mit Bing einen starken Mitbewerber. Bing ist derzeit nicht nur beim Webbrowser Internet Explorer (bei Windows-PCs im Lieferumfang), sondern auch bei Mozilla Firefox vorinstalliert. Sie kommen also nicht darum herum, die Standardsuchmaschine umzustellen, sofern Sie Internet Explorer oder Mozilla Firefox nutzen. Die nachfolgenden Kapitel zeigen, wie es geht.

> Falls Sie die Google-Anwendungen sehr intensiv nutzen, empfehlen wir Ihnen den Einsatz des Chrome-Browsers, auf den Kapitel *5 Chrome-Browser* eingeht. Dieser von Google entwickelte Browser ist optimal auf die Google-Anwendungen angepasst.
>
> Es kann auch nützlich sein, die Startseite (Webseite, die beim ersten Aufruf des Browsers angezeigt wird) auf *www.google.de* zu ändern, wodurch Sie schneller bestimmte Google-Funktionen erreichen. Eine Beschreibung, wie Sie die Startseite ändern, würde aber in diesem Buch zu weit führen.

## 3.1 Standardsuche beim Mozilla Firefox auf Google umstellen

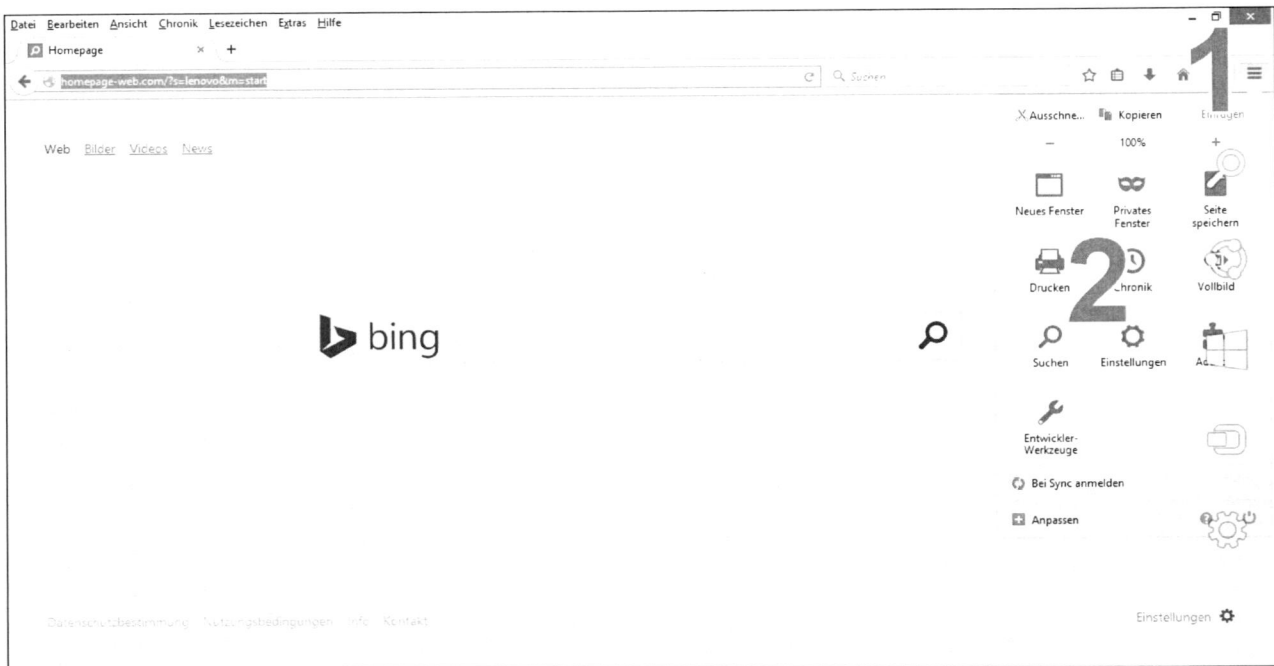

Klicken Sie in Firefox zuerst auf ≡ (1) und dann im Ausklappmenü auf *Einstellungen* (2).

Mit einem Klick auf *Suche* (1) aktivieren Sie das *Suche*-Register. Anschließend können Sie über das Auswahlmenü (2) *Google* einstellen. Schließen Sie den Vorgang mit *OK* ab.

## 3.2 Standardsuche beim Internet Explorer auf Google umstellen

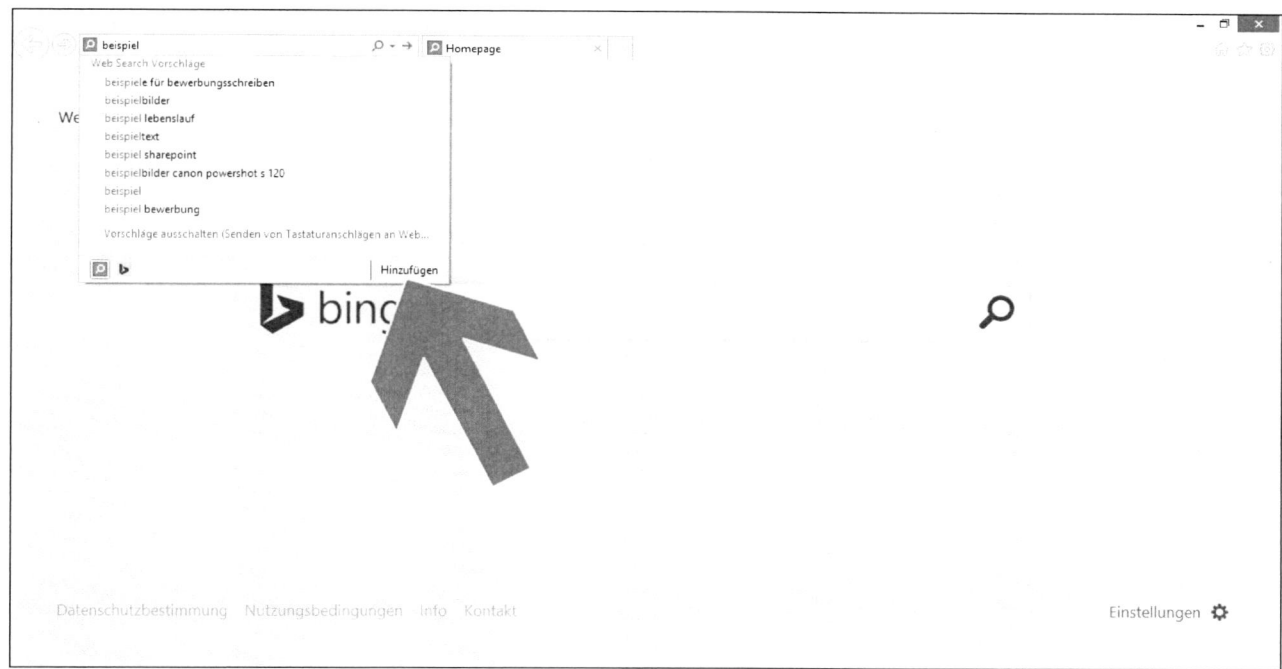

Geben Sie einen beliebigen Suchbegriff in der Adressleiste ein und klicken Sie unterhalb der Vorschläge auf *Hinzufügen*.

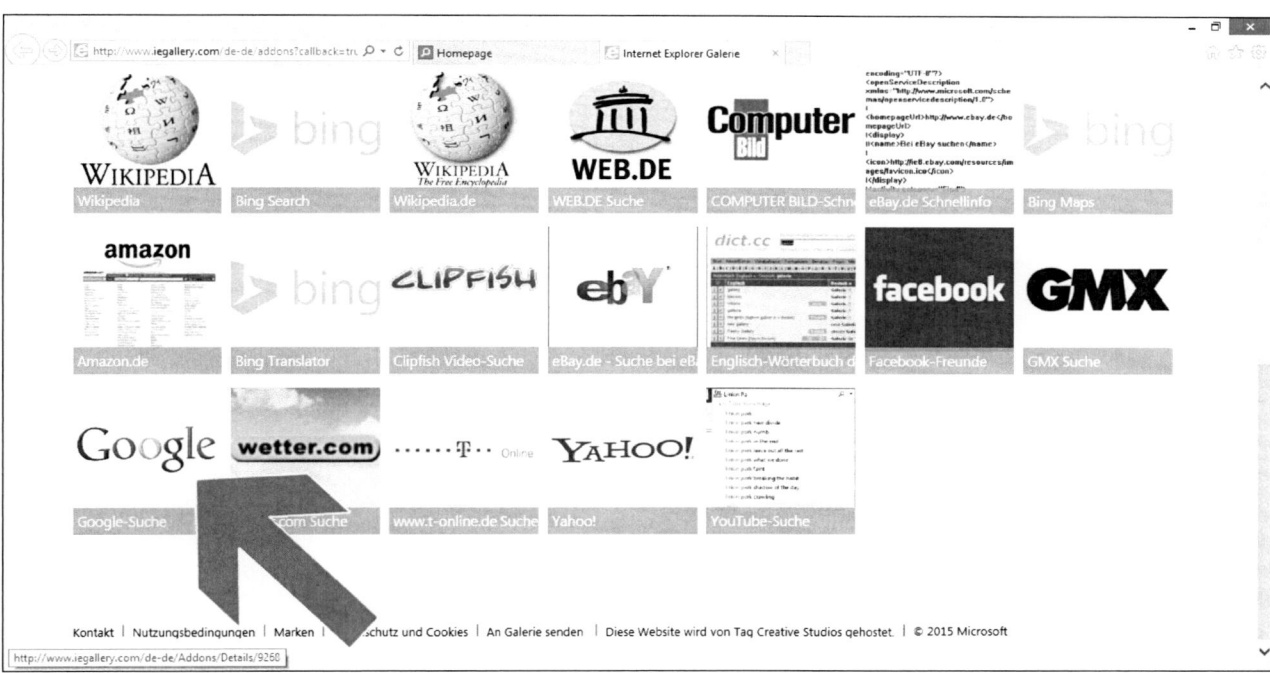

Rollen Sie durch die Vorschläge und klicken Sie auf *Google-Suche*.

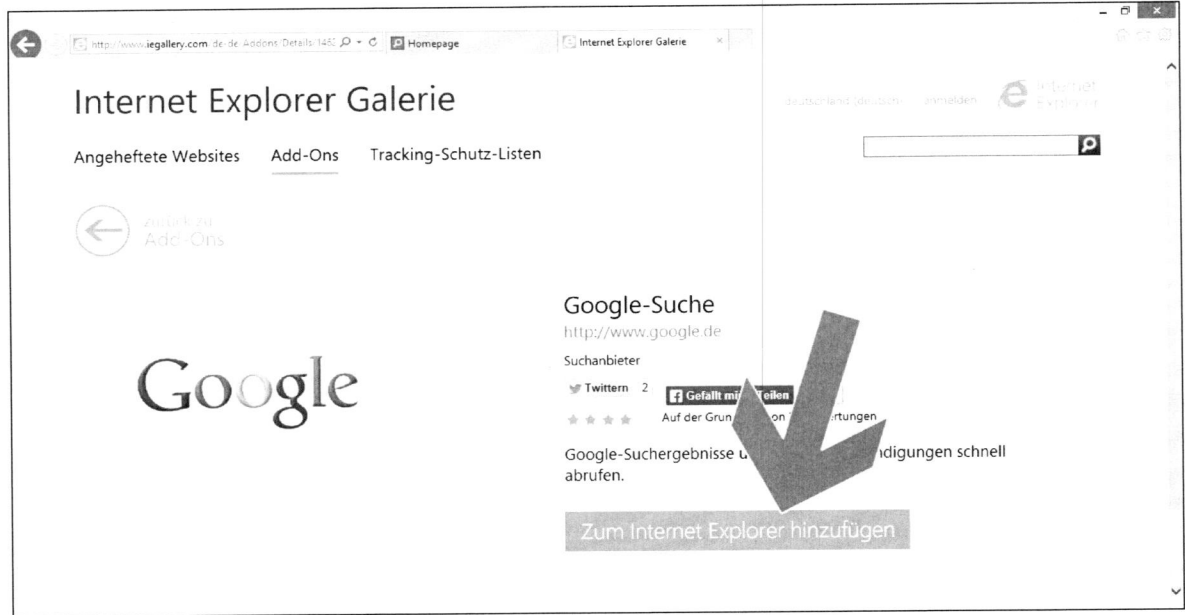

Ein Klick auf *Zum Internet Explorer hinzufügen* öffnet einen Dialog...

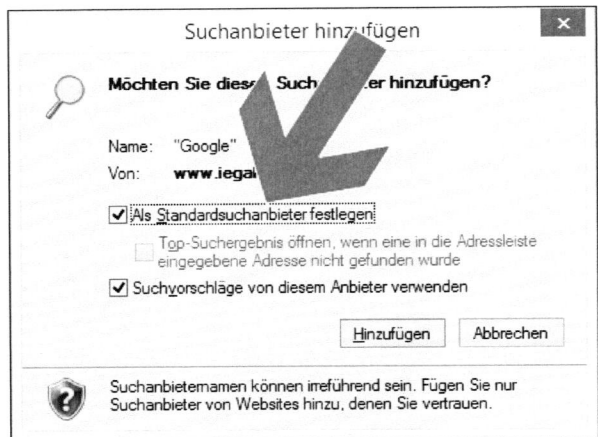

Hier muss *Als Standardsuchanbieter festlegen* aktiviert werden. Schließen Sie den Vorgang mit *Hinzufügen* ab.

## *3.3 Google-Suche in der Praxis*

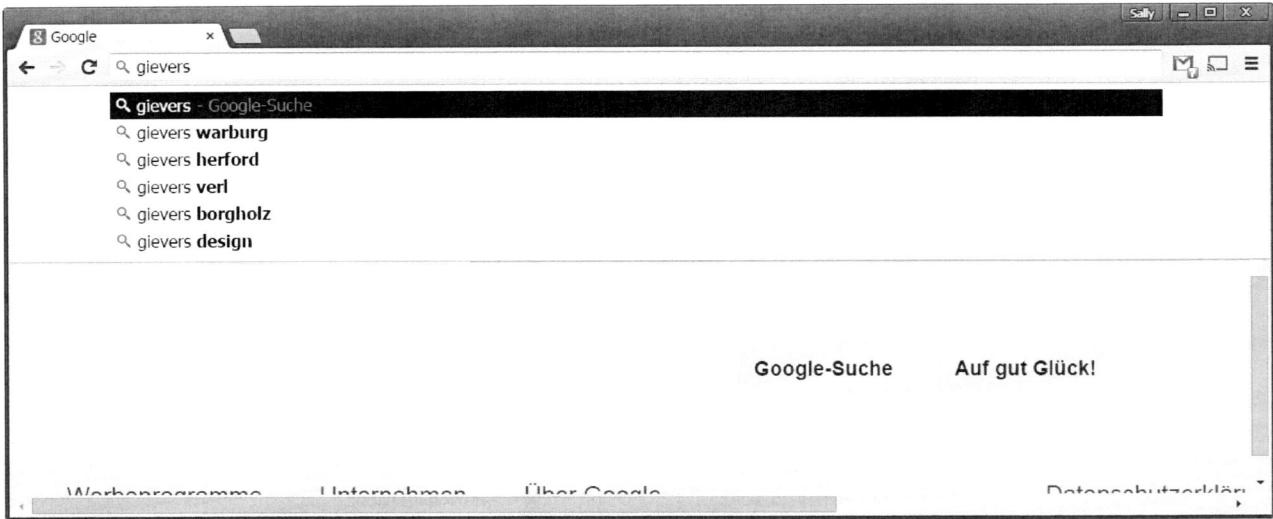

Starten Sie Ihren Webbrowser dann befindet sich der Cursor meistens bereits im Adressfeld. Geben Sie hier einen oder mehrere Suchbegriffe ein und betätigen Sie die enter-Taste auf dem Tastenfeld, was die Suche startet.

Google macht bereits während der Suchworteingabe automatisch Suchvorschläge unterhalb des Adressfelds, die Sie mit einem Mausklick übernehmen (alternativ bewegen Sie die Markierung mit Cursor-hoch/runter zum Vorschlag und betätigen die enter-Taste).

Beachten Sie einige Besonderheiten:

- Groß- und Kleinschreibungen spielen ebenso wenig eine Rolle wie Umlaute und Zusammen- und Auseinanderschreibung.
- Häufig berücksichtigt Google auch Synonyme, beispielsweise wird eine Suche nach »Anleitung« auch Seiten mit den Begriffen »Benutzerhandbuch« oder »Bedienungsanleitung« auswerfen.
- Sollten Sie mal einen Begriff falsch schreiben, weist Sie die Suchmaschine darauf hin.
- Grundsätzlich bevorzugt Google Webseiten, bei denen die gesuchten Wörter eng neben einander stehen.
- Die Suche erfolgt immer mit »und«, weshalb Sie nicht die vielleicht von einigen anderen Suchmaschinen gewohnten »+«- und »-«-Operatoren eingeben müssen. Sollte es ausnahmsweise einmal nicht genügend Suchergebnisse geben, dann listet Google auch Fundstellen, in denen ein- oder mehrere Suchwörter fehlen, gibt dann aber einen Hinweis in den Fundstellen.
- Sogenannte Stoppwörter, dazu zählen beispielsweise »und«, »als« und einige Zahlen, ignoriert Google.

Es ist an dieser Stelle kaum möglich, alle Suchparameter ausführlich zu erläutern. Wir empfehlen daher auch einen Blick auf die Google-Hilfe unter der Webadresse *support.google.com/websearch/answer/2466433*.

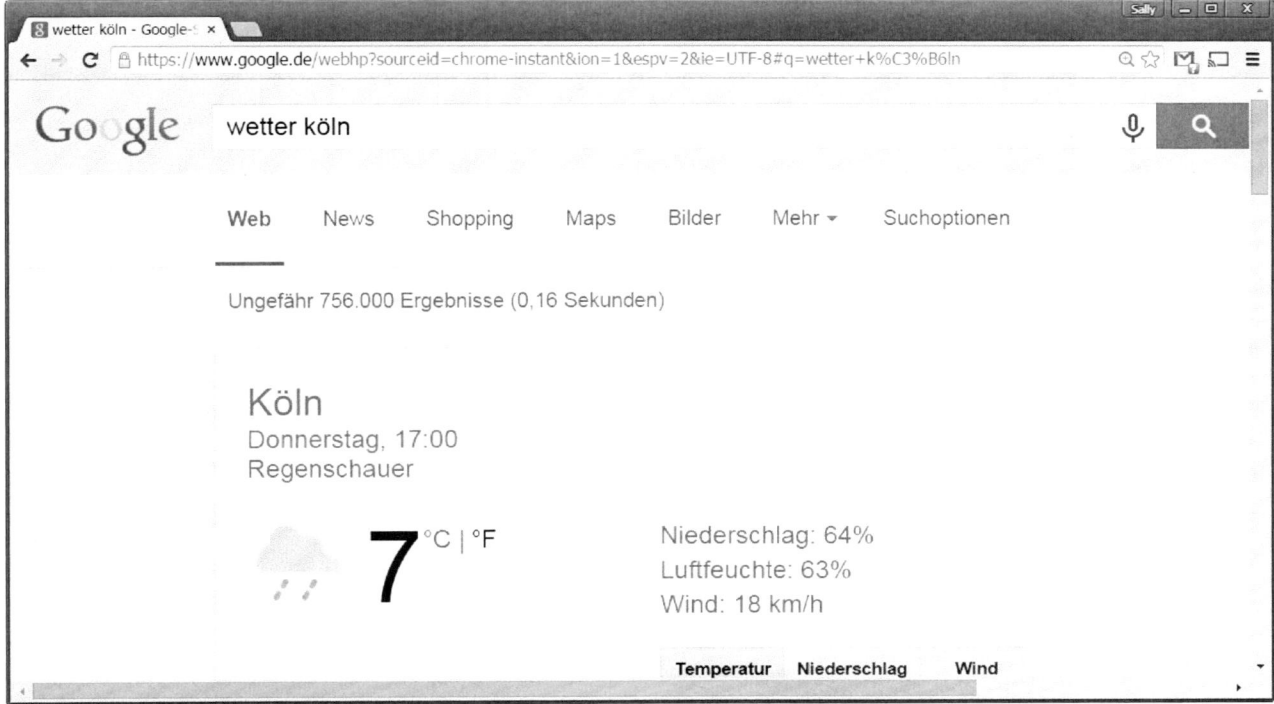

Eine Spezialität von Google sind ortsbezogene Suchfunktionen. Geben Sie dazu einfach den Suchbegriff mit einer Ortsangabe – wahlweise Postleitzahl oder Ortsname – ein:

- *Kino Warburg* oder *Kino 34414*: Zeigt das aktuelle Kinoprogramm für den Ort Warburg an.
- *Wetter Köln* oder *Wetter 50667*: Wettervorhersage für Köln.
- *Karte Hamburg* oder *Karte 22041*: Karte für Hamburg anzeigen. Mit einem Klick gelangen Sie in den Kartendienst Google Maps.

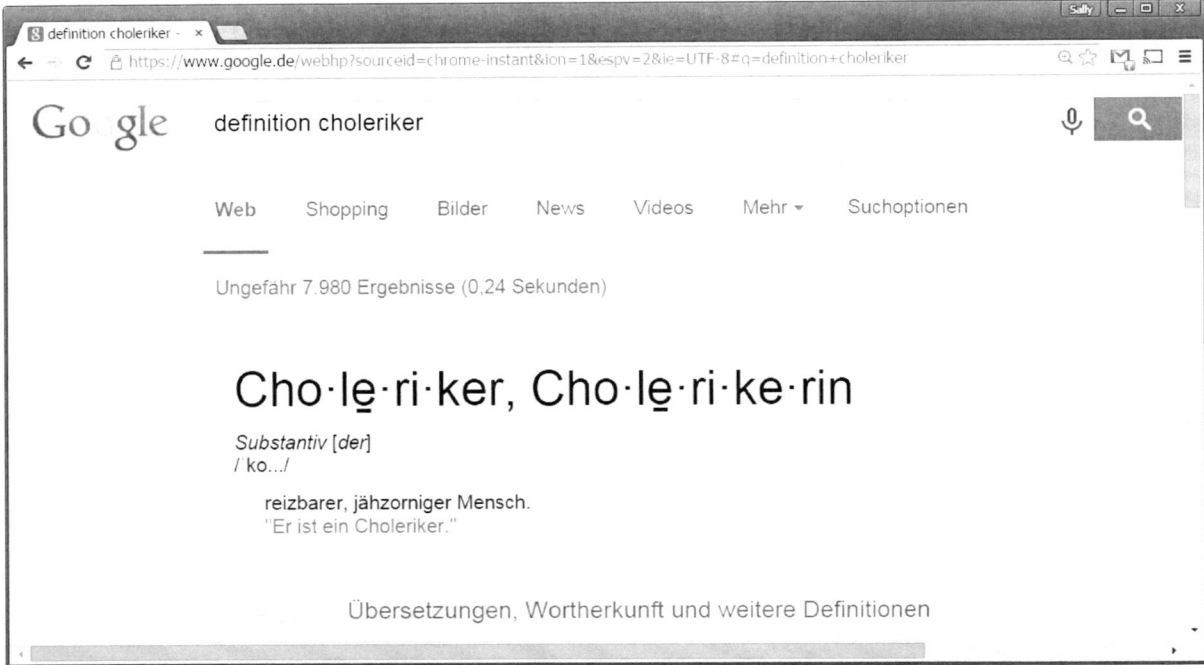

Darüber hinaus beherrscht Google noch einige Spezialfunktionen, die eigentlich überhaupt nichts mit der Suche zu tun haben:

- *definiere Choleriker* oder *Definition Choleriker*: Erläutert den Begriff.
- *FC Bayern*: Letzte Spielergebnisse eines (Fußball-)Vereins anzeigen.
- *(21^3)*5+22*: Eine mathematische Berechnung durchführen.
- *100 USD in Euro*: Währungsrechner.

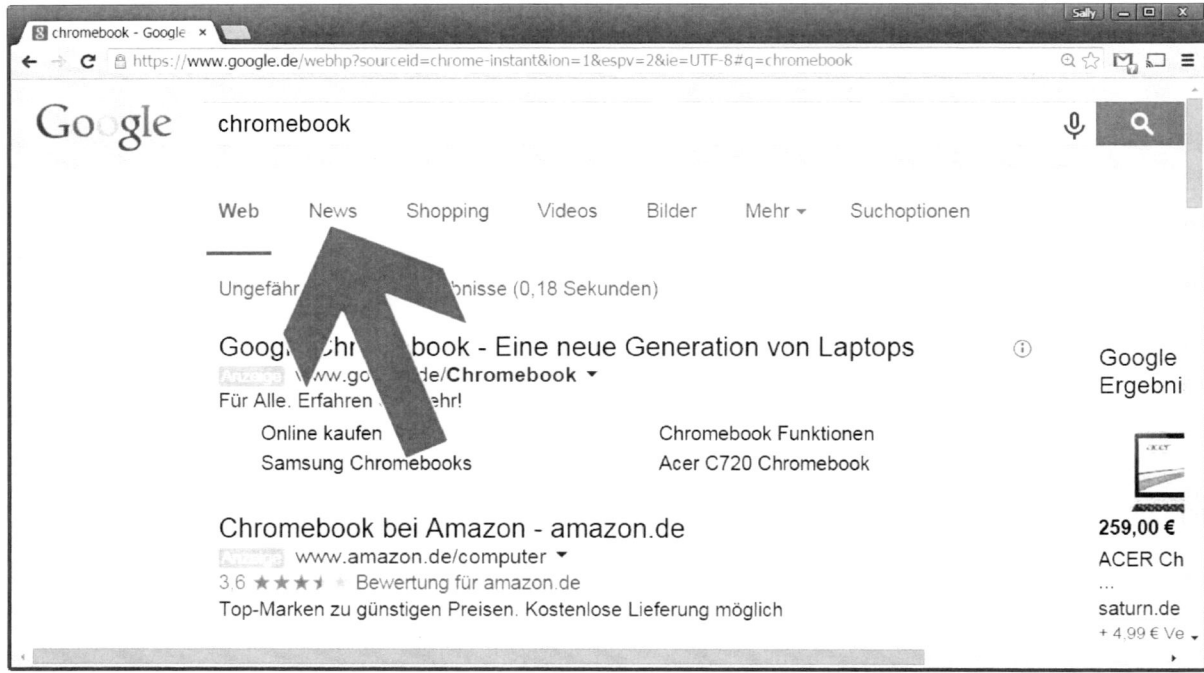

Standardmäßig zeigt Google zunächst Fundstellen aus dem Web an. Ein Klick auf eines der Register schränkt die Anzeige ein auf:

- *News*: Schlagzeilen von Nachrichten-Websites.
- *Shopping*: Preisvergleiche von Online-Shops. Beachten Sie, dass die Online-Shops für ihre Listung bezahlen müssen, weshalb die Suchergebnisse nicht repräsentativ sind. Mit spezialisierten Preisvergleichsseiten wie *www.idealo.de* oder *www.geizhals.at/de* sind Sie besser bedient.
- *Videos*: Listet Videos von Youtube und weiteren Videoportalen, aber auch in Webseiten eingebettete Videos auf.
- *Bilder*: Bilder, die im Kontext oder der Bildbeschriftung den Suchtext enthalten.
- *Mehr*: Weitere Suchoptionen, darunter Suche nach Orten in Google Maps, nach Büchern, Flügen oder Apps (Erweiterungen für den Chrome-Browser, siehe Kapitel *7.2 Anwendungen installieren*).

Besonders ans Herz legen möchten wir Ihnen die *Suchoptionen*-Schaltleiste (Pfeil), mit der Sie weitere Schaltleisten aktivieren, über die Sie das Suchergebnis nach Land, Sprache, Zeit, Wortähnlichkeit und Standort eingrenzen.

## 3.4 Einstellungen

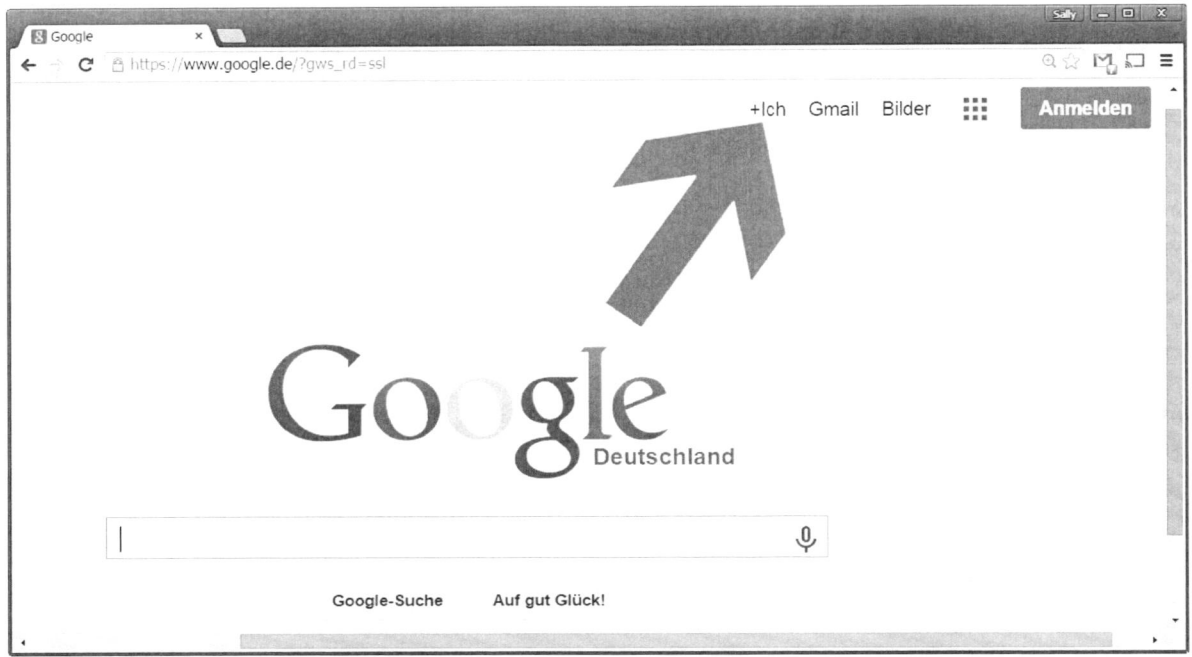

Damit Sie die Google-Suche optimal einsetzen können, müssen Sie bei Google angemeldet sein. Rufen Sie *www.google.de* auf, klicken Sie gegebenenfalls auf *Anmelden* beziehungsweise auf *+Ich* und geben Sie Ihr Passwort ein.

> Mit dem Google-Konto greifen wir hier ein wenig im Buch vor; wir behandeln dieses noch ausführlich im Kapitel *4 Das Google-Konto*.

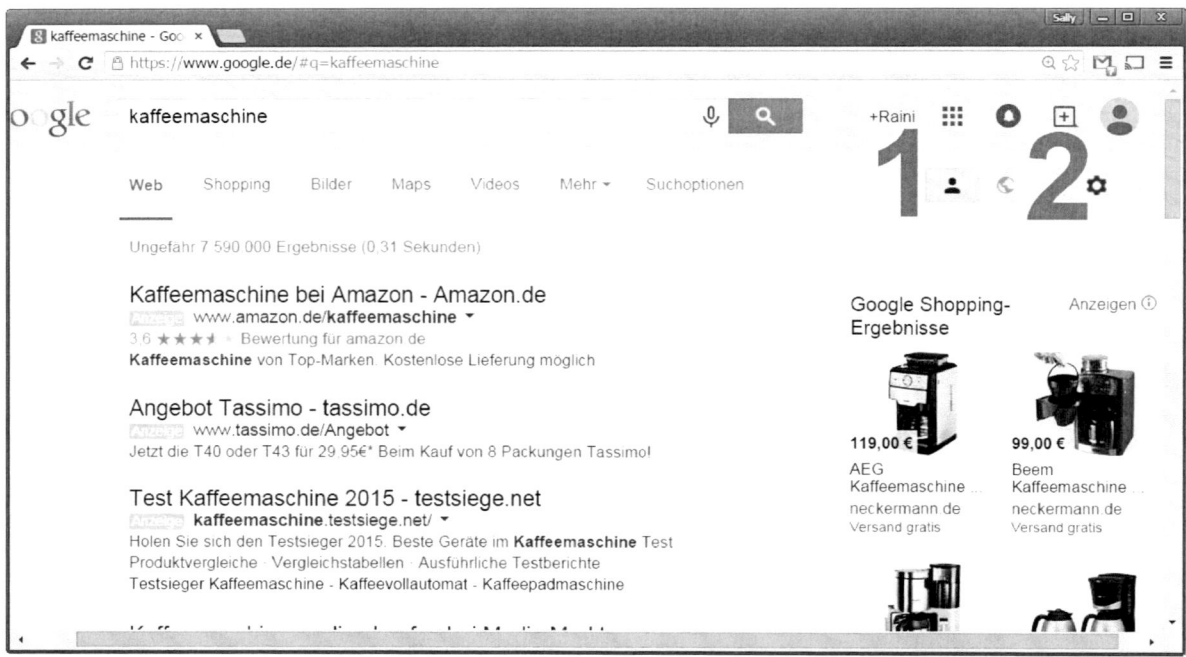

Auf die Einstellungen haben Sie erst, nachdem Sie eine Suche durchgeführt haben, Zugriff. Die beiden Schaltleisten (1) blenden wahlweise private Suchergebnisse ein/aus. Unter »privat« sind dabei von Ihnen bei Google-Diensten hinterlegte Daten, beispielsweise Videos und Kommentare bei Google+ gemeint. Die ✿-Schaltleiste (2) öffnet ein Menü mit den Funktionen:

- *Sucheinstellungen*: Diverse Sucheinstellungen, auf die wir weiter unten eingehen.

- *Sprachen (Languages)*: Sprache, die in den Google-Diensten verwendet werden.
- *SafeSearch aktivieren*: Filtert sexuell eindeutige Inhalte aus den Suchergebnissen.
- *Erweiterte Suche*: Über Eingabefelder mit Hilfstexten hilft Ihnen Google, Ihre Suche zu optimieren.
- *Protokoll*: Listet die von Ihnen zuletzt durchgeführten Suchbegriffe, nach Datum sortiert auf. Weil diese Funktion sehr private Daten verwaltet, müssen Sie vor dem Zugriff das Passwort zu Ihrem Google-Konto eingeben. Sinnvollerweise können Sie Einträge entfernen.
- *Hilfe zur Suche*: Diverse Infos zu den Google-Diensten.

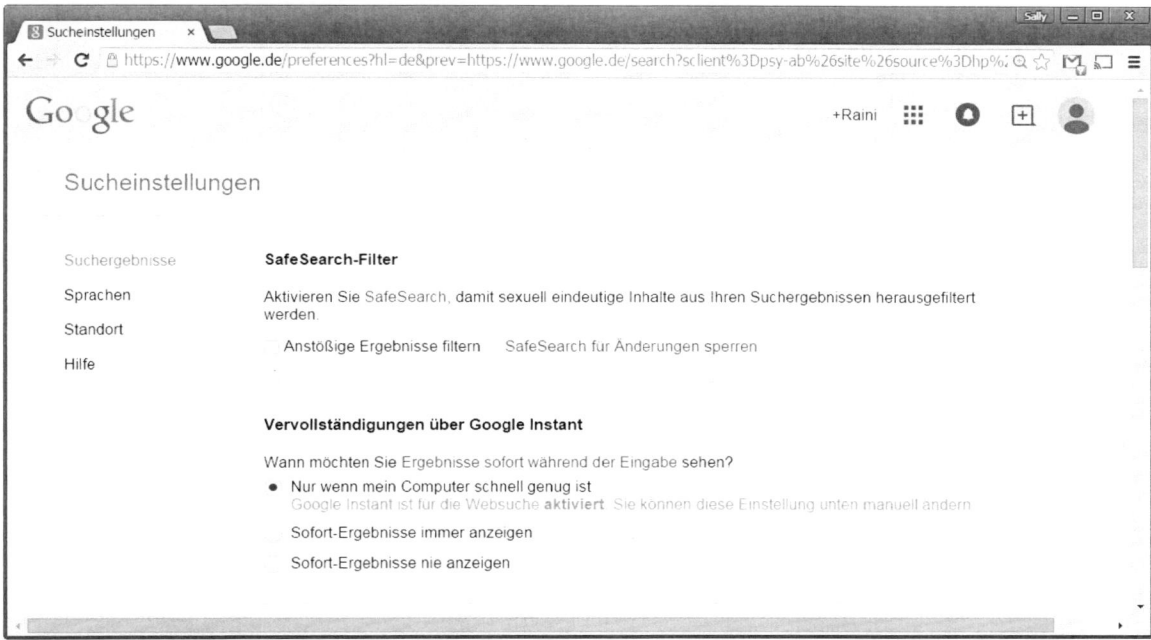

Die *Sucheinstellungen*:

- *SafeSearch-Filter*: Filter sexuell eindeutige Inhalte aus den Suchergebnissen. Diese Einstellung können Sie auch direkt über ✿/*SafeSearch aktivieren* in der Suchergebnisseite aktivieren.
- *Vervollständigungen über Google Instant*: Standardmäßig listet der Chromebrowser automatisch passende Fundstellen auf, sobald Sie einen Suchbegriff in der Adressleiste eingebeben haben. Sie sollten daher die Voreinstellungen *Nur wenn mein Computer schnell genug ist* nicht deaktivieren.
- *Ergebnisse pro Seite*: Die Voreinstellung *10* lässt sich nur ändern, wenn Sie *Vervollständigungen über Google Instant* auf *Sofort-Ergebnisse nie zeigen* stellen.
- *Private Ergebnisse*: Private Ergebnisse sind von Google gefundene Daten, die von Ihnen in den Google-Diensten hinterlegt wurden. Dazu zählen beispielsweise Kommentare im sozialen Netzwerk Google+.
- *Gesprochene Antworten für Sprachsuche*: Auf unserem Testgerät hatte das Menü keine Funktion.
- *Öffnen von Ergebnissen*: Wenn aktiviert, öffnet der Klick auf ein Suchergebnis die zugehörige Seite in einem neuen Browser-Tab.
- *Suchverlauf*: Zeigt die von Ihnen durchgeführten Sucheingaben (Webprotokoll) an. ✿/*Protokoll* in der Suchergebnisseite hat die gleiche Funktion.

# 4. Das Google-Konto

Über Ihr Google-Konto identifizieren Sie sich bei den Google-Diensten. Alle von Ihnen verwalteten Daten und Dateien landen automatisch in Ihrem Google-Konto auf einem Google-Server.

Falls Ihnen der Begriff »Google-Konto« bekannt vorkommt: Das Google-Konto kommt auch auf Android-Handys und Tablets zum Einsatz, weshalb Sie dieses hier zur Anmeldung verwenden können. In Ihrem Google-Konto vorhandene Daten/Dateien sind dann auch auf Ihrem Android-Handy/Tablet nutzbar und umgekehrt.

Das Google-Konto hat immer das Format *IhrName@gmail.com*, wobei Sie *IhrName* selbst auswählen können. Gleichzeitig dient *IhrName@gmail.com* auch als Ihre E-Mail-Adresse, die Sie statt einer vielleicht bereits von Ihnen genutzten verwenden können. Dies ist aber kein Muss.

> Wie Sie das Google-Konto auf dem Android-Handy nutzen, beschreibt Kapitel 22 Chrome-Webbrowser (Android)

## 4.1 Neues Google Konto anlegen

Sollten Sie bereits ein Google-Konto besitzen, lesen Sie bitte im Kapitel *4.2 Mit einem Google-Konto anmelden* weiter.

Rufen Sie in Ihrem Browser zunächst *www.google.de* auf und klicken Sie rechts oben auf *Google-Konto erstellen*.

# Das Google-Konto

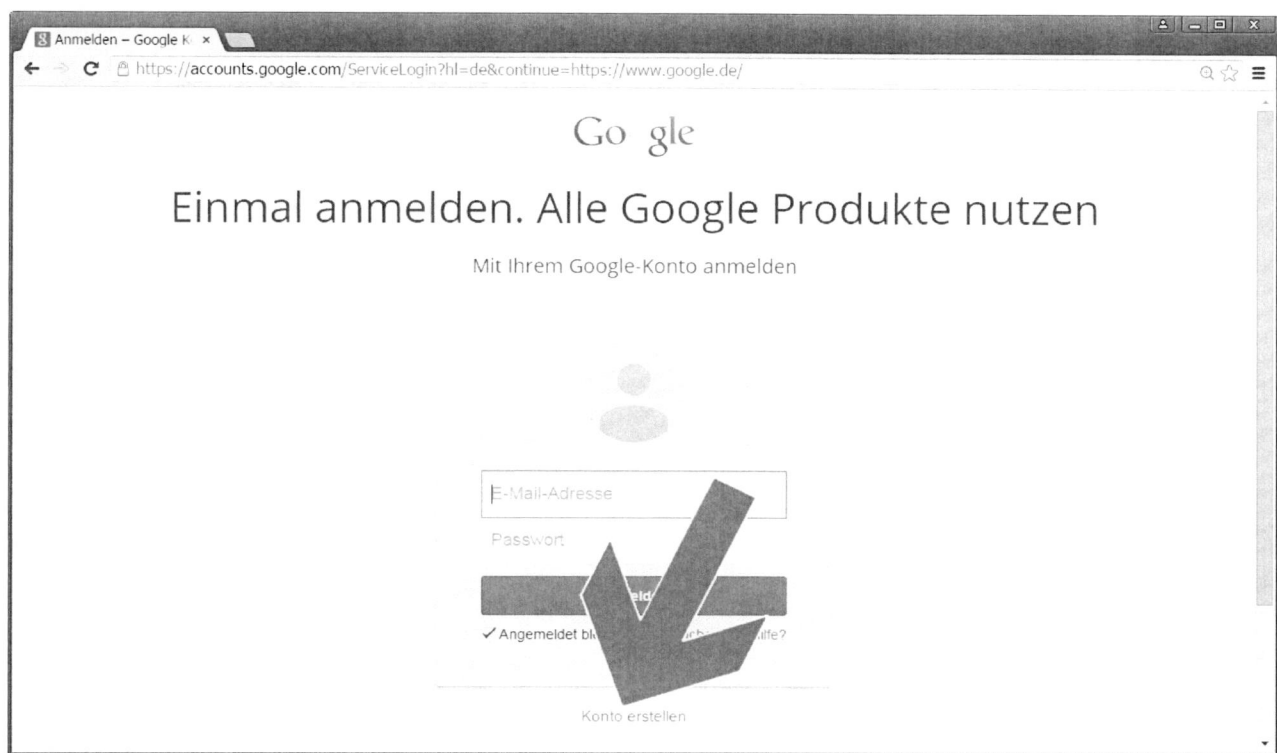

Ein neues Google-Konto legen Sie mit *Konto erstellen* (Pfeil) an.

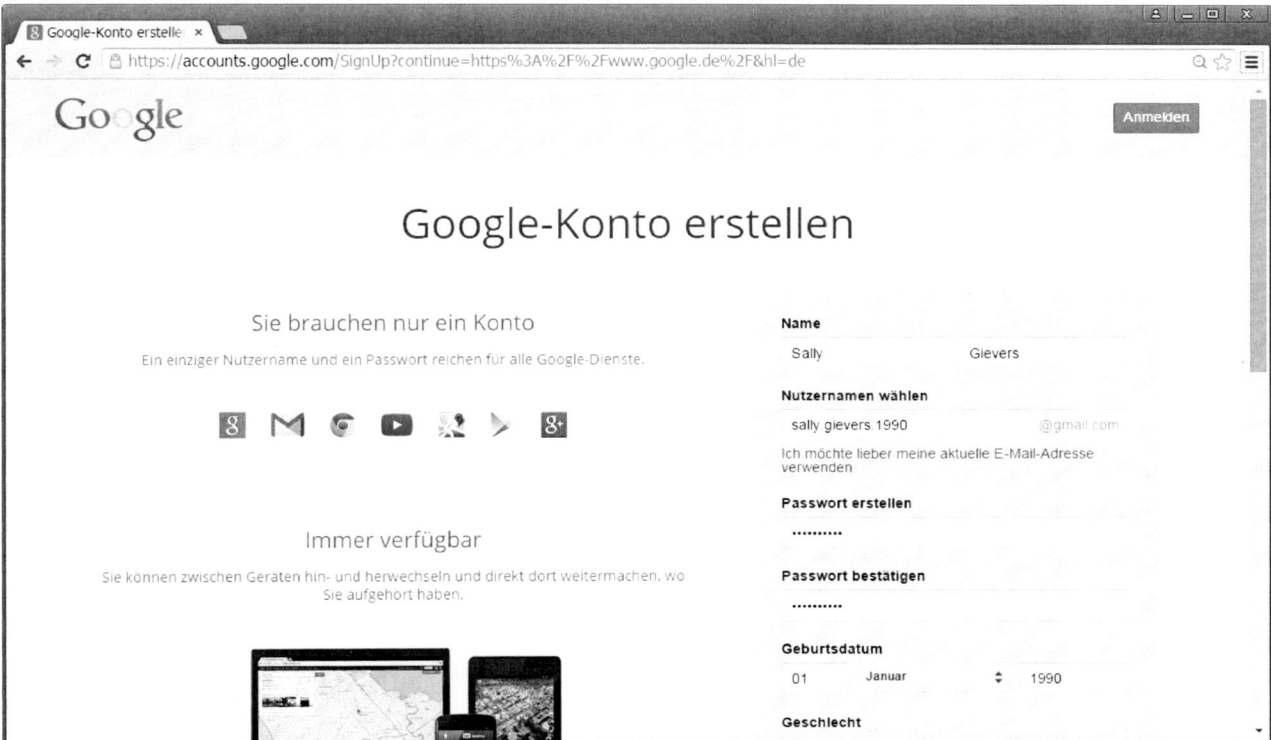

Nun sind zu erfassen:

- *Name*: Vor- und Nachname. Zwar könnten Sie hier einen beliebigen Fantasienamen eingeben, wir empfehlen aber Ihren richtigen Namen zu verwenden.
- *Nutzernamen wählen*: Wie bereits erwähnt, erhalten Sie mit Ihrem Nutzernamen (= Ihrem Google-Konto) auch gleichzeitig eine eigene E-Mail-Adresse. Da jeder Nutzername nur weltweit einmalig vergeben wird, dürfte der von Ihnen gewählte Name eventuell bereits vergeben sein. Google gibt dann einen Hinweis und macht Alternativvorschläge.

- *Passwort erstellen*: Bei der Anmeldung bei einem Google-Dienste müssen Sie Ihren Nutzernamen und das Passwort angeben. Sie sollten sich deshalb beide gut merken beziehungsweise aufschreiben.
- *Geburtsdatum*

Rollen Sie weiter im Bildschirm nach unten durch.

Die folgenden Felder dienen Ihrer beziehungsweise Googles Sicherheit:

- *Mobiltelefon*: Geben Sie Ihre Mobiltelefonnummer ein. Diese wird später gegebenenfalls zur Wiederherstellung benötigt, falls Sie Ihr Passwort vergessen. Sollten Sie kein Handy nutzen, lassen Sie einfach das Feld leer.

- *Aktuelle E-Mail-Adresse*: Auch dieses Feld ist optional und kann später einmal zur Passwortwiederherstellung nötig sein.

- Unter *Geben Sie den angezeigten Text ein* müssen Sie den in einem Bild erkennbaren Text eingeben. Dies dient Google dem Schutz vor automatisierten Konto-Registrierungen. Sollte der Text mal nicht lesbar sein, erhalten Sie über die C-Schaltleiste neben dem Eingabefeld ein anderes Foto vorgesetzt.

- Aktivieren Sie zum Schluss das Abhakkästchen *Ich stimme den Nutzungsbedingungen...* an und klicken Sie dann auf *Nächster Schritt*.

# Das Google-Konto

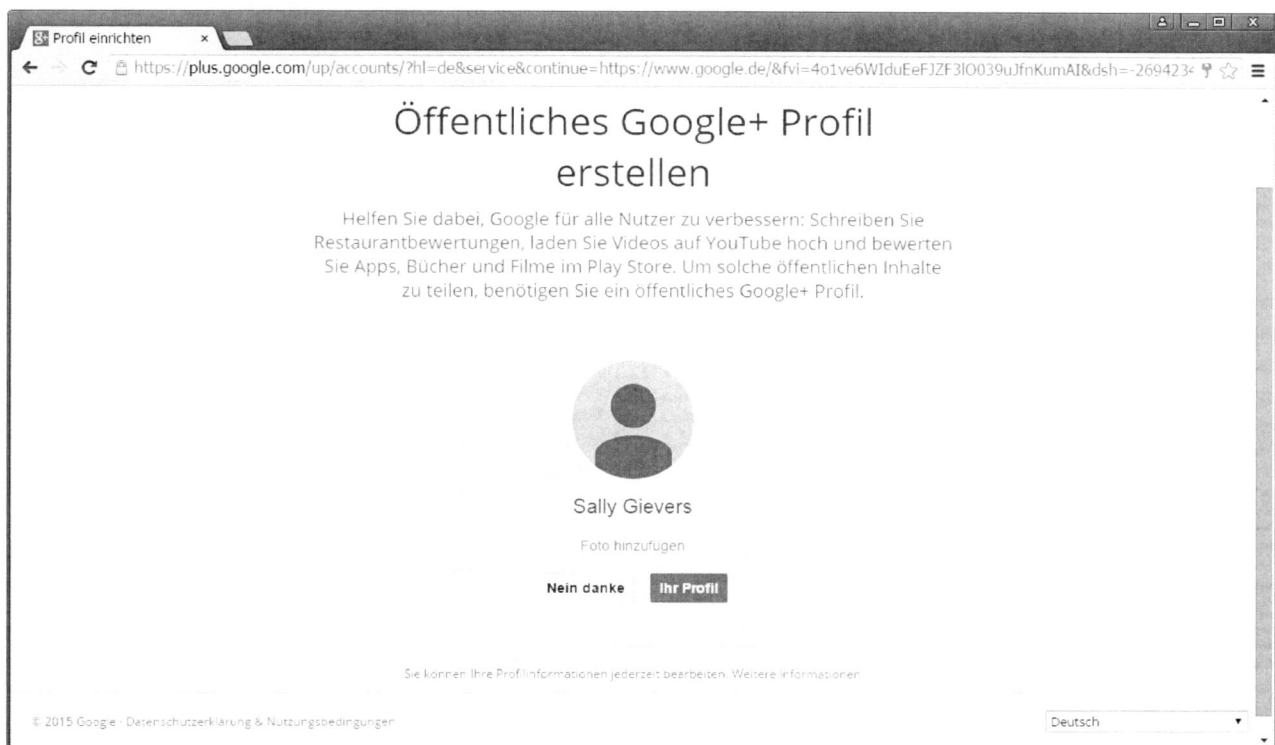

Die folgenden Schritte brauchen Sie nicht durchzuführen, da wir darauf später noch gesondert eingehen. Betätigen Sie daher *Nein danke*.

Dass Sie mit Ihrem Google-Konto angemeldet sind, erkennen Sie an der angezeigten E-Mail-Adresse.

## 4.2 Mit einem Google-Konto anmelden

Sie haben bereits ein Google-Konto? Sehr schön, denn jetzt brauchen Sie sich nur anzumelden. Rufen Sie dazu entweder *www.google.de* oder die Webadresse eines Google-Dienstes auf und klicken Sie oben rechts auf *Anmelden*.

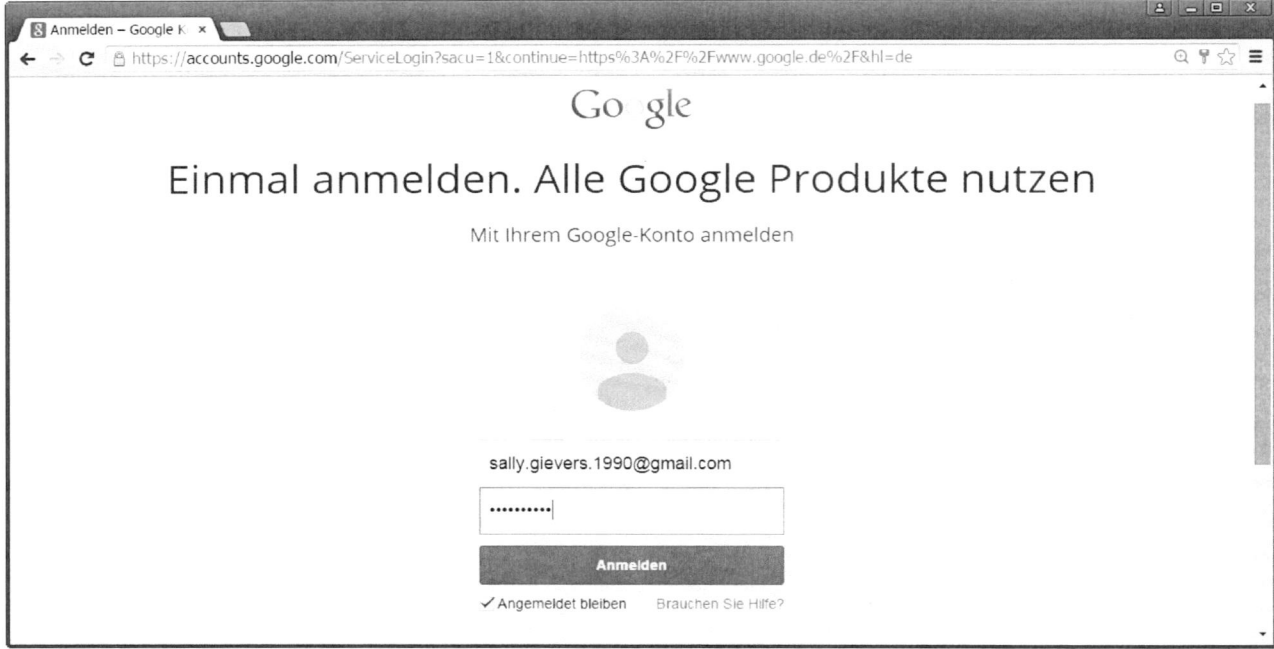

Melden Sie sich mit Ihrem Google-Konto an (falls Sie möchten, dürfen Sie beim Benutzernamen das nachgestellte *@gmail.com* weglassen).

Das Google-Konto

## 4.3 Die Abmeldung

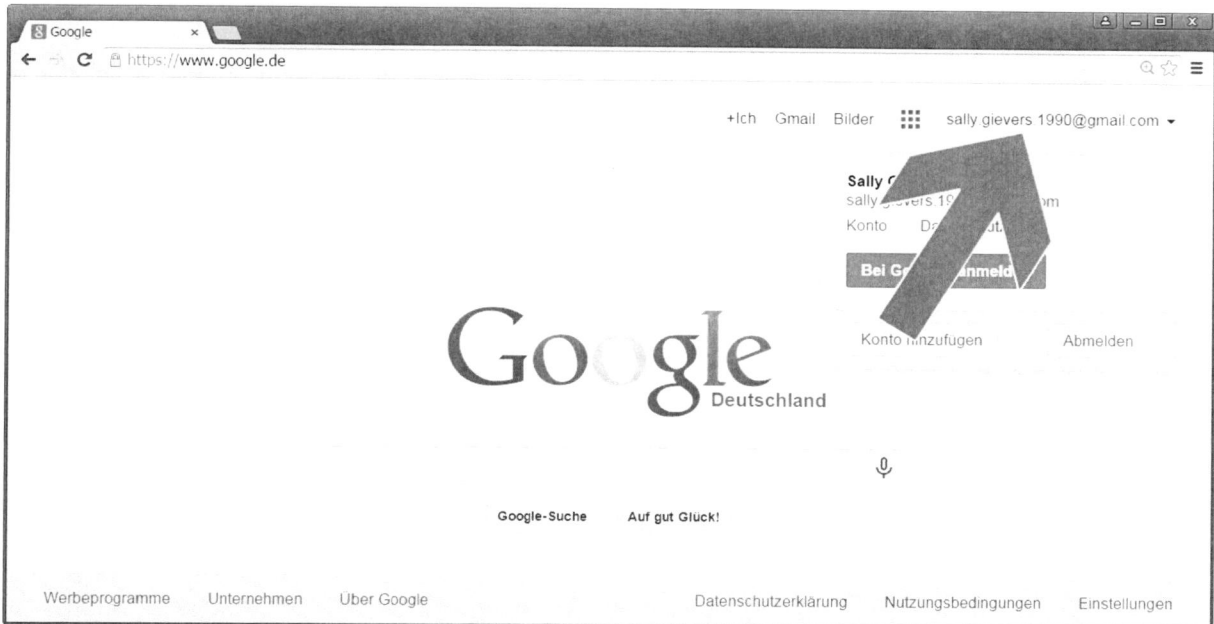

**Sehr wichtig:** Auch wenn Sie den Browser schließen und nach einigen Tagen neu starten und auf *www.google.de* gehen, werden Sie automatisch angemeldet. Dies kann, falls mehrere Anwender den gleichen Webbrowser beziehungsweise PC nutzen zu großen Irritationen führen, denn die anderen Personen haben dann auf alle von Ihnen genutzten Dienste (E-Mail, Kalender, Dateien, Bilder,...) unbeschränkten Zugriff. Deshalb ist es sinnvoll, nach getaner Arbeit Ihren Kontonamen anzuklicken (falls Sie sich nicht in einer Google-Anwendung befinden, rufen Sie dafür einfach *www.google.de* auf) und auf *Abmelden* zu klicken.

Unter Umständen sehen Sie oben rechts nicht Ihren Kontonamen, sondern eine Silhouette, die Sie anklicken müssen.

Die automatische Anmeldung bei Google erfolgt über ein sogenanntes Cookie, also einem kleinen »Datenhappen«, den Ihr Browser speichert und beim nächsten Mal zur Identifizierung an Google überträgt.

## 4.4 Authentifizierung

Früher oder später verlangt Google nach der Anmeldung beim Google-Konto eine Authentifizierung Ihres Google-Kontos. Klicken Sie auf *JETZT STARTEN*.

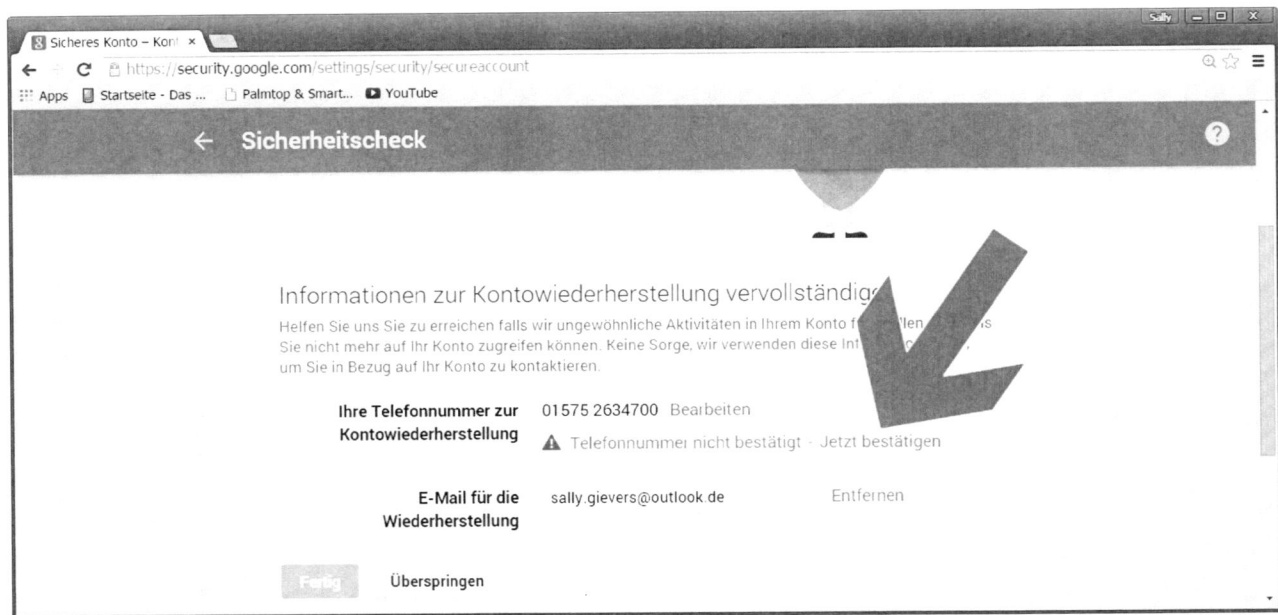

Gehen Sie auf *Jetzt bestätigen*.

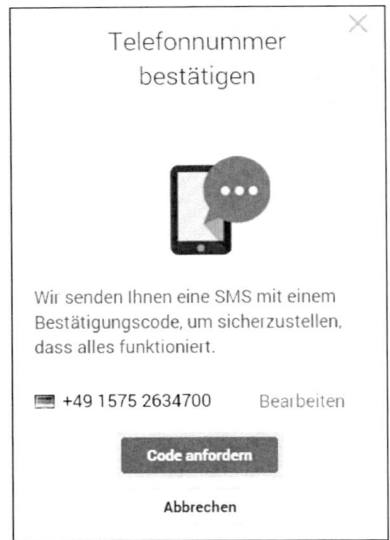

❶❷ Klicken Sie auf *Code anfordern*, worauf Sie eine SMS mit einer fünfstelligen Zahl erhalten, die Sie eingeben. Ein Klick auf *Bestätigen* schließt den Vorgang ab.

Zum Schluss leitet Sie Google durch verschiedene Informationsseiten, die Sie jeweils einfach mit den blauen Schaltleisten schließen. Sie können dann das Browserfenster einfach schließen.

# 5. Chrome-Browser

Für die Internetnutzung unerlässlich ist ein Webbrowser, wovon Sie mit Microsofts Internet Explorer, Mozilla Firefox, Opera oder Google Chrome (um nur die wichtigsten zu nennen) bereits einen nutzen. Welchen Browser Sie im Zusammenhang mit den Google-Diensten verwenden, spielt keine Rolle, denn in allen Browsern erhalten Sie die gleiche Bildschirmanzeige.

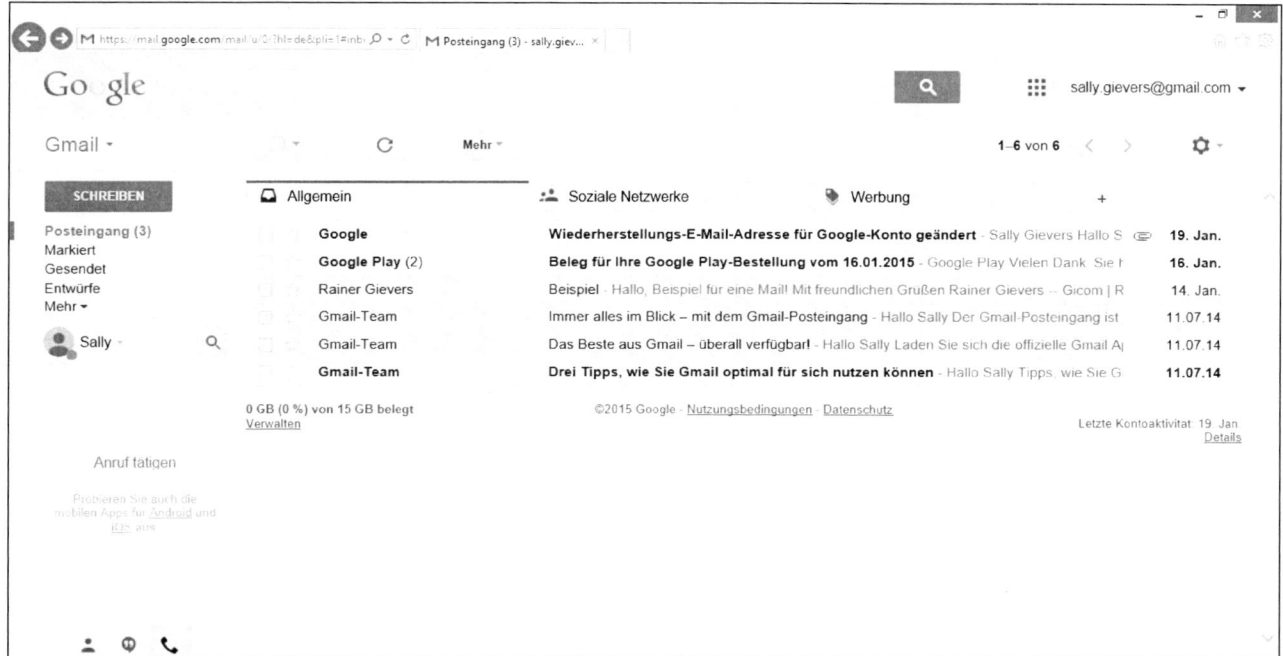

Die Google-Dienste sehen in allen Browsern fast gleich aus. Hier Gmail (Google Mail) im Internet Explorer...

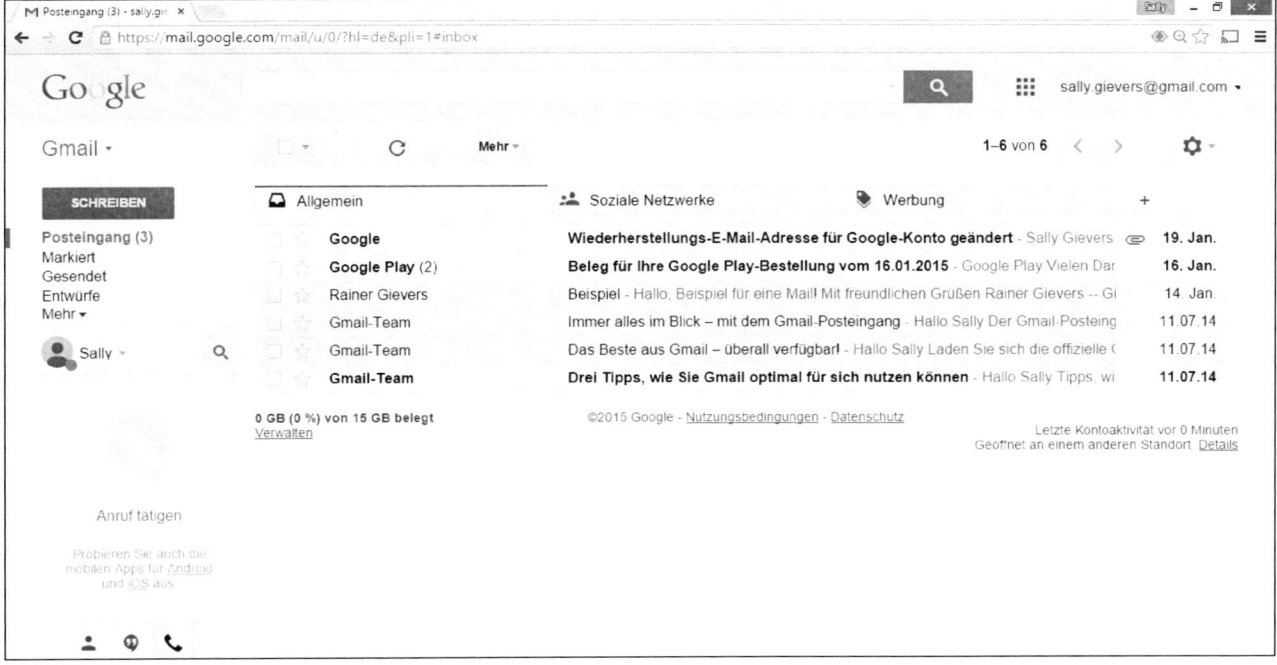

… und im Google Chrome-Browser.

Trotzdem empfehlen wir den Chrome-Browser. Warum? Google liefert über die Webseitendarstellung hinaus zahlreiche clevere Funktionen in Chrome mit, die Sie bei anderen Browsern nicht finden. So werden die Lesezeichen mit Ihrem Google-Konto im Internet synchronisiert und stehen dann auch auf anderen Geräten mit Google-Konto (Android-Handys/Tablets) zur Verfügung. Die Nutzung von Google Chromecast (siehe Kapitel *35 Chromecast*) ist sogar nur mit Chrome-Browser möglich.

In diesem Buch verwenden wir für die Bildschirmabbildungen fast ausschließlich den Chrome-Browser.

## *5.1 Ersteinrichtung*

### 5.1.1 Download und Installation

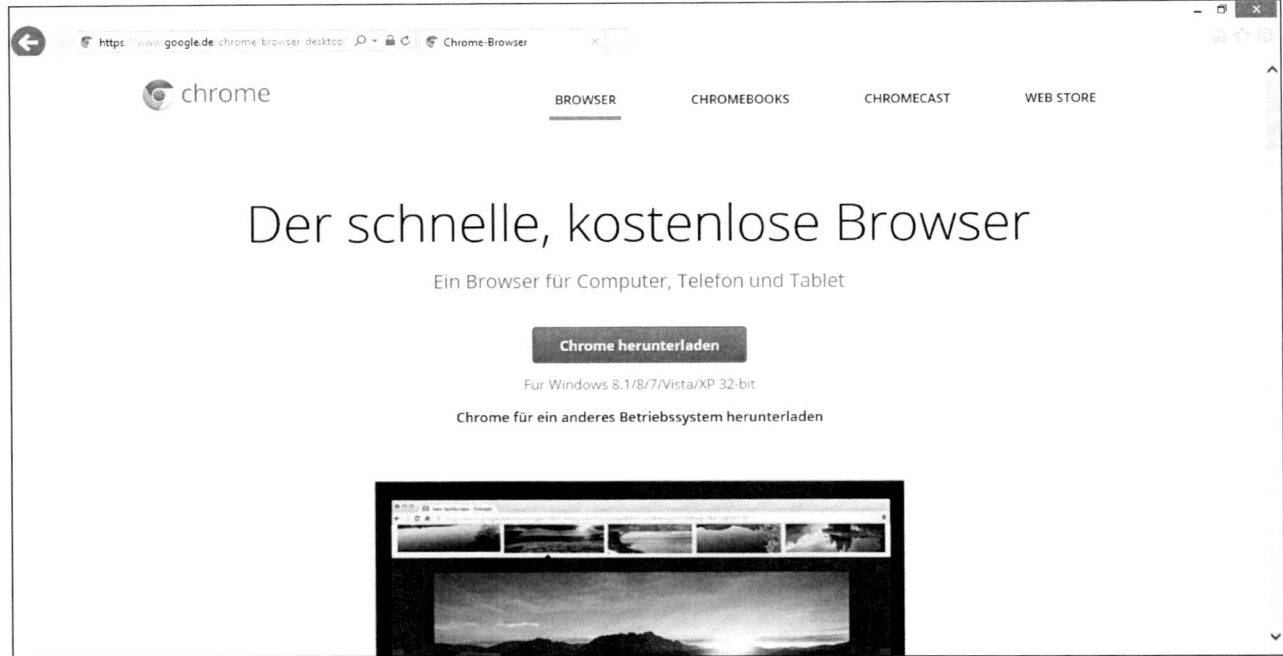

Chrome erhalten Sie, indem Sie in Ihrem »alten« Browser die Webadresse *www.google.de/chrome* aufrufen und dann auf *Chrome herunterladen* klicken. Nach dem Herunterladen installieren Sie ihn. Je nach Betriebsystem dürfte eine Sicherheitsabfrage erfolgen, bevor die eigentliche Installation erfolgt.

> Wichtig: Laden Sie den Chrome-Browser nur von einem Google-Server (erkennbar an einer Webadresse die *www.google.com* oder *www.google.de* enthält) und nie aus einer anderen Quelle herunter! Es besteht sonst die Gefahr, dass Ihnen Schadsoftware untergeschoben wird.
>
> Den Chrome-Browser auf Android-Handys lernen Sie im Kapitel *22 Chrome-Webbrowser (Android)* kennen.

❶ Klicken Sie auf *Weiter*.

❷ Wählen Sie *Google Chrome* aus, damit künftig immer, wenn Sie irgendwo in einer fremden Anwendung einen Link anklicken, der Chrome-Browser gestartet wird.

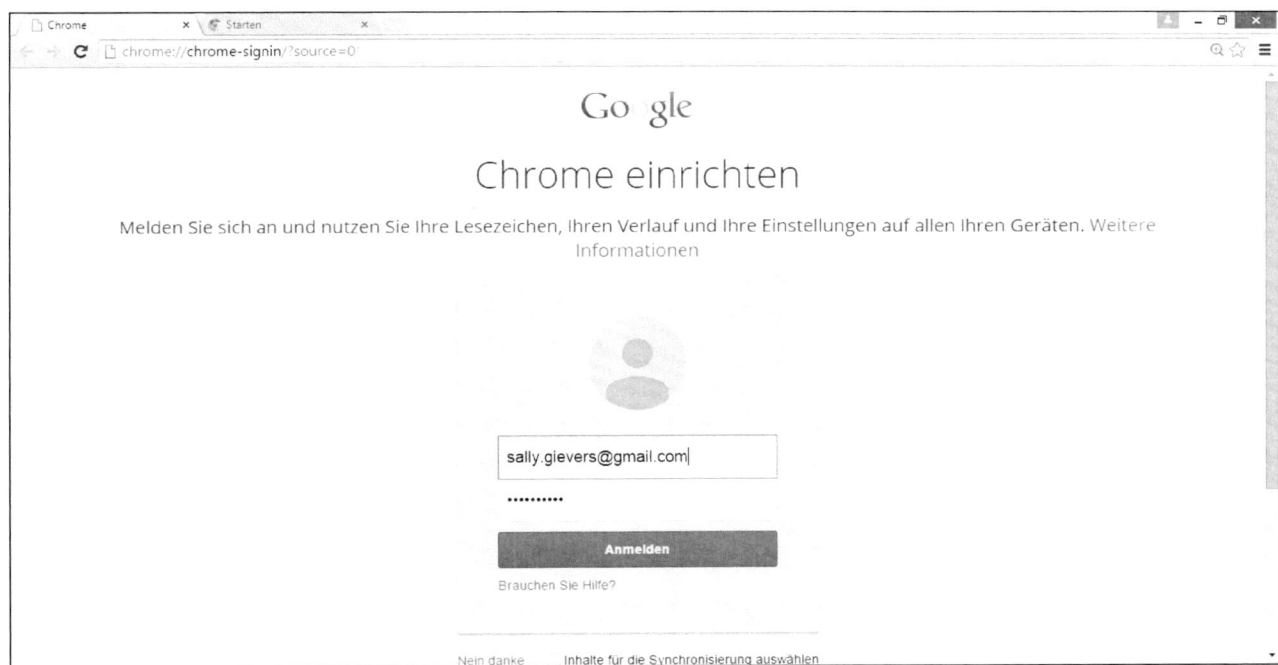

Zum Schluss melden Sie sich beim Chrome-Browser mit Ihrem Google-Konto an.

Je nach Betriebssystem (Windows 7 oder Windows 8) sieht die Chrome-Benutzeroberfläche etwas anders aus.

## 5.1.2 Lesezeichen importieren

Sofern Sie zuvor einen anderen Webbrowser genutzt haben, sollten Sie dessen Lesezeichen in Chrome übernehmen, was mit *Lesezeichen jetzt importieren* geschieht.

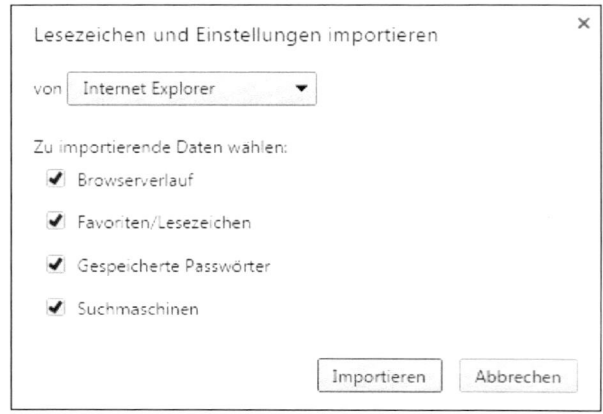
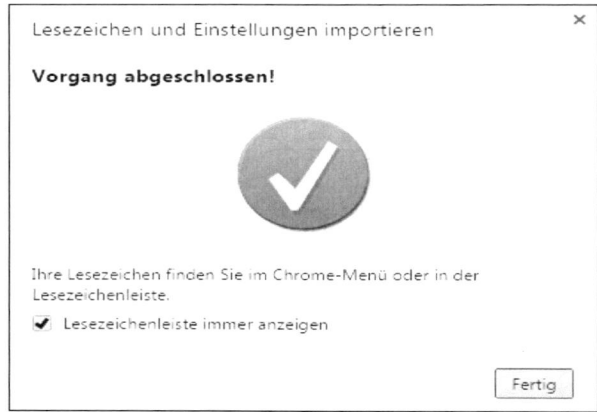

❶ Stellen Sie einfach im Auswahlmenü den betreffenden Webbrowser, im Beispiel *Internet Explorer* ein und betätigen Sie *Importieren*.

❷ Klicken Sie auf *Fertig*.

Auch nachträglich ist jederzeit der Import von Lesezeichen anderer Browser möglich. Dies geschieht in den Einstellungen (siehe Kapitel *5 Chrome-Browser*) mit *Lesezeichen und Einstellungen importieren*.

## 5.2 Grundfunktionen

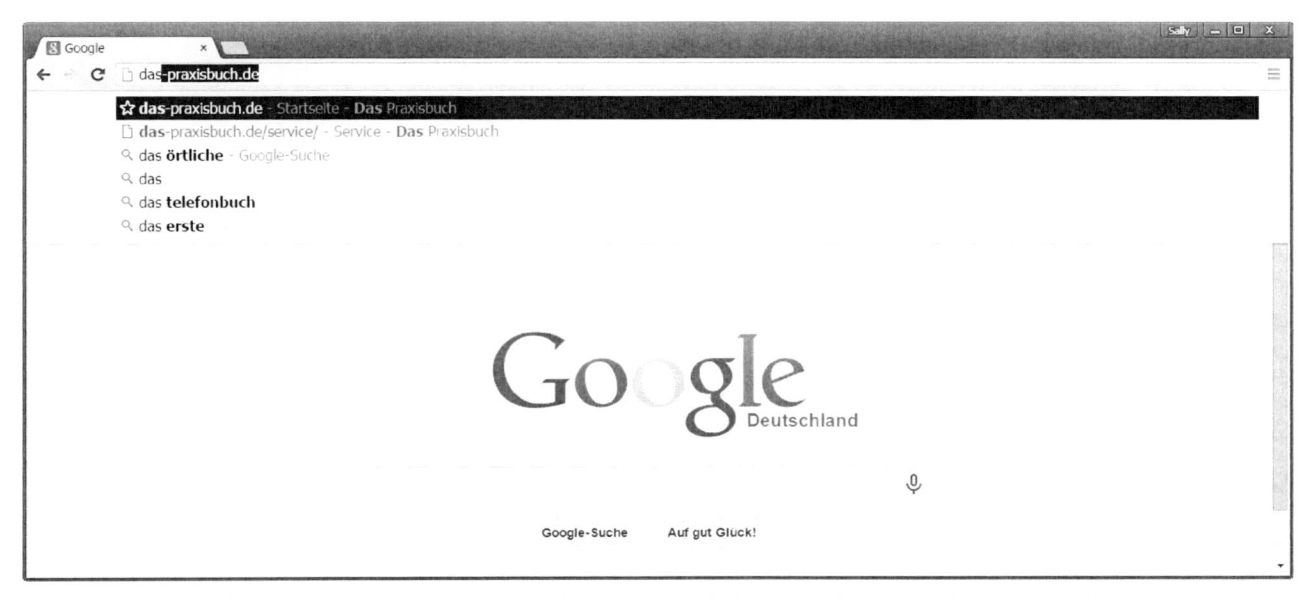

Standardmäßig befindet sich der Cursor bereits im Adressfeld, worauf Sie nun die aufzurufende Webadresse eingeben und mit der enter-Taste abschließen.

Bereits während der Eingabe macht Chrome Vorschläge, die Sie entweder mit einen Mausklick oder mit der Tastatur (Cursortaste hoch/runter und Druck auf enter-Taste) übernehmen:

- ☆: Favorit (von Ihnen gespeichertes Lesezeichen), siehe Kapitel *5.4 Favoriten*.
- ▯: Zuvor von Ihnen besuchte Webseite
- ◯: Vorschlag für eine Google-Suche

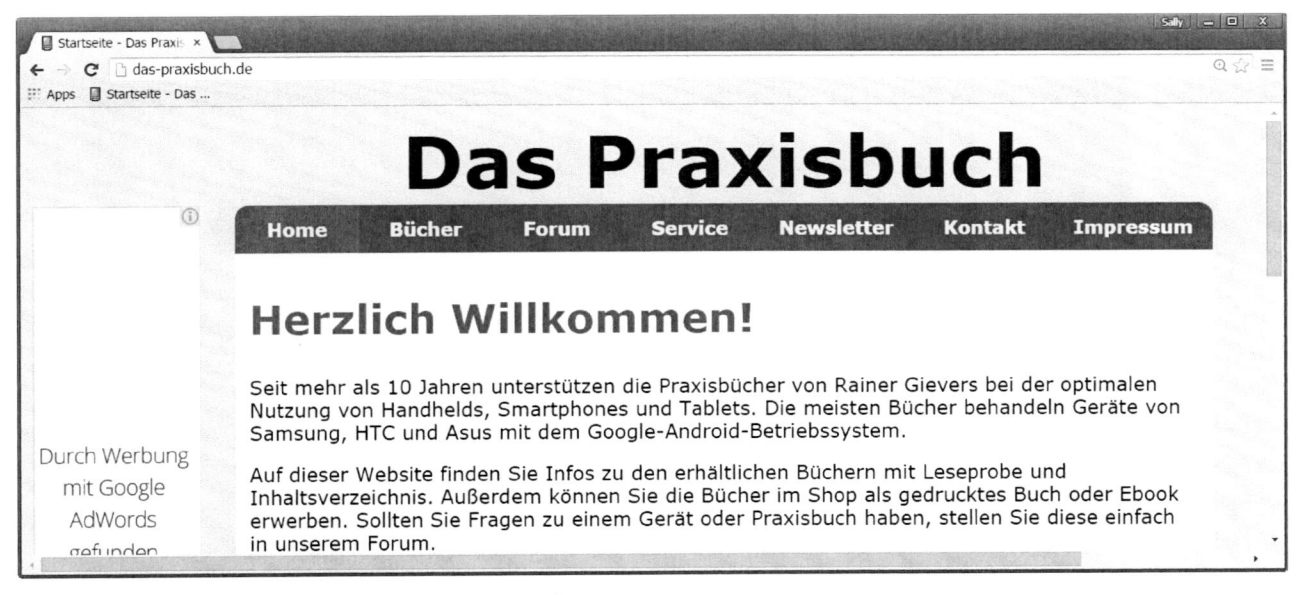

Die Webadresse wird geladen und angezeigt.

Tipp: Drücken Sie gleichzeitig auf der Tastatur die Plus- oder Minus-Taste zusammen mit strg-Taste, um die Schriftgröße zu ändern. Alternativ können Sie durch gleichzeitiges Drücken der strg-Taste und Drehen am Mausrad die Schriftgröße einstellen.

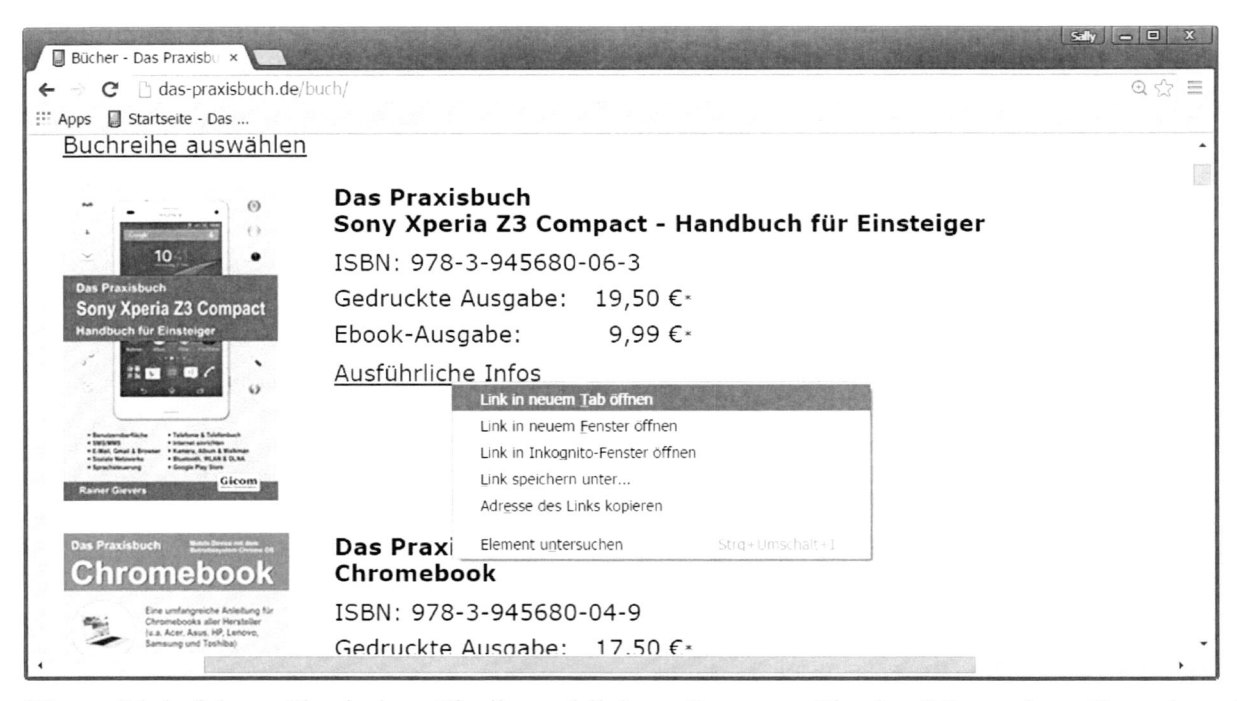

Einem Link folgen Sie, indem Sie ihn anklicken. Bewegen Sie den Mauszeiger über einen Link und drücken Sie mit zwei Fingern gleichzeitig auf das Touchpad für das Popup-Menü:

- *Link in neuem Tab öffnen*: Öffnet den Link in einem neuen Browser-Tab.

- *Link in neuem Fenster öffnen*

- *Link in Inkognito-Fenster öffnen*: Öffnet den Link im privaten Modus, bei der alle Cookies oder andere Daten wieder gelöscht werden, wenn man das Fenster später schließt.

- *Link speichern unter*: Speichert die Webseite im Gerätespeicher.

- *Adresse des Links kopieren*: Kopiert die Webadresse des Links in die Zwischenablage, von wo man sie später in andere Anwendungen wieder einfügen kann.

- *Element untersuchen*: Diese Funktion ist nur für Webdesigner interessant, die sich damit den Seitenquelltext anzeigen.

Hinweis: Aus drucktechnischen Gründen verwenden wir in diesem Buch unterschiedlich große Bildschirmabbildungen, damit Sie die Menüs besser erkennen können.

Die Schaltleisten oben links im Browserfenster schalten zwischen den besuchten Webseiten um: Anklicken von ← kehrt zur letzten besuchten Webseite zurück, während → die nächste aufgerufe Seite anzeigt (dies funktioniert nur, wenn Sie zuvor eine Seite zurückgeblättert hatten). C lädt die

Webseite dagegen neu. Die Tastatur bietet über die Tasten ←, → und C die gleiche Funktion.

## 5.3 Tabs

Heutzutage bietet jeder PC-Webbrowser die Möglichkeit, mehrere Webseiten gleichzeitig anzuzeigen, wobei die sogenannten Tabs zum Einsatz kommen. Sofern Sie bereits Tabs auf dem PC-Webbrowser genutzt haben, dürften Sie also vieles wiedererkennen.

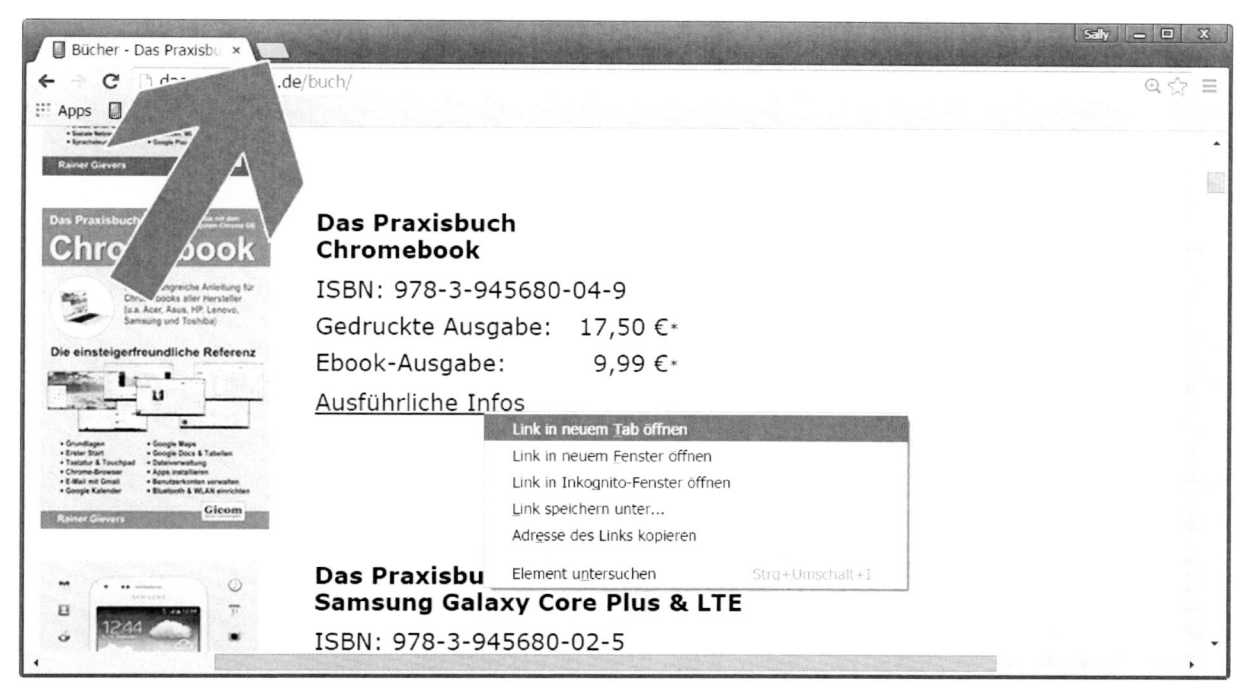

Bewegen Sie den Mauszeiger über einen Link und betätigen Sie die rechte Maustaste, worauf das Popup-Menü erscheint. Wählen Sie dann *Link in neuem Tab öffnen*. Der Browser-Tab wird im Hintergrund geöffnet.

Einen neuen leeren Tab erzeugen Sie über die unbeschriftete Schaltleiste oben links (Pfeil).

Alternativ gehen Sie auf *Link in neuem Fenster öffnen*, was ein neues Browserfenster erzeugt.

Zwischen den Tabs schalten Sie durch Anklicken um (Pfeil). Im Zusammenhang mit Tabs und Fenstern stehen zahlreiche Tastenkombinationen zur Verfügung, von denen wir hier nur die Interessanten auflisten:

- **strg**-Taste + **N**: Neues Browserfenster öffnen
- **strg**-Taste + **T**: Neuen Tab öffnen
- **strg**-Taste und auf Link klicken: Einen Link in einem Tab öffnen.
- **strg**-Taste + **1** bis **strg**-Taste + **8**: Wechselt zum Tab mit der angegebenen Positionsnummer in der Tab-Leiste.
- **strg**-Taste + ⇄ (**tab**)-Taste: Schaltet Anzeige auf den nächsten Tab um.
- **strg**-Taste + ⇧ (Umschalt-)Taste + ⇄ (**tab**)-Taste: Schaltet Anzeige auf den vorherigen Tab um.
- **strg**-Taste + **W**: Aktuellen Tab beziehungsweise aktuelles Fenster schließen.

Eine vollständige Auflistung alle Tastenkombinationen finden Sie unter der Webadresse *support.google.com/chromebook/answer/183101*.

## 5.4 Favoriten

Es ist natürlich sehr mühselig, die Adressen von zu besuchenden Websites immer von Hand im Webbrowser einzugeben, weshalb es Lesezeichen gibt. Im Chrome-Browser heißen die Lesezeichen »Favoriten«.

Klicken Sie auf ☆ oben rechts neben der Adressleiste, um ein Lesezeichen zu speichern.

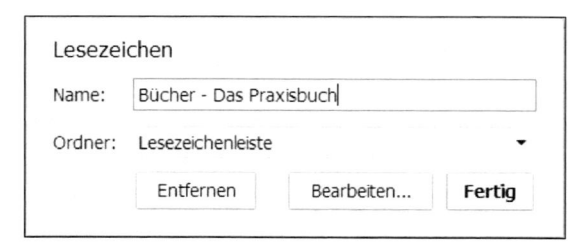

Ändern Sie gegebenenfalls den Namen des Lesezeichens und betätigen Sie *Fertig*.

Damit Sie Übersicht bei Ihren Lesezeichen halten, können Sie diese einem *Ordner* zuweisen:
- *Lesezeichenleiste*: Die Lesezeichenleiste ermöglicht den schnellen Zugriff auf Ihre Lese-

zeichen. Darauf kommen wir gleich noch.
- *Weitere Lesezeichen*; *Mobile Lesezeichen*: Weitere vordefinierte Lesezeichenordner.

Die *Entfernen*-Schaltleiste löscht ein Lesezeichen wieder. Mit *Bearbeiten* öffnen Sie den Verwaltungsdialog, worin Sie die Ordner verwalten.

> Jede Webadresse lässt sich einmal als Lesezeichen speichern. Es ist somit nicht möglich, ein Lesezeichen mehreren Ordnern zuzuweisen.
>
> Die Lesezeichen werden mit Ihrem Google-Konto synchronisiert, das heißt, wenn Sie sich in einem anderen PC-Webbrowser oder einem Android-Handy/Tablet bei Ihrem Google-Konto anmelden, sind dort im Browser Ihre Lesezeichen verfügbar.

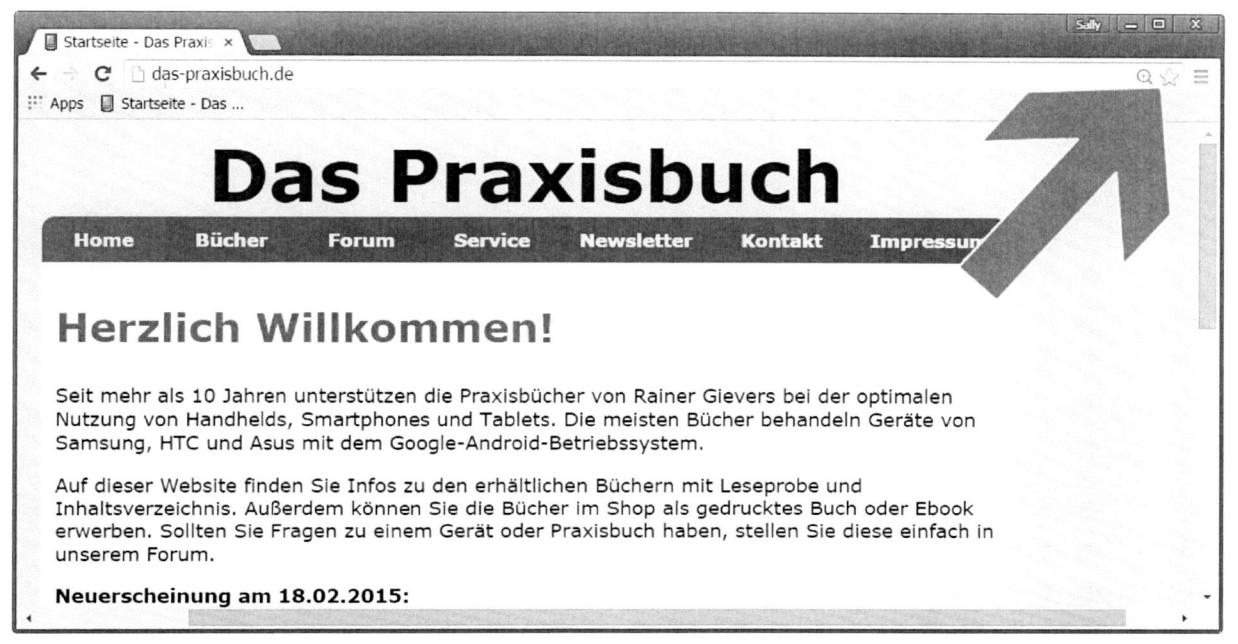

Bei Webseiten, die bereits als Lesezeichen vorhanden sind, erscheint künftig ein gelber ☆ (Pfeil).

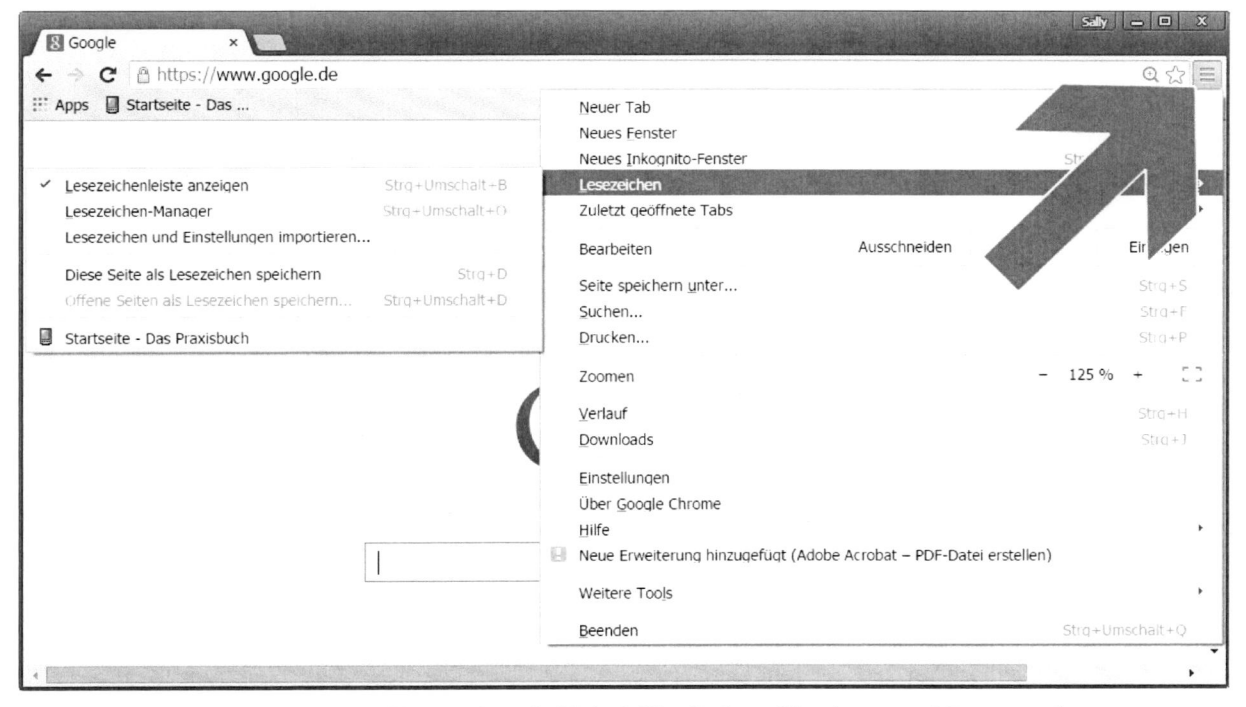

Die Lesezeichenauflistung öffnen Sie mit ≡ (Pfeil). Gehen Sie dann auf *Lesezeichen*.

## 5.4.1 Lesezeichenleiste

Es ist doch recht umständlich, immer erst das oben erwähnte ≡-Menü für den Lesezeichenzugriff zu öffnen. Deshalb ist eine sogenannte Lesezeichenleiste vorhanden.

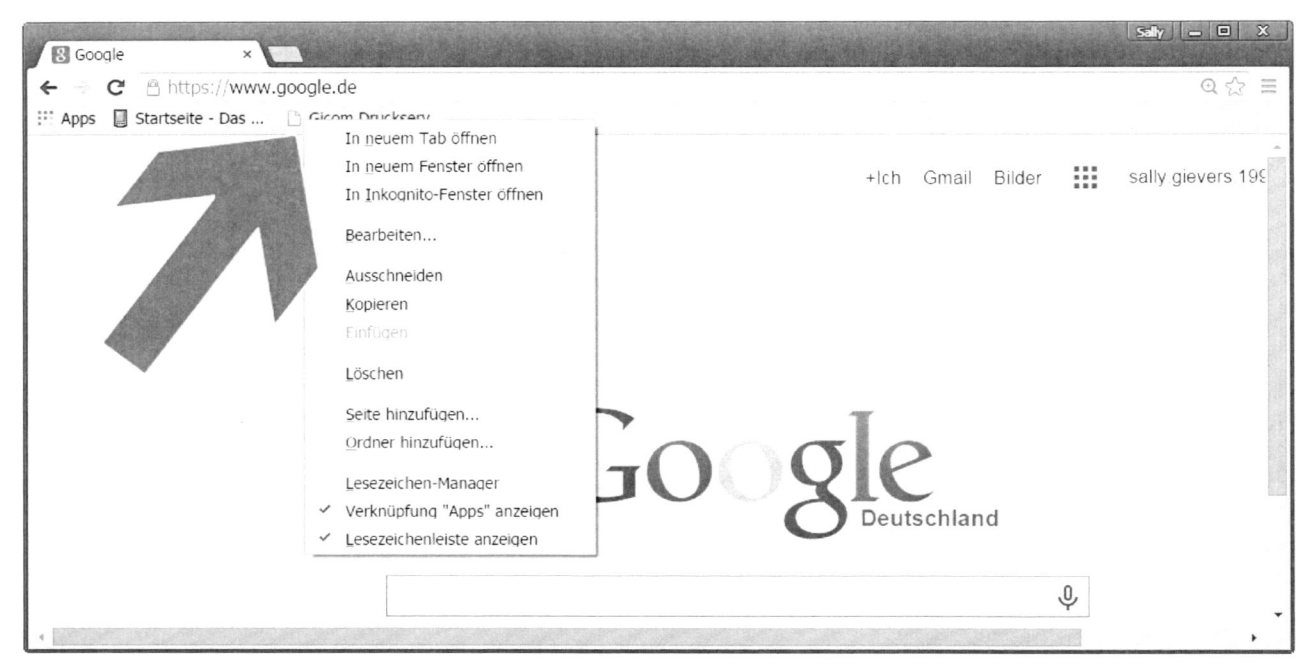

Anklicken eines Lesezeichens in der Lesezeichenleiste ruft die entsprechende Webseite auf. Betätigen Sie jetzt einmal über dem Lesezeichen die rechte Maustaste für das Popup-Menü. Sie erhalten dann weitere Funktionen zum Öffnen und Bearbeiten.

> Damit ein neues Lesezeichen in der Lesezeichenliste erscheint, stellen Sie bei der Neuanlage als Ordner *Lesezeichenleiste* ein.
>
> Die Lesezeichenleiste deaktivieren/aktivieren Sie mit gleichzeitigem Drücken von **strg**-Taste + ⇧ (Hochstell)-Taste + **B** auf der Tastatur.

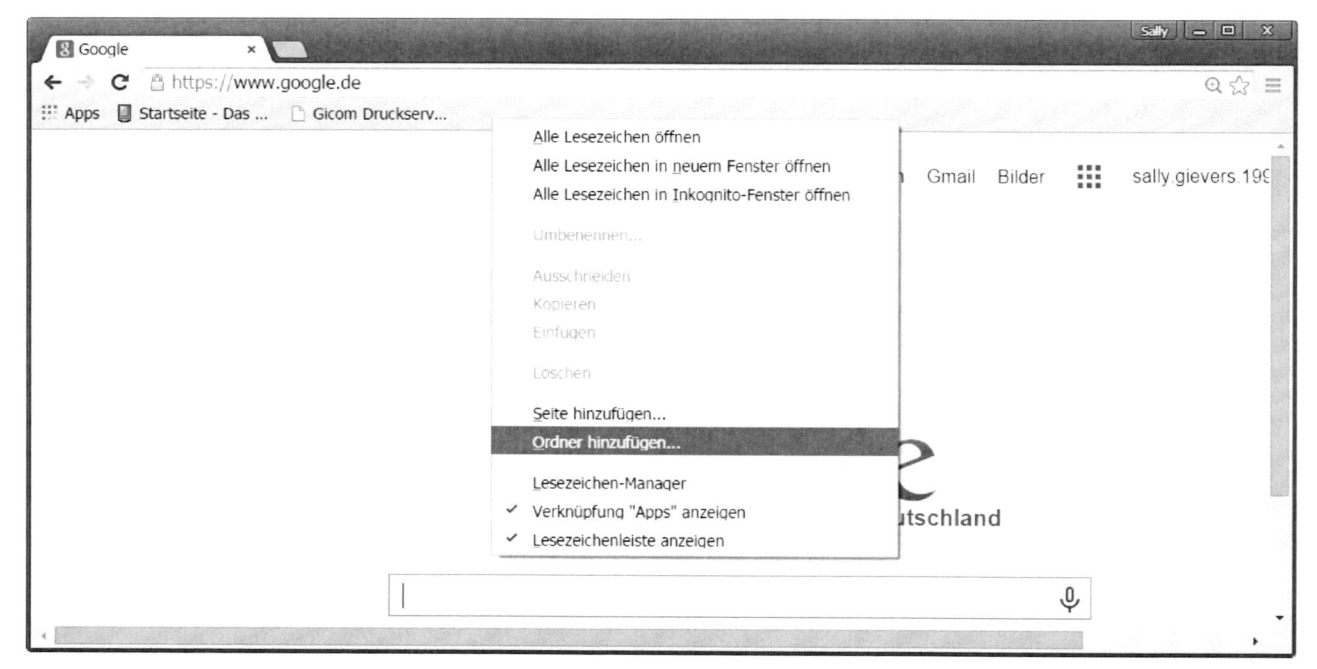

Die Funktion *Ordner hinzufügen* im Popup-Menü ist besonders empfehlenswert, wenn Sie Ihre Lesezeichen übersichtlich verwalten möchten. Geben Sie einen ausagekräftigen Namen ein und schließen Sie mit *Speichern* ab.

Zum späteren Entfernen klicken Sie mit der rechten Maustaste (zwei Finger auf das Touchpad drücken) auf den Ordner und wählen im Popup-Menü *Löschen*.

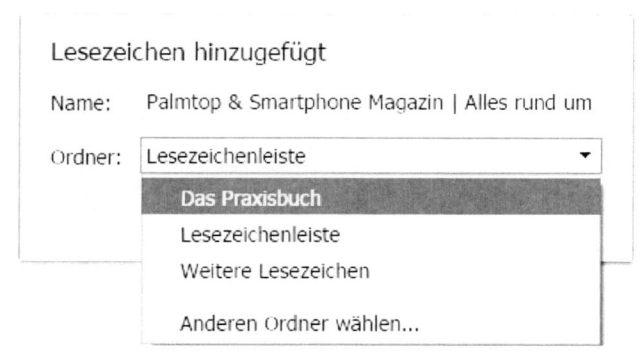

Wenn Sie künftig ein neues Lesezeichen anlegen, steht Ihnen im *Ordner*-Auswahlmenü der neue Ordner zur Verfügung.

Die Anordnung der Lesezeichen in der Lesezeichenleiste lässt sich mit einfach ändern: Ziehen Sie das Lesezeichen mit gedrückter Maustaste einfach an eine andere Position oder in einen Ordner. Auf die Lesezeichen im Ordner haben Sie nach Anklicken des Ordners Zugriff.

## 5.5 Dateien herunterladen

Auf vielen Websites werden Dateien zum Herunterladen angeboten. Klicken Sie dann einfach auf den jeweiligen Download-Link.

Beachten Sie, dass Chrome PDF-Dateien direkt im Browserfenster öffnet und nicht dauerhaft im Gerätespeicher ablegt. Speichern ist aber über das Popup-Menü möglich, wofür Sie den Mauszeiger in die PDF-Anzeige bewegen und dann die rechte Maustaste betätigen. Wählen Sie anschließend *Speichern unter*.

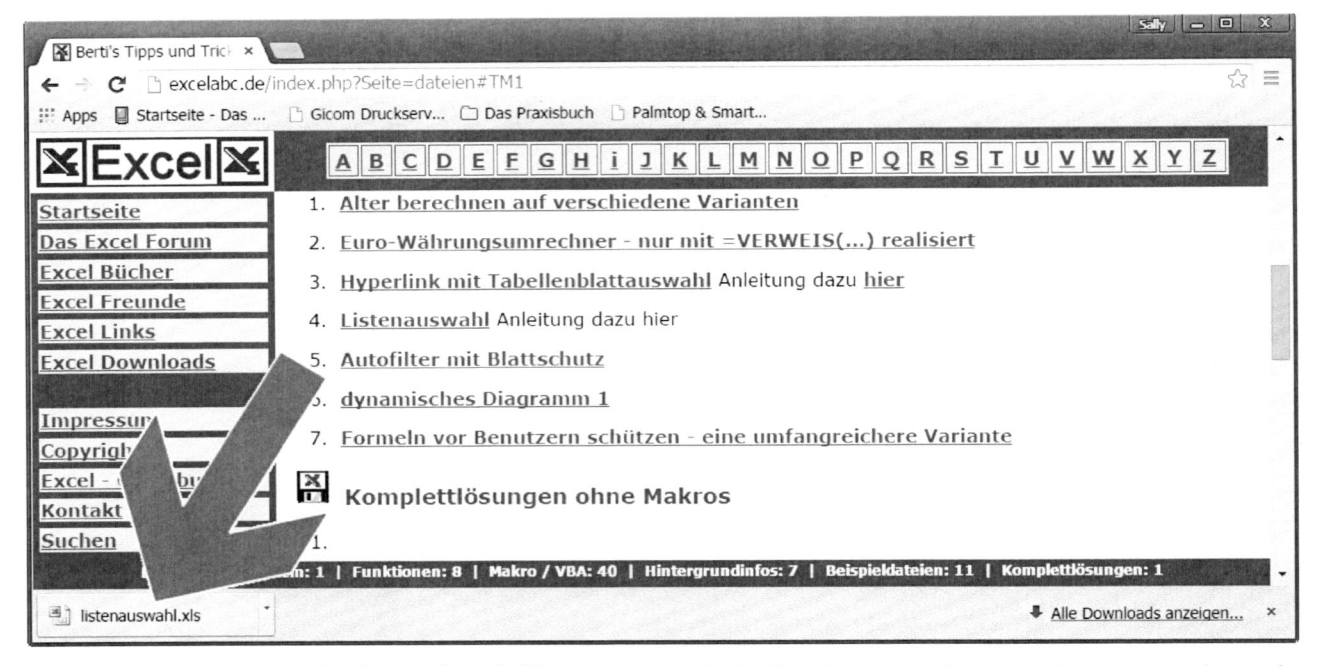

Andere Dateiarten, beispielsweise Office-Dateien, lädt der Browser dagegen herunter, ohne sie sofort anzuzeigen. Klicken Sie unten auf den Dateinamen, um die Datei in der zugehörigen Anwendung zu öffnen.

Eine Auflistung aller heruntergeladener Dateien erhalten Sie über die *Alle Downloads anzeigen*-Schaltleiste unten rechts. Alternativ betätigen Sie auf der Tastatur **strg** + **J**.

## 5.6 Einstellungen

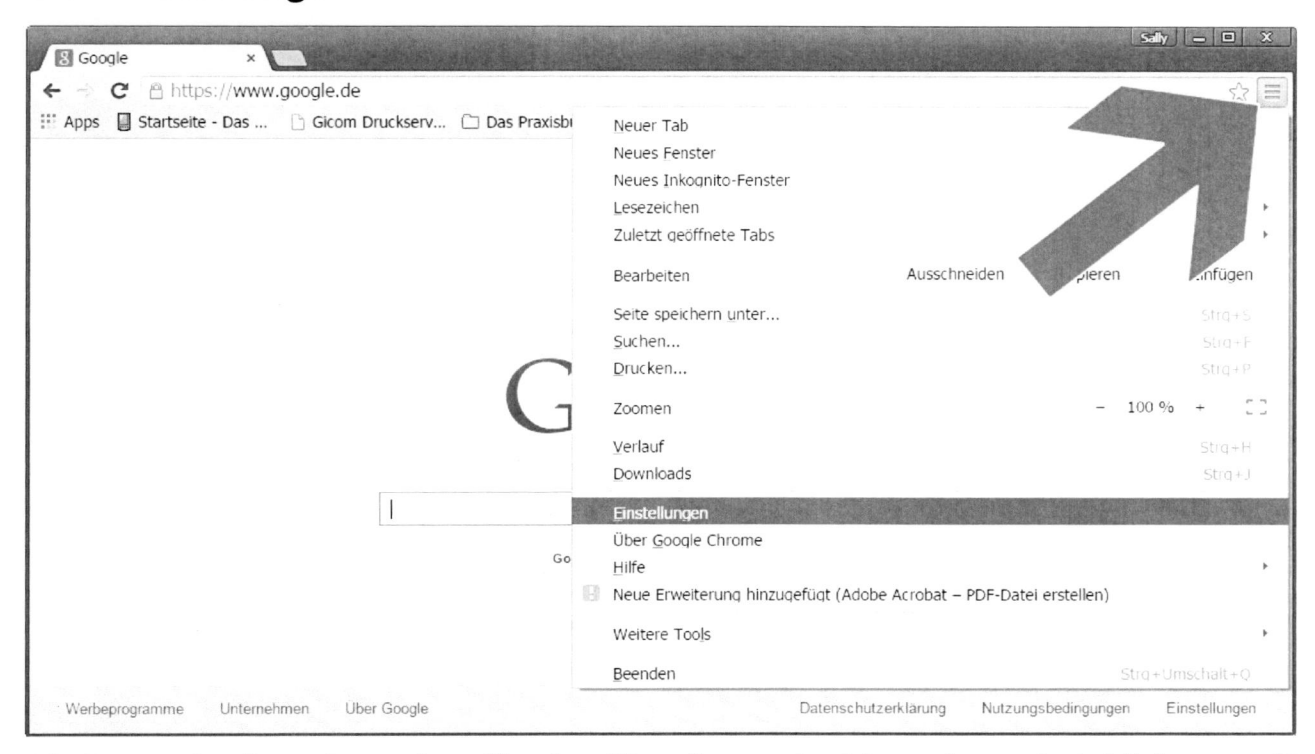

Die Browserkonfiguration ändern Sie über *Einstellungen* im Menü, das nach Anklicken von ≡ (Pfeil) erscheint.

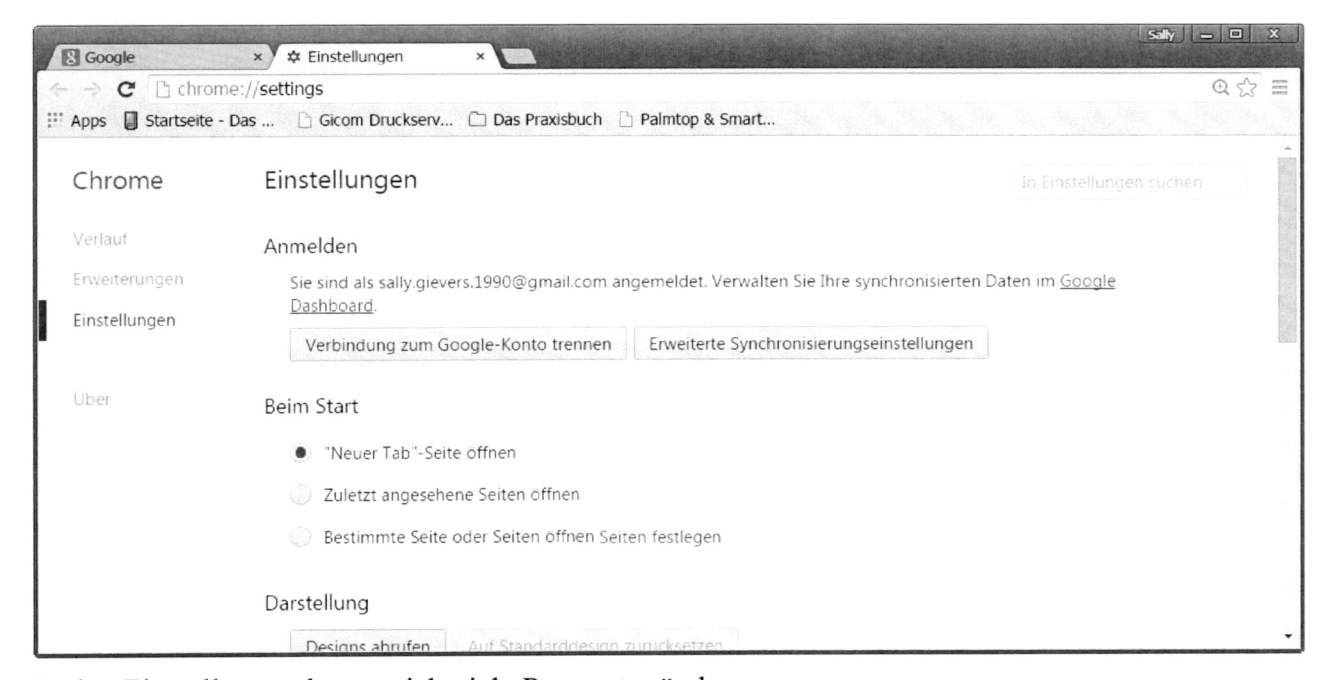

In den Einstellungen lassen sich viele Parameter ändern:

Unter *Anmelden*:

- *Google Dashboard*: Listet die Anzahl der mit dem Google-Konto synchronisierten Daten auf.
- *Verbindung zum Google-Konto trennen*: Durch das »Trennen« beenden Sie die automatische Synchronisation der Lesezeichen und Browser-Einstellungen mit Ihrem Google-Konto.

Unter *Beim Start* legen Sie fest, was passiert, wenn Sie den Browser neu starten:

- *"Neuer Tab"-Seite öffnen*: Zeigt eine leere Seite an. Standardmäßig werden auf der "Neuer Tab"-Seite das Google-Logo, eine Suchleiste und Miniaturansichten Ihrer meistbesuchten Webseiten angezeigt.
- *Zuletzt angesehene Seiten öffnen*: Dieselben Webseiten, die Sie zuletzt geöffnet hatten, werden in den Tabs erneut angezeigt.
- *Bestimmte Seite oder Seiten öffnen*: Je nach Anwendungsfalls dürfte es nützlich sein, bestimmte Webseiten automatisch beim Browserstart zu öffnen, beispielsweise bestimmte Nachrichtenseiten oder eine Seite mit Wetterinformationen.

Unter *Darstellung*:

- *Designs abrufen*: Vorgefertigtes Design einstellen.
- *Schaltfläche "Startseite" anzeigen*: Blendet die ⌂-Schaltfläche links neben der Adressleiste ein. Außerdem lässt sich dann die damit aufgerufene Startseite festlegen (vordefiniert ist *Neuer Tab*, es lässt sich aber eine beliebige Webadresse einstellen).
- *Lesezeichenleiste immer anzeigen*: Blendet die bereits im Kapitel *5.4.1 Lesezeichenleiste* beschriebene Lesezeichenleiste unterhalb der Adressleiste ein.

Unter *Suchen*:

- In der Omnibox (=Adressleiste) erfolgen Suchvorschläge, sobald Sie darin Eingaben vornehmen. Legen Sie hier fest, welche Suchmaschine dabei zum Einsatz kommt.
- *Zum Starten der Sprachsuche "OK Google" aktivieren:* Haben Sie die Google-Website (www.google.de oder www.google.com) geöffnet oder befinden Sie sich in einem leeren Browser-Tab, so aktivieren Sie mit »OK Google« die Sprachsteuerung. Dies ist auch möglich, wenn Sie den Chrome App Launcher (siehe Kapitel *7.5 Der Chrome App Launcher*) geöffnet haben und sich der Cursor dort im *Suchen*-Eingabefeld befindet.*

Unter *Personen*:

- Hier verwalten Sie die Nutzer (=Google-Konten) Ihres Chrome-Browsers. In diesem Buch gehen wir davon aus, dass Sie alleiniger Nutzer sind.
- *Gastmodus aktivieren*: Gastnutzer sind Anwender, die kein Google-Konto besitzen, die aber dennoch den Chrome-Browser nutzen können. Sie sollten die Option daher nicht deaktivieren.
- *Jeder darf Personen zu Chrome hinzufügen*; *Bearbeiten*; *Entfernen*: Verwaltet die Nutzer (=Google-Konten). Wir gehen in diesem Buch nicht weiter darauf ein.
- *Lesezeichen und Einstellungen importieren*: Falls Sie noch einen anderen Browser wie den Internet Explorer neben Chrome nutzen, importieren Sie mit der Schaltleiste deren Lesezeichen.

Unter *Standardbrowser*:

- Als Standardbrowser wird derjenige Browser bezeichnet, der bei einem Klick auf einen Link automatisch startet. Dies betrifft nicht Links in Webseiten selbst, sondern in Anwendungen von Dritten, beispielsweise ein Link in einer PDF-Datei.

---

Bei der mit * markierten Funktion überträgt der Browser in der Regel Daten an Google. Falls Sie in einem sensiblen Umfeld arbeiten (sicherheitsrelevanter Unternehmensbereich, Rechtsanwaltskanzlei, usw.) sollten Sie diese Option deaktivieren.

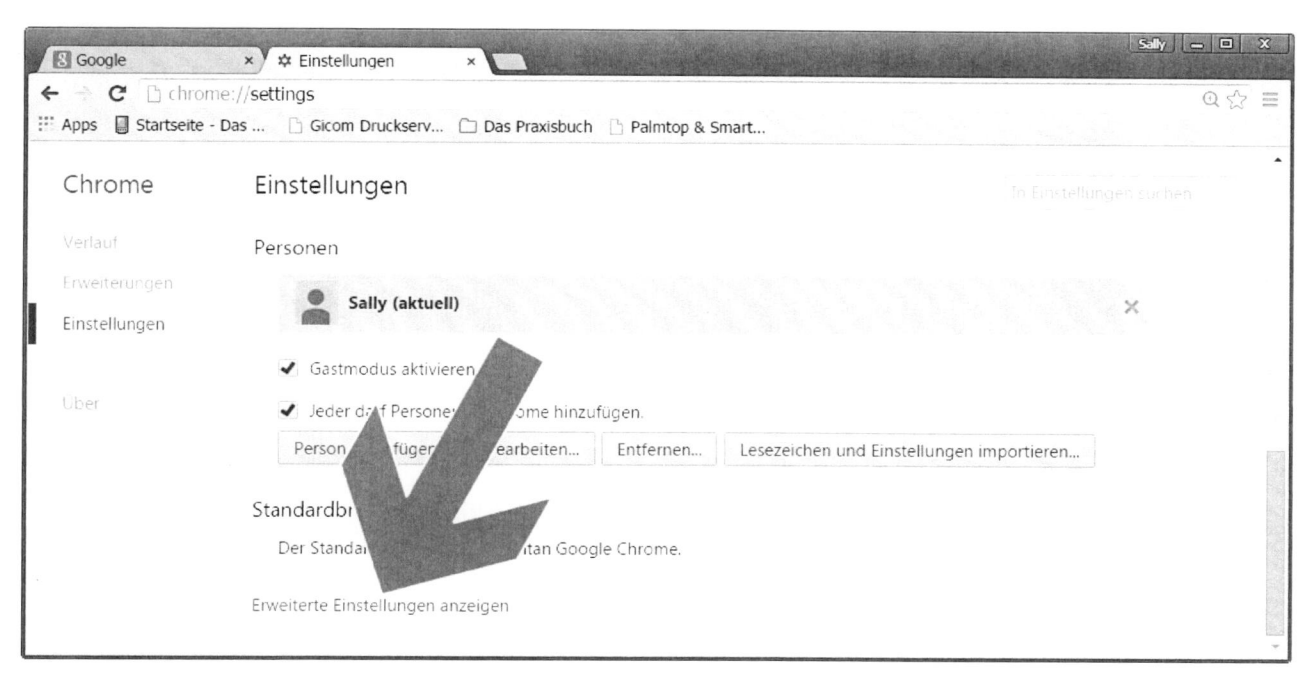

Klicken Sie nun auf *Erweiterte Einstellungen anzeigen* für weitere Konfigurationsparameter:

Unter *Datenschutz:*

- *Inhaltseinstellungen*: In dem Menü legen Sie fest, auf was für Gerätefunktionen die Webseiten/Anwendungen standardmäßig zugreifen dürfen. Die Voreinstellungen (meistens *Nachfragen*) sollten Sie nicht ändern, wenn Ihnen nicht genau klar ist, was sie bewirken.

- *Browserdaten löschen*: Vom Browser zwischengespeicherte Daten wie Cookies oder geladene Webseiten löschen.

- *Navigationsfehler mithilfe eines Webdienstes beheben*: Falls mal eine von Ihnen eingegebene Webadresse nicht gefunden wird, schlägt der Browser Alternativen vor.*

- *Dienst zur Vervollständigung von Suchanfragen und URLs verwenden, die in die Adressleiste oder die Suchleiste des App Launchers eingegebenen werden*: Geben Sie Wörter in der Adressleiste des Chrome-Browsers ein, so macht der Browser Suchvorschläge.

- *Netzwerkaktionen voraussehen, um die Ladegeschwindigkeit zu erhöhen*: Der Chrome-Browser setzt alle in den Links auf einer Webseite vorhandenen Webadressen in IP-Adressen um, was das spätere Laden einer angeklickten Webadresse beschleunigen soll.

- *Details zu möglichen sicherheitsrelevanten Zwischenfällen an Google senden*: Rufen Sie eine verdächtige Webadresse (die möglicherweise Schadensfunktionen enthält) auf oder laden Sie eine verdächtige Datei herunter, wird Sie der Browser bitten, diese zur Analyse an Google senden zu dürfen.*

- *Phishing und Malware-Schutz aktivieren*: Der Chrome-Browser hält eine Liste mit schädlichen Webadressen vor. Befindet sich eine von Ihnen eingegebene Webadresse in der Liste, sendet der Browser diese an Google für eine weitergehende Überprüfung, bevor die betreffende Adresse geladen wird.*

- *Rechtschreibfehler mithilfe eines Webdienstes korrigieren*: Wie Ihnen ja bekannt ist, können Sie in der Adressleiste des Chrome-Browsers nicht nur Webadressen, sondern auch Wörter eingeben, bei denen Google dann Suchvorschläge macht. Bei falsch eingegebenen Wörtern wird auch nach den korrekten Wörtern gesucht.*

- *Nutzungsstatistiken und Absturzberichte automatisch an Google senden*: Überträgt Daten zur Speicherauslastung, den Einstellungen, usw. an Google, wobei darin keine Webadressen enthalten sind. In Absturzberichten können allerdings besuchte Webseiten enthalten sein.*

- *Mit Browserzugriffen eine "Do Not Track"-Aufforderung senden*: Damit fordert der Browser automatisch die besuchten Webseiten auf, keine weitergehenden Daten Ihres Besuchs (Cookies, IP, usw.) zu speichern oder zu verarbeiten. Die meisten Websites halten sich aber nicht daran.

> Bei den mit * markierten Funktionen überträgt der Browser in der Regel Daten an Google. Falls Sie in einem sensiblen Umfeld arbeiten (sicherheitsrelevanter Unternehmensbereich, Rechtsanwaltskanzlei, usw.) sollten Sie diese Optionen deaktivieren.
>
> Noch ausführlichere Erläuterungen zu den gesendeten Daten finden Sie bei Interesse unter der Webadresse *support.google.com/chrome/answer/114836*.

Unter *Passwörter und Formulare*:

- *Autofill aktivieren, um Webformulare mit nur einem Klick ausfüllen zu können*: Der Chrome-Browser kann für automatisch Eingabeformulare ausfüllen, die nach Ihrer Adresse fragen (beispielsweise von Online-Shops, die Ihre Lieferadresse benötigen). Erfassen Sie bei Bedarf im Menü Ihre Adresse. Außerdem bietet der Browser die Eingabe Ihrer Kreditkartendaten an, wovon wir aber abraten.
- *Speicherung Ihrer Web-Passwörter anbieten*: Viele Websites lassen sich nur mit einem Login, meist bestehend aus Ihrer E-Mail-Adresse und einem Passwort nutzen. Falls Sie die zeitraubende Eingabe Ihrer Logindaten vermeiden möchten, erlauben Sie mit *Speicherung Ihrer Web-Passwörter anbieten*, dass der Chrome-Browser Ihre Logindaten nach Rückfrage speichert und beim nächsten Mal automatisch das Login-Eingabefeld ausfüllt. Wichtige Logindaten, beispielsweise zum Online-Banking oder von Shopping-Websites sollten Sie allerdings aus Sicherheitsgründen nicht speichern.

Unter *Webinhalte:*

- Stellen Sie *Schriftgröße* und *Schrift,* sowie den *Seitenzoom* (Vergrößerung des Schriftbilds) ein. Die Einstellungen sind mit Vorsicht vorzunehmen, weil einige Webseiten danach eventuell nicht mehr lesbar sind.

Unter *Netzwerk*:

- *Proxy-Einstellungen ändern*: Chrome verwendet die Standard-Netzwerkeinstellungen von Windows für den Internetzugang. Nur in Sonderfällen müssen Sie hier von Hand Änderungen vornehmen.

Unter *Sprachen*:

- Konfiguriert unter *Spracheinstellungen* die beiden Sprachen Deutsch und Englisch, in denen die meisten von Ihnen besuchten Webseiten erstellt wurden.

Unter *Downloads:*

- *Downloadpfad*: Alle von Ihnen aus dem Webbrowser heruntergeladenen Dateien landen im Downloadpfad, standardmäßig *Downloads*. Alternativ wählen Sie einen anderen Ordner, dies kann auch Google Drive (siehe Kapitel *10 Google Drive*) sein.
- *Vor dem Download von Dateien nach dem Speicherort fragen*: Jedesmal wenn Sie eine Datei zum Herunterladen anklicken, erfolgt eine Abfrage.

Unter *HTTPS/SSL*:

- Verwaltet die für verschlüsselte Verbindungen genutzten Zertifikate. Diese Funktion ist vor allem für Unternehmen interessant, die eigene Verschlüsselungszertifikate einsetzen.

Unter *Google Cloud Print*
- Auf die Druckerverwaltung geht dieses Buch nicht weiter ein.

Unter *Beim Start:*
- Legt fest, welche Webseite der Chrome-Browser beim Start anzeigt. Zur Auswahl stehen:
  - *"Neuer Tab"-Seite öffnen*: Zeigt eine leere Seite an. Standardmäßig werden auf der "Neuer Tab"-Seite das Google-Logo, eine Suchleiste und Miniaturansichten Ihrer meistbesuchten Webseiten angezeigt.
  - *Zuletzt angesehene Seiten öffnen*: Dieselben Webseiten, die Sie zuletzt geöffnet hatten, werden in den Tabs erneut angezeigt.
  - *Bestimmte Seite oder Seiten öffnen*: Je nach Anwendungsfalls dürfte es nützlich sein, bestimmte Webseiten automatisch beim Browserstart zu öffnen, beispielsweise bestimmte Nachrichtenseiten oder eine Seite mit Wetterinformationen.

Unter *Bedienungshilfen*:
- Auf die Funktionen geht dieses Buch nicht ein.

Unter *Einstellungen zurücksetzen*:
- *Einstellungen zurücksetzen*: Es kommt manchmal vor, dass Sie oder nachträglich installierte Erweiterungen (siehe Kapitel *7.4 Chrome-Erweiterungen*) die Voreinstellungen des Chrome-Browsers so durcheinander bringen, dass eine sinnvolle Nutzung nicht mehr möglich ist. Sollte *Einstellungen zurücksetzen* keine Hilfe bringen, dürfte nur noch der zuvor aufgeführte *Powerwash* helfen.

## 5.7 Benutzerverwaltung

Dieses Kapitel dürfte für Sie nur wichtig sein, wenn mehrere Personen einen PC teilen oder Sie ab und zu den PC eines Dritten (auf dem ebenfalls der Chrome-Browser installiert ist) für das Internet nutzen.

Genau genommen arbeiten Sie mit zwei Konten:
- Dem Google-Konto, bei dem Sie sich im Internet unter *www.google.de* angemeldet haben. Dadurch können Sie alle Google-Dienste, beispielsweise Gmail, nutzen.
- Dem Google-Konto des Chrome-Browsers. Die von Ihnen angelegten Lesezeichen speichert der Browser dann in Ihrem Google-Konto. Wenn Sie sich im Chrome-Browser bei einem anderen Google-Konto anmelden, werden Sie automatisch auch im Internet vom alten Konto abgemeldet und mit dem neuen angemeldet.

Einige Beispiele sollen im Folgenden diesen auf den ersten Blick verwirrenden Umstand verdeutlichen.

---

Falls Sie dieses Kapitel nicht hundertprozentig verstehen, ist das nicht so schlimm. Wichtig ist nur, dass Sie die Funktion des Google-Kontos im Chrome-Browser kennen.

Rufen Sie *www.google.de* im Chrome-Browser auf und klicken Sie auf Ihren Kontonamen oben rechts. Über die Schaltleiste *Abmelden* melden Sie sich im Internet vom Google-Konto ab.

Über *Anmelden* loggen Sie sich wieder bei Ihrem Google-Konto im Internet ein.

Ihnen dürfte nun auffallen, dass Ihr Google-Konto bereits vorgegeben ist und Sie nur noch das Passwort eingeben müssen. Dies liegt am Chrome-Browser, bei dem Sie ja noch mit Ihrem Google-Konto angemeldet sind.

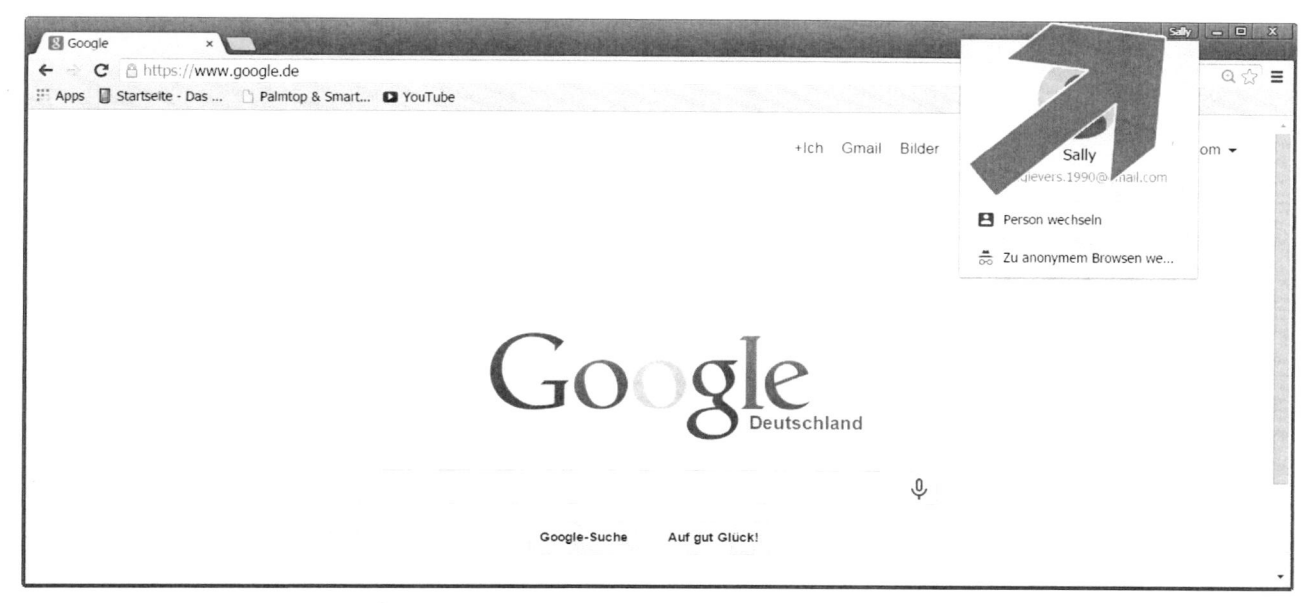

Der Chrome-Browser zeigt oben rechts (Pfeil) im Fenster an, bei welchem Google-Konto sie bei ihm angemeldet sind. Klicken Sie mal darauf.

Das Popup zeigt Ihren Kontonamen an und bietet die Optionen:

- *Person wechseln*: Bei einem anderen Google-Konto anmelden.
- *Zu anonymen Browsen wechseln*: Diese Funktion, welche ein neues Fenster öffnet erhalten Sie auch über die Tastenkombination **Strg** + **⇧** (Hochstelltaste) + **N**. Alle von Ihnen im Browser gespeicherten Daten (Cookies, besuchte Webseiten, usw.) werden nach dem Schließen des Fensters vom Computer gelöscht.

Alternativ betätigen Sie für das Popup die Tastenkombination **Strg** + **⇧** (Hochstelltaste) + **M**.

## 5.7.1 Konto wechseln

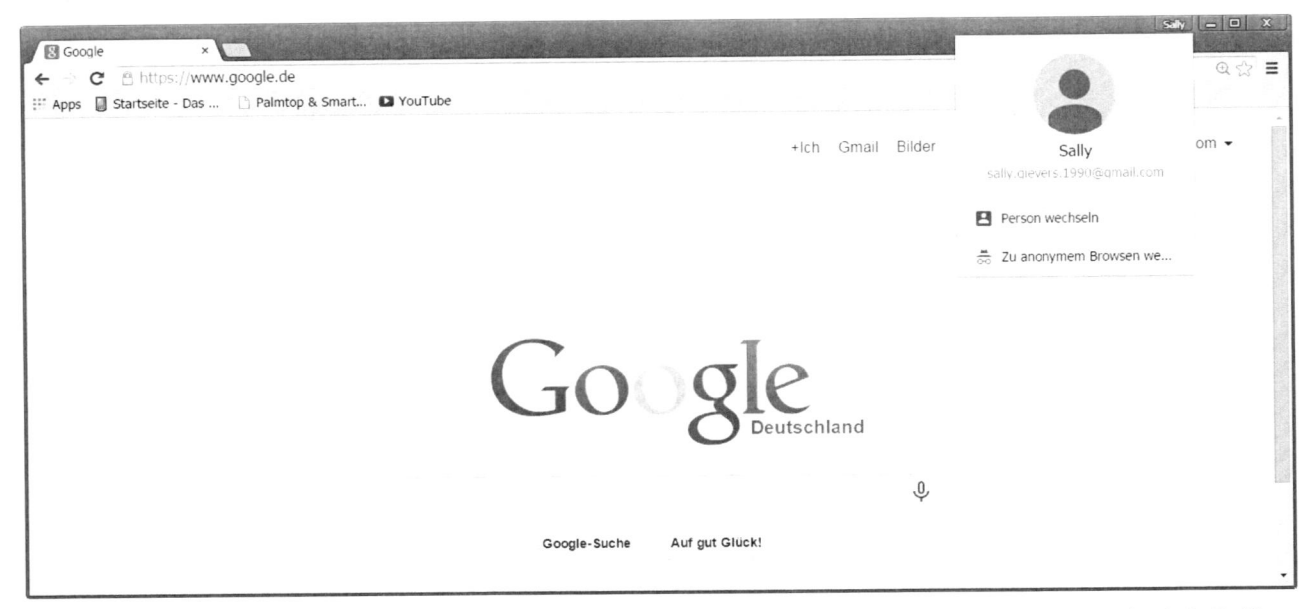

Durch einem Klick auf den Benutzernamen oben rechts im Fenster – in unserem Beispiel *Sally* – öffnen Sie das Popup, worin Sie *Person wechseln* anwählen.

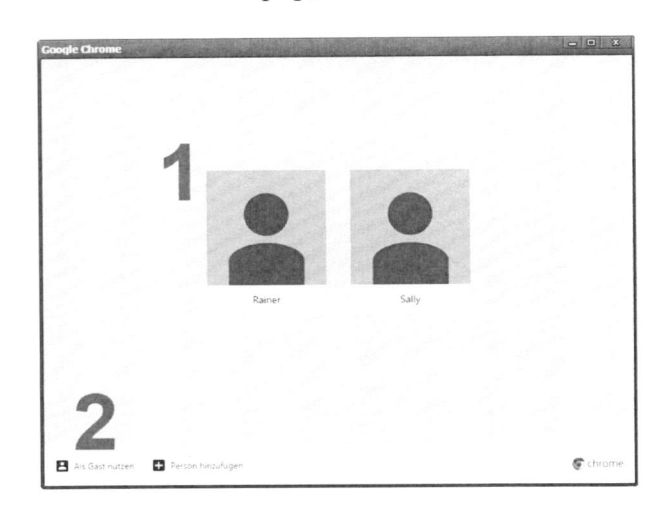

Der Chrome-Browser »merkt« sich alle Google-Konten, mit denen Nutzer sich bereits angemeldet hatten und listet diese auf (1). Über die Schaltleisten *Als Gast nutzen* ermöglichen Sie Dritten, wie im Kapitel *5.7.3 Gastmodus* beschrieben, den Chrome-Browser zu nutzen. *Personen hinzufügen* fügt dagegen ein weiteres Google-Konto hinzu.

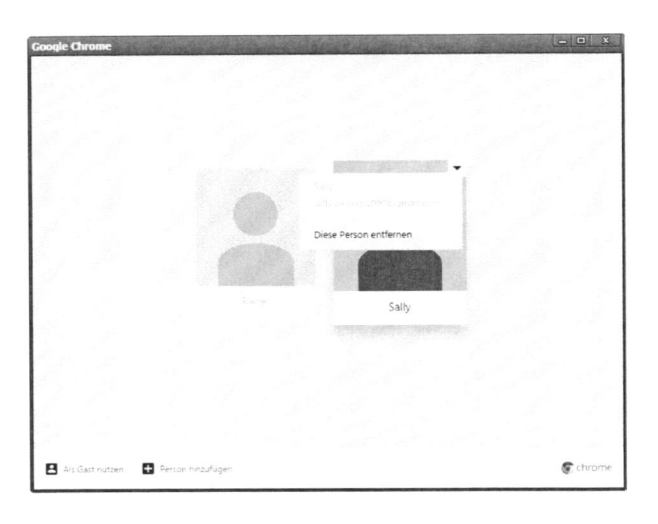

Bewegen Sie den Mauszeiger über einen Kontonamen und klicken Sie auf ▼ für das Menü, in dem Sie das Google-Konto über *Diese Person entfernen* wieder aus dem Chrome-Browser löschen (das Google-Konto bleibt natürlich erhalten und Sie können sich jederzeit wieder damit anmelden).

## 5.7.2 Abmelden und Anmelden

Die im vorherigen Kapitel beschriebene Kontoverwaltung im Chrome-Browser birgt ein Problem mit sich: Zwischen den Konten wechseln Sie mit einem einfachen Klick, ohne das eine Passwortabfrage erfolgt. Somit haben Dritte kein Problem, auf Ihre im Konto gespeicherten persönlichen Daten zuzugreifen. Mit einem kleinen Trick verhindern Sie dies.

In einem Google-Dienst, beispielsweise der Google-Suche (*www.google.de*) klicken Sie auf den Kontonamen (Pfeil) und betätigen *Abmelden*.

Sie sind jetzt zwar noch im Browser beim Google-Konto angemeldet, nicht aber bei den Google-Diensten. Auch wenn Sie, wie im vorherigen Kapitel *5.7.1 Konto wechseln* beschrieben, das Google-Konto ändern, sind Sie weiterhin abgemeldet

## 5.7.3 Gastmodus

Im »Gastmodus« des Chrome-Browsers sind die Google-Konten im Browser deaktiviert. Dieser Modus ist ideal, wenn Sie anderen Personen die Internetnutzung erlauben möchten.

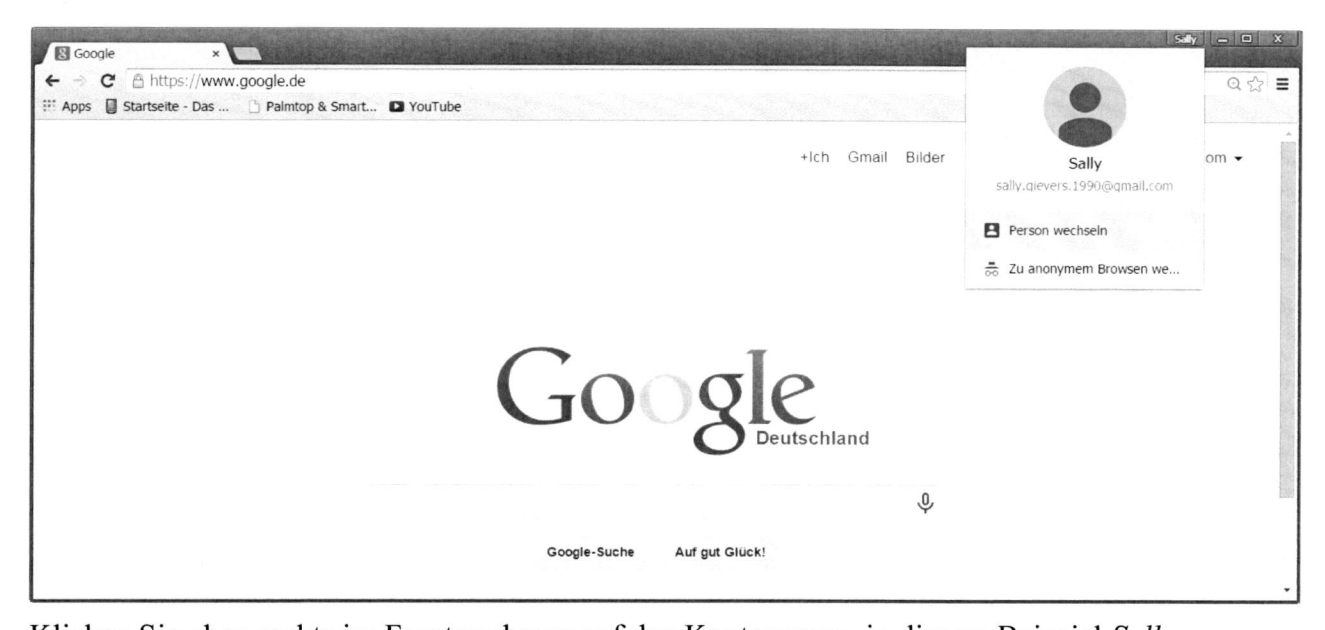

Klicken Sie oben rechts im Fensterrahmen auf den Kontonamen, in diesem Beispiel *Sally*.

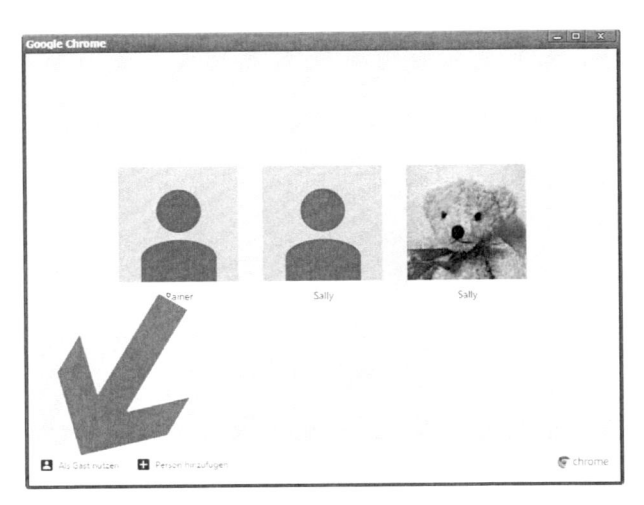

Gehen Sie auf *Als Gast benutzen*.

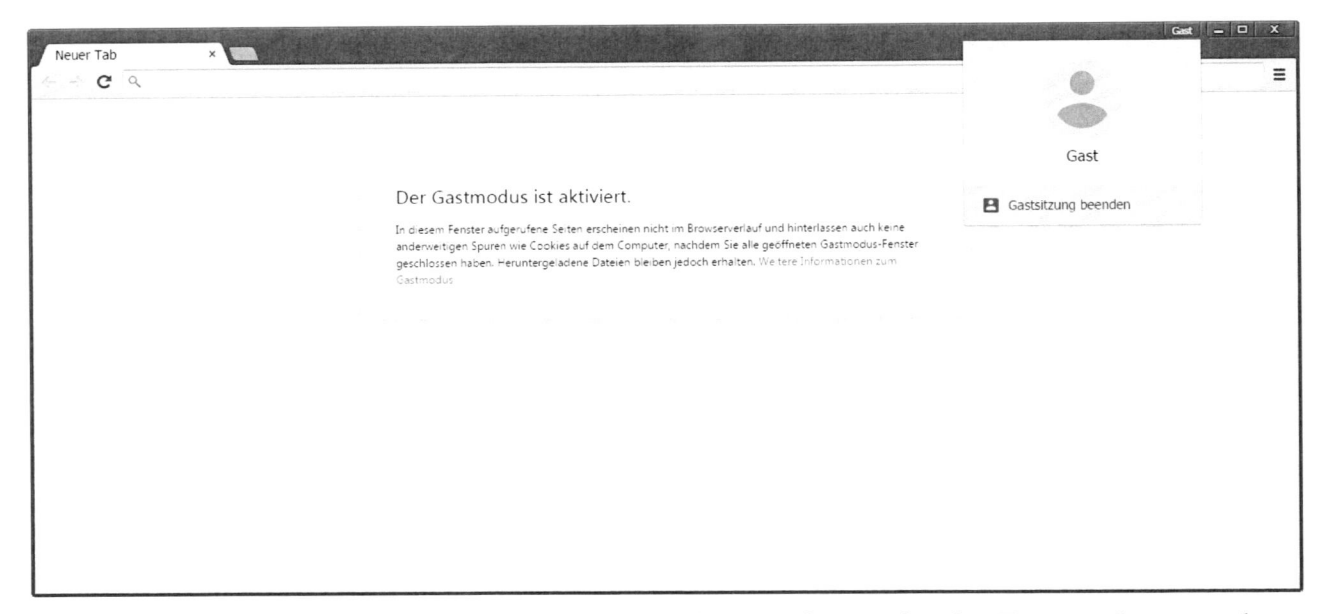

Den Gastmodus beenden Sie mit einem Klick auf *Gast* oben rechts im Fensterrahmen und anschließender Auswahl von *Gastsitzung beenden*.

Sobald Sie den Gastmodus verlassen, verwirft der Browser alle gespeicherten Cookies und den Browserverlauf (Liste der besuchten Webseiten).

# 6. Gmail

Fast Anwender nutzt heute E-Mail, denn neben den Vorteilen der schnellen elektronischen Kommunikation dient die E-Mail-Adresse häufig auch der Identifizierung in Online-Shops. Viele, meist kostenlose E-Mail-Anbieter buhlen heutzutage um Kunden, wovon GMX, Web.de, T-Online die Wichtigsten sind.

Mit der im Kapitel *4 Das Google-Konto* beschriebenen Registrierung Ihres Google-Kontos haben Sie ebenfalls ein E-Mail-Konto im Format *IhrName@gmail.com* erhalten – es ist natürlich Ihnen überlassen, ob Sie diese tatsächlich im für Ihre Alltagskorrespondenz verwenden, oder zu einem anderen E-Mail-Dienst greifen.

Gmail ist extrem umfangreich und leistungsfähig, weshalb wir in diesem Buch nur die wichtigsten Funktionen erläutern können.

Falls Sie bisher noch nicht viel mit E-Mails am Hut hatten, empfehlen wir Ihnen einen Besuch der Webadresse *www.palmtopmagazin.de/e-mail-grundlagen* beziehungsweise das Buch »Das Praxisbuch E-Mail für Senioren« vom gleichen Autor.

Das Kapitel *23 Gmail (Android)* erläutert die Gmail-Anwendung auf dem Handy.

Zum Start von Gmail klicken Sie einfach die *Gmail*-Schaltleiste in der Google-Suche an. Alternativ rufen Sie die Webadresse *mail.google.com* auf. Falls Sie noch nicht mit Ihrem Konto angemeldet sind, müssen Sie sich dann erst mit einem Klick auf *Anmelden* identifizieren.

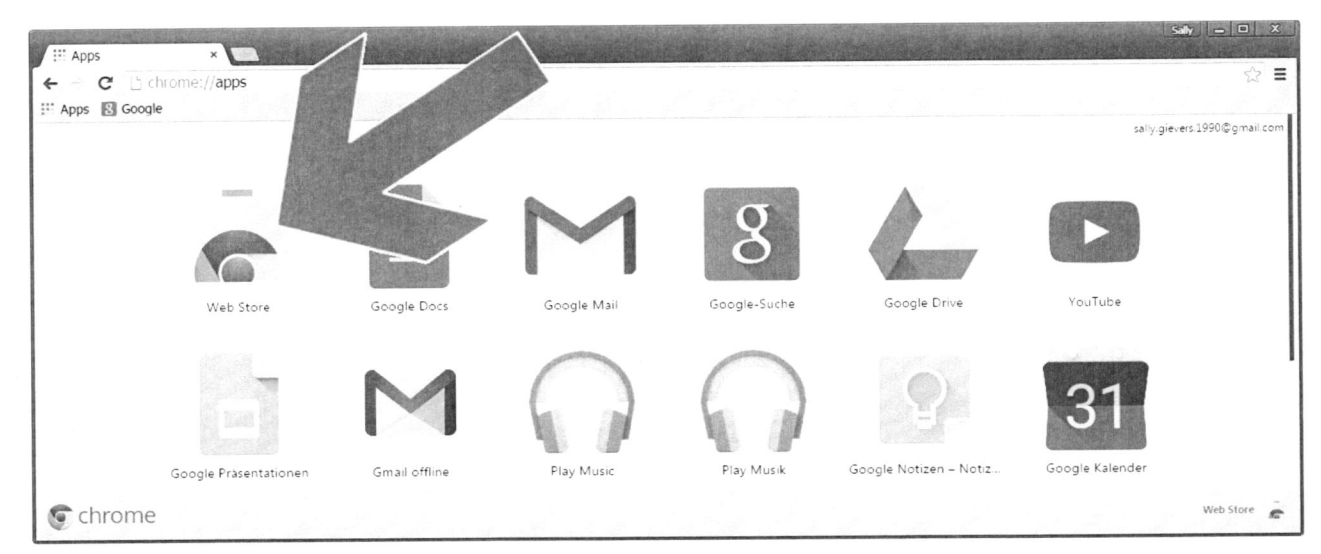

Sofern Sie den Chrome-Browser einsetzen, starten Sie *Gmail* alternativ aus dem *Apps*-Menü (siehe Kapitel *7.1 Anwendungen starten*) oder dem Chrome App Launcher (siehe Kapitel *7.5 Der Chrome App Launcher*).

Wenn Sie vorher bereits mit anderen E-Mail-Programmen gearbeitet haben, dürfte Ihnen in der Gmail-Oberfläche einiges vertraut vorkommen. Wir stellen Ihnen hier kurz die wichtigsten Funktionen vor:

1. Ihre Nachrichten verwalten Sie in Ordnern, die in der Google-Welt auch als Label bezeichnet werden. Die wichtigsten Ordner sind *Posteingang* (enthält ihre empfangenen Nachrichten), *Gesendet* (von Ihnen verschickte Nachrichten) und *Entwürfe* (von Ihnen für den Versand vorbereitete Nachrichten).

2. Im ausgewählten Ordner – hier *Posteingang* – listet Gmail jeweils die enthaltenen Nachrichten auf.

3. Gmail ordnet die empfangenen E-Mails automatisch verschiedenen Kategorien zu. Beispielsweise landen Werbe-Mails automatisch im *Werbung*-Ordner.

4. Ab und zu erscheinen eventuell Hinweise, welche Sie mit einem Klick auf die ✕-Schaltleiste entfernen.

Gmail

## 6.1 Gmail in der Praxis

### 6.1.1 E-Mails abrufen

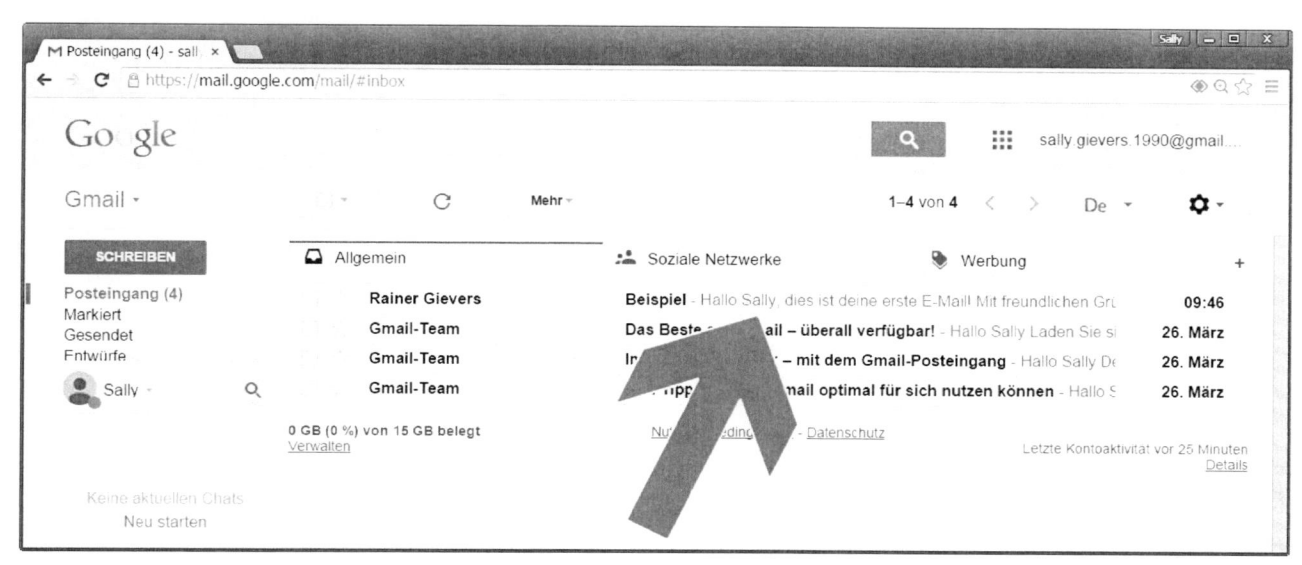

Es gibt zwar eine C-Schaltleiste (oberhalb der E-Mail-Auflistung), mit der Sie den Nachrichtenabruf starten, normalerweise wird diese aber nicht benötigt, denn neue E-Mails erscheinen automatisch in der Nachrichtenauflistung.

Alle noch ungelesenen Nachrichten erscheinen in Fettschrift. Klicken Sie nun eine Nachricht an, die Sie lesen möchten.

Alle Benachrichtigungen, die bei den Google-Anwendungen anfallen, werden an Ihre Google Mail-Adresse gesendet. Deshalb ist Ihr Google Mail-Konto meistens schon zu Anfang gut gefüllt.

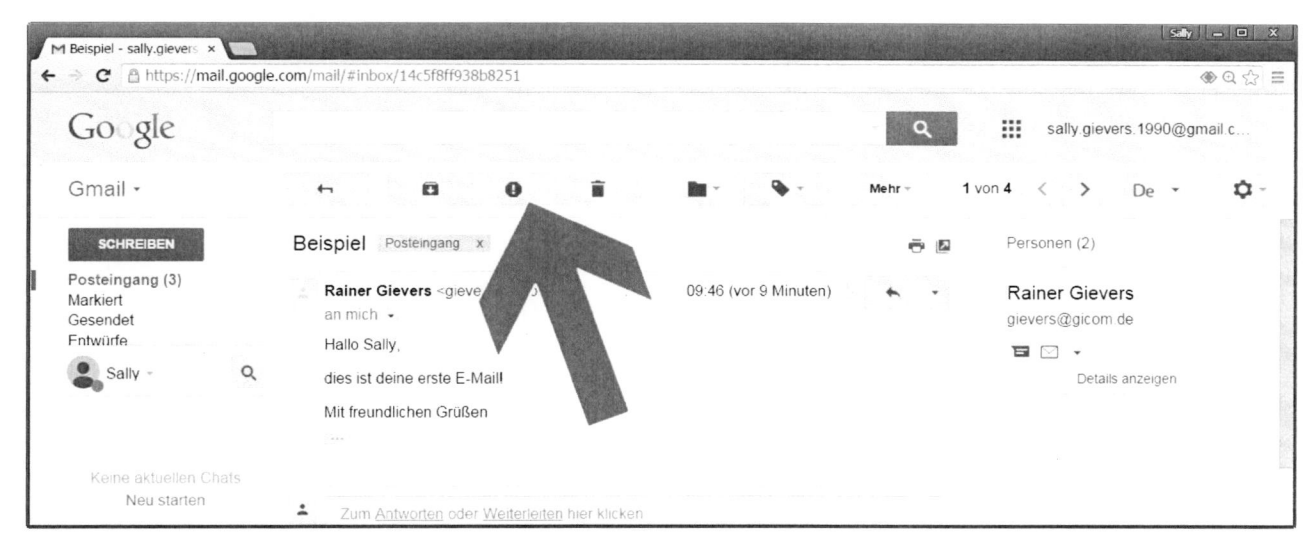

Die Bedeutung der Schaltleisten am oberen Bildschirmrand (Pfeil):

- ←: Auf den Posteingang umschalten.
- ▣ (Archivieren): Entfernt eine Nachricht aus dem Posteingang, ohne sie zu löschen. Siehe auch Kapitel *6.2.2 Archivieren*.
- 🗑: Nachricht löschen.
- 📁: Nachricht in einen anderen Ordner verschieben.

- ✎: Nachricht ein Label zuweisen.
- *Mehr*: Weitere Funktionen, auf die wir später noch eingehen.

> Tipp: Ist Ihnen mal die Bedeutung einer Schaltleiste nicht ersichtlich, dann halten Sie für einige Sekunden den Mauszeiger darauf. Es erscheint ein Popup mit einer kurzen Erläuterung.

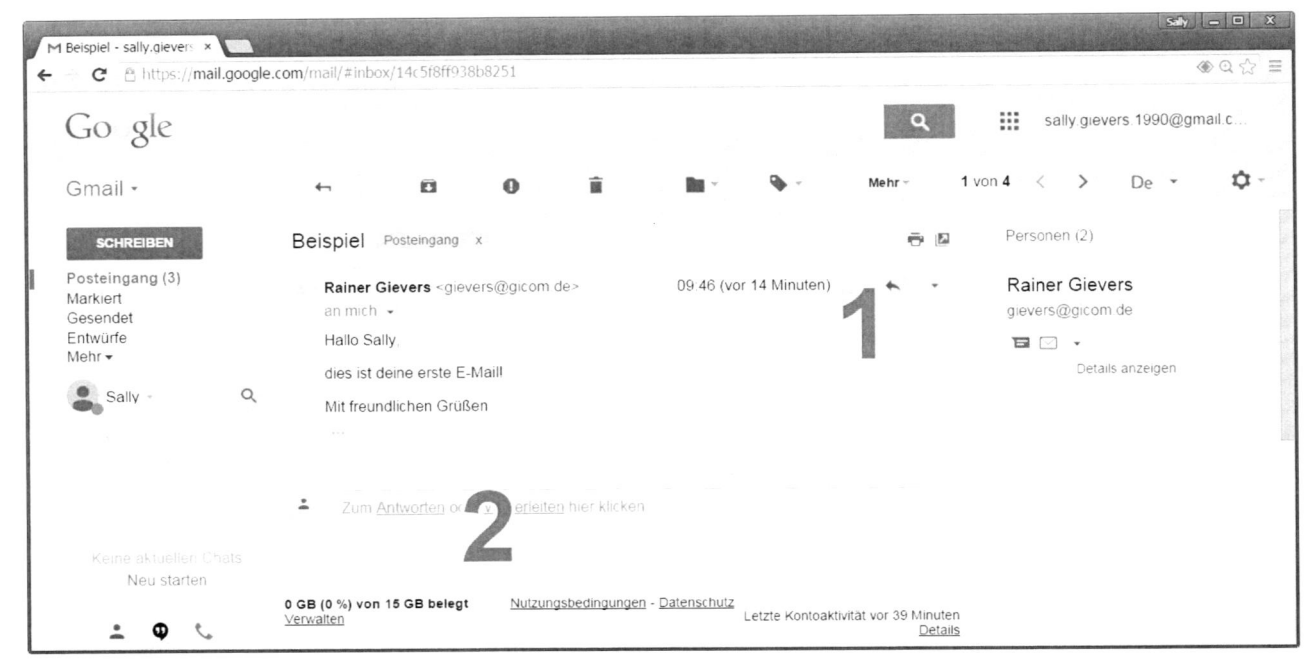

Die ←-Schaltleiste (1) erstellt eine Antwort-Nachricht an den Absender.

Alternativ klicken Sie unten (2) in den Eingabebereich. Dabei ist es auch möglich, den Nachrichtentext mit einem Klick auf *Weiterleiten* an einen Dritten zu senden.

### 6.1.2 Absender ins Telefonbuch aufnehmen

Die ▼-Schaltleiste (Pfeil) öffnet ein Menü, in dem Sie *Zu Kontakten hinzufügen* auswählen. Auf die Kontaktverwaltung geht Kapitel *13 Google Kontakte* ein.

Gmail

## 6.1.3 Dateianlagen

Nachrichten mit Dateianlagen erkennen Sie am ⊝-Symbol (Pfeil) in der Nachrichtenauflistung.

Bild-Dateianlagen erscheinen in der Nachrichtenansicht als Vorschau. Sie können nun entweder einfach ein Bild anklicken, das dann angezeigt wird, oder Sie halten den Mauszeiger über ein Bild (1) und klicken auf ⬇ zum Herunterladen. ⬙ speichert die Bilddatei dagegen in Google Drive (siehe Kapitel *10 Google Drive*).

Die Schaltleisten auf der rechten Seite (2) laden dagegen alle Bilder auf einmal auf das Gerät herunter beziehungsweise legen sie in Google Drive ab.

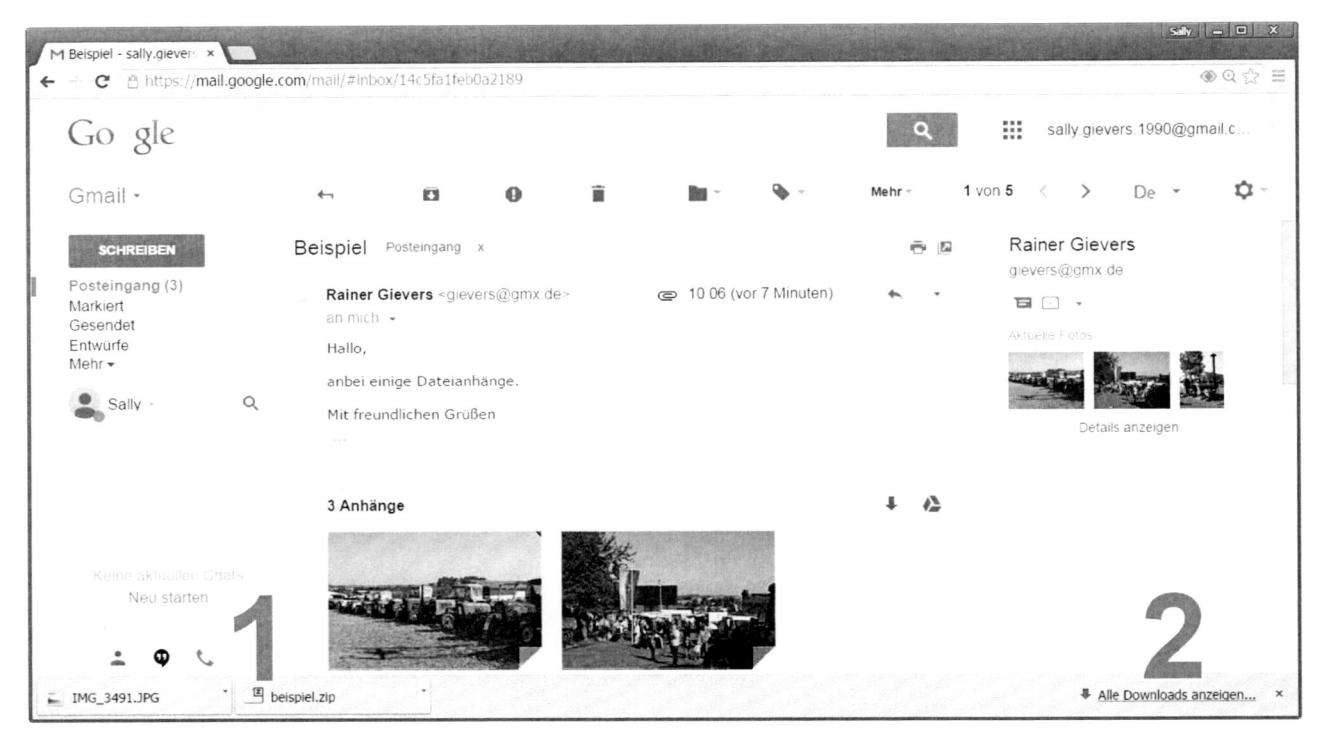

Die heruntergeladene Dateien blendet Chrome am unteren Rand an (1). Anklicken öffnet die jeweilige Datei in der zugehörigen Anwendung, während *Alle Downloads anzeigen* (2) alle heruntergeladenen Dateien auflistet. Letzteres erhalten Sie auch mit der Tastenkombination **strg + J**.

## 6.1.4 Labels und Kategorien

Labels haben bei Gmail die gleiche Funktion wie Ordner. Deshalb werden auch die klassischen E-Mail-Ordner *Postausgang*, *Entwürfe*, *Gesendet*, usw. bei Gmail als »Label« bezeichnet. Man darf einer Mail mehrere Labels gleichzeitig zuweisen.

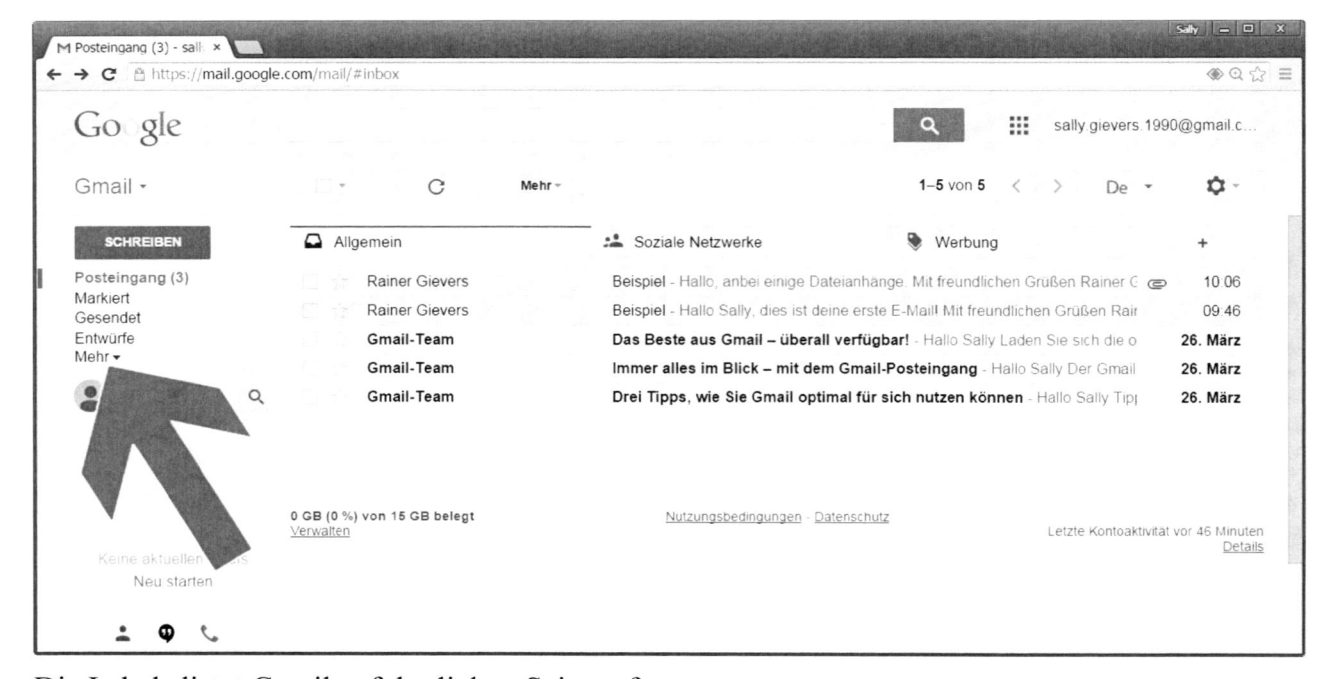

Die Labels listet Gmail auf der linken Seite auf:

- *Posteingang*: Von anderen Personen empfangene Nachrichten.
- *Markiert*: *Markiert*: Der »Markiert«-Status kann Nachrichten oder Konversationen zu-

gewiesen werden. Siehe dazu auch Kapitel *6.2.4 Markierungen*.
- *Gesendet*: Versandte Nachrichten.
- *Entwürfe*: Nachrichten, die bereits vorbereitet, aber noch nicht versandt wurden.

Klicken Sie auf *Mehr* (Pfeil) für weitere Labels:
- *Wichtig*: Gmail erkennt automatisch Nachrichten, die für Sie interessant oder wichtig sind und ordnet sie unter *Wichtig* ein. Siehe auch Kapitel *6.2.3.b Wichtig-Label und der sortierte Eingang*.
- *Chats*: Dient dazu, Nachrichten in Echtzeit mit anderen auszutauschen. Dazu kommt Google Hangouts (siehe Kapitel *17 Google Hangouts*) zum Einsatz.
- *Alle Nachrichten*: Zeigt alle Mails sortiert als sogenannte Konversationen an.
- *Spam*: Als Spam erkannte Mails.
- *Papierkorb*: Von Ihnen gelöschte Mails.
- *Kategorien*: Auf die Kategorien gehen wir im Kapitel *6.1.4 Labels und Kategorien* genauer ein.
- *Labels verwalten; Labels erstellen*: Sie können die Ordnung in Ihrem Posteingang erhöhen, indem Sie die Nachrichten selbsterstellten Labels zuweisen. Bei Bedarf schalten Sie die Anzeige dann einfach auf ein einzelnes Label um.

Auf die Funktion der einzelnen Label gehen die folgenden Kapitel ein. Nicht genutzte Label blendet die Gmail-Anwendung aus.

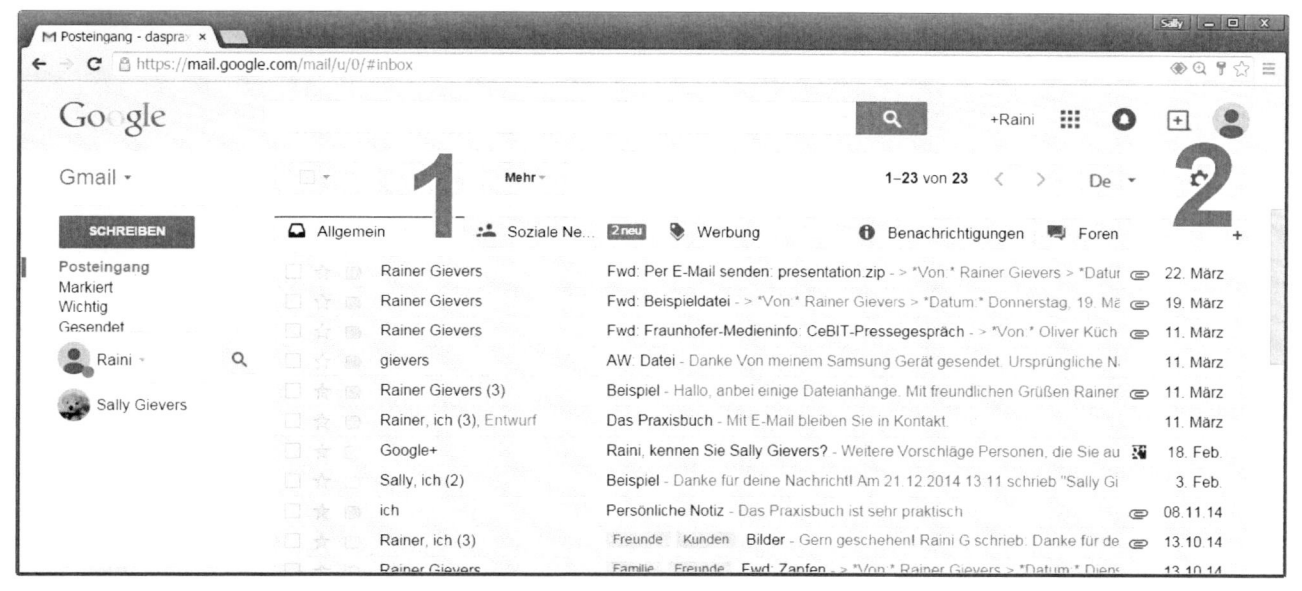

Eines der größten Probleme bei der E-Mail-Nutzung ist, dass der Posteingang schon nach wenigen Wochen extrem unübersichtlich wird – insbesondere Werbe-Mails von Online-Shops und Benachrichtigungen von sozialen Netzwerken wie Facebook und Twitter sorgen für einen konstanten Nachrichtenstrom. Deshalb filtert Google Ihre E-Mails und ordnet sie automatisch **Kategorien** zu (diese Informationen wurden der Gmail-Hilfe unter *support.google.com/mail/answer/3055016* entnommen):
- *Allgemein:* Nachrichten von Freunden und Verwandten sowie sonstige Nachrichten, die nicht in einem der anderen Kategorien angezeigt werden.
- *Soziale Netzwerke*: E-Mails aus sozialen Netzwerken, Plattformen zum Teilen von

Inhalten, Online-Partnervermittlungen, Spieleplattformen oder anderen sozialen Websites.

- *Werbung*: Werbeaktionen, Angebote und sonstige Werbe-E-Mails.
- *Benachrichtigungen:* Benachrichtigungen wie Bestätigungen, Belege, Rechnungen und Kontoauszüge.
- *Foren:* E-Mails aus Online-Gruppen, Diskussionsforen und Mailinglisten.

Zwischen den Kategorien wechseln Sie mit einem Klick auf die Schaltleisten am oberen Bildschirmrand (1). Eine farbig hinterlegte Zahl weist in den Schaltleisten jeweils auf neu empfangene E-Mails hin.

Über die ✚-Schaltleiste (2) öffnen Sie ein Konfigurationsfenster, worin Sie einstellen, welche Kategorien Sie nutzen möchten. Erhalten Sie beispielsweise nur selten Werbe-Mails, dürfte es sich anbieten, *Werbung* zu deaktivieren. Die Werbe-Mails landen dann im *Allgemein*-Ordner.

## 6.1.5 E-Mails beantworten

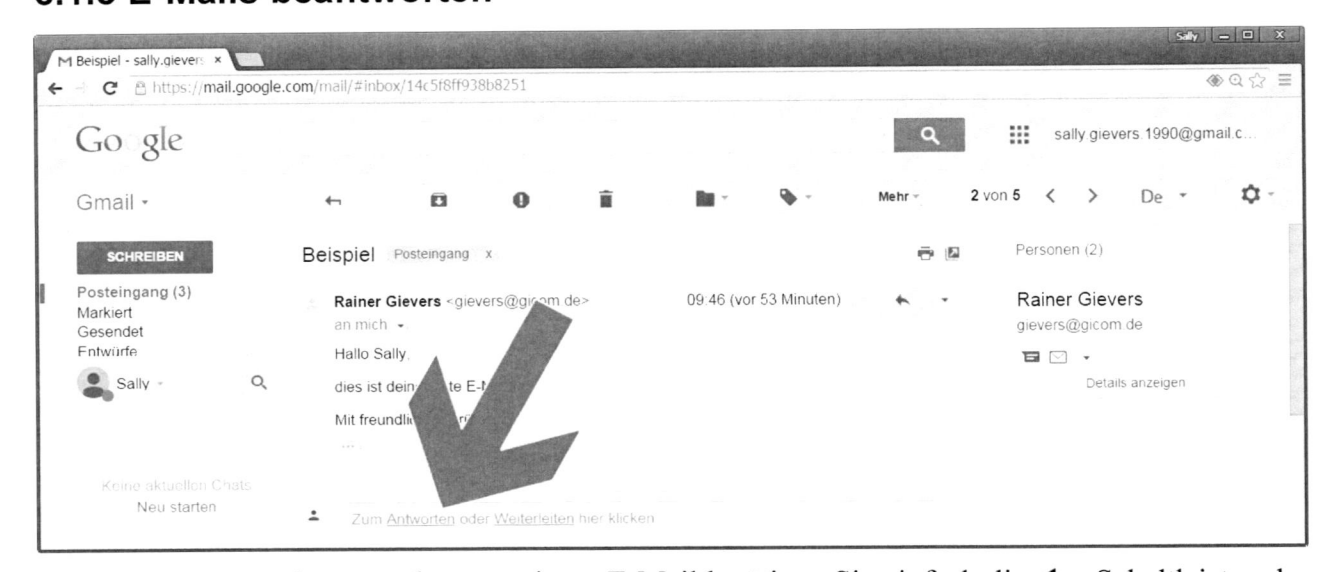

Zum Beantworten einer gerade angezeigten E-Mail betätigen Sie einfach die ↶-Schaltleiste oder klicken in das Eingabefeld unterhalb des Nachrichtentextes.

Geben Sie nun den Nachrichtentext ein und betätigen Sie *Senden* (Alternativ nutzen Sie die Tastenkombination strg-Taste + enter-Taste). Es erscheint dann der Hinweis »*Ihre Nachricht wurde gesendet*«.

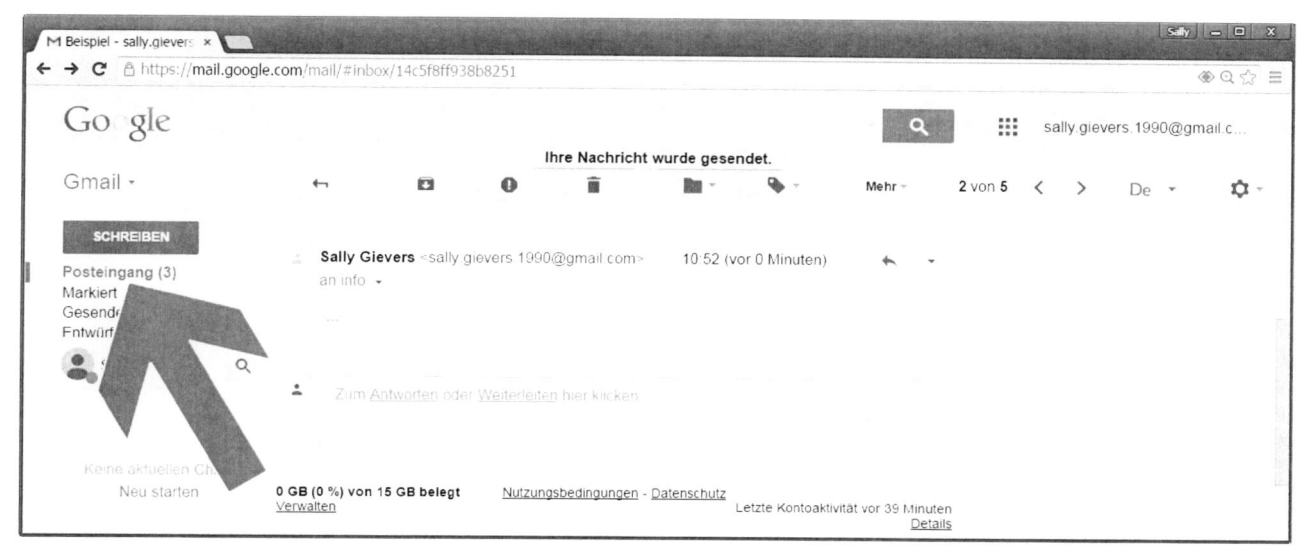

Ein Klick auf *Posteingang* (Pfeil) bringt Sie wieder in die Nachrichtenauflistung zurück.

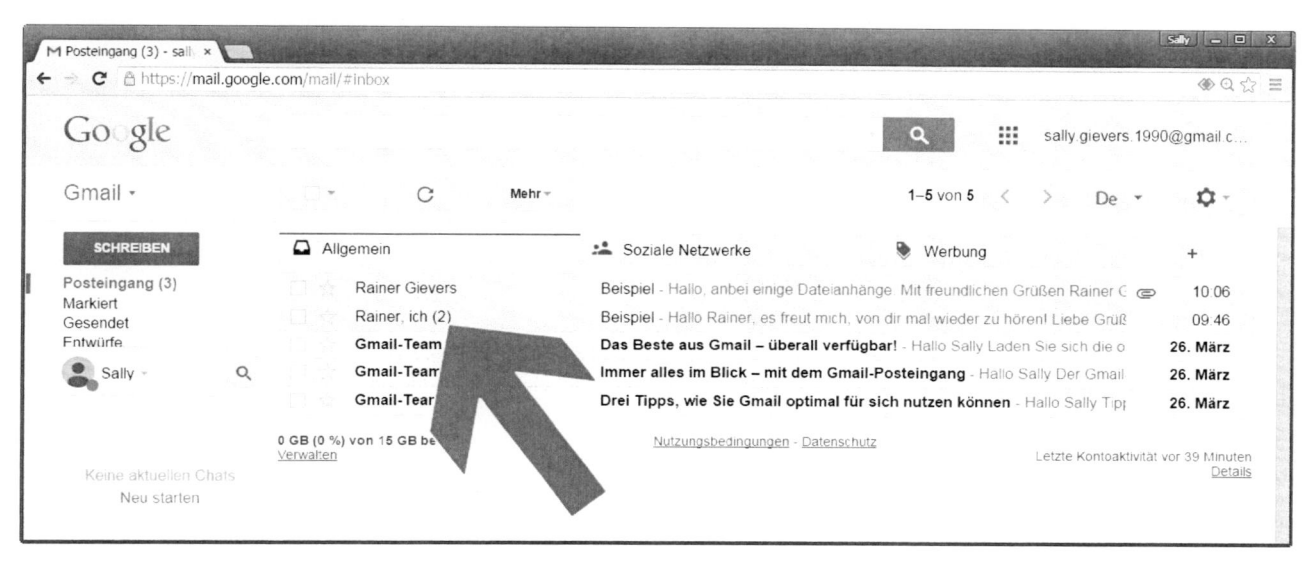

Gmail verwaltet die Nachrichten als »Konversationen«, das heißt, alle Nachrichten, die Sie mit einem Kommunikationspartner austauschen, werden unter einem Eintrag zusammengefasst. Sie erkennen die Konversationen daran, dass beim Betreff ein »*ich*« und die Zahl der ausgetauschten Nachrichten erscheint. Klicken Sie die E-Mail für die Nachrichtenansicht an.

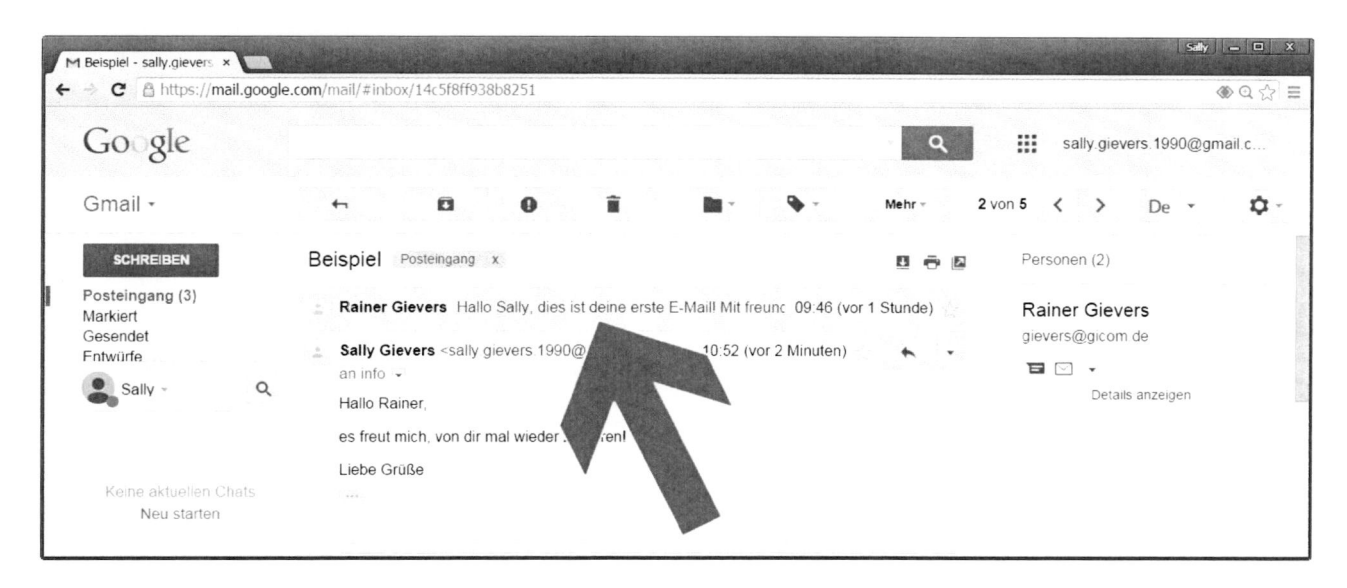

Es erscheinen Karteireiter mit den Nachrichten, die Sie mit dem Kommunikationspartner ausgetauscht haben. Klicken Sie einen Karteireiter an, um die zugehörige Nachricht auszufalten. Erneutes Anklicken eines Karteireiters blendet die Nachricht wieder aus.

## 6.1.6 E-Mail neu schreiben

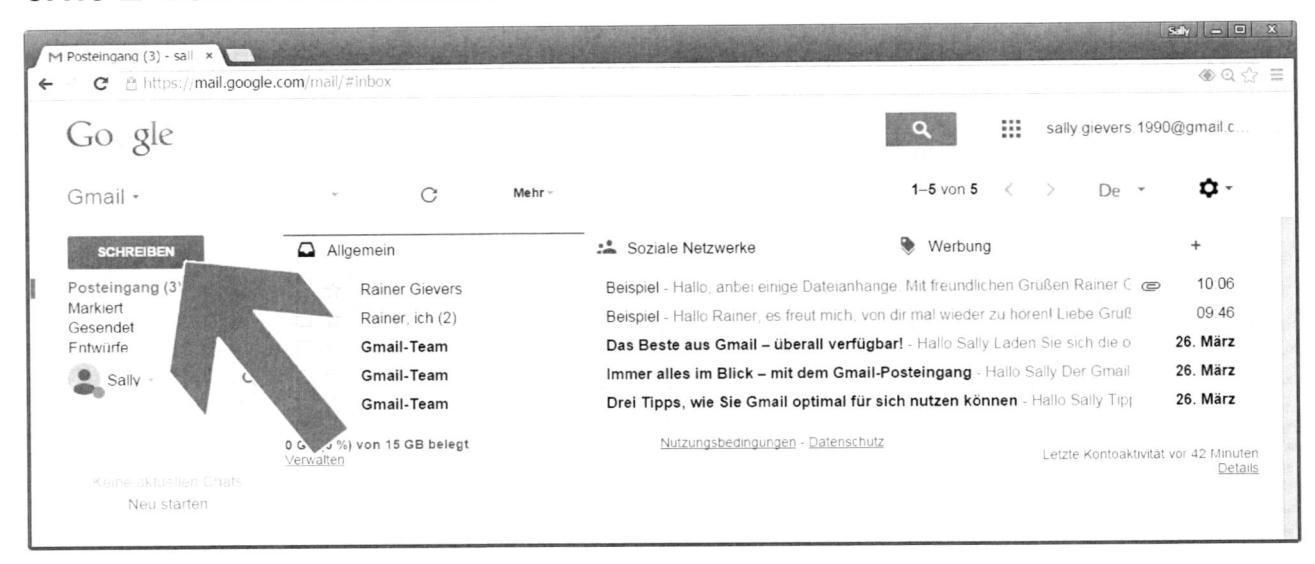

Betätigen Sie die rote *SCHREIBEN*-Schaltleiste (Pfeil).

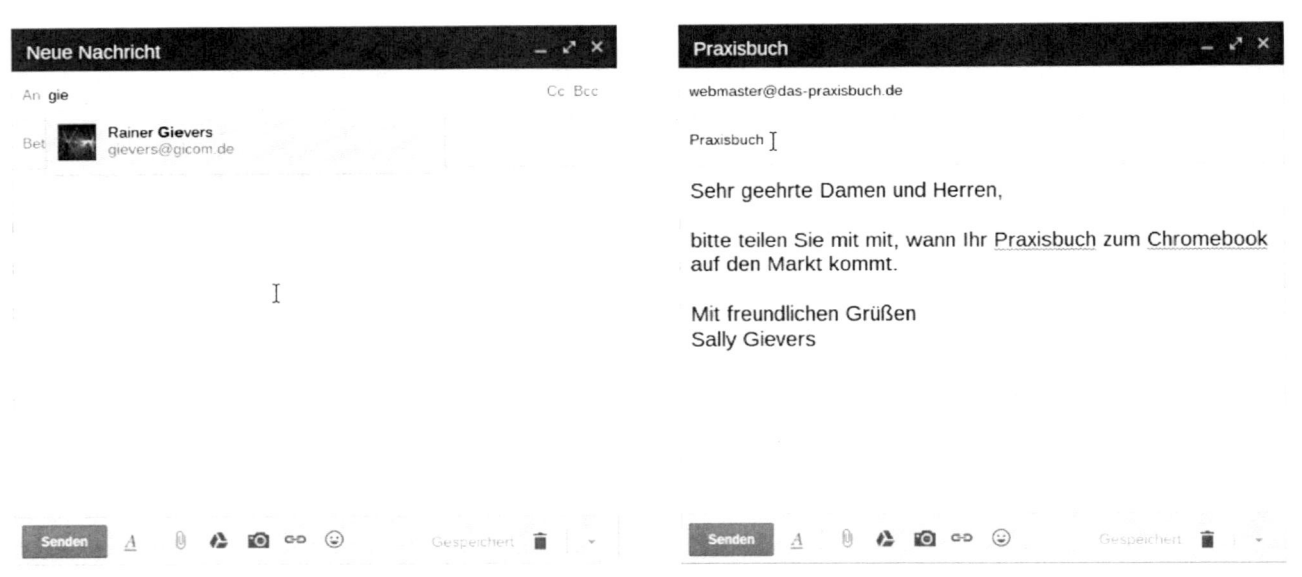

❶ Im *An*-Feld erfassen Sie nun den Empfänger. Gmail sucht bereits bei der Eingabe des Kontaktnamens passende E-Mail-Adressen und listet diese auf. Klicken Sie gegebenenfalls einfach die Gewünschte an. Falls Sie einen weiteren Empfänger hinzufügen möchten, geben Sie diesen einfach dahinter ein. Zwischen den Eingabefeldern springen Sie mit der tab-Taste (im Empfängerfeld zweimal betätigen).

❷ Über die *Senden*-Schaltleiste verschicken Sie die Nachricht (alternativ die Tastenkombination strg + enter).

Gmail

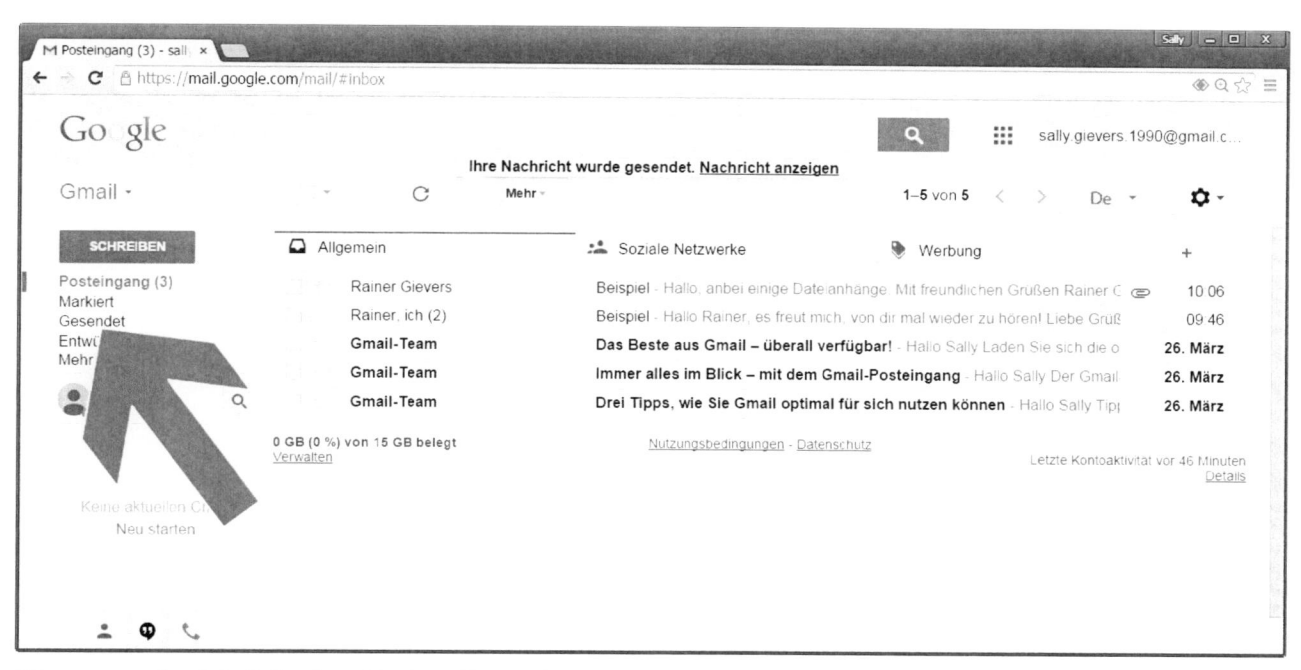

Die versandte Mail finden Sie im *Gesendet*-Ordner (Pfeil).

## 6.1.7 Weitere Funktionen bei der E-Mail-Erstellung

❶ Die Schaltleisten am unteren Bildschirmrand:

- **A**: Blendet eine Symbolleiste ein, über die Sie die Schriftformatierung ändern können.
- 📎: Eine oder mehrere Dateien als Dateianhang mitsenden.
- △: Dateien aus Google Drive (siehe Kapitel *10 Google Drive*) als Dateianhang mitsenden.
- 🖼: Foto als Dateianhang mitsenden.
- ∞: Einen Link in den Nachrichtentext einfügen. Dies ist meistens nicht nötig, weil viele E-Mail-Programme Links automatisch erkennen und in ein anklickbares Format umwandeln.
- ☺: Fügt einen sogenannten Smiley in den Nachrichtentext ein.
- 🗑: E-Mail verwerfen.

❷ Das ▼-Menü:

- *Vollbildmodus als Standard festlegen*: Normalerweise belegt der E-Mail-Editor, mit denen

Sie neue Nachrichten erstellen, nur ein Viertel der Bildschirmfläche. Aktivieren Sie *Vollbildmodus als Standard festlegen*, wenn Sie den ganzen Bildschirm nutzen möchten. Eine Erläuterung diese Funktion finden Sie weiter unten.

- *Label*: Weist die Nachricht ein Label zu. Über von Ihnen selbstdefinierte Label sorgen Sie für Ordnung, wie Kapitel *6.2.3 Labels* erläutert.
- *Nur-Text-Modus*: Der *Nur-Text-Modus* deaktiviert alle Textauszeichnungen (Schriftarten und Schriftformatierungen). Er dürfte nur in Spezialfällen Sinn machen.
- *Drucken*: Druckausgabe in der Cloud. In Diesem Buch gehen wir nicht weiter darauf ein.
- *Rechtschreibprüfung*: Blendet eine Symbolleiste ein, über die Sie die Sprache einstellen und die Prüfung durchführen.

## 6.1.7.a Vollbildansicht

❶ Zwischen Vollbildansicht und Normalansicht des Nachrichteneditors schalten Sie mit ↗ (Pfeil) oben rechts im Eingabefenster um.

❷ Die Vollbildschirmansicht können Sie auch permanent über das ▼-Menü aktivieren, worin Sie auf *Vollbildansicht als Standard festlegen* gehen.

## 6.1.7.b Cc/Bcc

❶ Klicken Sie zuerst in das *An*-Eingabefeld. Es sind nun die zwei Schaltleisten *Cc* und *Bcc* sichtbar, wovon Sie eine (oder beide) anklicken. Deren Bedeutung:

- *Cc*: Der Begriff Cc steht für »Carbon Copy«, zu deutsch »Fotokopie«. Der ursprüngliche Adressat (im *An*-Eingabefeld) sieht später die unter *Cc* eingetragenen weiteren Empfänger. Die *Cc*-Funktion ist beispielsweise interessant, wenn Sie ein Problem mit jemandem per E-Mail abklären, gleichzeitig aber auch eine zweite Person von Ihrer Nachricht Kenntnis erhalten soll.
- *Bcc*: Im *Bcc* (»Blind Carbon Copy«)-Eingabefeld erfassen Sie weitere Empfänger, wobei der ursprüngliche Adressat im *An*-Feld nicht mitbekommt, dass auch noch andere Personen die Nachricht erhalten.

Cc und Bcc können Sie alternativ auch mit der Tastenkombination strg-Taste + ⇧ (Hochstell)-Taste + C beziehungsweise strg-Taste + ⇧ (Hochstell)-Taste + B einschalten.

❷ Erfassen Sie die Bcc- und Cc-Empfänger so, wie Sie es schon vom *An*-Feld her kennen. Mit der Maus (linke Maustaste über einer E-Mail-Adresse gedrückt halten und an die Zielposition ziehen) können Sie die Empfänger zwischen den drei Feldern verschieben.

### 6.1.7.c Dateianlage

Mit ⬇ (Pfeil) fügen Sie Ihrer E-Mail eine Datei als Anhang hinzu. Alternativ ist auch über ⬢ der Zugriff auf den Inhalt Ihres Google Drive (siehe Kapitel *10 Google Drive*) möglich.

> Tipp: Halten Sie die ⇧ (Hochstell)-Taste oder strg-Taste auf der Tastatur gedrückt, um mehrere Dateien zu markieren.

Zum Entfernen des Dateianhangs betätigen Sie die ✘-Schaltleiste (Pfeil).

## 6.1.8 Entwürfe

Manchmal kommt es vor, dass man eine fertige Nachricht erst später verschicken möchte. Dafür bietet sich die Entwürfe-Funktion an.

Geben Sie die Nachricht wie gewohnt ein. Danach betätigen Sie entweder die esc-Taste auf der Tastatur oder schließen das Eingabefenster mit der ✘-Schaltleiste auf der oberen rechten Fensterseite.

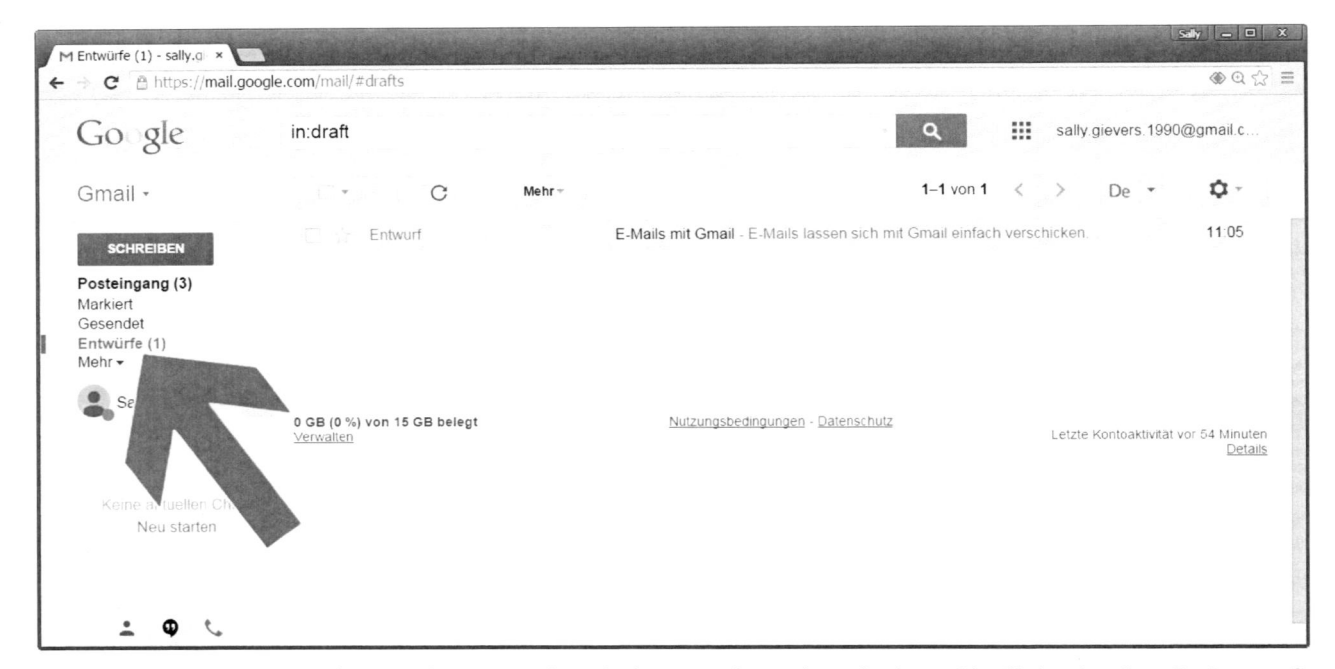

Ihre E-Mail lässt sich jederzeit erneut bearbeiten und senden, indem Sie links in der Ordnerauflistung *Entwürfe* anklicken.

Eine Besonderheit gibt es bei Nachrichten, die man als Antwort geschrieben hat. Hier verlassen Sie den Nachrichteneditor beispielsweise mit einem Klick auf einen Ordner (Pfeil).

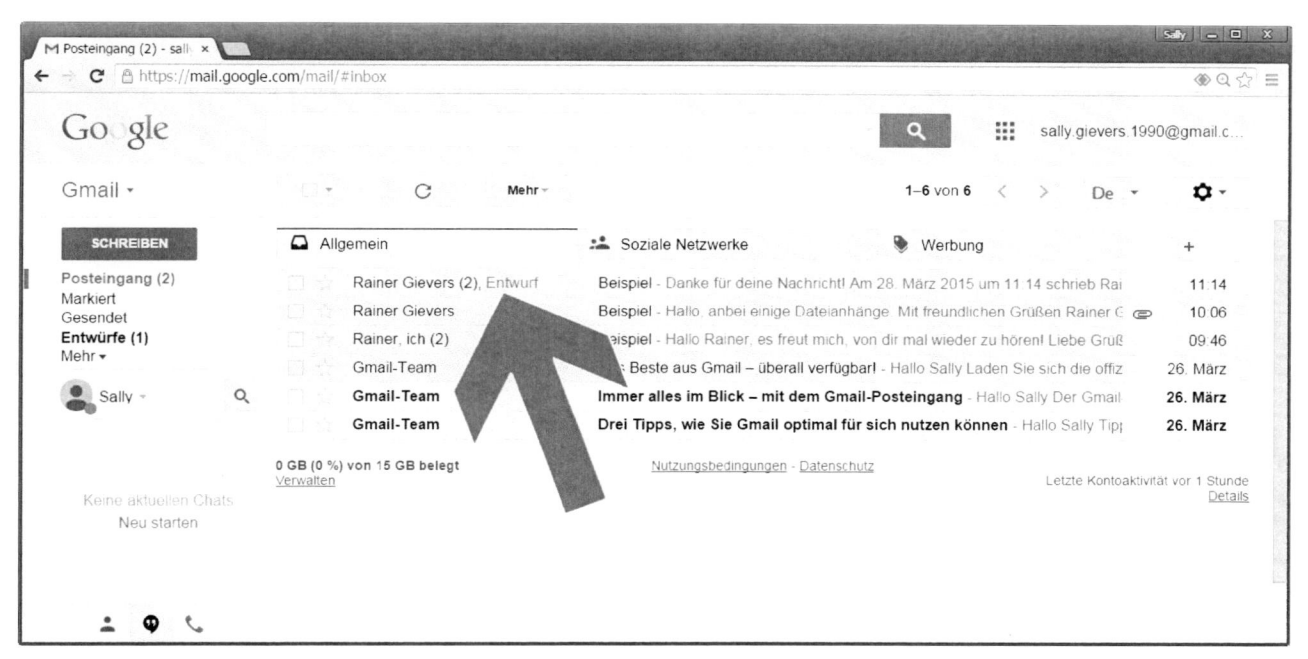

In diesem Fall wird der Entwurf in die Konversation eingebettet und es erscheint dort der Hinweis »*Entwurf*« (Pfeil). Zum Bearbeiten und späteren Senden des Entwurfs klicken Sie die betreffende Konversation an.

## 6.1.9 E-Mails löschen

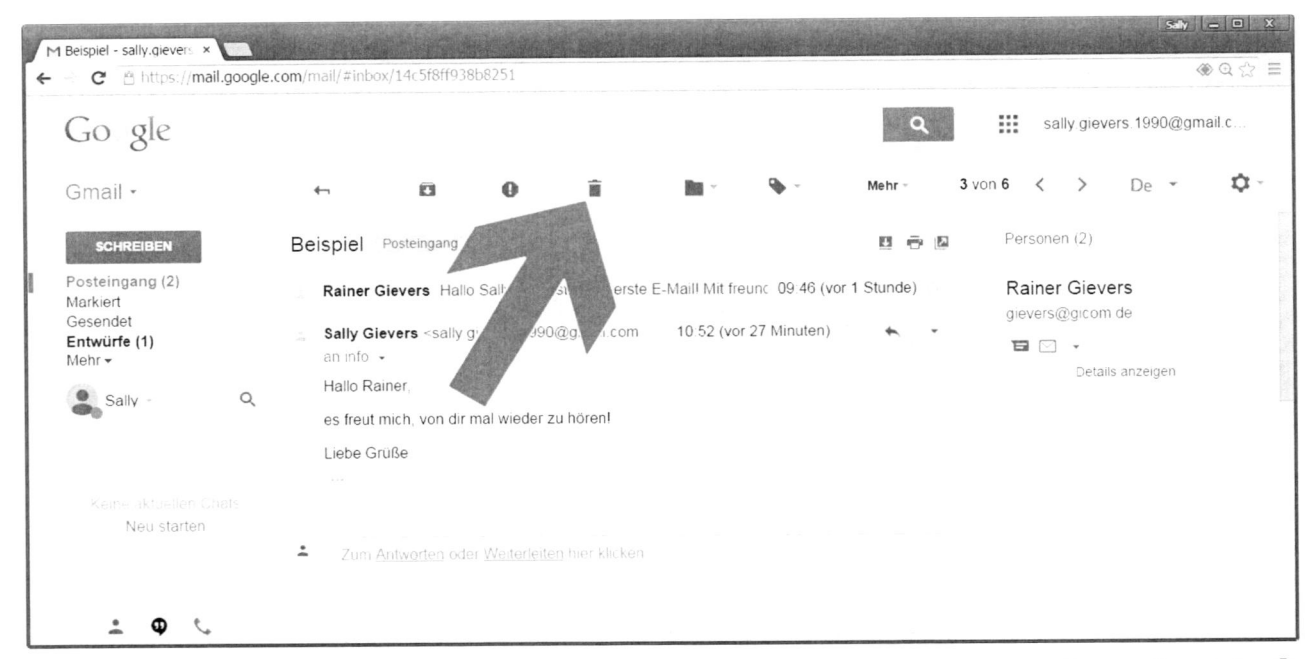

Zum Entfernen einer E-Mail oder Konversation verwenden Sie in der E-Mail-Detailansicht 🗑. Gmail schaltet anschließend in den Posteingang um. Falls Sie sich mit dem Löschen vertan haben, ist es noch möglich, den Löschvorgang durch Anklicken von *Rückgängig* am oberen Bildschirmrand rückgängig zu machen. Dieser Hinweis verschwindet allerdings, wenn Sie in der E-Mail-Anwendung weiterarbeiten, also beispielsweise eine Nachricht öffnen oder den E-Mail-Ordner wechseln.

Die gelöschten Mails sind aber noch nicht verloren, sondern werden im *Papierkorb*-Ordner zwischengespeichert. Diesen erreichen Sie, indem Sie links das *Papierkorb*-Label auswählen (vorher *Mehr* anklicken, um die Labelliste vollständig auszuklappen).

Im Prinzip verhält sich der *Papierkorb*-Ordner ähnlich wie der *Posteingang,* das heißt sie können hier die Nachrichten noch einmal ansehen. Die gelöschten Nachrichten werden im Papierkorb für 30 Tage vorgehalten.

Gmail

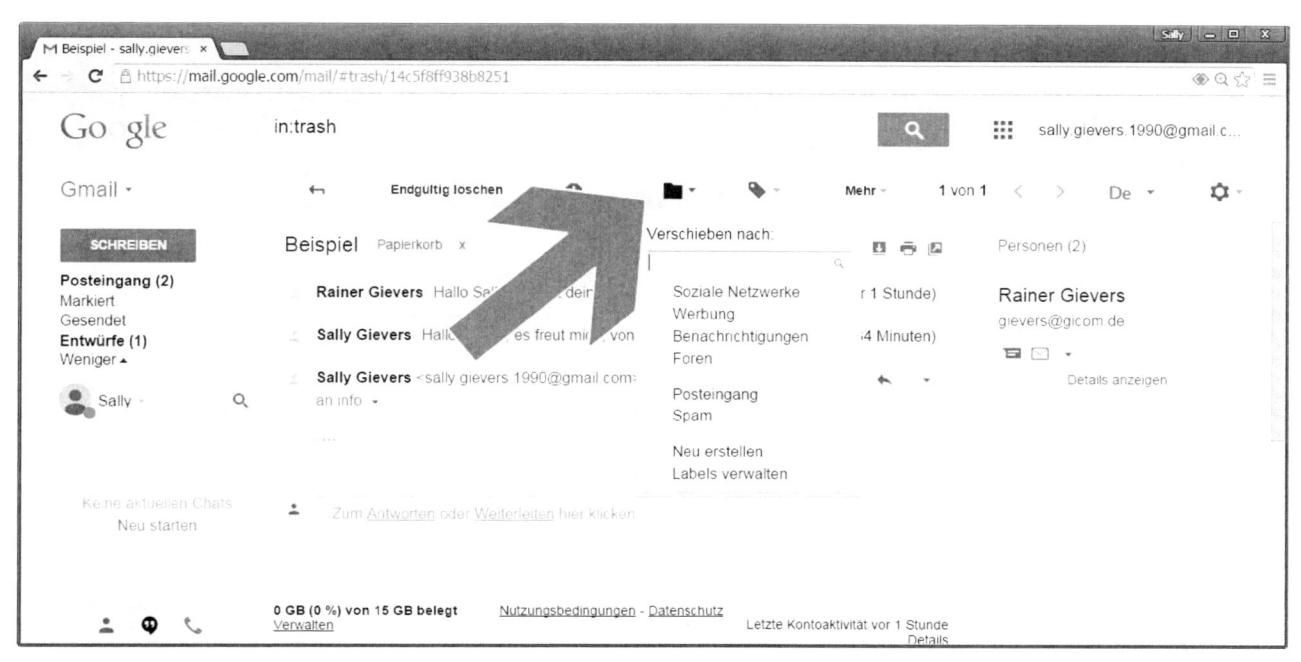

Zum »Retten« einer Nachricht aus dem Papierkorb klicken Sie auf ■ und wählen im Menü *Posteingang*. Sie finden die Nachricht dann im *Posteingang*-Ordner wieder.

## 6.2 Weitere Funktionen

### 6.2.1 Nachrichten durchsuchen

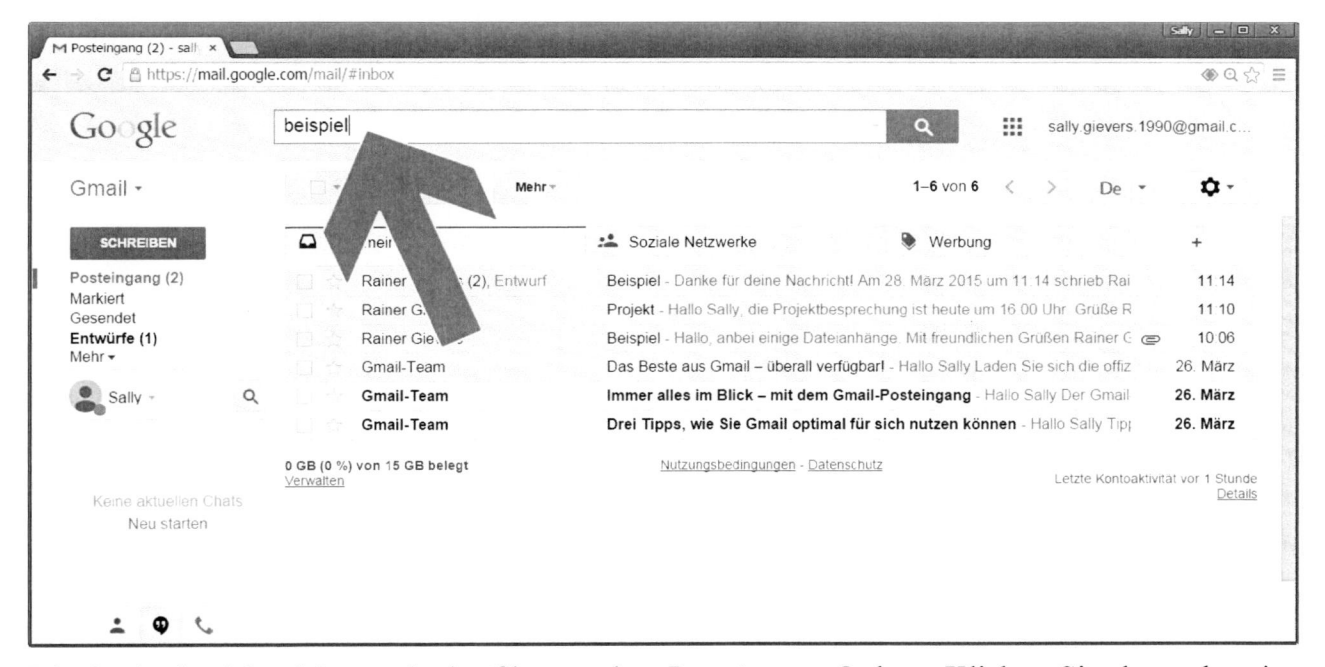

Die Suche bezieht sich standardmäßig nur den *Posteingang*-Ordner. Klicken Sie dazu oben ins Suchfeld, geben Sie einen Begriff ein und betätigen Sie die enter-Taste oder klicken Sie auf die blaue ■-Schaltleiste. Alternativ wählen Sie einen der Vorschläge aus.

Beachten Sie, dass auch Dateianhänge durchsucht werden und deshalb eventuell der Suchbegriff nicht im Nachrichtentext der aufgelisteten Fundstellen enthalten ist.

Löschen des Suchtextes oder Anklicken eines anderen Ordners in der Ordnerauflistung auf der linken Seite beendet die Suche.

Tipp: Falls Sie mal einen anderen Ordner als den Posteingang durchsuchen möchten, beispielsweise den *Gesendet*-Ordner dann klicken Sie erst oben in das Suchfeld und dann auf den *Gesendet*-Ordner. Das Suchfeld enthält nun den Operator »*in:sent*« (engl. »in Gesendete«). Dahinter erfassen Sie den Suchbegriff.

Zusätzlich lassen sich sogenannte Operatoren zur Fundstelleneingrenzung verwenden:

| Operator | Definition | Beispiele |
|---|---|---|
| **from:** | Zur Angabe des Absenders | Beispiel: **from:Anna**<br>Bedeutung: Nachrichten von Anna |
| **to:** | Zur Angabe eines Empfängers | Beispiel: **to:David**<br>Bedeutung: Alle Nachrichten, die von Ihnen oder anderen Personen an David gesendet wurden |
| **subject:** | Suche nach Wörtern in der Betreffzeile | Beispiel: **subject:Abendessen**<br>Bedeutung: Nachrichten, die das Wort "Abendessen" in der Betreffzeile enthalten |
| **-**<br>(Minus-<br>zeichen) | Wird verwendet, um Nachrichten aus der Suche auszuschließen | Beispiel: **Abendessen -Kino**<br>Bedeutung: Nachrichten, die das Wort "Abendessen", nicht aber das Wort "Kino" enthalten |
| **label:** | Suche nach Nachrichten anhand von Labels | Beispiel: **from:Anna label:Freunde**<br>Bedeutung: Nachrichten von Anna, die mit dem Label "Freunde" versehen sind<br>Beispiel: **from:David label:Familie**<br>Bedeutung: Nachrichten von David, die mit dem Label "Familie" versehen sind |
| **" "**<br>(Anführungs-<br>zeichen) | Für die Suche nach einer exakt übereinstimmenden Wortgruppe*<br>* Groß-/Kleinschreibung wird nicht berücksichtigt. | Beispiel: **"Auf gut Glück!"**<br>Bedeutung: Nachrichten mit der Wortgruppe "Auf gut Glück!" oder "auf gut Glück!"<br>Beispiel: **subject:"Abendessen und Kino"**<br>Bedeutung: Nachrichten, die die Wortgruppe "Abendessen und Kino" in der Betreffzeile enthalten |
| **in:anywhere** | Suche nach Nachrichten in ganz Gmail*<br>* Nachrichten in **Spam** und **Papierkorb** sind standardmäßig von der Suche ausgeschlossen. | Beispiel: **in:anywhere Kino**<br>Bedeutung: Nachrichten in **Alle Nachrichten**, **Spam** und **Papierkorb**, die das Wort "Kino" enthalten |
| **in:inbox**<br>**in:trash**<br>**in:spam** | Suche nach Nachrichten in **Posteingang**, **Papierkorb** oder **Spam** | Beispiel: **in:trash from:anna**<br>Bedeutung: Nachrichten von Anna, die sich im **Papierkorb** befinden |
| **+**<br>(Pluszeichen) | Suche nach exakter Entsprechung für Suchbegriff | Beispiel: **+Sofa**<br>Bedeutung: Nachrichten, die "Sofa", aber z. B. nicht "Sofas" oder "Soaf" enthalten |

Diese von Google übernommene Tabelle listet nur die wichtigsten Suchoperatoren auf. Weitere finden Sie auf der Webadresse *support.google.com/mail/answer/7190*.

Gmail

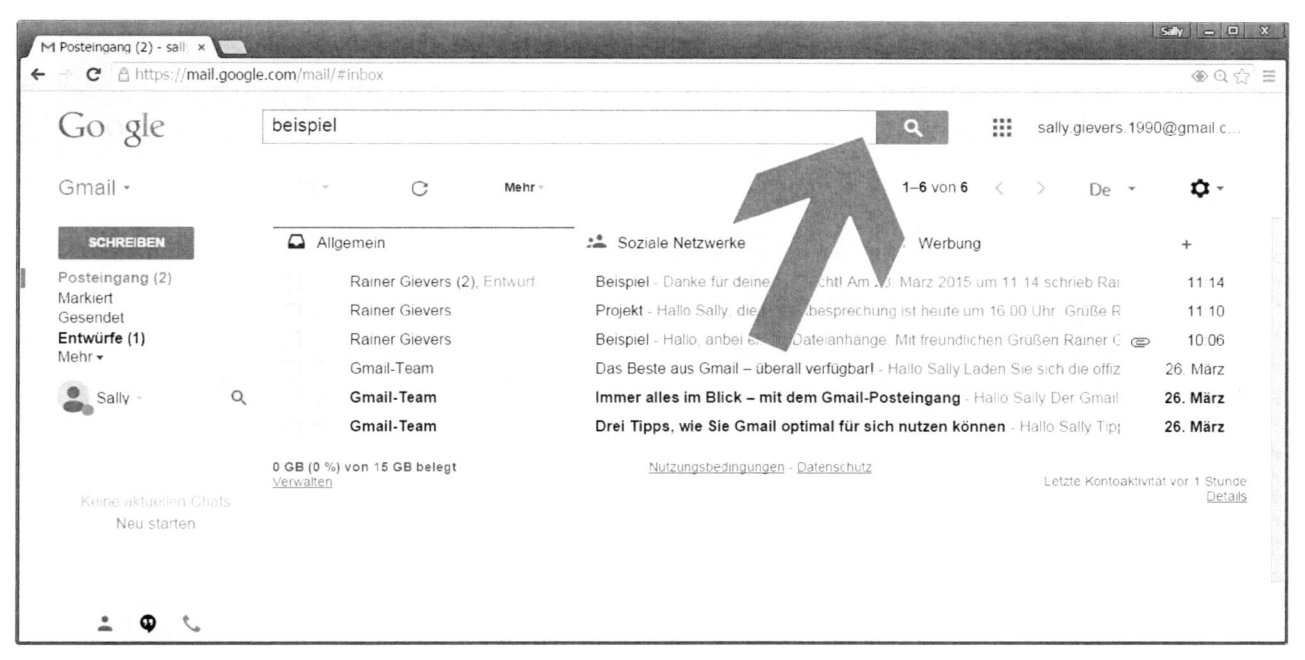

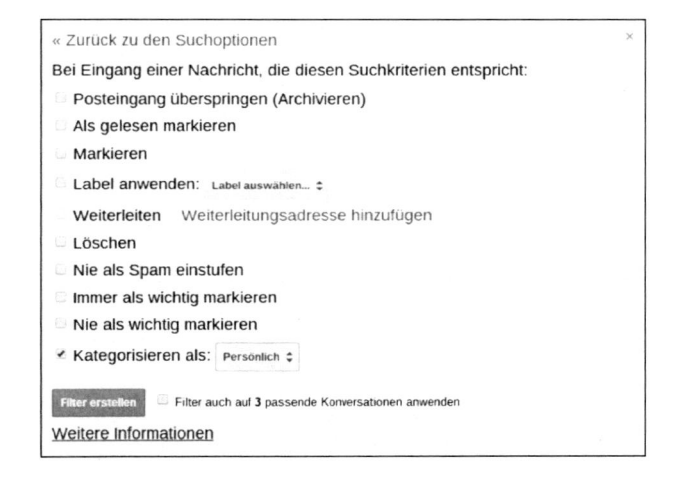

Ein Klick auf ▼ (Pfeil) auf der rechten Seite des Suchfelds öffnet einen Dialog, mit dem Sie Ihre Suche verfeinern.

❶ Hier grenzen Sie auf vielfältige Weise Ihre Suche ein und führen mit der blauen 🔍-Schaltleiste die Suche durch. Sozusagen eine permanente Suche aktivieren Sie über *Filter mit diesem Suchkriterium erstellen* durch...

❷ ...Stellen Sie darin ein, welche Aktion Gmail bei erfolgreicher Suche durchführen soll und klicken Sie dann auf *Filter erstellen*.

> Sinnvoll ist vor allem das Zuweisen eines Labels. Beispielsweise können Sie einen Filter anlegen, der über *Label anwenden* alle neuen Nachrichten mit dem Text »Besprechung« automatisch in das Label »Büro« verschiebt. Auf die Label gehen wir im Kapitel *6.2.3 Labels* noch genauer ein.

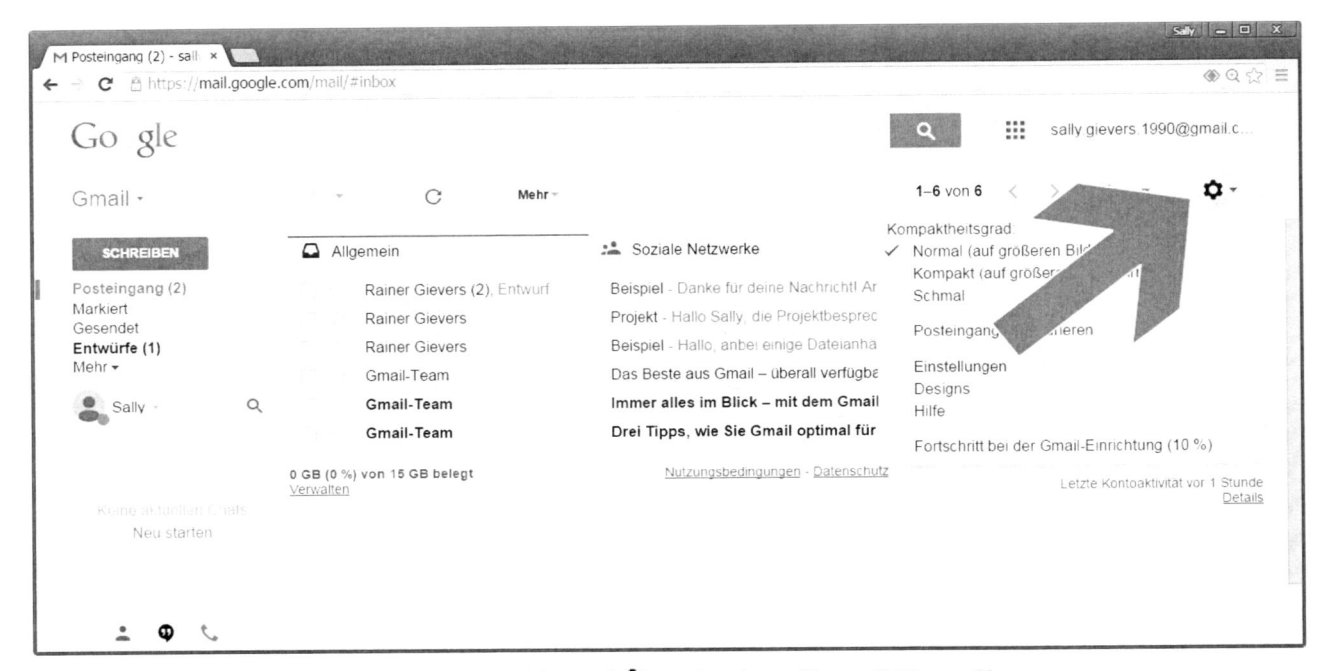

So bearbeiten Sie Ihre Filter: Klicken Sie auf ⚙ und gehen Sie auf *Einstellungen*.

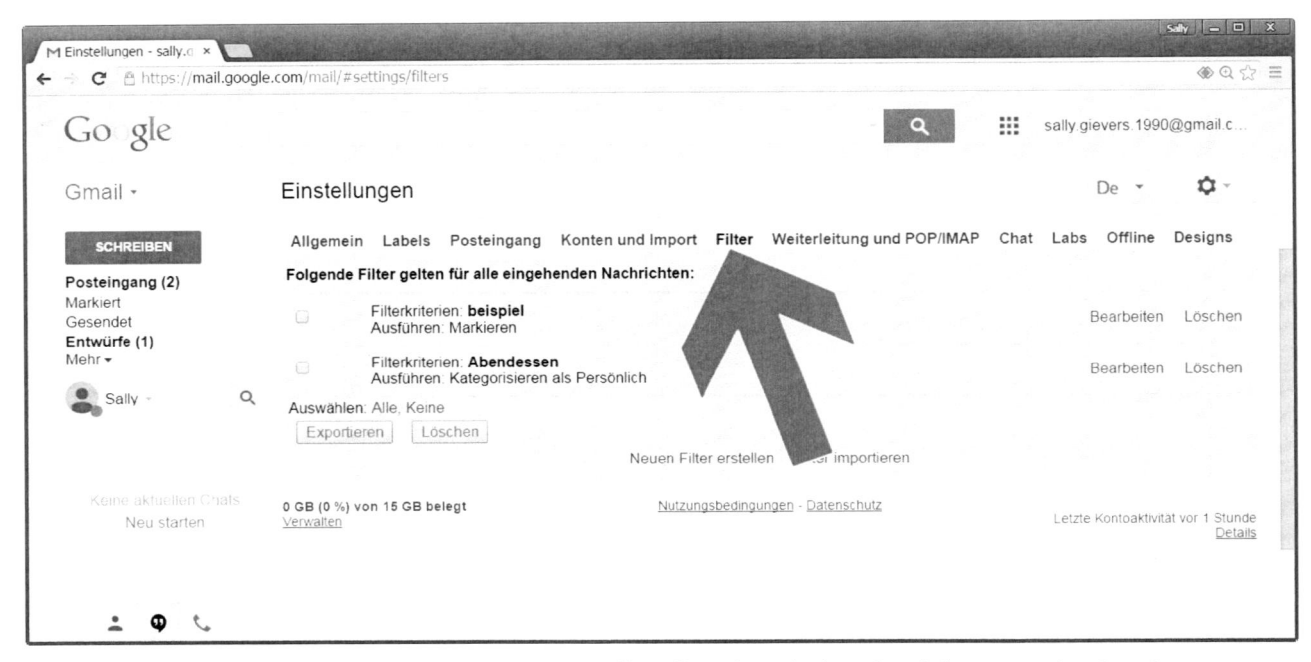

Aktivieren Sie das *Filter*-Register, worin Sie die Filter bearbeiten beziehungsweise löschen.

## 6.2.2 Archivieren

Obwohl Gmail Nachrichten, die mit dem gleichen Empfänger ausgetauscht wurden als »Konversationen« in einem Eintrag zusammenfasst, kann der Posteingang unübersichtlich werden. Unwichtige Nachrichten/Konversationen lassen sich deshalb im Posteingang ausblenden, was mit der Archivieren-Funktion geschieht.

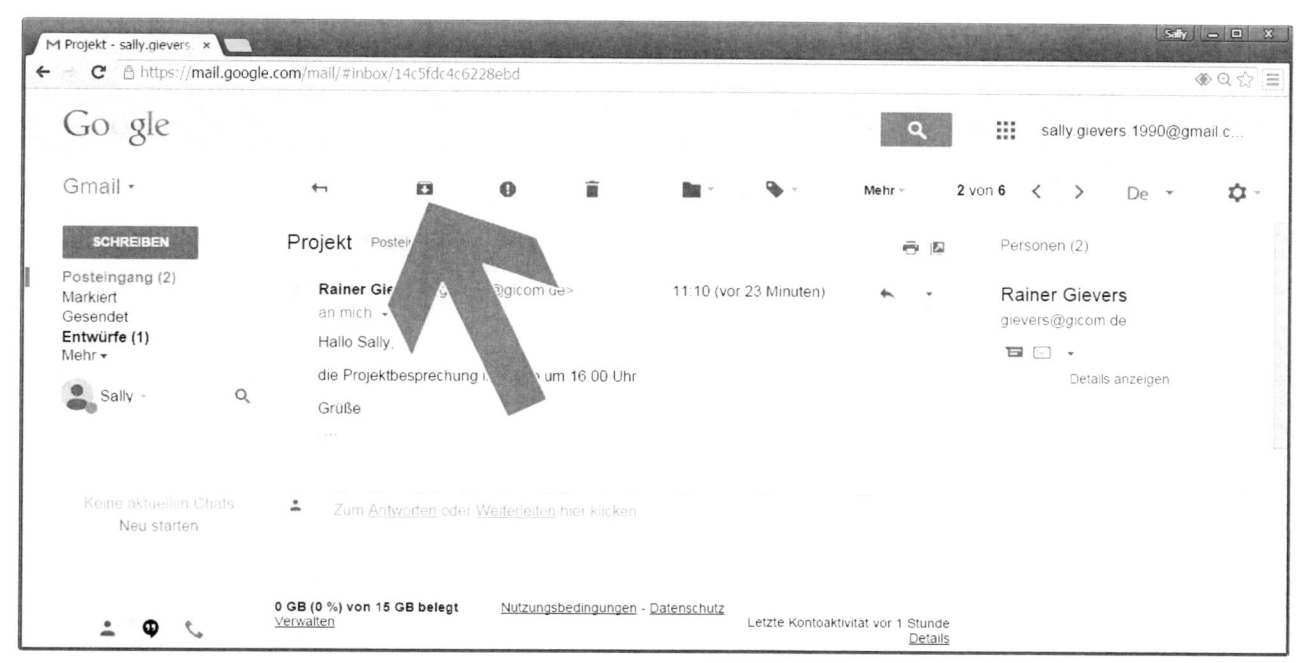

Betätigen Sie in der E-Mail-Nachrichtenansicht ▣ (Pfeil). Die Nachricht ist nun »archiviert« und Gmail schaltet wieder auf den Posteingang um.

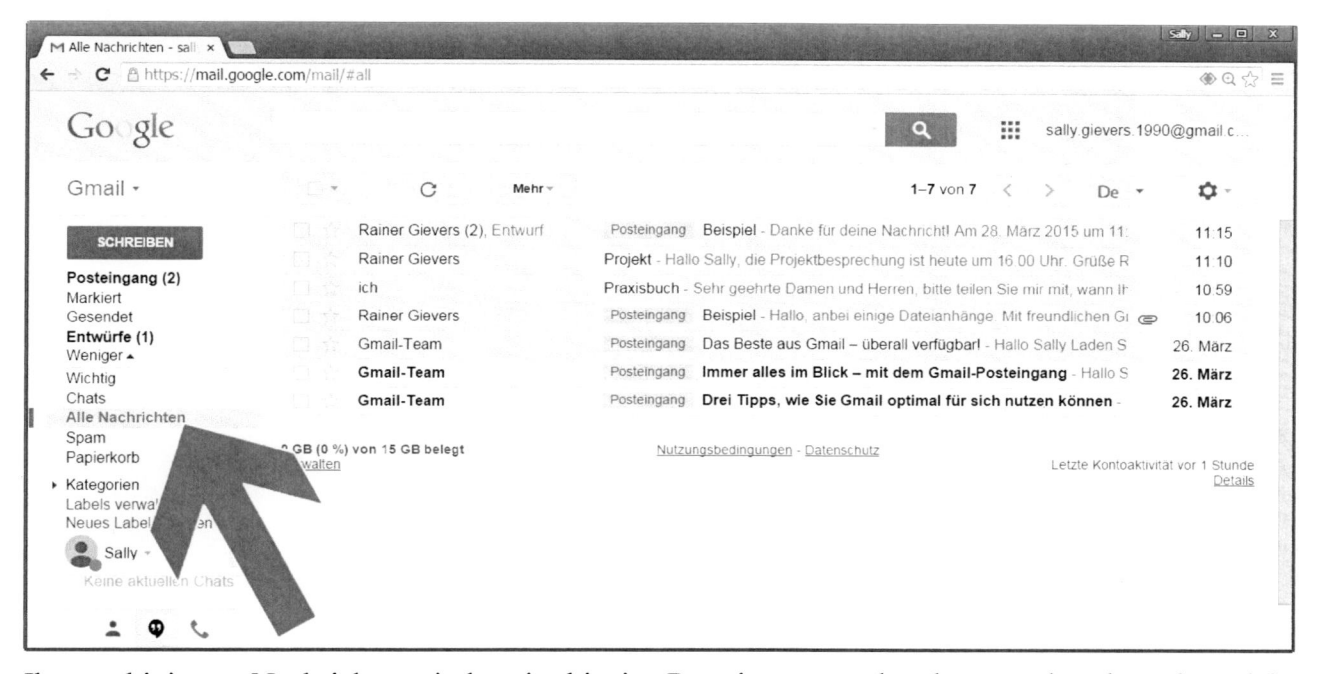

Ihre archivierten Nachrichten sind weiterhin im Posteingang vorhanden, werden dort aber nicht angezeigt. In der Suche (siehe Kapitel *6.2.1 Nachrichten durchsuchen*) tauchen sie aber weiterhin auf.

So lassen sich die archivierten Nachrichten anzeigen: Klicken Sie in der Labelauflistung auf der linken Seite auf *Alle Nachrichten* (vorher mit *Mehr* die Orderauflistung ausklappen).

> Antwortet jemand auf eine archivierte Nachricht/Konversation, so verschiebt Gmail diese automatisch wieder in den Posteingang.
>
> Eine archivierte Nachricht lässt sich einfach wieder in den Posteingang verschieben, indem Sie sie im *Alle Nachrichten*-Label für die Nachrichtenansicht anklicken und dann die *In Posteingang*-Schaltleiste betätigen.

## 6.2.2.a Unterdrücken

Die zuvor erwähnte Archivieren-Funktion mag zwar sehr praktisch sein, wenn Sie aber laufend Nachrichten einer Konversation erhalten, die Sie überhaupt nicht interessieren, ist es sehr lästig, immer wieder erneut die einzelnen Nachrichten zu archivieren. Ein typischer Fall dafür ist, dass Sie von jemand auf Cc (siehe Kapitel *6.1.7.b Cc/Bcc*) in seinen E-Mails setzt, Sie also neben dem Hauptempfänger als zusätzlicher Empfänger angegeben werden.

Mit der Unterdrücken-Funktion lassen sich dagegen alle Nachrichten einer Konversation automatisch archivieren, das heißt, wenn neue Nachrichten in einer unterdrückten Konversation eingehen, werden diese automatisch ebenfalls archiviert. Sie sollten die Unterdrücken-Funktion aber vorsichtig einsetzen, weil Sie ja von neuen Nachrichten einer unterdrückten Konversation nichts mitbekommen. Dies ist aber meist nicht weiter schlimm, denn ist Ihre E-Mail-Adresse im Feld »*An*«-Feld enthalten, wird die Konversation wieder in Ihren Posteingang eingeordnet. Sie verpassen also keine Nachrichten, die direkt an Sie adressiert sind.

In der Nachrichtenansicht betätigen Sie *Mehr* und rufen Sie *Ignorieren* auf. Die Nachricht/Konversation verschwindet aus dem Posteingang.

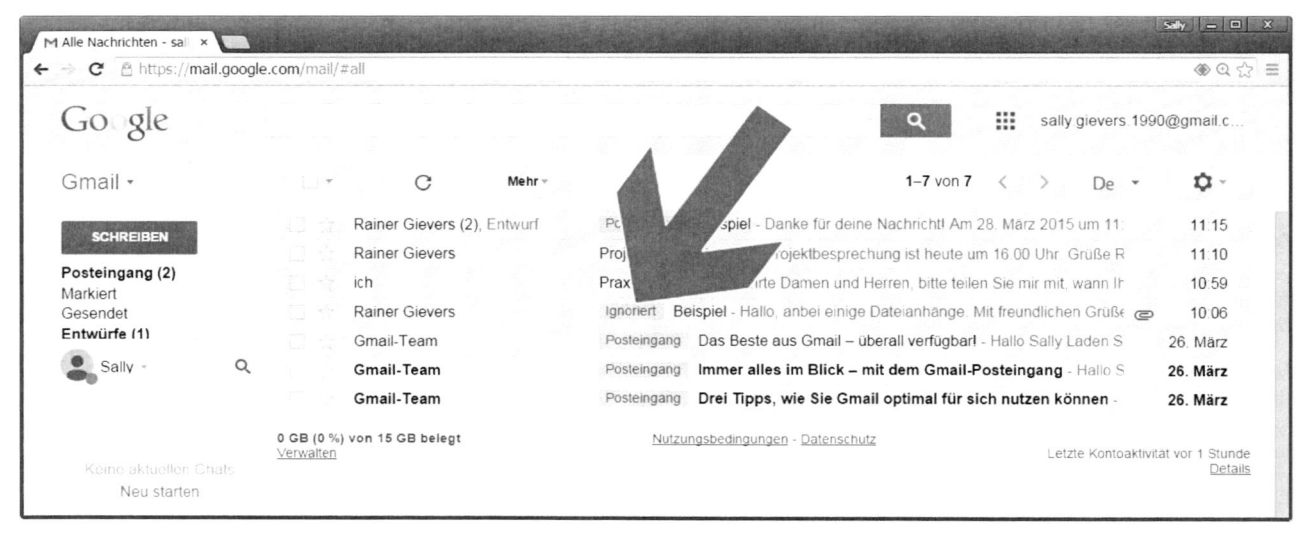

Zum Anzeigen der ignorierten Nachrichten gehen Sie in den *Alle Nachrichten*-Ordner. Unterdrückte Nachrichten sind mit dem Label *Ignoriert* markiert (Pfeil).

So verschieben Sie unterdrückte Nachrichten wieder in den Posteingang: Gehen Sie in die Nachrichtenansicht und klicken Sie auf die *In den Posteingang verschieben*-Schaltleiste.

## 6.2.3 Labels

Wie Sie bereits in den vorherigen Kapiteln erfahren haben, bietet Gmail die übliche Ordner-Struktur mit *Posteingang, Gesendete, Entwürfe*, usw. Weitere Ordner oder Unterordner lassen sich nicht anlegen, was aber kein großer Nachteil ist, weil es die »Label« gibt. Sie können einer Nachricht auch mehrere Label gleichzeitig zuweisen, beispielsweise *Arbeit* und *Belege*, was Übersicht in Ihren Posteingang bringt.

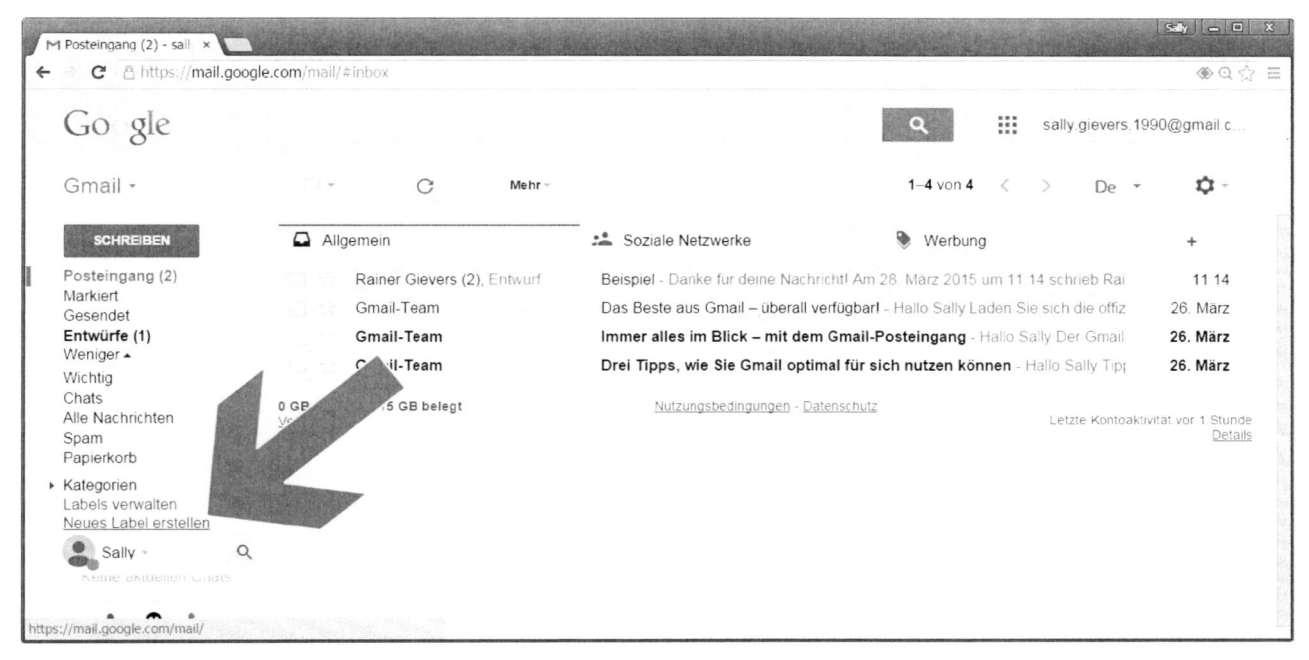

Neue Label lassen sich erstellen, indem Sie in der Ordnerauflistung auf der linken Seite bis nach unten rollen und auf *Neues Label erstellen* klicken.

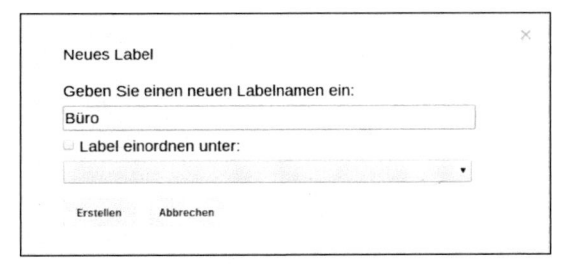

Erfassen Sie das neue Label und betätigen Sie *Erstellen*.

Es ist auch möglich, mit *Label einordnen unter* sogenannte Unterlabel anzulegen, wovon wir aber abraten. Unterlabel (also Label, die einem Label zugewiesen werden) lohnen sich erst dann, wenn Sie jeden Tag extrem viele E-Mails empfangen.

## 6.2.3.a Label zuweisen

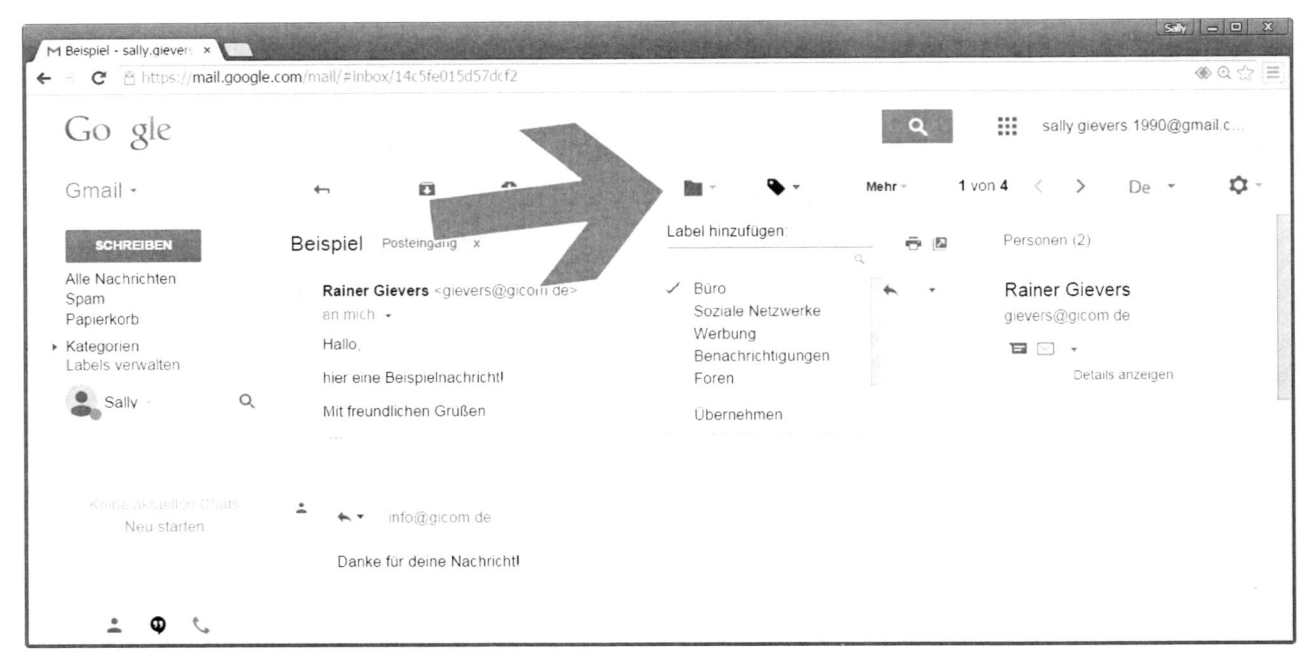

Ein Label weisen Sie in der Nachrichtenansicht zu, indem Sie 🏷 anklicken und im Dialog die gewünschten Label aktivieren. Betätigen Sie dann *Übernehmen*.

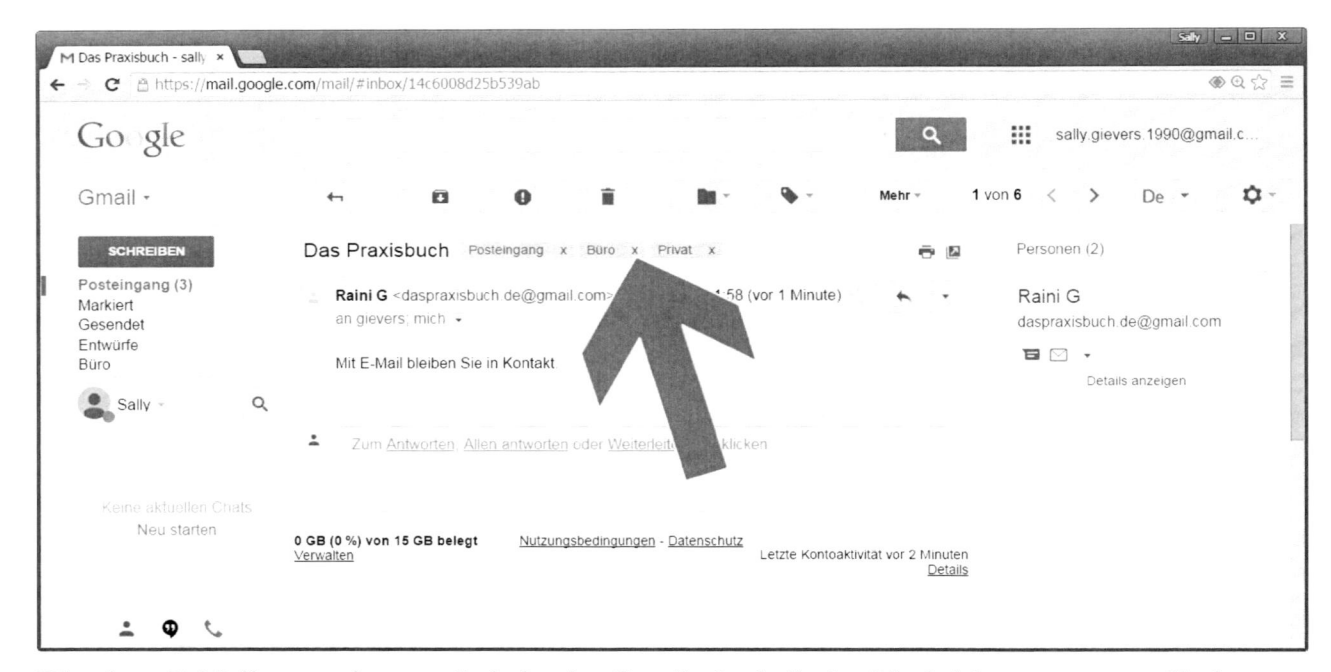

Die einer E-Mail zugewiesenen Label zeigt Gmail oberhalb des Nachrichtentextes an. Sie können diese mit einem Klick auf das **x** (Pfeil) jederzeit wieder entfernen.

Auch in der Nachrichtenauflistung erscheint jeweils ein Hinweis auf die Labels (vor dem Betreff).

Gmail

Die von Ihnen angelegten Label erscheinen in der Ordnerauflistung auf der linken Seite. Klicken Sie ein Label an, dessen zugewiesene Nachrichten Sie ansehen möchten.

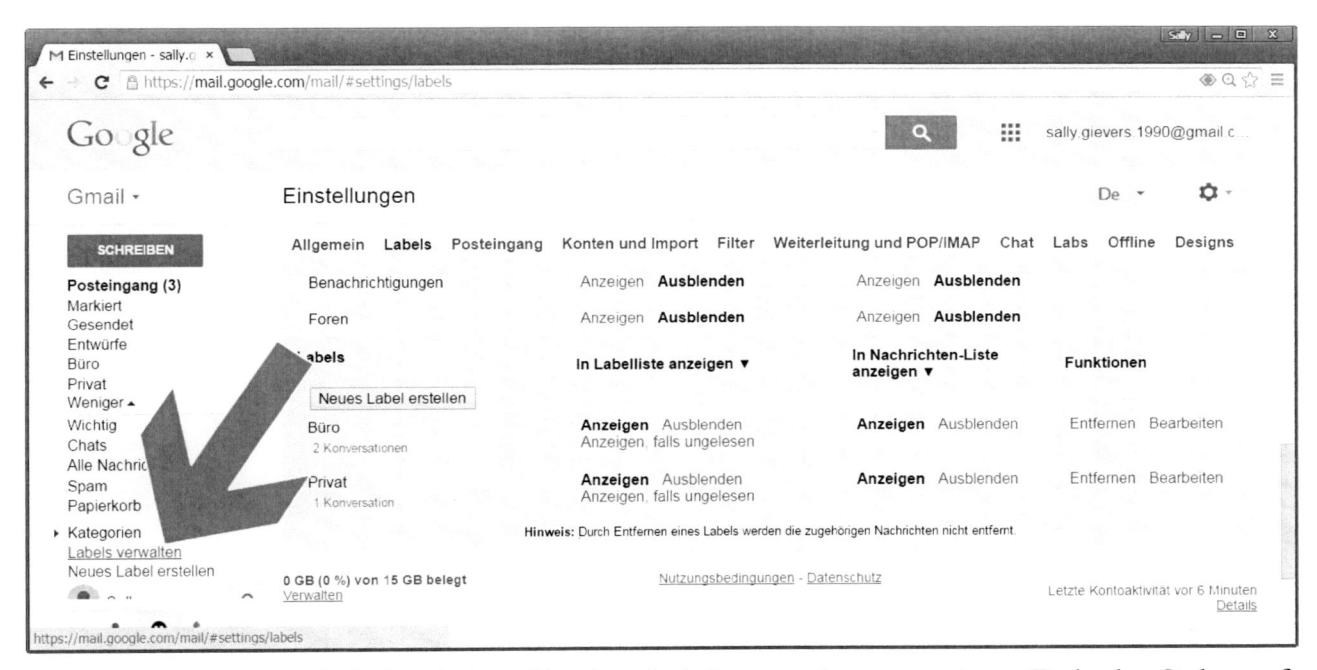

Ihre selbsterstellten Labels bearbeiten Sie über *Labels verwalten* am unteren Ende der Ordnerauflistung. Im Einstellungenbildschirm müssen Sie nun bis zum Ende zu den *Labels* durchrollen.

Wir empfehlen, Filter einzurichten, welche eingehende Nachrichten automatisch den Labels zuweisen. Dies geschieht im *Filter*-Register.

### 6.2.3.b Wichtig-Label und der sortierte Eingang

Erhalten Sie extrem viele Nachrichten, unterstützt Sie Gmail dabei, die lesenswerten von den weniger lesenswerten Nachrichten zu unterscheiden. Die Lesenswerten landen dann im *Sortierten Eingang*-Ordner. Aber wie funktioniert diese Filterung genau? Dazu schreibt Google in seiner Online-Hilfe (*support.google.com/mail/answer/186543*):

*Gmail berücksichtigt automatisch eine Reihe von Signalen, um festzustellen, welche eingehenden*

*Nachrichten wichtig sind, unter anderem:*

- *An wen Sie E-Mails senden: Falls Sie viele E-Mails an Thomas senden, sind E-Mails von Thomas höchstwahrscheinlich wichtig.*
- *Welche Nachrichten Sie öffnen: Nachrichten, die Sie öffnen, sind höchstwahrscheinlich wichtiger als ungeöffnete Nachrichten.*
- *Welche Themen Ihre Aufmerksamkeit wecken: Falls Sie Nachrichten über Fußball immer lesen, ist eine E-Mail zum Thema Fußball höchstwahrscheinlich wichtig.*
- *Welche E-Mails Sie beantworten: Falls Sie Nachrichten von Ihrer Mutter immer beantworten, sind ihre Nachrichten an Sie höchstwahrscheinlich wichtig.*
- *Wie Sie die Funktionen "Markieren", "Archivieren" und "Löschen" verwenden: Nachrichten, die Sie markieren, sind höchstwahrscheinlich wichtiger als Nachrichten, die Sie ungeöffnet archivieren.*

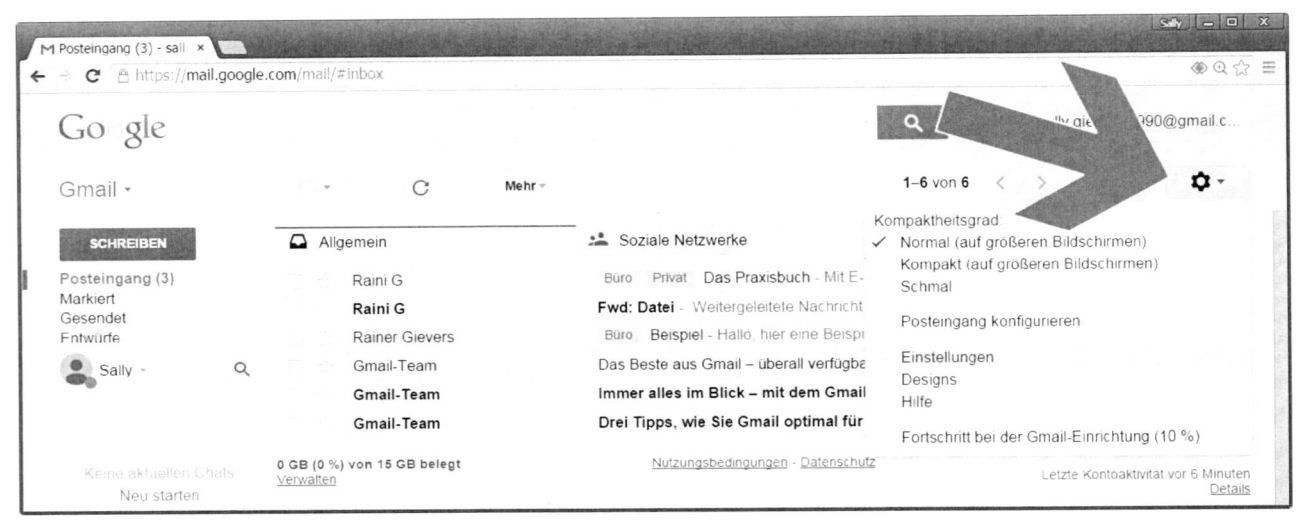

Damit Sie auf einem Blick erkennen, welche Nachrichten von Gmail als wichtig eingestuft werden, sollten Sie den Wichtig-Indikator aktivieren. Klicken Sie deshalb auf ✿ und gehen Sie auf *Einstellungen*.

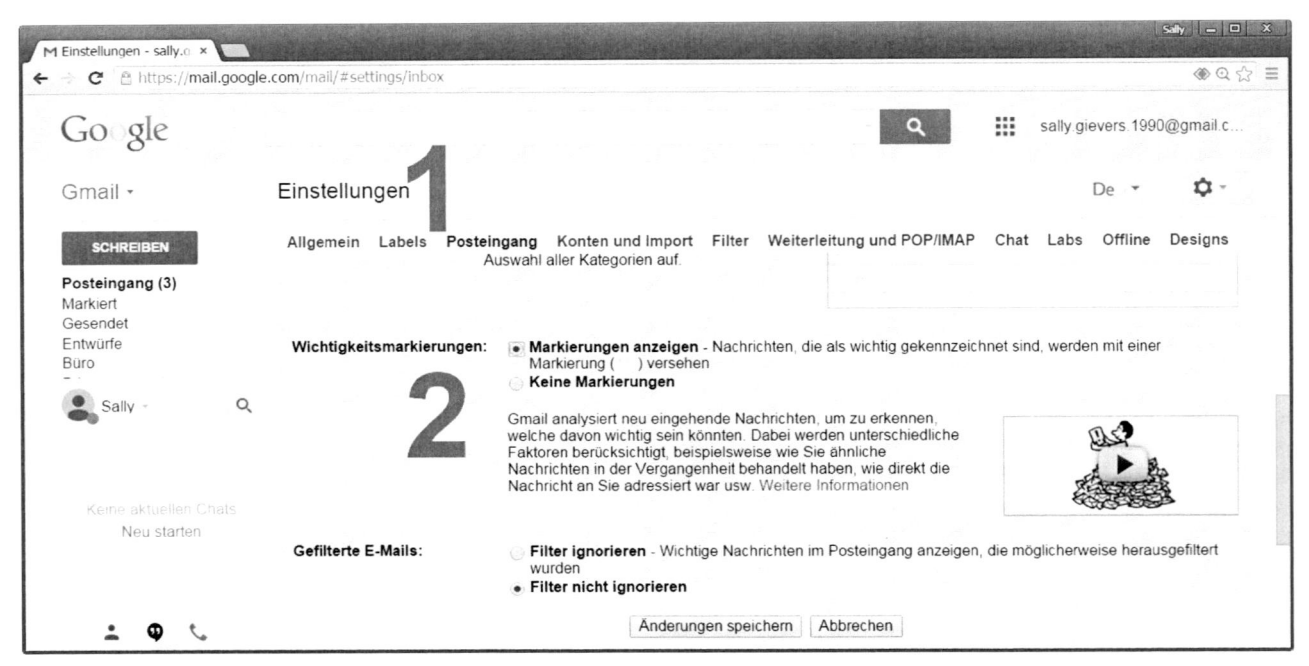

Wechseln Sie in das *Posteingang*-Register (1), worin Sie unter *Wichtigkeitsmarkierungen* (2) die

Option *Markierungen anzeigen* aktivieren. Vergessen Sie nicht, zum Schluss auf die *Änderungen speichern*-Schaltleiste (nach unten im Bildschirm durchrollen) zu klicken.

Von Gmail als »wichtig« eingestufte Nachrichten erkennen Sie jeweils am gelben -Symbol (Pfeil) in der Nachrichtenauflistung des Posteingangs. Klicken Sie das Symbol an, um E-Mails von Hand als wichtig oder unwichtig ( ) zu markieren.

In der Nachrichtenansicht nehmen Sie über beziehungsweise (Pfeil) Einfluss auf die automatische Einordnung ähnlicher E-Mails.

> Wenn Sie, wie im folgenden Kapitel beschrieben, die *Art des Posteingangs* auf *Sortierter Eingang* umschalten, so zeigt Gmail im Posteingang die als wichtig eingestuften ungelesenen Nachrichten als erstes an.

## 6.2.4 Markierungen

Nachrichten, die für Sie wichtig sind, heben Sie einfach durch Markierung mit einem »Stern« hervor.

*Mehr/Markierung hinzufügen* setzt die Markierung, *Mehr/Markierung entfernen* löscht Sie wieder.

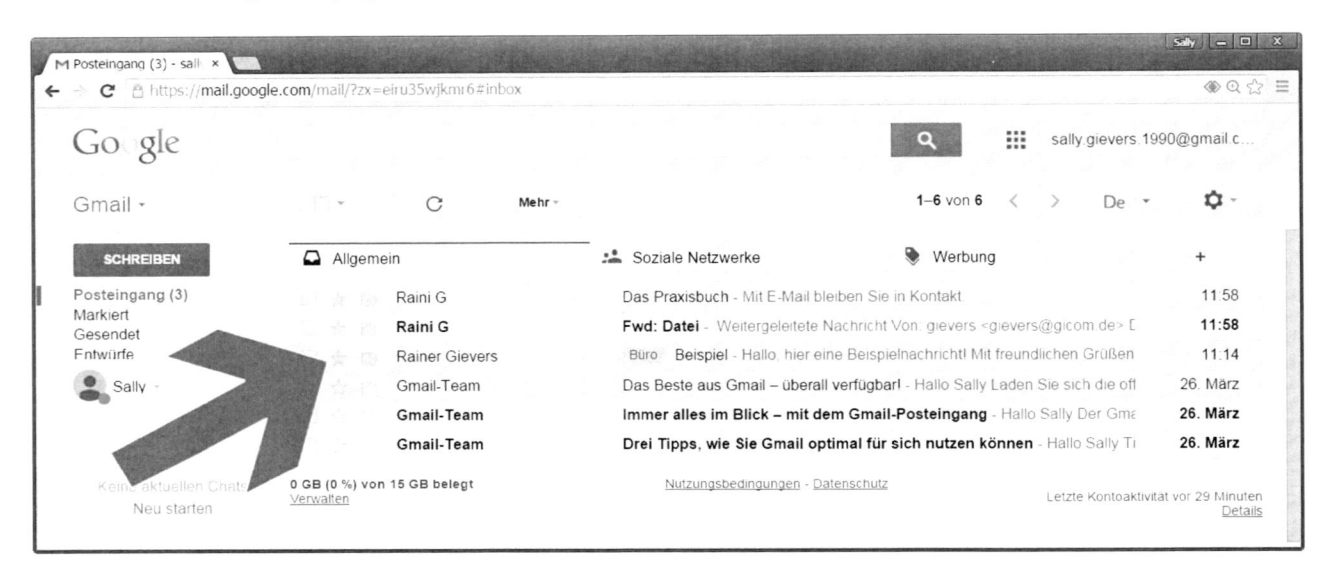

Auch in der Nachrichtenanzeige können Sie mit einem Stern (Pfeil) die Markierung setzen/entfernen (Pfeil).

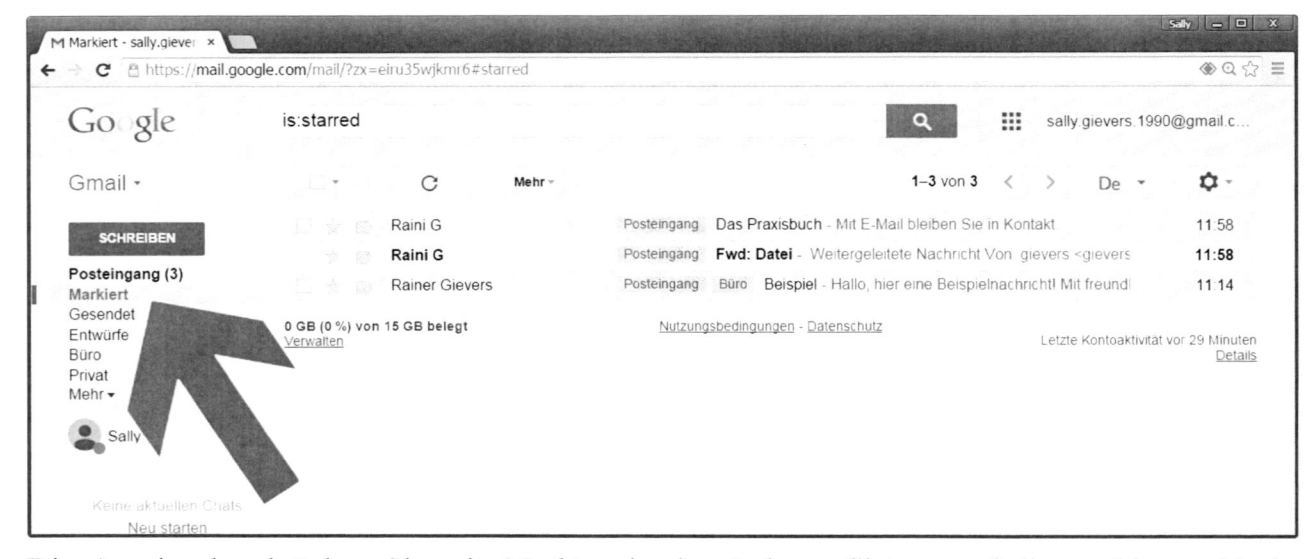

Die Anzeige beschränken Sie mit *Markiert* in der Ordnerauflistung auf die markierten Nachrichten.

## 6.2.5 Spam

Unter Spam versteht man unerwünschte Werbemails. Abhängig davon, ob Sie Ihre E-Mail-Adresse irgendwo mal auf einer Website hinterlassen haben oder durch Zufall ein Spam-Versender Ihre Gmail-Adresse mit Ausprobieren erraten hat, können pro Tag einige dutzend oder hundert Werbemails in Ihrem E-Mail-Konto auflaufen. Damit Ihre wichtige Kommunikation nicht im ganzen Spam untergeht, verfügt Ihr Gmail-Konto über einen automatischen Spam-Filter. Alle Spam-Mails landen dabei im *Spam*-Ordner.

Damit Google weiß, was für Sie Spam ist, müssen sie die unerwünschten Mails einzeln als Spam markieren.

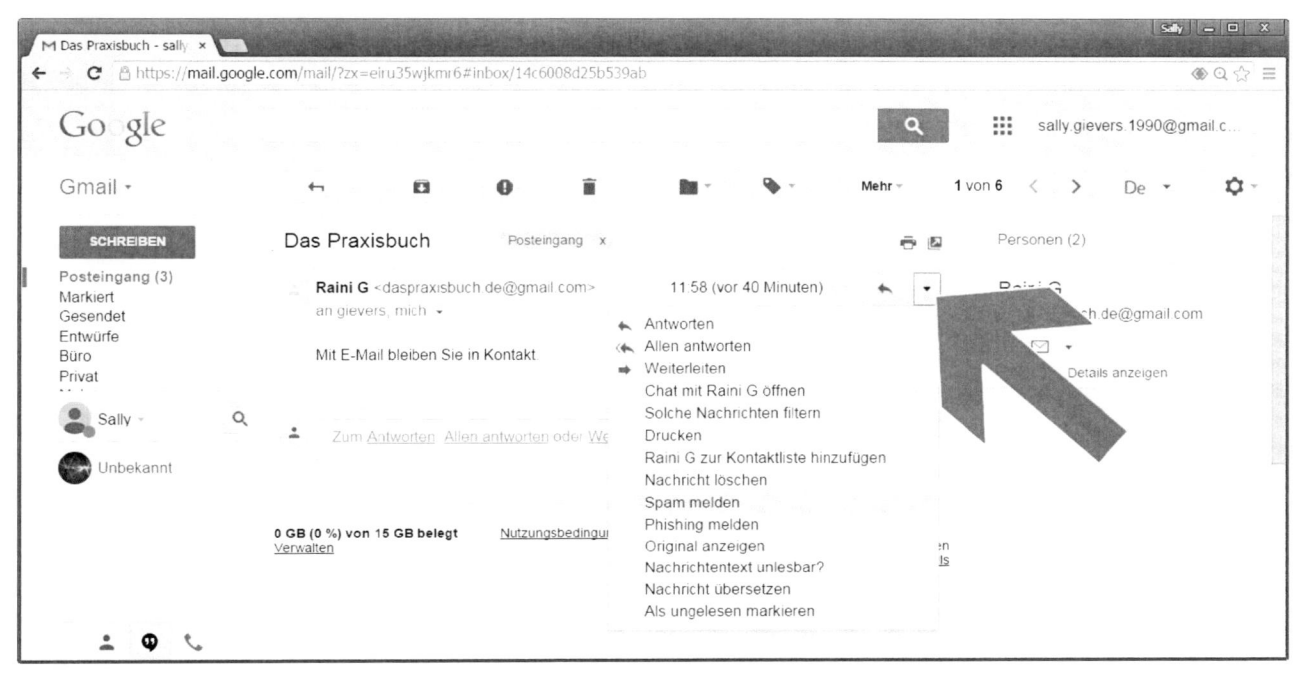

Klicken Sie in der Nachrichtenansicht auf ▼ und wählen Sie *Spam melden* aus. Die betreffende Nachricht wird aus dem *Posteingang* entfernt und landet im *Spam*-Ordner.

> Nutzen Sie *Phishing melden* aus dem Menü, wenn Sie eine Spam-Nachricht erhalten, mit deren Hilfe Dritte Daten wie Ihre Kreditkartennummer abfragen oder zum Aufruf einer möglicherweise gefährlichen Webseite auffordern. Beliebt sind dabei unter anderem vorgeschobene Warnungen vor Online-Kontosperrungen, weshalb man seine Kontodaten inklusive PIN eingeben müsse. Weitere nützliche Hinweise zum wichtigen Thema »Phishing« finden Sie online unter *support.google.com/mail/answer/8253*.

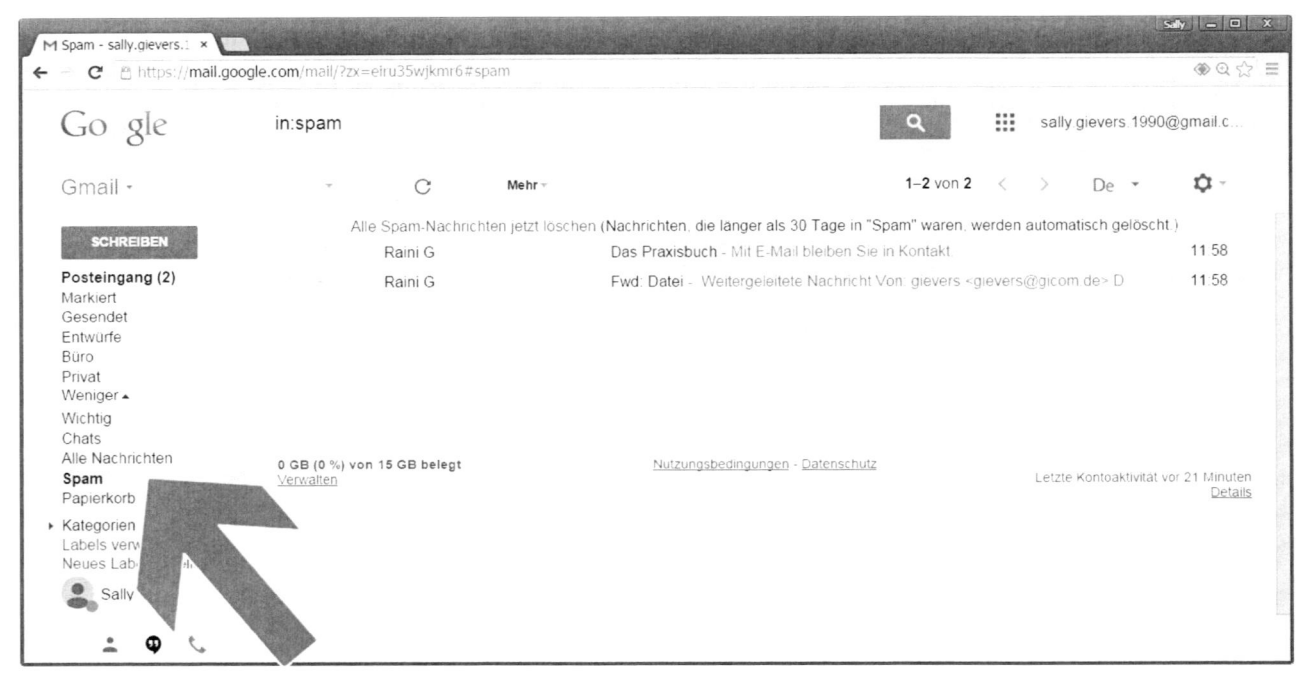

Den *Spam*-Ordner finden Sie links in der Ordnerauflistung. Kontrollieren Sie regelmäßig, ob es sich bei den darin vorhandenen Nachrichten wirklich um Spam handelt und verschieben Sie sie gegebenenfalls wieder in den *Posteingang* zurück.

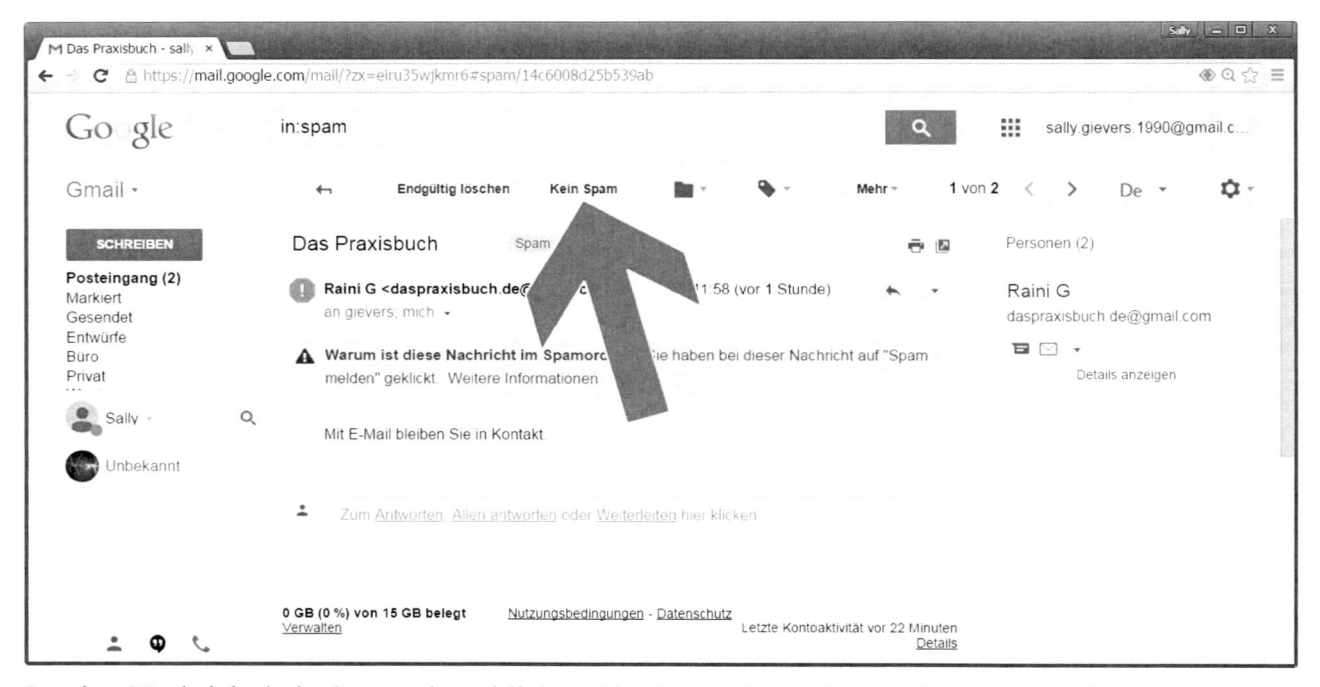

Ist eine Nachricht kein Spam, dann klicken Sie sie im *Spam*-Ordner für die Nachrichtenansicht an und betätigen Sie dann die *Kein Spam*-Schaltleiste.

Es ist sehr **wichtig**, dass im *Spam*-Ordner wirklich nur unerwünschte Mails enthalten sind. Gmail vergleicht nämlich eingehende Nachrichten mit denen im Spam-Ordner und ordnet sie als Spam ein, wenn eine große Ähnlichkeit besteht. Schauen Sie deshalb ab und zu mal in Ihren *Spam*-Ordner, um falsche Einordnungen wieder rückgängig zu machen.

## 6.2.6 Stapelvorgänge

Wenn eine Aktion, wie Label ändern, Löschen, Markierung hinzufügen, usw. auf mehrere Nachrichten anzuwenden ist, verwenden Sie die Stapelvorgänge.

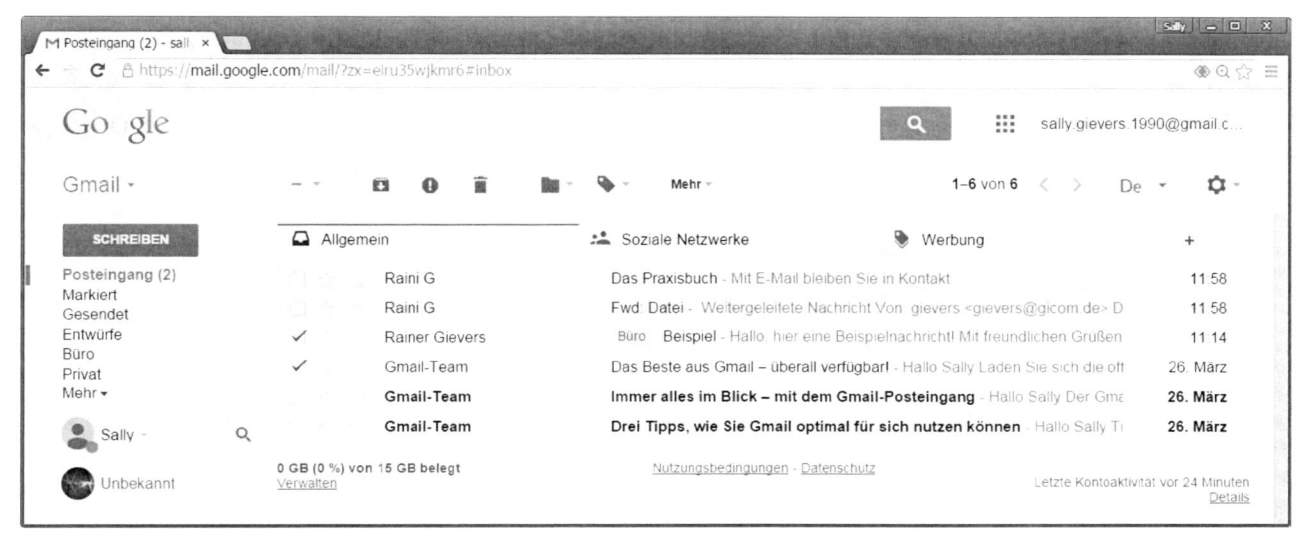

Zum Markieren aktivieren Sie die Abhakkästchen vor den Nachrichten. Über die Schaltleisten am oberen Bildschirmrand können Sie dann die Nachrichten archivieren, löschen, einem Label zuweisen, auf gelesen/ungelesen setzen oder als Favoriten markieren.

Alternativ ziehen Sie die markierten Nachrichten mit gedrückter linker Maustaste nach links in der Ordnerauflistung, welche ausklappt. Lassen Sie die Maustaste los, sobald sich der Mauszeiger auf dem gewünschten Ziel-Ordner/Label befindet.

## 6.2.7 Posteingang-Anzeige

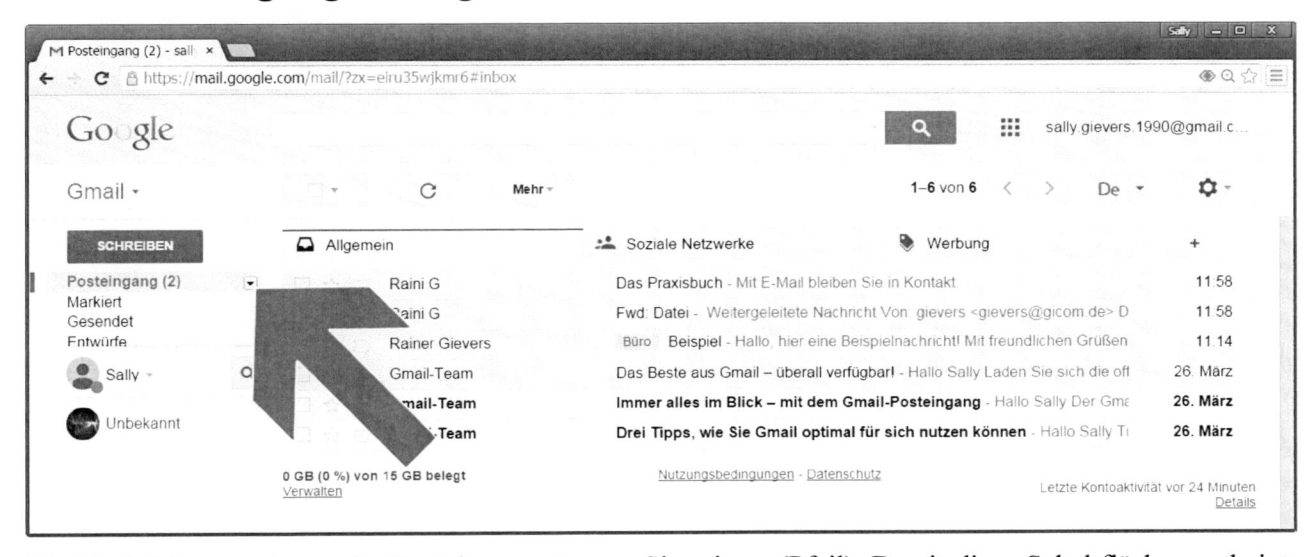

Die Nachrichtensortierung im Posteingang steuern Sie mit ▼ (Pfeil). Damit diese Schaltfläche erscheint, bewegen Sie den Mauszeiger auf *Posteingang*.

Wählen Sie im Popup eine der Sortierungsoptionen aus. Google selbst empfiehlt, die verschiedenen

Optionen auszuprobieren, um die für die eigenen Zwecke am besten geeignete herauszufinden.

Falls Sie die im Kapitel *6.2.3.b Wichtig-Label und der sortierte Eingang* vorgestellte Methode einsetzen, empfehlen wir Ihnen die Option *Sortierter Posteingang*.

## 6.3 Einstellungen

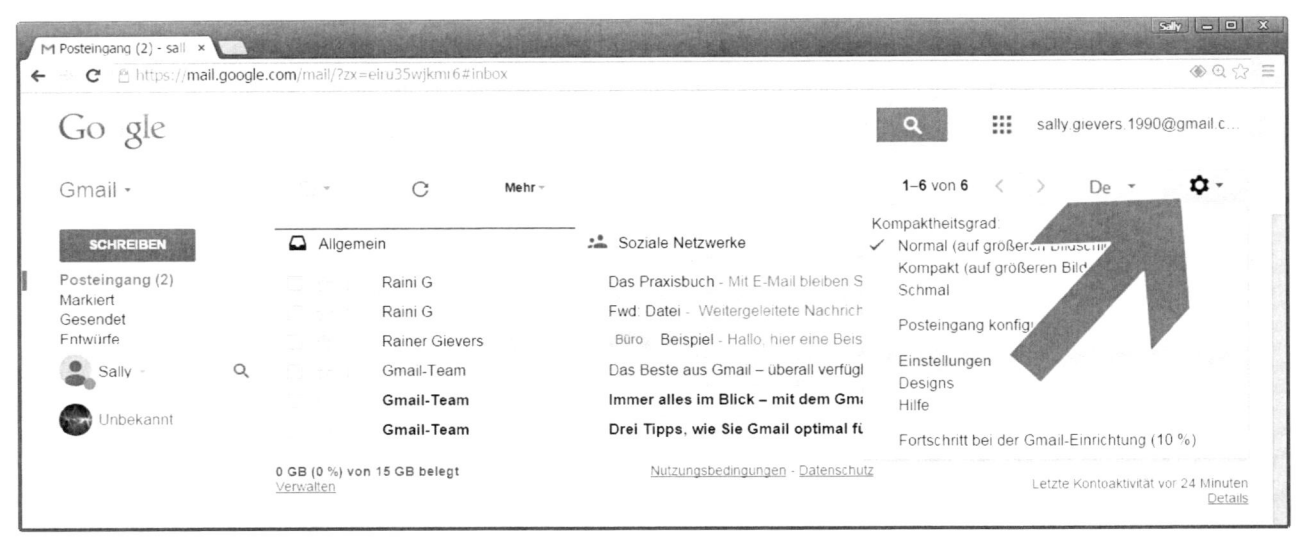

Klicken Sie auf ✿ und gehen Sie auf *Einstellungen*.

Über die Register am oberen Bildschirmrand schalten Sie zwischen den verschiedenen Einstellungsgruppen um. Es würde leider dieses Buch sprengen, wenn wir auf alle Optionen eingehen würden, weshalb wir uns auf die für Sie nützlichen beschränken.

Beachten Sie, jeweils am unteren Seitenende die *Änderungen speichern*-Schaltleiste zu betätigen, sofern Sie Optionen geändert haben.

Das *Allgemein*-Register:

- *Standardtextstil*: Stellen Sie Schriftart und Schriftgröße in Ihren Nachrichten ein.
- *Schaltflächenbeschriftung*: Gmail arbeitet viel mit Symbolschaltleisten, deren Funktion sich nicht sofort erschließt. Aktivieren Sie hier *Text*, damit Gmail nur beschriftete Schaltleisten anzeigt.
- *Mein Bild*: Erstellen Sie Ihr Kontaktfoto, das anderen Gmail-Nutzern angezeigt wird. Das Kontaktfoto erscheint auch als Ihr Profilfoto im sozialen Netzwerk Google+.

- *Kontakte-Widget*: Standardmäßig zeigt Gmail in der Nachrichtenansicht die Kontaktdaten des Absenders an. Sie schalten diese über *Kontakte-Widget ausblenden* ab.
- *Signatur*: Die Signatur ist ein Text, den Gmail automatisch beim Erstellen einer neuen Nachricht einfügt. Nutzen Sie sie, um den Empfängern Ihrer E-Mails auf weitere Kontaktmöglichkeiten per Telefon, oder ähnlich hinzuweisen.
- *Abwesenheitsnotiz*: Ein sehr nützliches Feature, wenn Sie mal nicht erreichbar sind und Personen, die Ihnen geschrieben haben, automatisch über Ihre Abwesenheit informieren möchten. Die Abwesenheitsnotiz erfolgt ohne Ihr zutun vom Google-Mail-Server aus. Dabei erhält jeder, der Ihnen währenddessen eine oder mehrere E-Mails schickt, die Abwesenheitsnotiz nur einmal alle vier Tage. Ausgenommen sind als Spam aussortierte E-Mails.

Die Option *Schaltflächenbeschriftung* im *Allgemein*-Register ändert die Schaltflächen von Symbolen (unten) nach Text (oben), was insbesondere Einsteiger begrüßen dürften.

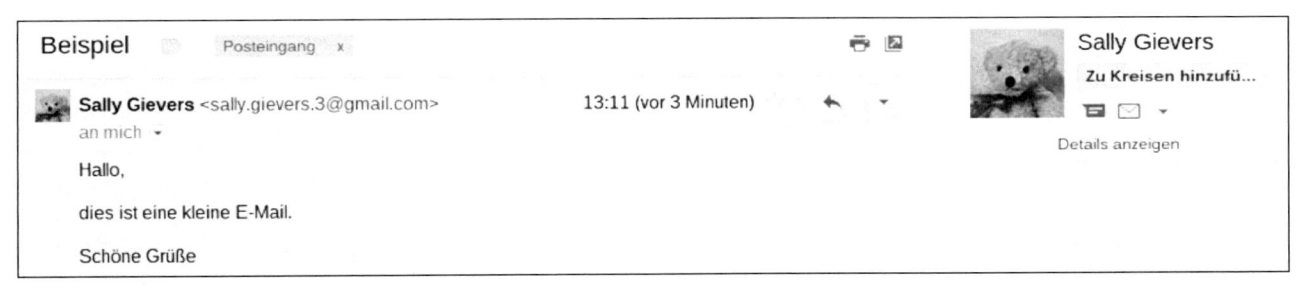

Ein von Ihnen bei *Mein Bild* im Label-Register eingestelltes Kontaktfoto erscheint bei anderen Gmail-Nutzern in der E-Mail-Ansicht (beachten Sie, dass Google das Foto auch für andere personalisierte Dienste verwendet, beispielsweise als Kontaktfoto im sozialen Netzwerk Google+).

## 6.4 Der Umgang mit anderen E-Mail-Konten

Sofern Ihnen Gmail gefällt, können Sie den Inhalt von E-Mail-Konten bei anderen Anbietern importieren, worauf wir hier nicht weiter eingehen. Sie finden diese Funktion, wenn Sie in der Gmail-Oberfläche auf ✿ klicken, im Menü auf *Einstellungen* gehen und dann das *Weiterleitung und POP/IMAP*-Register aktivieren.

Eine weitere Option, die wir hier erläutern, ist die Einbindung anderer E-Mail-Konten. Sie ersparen sich dann den dauernden Wechsel zwischen Gmail und weiteren E-Mail-Weboberflächen. Es lassen sich maximal fünf weitere E-Mail-Konten dem Gmail-Konto hinzufügen.

Leider ist es uns aus Platzgründen hier nicht möglich, auf die Einrichtung aller möglichen E-Mail-Adressen einzugehen, weshalb wir uns hier beispielhaft auf den kostenlosen Anbieter Outlook.com beschränken. Bei anderen Anbietern wie T-Online, GMX, usw. läuft es aber im Prinzip genauso ab.

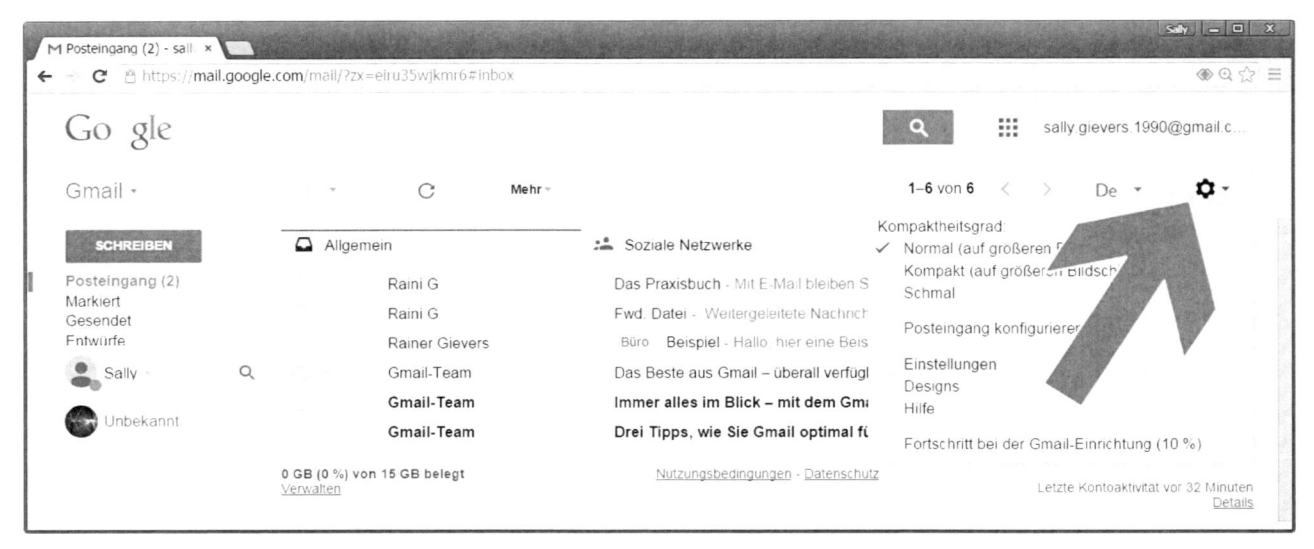

Klicken Sie auf ✿ und gehen Sie auf *Einstellungen*.

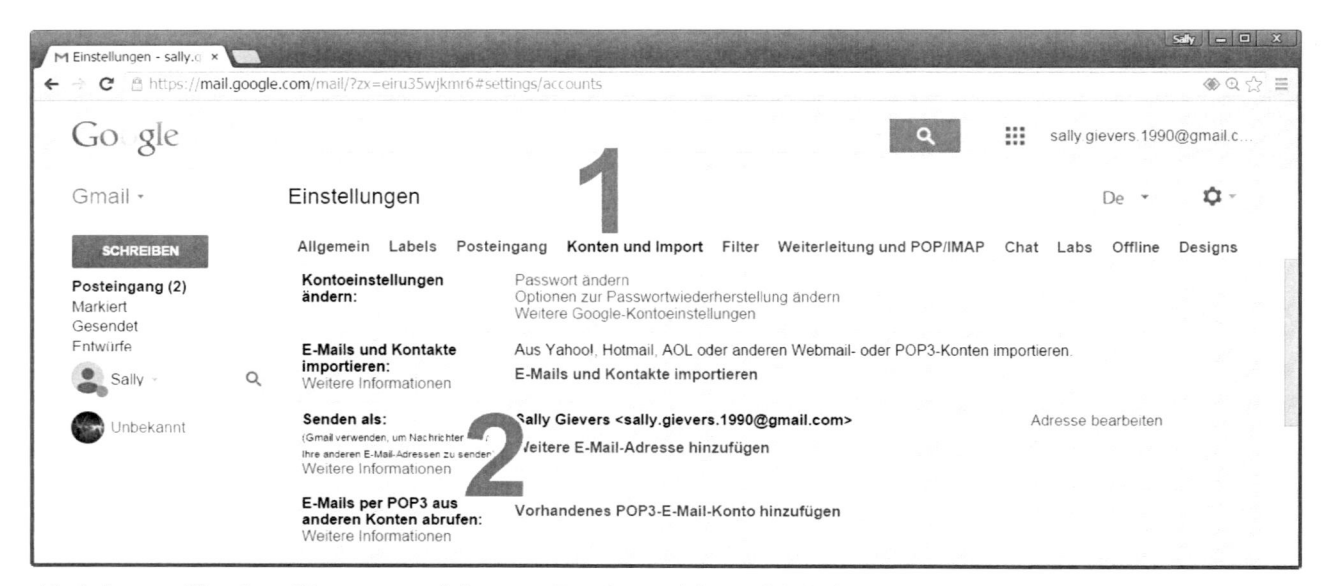

Aktivieren Sie das *Konten und Import*-Register (1) und klicken Sie auf *Vorhandenes POP3-E-Mail-Konto hinzufügen* (2).

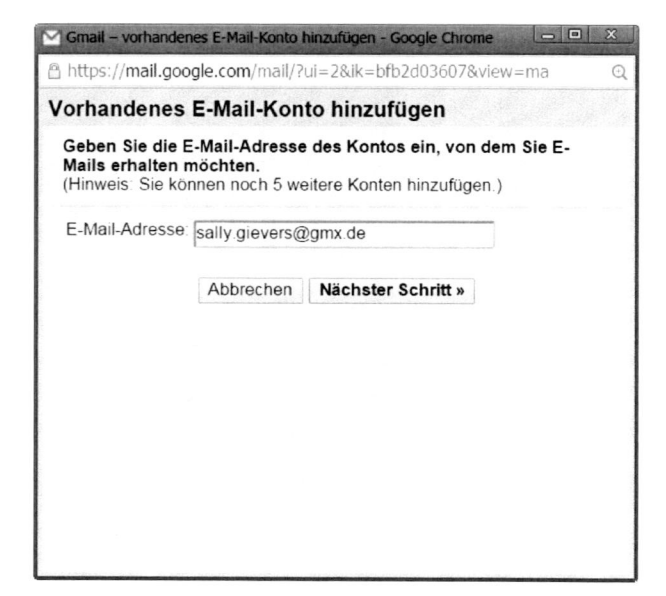

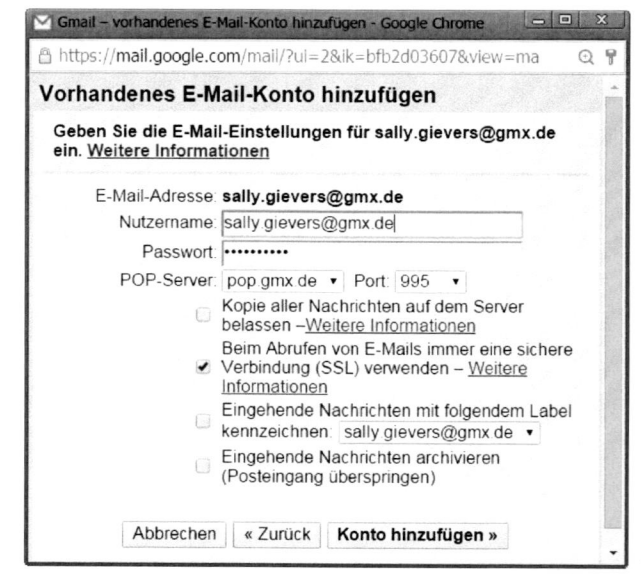

❶ Geben Sie die E-Mail-Adresse ein und betätigen Sie *Nächster Schritt*.

❷ Erfassen Sie den Nutzernamen – in der Regel die E-Mail-Adresse – und das zugehörige Kennwort. Weitere Optionen:

- *Kopie aller Nachrichten auf dem Server belassen*: Sofern Sie die Nachrichten im E-Mail-Konto später auch mit einer anderen E-Mail-Anwendung oder über die eigene Weboberfläche abrufen möchten, sollten Sie diese Option aktivieren (empfohlen).

- *Beim Abrufen von E-Mails immer eine sichere Verbindung (SSL) verwenden*: Die meisten E-Mail-Anbieter setzen inzwischen eine sichere Verbindung voraus, weshalb Sie hier nichts ändern sollten.

- *Eingehende Nachrichten mit folgendem Label kennzeichnen*: Damit Sie die Nachrichten aus dem Gmail- und dem weiteren E-Mail-Konto unterscheiden können, unterstützt Gmail das Hinzufügen eines entsprechenden Labels (zu Labels siehe Kapitel *6.2.3 Labels*). Mit einem Klick auf dem Label in der Ordnerauflistung schränken Sie dann die Anzeige nur auf die Nachrichten aus dem weiteren E-Mail-Konto ein.

- *Eingehende Nachrichten archivieren*: Heruntergeladene Nachrichten werden automatisch archiviert (siehe Kapitel *6.2.2 Archivieren*).

Klicken Sie auf *Konto hinzufügen*.

Bestätigen Sie im folgenden Popup *Passwort speichern*, damit Sie nicht bei jedem E-Mail-Abruf vom Konto nach Ihrem Kennwort gefragt werden.

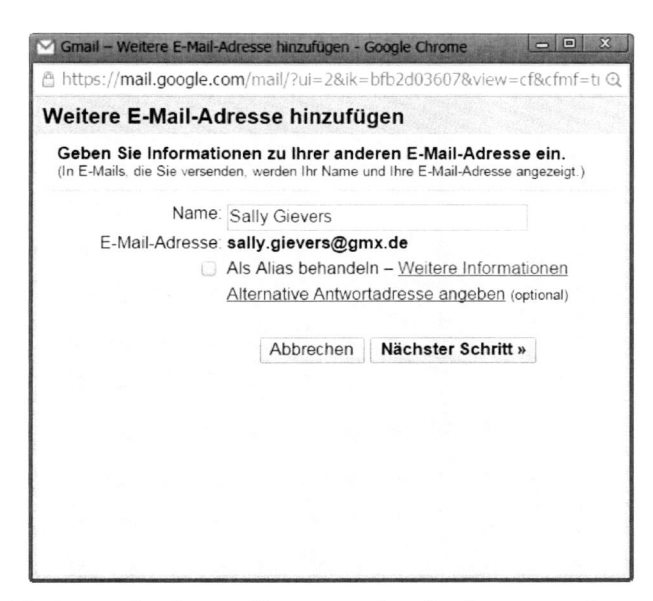

❶ Zum Schluss können Sie mit *Ja, ich möchte E-Mails auch als xxx@xxx senden* festlegen, sodass Antworten nicht immer über die Gmail-Adresse erfolgen. Betätigen Sie *Nächster Schritt*.

❷ Ändern Sie gegebenenfalls den vorgegebenen Namen und deaktivieren Sie *Als Alias behandeln*. Klicken Sie auf *Nächster Schritt*.

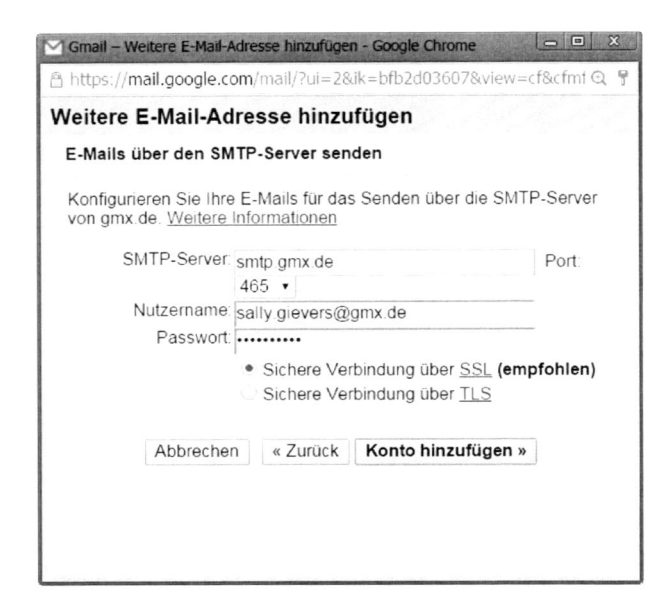

❶ Den folgenden Dialog verlassen Sie mit *Konto hinzufügen*.

❷ Zur Sicherheit sendet Ihnen Google einen Authentifizierungscode an die E-Mail-Adresse. Loggen Sie sich daher in die Weboberfläche des jeweiligen Anbieters ein (einfach in einem neuem Tab des Chrome-Browsers) und klicken Sie einfach auf den darin enthaltenen Link an (klicken Sie dann auf *Fenster schließen.*). Alternativ geben Sie den Code der Bestätigungs-E-Mail im Einrichtungsfenster ein und gehen auf *Bestätigen*.

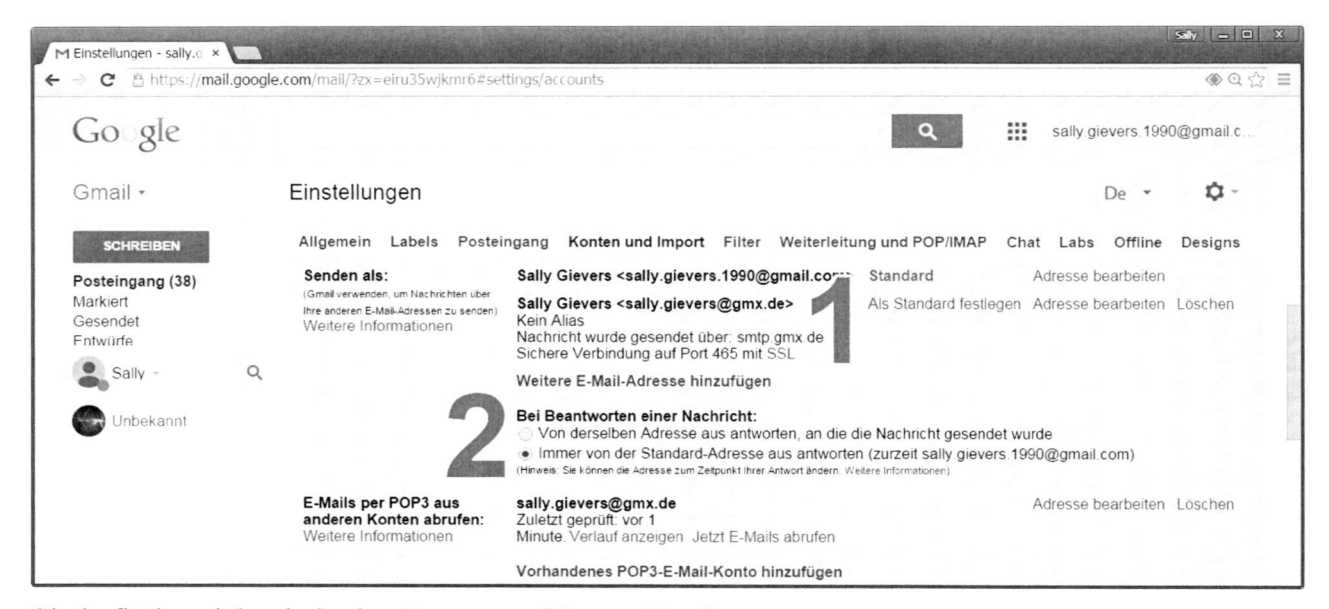

Sie befinden sich wieder im *Konten und Import*-Register.

Über *Als Standard festlegen* (1) konfigurieren Sie, welche der angelegten E-Mail-Konten als Absender eingesetzt wird. In unserem Fall können dies *sally.gievers.1990@gmail.com* oder *sally.gievers@gmx.de* sein.

Zur weiteren E-Mail-Adresse sollten Sie unter *Bei Beantworten einer Nachricht* am besten *Von derselben Adresse aus antworten, an die die Nachricht gesendet wurde* (2) aktivieren. Damit verschleiern Sie gegenüber anderen, mit denen Sie E-Mails austauschen, dass Sie Gmail nutzen. Außerdem trennen Sie damit die genutzten E-Mail-Konten voneinander ab.

# Gmail

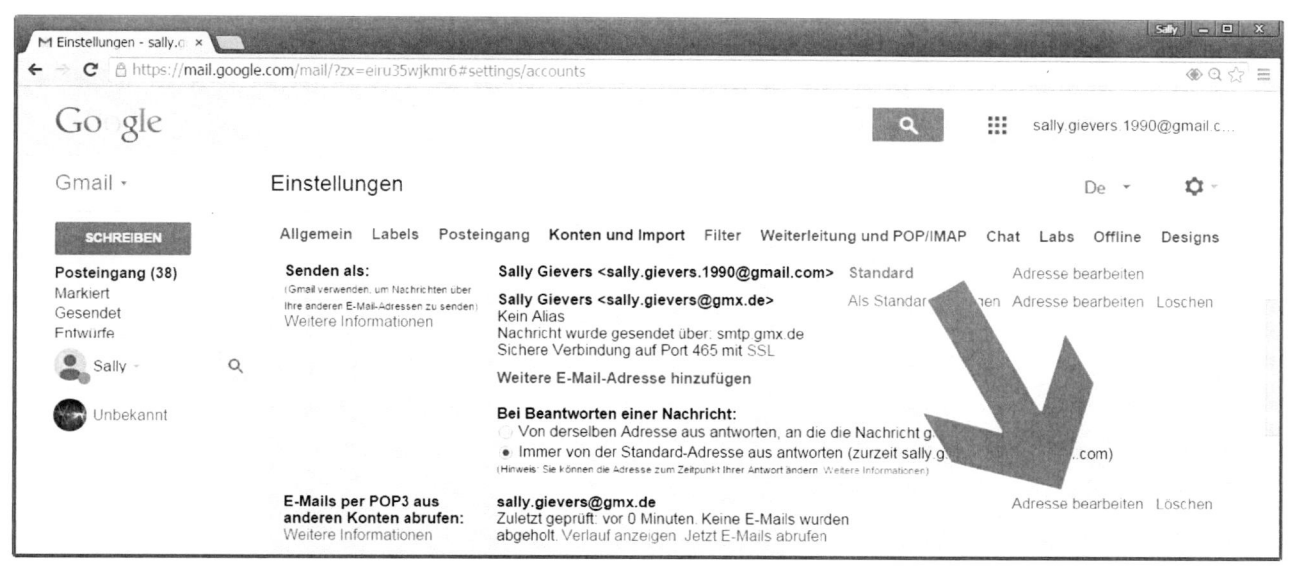

Klicken Sie hinter *E-Mails per POP3 aus anderen Konten abrufen* auf *Adresse bearbeiten* (3) für weitere Einstellungen, die Sie bereits bei der Einrichtung vorgenommen haben.

Die Optionen:

- *Kopie aller Nachrichten auf dem Server belassen*: Sofern Sie die Nachrichten im E-Mail-Konto später auch mit einer anderen E-Mail-Anwendung oder über die Weboberfläche des E-Mail-Anbieters abrufen möchten, sollten Sie diese Option aktivieren (empfohlen).

- *Beim Abrufen von E-Mails immer eine sichere Verbindung (SSL) verwenden*: Die meisten E-Mail-Anbieter setzen inzwischen eine sichere Verbindung voraus, weshalb Sie hier nichts ändern sollten.

- *Eingehende Nachrichten mit folgendem Label kennzeichnen*: Damit Sie die Nachrichten aus dem Gmail- und dem weiteren E-Mail-Konto unterscheiden können, unterstützt Gmail das Hinzufügen eines entsprechenden Labels (zu Labels siehe Kapitel *6.2.3 Labels*). Mit einem Klick auf dem Label in der Ordnerauflistung schränken Sie dann die Anzeige nur auf die Nachrichten aus dem weiteren E-Mail-Konto ein (empfohlene Einstellung).

- *Eingehende Nachrichten archivieren*: Heruntergeladene Nachrichten werden automatisch archiviert (siehe Kapitel *6.2.2 Archivieren*).

Klicken Sie *Änderungen speichern*.

Sofern Sie die oben beschriebene Option *Eingehende Nachrichten mit folgendem Label kennzeichnen* aktiviert ist, finden Sie die Nachrichten aus dem weiteren E-Mail-Konto unter dem entsprechenden Label (Pfeil). Der *Posteingang*-Ordner fasst dagegen die Nachrichten aus allen E-Mail-Konten zusammen.

## *6.5 Gmail offline nutzen*

So schön Gmail auch funktioniert, den Nachteil, dass diese Web-basierte Anwendung eine funktionierende Internetverbindung voraussetzt, verleidet dann doch manchem Nutzer den Spaß. Deshalb existiert die Möglichkeit, eine Offline-Erweiterung zu installieren.

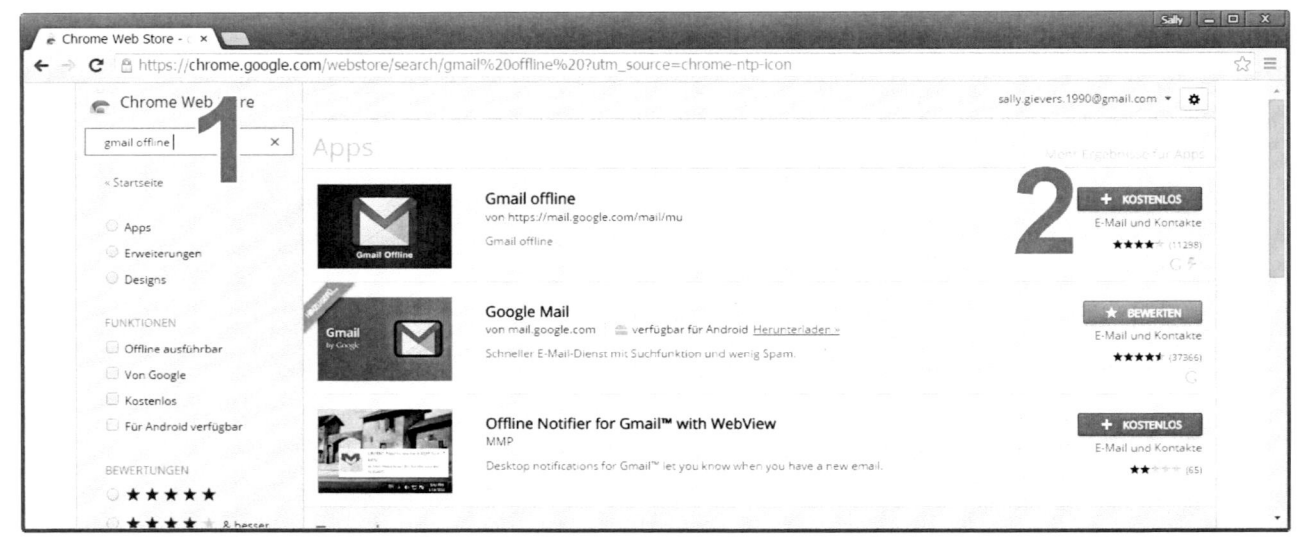

Rufen Sie den im Kapitel *7.2 Anwendungen installieren* beschriebenen *Web Store* im Apps-Menü oder im Chrome App Launcher auf und geben Sie in das Suchfeld (1) *gmail offline* ein. Klicken Sie dann beim Suchergebnis *Gmail offline* auf *KOSTENLOS* (2), um das Programm zu installieren.

Starten Sie *Gmail offline* aus dem Apps-Menü oder Chrome App Launcher (siehe Kapitel *7.5 Der Chrome App Launcher*).

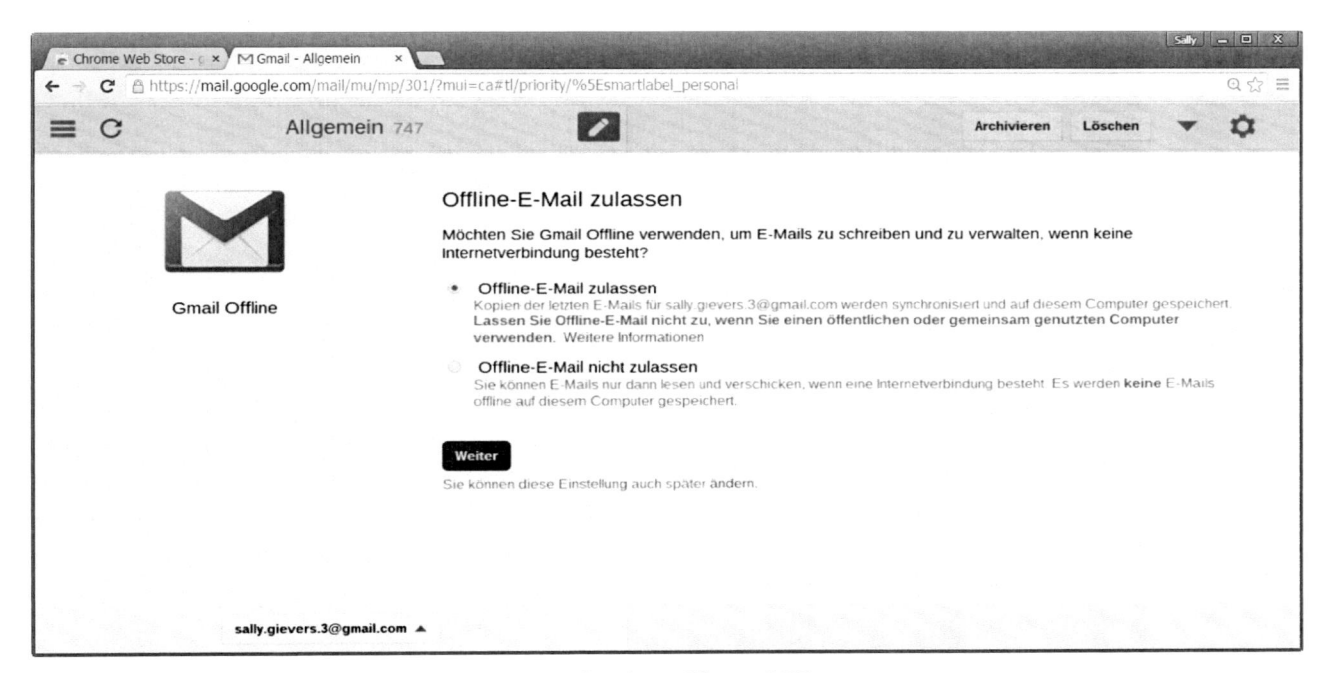

Aktivieren Sie *Offline-E-Mail zulassen* und gehen Sie auf *Weiter*.

Die Offline-Benutzeroberfläche weicht etwas vom »normalen« Gmail ab:

1. ≡ öffnet die Ordner/Labelauflistung.

2. ✎: Neue E-Mail erstellen.

3. ▼ blendet weitere Schaltleisten für die Labelzuordnung, Drucken, Markierung hinzufügen, usw. ein.

4. ⚙: Stellen Sie ein, wie weit zurückreichend Sie E-Mails abrufen möchten (Standard sind 7 Tage) und ob eine Abwesenheitsnotiz gesendet werden soll.

5. ↰: Nachrichten beantworten beziehungsweise weiterleiten.

# 7. Programmverwaltung

Das Google-Konzept erlaubt es, die Google-Dienste auf fast jedem beliebigen Endgerät zu nutzen, wobei die einzigen Voraussetzungen ein leistungsfähiger Webbrowser und ein Internetzugang sind. Ist also Ihr PC oder Notebook beispielsweise gerade nicht zur Hand, so können Sie sich einfach auf einem fremden PC, Tablet oder Handy im Webbrowser bei Google einloggen und ganz normal weiterarbeiten (siehe dazu auch Kapitel *4.2 Mit einem Google-Konto anmelden* und *21 Das Google-Konto auf dem Android-Gerät*).

Optimal nutzen können Sie die Google-Funktionen mit dem im Kapitel *5 Chrome-Browser* vorgestellten Chrome-Browser. In den folgenden Kapiteln zeigen wir Ihnen, wie Sie diesen mit Zusatzprogrammen anpassen.

Der Chrome-Browser unterscheidet zwischen **Web-Apps** (Apps = engl. Anwendungen), die nur eine Webadresse im Webadresse aufrufen und **Chrome-Apps**, die lokal auf dem PC installiert werden, in einem eigenen Browserfenster ablaufen und keine Internetverbindung benötigen. **Chrome-Erweiterungen** integrieren sich dagegen im Browser und erhöhen durch Zusatzfunktionen die Funktionalität.

## *7.1 Anwendungen starten*

Sie sollten wie im Kapitel *5 Chrome-Browser* beschrieben, den Chrome-Browser heruntergeladen und installiert haben. Während der Installation melden Sie sich beim Chrome-Browser einmalig mit Ihrem Google-Konto an (zur Kontenverwaltung auf Chrome siehe Kapitel *5.7 Benutzerverwaltung*).

Die von Google im Internet angebotenen Anwendungen listen Sie mit einem Klick auf Apps (1) auf. Befinden Sie sich dagegen gerade in einer Google-Anwendung, so funktioniert auch Betätigen der ⋮⋮-Schaltleiste (2).

Der Unterschied zwischen *Apps* (1) und ⋮⋮-Menü (2): Während das ⋮⋮-Menü nur Web-basierte Google-Anwendungen auflistet, finden Sie im *Apps*-Menü auch alle von Ihnen installierten Chrome-Erweiterungen. Wie Sie Letztere installieren, erfahren Sie im nächsten Kapitel.

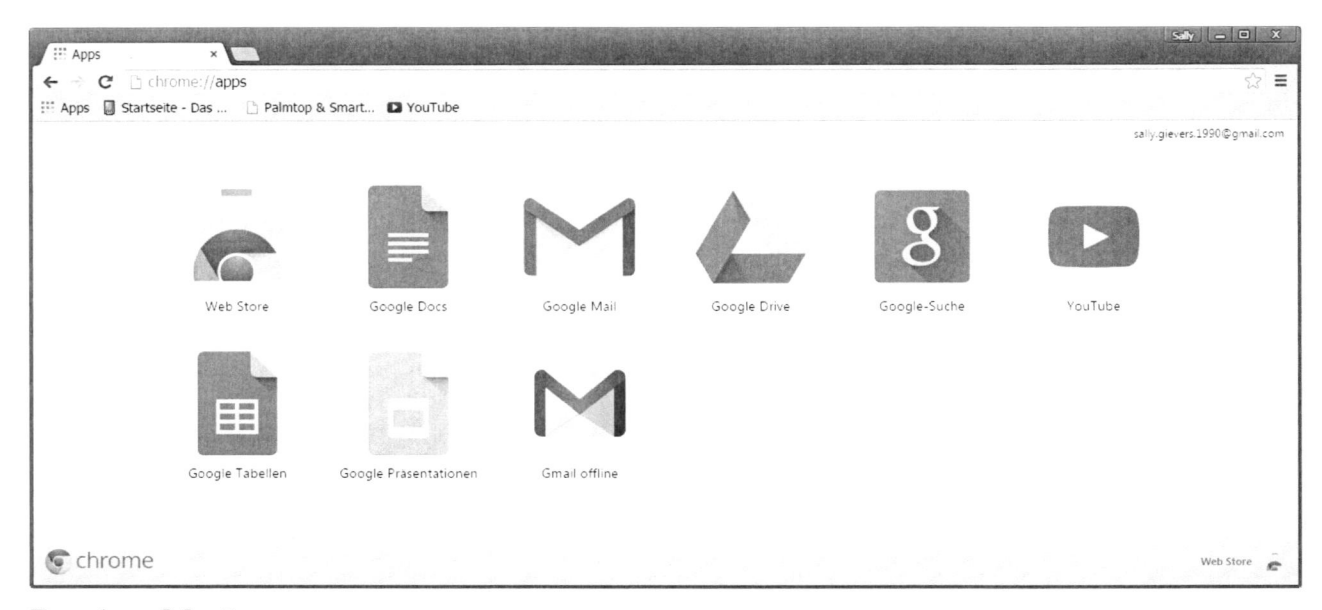

Das *Apps*-Menü.

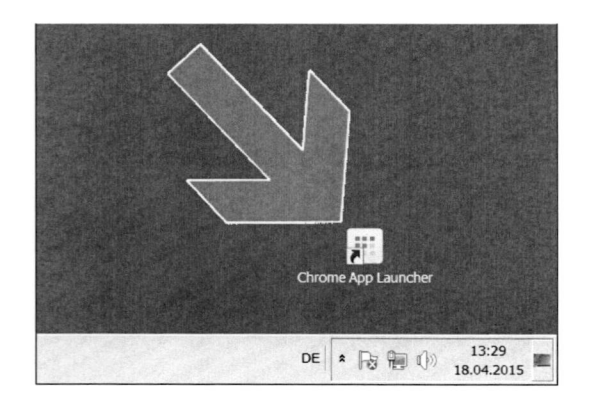

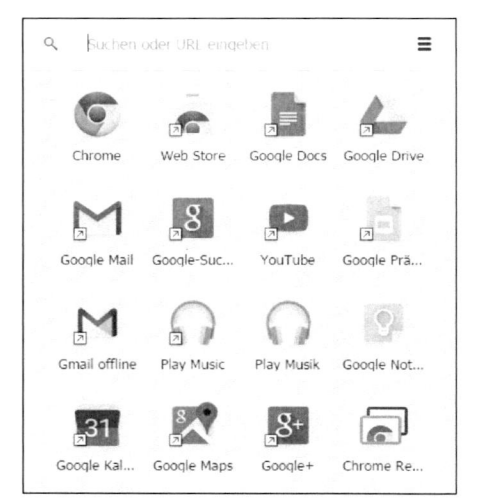

❶ Nach der Installation Ihrer ersten Chrome-App finden Sie außerdem den Chrome App Launcher auf Ihrem Desktop. Klicken Sie es an.

❷ Sie finden hier ebenfalls alle wichtigen Google-Dienste, die Sie mit einem Klick aufrufen. Weitere Informationen finden Sie im Kapitel *7.5 Der Chrome App Launcher*.

## 7.2 Anwendungen installieren

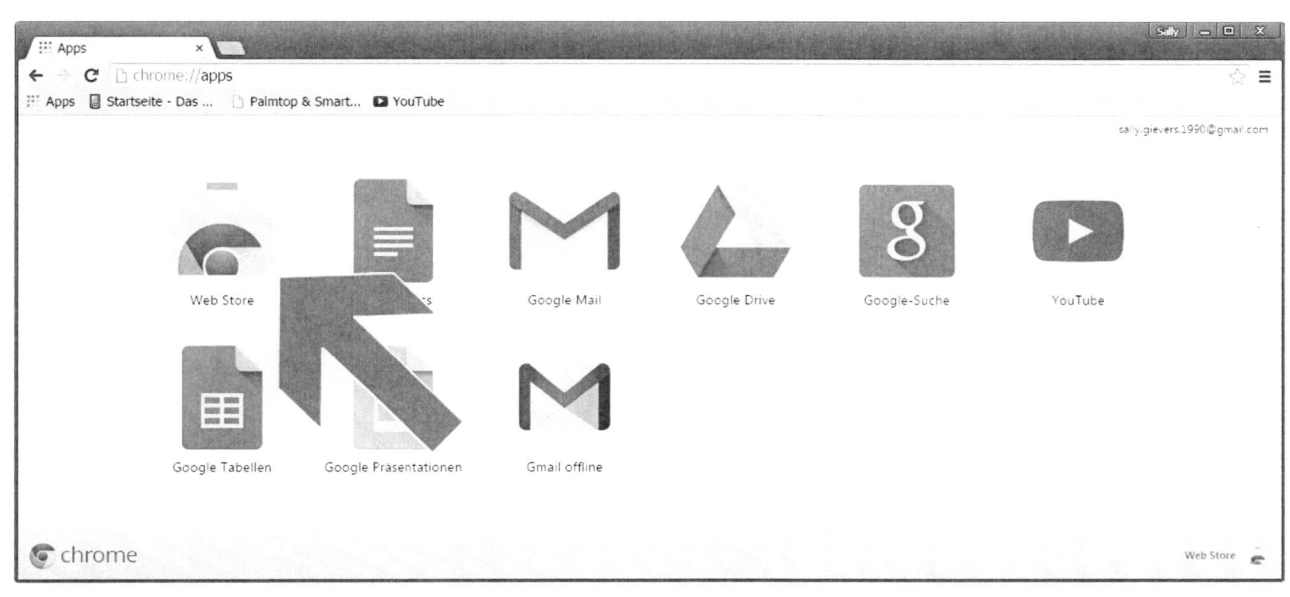

Rufen Sie, wie im vorherigen Kapitel beschrieben, das *Apps*-Menü auf und klicken Sie danach auf *Web Store* (Pfeil).

> Der Google Web Store ist nicht zu verwechseln mit dem Google Play Store (siehe Kapitel *24.11 Google Play Store über den PC-Webbrowser*). Während Sie im Google Web Store nur Erweiterungen für den Chrome-Browser finden, bietet der Google Play Store Android-Programme, Ebooks, Spielfilme und Ebooks an.

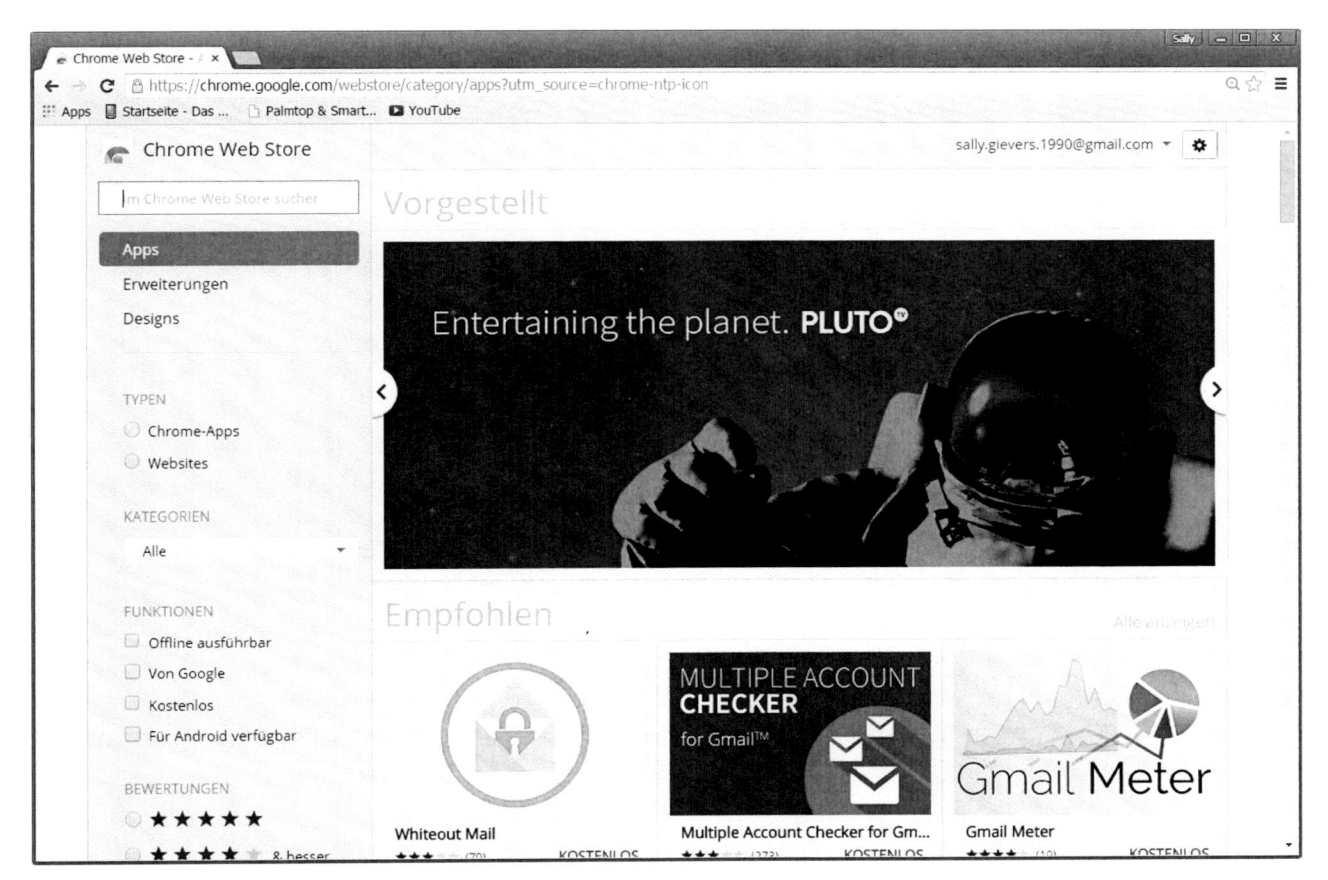

Der Web Store öffnet im Chrome-Browser.

Bei den angebotenen Downloads im Web Store wird – darauf waren wir schon eingegangen –

zwischen drei verschiedenen Typen unterschieden:

- *Web-Apps*: Hierbei handelt es sich um Websites, die im Chrome-Browser aufgerufen werden. Bei der Installation einer Web-App wird im Browser also nur eine Verlinkung auf eine Webadresse hinzugefügt. Web-Apps können Sie deshalb genauso gut auch durch Eingabe der jeweiligen Webadresse im Chrome-Browser starten.
- *Chrome-Apps*: Chrome-Apps laufen in einem eigenen Fenster außerhalb des Chrome-Browsers und sind teilweise auch offline (ohne dass der PC eine Internetverbindung hat) nutzbar.
- *Chrome-Erweiterungen*: Diese erweitern die Funktionalität des Chrome-Browsers. Beispiele sind sogenannte Add-Blocker zum Herausfiltern von unerwünschten Werbeeinblendungen oder E-Mail-Indikatoren, die auf neu im E-Mail-Konto vorhandene Nachrichten aufmerksam machen.
- *Chrome-Designs*: Ändern Sie damit das Aussehen Ihres Chrome-Browsers.

Über die Schaltleisten auf der linken Seite wählen Sie den Typ aus:

- Für Web-Apps klicken Sie auf *Apps* und unter *TYPEN* auf *Websites*.
- Chrome-Apps listen Sie dagegen auf, indem Sie *Apps* anklicken und dann unter *TYPEN* die *Chrome-Apps*-Option aktivieren.
- Die Chrome-Erweiterungen zeigt der Web Store nach Anklicken von *Erweiterungen* an.
- Chrome-Designs finden Sie unter *Designs* aufgelistet.

> Wichtiger Hinweis: Alle Web- und Chrome-Apps, sowie Chrome-Designs und Erweiterungen sind mit Ihrem Google-Konto verknüpft. Das heißt, wenn Sie sich mit einem anderen Google-Konto anmelden, werden alle Einstellungen zurückgesetzt und stattdessen die mit dem neuen Konto verknüpften Apps, Erweiterungen und Designs installiert.

## 7.3 Chrome-App installieren

Damit Sie die Funktionsweise kennenlernen, installieren wir im Folgenden ein Programm aus dem Web Store.

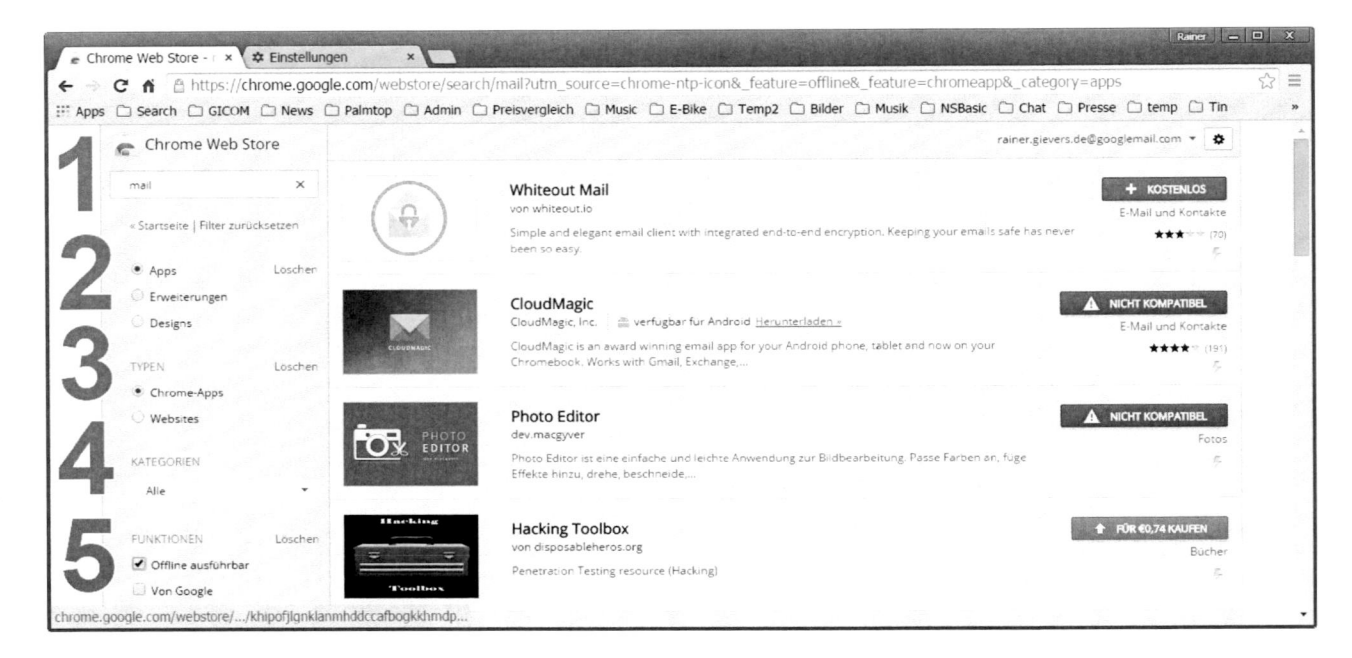

In unserem Beispiel möchten wir eine Chrome-App installieren, die auch offline (ohne Internetverbindung) funktioniert:

1. Geben Sie einen Suchbegriff, in unserem Beispiel »*mail*« ein.
2. Stellen Sie *Apps* ein.
3. Als *TYPEN* wählen Sie *Chrome-Apps* aus.
4. Es kann zudem nicht schaden, die Programmauflistung über das Auswahlmenü nach *Beliebt* umzuschalten.
5. Aktivieren Sie zum Schluss unter *FUNKTIONEN* die Option *Offline ausführbar*.

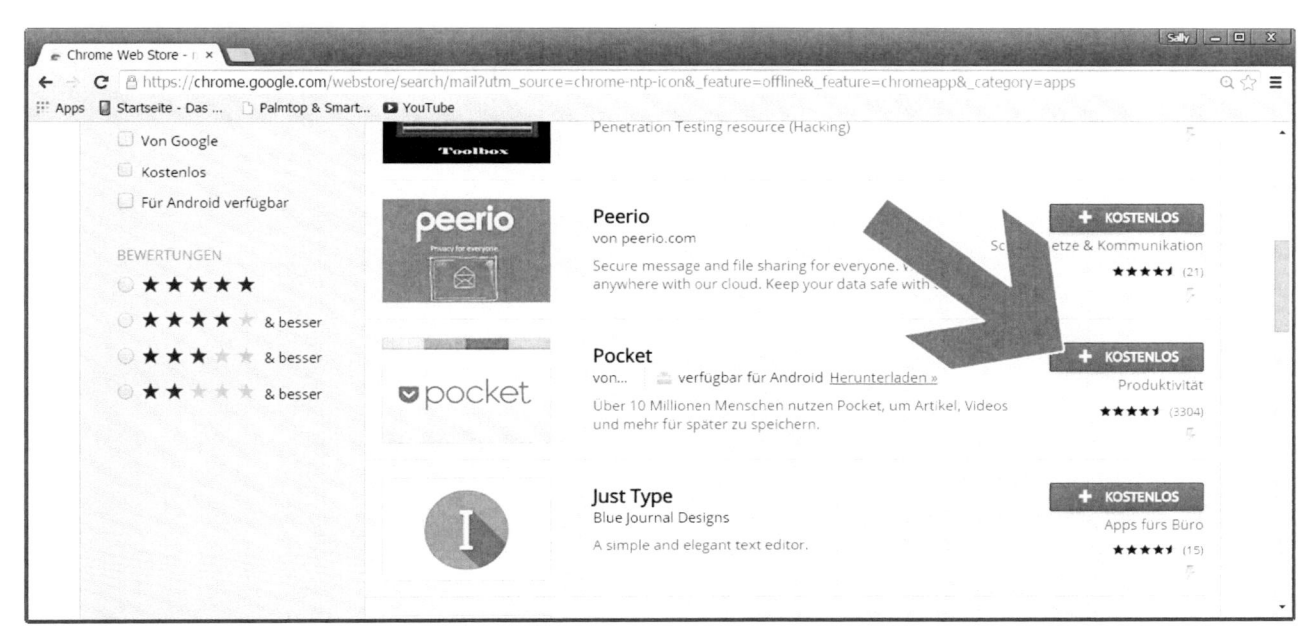

Klicken Sie auf *KOSTENLOS* bei dem zu installierenden Programm und schließen Sie den folgenden Dialog ebenfalls mit *Kostenlos*.

Im *Apps*-Menü erscheint das neue Programm, welches Sie mit einem Klick starten können.

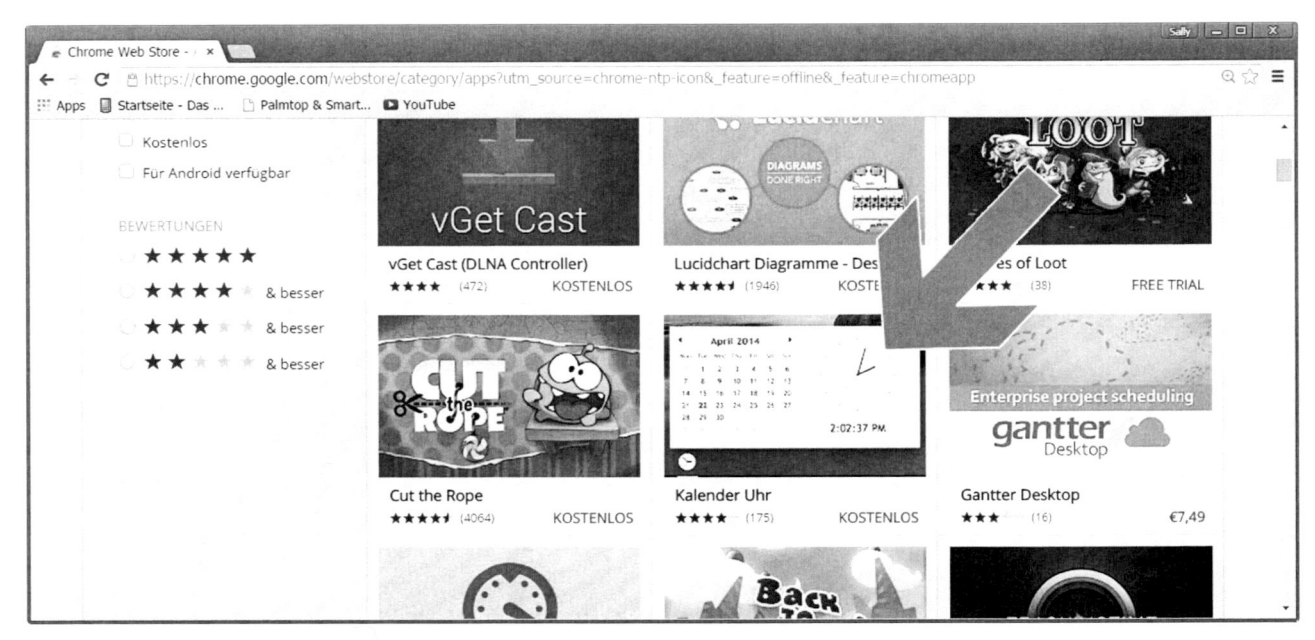

Vielleicht möchten Sie vor der Installation genauere Infos zu einem Programm erhalten. Klicken Sie in diesem Fall auf die Programmbeschreibung.

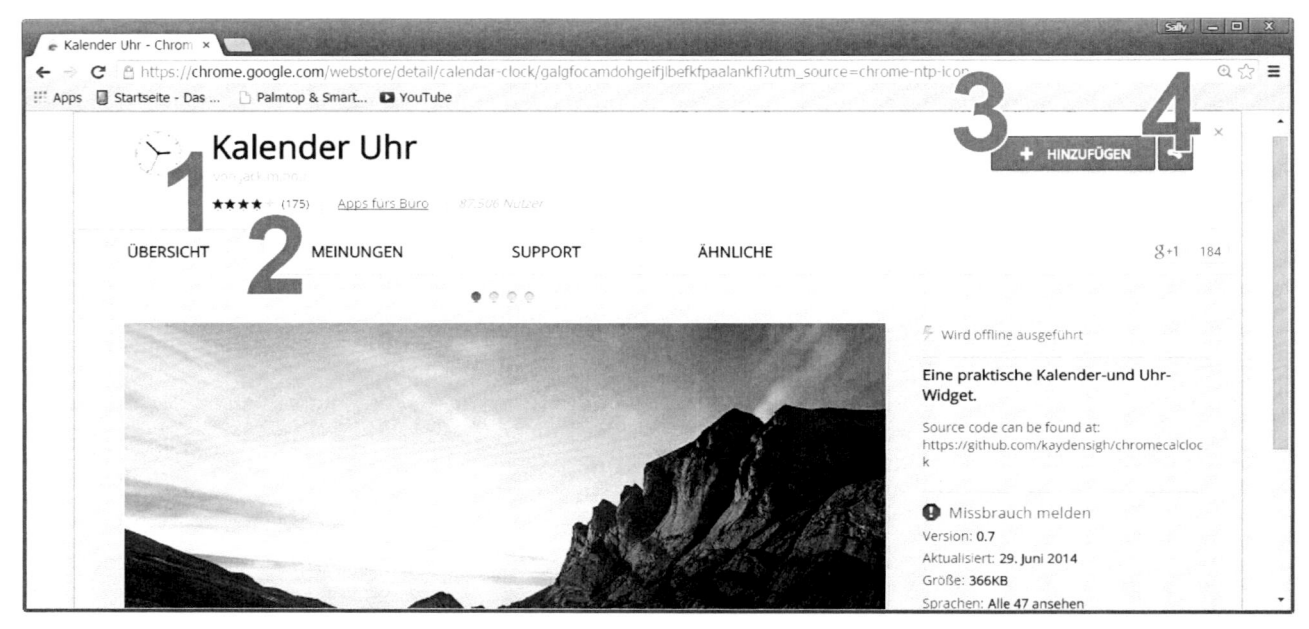

Die Funktionen im Beschreibungsbildschirm:

Unterhalb des Programmnamens sehen Sie die von anderen Anwendern abgegebenen Sternbewertungen zu dem Programm (1). Beliebte Programme haben meist 4 bis 5 Sterne. Aktivieren Sie nun mit einem Klick das *MEINUNGEN*-Register (2), um die Bewertungstexte zu lesen.

Das Programm installieren Sie mit einem Klick auf *HINZUFÜGEN*. Das Programminfo-Fenster schließen Sie dagegen entweder mit einem Klick auf ✘ oben rechts (4) oder durch die esc-Taste.

> Beachten Sie, dass der Web Store im *MEINUNGEN*-Register nur Bewertungstexte in Ihrer Sprache anzeigt. Weil aber viele Bewertungen englischsprachig sind, ist das *MEINUNGEN*-Register häufig leer, obwohl viele Bewertungen abgegeben wurden.
>
> Einige wenige Programme werden auch käuflich angeboten, wobei die Abwicklung über Kreditkarte erfolgt. In diesem Buch gehen wir nicht weiter darauf ein.

Programmverwaltung

## 7.3.1 Chrome-Apps verwalten

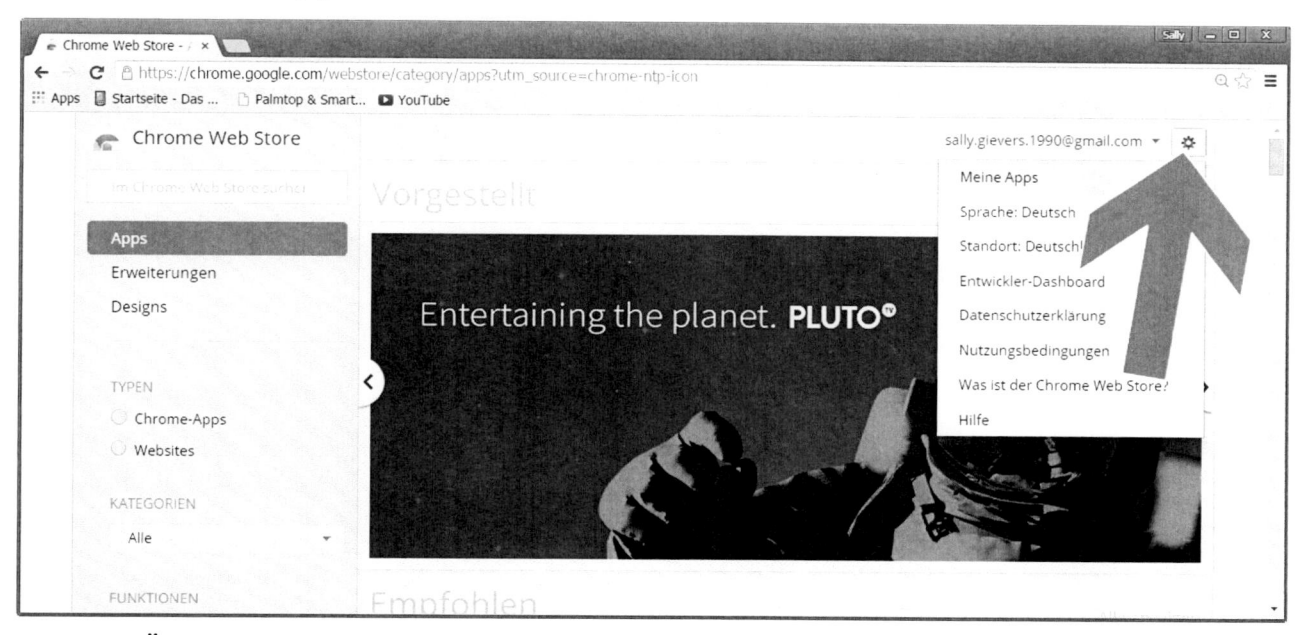

Für eine Übersicht der installieren Chrome-Eweiterungen und Apps klicken Sie auf ✱ für das Menü und gehen auf *Meine Apps*.

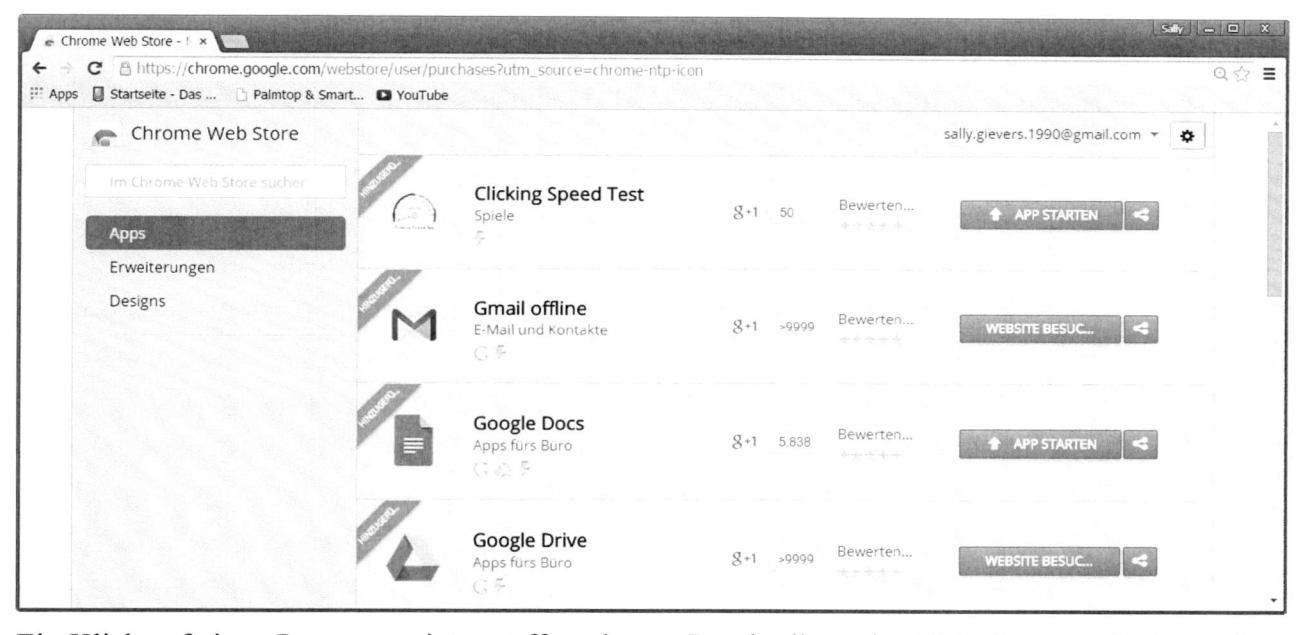

Ein Klick auf einen Programmeintrag öffnet dessen Beschreibung im Web Store. Außerdem geben Sie hier über *Bewerten* Ihre Meinung ab und rufen mit *APP STARTEN* ein Programm auf. ◂ rechts daneben ermöglicht es, über das soziale Netzwerk Google+ oder per Gmail das Programm an Dritte weiterzuempfehlen.

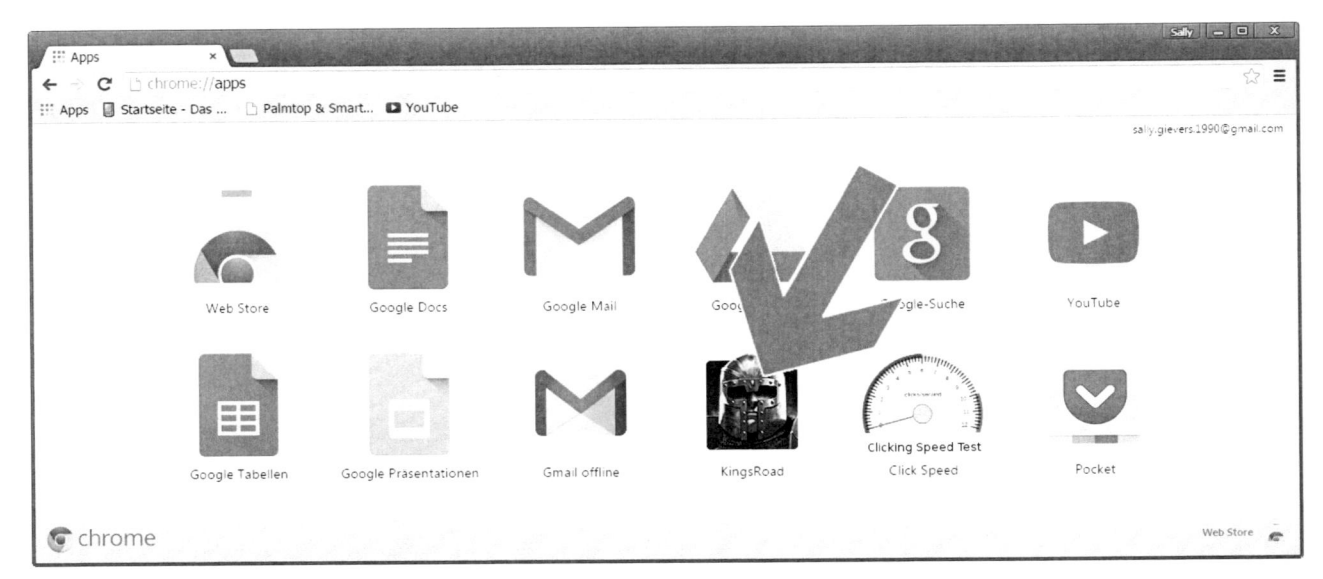

Wenn Sie im Apps-Menü mit der rechten Maustaste auf einen Programmeintrag klicken, klappt ein Popup-Menü auf.

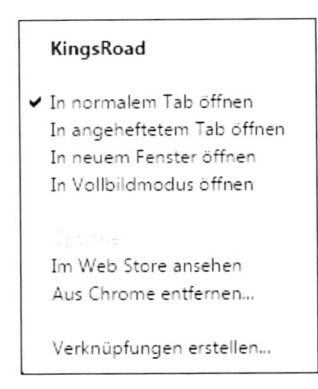

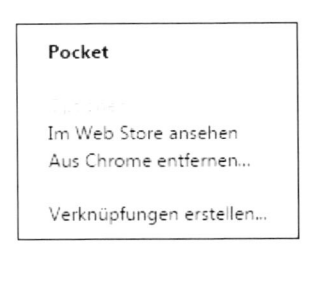

❶ Bei einer **Web-App** erhalten Sie folgendes Menü:

- *In normalem Tab öffnen*: Die Web-App startet wie eine Webadresse in einem Tab.

- *In angehefteten Tab öffnen:* Angeheftete Tabs lassen sich im Chrome-Browser nicht mit der Maus verschieben (Tab anklicken, Maustaste gedrückt halten und an eine andere Position in der Tableiste verschieben), verhalten sich aber sonst wie normale Browsers-Tabs.

- *In neuem Fenster öffnen*: Öffnet ein neues Brower-Fenster.

- *In Vollbildmodus öffnen:* Maximiert das Browser-Fenster.

- *Optionen*: Bei Web-Apps nicht verfügbar.

- *Im Web-Store ansehen*: Programminfos anzeigen.

- *Aus Chrome entfernen*: Deinstalliert die Web-App.

- *Verknüpfungen erstellen*: Erstellt ein Programmsymbol beziehungsweise eine Verknüpfung auf dem Windows-Desktop, im Startmenü beziehungsweise Systemleiste.

❷ Eine Chrome-App liefert das Menü:

- *Optionen*: Bei Web-Apps nicht verfügbar.

- *Im Web-Store ansehen*: Programminfos anzeigen.

- *Aus Chrome entfernen*: Deinstalliert die Chrome-App.

- *Verknüpfungen erstellen*: Erstellt ein Programmsymbol beziehungsweise eine Verknüpfung auf dem Windows-Desktop, im Startmenü beziehungsweise Systemleiste.

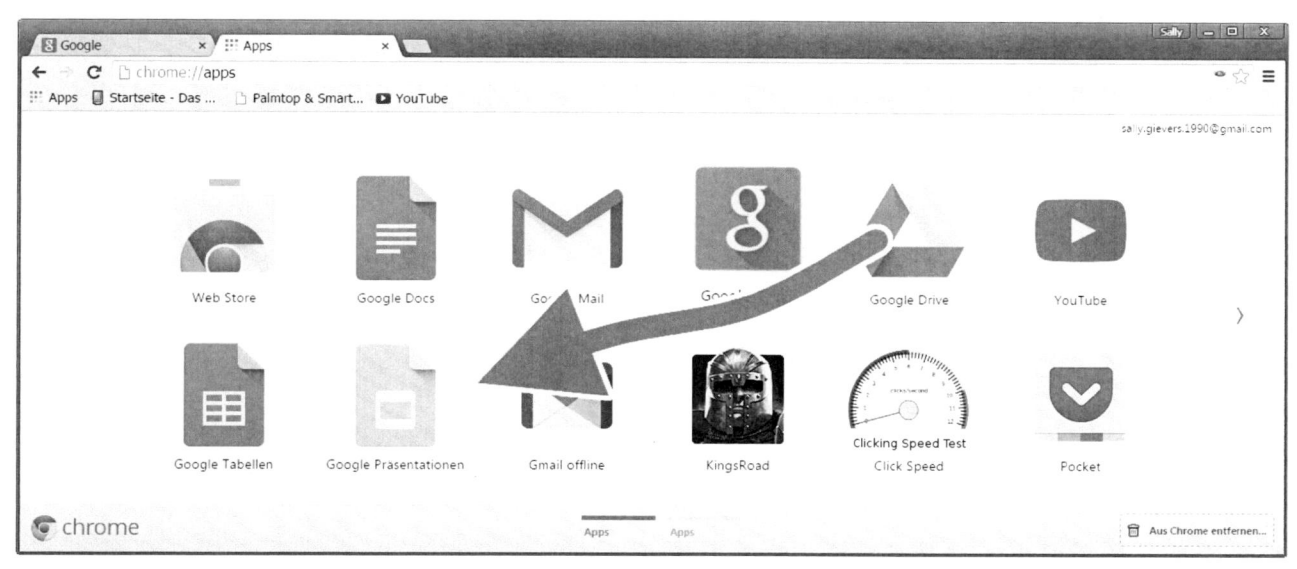

Die Reihenfolge im Apps-Menü ändern Sie einfach, indem Sie die Programmsymbole mit gedrückter linker Maustaste an eine andere Position ziehen und dann die Maustaste loslassen.

## 7.4 Chrome-Erweiterungen

Die Chrome-Erweiterungen laufen ausschließlich im Chrome-Browser und nutzen einen Browser-Tab für Bildschirmausgaben. Deshalb finden Sie darunter zumeist nützliche Funktionen, die irgendwie mit dem Thema Internet zu tun haben, beispielsweise zur Lesezeichen-Verwaltung oder zur Anzeige von neu im E-Mail-Konto vorhandenen Nachrichten.

Rufen Sie im *Apps*-Menü den *Web Store* auf und stellen Sie den Schalter auf *Erweiterungen*. Die Installation der Erweiterungen erfolgt, wie bereits im Kapitel *7.3 Chrome-App installieren* beschrieben.

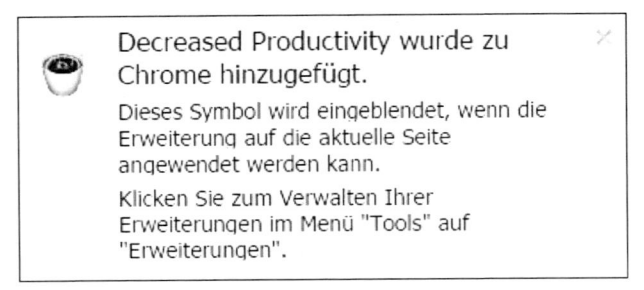

> **Decreased Productivity wurde zu Chrome hinzugefügt.**
>
> Dieses Symbol wird eingeblendet, wenn die Erweiterung auf die aktuelle Seite angewendet werden kann.
>
> Klicken Sie zum Verwalten Ihrer Erweiterungen im Menü "Tools" auf "Erweiterungen".

Sinnvollerweise erscheint immer nach der Installation ein kurzer Hinweisdialog, der Sie darüber informiert, wie Sie die Chrome-Erweiterung nutzen beziehungsweise wo Sie dessen Einstellungen ändern.

Manche Chrome-Erweiterungen blenden eine Schaltfläche oben rechts neben der Adressleiste ein (Pfeil). Anklicken öffnet meist einen Menübildschirm, über das Sie die Erweiterung steuern.

Ein rechter Mausklick (zwei Finger gleichzeitig auf das Touchpad drücken) öffnet das Popup-Menü:

- *(Programmname)*: Öffnet die Entwickler-Website, alternativ die Programmbeschreibung im Web Store.
- *Optionen*: Einige Programme werden im *Optionen*-Menü konfiguriert.
- *Aus Chrome entfernen*: Deinstalliert die Chrome-Erweiterung wieder.
- *Schaltfläche ausblenden*: Verbirgt die Schaltfläche. Beachten Sie, dass die jeweilige Erweiterung dann eventuell nicht mehr nutzen lässt.
- *Verwalten*: Öffnet die Plugin-Verwaltung, auf die wir anschließend eingehen.

Programmverwaltung

## 7.4.1 Erweiterungen verwalten

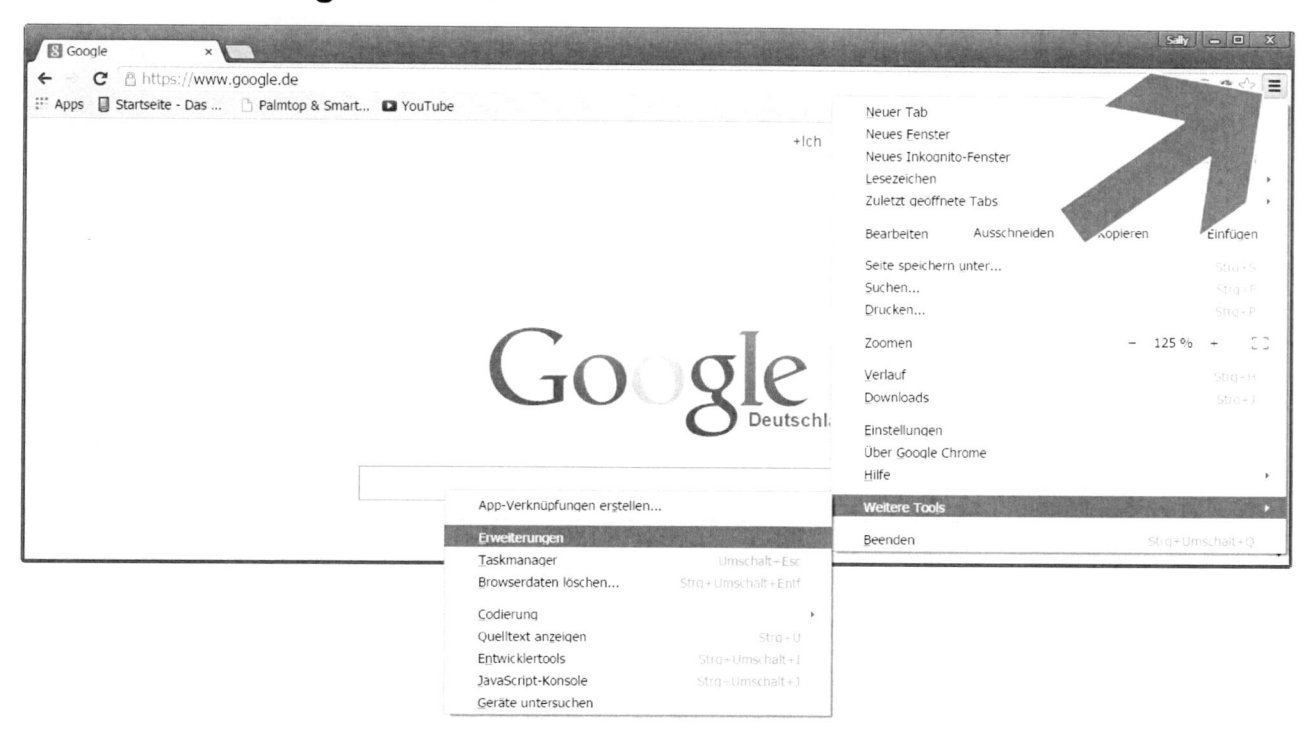

Klicken Sie auf ≡ (Pfeil) und wählen Sie *Weitere Tools/Erweiterungen*.

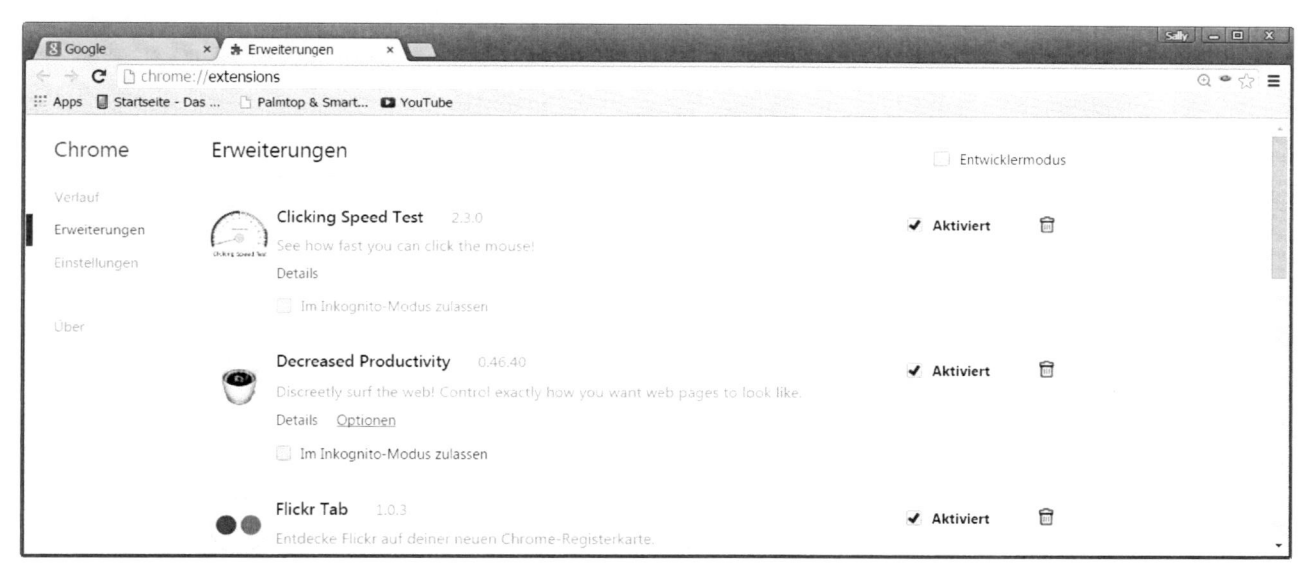

Sie können hier unter *Aktiviert/Aktivieren* die Chrome-Erweiterungen aus/einschalten und mit einem Klick auf 🗑 deinstallieren.

## 7.5 Der Chrome App Launcher

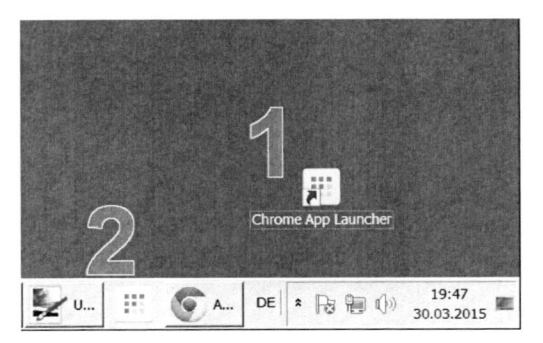

Der Chrome App Launcher wird automatisch auf Ihrem PC eingerichtet, sobald Sie Ihr erstes Programm aus dem Web Store installieren. Sie rufen ihn entweder über ein Desktop-Symbol (1) oder über ein Symbol in der Taskleiste (2) auf.

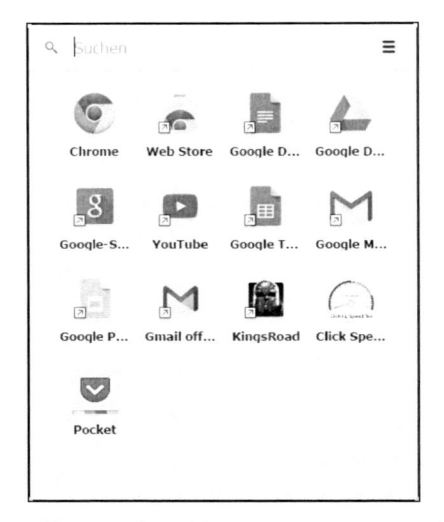

❶❷ Die Reihenfolge in der Programmauflistung im Chrome App Launcher lässt sich sehr einfach ändern: Klicken Sie auf ein Symbol, lassen Sie die linke Maustaste aber noch nicht los, sondern ziehen Sie erst das Symbol an die gewünschte Position. Die anderen Symbole »wandern« nach rechts.

❶ Für den Fall, dass sehr viele Programme im Chrome App Launcher vorhanden sind, legen Sie Ordner an. Ziehen Sie dafür einfach mit gedrückter linker Maustaste ein Programm-Symbol auf ein anderes und lassen Sie die Maustaste los.

❷ Ziehen Sie bei Bedarf weitere Programme in den Ordner. Ein Klick auf den Ordner öffnet ihn.

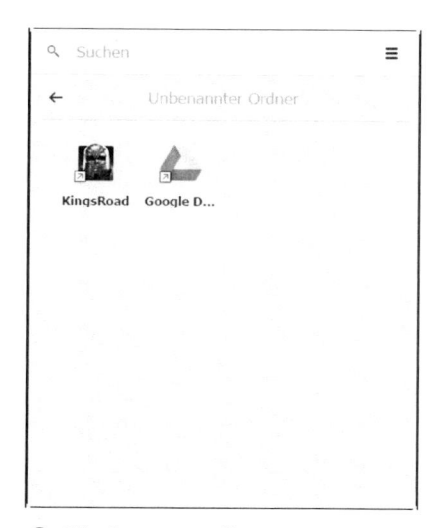

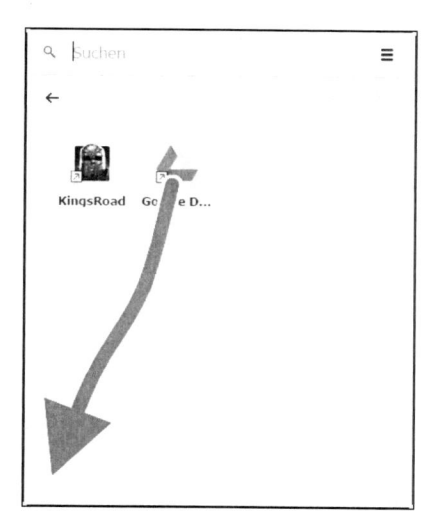

❶ Sie können die Programme, wie gewohnt, mit einem Klick starten. Geben Sie dem Ordner einen Namen, indem Sie im *Unbenannter Ordner* eine kurze Beschreibung eingeben. Mit der esc-Taste oder einen Klick auf ← (neben dem Ordnernamen) schließen Sie den Ordner wieder.

❷ So entfernen Sie ein Programm wieder aus dem Ordner: Ziehen Sie mit gedrückter linker Maustaste das Programm-Symbol in eine beliebige Richtung, worauf als Hintergrund ein grauer Kreis erscheint, lassen Sie aber noch nicht die Maustaste los, sondern ziehen Sie das Symbol außerhalb des grauen Kreises (benötigt etwas Übung). Dann lassen Sie die Maustaste los. Sobald nur noch ein Programm-Symbol im Ordner vorhanden ist, wird der Ordner entfernt.

## *7.6 Designs*

Die Designs ändern ausschließlich das Aussehen des Chrome-Browsers, wobei nur der Hintergrund (wenn ein leerer Tab geöffnet wird) und der Fensterrahmen betroffen sind.

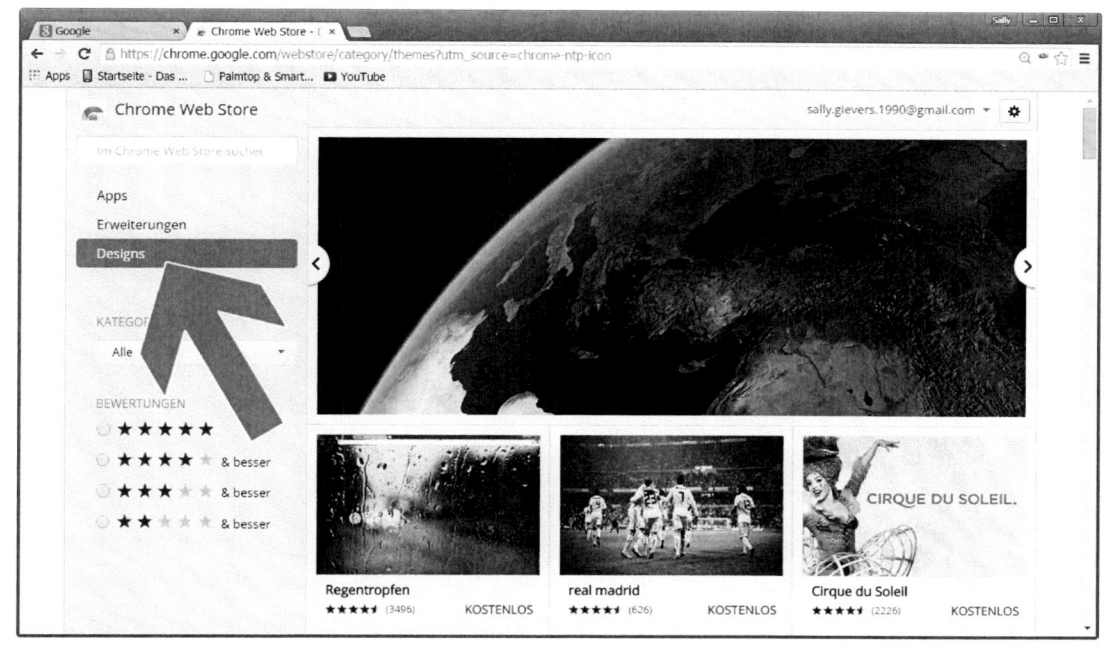

Rufen Sie im Apps-Menü den *Web Store* auf und aktivieren Sie Designs. Die Nutzung erfolgt, wie bereits im Kapitel *7.3 Chrome-App installieren* beschrieben, das heißt Sie bewegen den Mauszeiger über ein Design und klicken auf die *KOSTENLOS*-Schaltleiste.

Beispiel für das Design »Cath Kidson«.

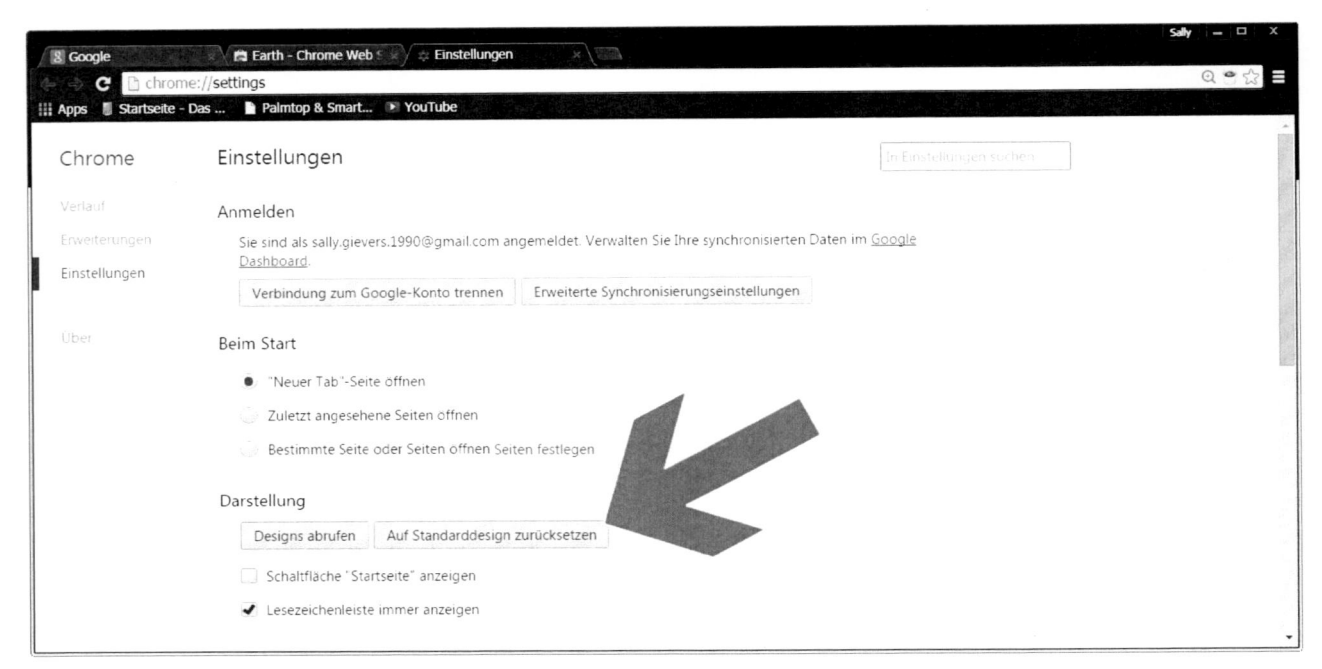

So setzen Sie das Design wieder zurück: Gehen Sie, wie im Kapitel *5.6 Einstellungen* beschrieben, in die *Einstellungen*. Betätigen Sie darin *Auf Standarddesign zurücksetzen* (Pfeil).

# 8. Google Play Music

Google Play Music ist eine Musikplattform, über die man seine Musiksammlung als »Stream« anhören kann. Beim sogenannten »streaming« erfolgt die Wiedergabe direkt aus dem Internet, ohne dass der abgespielte Song lokal auf dem Gerät gespeichert wird. Ein Vorteil des Streamings ist die zentrale Ablage aller Songs auf einem Server, wobei die Wiedergabe auf jedem beliebigen Endgerät, vom PC bis zum Handy möglich ist – es wird nur eine Internetverbindung benötigt, die noch nicht einmal besonders schnell sein muss.

Im Prinzip funktioniert Google Music wie der Konkurrent Apple iTunes, mit dem Unterschied, dass die meisten Anwender ihre eigenen Songs (bis zu 50.000) selbst bei Google Music hochladen. Weitere Songs oder Alben können über den Google Play Store erworben werden. Ein Kopieren Ihrer gekauften oder von Ihnen selbst hochgeladenen Songs ist nicht vorgesehen, das heißt, die Wiedergabe ist nur über die Play Music-Anwendung möglich.

Auf dem PC vorhandene Songs lassen sich erst nach dem Hochladen ins eigene Google-Konto abspielen.

> Bevor Sie weiterlesen, sollten Sie beachten, dass Play Music zwingend voraussetzt, dass Sie die Daten Ihrer Kreditkarte in Ihrem Google-Konto hinterlegen.
>
> Auch auf dem Android-Handy/Tablet gibt es die Play Music-Anwendung, welche Sie im Kapitel *25 Google Play Music (Android)* kennen lernen.

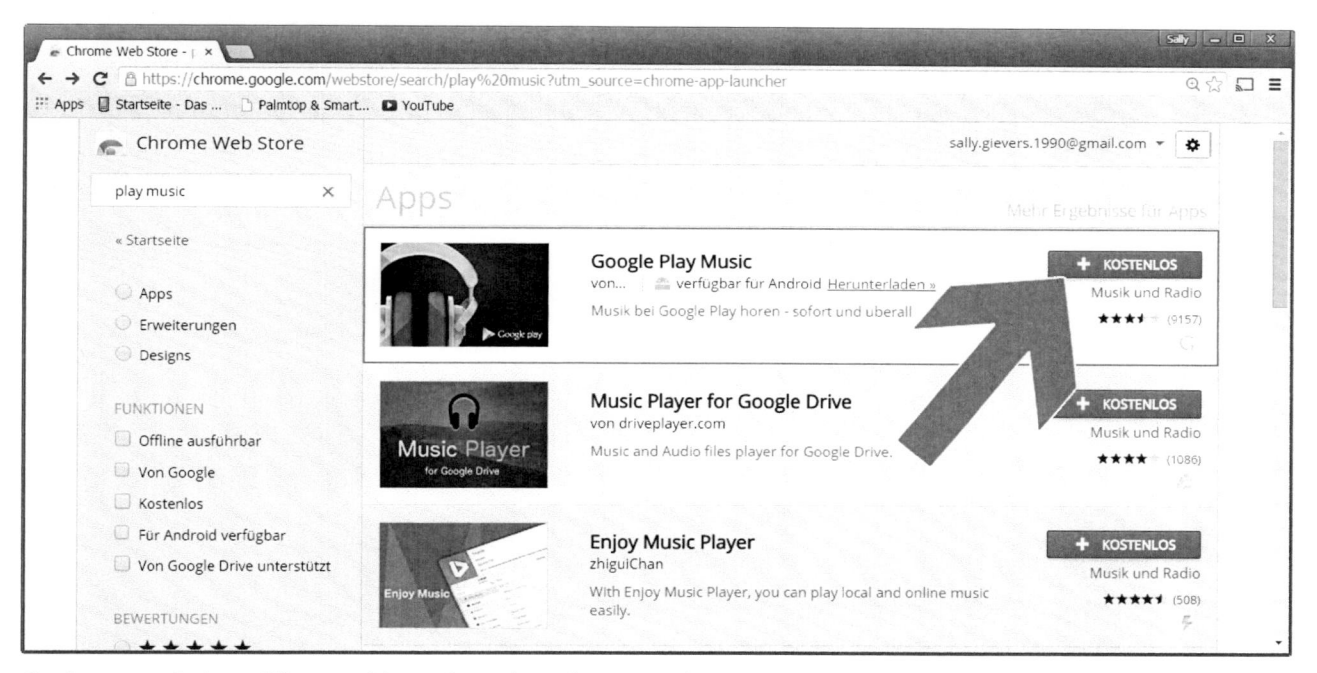

Suchen und installieren Sie »Google Play Music« aus dem Web Store (siehe Kapitel *7.2 Anwendungen installieren*).

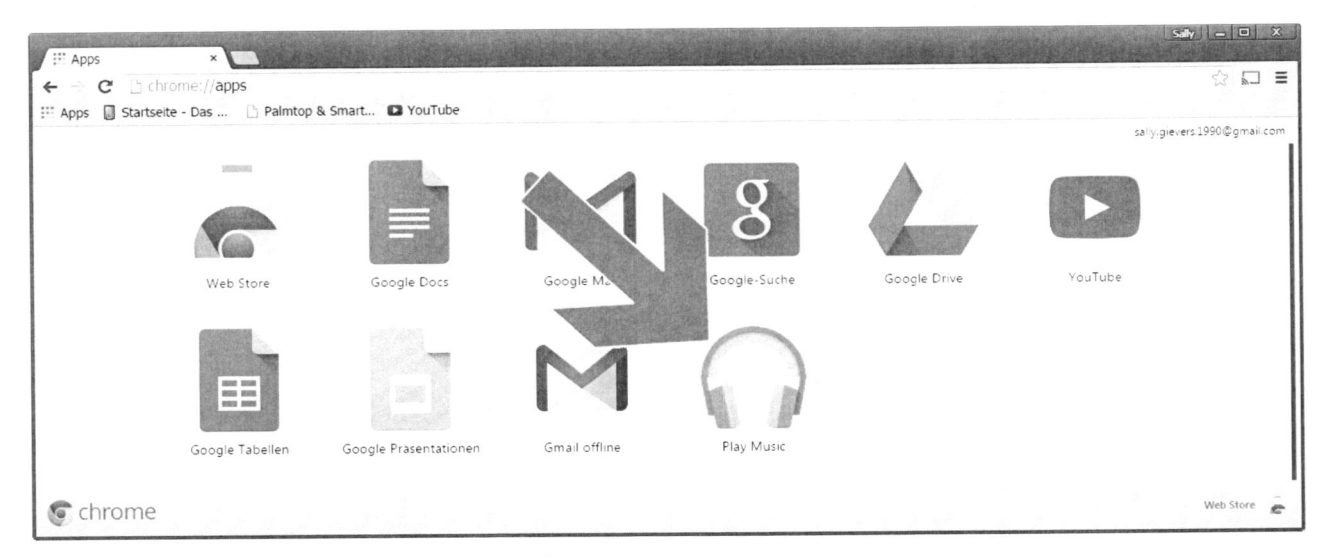

Starten Sie *Play Music* aus dem *Apps*-Menü.

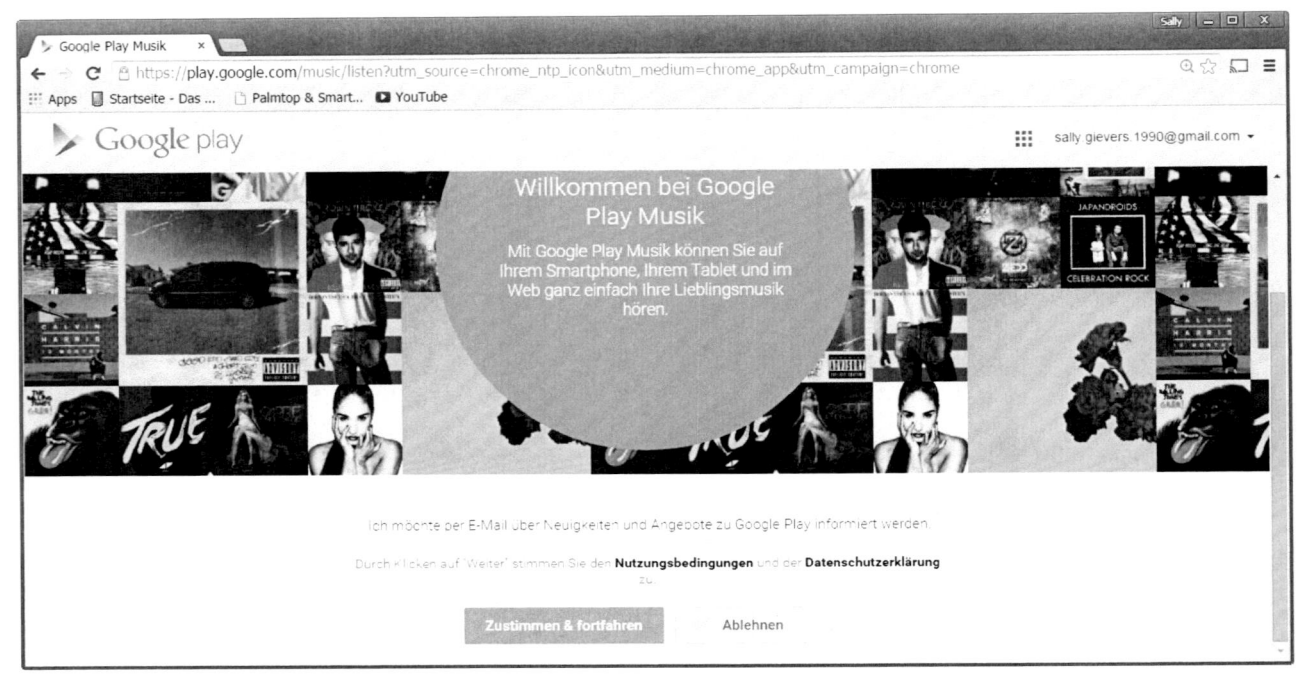

Klicken Sie auf *Zustimmen & fortfahren*.

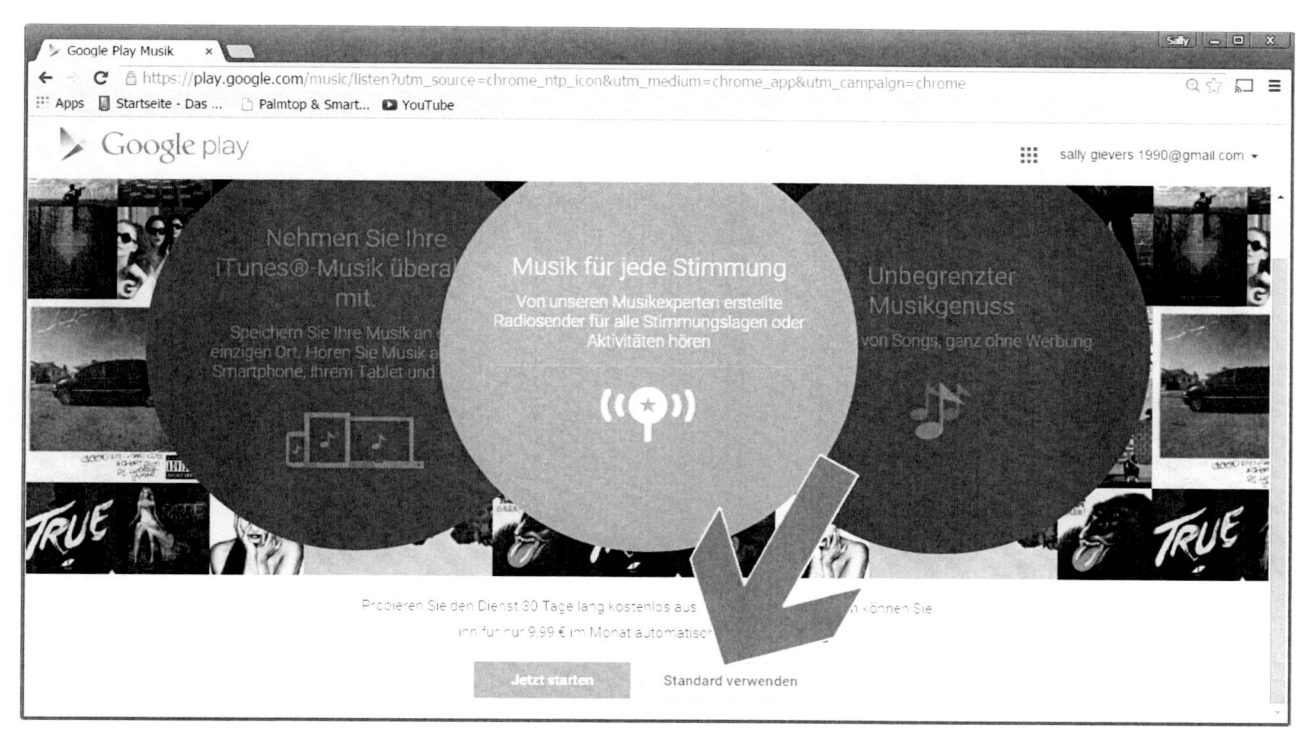

In einem weiteren Bildschirm möchte Ihnen Google eine Musikflatrate »unterjubeln«, welche für 60 Tage kostenlos ist, dann aber mit rund 10 Euro pro Monat zu Buche schlägt. Klicken Sie daher auf *Standard verwenden,* um dem zu entgehen. Auf die Musikflatrate gehen wir später noch ein.

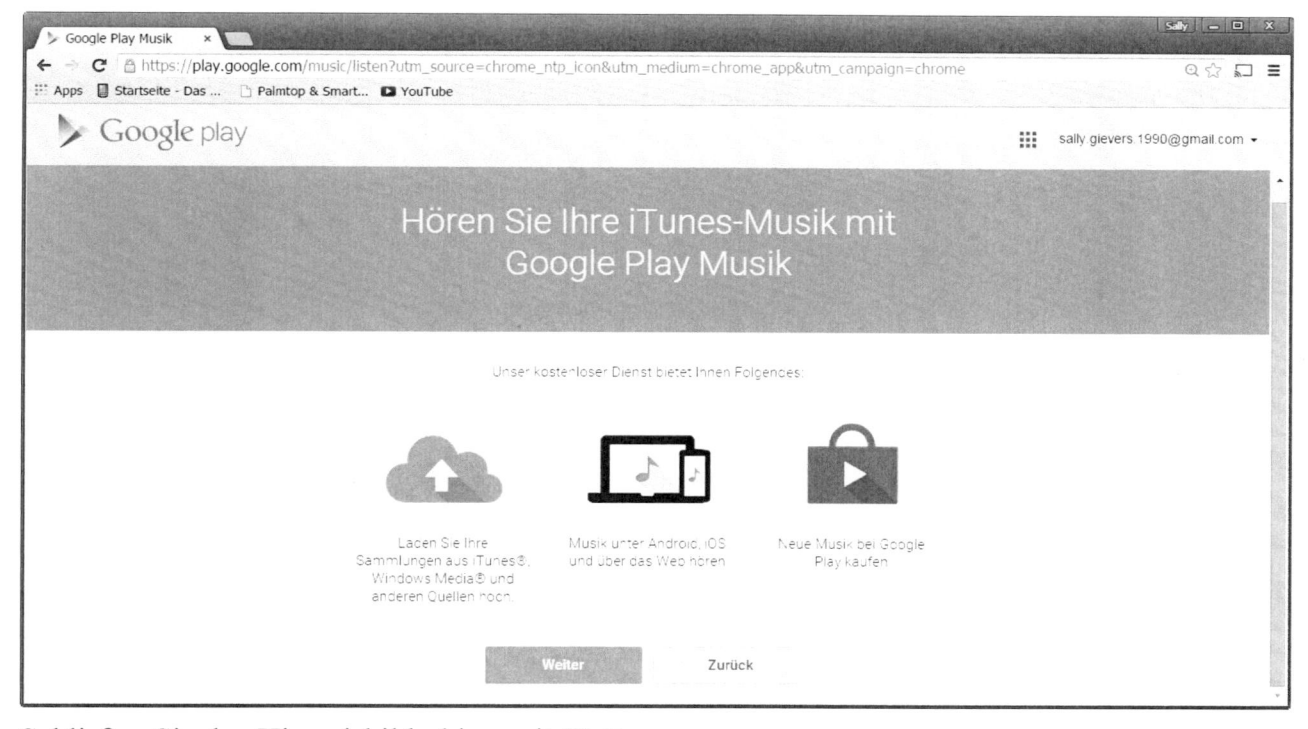

Schließen Sie den Hinweisbildschirm mit *Weiter.*

Heutzutage werden Songlizenzen von den Musikkonzernen länderbezogen vergeben. Deshalb müssen Sie als Endkunde angeben, in welchem Land Sie wohnen, was über Ihre Kreditkarte erfolgt. Der Bildschirm *Land Ihres Wohnsitzes bestätigen* erscheint deshalb nur bei Nutzern, die bisher über ihr Google-Konto noch keine Käufe (zum Beispiel im Web Store, siehe Kapitel *7.3 Chrome-App installieren*) durchgeführt haben). Klicken Sie auf *Kreditkarte hinzufügen*.

❶ Geben Sie im folgenden Dialog Ihre Kontaktdaten und die Kreditkartendaten ein. Schließen Sie mit *Akzeptieren und fortfahren* ab.

❷ Zum Schluss klicken Sie auf *Kaufen*.

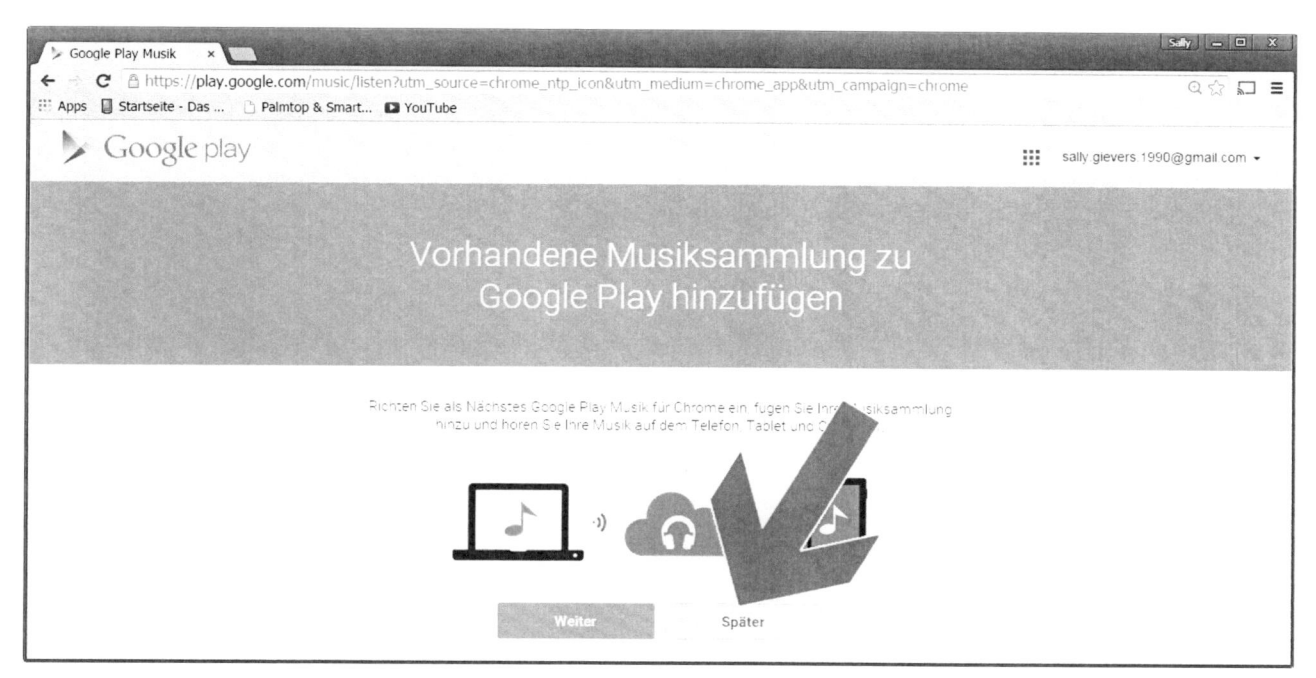

Als Nächstes können Sie auf dem PC vorhandene MP3-Songs für die spätere Wiedergabe in Google Play in Ihr Google-Konto hochladen. Wir gehen darauf später ein, weshalb Sie jetzt *Später* anklicken.

## 8.1 Musik hochladen

Bevor wir auf die Play Music-Benutzeroberfläche eingehen, laden wir einige MP3-Songs vom PC aus ins Google-Konto hoch.

### 8.1.1 Musik von Hand hochladen

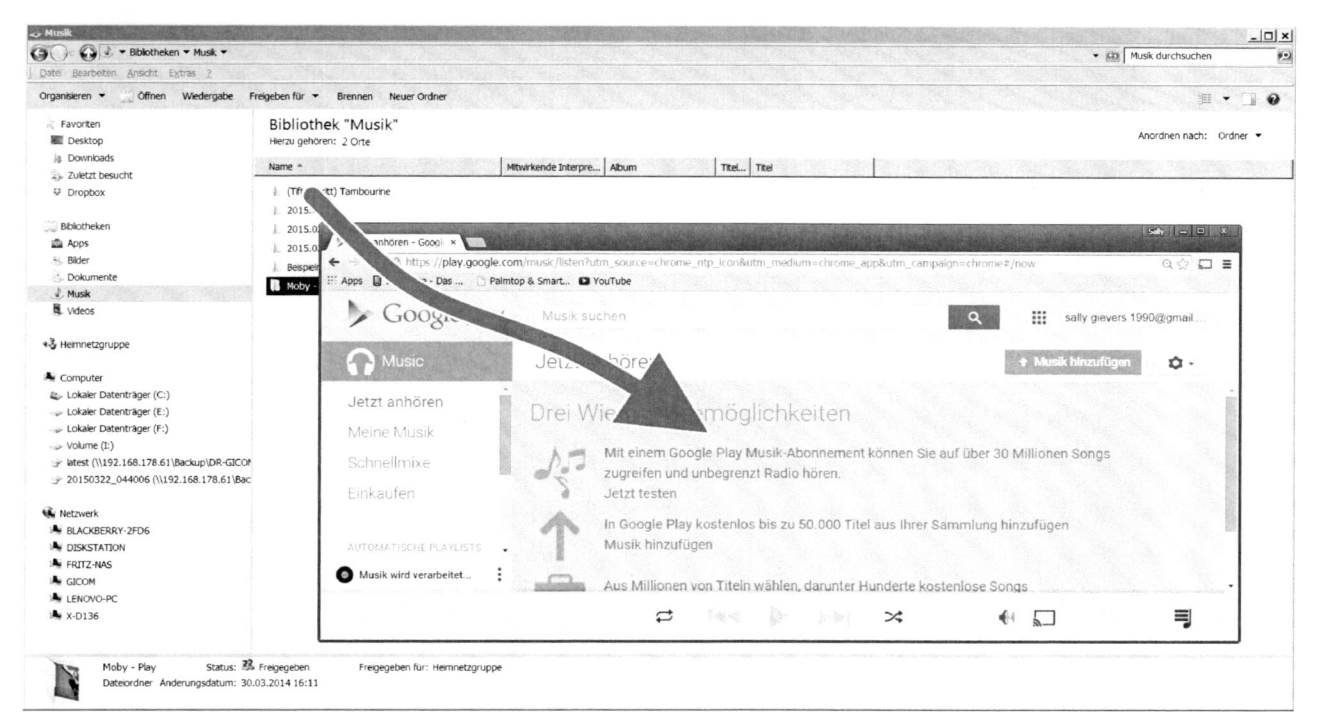

Ziehen Sie nun vom PC aus mit der Maus einzelne Songs oder Musikverzeichnisse in das Browserfenster.

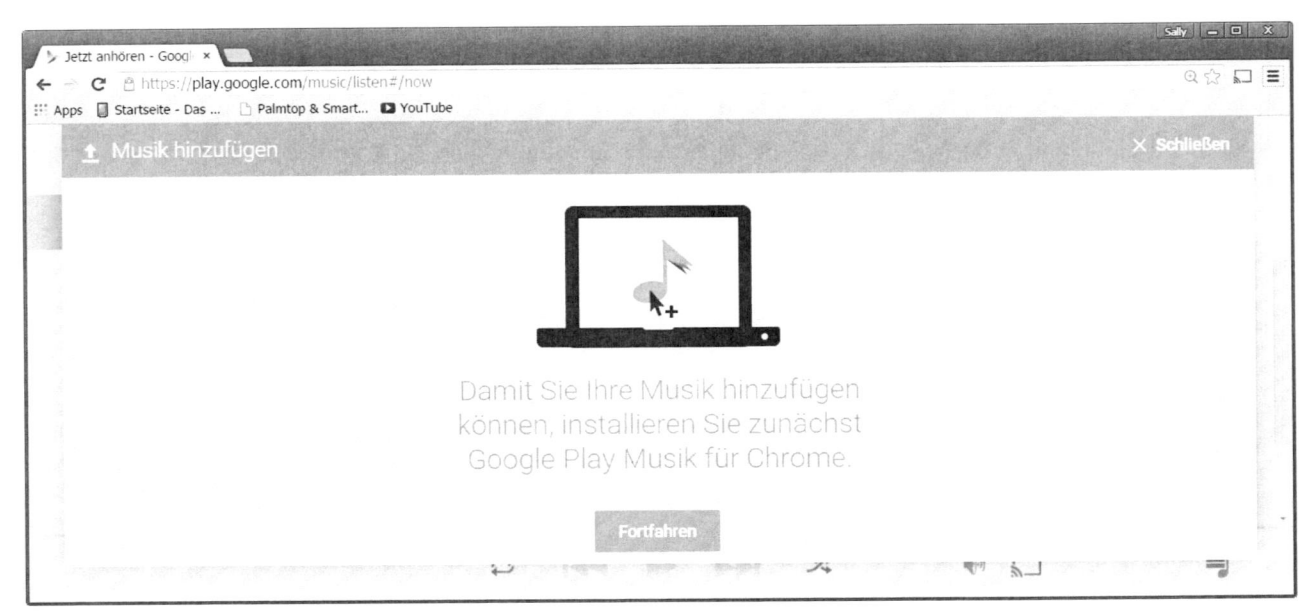

Beim ersten Mal werden Sie aufgefordert, *Google Play Musik für Chrome* einzurichten. Folgen Sie einfach den Anweisungen beziehungsweise klicken Sie auf *Hinzufügen*.

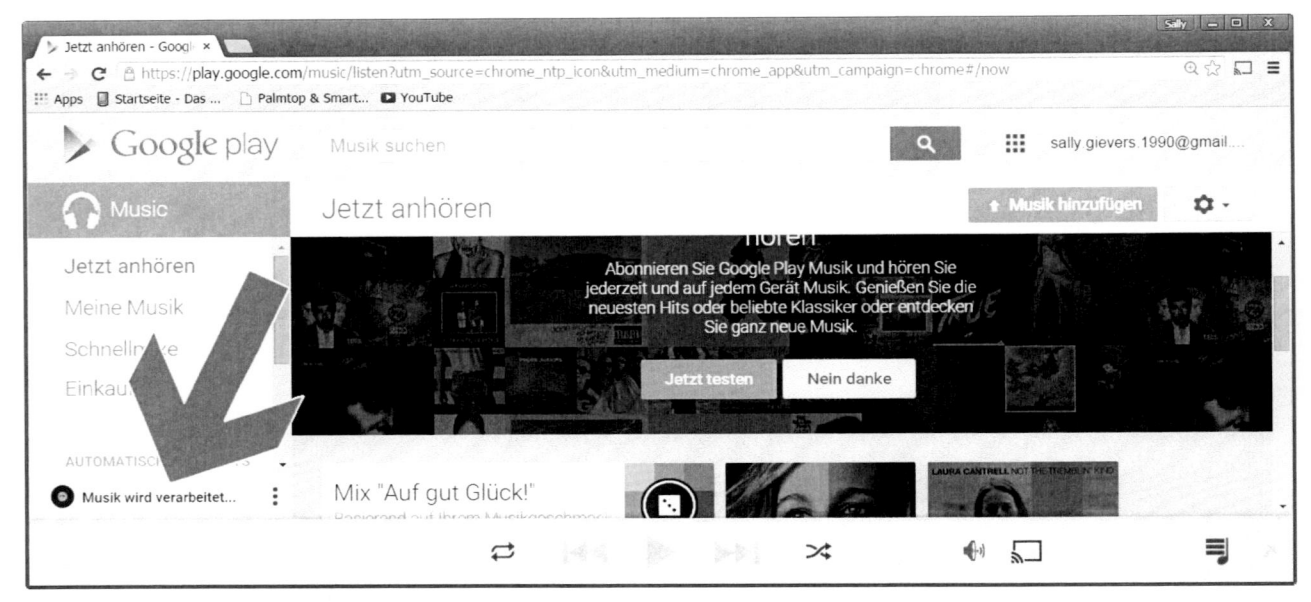

Der Hochladevorgang dauert abhängig von der Geschwindigkeit Ihrer Internetverbindung einige Minuten bis Stunden. Währenddessen erscheint unten rechts *Musik wird verarbeitet* (Pfeil).

Sie dürfen ruhig den Chrome-Browser schließen beziehungsweise andere Webseiten damit aufrufen, denn der Upload geschieht durch die oben installierte *Google Play Musik für Chrome*-Anwendung. Wichtig ist es nur, währenddessen nicht die Internetverbindung zu beenden oder den PC einfach auszuschalten.

### 8.1.2 Musik automatisch hinzufügen

Falls Sie häufiger neue Songs auf dem PC vorliegen haben, sei es durch Konvertierung von Musik-CDs oder den Online-Kauf, empfehlen wir den automatischen Upload einzurichten. Alle Songs, die in einen von Ihnen eingestellten PC-Verzeichnis vorliegen, landen dann automatisch in Ihrem Google-Konto.

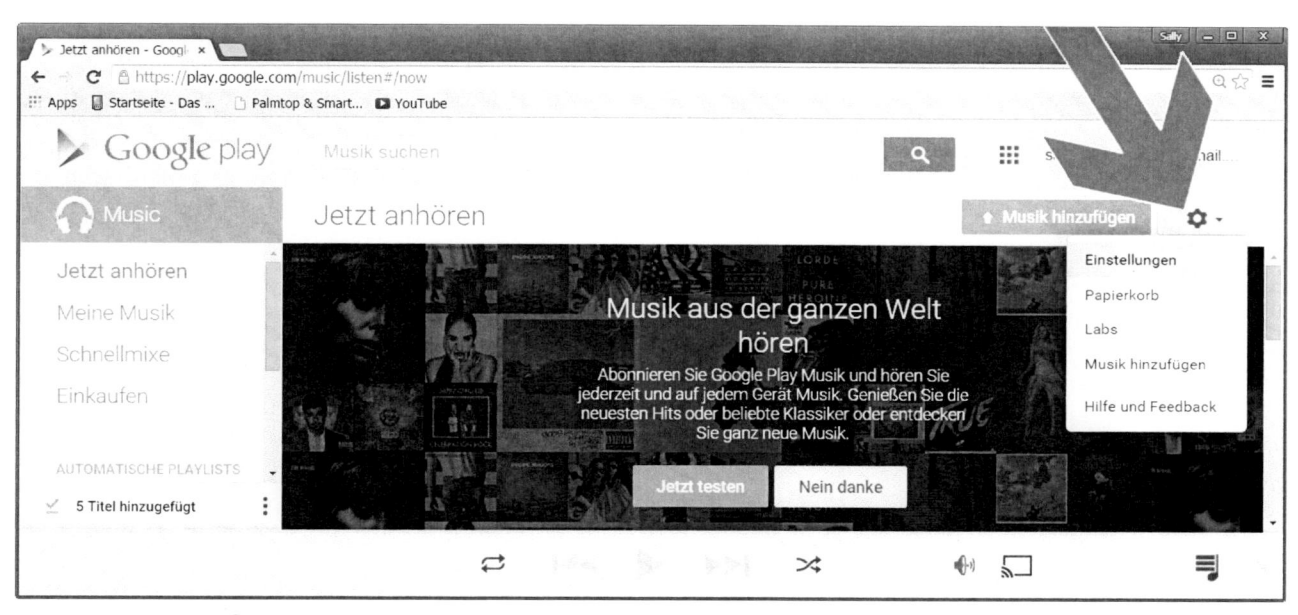

Klicken Sie auf ✱ für das Menü, in dem Sie *Einstellungen* aufrufen.

Unter *Downloadpfad* betätigen Sie *Downloadpfad auswählen*. Anschließend müssen Sie das Verzeichnis einstellen, worin sich die Musikdateien befinden.

Es empfiehlt sich, auf dem PC alle Musikdateien immer in ein Verzeichnis vorzuhalten, das Sie dann als Uploadpfad festlegen. Dies kann beispielsweise *Bibliothek\Musik* sein.

## 8.2 Die Benutzeroberfläche

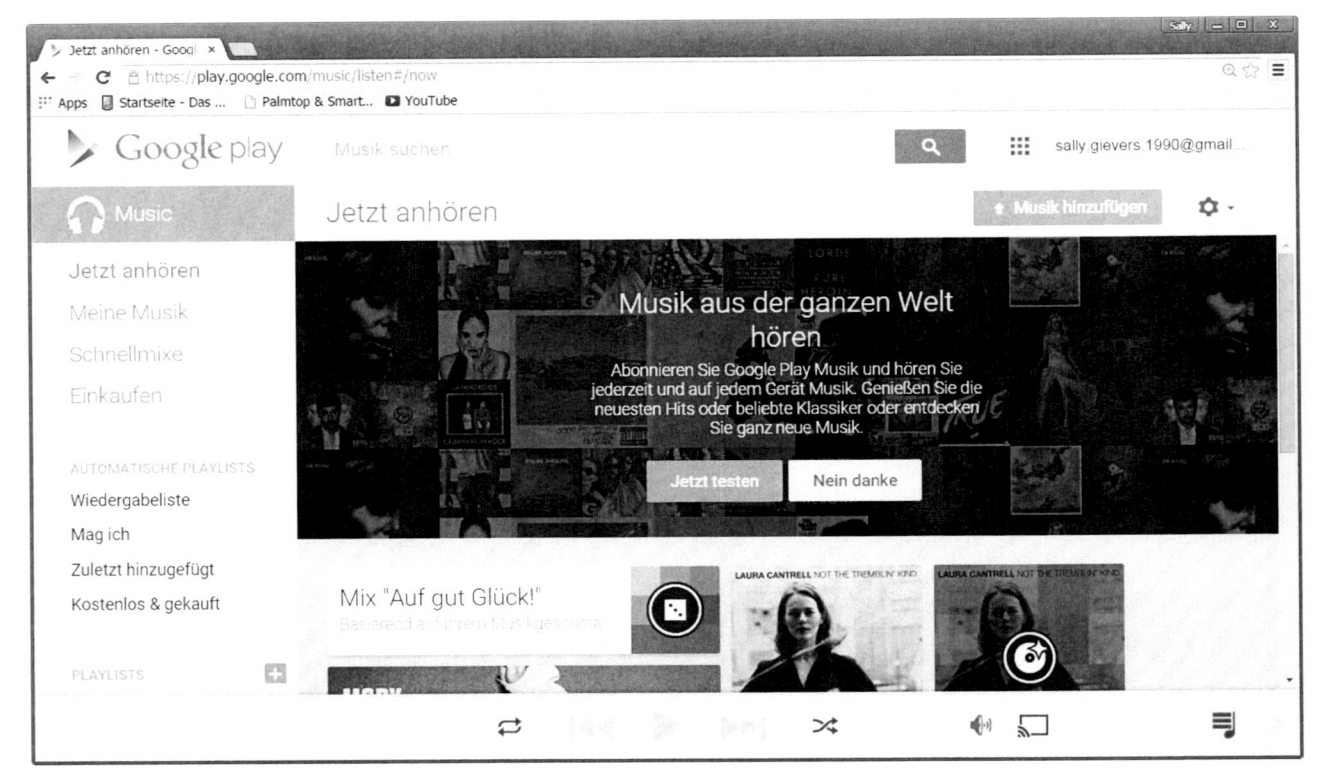

Die Menüauflistung auf der linken Seite zeigt an:

- *Jetzt anhören*: Der MP3-Player schlägt, basierend auf den bisher abgespielten Titeln, den nächsten Song vor. Die Songvorschläge werden mit der Zeit dann immer genauer.
- *Meine Musik*: Die Songs auf Ihrem Gerät.
- *Schnellmixe*: Basierend auf Ihren Lieblingssongs wird automatisch eine Playlist erstellt.
- *Einkaufen*: Weitere Songs im Play Store erwerben.
- Auf die weiteren Menüeinträge unter *AUTOMATISCHE PLAYLISTS* und *PLAYLISTS* gehen wir im Kapitel *8.4 Playlists* ein.

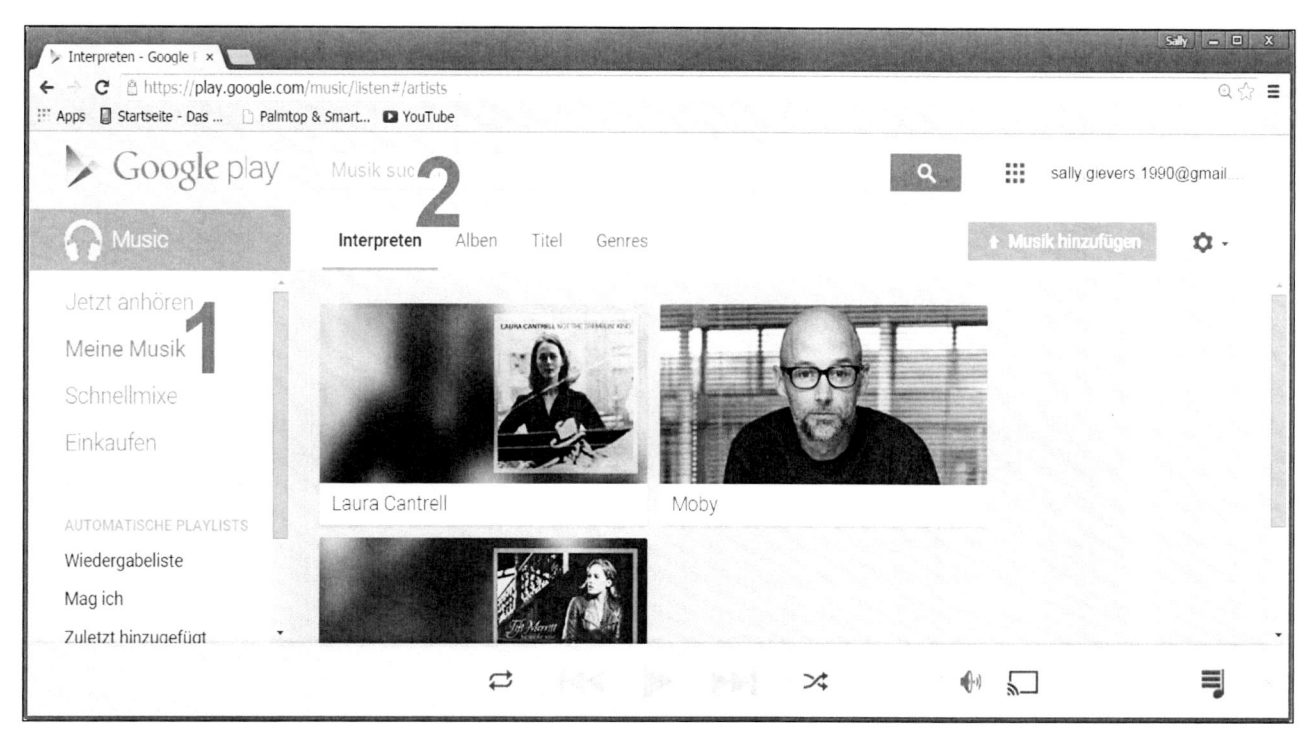

Gehen Sie in der Menüleiste auf *Meine Musik* (1). Der MP3-Player ordnet alle Songs automatisch den Kategorien *Interpreten, Alben, Titel* und *Genres* zu. Zwischen den Kategorien wechseln Sie durch einen Klick auf eines der Register (2). Falls Sie alle Songs auflisten möchten, gehen Sie auf *Titel*.

Für die Zuordnung nach Interpret, Alben und Genres und wertet der MP3-Player das sogenannte MP3-ID-Tag (siehe *de.wikipedia.org/wiki/ID3-Tag*) in den MP3-Dateien aus. Beachten Sie, dass sehr häufig die MP3-ID-Tags falsch oder überhaupt nicht ausgefüllt sind. Man sollte sich daher nicht auf deren Richtigkeit verlassen.

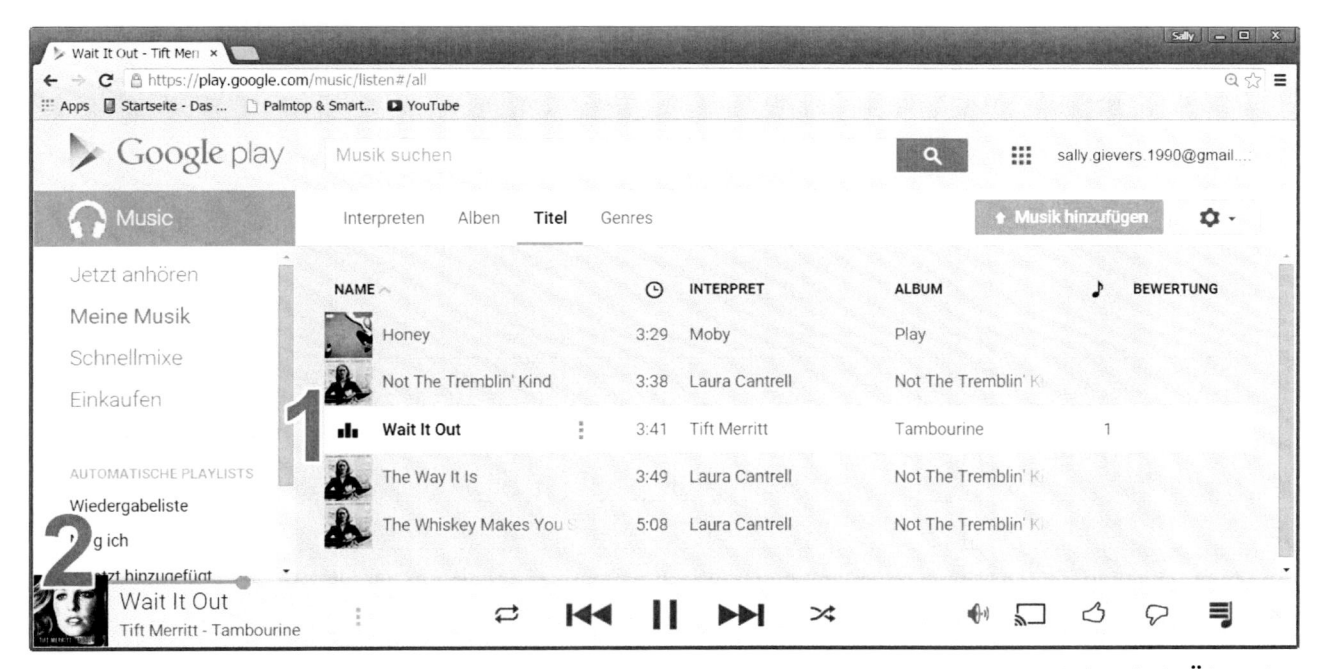

Klicken Sie in der Titelauflistung das Cover eines Songs an (1), der dann abgespielt wird. Über das Cover am unteren linken Bildschirmrand (2) wechseln Sie in den Wiedergabebildschirm.

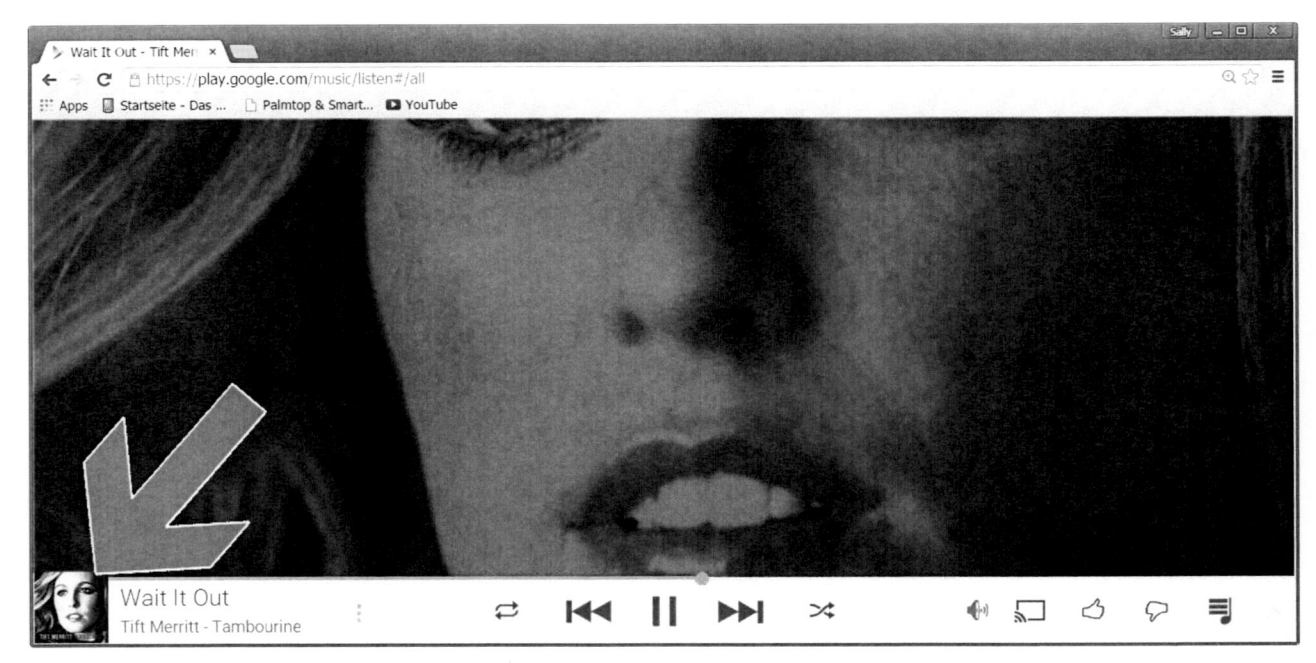

Ein weiterer Klick auf das Cover (Pfeil) schaltet wieder auf die Titelauflistung zurück. Alternativ betätigen Sie die ←-Taste auf der Tastatur.

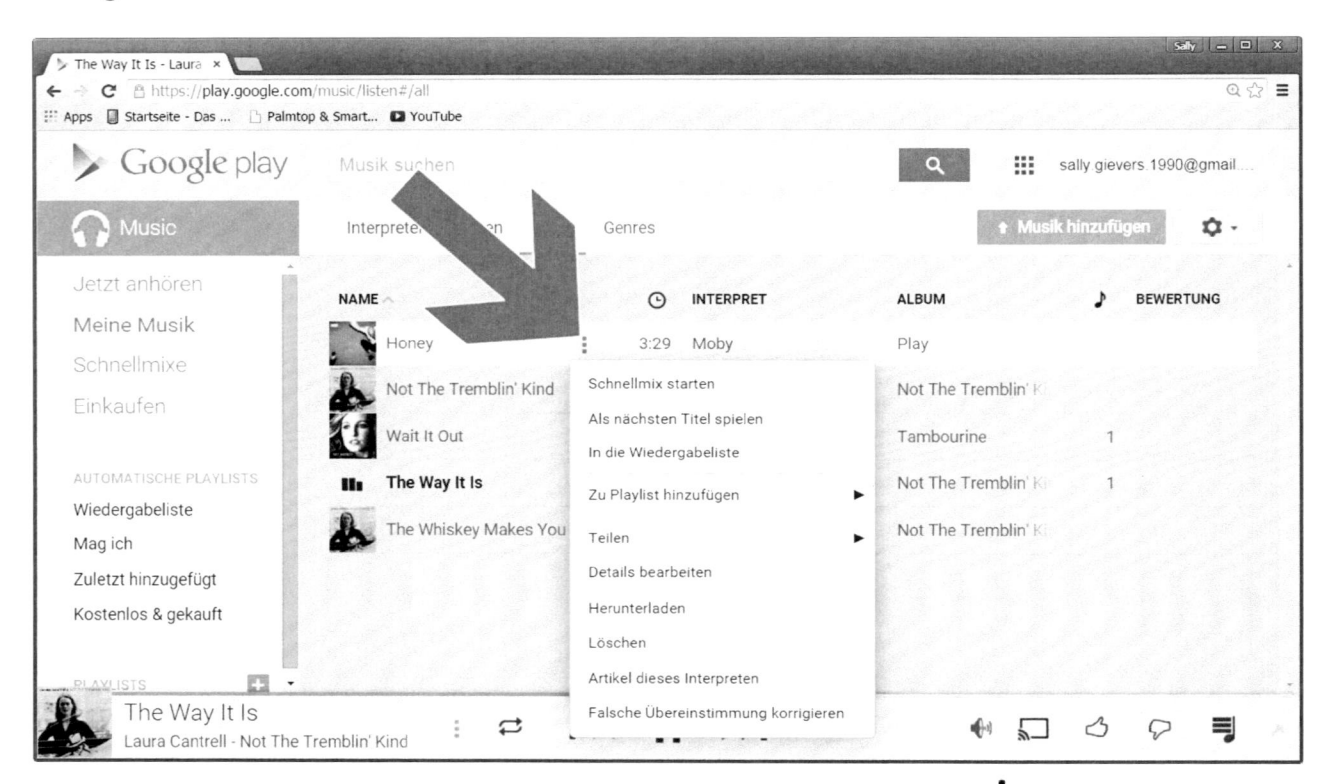

Halten Sie den Mauszeiger über einen Songtitel, so zeigt Play Music eine ⋮-Schaltleiste (Pfeil) an, die Sie für ein Menü anklicken (alternativ betätigen Sie auf einer angeschlosssenen USB-Maus die rechte Maustaste):

- *Schnellmix starten:* Stellt eine Abspielliste aus ähnlich klingenden Songs zusammen.
- *Als nächsten Titel spielen*: Das Lied landet in der Wiedergabeliste und wird als Nächstes gespielt.
- *In die Wiedergabeliste*: Fügt das Lied am Ende der Wiedergabeliste hinzu.
- *Zu Playlist hinzufügen*: Wird bereits im Kapitel *8.4 Playlists* beschrieben.
- *Teilen:* Einen Link auf den Song an Dritte weitergeben. Der Empfänger kann den Song

dann im Streaming abspielen.

- *Details bearbeiten*: Editieren Sie die Titeldaten (Interpret, Album, usw.)
- *Herunterladen*: Lädt den betreffenden Song auf Ihren PC herunter. Beachten Sie, dass dies bei jedem Song aus Kopierschutzgründen nur zweimal möglich ist.
- *Löschen*: Entfernt die Songdatei aus dem Google-Konto.
- *Artikel dieses Interpreten*: Alle Songs des Interpreten beziehungsweise der Band auflisten.
- *Falsche Übereinstimmung korrigieren*: Sofern Google den Song einem falschen Interpreten zuordnet, können Sie dies hier korrigieren. Das dürfte aber nur sehr selten vorkommen.

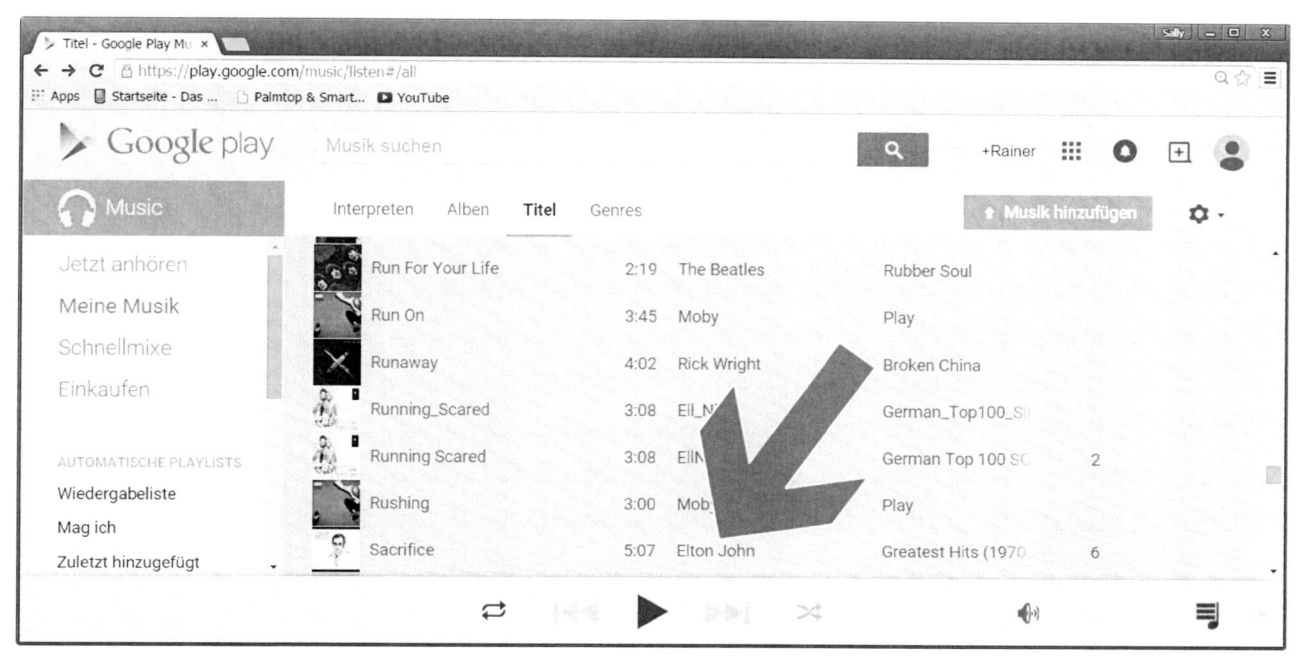

Ein Klick auf den Interpreten (Pfeil) oder Albumtitel listet alle Songs des Interpreten beziehungsweise alle auf dem Album enthaltenen Songs auf.

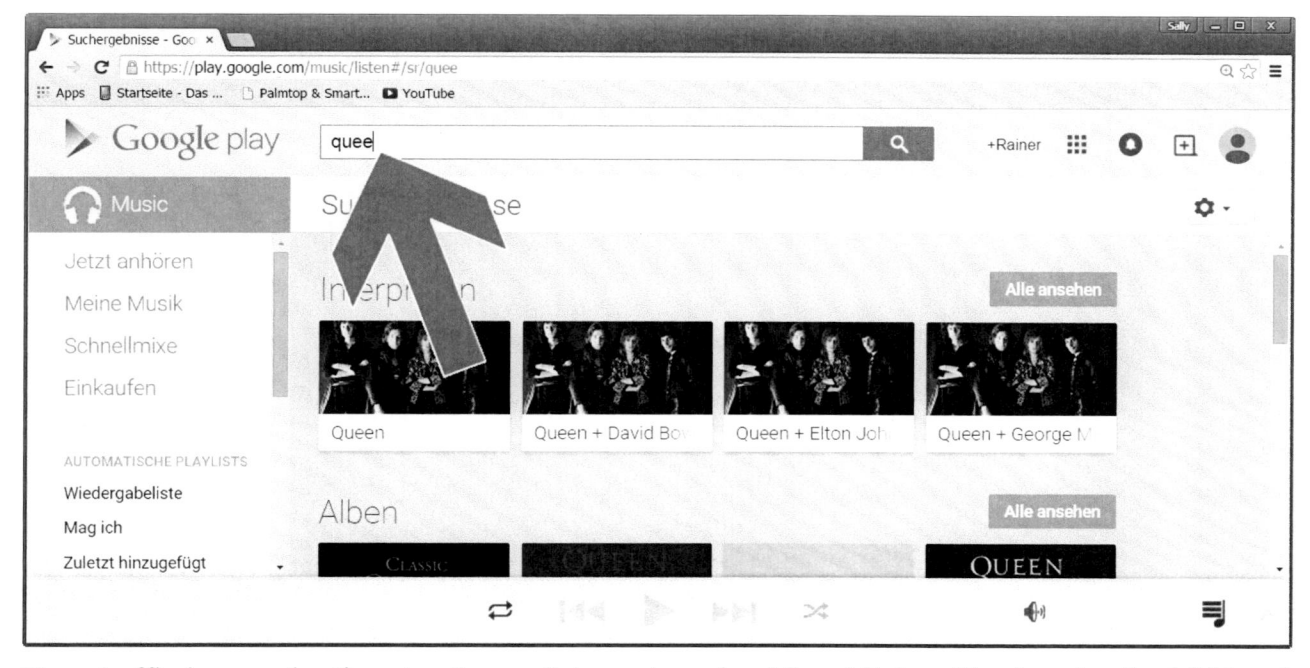

Zum Auffinden von bestimmten Songs, Interpreten oder Alben klicken Sie oben ins Suchfeld und geben einen Begriff ein. Play Music zeigt dann sofort die Fundstellen an, von der Sie gegebenenfalls eine anklicken. Die ←-Taste auf der Tastatur beendet die Suche.

## 8.3 Der Wiedergabebildschirm

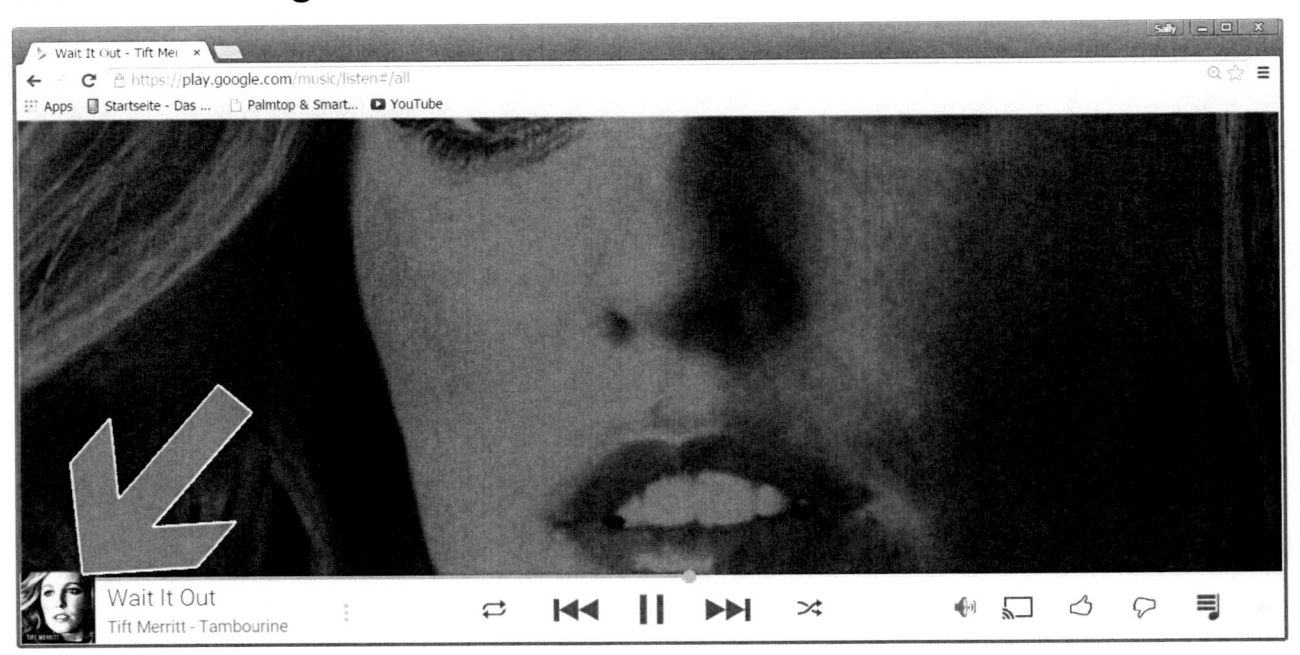

Wie bereits erwähnt, bringt Sie ein Klick auf das Cover unten links (Pfeil) in den Wiedergabebildschirm und ein erneuter Klick in die Bibliothek zurück.

Klicken Sie in einen beliebigen Bereich des Fortschrittsbalkens, wenn Sie zu einem bestimmten Punkt im abgespielten Song springen möchten.

Weitere Funktionen:

- ⇄: Alle Songs in der Wiedergabeliste nach dem Durchlaufen erneut abspielen. Tippen Sie diese Schaltleiste erneut an, wird nur immer der aktuelle Song wiederholt.

- ⏮/⏭: Zum vorherigen/nächsten Titel springen (dies ist auch über eine Wischgeste nach links oder rechts möglich).

- ▶ / ❙❙ : Starten/Pausieren der Wiedergabe.

- ✕: Zufällige Wiedergabe der Songs aus der aktuellen Wiedergabeliste.

- 🔊: Lautstärke einstellen (geschieht unabhängig von der Lautstärkereeinstellung an Ihrem PC).

- 👍/👎: Mag ich/Mag ich nicht. Die mit 👍 markierten Songs werden der Wiedergabeliste *Mag ich* zugeordnet (siehe auch Kapitel *8.4 Playlists*).

- ≡: Wiedergabeliste anzeigen. Die Wiedergabeliste bestimmt, was alles nächstes abgespielt wird. Siehe auch Kapitel *8.3.1 Wiedergabeliste*.

- ↗: Google Play Music Chrome-Anwendung starten (siehe Kapitel *8.8 Die Google Play Chrome-App*).

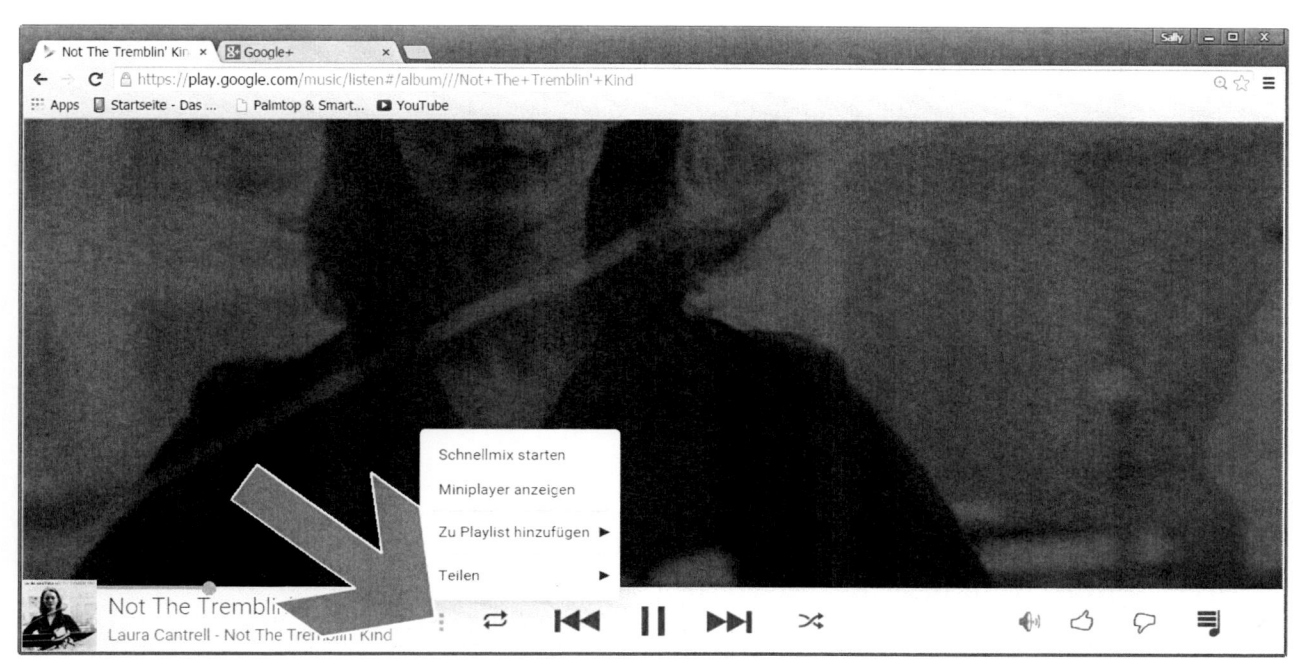

Das ⋮-Menü (Pfeil):

- *Schnellmix starten*: Der Schnellmix ist eine automatisch von Google erstellte Playlist, die anhand des Musiktyps des markierten Songs erstellt wird.
- *Miniplayer anzeigen:* Startet die im Kapitel *8.8 Die Google Play Chrome-App* beschriebene Anwendung.
- *Zu Playlist hinzufügen*: Wird bereits im Kapitel *8.4 Playlists* beschrieben.
- *Teilen*: Sucht in Youtube nach Videos, die den Song enthalten und bietet Ihnen an, dazu einen Kommentar zu schreiben.

## 8.3.1 Wiedergabeliste

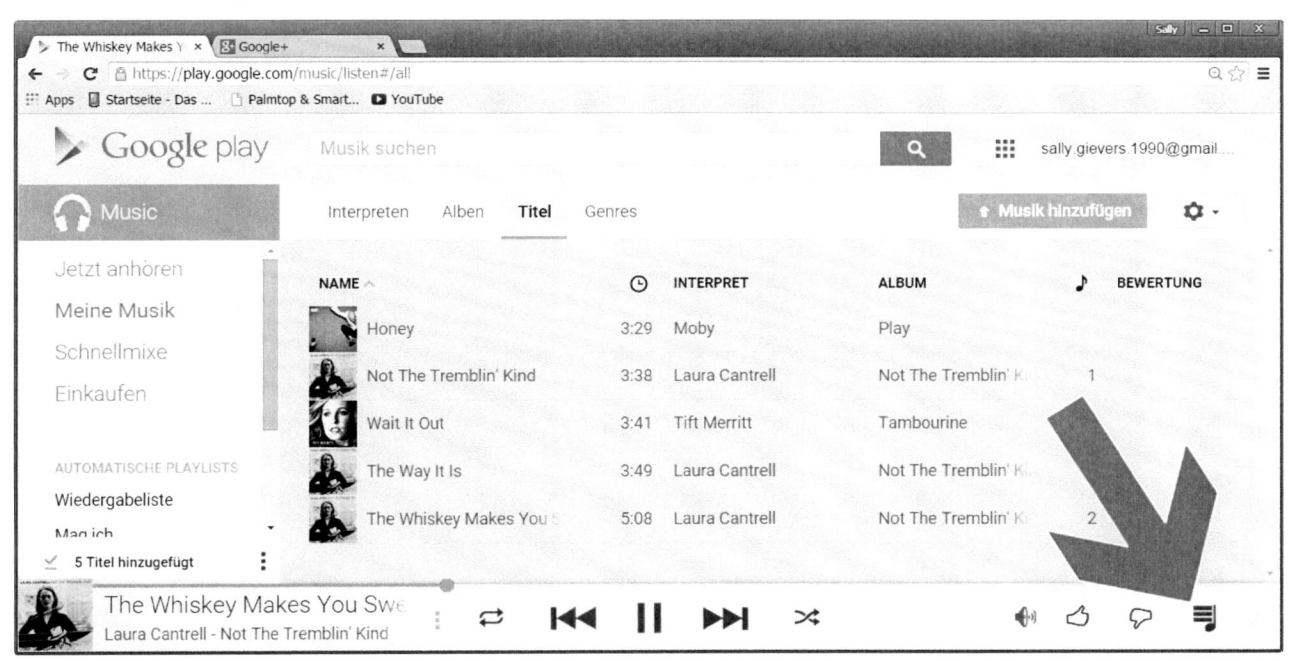

Die Wiedergabeliste ist genau genommen eine Warteschlange, die bestimmt, welcher Song aus der Titelliste als jeweils nächster abgespielt wird.

Ein Klick auf ≡ (Pfeil) öffnet die Wiedergabeliste. Alternativ können Sie auch links in der Menüauflistung auf *Wiedergabeliste* gehen.

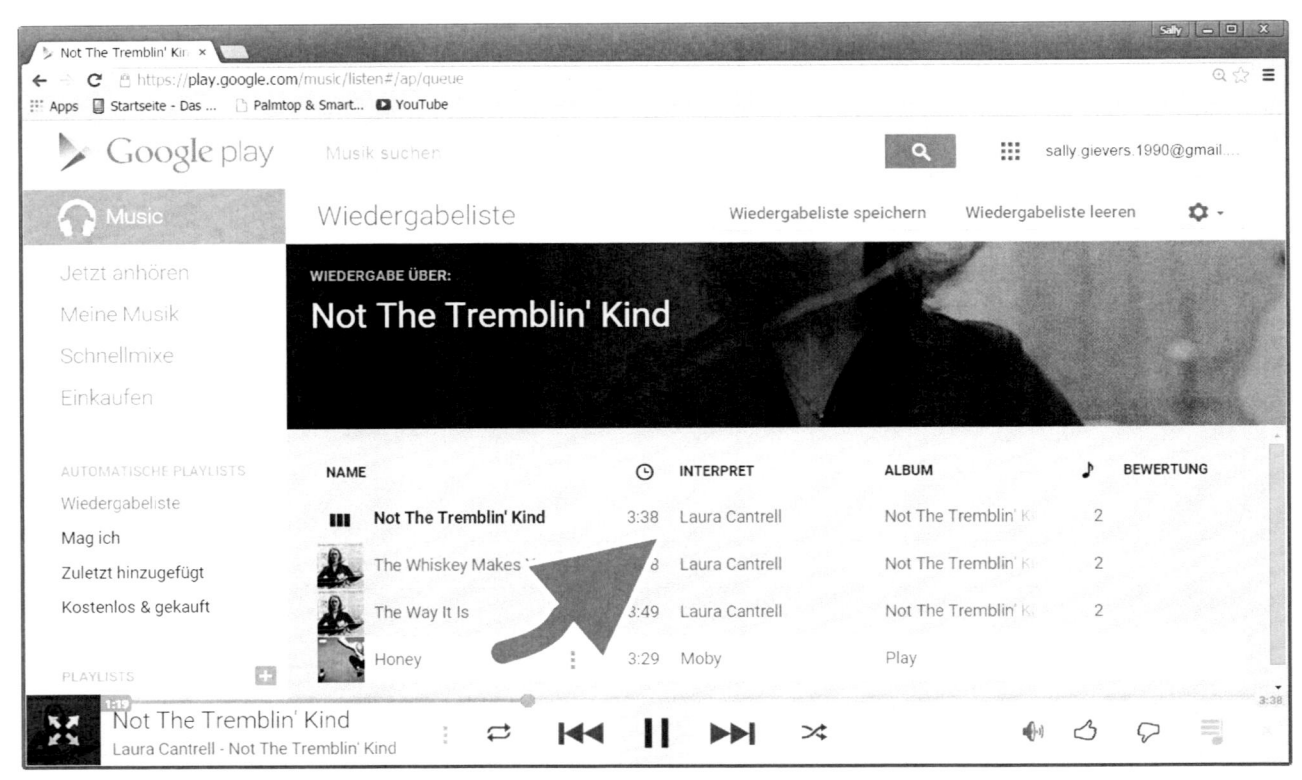

Die Titel in der Wiedergabeliste gibt die Play Music-Anwendung nach und nach wieder. Ändern Sie die Abspielreihenfolge, indem Sie den Mauszeiger über einen Titel bewegen und ihn dann mit gedrückter linker Maustaste an eine andere Position ziehen. In den Abspielbildschirm gelangen Sie mit ← auf der Tastatur oder Anklicken des Coverfotos unten links zurück.

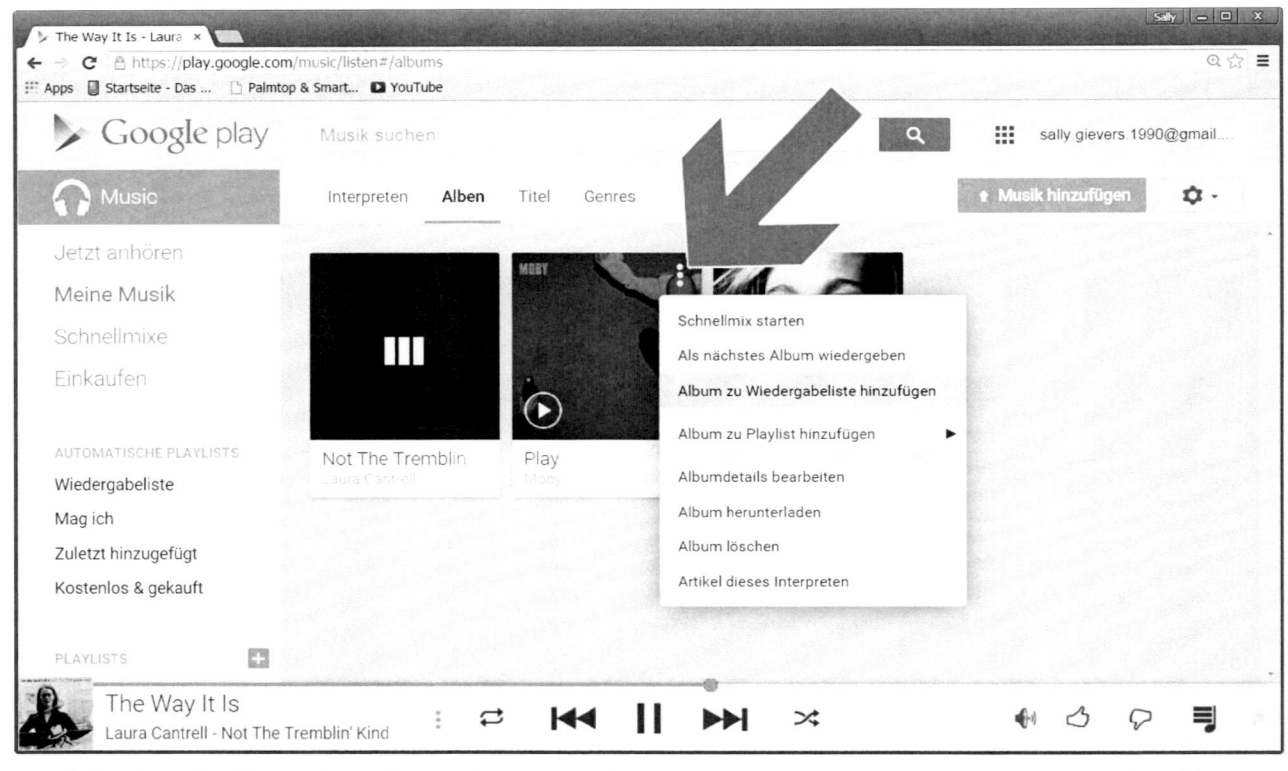

Auch in der Titelliste, der Alben-, Genre- und Interpreten-Auflistung ist es möglich, über ⋮/*xxx zu Wiedergabeliste hinzufügen* die jeweiligen Songs auf die Warteschlange zu setzen.

## 8.4 Playlists

Wenn mehrere Hundert Songs im Google-Konto vorhanden sind, wird es mühselig, sich die abzuspielenden Songs herauszusuchen. Abhilfe schaffen die **Playlists** (dt. »Wiedergabeliste«), denen man einfach einmalig die Songs zuordnet.

Von den Playlists zu unterscheiden ist übrigens die im vorherigen Kapitel beschriebene **Wiedergabeliste**. Spielen Sie gerade keine Playlist ab, so erstellt Play Music automatisch eine Wiedergabeliste aus den im Google-Konto vorhandenen Songs.

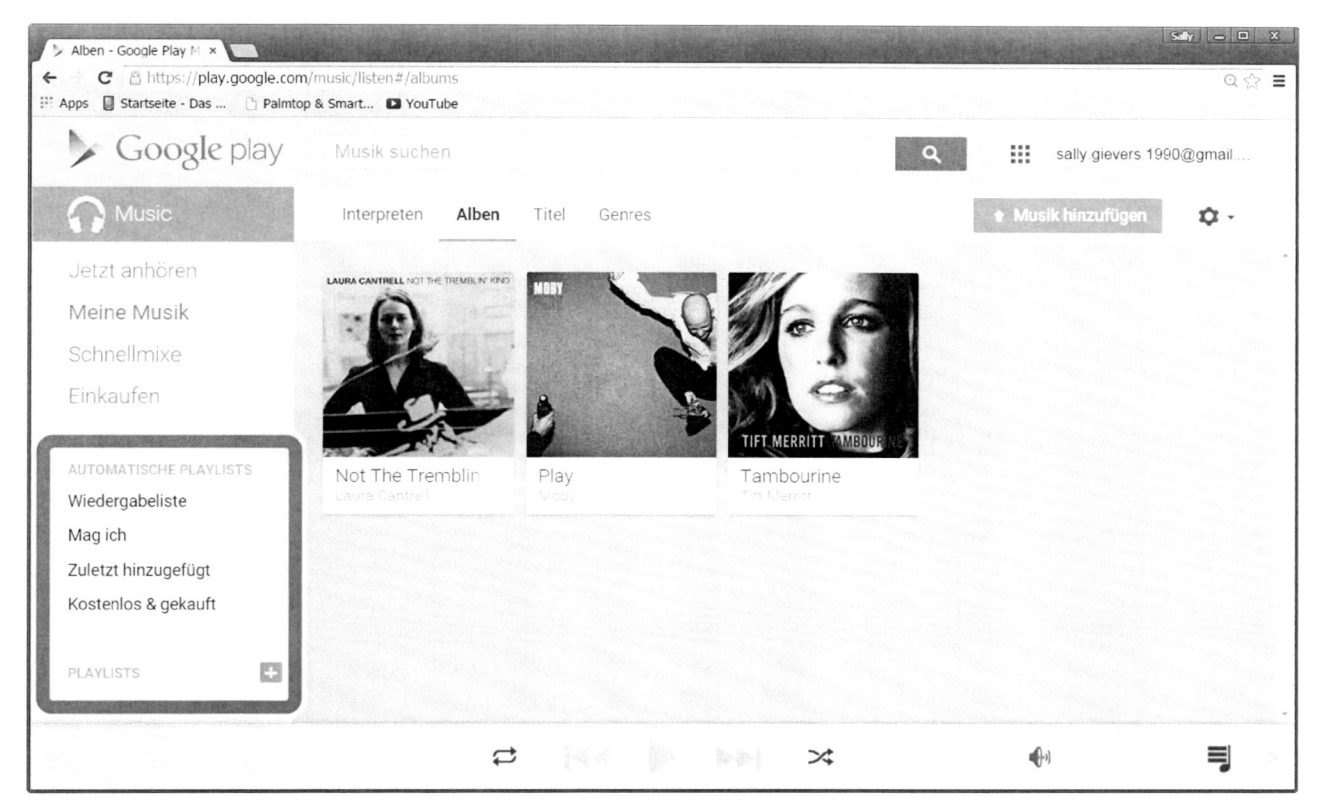

Die Wiedergabelisten finden Sie in der Menüleiste auf der linken Seite:

Unter *Automatische Playlists:*

- *Wiedergabeliste*: Hier finden Sie die von Play Music automatisch erstellte Wiedergabeliste.
- *Mag ich*: Von Ihnen mit der 👍-Schaltleiste markierte Songs.
- *Zuletzt hinzugefügt*: Die zuletzt in Ihr Google-Konto hochgeladenen Songs.
- *Kostenlos & gekauft*: Im Play Store erworbene Songs (siehe Kapitel *8.5 Kauf von Songs oder Alben*).

Unter *Playlists*:

- Hier finden Sie die von Ihnen selbst erstellten Playlists, im Beispiel *Meine Songs*.

## 8.4.1 Wiedergabeliste erstellen

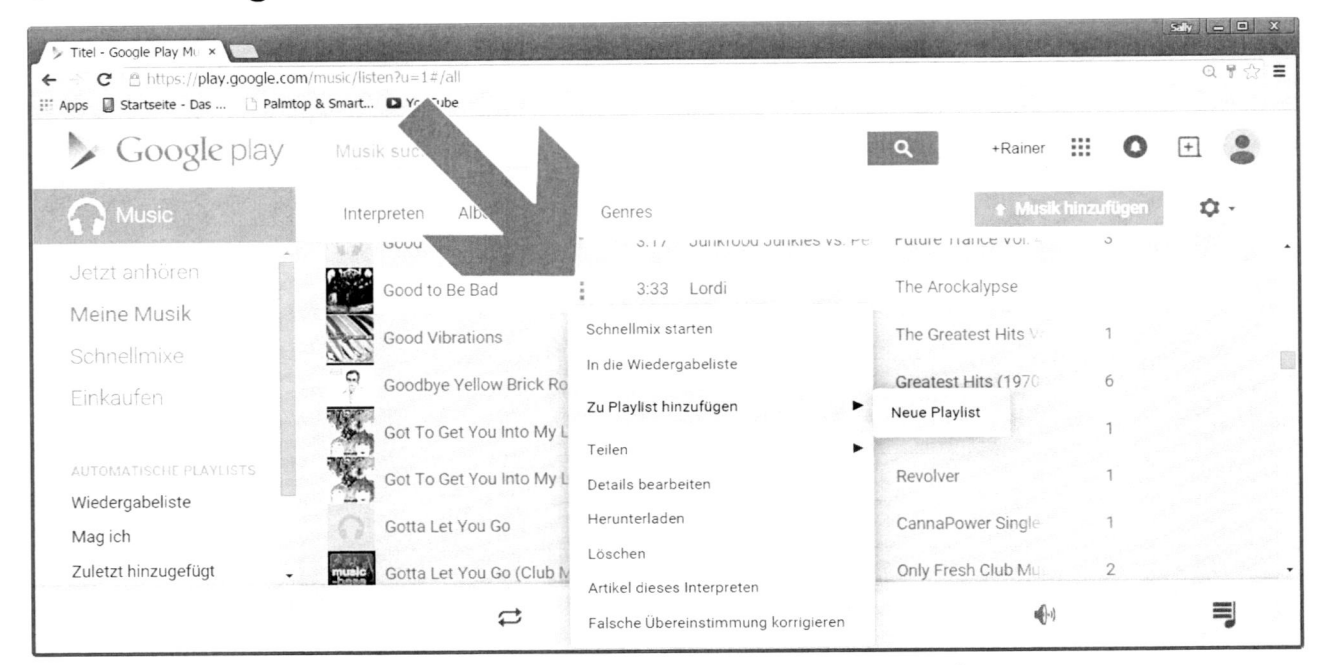

Im *Interpreten-, Titel-, Alben-*, oder *Genre*-Register klicken Sie auf die ⋮-Schaltleiste und gehen im Popup auf *Zu Playlist hinzufügen*. Sie können hier eine bereits vorhandene Playlist auswählen, in unserem Fall möchten wir aber eine weitere Playlist anlegen, was über *Neue Playlist* geschieht.

> Das Popup-Menü erhalten Sie auch, wenn Sie die Maus über einem Titel, Album oder Interpreten bewegen und die rechte Maustaste betätigen.

Geben Sie den Namen der Wiedergabeliste ein und betätigen Sie *Playlist erstellen*.

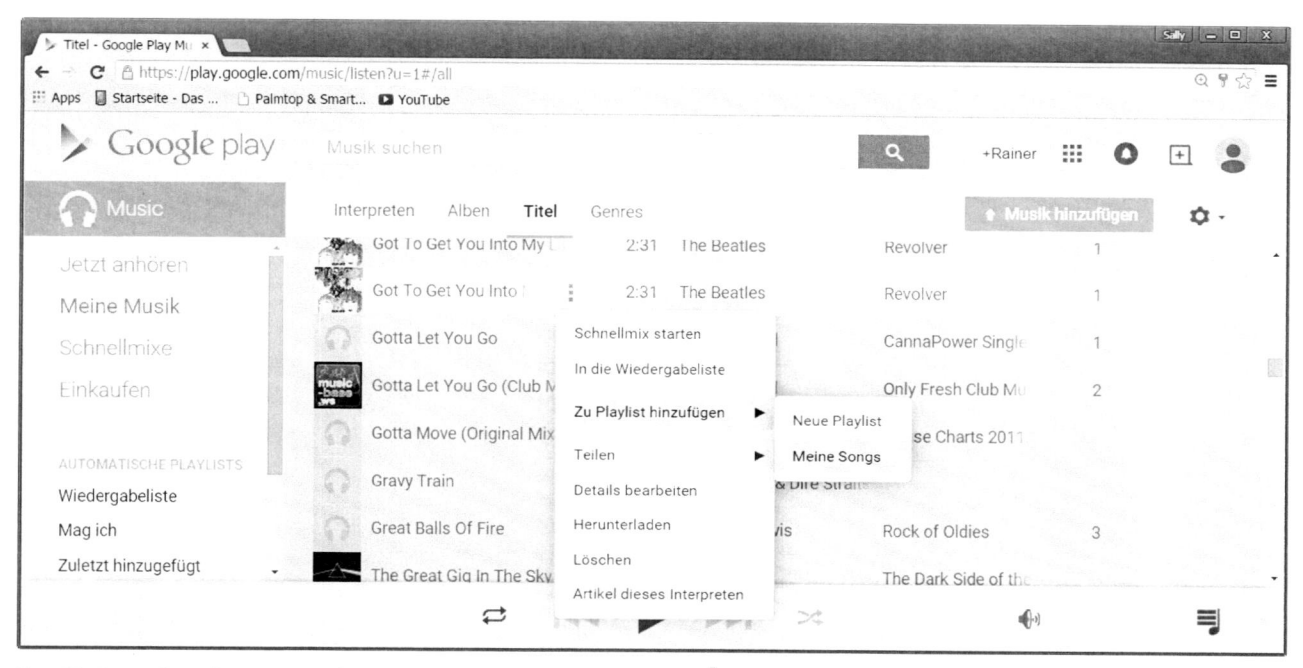

Im Folgenden können Sie nun einzelne Songs über ⋮/*Zu Playlist hinzufügen/(Playlist-Name)* der neu erzeugten Playlist hinzufügen.

> Das Hinzufügen von mehreren Songs ist im *Interpreten- und Alben*-Register möglich.
>
> Es ist leider nicht vorgesehen, in der Titelliste mehrere Songs auf einmal zu markieren, die man dann der Playlist hinzufügt.

### 8.4.2 Playlist nutzen

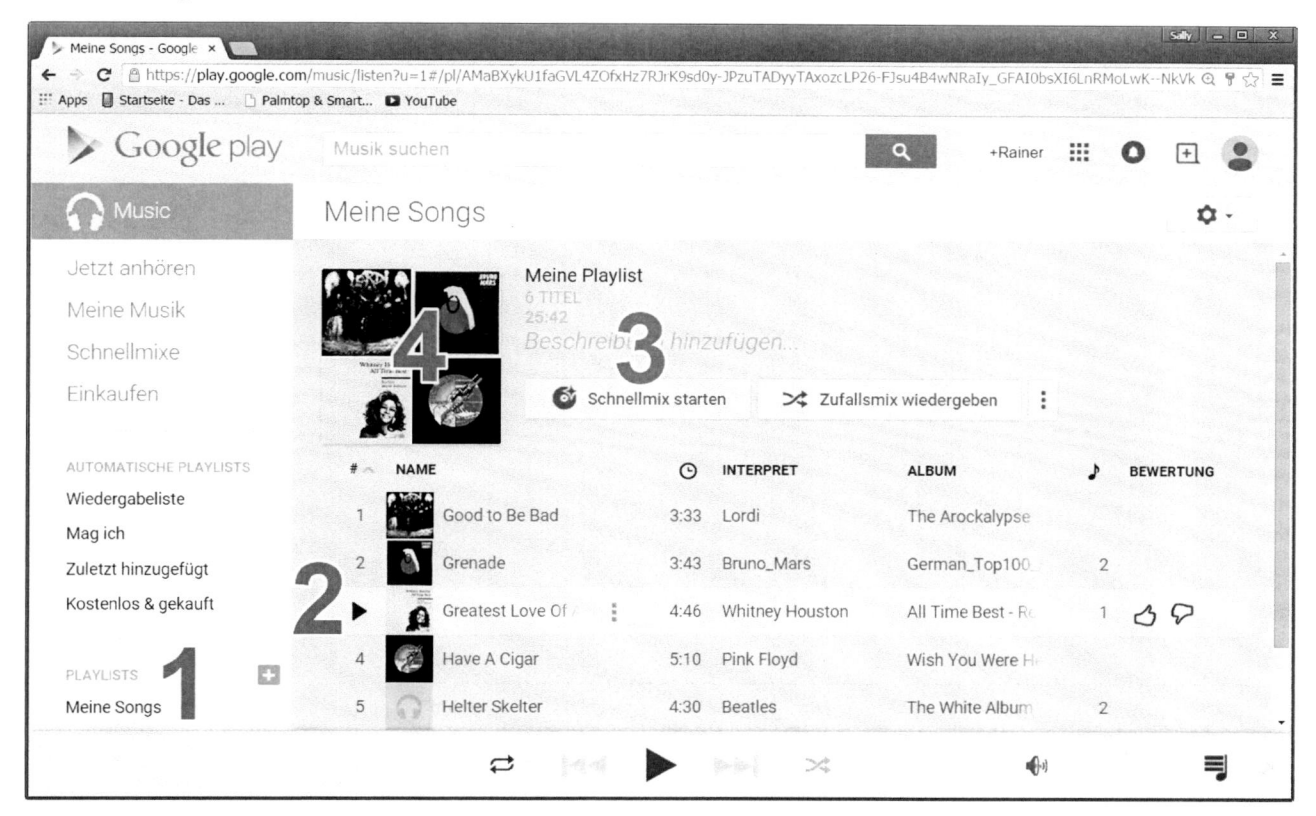

Ihre Playlist finden Sie unter *Playlists* in der Menüleiste. Klicken Sie diese an (1). Halten Sie den Mauszeiger über einen Song, den Sie abspielen möchten und betätigen Sie die ▶-Schaltleiste (2). Alternativ stellt Ihnen Google Play mit *Schnellmix starten* oder *Zufallsmix wiedergeben* eine Abspielliste und gibt sie wieder. Ein Klick auf die Cover-Collage startet ebenfalls die Wiedergabe.

## 8.4.3 Playlist bearbeiten

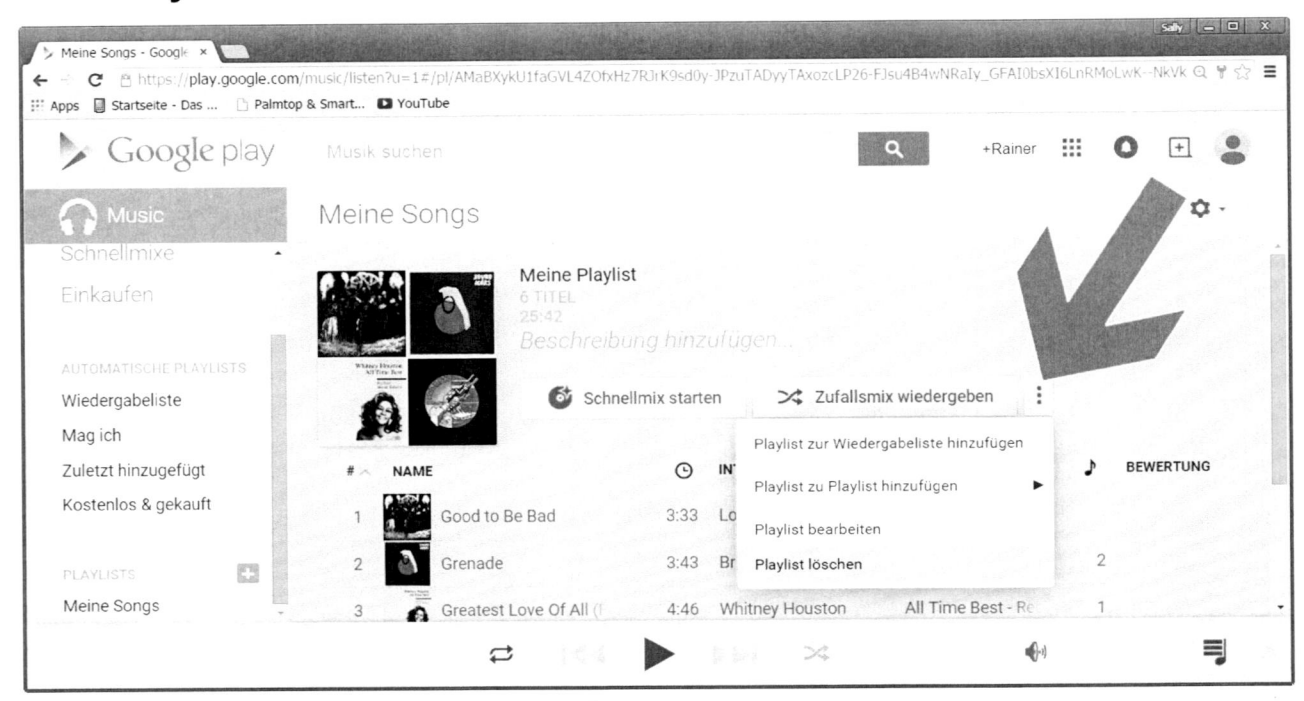

Das Löschen einer Playlist erfolgt über ⋮/*Löschen* (Pfeil). Es verschwindet nur die Playlist, während die darin vormals enthaltenen Songs natürlich im Google-Konto erhalten bleiben.

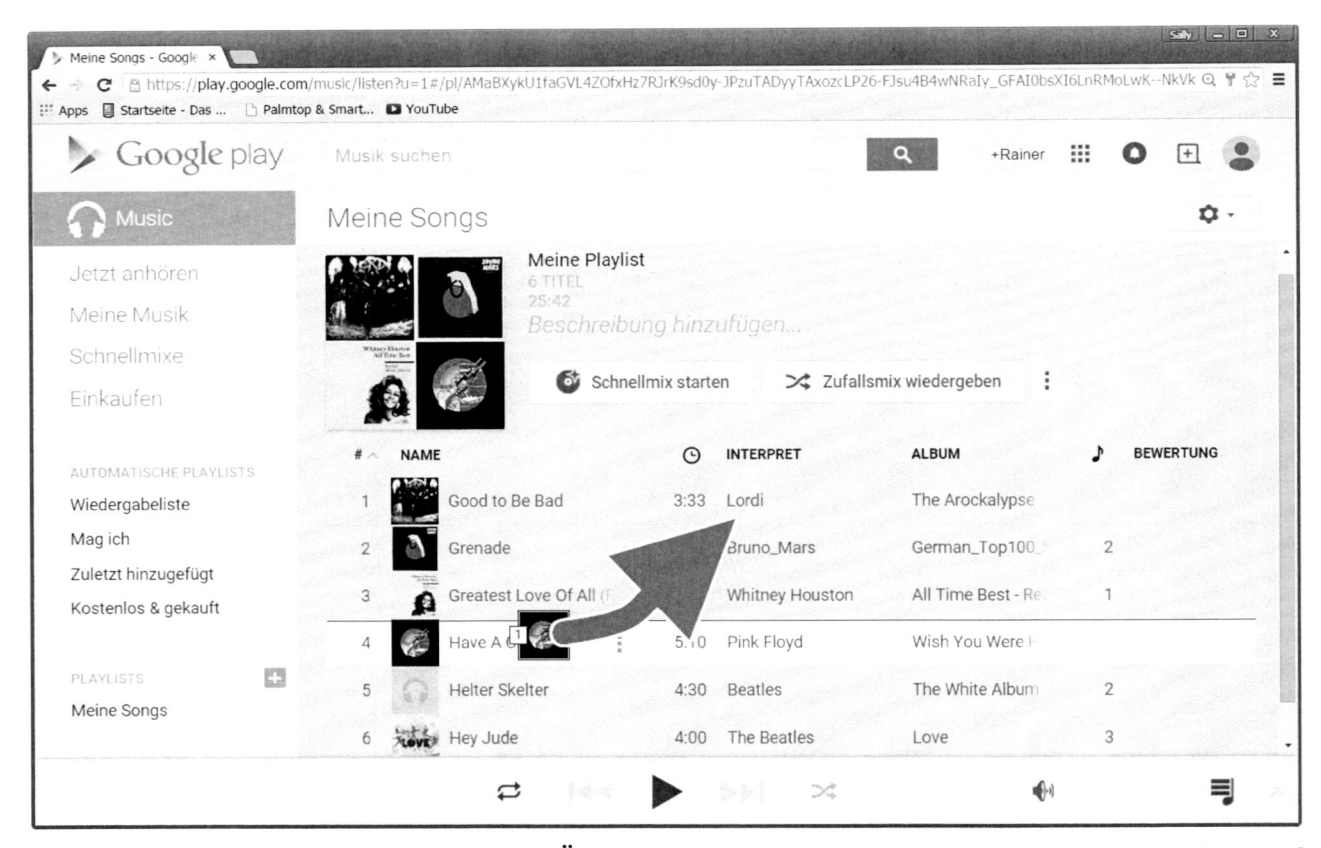

So ändern Sie die Abspielreihenfolge: Öffnen Sie die Playlist. Halten Sie den Mauszeiger auf einem Songtitel und ziehen Sie mit gedrückter linker Maustaste nach oben/unten. Nach dem Loslassen der Maustaste wird der Song an der gewünschten Position eingeordnet.

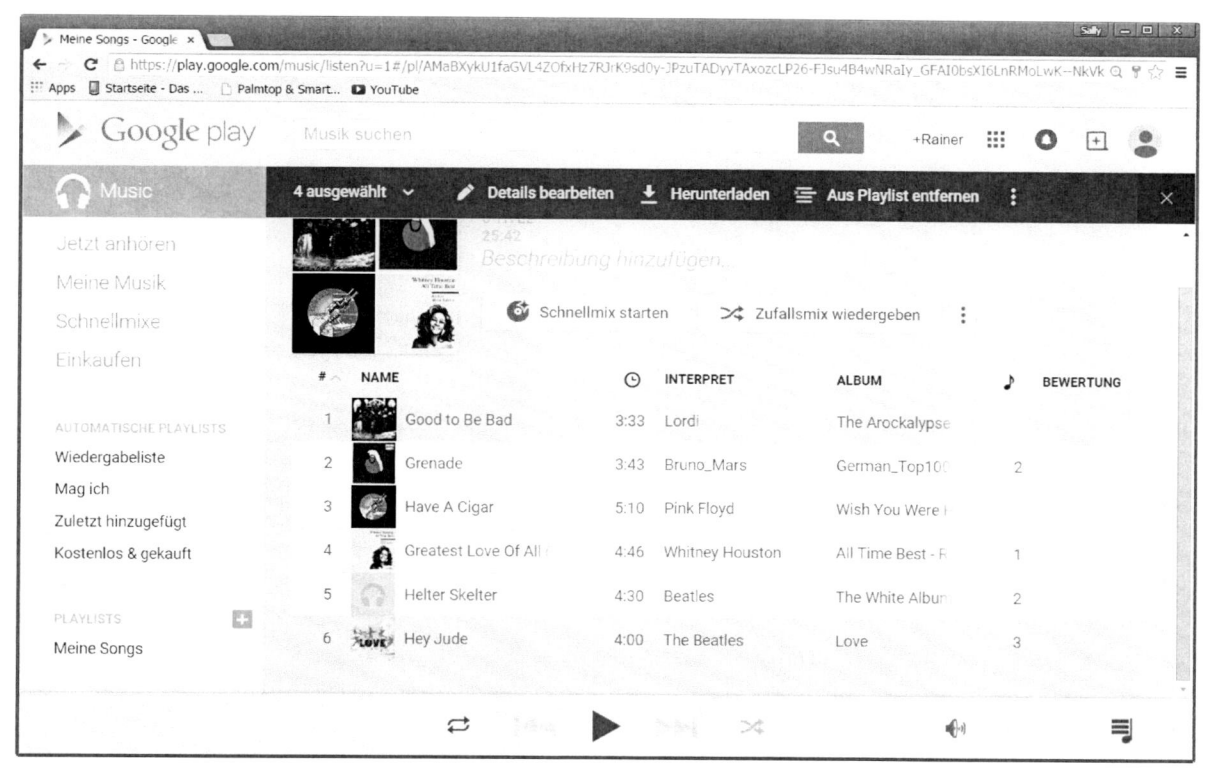

Markieren Sie mehrere Songs auf einmal, indem Sie beim Klicken die **strg**- oder ⇧ (Hochstell)-Taste auf der Tastatur gedrückt halten. Einige Schaltleisten erscheinen am oberen Bildschirmrand:

- *x ausgewählt*: Klicken Sie darauf, um alle Songs auszuwählen.
- *Details bearbeiten*: Songtitel, Interpret, Album, usw. bearbeiten.
- *Herunterladen*: Lädt die markierten Songs auf den PC herunter. Aus Kopierschutzgründen ist dies pro Song nur maximal zweimal möglich.
- *Aus Playlist entfernen*
- ✗: Beendet den Markierungsmodus.

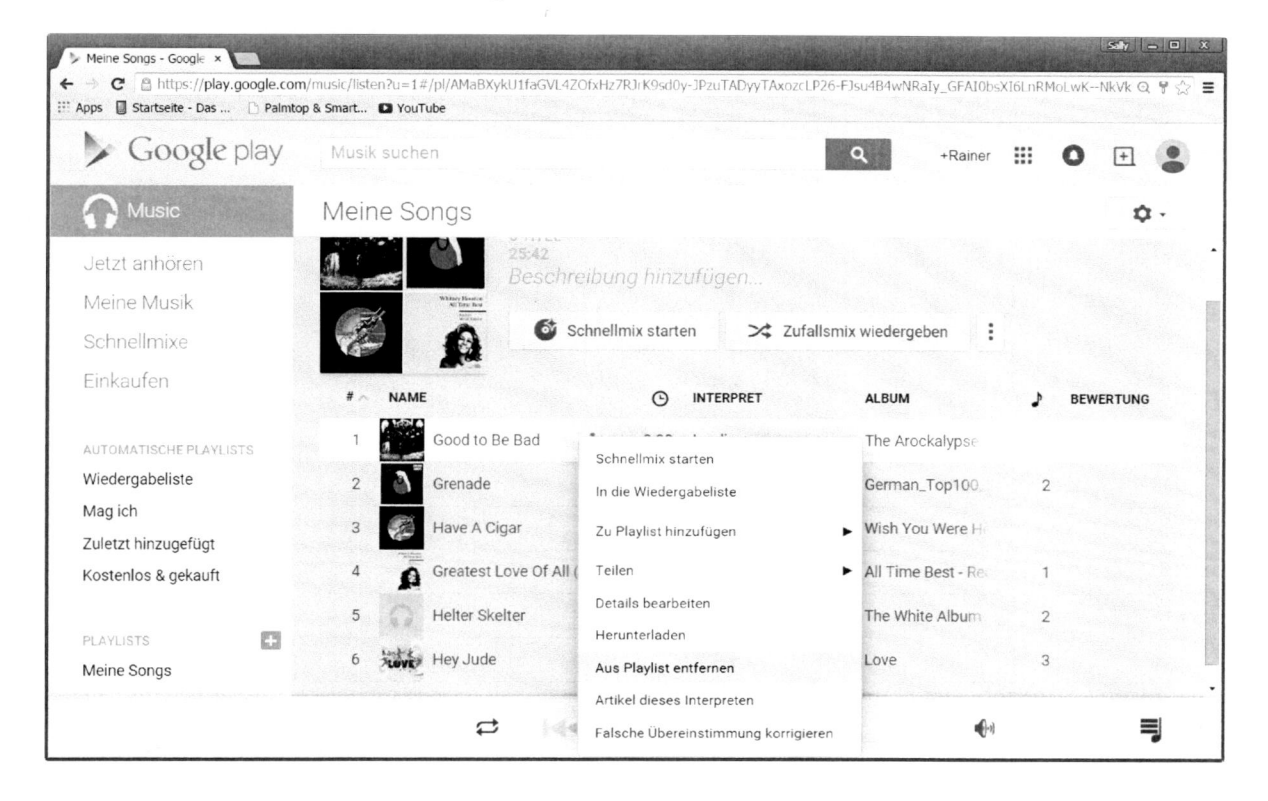

Zum Entfernen eines einzelnen Songs aus der Playlist halten Sie den Mauszeiger darauf und gehen Sie auf ⋮/*Aus Playlist entfernen*.

## 8.5 Kauf von Songs oder Alben

Neben dem Hochladen Ihrer eigenen Songs können Sie auch einzelne Songs oder komplette Alben im Google Play Store erwerben.

Falls Sie Ihre Musik nicht nur auf dem Handy oder Tablet abspielen möchten, sondern auch ganz klassisch von CD, sollten Sie auf Google Play Music verzichten, denn es ist offiziell keine Möglichkeit vorgesehen, die einmal im Google Play Store gekaufte Musik wieder herunterzuladen, um Sie beispielsweise auf eine CD zu brennen.

> Alle gekauften und von Ihnen hochgeladenen Songs werden Ihrem Google-Konto zugeordnet. Dies hat den Vorteil, dass eine Wiedergabe auf jedem Endgerät mit Webbrowser möglich ist. Für Android-Handys/Tablets gibt es eine eigene Play Music-Anwendung, welche die gleichen Funktionen bietet. Beachten Sie aber, dass immer nur ein Endgerät Songs aus Ihrem Google-Konto wiedergeben darf, das heißt, dass die Wiedergabe in Play Music auf Ihrem Android-Handy pausiert, wenn Sie Play Music im PC-Webbrowser starten.

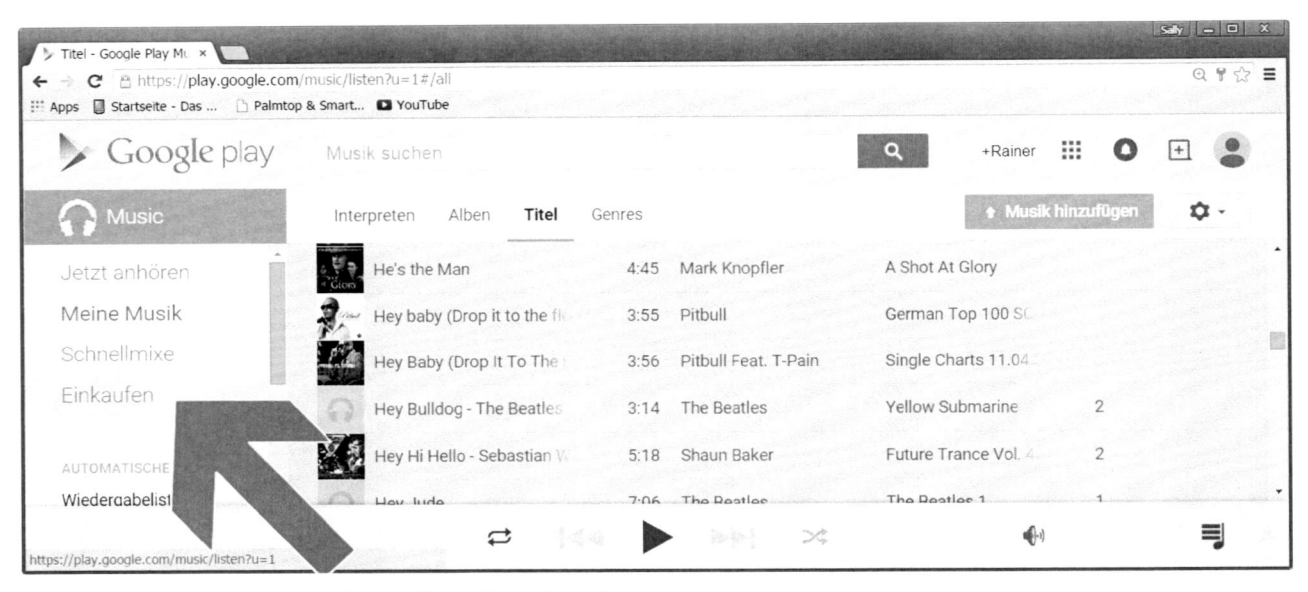

*Einkaufen* in der Menüleiste öffnet den Play Store.

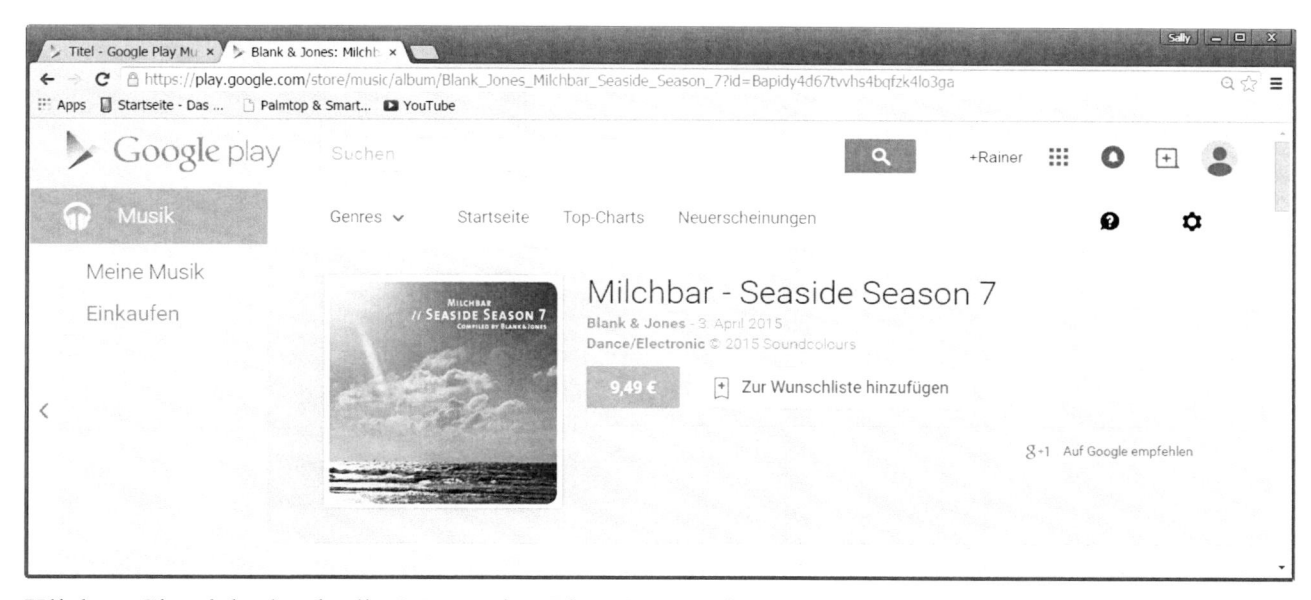

Klicken Sie sich durch die Menüs im Play Store oder nutzen Sie das Suchen-Eingabefeld am oberen Bildschirmrand. Käufe erfolgen über Ihre Kreditkarte, welche Sie ja schon beim ersten Start der Play Music-Anwendung erfasst haben.

## 8.6 Einstellungen

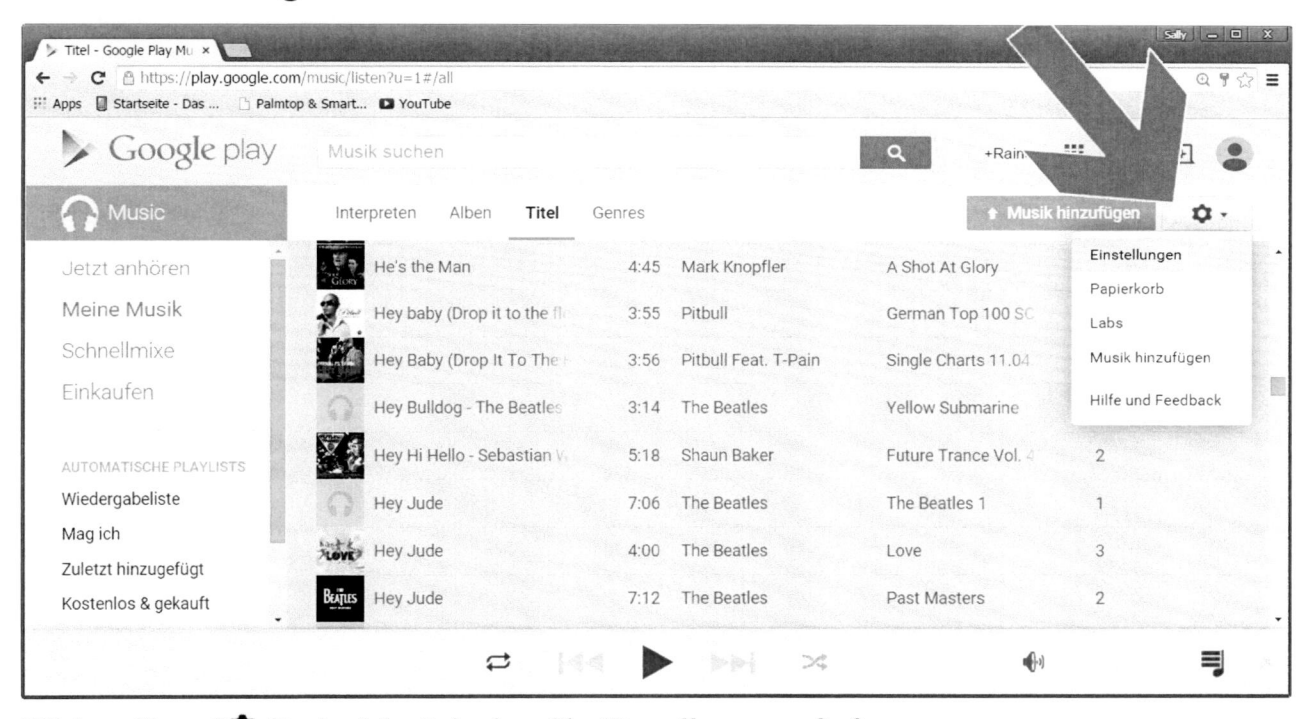

Klicken Sie auf ✲ für das Menü, in dem Sie *Einstellungen* aufrufen.

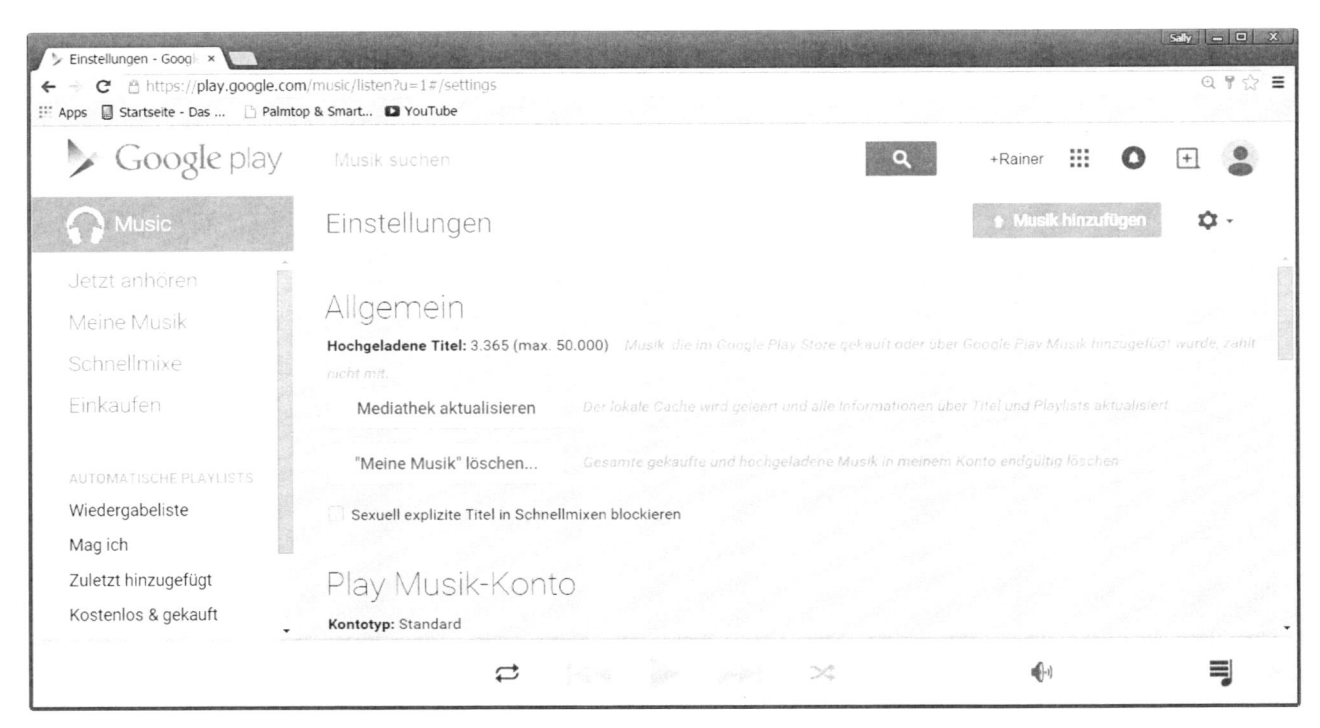

Die Optionen:

Unter *Allgemein:*

- *Mediathek aktualisieren*: Diese Funktion dürften Sie vermutlich nie benötigen.
- Sie löschen mit *"Meine Musik" löschen* die von Ihnen hochgeladenen (siehe Kapitel 8.1 *Musik hochladen*) Songs.

Unter *Play Musik-Konto:*

- Falls Sie die im Kapitel 8.7 *Musikflatrate* erwähnte Musikflatrate nutzen möchten, klicken Sie zunächst auf *Kostenlose Testversion aktivieren*, worauf Sie die Flatrate zunächst für 60 Tage kostenlos testen (und bei Nichtgefallen kündigen) können. Anschließend werden rund 10 Euro pro Monat fällig.

Unter *Musik von diesem Computer*:

- Wie Sie Musik von Ihrem PC in Ihr Google-Konto hochladen erläutert Kapitel 8.1 *Musik hochladen*.

Unter *Downloadpfad*:

- Sie dürfen von Ihnen ins Google-Konto hochgeladene Songs aus Kopierschutzgründen maximal zweimal wieder auf den PC herunterladen. Den Speicherort stellen Sie unter *Downloadpfad* ein.

Unter *Meine Geräte verwalten*:

- Die Musikwiedergabe von Play Music ist nicht nur auf dem PC, sondern auf zahlreichen Geräten, vom PC bis hin zum Android-Handy/Tablet möglich. Play Music kann dabei pro Google-Konto auf maximal 10 Endgeräten genutzt werden, die Sie hier verwalten.

## 8.7 Musikflatrate

Der Musikmarkt ist sehr in Bewegung; während bis vor 20 Jahren der Verbraucher zu CDs in der Musikabteilung eines Kaufhauses griff oder Songs mit dem Kassettenrekorder aus dem Radio aufnahm, hat die Digitalisierung heute alles geändert. Wer bestimmten Songs oder Alben haben will, kann diese einfach über Online-Shops von Apple, Amazon und natürlich Google, um nur einige zu nennen, erwerben.

Der Markt entwickelt sich aber seit wenigen Jahren immer weiter weg vom »Kauf« zur Streaming-Flatrate. Kunden bezahlen dabei einen festen monatlichen Betrag und dürfen dafür zeitlich unbegrenzt Musik als Audio-Stream über das Internet hören. Die meisten Anbieter stellen dabei 20 bis 30 Millionen (!) Songs zur Verfügung. Auch Google verschließt sich nicht diesem Trend und bietet eine rund 10 Euro teure Flatrate an. Sie aktivieren diese über die Einstellungen, die Kapitel *8.6 Einstellungen* beschreibt.

Falls Sie das Thema Musik-Streaming interessiert, empfehlen wir einen Besuch der Webadresse *t3n.de/news/alternativen-spotify-358122* auf der Streaming-Dienste vorgestellt werden.

## 8.8 Die Google Play Chrome-App

Bei der Ersteinrichtung von Play Music hat Ihnen Google auf Ihrem PC eine weitere Anwendung installiert, die ebenfalls Play Music heißt.

Im Apps-Menü finden Sie neben der bereits vorgestellten *Play Music*-Webanwendung (1) auch eine App (2) mit fast gleichem Namen. Diese hat den Vorteil, in einem eigenen Fenster zu laufen und nur wenig Bildschirmfläche zu belegen. Klicken Sie sie an.

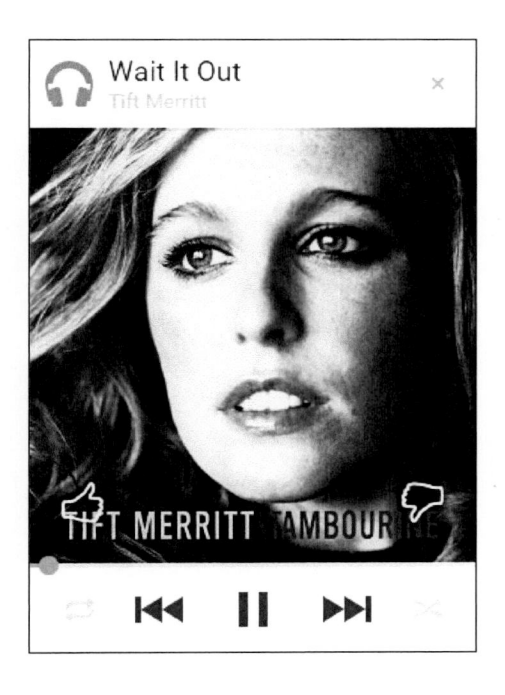

Die Bedienelemente entsprechen dem der Web-Anwendung. Da die Play Musik-Anwendung unabhängig vom Chrome-Webbrowser läuft, können Sie diesen auch schließen oder andere Webseiten öffnen, ohne dass die Wiedergabe unterbrochen wird.

# 9. Google Notizen

Google Notizen ist ein elektronisches Notizbuch. Ihre darin verwalteten Texte, Bilder und Audioaufnahmen werden automatisch in Ihrem Google-Konto abgelegt und stehen dann auch auf Android-Geräten zur Verfügung. Beachten Sie dazu Kapitel *26 Google Notizen (Android)*.

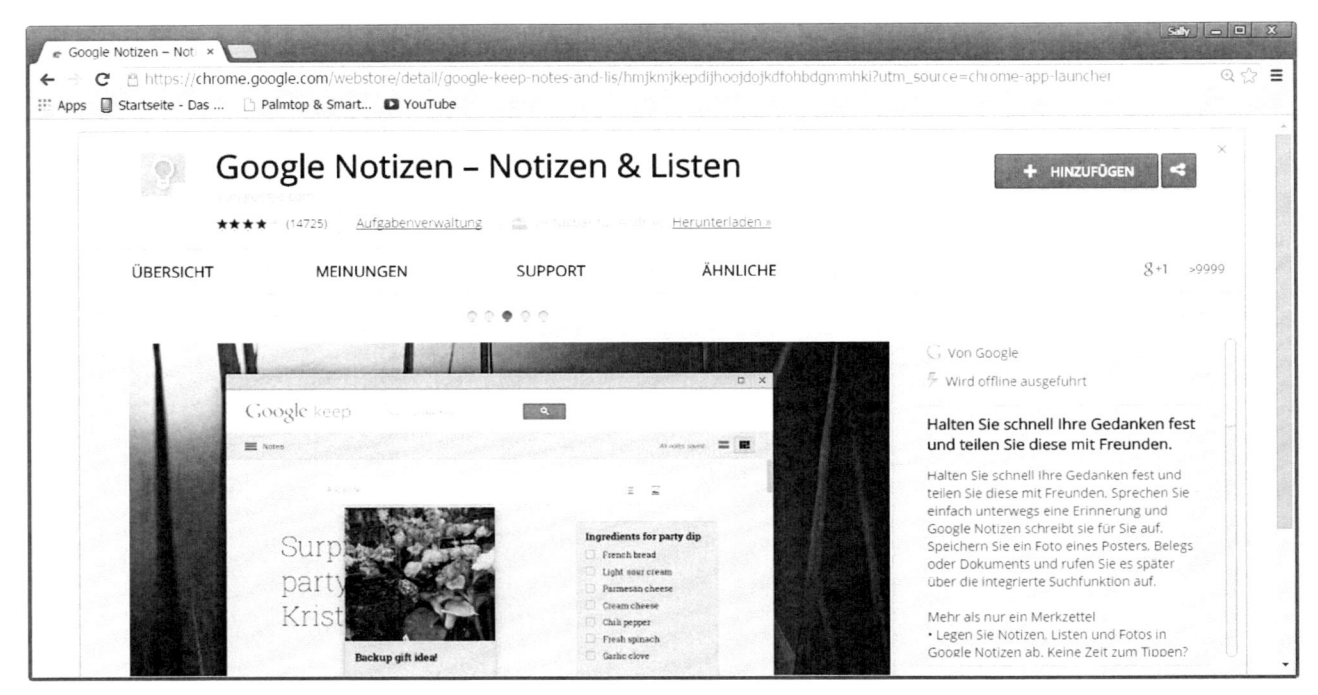

Suchen und installieren Sie *Google Notizen* im Web Store (siehe Kapitel *7.2 Anwendungen installieren*).

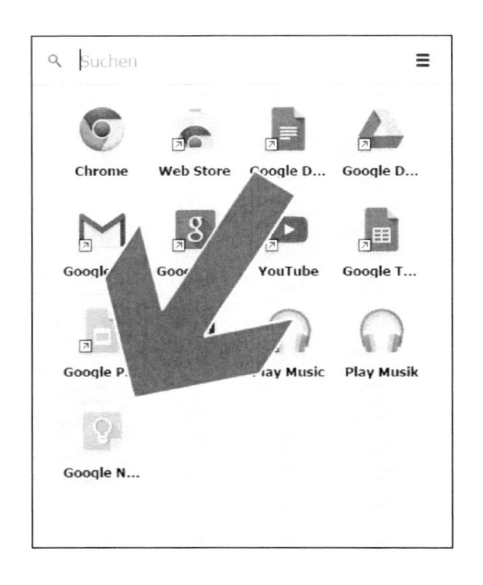

❶ Starten Sie *Google Notizen* aus dem Apps-Menü.

❷ Klicken Sie beim ersten Aufruf auf *ANMELDEN* und dann auf *Akzeptieren*. In einen Fällen kommt es vor, dass Sie die letztere Schaltleiste auf Ihrem PC nicht sehen. In diesem Fall drehen Sie einfach am Mausrad, um den Inhalt des Abfragefensters durchzurollen.

> Tipp: Denken Sie daran, dass Sie das Fenster in dem die Anwendung läuft, jederzeit vergrößern können. Ziehen Sie einfach mit gedrückter linker Maustaste an einem der Fensterrahmen.

# Google Notizen

❶❷ Google Notizen arbeitet mit einem Ausklappmenü, das Sie mit Klick auf ≡ öffnen. Sie finden darin die Einträge *Notizen, Erinnerungen, Archiv* und *Papierkorb*:

- *Notizen* ist Ihr Arbeitsbereich, in dem Sie alles sammeln, was gerade aktuell ist oder noch abgearbeitet werden muss.
- Wenn Sie eine Notiz nicht mehr benötigen, können Sie sie in das *Archiv* verschieben.
- *Erinnerungen*: Hier finden Sie alle Notizen, die von Ihnen mit einer zeitlichen oder örtlichen Erinnerung versehen wurden.
- *Papierkorb*: Gelöschte Notizen landen für einige Zeit noch im Papierkorb, aus dem Sie sie gegebenenfalls wieder »retten« können.

❶ Klicken Sie zur Notizerstellung auf eine der Schaltflächen:

- *Notiz hinzufügen*: Notiz
- ≡: Listeneintrag
- 🖼: Bild

❷ In diesem Beispiel haben wir auf *Notiz hinzufügen* geklickt. Erfassen Sie einen Text, wobei es empfehlenswert ist, auch das *Titel*-Eingabefeld auszufüllen. Die Bedeutung der Schaltleisten:

- 🔔: Fügt eine Erinnerung hinzu.
- 👥: E-Mail-Adressen von Personen hinzufügen. Diese erhalten von Google eine E-Mail mit dem Notizentext.
- 🎨: Hintergrundfarbe ändern.
- ≡: Aufzählungsliste erstellen.
- 🖼: Bild hinzufügen.

Die Notiz speichern Sie dann mit *FERTIG*.

❶ Zum Bearbeiten des Notizentextes klicken Sie einfach auf die Notiz.

❷ Über das ⋮-Menü löschen Sie eine Notiz oder erstellen davon eine Kopie.

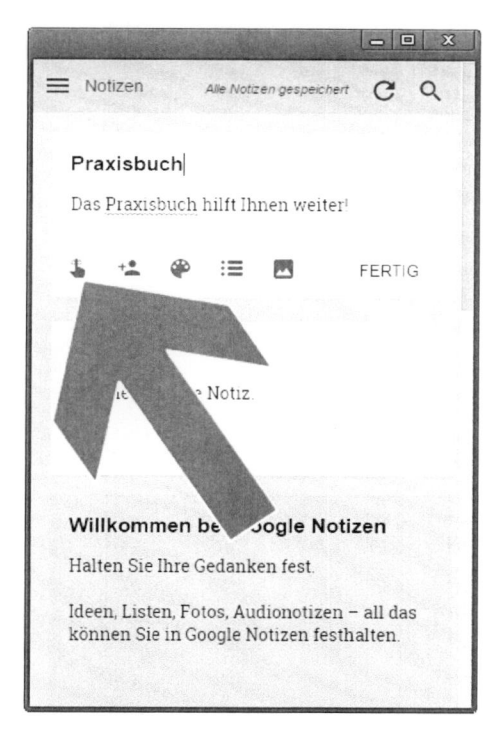

❶ Eine Besonderheit von Google Notizen ist die Möglichkeit, Notizen für die Wiedervorlage einzurichten. Klicken Sie dafür während der Notizenerstellung auf 🔔.

❷ Zur Auswahl stehen:

- *Datum und Uhrzeit wählen*: Zu einer bestimmten Tageszeit (Morgens, Nachmittags, Spätnachmittags, Abends) oder zu einer exakten Uhrzeit weist Sie das Programm auf die fällige Notiz hin.

- *Ort auswählen*: Alternativ weisen Sie Ihrer Notiz einen Standort zu. Sobald Sie diesen besuchen, werden Sie alarmiert. Beispielsweise können Sie einer Einkaufsliste den Namen und Standort eines Supermarkts eingeben und Google Notizen informiert Sie über die Notiz, sobald Sie sich dem Supermarkt nähern.

> Die *Ort*-Erinnerung können Sie zwar auf einstellen, aufgrund des fehlenden GPS-Empfängers erhalten Sie aber leider keine entsprechende Erinnerung. Wir hatten aber bereits erwähnt, dass es die Google Notizen-Anwendung auch für Android gibt und dort die Ortserinnerungen unterstützt.

# 10. Google Drive

Bei Google Drive handelt es sich um einen Online-Speicher, worin Sie beliebige Dateien ablegen. Das Arbeitsprinzip kennen Sie vielleicht schon vom Konkurrenten Dropbox. Google Drive ist mit Ihrem Google-Konto verknüpft und gehört bei Android-Handys und Tablets zum Standard-Lieferumfang.

Beachten Sie, dass Google Drive zwar 15 Gigabyte Online-Speicher zur Verfügung stellt, dieser aber mit anderen Google-Diensten, beispielsweise Google Fotos (siehe Kapitel *16 Google Fotos*) und Gmail (siehe Kapitel *6 Gmail)* geteilt wird.

Die übliche Vorgehensweise:

1. Laden Sie von Ihrem PC beliebige Dateien wie Fotos oder Office-Dokumente in Google Drive hoch.
2. Der Zugriff auf die Dateien lässt sich anschließend für andere Nutzer freigeben.
3. Wie bereits erwähnt, stehen die hochgeladenen Dateien auch durch die vorinstallierte Google Drive-Anwendung auf Android-Handys und Tablets zur Verfügung.

Zusätzlich unterstützt Google Docs das Erstellen und Bearbeiten von Microsoft Office-Dateien (Word, Excel und PowerPoint). Dies geschieht über die Zusatzprogramme Google Docs (Word-Dateien), Google Tabellen (Excel-Tabellendateien) und Google Präsentationen (PowerPoint-Präsentationsdateien).

Google Drive ist sehr umfangreich, weshalb wir hier nur auf die interessantesten Funktionen eingehen können.

> Eine Beschreibung der Android-Version von Google Drive finden Sie im Kapitel *27 Google Drive (Android)*.

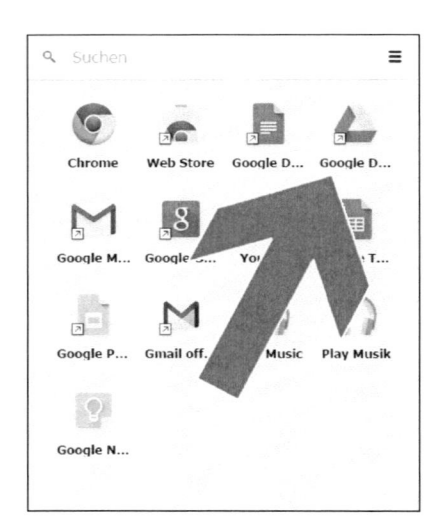

Starten Sie *Google Drive* aus dem Chrome App Launcher oder Apps-Menü.

Zunächst sind natürlich noch keine Dateien in Ihrem Google Drive vorhanden.

Eine wichtige Rolle spielt auch bei Google Drive die Menüleiste auf der linken Seite (Markierung):

- *Meine Ablage*: Alle von Ihnen in Google Drive erstellten Office-Dokumente, sowie hochgeladene Dateien.
- *Neu hinzugekommen*: Dateien anderer Google Drive-Nutzer, die Ihnen den Zugriff gestatten.
- *Zuletzt verwendet*: Dateien auf die Sie zuletzt zugegriffen haben (Zugriffsverlauf).
- *Markiert*: Von Ihnen als Favoriten markierte Dateien, beispielsweise weil Sie sie häufig nutzen.
- *Papierkorb*: Gelöschte Dateien bleiben im Papierkorb erhalten und lassen sich gegebenenfalls wiederherstellen. Erst wenn Sie den Papierkorb »leeren«, sind die Dateien tatsächlich weg.

Beim ersten Start erhalten Sie einen Willkommenshinweis. Klicken Sie an eine beliebige Stelle in das Browserfenster, um ihn zu schließen.

## 10.1 Dateien bei Google Drive hochladen

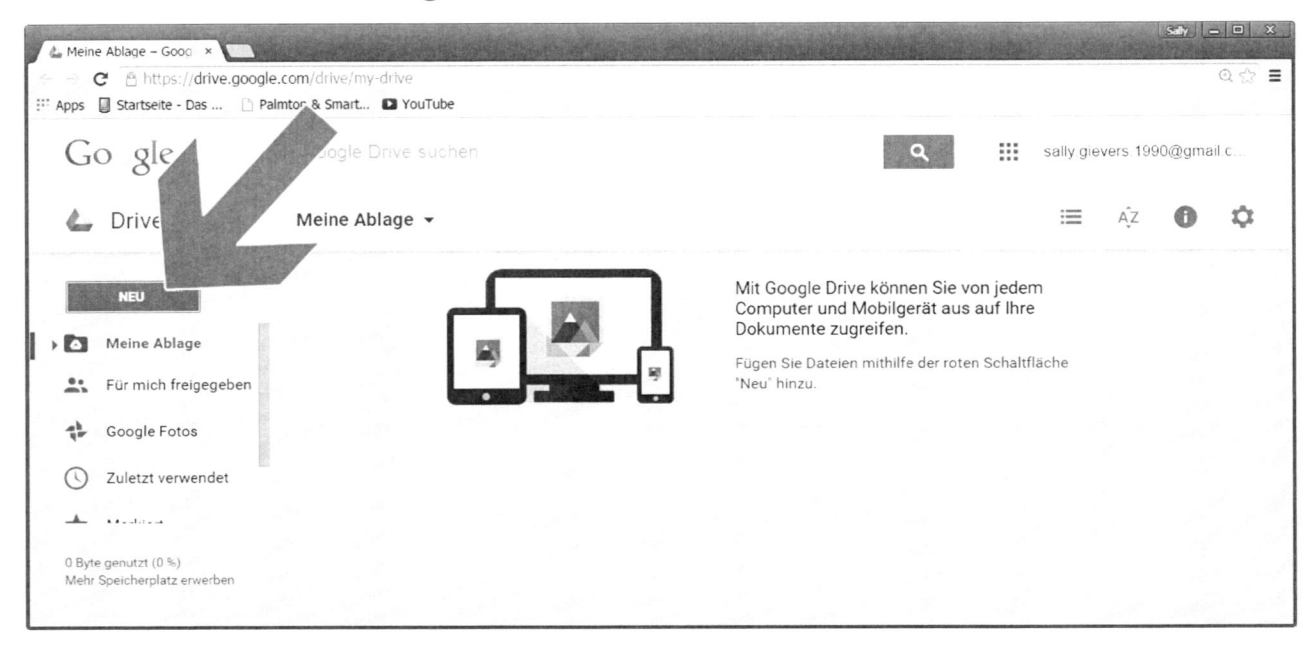

Gehen Sie auf *NEU* und im Popup auf *Dateien hochladen* beziehungsweise *Ordner hochladen* (ein oder mehrere Verzeichnisse auf einmal hochladen).

Sie können Dateien beziehungsweise Verzeichnisse zum Hochladen auch einfach aus einem PC-Verzeichnis (zum Beispiel vom Desktop) in das Browserfenster ziehen.

In unserem Beispiel greifen wir auf das Bilder-Verzeichnis des PCs zu. Markieren die Dateien beziehungsweise Verzeichnisse und klicken Sie auf *Öffnen*.

Zum Markieren von mehreren Dateien halten Sie die **strg**- oder ⇧ (Hochstell)-Taste gedrückt, während Sie die linke Maustaste betätigen.

Die Dateien werden hochgeladen, was je nach Internetverbindung einige Zeit in Anspruch nimmt. Über die *Alle abbrechen*-Schaltleiste (Pfeil) können Sie jederzeit den Hochladevorgang vorzeitig beenden.

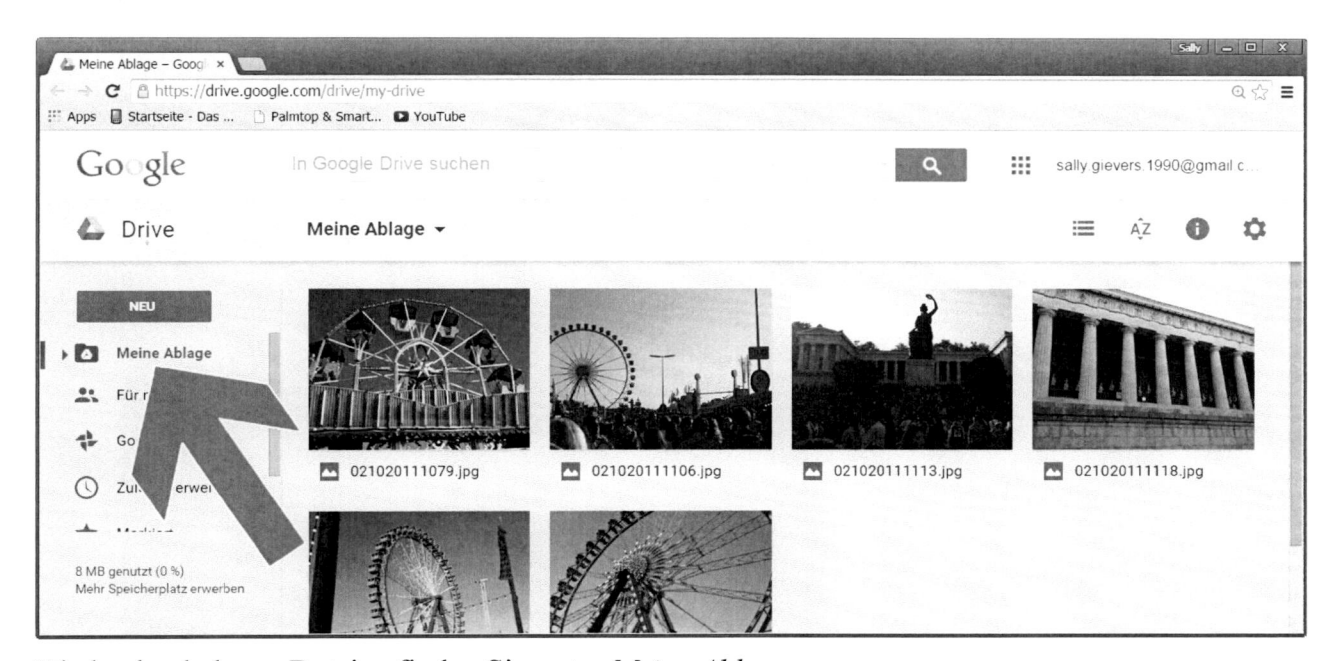

Die hochgeladenen Dateien finden Sie unter *Meine Ablage*.

## 10.2 Ordner

Sofern Sie vorhaben, intensiven Gebrauch von Google Drive zu machen, empfehlen wir Ihnen, Ihre Dateien in Ordnern zu verwalten. Sonst wird es doch recht unübersichtlich in der Anwendung. Sinnvollerweise dürfen Sie auch Unterordner anlegen.

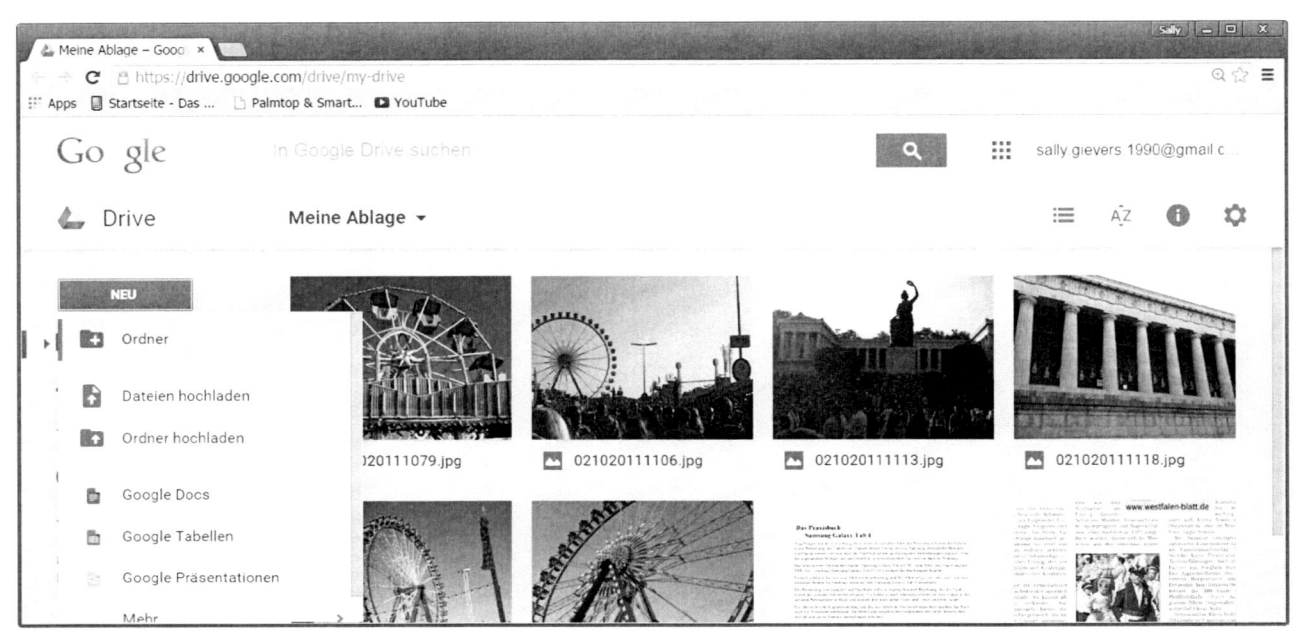

Klicken Sie auf *NEU* und wählen Sie *Ordner*.

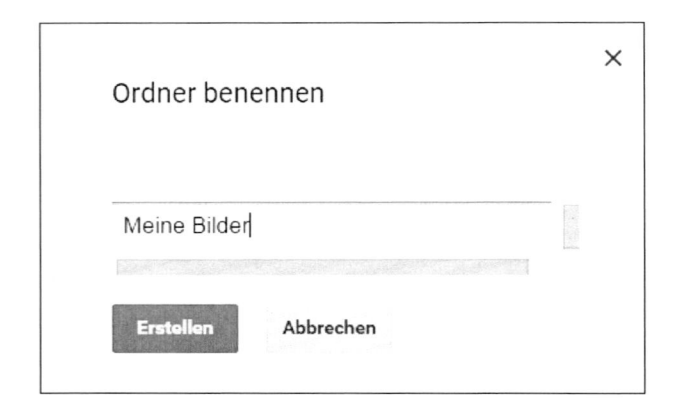

Anschließend geben Sie einen Ordnernamen ein und betätigen *Erstellen*.

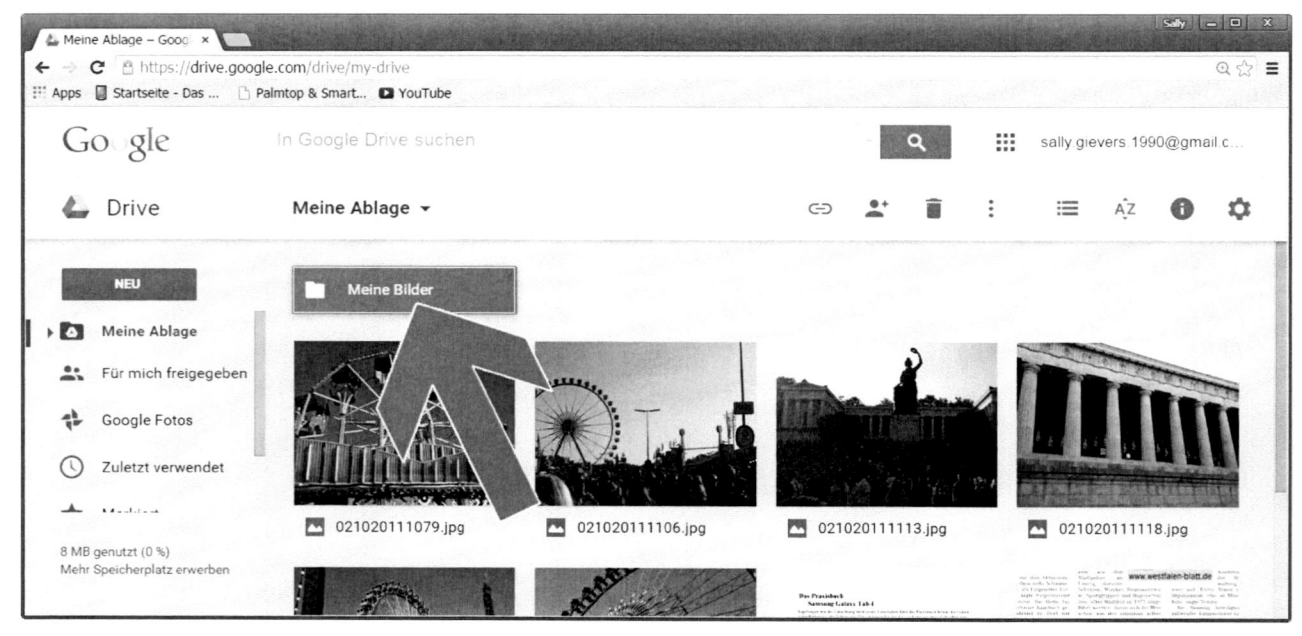

Der neu erstellte Ordner erscheint in *Meine Ablage*. Doppelklicken Sie auf einen Ordner, um den Inhalt anzuzeigen. Ein Klick auf *Meine Ablage* bringt Sie dann wieder in das Hauptverzeichnis zurück. Wie Sie Dateien zwischen Ordnern verschieben, erfahren Sie im nächsten Kapitel.

## 10.3 Dateiverwaltung mit Google Drive

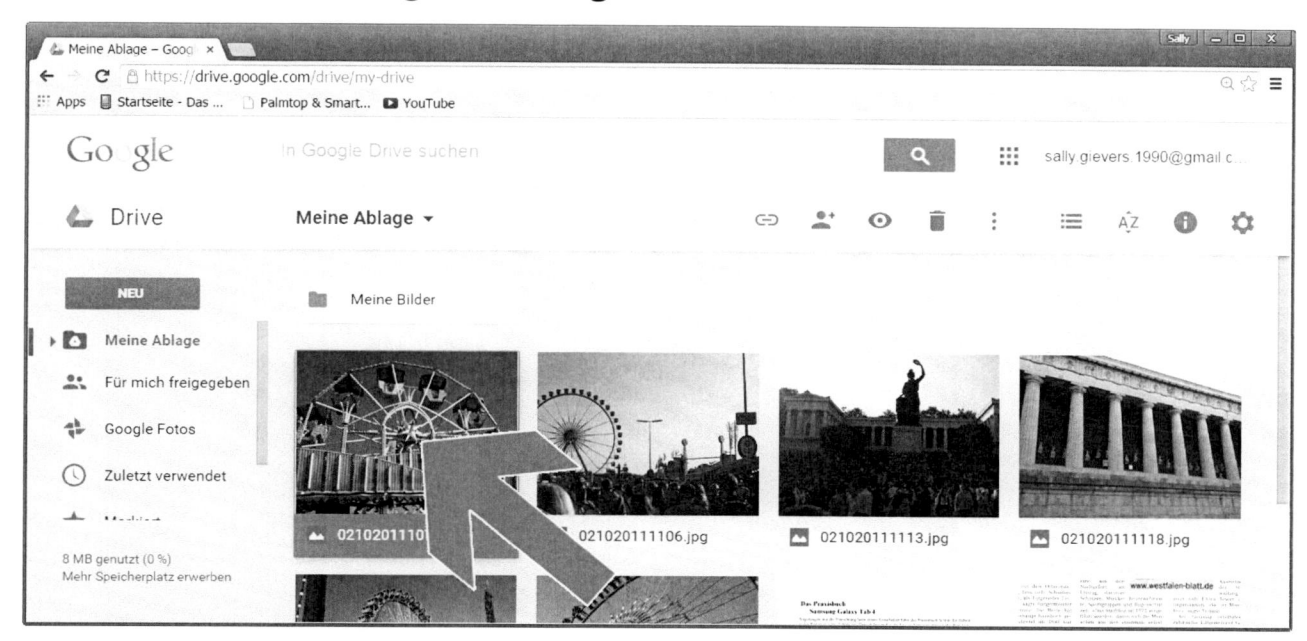

Ein Doppelklick auf eine Datei zeigt diese an (Bilder und PDF-Dateien) beziehungsweise öffnet sie in Googles Office-Anwendungen (Excel- und Word-Dateien). Auf die Nutzung von Word- und Excel-Dateien gehen wir noch im Kapitel *11 Google Office-Anwendungen* ein.

Ein Klick auf ✗ (Pfeil) in der Symbolleiste schließt den Dateianzeiger wieder. Sollte sich die Symbolleiste ausgeblendet haben, bewegen Sie einfach den Mauszeiger über dem Bild.

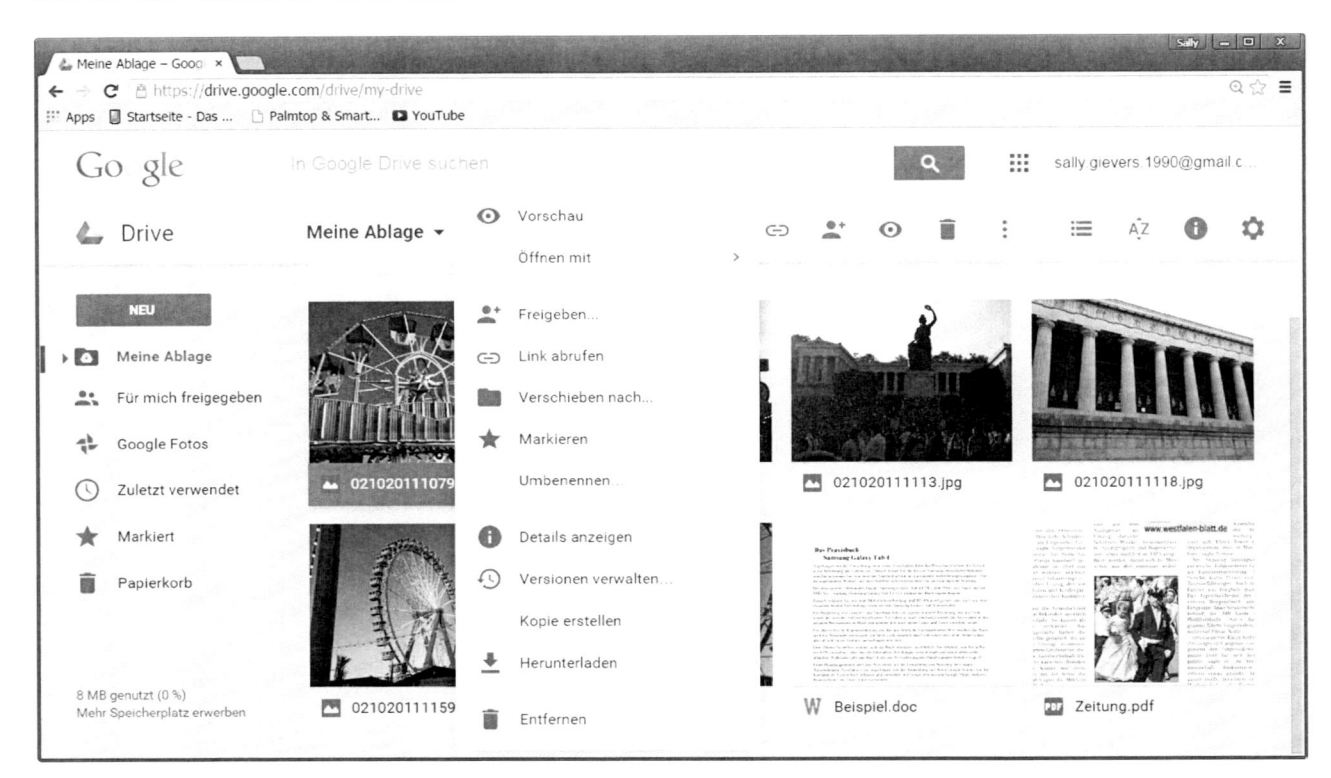

Betätigen Sie die rechte Maustaste über einer Datei für folgende Funktionen:

- *Vorschau*: Zeigt die Datei an, beziehungsweise öffnet sie in der passenden Anwendung. Die gleiche Funktion erfüllt auch ein Doppelklick mit der linken Maustaste auf der Datei.
- *Öffnen mit*: Legt fest, in welcher Anwendung die Datei geöffnet wird. Wir gehen in diesem Buch nicht weiter darauf ein.
- *Freigeben*: Erlauben Sie anderen Anwendern den Zugriff auf die Datei/das Verzeichnis (siehe Kapitel *27.4 Dateien freigeben*). Dabei versenden Sie eine Webadresse, über die man die Datei bei Google Drive abrufen kann.
- *Link abrufen*: Wie *Freigeben*, mit dem Unterschied, dass Sie direkt die Webadresse auf die Datei angezeigt bekommen.
- *Verschieben nach*: Datei in ein anderes Verzeichnis verschieben.
- *Markieren*: Die von Ihnen markierten Dateien sind anschließend in der Menüleiste unter *Markiert* zu finden.
- *Umbenennen*: Vergibt der Datei einen neuen Namen.
- *Details anzeigen*: Liefert Infos zur Datei.
- *Versionen verwalten; Kopie erstellen*: Es ist möglich, eine Datei mehrfach unter gleichem Namen in Google Drive abzulegen. Wir gehen in diesem Buch nicht weiter darauf ein.
- *Herunterladen*: Lädt die Datei aus Google Drive und legt sie im *Downloads*-Verzeichnis des PCs ab.
- *Entfernen*: Verschiebt die Datei in den Papierkorb.

---

Die aufgeführten Funktionen stehen auch über eine Symbolleiste am oberen Bildschirmrand zur Verfügung.

Viele Funktionen lassen sich auch mehrere Dateien/Verzeichnisse gleichzeitig anwenden. Markieren Sie die Dateien einfach vorher, indem Sie die **strg**- oder ⇧ (Hochstell)-Taste gedrückt halten, während Sie Dateien/Verzeichnisse anklicken.

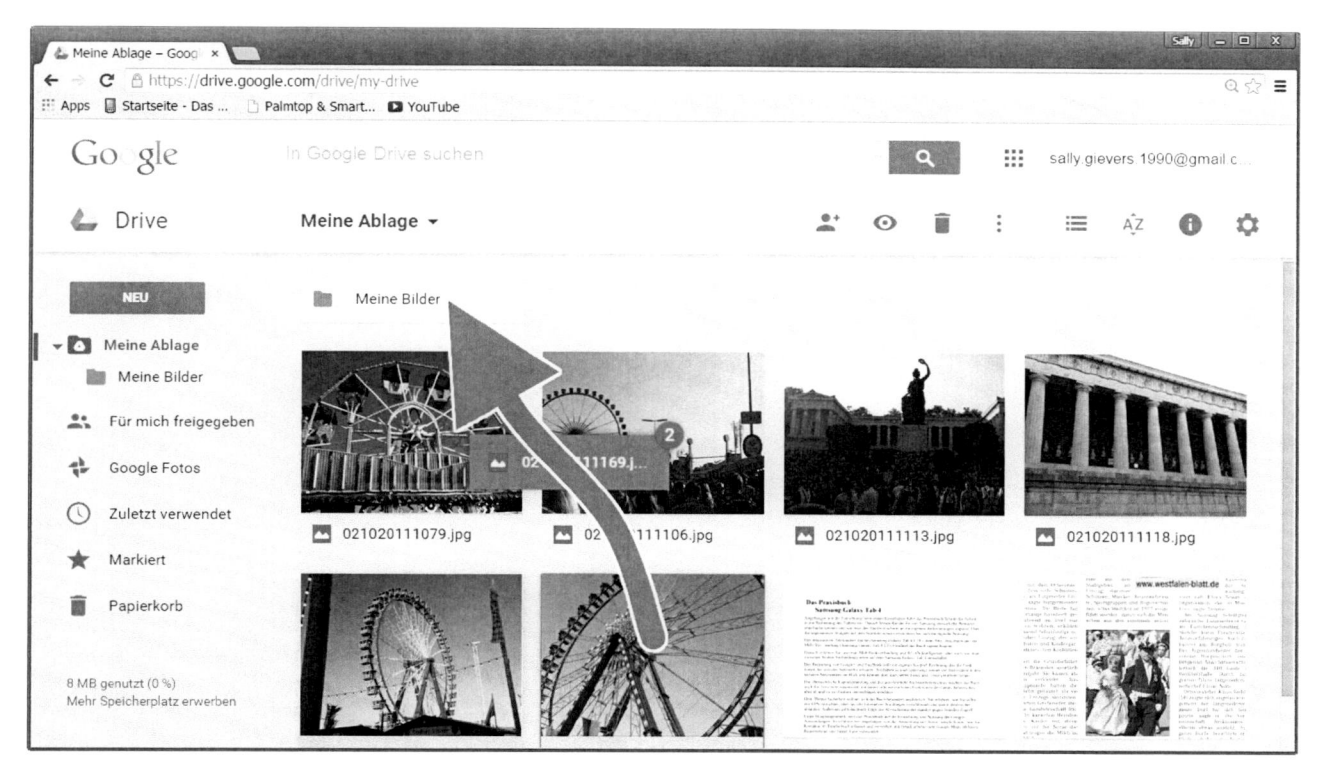

Mehrere markierte Dateien/Verzeichnisse lassen sich auch verschieben, indem Sie sie mit gedrückter linker Maustaste in den Zielordner ziehen.

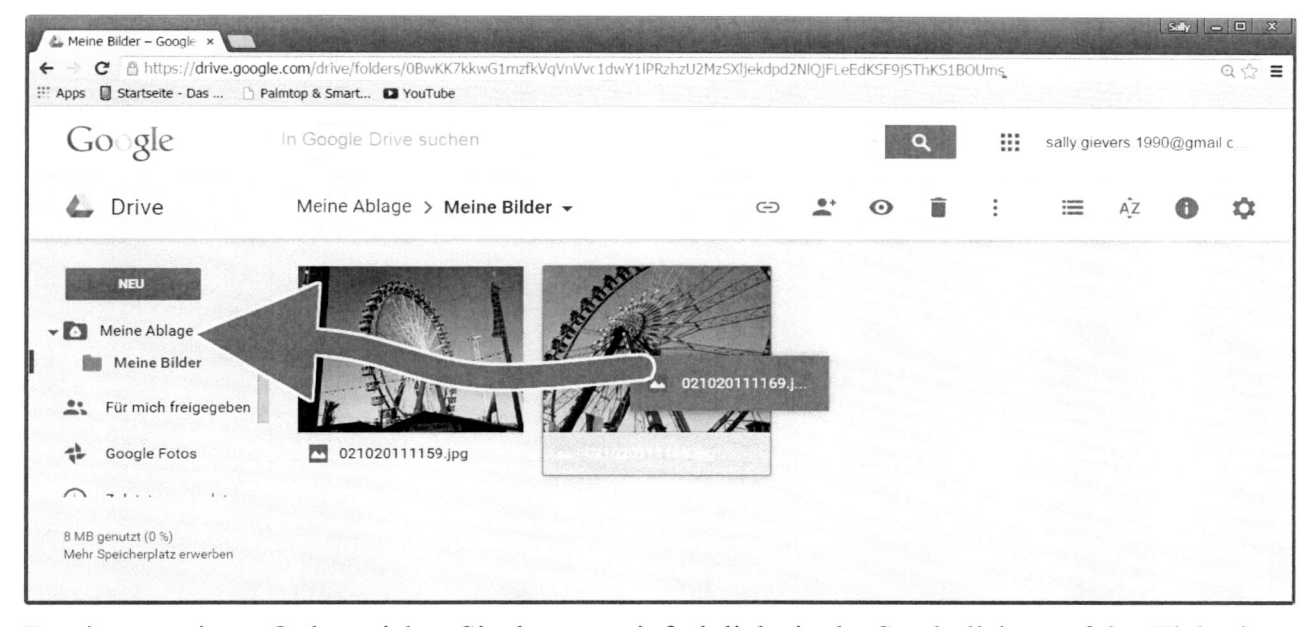

Dateien aus einem Ordner ziehen Sie dagegen einfach links in der Symbolleiste auf den Zielordner.

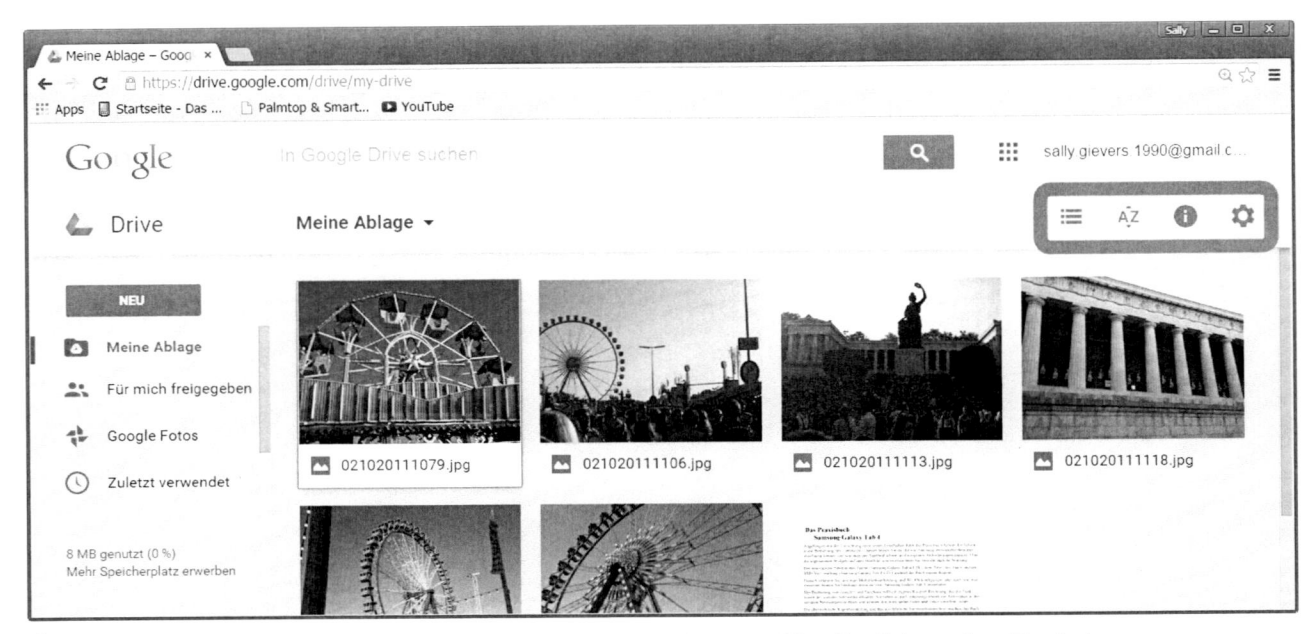

Über die Symbolleiste am rechten Bildschirmrand steuern Sie die folgenden Funktionen:

- ≡: Zwischen Listen- und Rasteransicht umschalten. Die Rasteransicht hat den Vorteil, dass alle Dateien mit einem großen Vorschaubild angezeigt werden, während die Detailansicht unter anderem Infos zu Dateigröße und Änderungsdatum liefert.

- A̦Z: Sortierung umschalten zwischen zuletzt geändert, zuletzt bearbeitet, zuletzt geöffnet oder Namenssortierung (Standard).

- ❶: Die Detailsfunktion listet die zuletzt von Ihnen durchgeführten Dateioperationen auf. Alternativ ist es auch möglich, Infos zur gerade markierten Datei anzusehen.

- ✿: Die hier vornehmbaren Einstellungen werden Sie in der Praxis nur selten benötigen, weshalb wir nicht weiter darauf eingehen.

Google Drive besitzt ein Speichervolumen von 15 GB, die allerdings mit allen anderen Google-Anwendungen (Gmail, Google Docs, Google Webalben, usw.) geteilt werden. Eine Anzeige (2) hält Sie in Google Drive über den verbrauchten Speicher auf den Laufenden. Sie sollten in Google

Drive nicht mehr benötigte Dateien regelmäßig löschen.

Alle Dateien und Verzeichnisse, die von Ihnen aus Google Drive entfernt wurden, landen zunächst im *Papierkorb*-Ordner (1) und können danach noch wiederhergestellt werden. Markieren Sie dafür die Dateien/Verzeichnisse und klicken Sie auf *Wiederherstellen* (3). *Endgültig* löschen beseitigt die Dateien/Verzeichnisse dagegen unwiderruflich.

## 10.4 Dateien freigeben

Standardmäßig haben nur Sie Zugriff auf Ihre in Google Drive abgelegten Dateien. Sie können aber einzelne Dateien oder ganze Verzeichnisse für Dritte freigeben.

Die Personen, denen Sie den Zugriff gestatten, werden über ihre E-Mail-Adresse identifiziert. Dabei ist es nicht nötig, dass sie ein Google-Konto (= Gmail-E-Mail-Adresse) besitzen, müssen dann aber auf einige Komfort-Funktionen verzichten, die man nur mit dem Google-Konto hat. Anwender ohne Gmail-Adresse erhalten automatisch per E-Mail eine Webadresse, worunter sie die Datei anzeigen beziehungsweise bearbeiten.

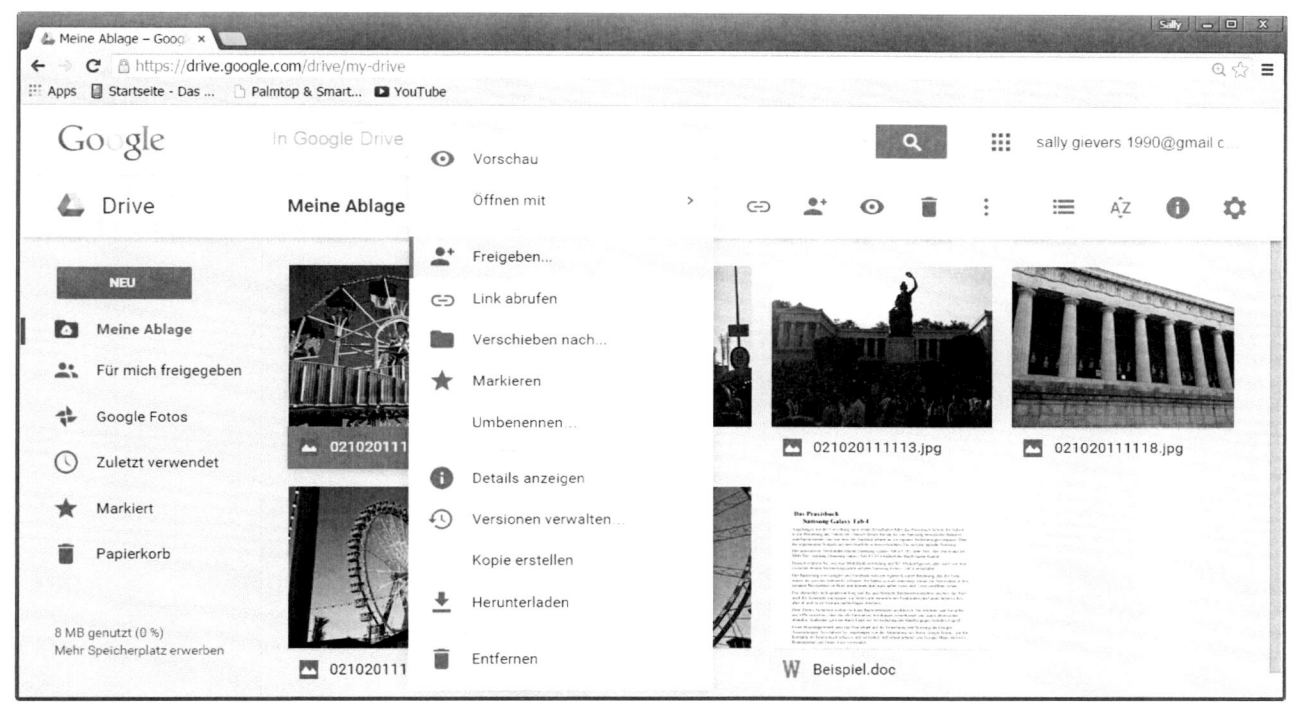

Markieren Sie eine oder mehrere Dateien oder Verzeichnisse (**strg**- oder ⇧ *(Hochstell)*-Taste gedrückt halten, während Sie Dateien/Verzeichnisse anklicken) und rufen Sie mit der rechten Maustaste das Popup-Menü auf. Gehen Sie auf *Freigeben*.

Fügen Sie Personen hinzu, indem Sie deren E-Mail-Adressen eingeben. Außerdem können Sie hier die Berechtigungen (*Darf bearbeiten*) einstellen und einen Text eingeben. Klicken Sie dann auf *Senden*.

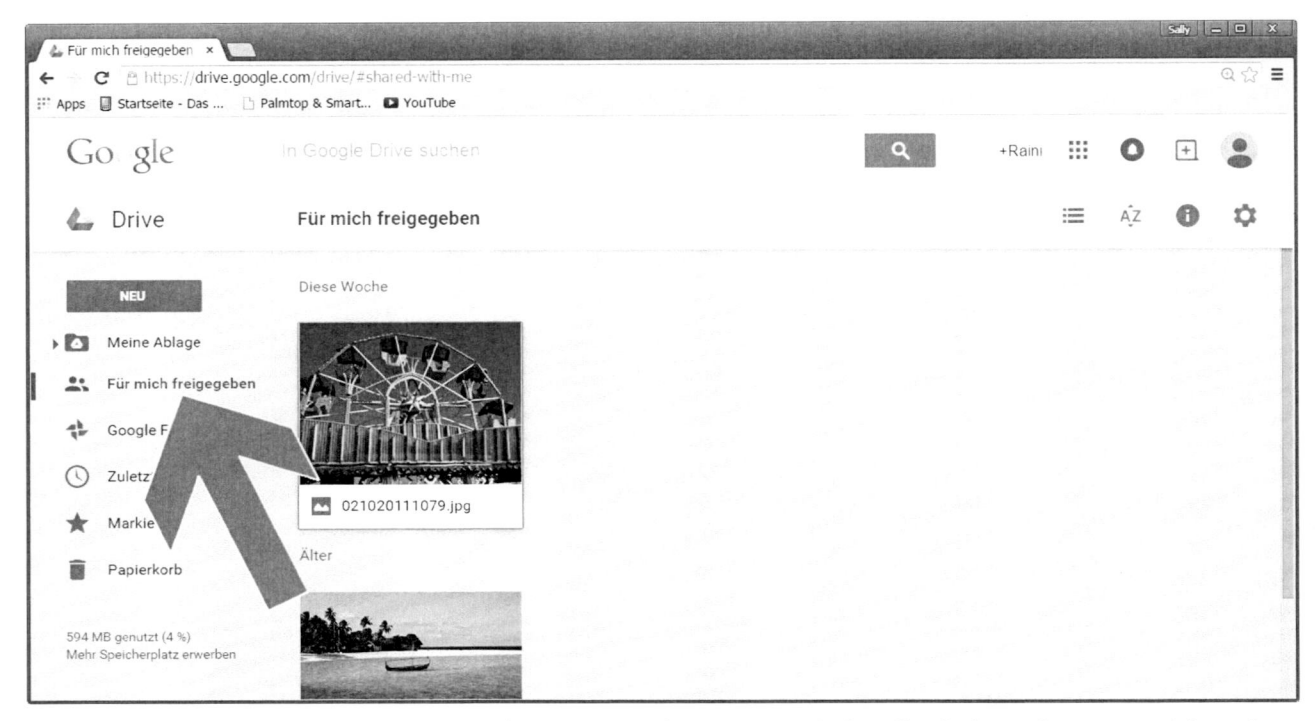

Haben Sie eine Person mit Gmail-Adresse hinzufügt, so erscheint die freigegebene Datei in seiner Google Drive-Anwendung unter *Für mich freigegeben*.

# 11. Google Office-Anwendungen

Mit Google Docs, Google Tabellen und Google Präsentationen zeigen, bearbeiten und verwalten Sie Ihre Office-Dateien. Der Funktionsumfang dieser Web-Anwendungen lässt sich natürlich nicht mit dem von MS Office auf dem PC vergleichen, für die meisten Schreibarbeiten reichen sie aber aus.

Der Hauptvorteil von Googles Web-Anwendungen ist die sichere Speicherung auf Google-Servern, das heißt sie brauchen sich um Backups keine Gedanken machen. Teams dürfen zudem gleichzeitig eine Office-Datei bearbeiten und man kann jederzeit seine Dateien Dritten zur Ansicht oder Bearbeitung freigeben.

> Beachten Sie auch Kapitel *27 Google Drive (Android)*, das ausgiebig auf die Android-Version von Google Drive eingeht.

Die Google-Office-Anwendungen *Google Docs* (1), *Google Tabellen (2)* und *Google Präsentationen* (3) finden Sie im Apps-Menü beziehungsweise Chrome App Launcher (siehe Kapitel *7.5 Der Chrome App Launcher*). Starten Sie jetzt einmal *Google Docs*.

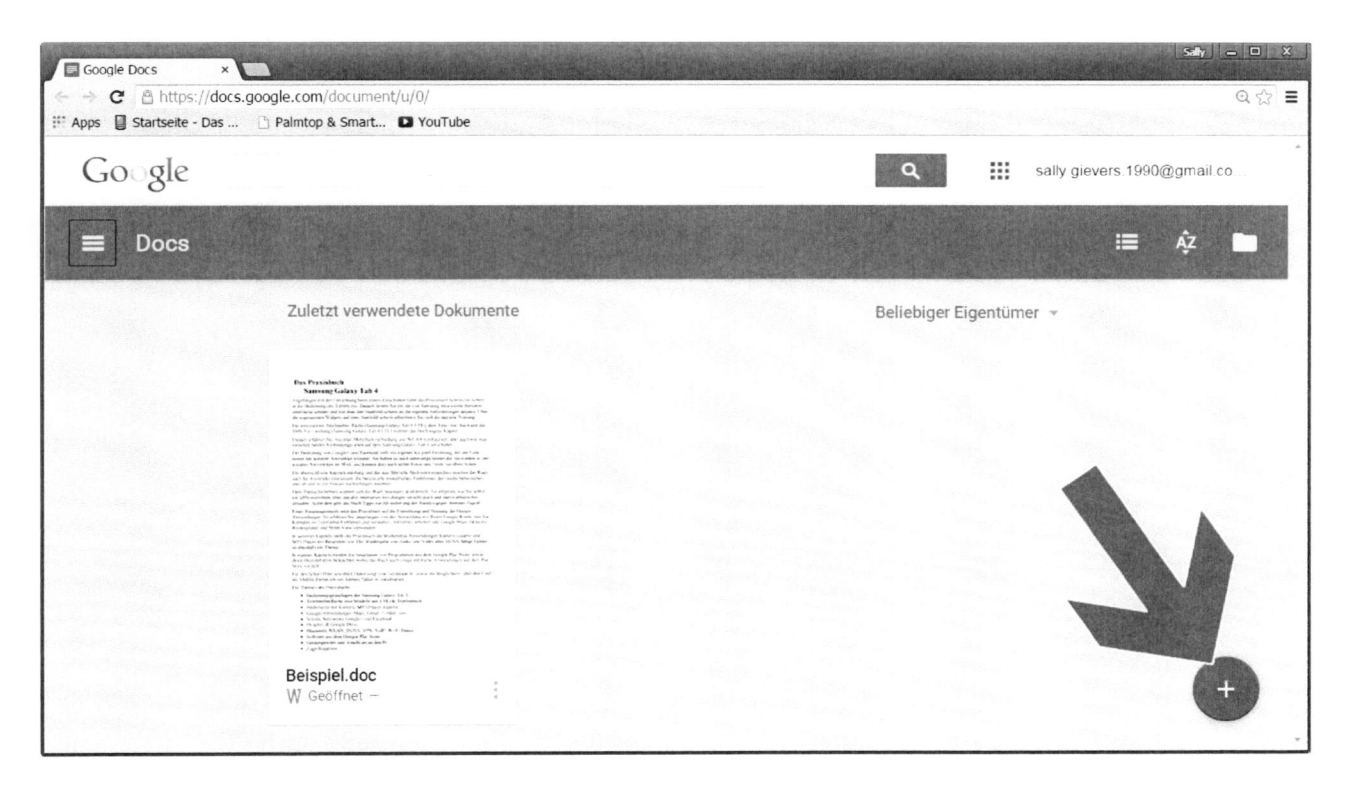

Ein Klick auf + (Pfeil) erstellt Ihre erste Textdatei.

> Office-Dateien, die Sie mit Google Drive (siehe Kapitel *10 Google Drive*) verwalten, erscheinen automatisch auch in der Dateiauflistung der Google-Office-Anwendungen. Sie könne Sie hier dann auch bearbeiten.

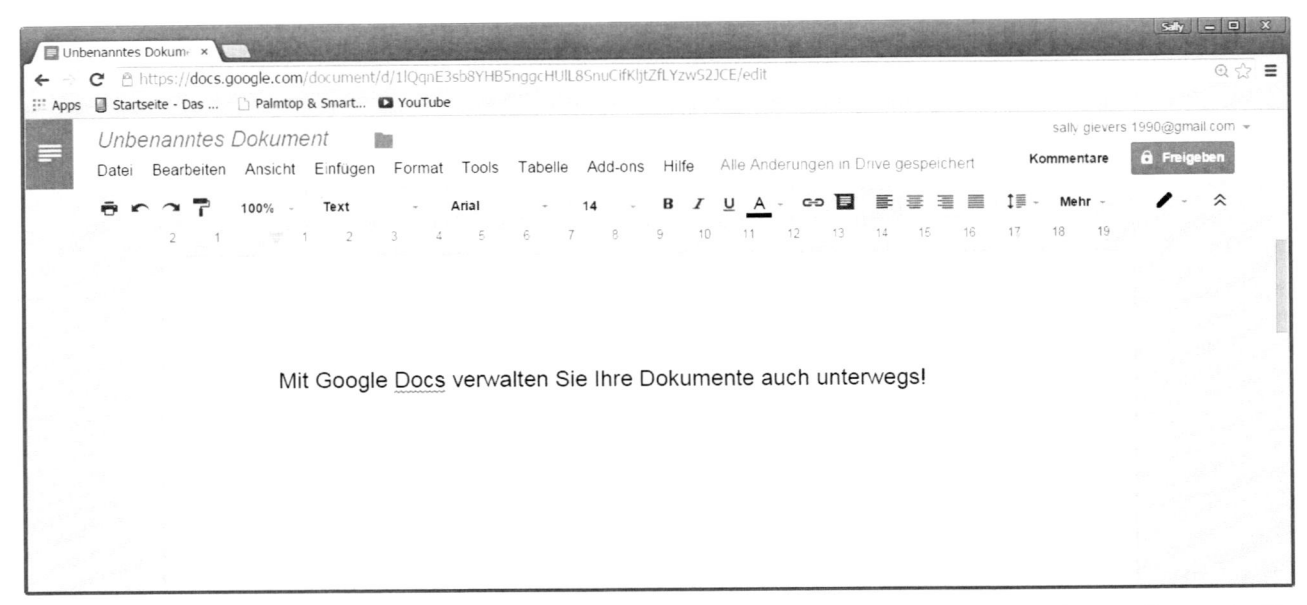

Auf die Benutzeroberfläche, die den gewohnten Standards entspricht, gehen wir an dieser Stelle nicht weiter ein.

Übrigens gibt es keine Speichern-Funktion im Datei-Menü, denn alle Ihre Eingaben werden sofort in Ihrem Google-Konto gesichert. Sie sollten nur darauf achten, dass die Meldung *Alle Änderungen in Drive gespeichert* am oberen Bildschirmrand sichtbar ist, bevor Sie das Fenster schließen.

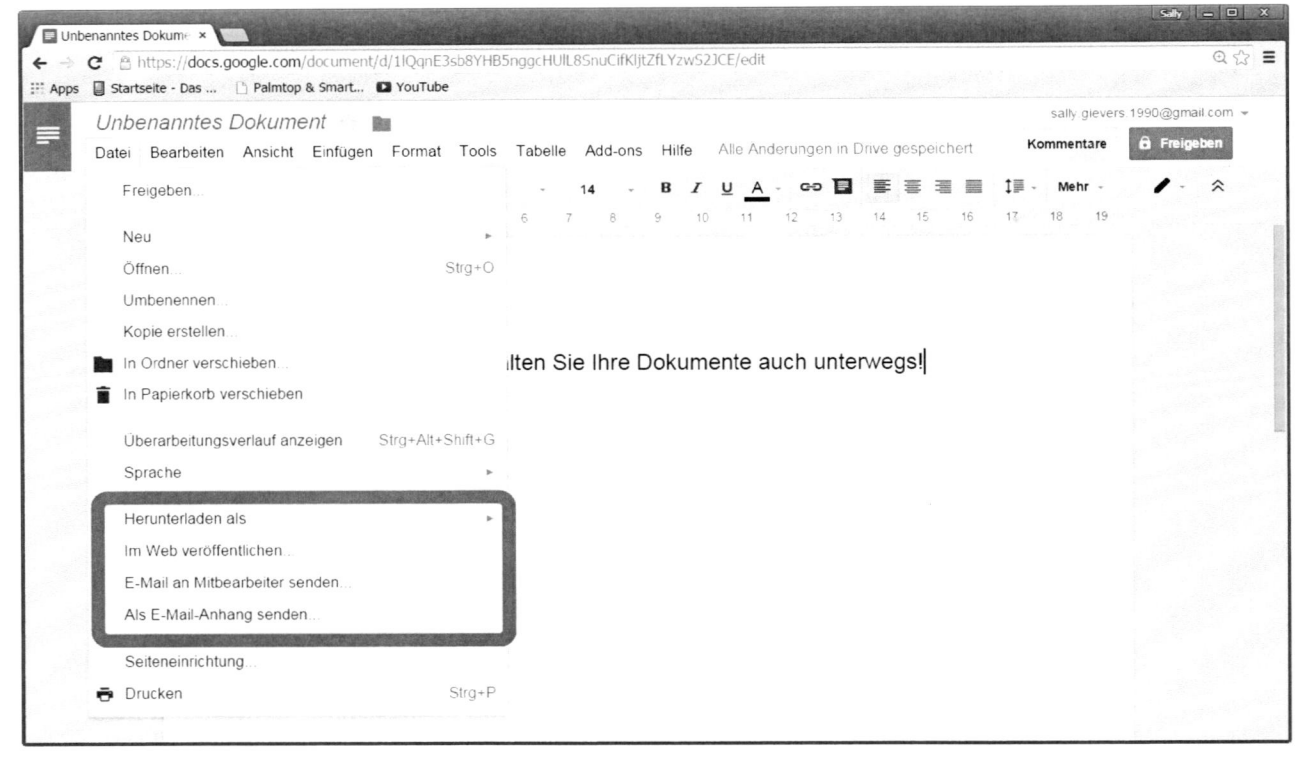

Das *Datei*-Menü bietet einige Funktionen, die Sie von normalen Office-Programmen auf dem PC nicht kennen:

- *Herunterladen als*: Lädt die Datei in einem wählbaren Dateiformat lokal auf Ihren PC herunter. Sie finden sie anschließend im *Downloads*-Verzeichnis.

- *Im Web veröffentlichen*: Erzeugt einen Link auf die Datei, den Sie dann per E-Mail oder in sozialen Netzwerken veröffentlichen. Andere Nutzer können sich dann die Datei über ihren Webbrowser anzeigen.

- *E-Mail an Mitbearbeiter senden*: Senden Sie eine Nachricht an andere Anwender mit denen Sie gemeinsam die Datei bearbeiten. Darauf kommen wir noch.

- *Als E-Mail-Anhang senden*: Erzeugt eine Office-Datei, die Sie an Dritte als E-Mail-Anhang senden.

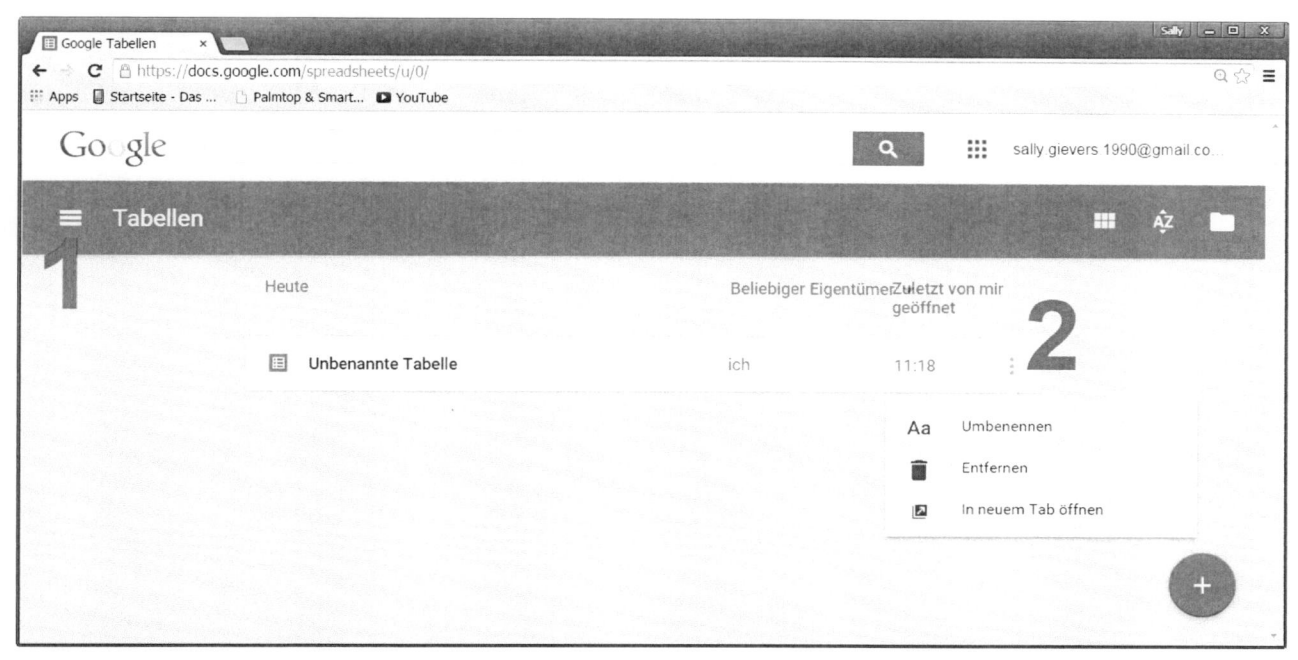

Ein Klick auf ≡ (1) öffnet in allen Google-Office-Anwendungen die Dateiverwaltung. Über die ⋮-Schaltleiste (2) benennen Sie jeweils eine Datei um, entfernen sie oder öffnen sie in einem neuem Browser-Tab.

## 11.1 Eine Office-Datei mit mehreren Personen bearbeiten

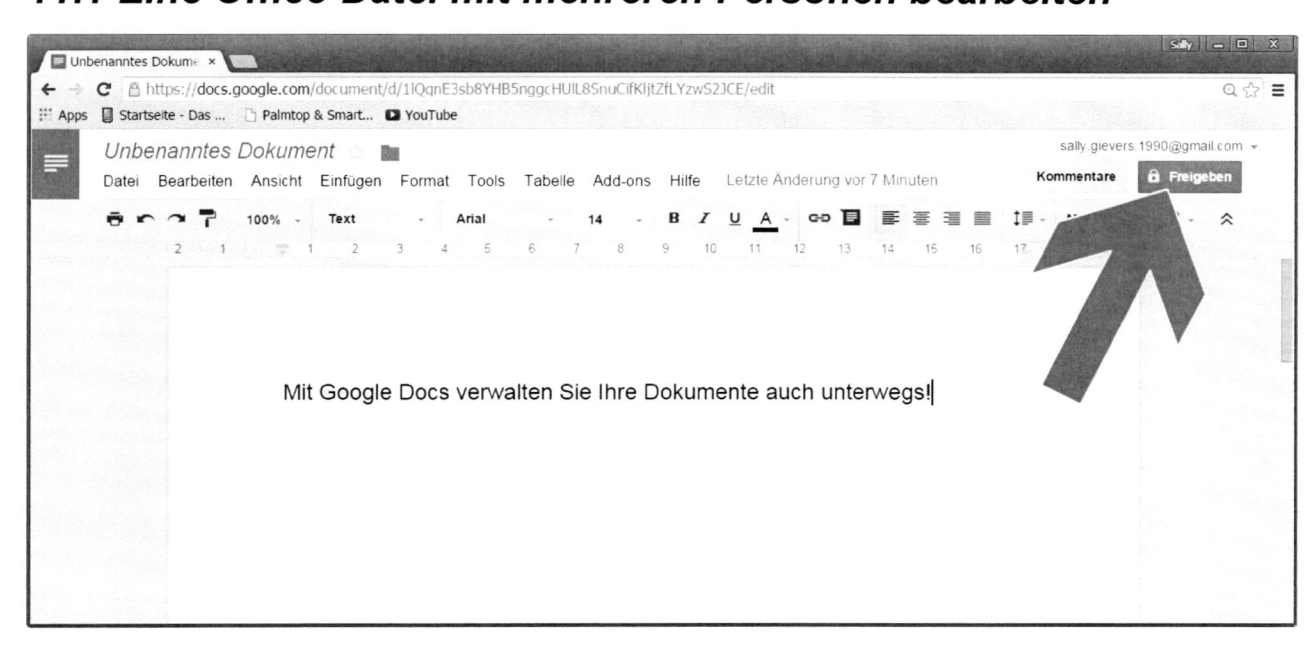

Klicken Sie auf *Freigeben* (Pfeil).

❶ Sofern Sie die Office-Datei neu erstellt hatten, sollten Sie jetzt einen Dateinamen eingeben und *Speichern* betätigen.

❷ Fügen Sie ein oder mehrere E-Mail-Adressen der zusätzlichen Bearbeiter hinzu und gehen Sie auf *Senden*. Sollen die Bearbeiter nur Leserechte erhalten oder dürfen diese nur kommentieren, dann klicken Sie zuvor auf *Darf bearbeiten* und ändern Sie die Einstellung zuvor entsprechend.

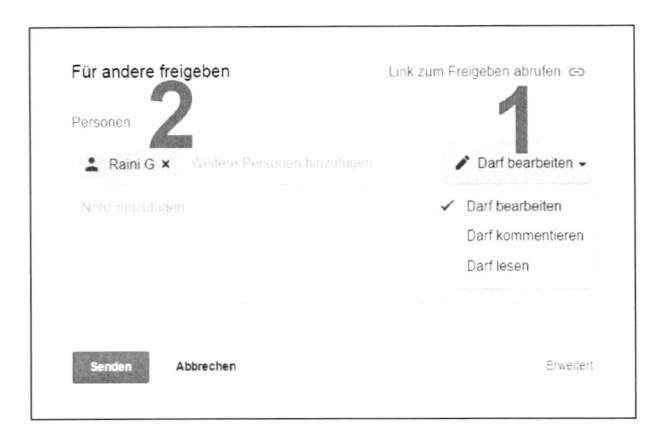

Angenommen, Sie möchten die Rechte eines Bearbeiters ändern, dann klicken Sie auf *Darf bearbeiten* (1) und stellen die Berechtigung auf *Darf kommentieren* oder *Darf lesen*. Ein Klick auf ✕ entfernt eine Person wieder aus der Freigabeliste (2). Klicken Sie dann auf *Fertig*.

Google Office-Anwendungen 151

Nicht immer möchten Sie direkt Änderungen an der Office-Datei durchführen. Für diesen Zweck gibt es die Funktion »Änderungen vorschlagen«. Gehen Sie dafür auf die ✏-Schaltleiste und wählen Sie *Vorschlagen* aus. Der Datei-Ersteller kann dann Ihre Änderungen übernehmen oder verwerfen.

## 11.2 Office-Dateien in Google Drive verwalten

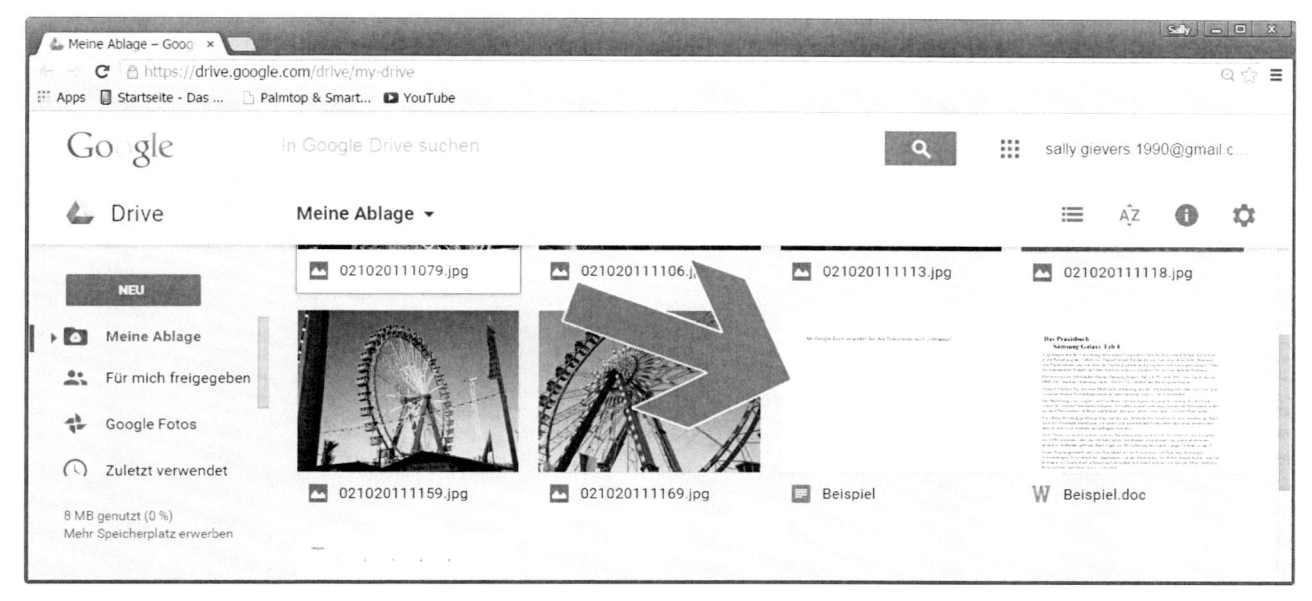

Google Docs, Google Tabellen und Google Präsentationen sind eng mit Google Drive (siehe *10 Google Drive*) verknüpft. Ihre neu erstellten Office-Dateien erscheinen deshalb automatisch auch in Google Drive. Umgekehrt öffnen Sie mit einem Doppelklick (Pfeil) direkt aus Google Drive eine Office-Datei.

Freigaben anderer Google-Office-Anwender, beispielsweise wenn Sie als Bearbeiter eingesetzt wurden, zeigt Ihr Google Drive unter *Für mich freigegeben* an.

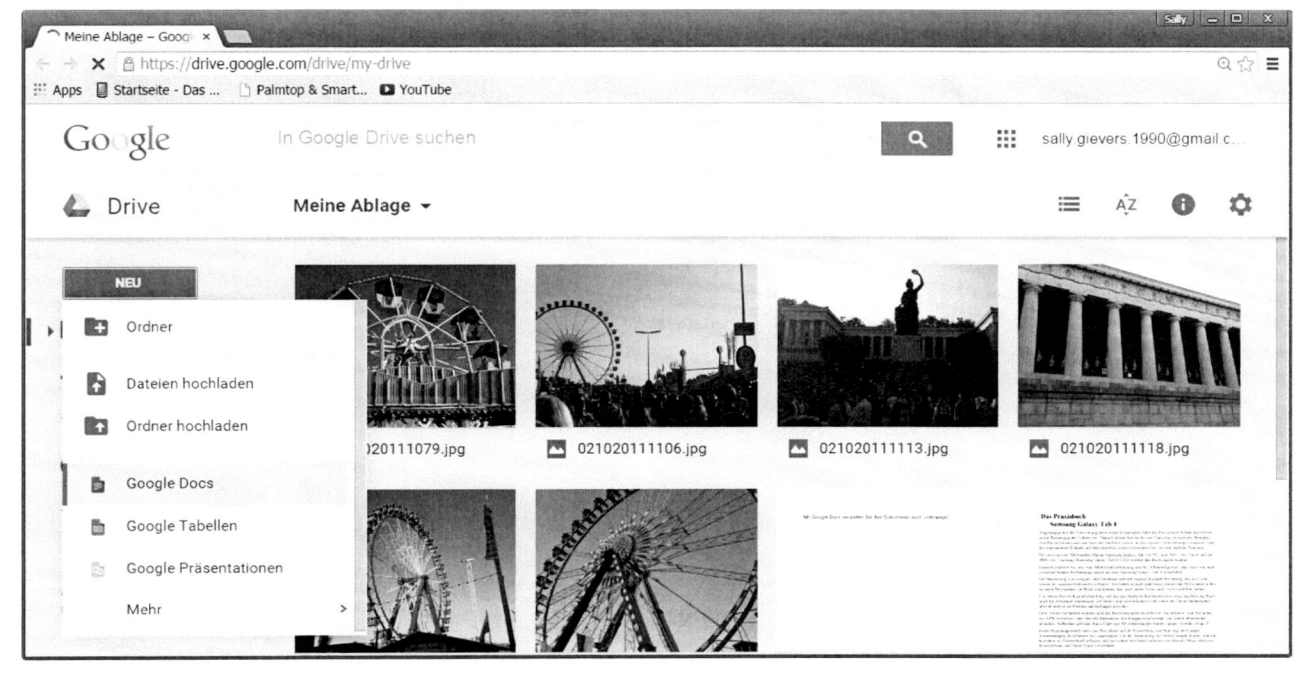

Ein Klick auf *NEU* öffnet das Menü, über das Sie nicht nur neue Dateien hochladen, sondern auch Office-Dateien erstellen.

# 12. Google Kalender

Der Google Kalender verwaltet die Termine in Ihrem Google-Konto. Setzen Sie neben dem PC ein Android-Handy oder Tablet ein, dann gleicht Google automatisch die Termine zwischen den Geräten ab. Einzige Voraussetzung dafür ist, dass Sie auf allen Geräten mit Ihrem Google-Konto angemeldet sind.

Wenn Sie möchten, können Sie eine Verknüpfung auf die *Google Kalender*-App aus dem Web Store (siehe Kapitel *7.2 Anwendungen installieren*) zu installieren.

Falls Sie keinen Chrome-Browser einsetzen, rufen Sie die Anwendung unter der Webadresse *www.google.com/calendar* auf.

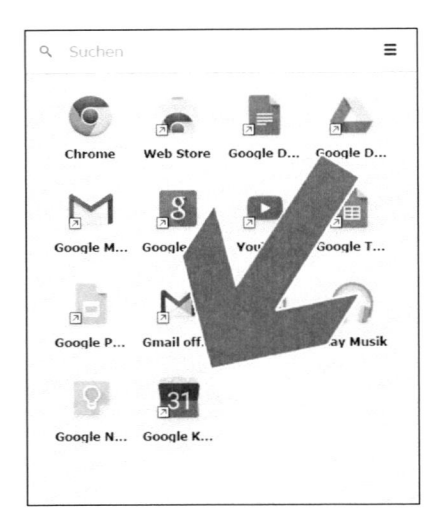

Den *Google Kalender* finden Sie im Apps-Menü beziehungsweise Chrome App Launcher (siehe Kapitel *7.5 Der Chrome App Launcher*.

## 12.1 Kalenderansichten

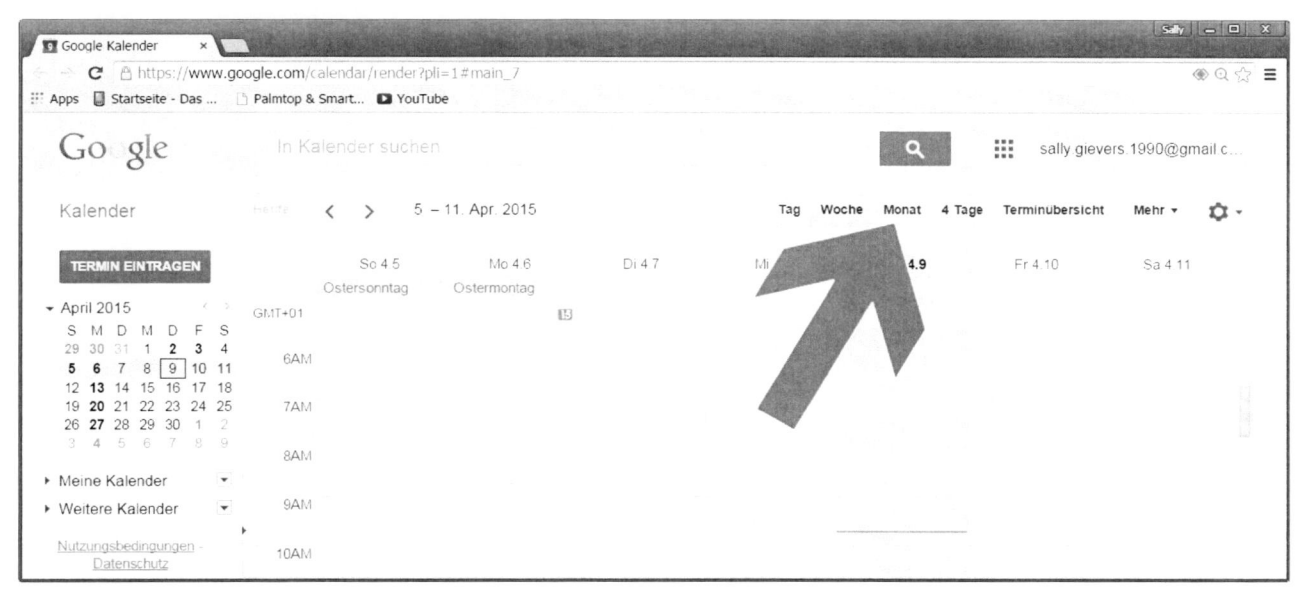

Zwischen den Kalenderansichten *Tag, Woche, Monat, 4 Tage* und *Terminübersicht* wechseln Sie mit den Schaltleisten am oberen Bildschirmrand (Pfeil).

### 12.1.1 Monatsansicht

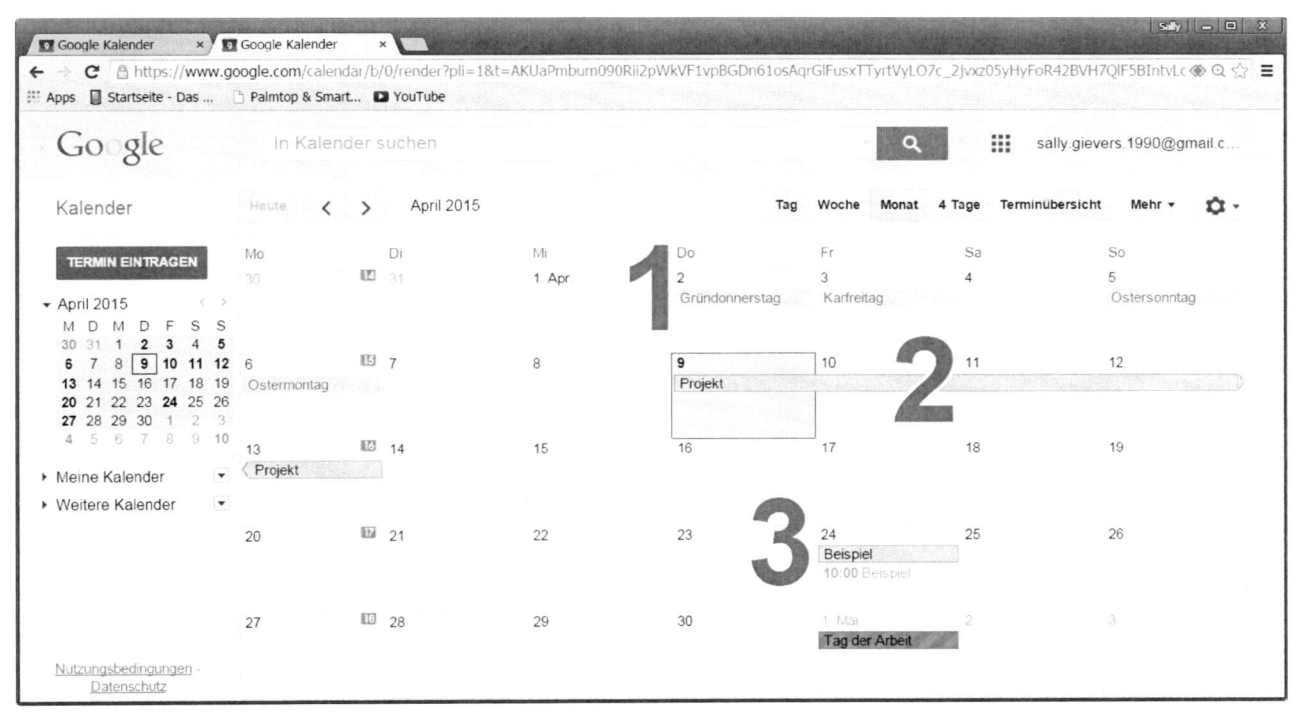

In der Monatsansicht zeigt der Kalender automatisch Feiertage an (1). Horizontale Balken (2) informieren über Ganztagstermine beziehungsweise Termine, die über mehrere Tage gehen, während »normale« Termine (3) mit Uhrzeit angezeigt werden.

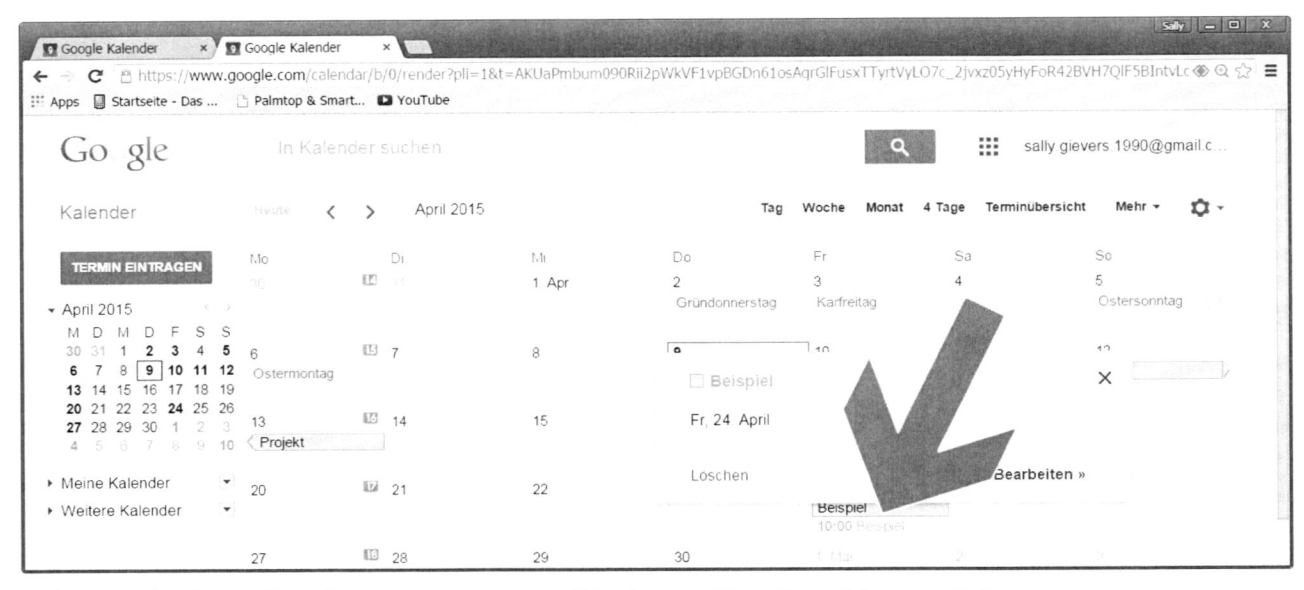

Klicken Sie einen Termineintrag an, wenn Sie dessen Details erfahren möchten.

## 12.1.2 Wochenansicht

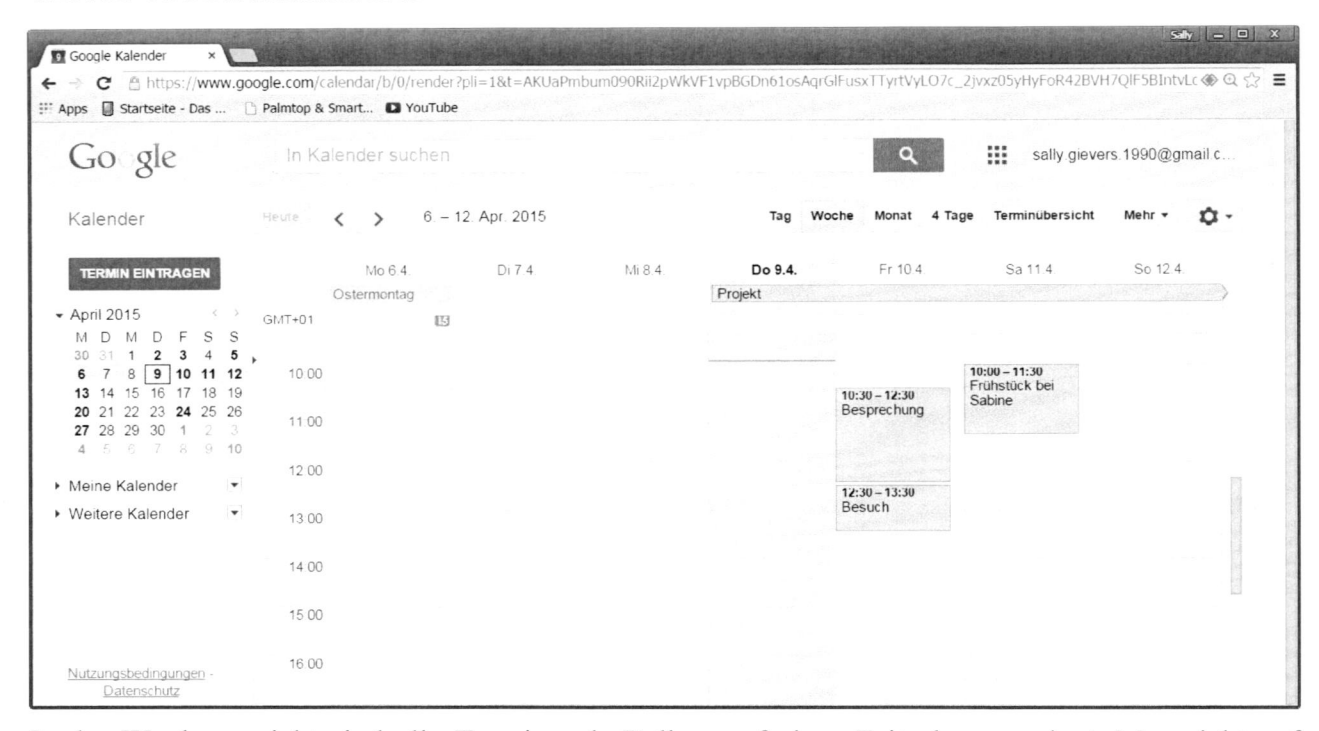

In der Wochenansicht sind alle Termine als Balken auf einer Zeitachse angelegt. Man sieht auf diesem Wege sofort, ob und wo noch freie Zeiträume sind. Die Ganztagestermine sind am oberen Bildschirmrand zu finden. Anklicken eines Termins zeigt diesen wiederum an.

## 12.1.3 Tagesansicht und 4 Tage

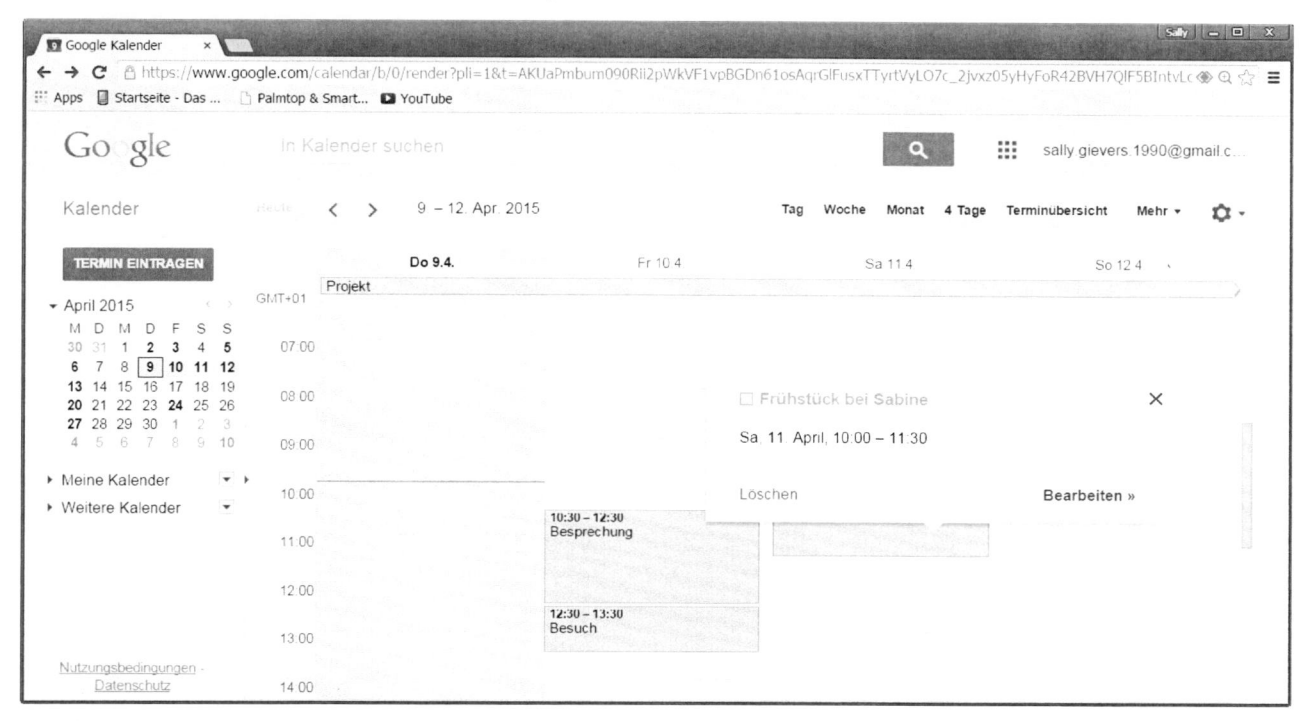

Auch die Tagesansicht und »4 Tage« stellen die Termine in einer Zeitachse dar. Tippen Sie einen Termin (Pfeil) für die Detailansicht an.

> Die Ansicht »4 Tage« kann von Ihnen in den Einstellungen (siehe Kapitel *12.5 Einstellungen*, unter *Benutzerdefinierte Ansicht*) auf eine andere Darstellung umgeschaltet werden, beispielsweise 2 Wochen.

## 12.1.4 Terminübersicht

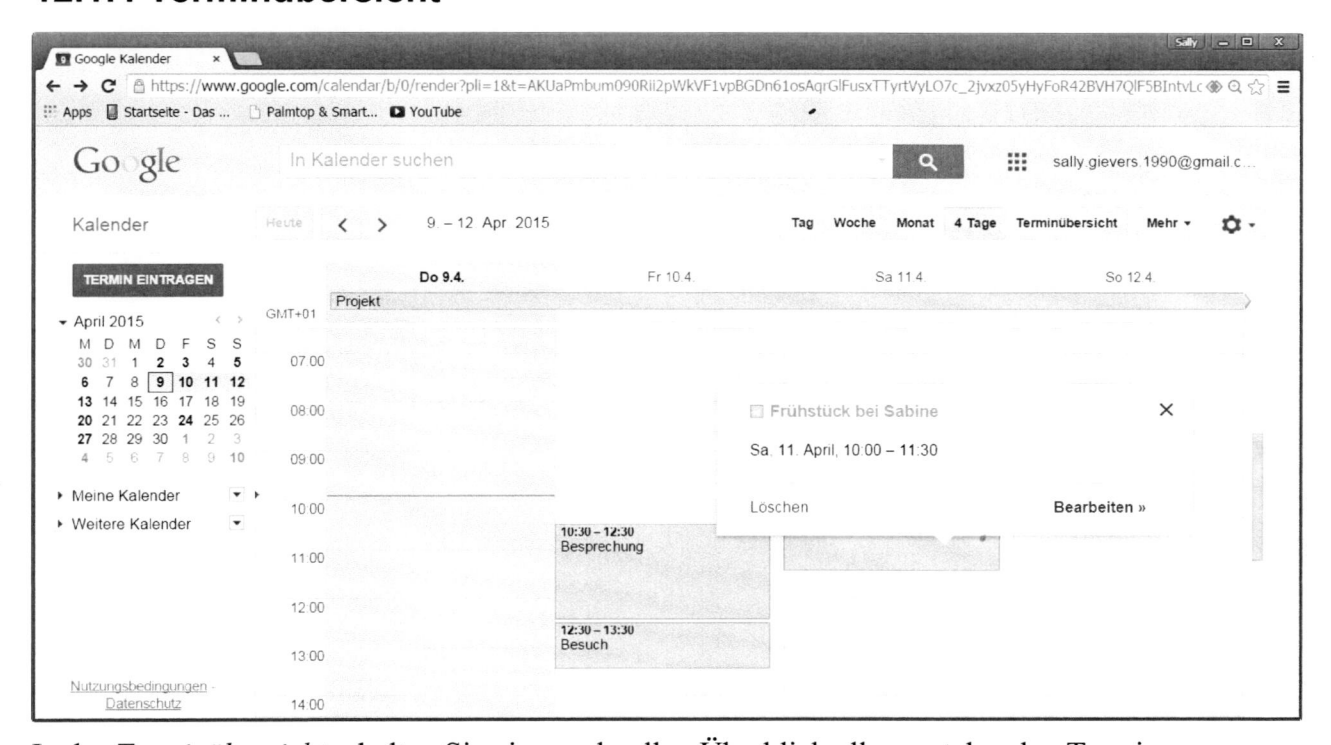

In der *Terminübersicht* erhalten Sie einen schnellen Überblick aller anstehenden Termine.

## 12.2 Kalendernavigation

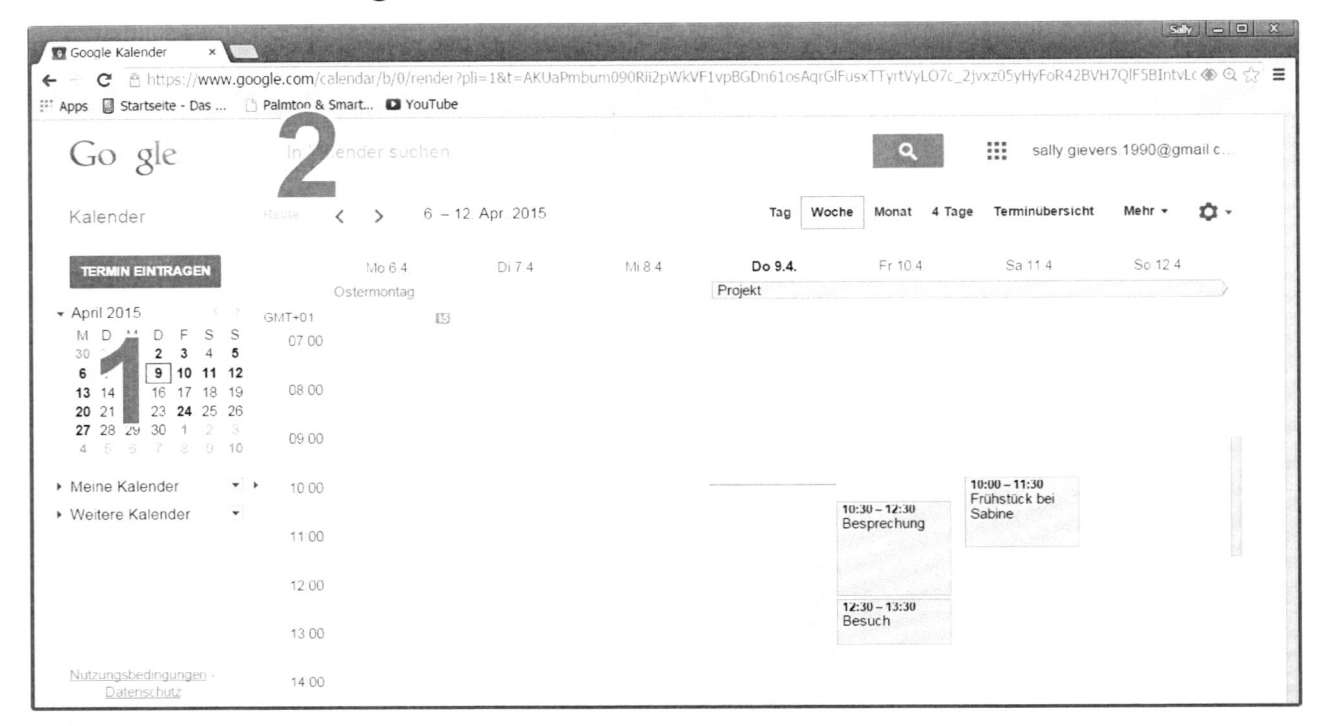

Ein Klick in den Minikalender (1) am linken Bildschirmrand wechselt zum gewünschten Datum. Außerdem können Sie hier auch über die Schaltleisten < und > hinter dem Monatsnamen jeweils einen Monat vor/zurückspringen.

Das aktuelle Datum rufen Sie dagegen mit *Heute* (2) auf. < und > rechts daneben blättern in der Kalenderansicht.

> Wir empfehlen einen Blick ins Kapitel *12.4 Kalendersteuerung mit der Tastatur*, das einige interessante Tastenfunktionen vorstellt.

## 12.3 Neuen Termin hinzufügen

Der Kalender unterstützt mehrere Methoden für die Terminerfassung:

In allen Ansichten lässt sich über *TERMIN EINTRAGEN* (1) ein neuer Kalendereintrag erstellen.

Alternativ klicken Sie in der Tages-, 4 Tages- oder Wochenansicht auf eine Uhrzeit in der Zeitleiste (2) die dann als Startuhrzeit in den Termin übernommen wird. In der Monatsansicht wird dagegen keine Uhrzeit vorgegeben. Geben Sie dann eine Terminbeschreibung ein und klicken Sie auf *Termin eintragen*. Über *Bearbeiten* lassen sich zudem noch die weiteren Termindetails erfassen.

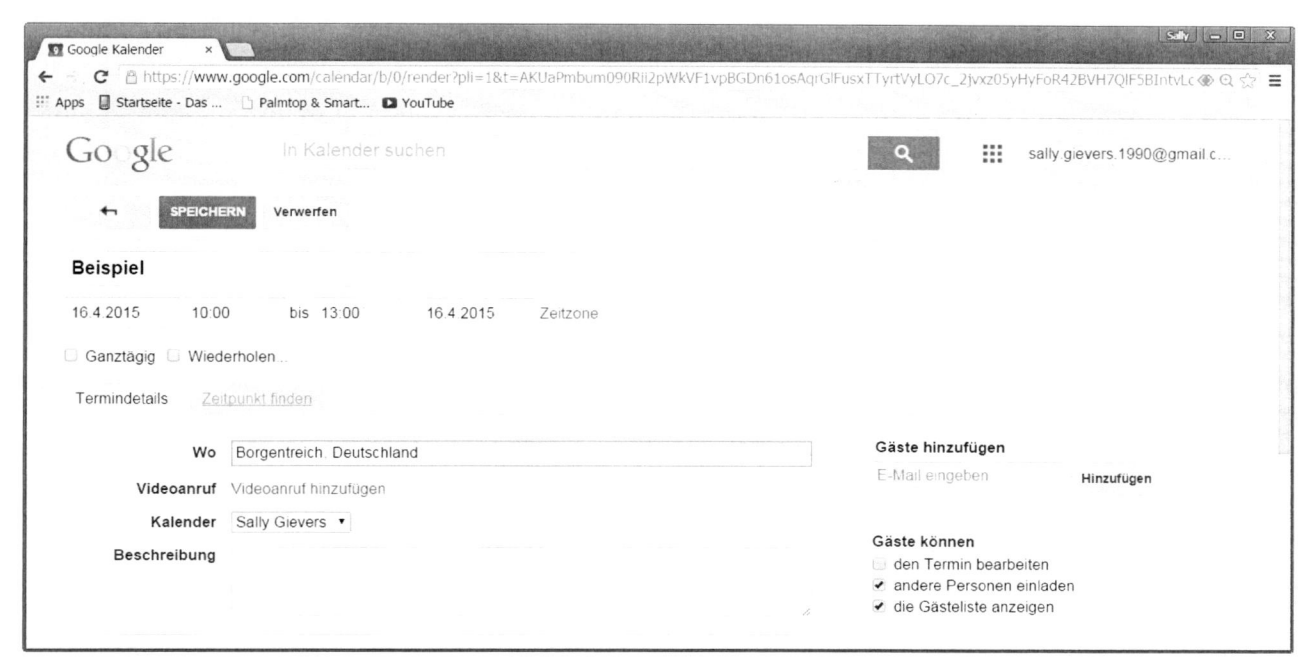

Erfassen Sie im Bearbeitungsbildschirm die Termindaten. Betätigen Sie dann *SPEICHERN*.

Die verfügbaren Parameter:

- *Ganztägig*: Termin ohne feste Uhrzeit, der aber an diesem Tag fällig wird.
- *Wiederholen*: Ermöglicht es, einen Termin in bestimmten Zeiträumen automatisch erneut anzusetzen, beispielsweise wöchentlich oder monatlich.
- *Wo*: Ort, an dem der Termin stattfindet.
- *Videoanruf*: Weisen Sie darauf hin, dass der Termin als Videoanruf in der Hangouts-Chat-Anwendung stattfindet.
- *Gäste hinzufügen; Gäste können*: Gäste, deren E-Mail-Adresse Sie hier hinzufügen, werden automatisch über anstehende Termine informiert. Siehe Kapitel *12.7 Termine mit Teilnehmern*.
- *Beschreibung*
- *Terminfarbe*: Verwenden Sie verschiedene Hintergrundfarben für Ihre Termine, beispielsweise, um wichtige von weniger wichtigen zu unterscheiden.
- *Benachrichtigungen*: Lassen Sie sich wahlweise über ein Popup oder eine E-Mail über einen anstehenden Termin informieren. Die Terminerinnerung erfolgt standardmäßig *30 Minuten* vorher, lässt sich aber von Ihnen anpassen.
- *Anzeigen als*: Sofern Sie Ihren Terminkalender für andere freigeben, sehen diese zur Terminzeit, dass Sie noch verfügbar oder belegt sind.
- *Sichtbarkeit*: Bei der Sichtbarkeit des Termins orientiert sich der Kalender an den Voreinstellungen, auf die Kapitel *12.6 Kalender* noch eingeht. Sie können die Voreinstellung aber für jeden Termin abweichend einstellen.

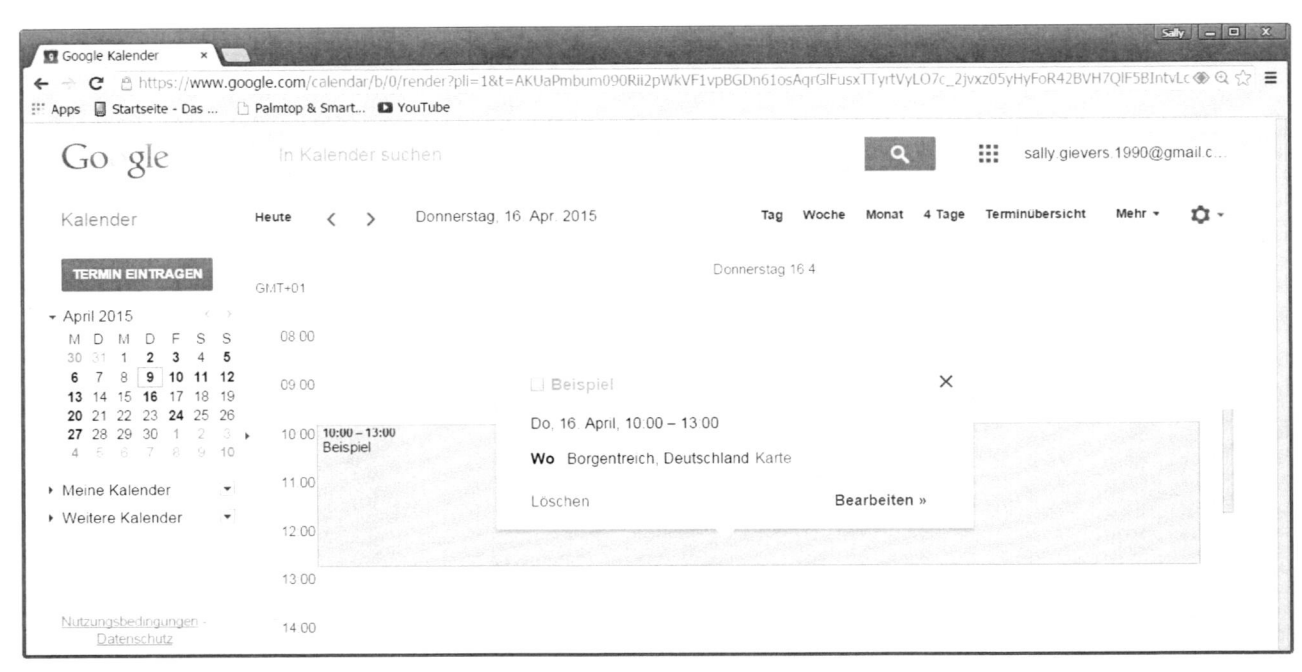

Der Termin erscheint in der Auflistung. Klicken Sie ihn an, wenn Sie ihn editieren oder entfernen möchten und gehen Sie dann auf *Löschen* beziehungsweise *Bearbeiten*.

## 12.4 Kalendersteuerung mit der Tastatur

Die Navigation im Kalender mit der Maus ist recht zeitraubend, weshalb Sie auch Tastenkürzel verwenden können (wir haben diese Information teilweise von der Webseite *support.google.com/calendar/answer/37034* übernommen). Wir empfehlen vor allem die Tastenkürzel für die Navigation und die Ansichten.

**Navigation:**

| Tastenkürzel | Definition | Aktion |
|---|---|---|
| K oder P | Vorheriger Zeitraum | In der Kalenderanzeige wird der vorherige Zeitraum angezeigt. |
| J oder N | Nächster Zeitraum | In der Kalenderanzeige wird der nächste Zeitraum angezeigt. |
| R | Aktualisieren | Aktualisiert den Kalender. |
| T | Zu "Heute" springen | Geht zum heutigen Tag. |

**Ansichten:**

| Tastenkürzel | Definition | Aktion |
|---|---|---|
| 1 oder D | Ansicht "Tag" | Zeigt den Kalender in der Tagesansicht an. |
| 2 oder W | Wochenansicht | Zeigt den Kalender in der Wochenansicht an. |
| 3 oder M | Monatsansicht | Zeigt den Kalender in der Monatsansicht an. |
| 4 oder X | Benutzerdefinierte Ansicht | Zeigt den Kalender in benutzerdefinierter Ansicht an. |
| 5 oder A | Terminübersichtsansicht | Zeigt den Kalender in der Terminübersichtsansicht an. |

# Google Kalender

**Aktionen:**

| Tastenkürzel | Definition | Aktion |
| --- | --- | --- |
| C | Termin einrichten | Neuen Termin erstellen. |
| E | Termindetails | Termindetails aufrufen. |
| ← (Löschen) | Termin löschen | Löscht den Termin. |
| strg + Z | Rückgängig machen | Letzte Aktion rückgängig machen. |
| strg + S | Speichern | Speichert den Termin, wenn die Detailseite aktiv ist. |
| esc | Zurück | Kehrt von der Detailseite in Kalenderansicht zurück. |

Die Aktionen sind meistens nur in den Termindetails oder wenn das Termin-Popup angezeigt wird, verfügbar.

**Anwendung:**

| Tastenkürzel | Definition | Aktion |
| --- | --- | --- |
| strg + P | Drucken | Druckt die aktuelle Ansicht. |
| S | Einstellungen | Ruft die Einstellungsseite von Google Kalender auf. |

Es gibt noch einige weitere Anwendungsfunktionen, die aber offenbar nur auf einer Tastatur mit amerikanischem Tastaturlayout nutzbar sind.

## 12.5 Einstellungen

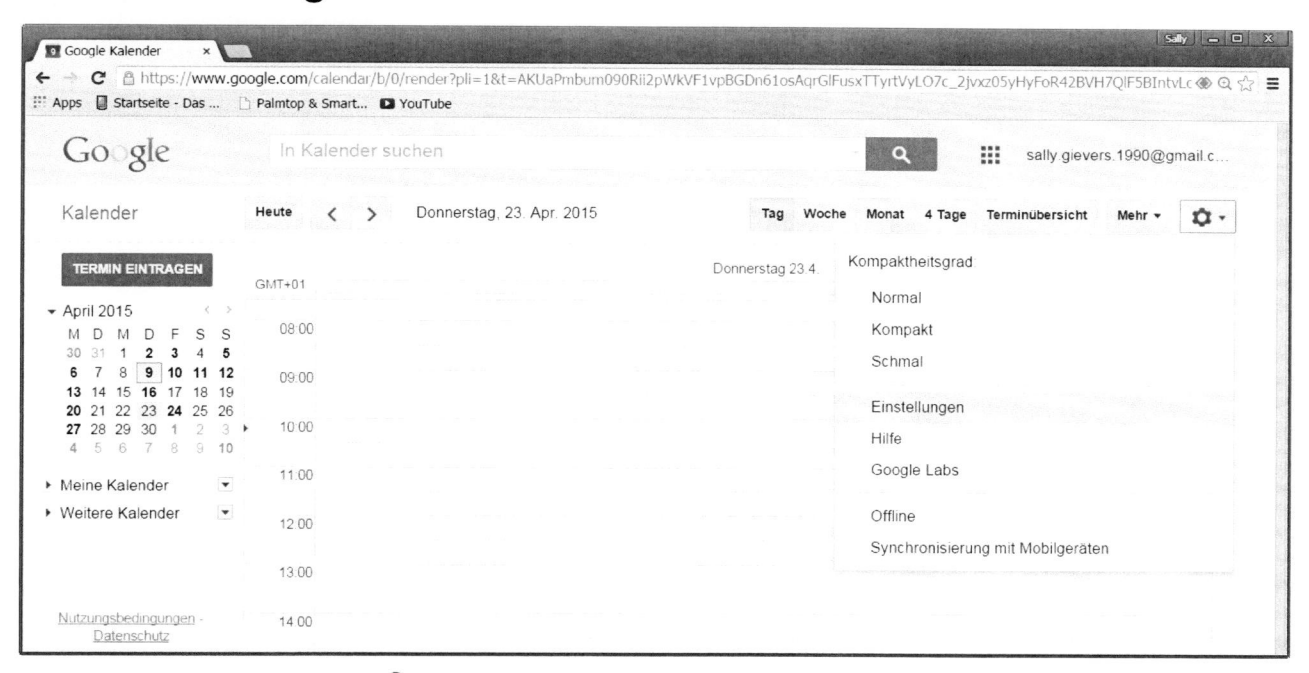

Klicken Sie oben rechts auf ✱ und gehen Sie auf *Einstellungen*.

Zwischen den verschiedenen Einstellungsbildschirmen schalten Sie über die Register am oberen Bildschirmrand um (Pfeil).

Das *Allgemein*-Register:

- *Sprache*
- *Land:* Ihr Aufenthaltsland, an dem sich auch die Zeitzone orientiert.
- *Meine aktuelle Zeitzone*: Die Zeitzonen spielen für Sie nur eine Rolle, wenn Sie häufig Termine in anderen Ländern wahrnehmen. Alle Termine verwaltet der Kalender als UTC (früher Greenwich Mean Time, GMT) und rechnet sie passend zur aktuellen Zeitzone um. Auch bei zusätzlichen Teilnehmern (siehe Kapitel *12.7 Termine mit Teilnehmern*) in anderen Zeitzonen spielt die aktuelle Zeitzone eine Rolle.
- *Datumsformat*
- *Zeitformat*
- *Termine aus Gmail*: Sendet Ihnen jemand einen Termin per E-Mail an Ihre Google-Mail-Adresse, so wird er automatisch im Kalender übernommen.
- *Standardeinstellung für Dauer von Terminen*: Neu von Ihnen erstellte Termine haben automatisch eine Dauer von 60 Minuten. Sie können hier aber auch einen anderen Zeitraum einstellen. Die Option *Schnelle Besprechungen* kürzt die Dauer jeweils um 10 Minuten.
- *Woche beginnt am*: In manchen Kulturkreisen beginnt die Woche bereits am Samstag oder Sonntag, was Sie hier festlegen.
- *Termine abgeschwächt zeigen*: Termine aus der Vergangenheit oder Terminwiederholungen zeigt der Kalender standardmäßig in einer blasseren Farbe an.
- *Wochenenden anzeigen*: Durch das Ausblenden der Wochenenden im Kalender erhalten Sie auf dem Bildschirm mehr Platz.
- *Standardansicht*: Wenn Sie die Kalender-Anwendung aufrufen, erscheint zuerst die unter *Standardansicht* eingestellte Ansicht.
- *Benutzerdefinierte Ansicht*: Die voreingestellte 4-Tagesansicht (siehe Kapitel *12.1.3 Tagesansicht und 4 Tage*) dürfen Sie auf eine andere Ansicht von 2 Tagen bis 4 Wochen umstellen.
- *Standort; Standortabhängige Wettermeldungen anzeigen*: Blendet in den vier Kalender-

tagen ab dem aktuellen Datum das aktuelle Wetter zum *Standort* ein.

- *Automatisch Einladungen zu meinem Kalender hinzufügen*: Hat Sie jemand in einem Termin als Teilnehmer hinzugefügt, erhalten Sie normalerweise eine Einladungs-E-Mail (siehe Kapitel *12.7 Termine mit Teilnehmern*). Hier stellen Sie ein, ob Einladungen automatisch in Ihrem Kalender übernommen werden.
- *Automatisch Videoanrufe hinzufügen, wenn ich einen Termin erstelle*: Fügt automatisch dem Termin einen Videoanruf über Google Hangouts (siehe Kapitel *17 Google Hangouts*) hinzu. Die Besprechung läuft dann als Videokonferenz.
- *Alternativer Kalender*: Diese Funktion ist nur für andere Kulturkreise interessant.
- *Tastenkombinationen aktivieren*: Standardmäßig sind die im Kapitel *12.4 Kalendersteuerung mit der Tastatur* vorgestellten Tastenkürzel aktiv.

Auf das *Kalender*-Register gehen wir im Kapitel *12.6 Kalender* ein.

Im *Mobiltelefon*-Register richten Sie eine SMS-Benachrichtigung an Ihr Handy über fällige Termine ein. Dieser Service ist kostenlos.

Das *Google Labs*-Register listet diverse Kalendererweiterungen, die Sie bei Interesse mal ausprobieren sollten.

## *12.6 Kalender*

Die Google-Kalender-Anwendung unterstützt mehrere Kalender, von denen bei Ihnen bereits einige beim ersten Start eingerichtet sind:

- Ihr eigenen Kalender
- Feiertage: Diese bezieht die Kalender-Anwendung von Google.
- Wochennummern
- Geburtstage von Ihren Telefonbuchkontakten, sowie Kontakten aus den Kreisen vom sozialen Netzwerk Google+.

Darüber hinaus können Sie weitere Kalender anlegen, um beispielsweise berufliche und private Termine zu trennen. Eine praktische Sache ist zudem das Teilen von Kalendern mit anderen Google Kalender-Nutzern, sodass diese immer Ihre Termine im Blick haben.

> Es ist leider nicht möglich, in diesem Buch auf alle Verwaltungsfunktionen für mehrere Kalender einzugehen, weshalb wir empfehlen, ein wenig damit zu experimentieren.

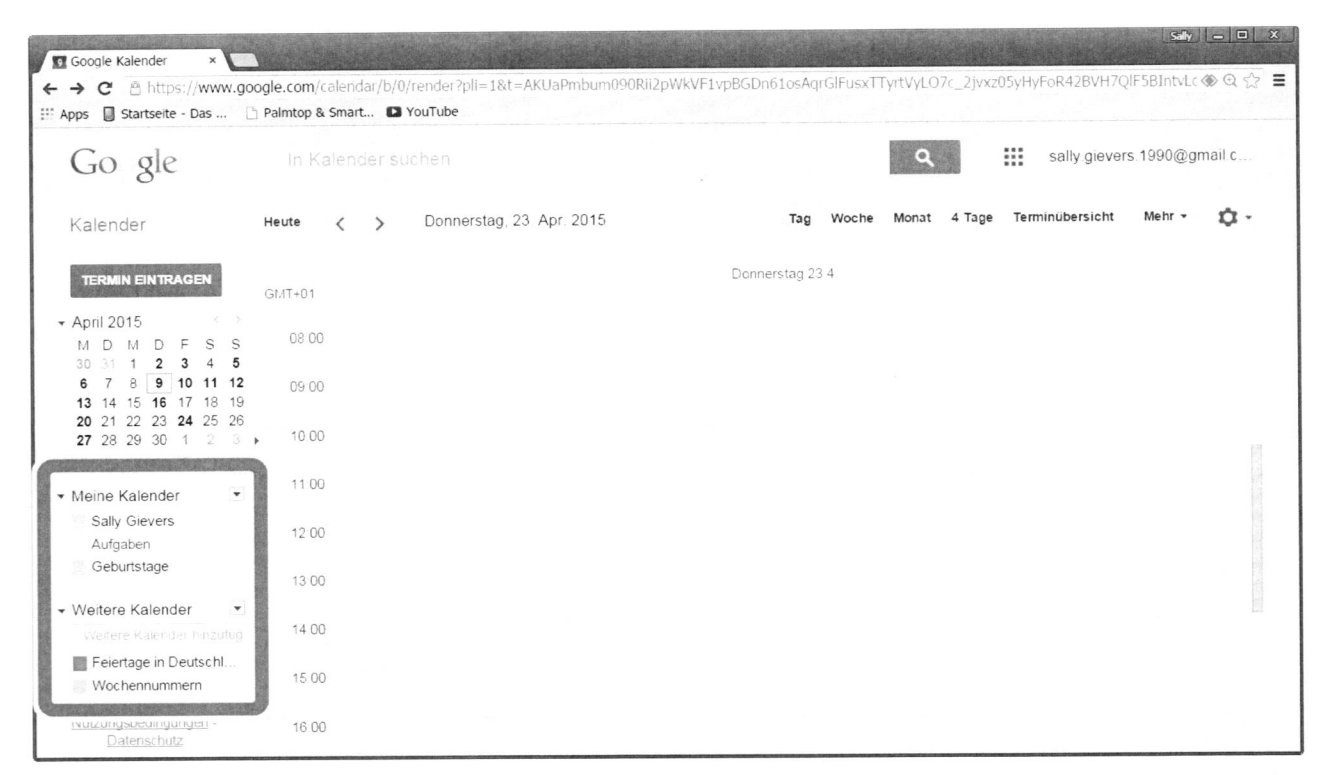

Die Kalender steuern Sie über *Meine Kalender* und *Weitere Kalender* auf der linken Seite (Markierung). *Meine Kalender* enthält die von Ihnen verwalteten Kalender. Die Kalender unter *Weitere Kalender* stammen dagegen von Dritten und lassen sich nicht von Ihnen bearbeiten. Falls Die enthaltenen Kalender nicht ausgeklappt sind, klicken Sie einfach auf die Überschriften.

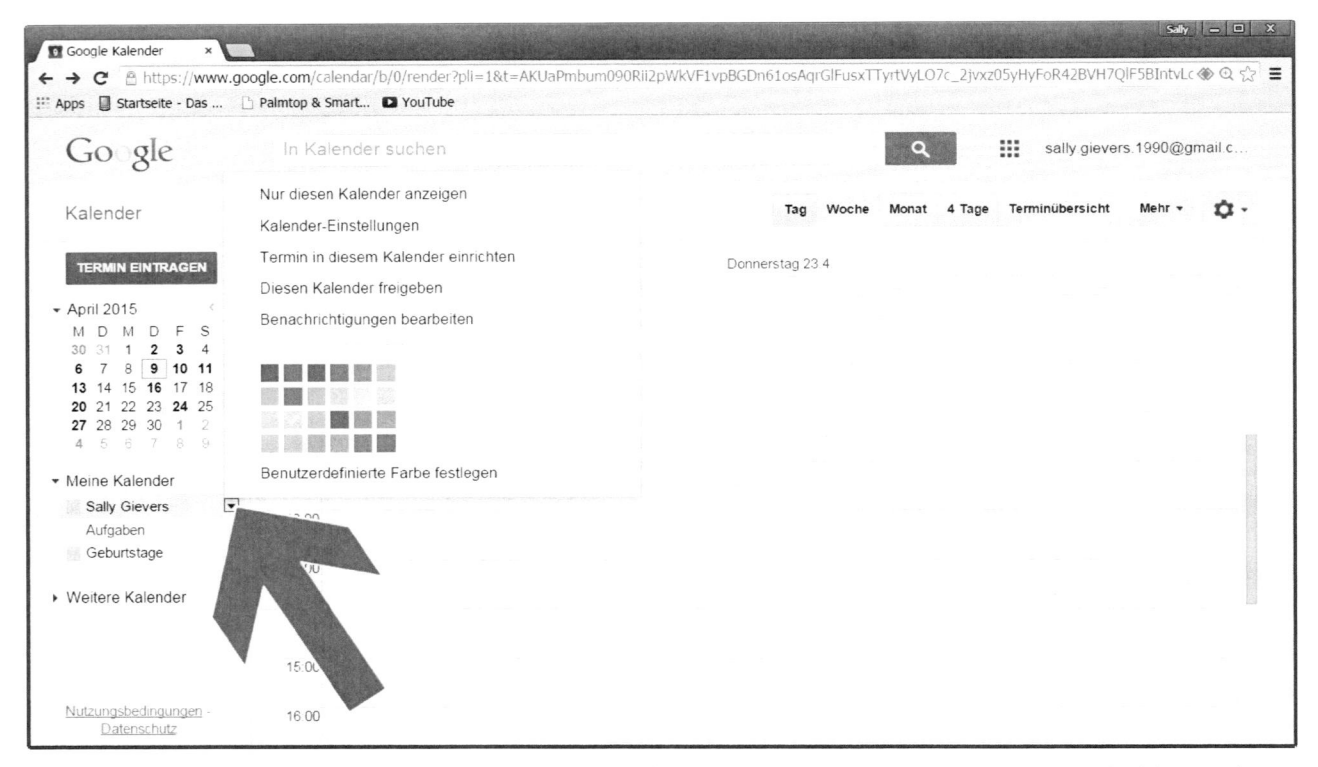

Ein Klick auf einen Kalendernamen blendet den jeweiligen Kalender aus. Klicken Sie hinter einem Kalendernamen auf ▼ (Pfeil) für das Popup-Menü:

- *Nur diesen Kalender anzeigen*: Blendet alle anderen Kalender aus.
- *Kalender-Einstellungen*: Auf die Einstellungen gehen wir weiter unten ein.
- *Termin in diesem Kalender einrichten*: Einen neuen Termin im Kalender anlegen.

- *Diesen Kalender freigeben*: Durch die Freigabe dürfen sich andere Personen Ihren Kalender jederzeit einsehen.
- *Benachrichtigungen*: Wahlweise lassen Sie sich mit einem Popup oder per E-Mail über anstehende Termine informieren.
- Die Farbe Ihrer Termine stellen Sie über die Farbfelder ein.

## 12.6.1 Kalender von anderen Personen einbinden

Angenommen, Sie haben einen Arbeitskollegen, mit dem Sie sich häufig in Terminfragen abstimmen müssen. Wäre es dann nicht eine große Arbeitserleichterung, wenn Sie seinen Terminkalender direkt in Ihrer Kalender-Anwendung sehen könnten?

> Eine Alternative zur Einbindung anderer Kalender sind die im Kapitel *12.7 Termine mit Teilnehmern* vorgestellten Besprechungsteilnehmer. Fügen Sie einfach Arbeitskollegen, die Ihrem Termin beiwohnen müssen, Ihren Terminen hinzu. Die Arbeitskollegen erhalten dann eine E-Mail-Benachrichtigung und können den Termin mit einem Mausklick zustimmen oder ablehnen.

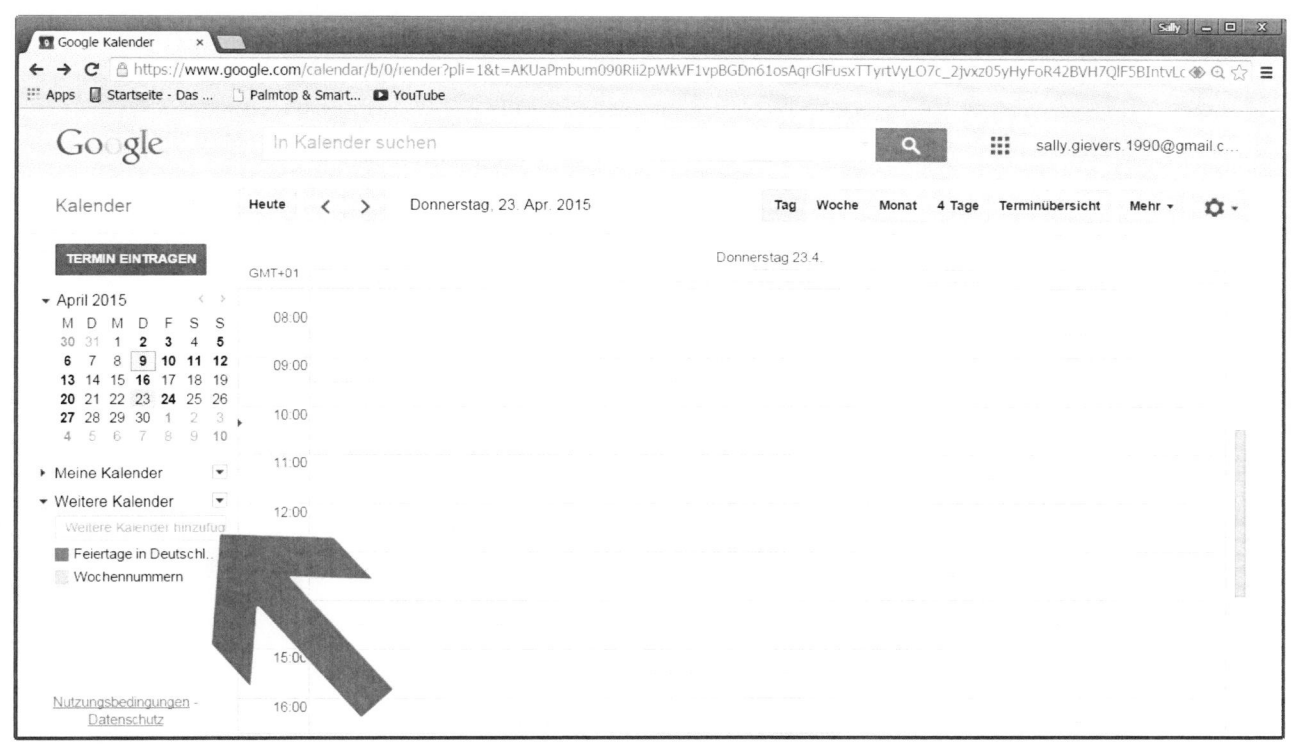

So fügen Sie Ihren Arbeitskollegen hinzu: Geben Sie seine E-Mail-Adresse im Eingabefeld unter *Weitere Kalender* (Pfeil) ein und betätigen Sie die enter-Taste.

> Die Personen, bei denen Sie eine Kalenderfreigabe anfragen, sollten bereits ein Google-Konto und damit einen Google-Kalender besitzen. Falls nötig, können diese ein Google-Konto auch selbst neu anlegen: Einfach *www.google.de* in einem Webbrowser aufrufen, auf *Anmelden* oben rechts klicken und dann auf *Konto erstellen* unter dem Anmeldeformular gehen.

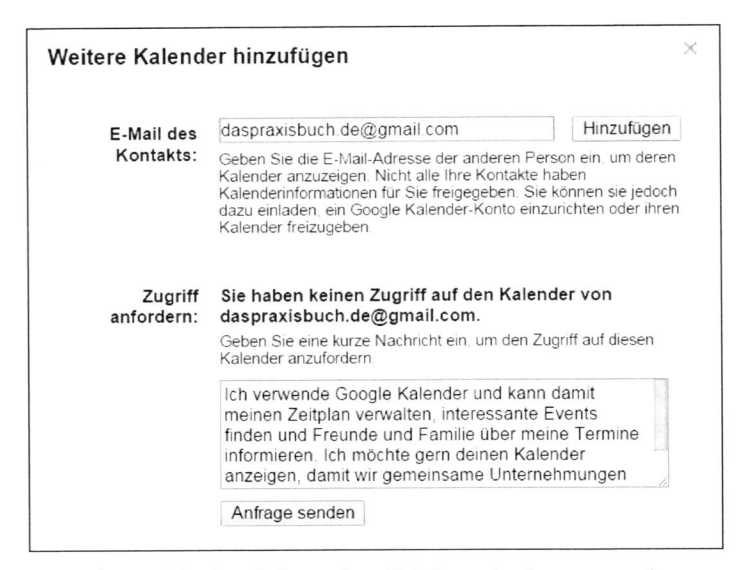

Betätigen Sie im folgenden Dialog *Anfrage senden*.

Ihr Arbeitskollege muss nun den Link in der empfangenen E-Mail anklicken.

In den Berechtigungseinstellungen legt Ihr Arbeitskollege die Rechte fest (Markierung), beispielsweise könnte er Ihnen auch Änderungen gestatten. Er muss nun *Speichern* betätigen.

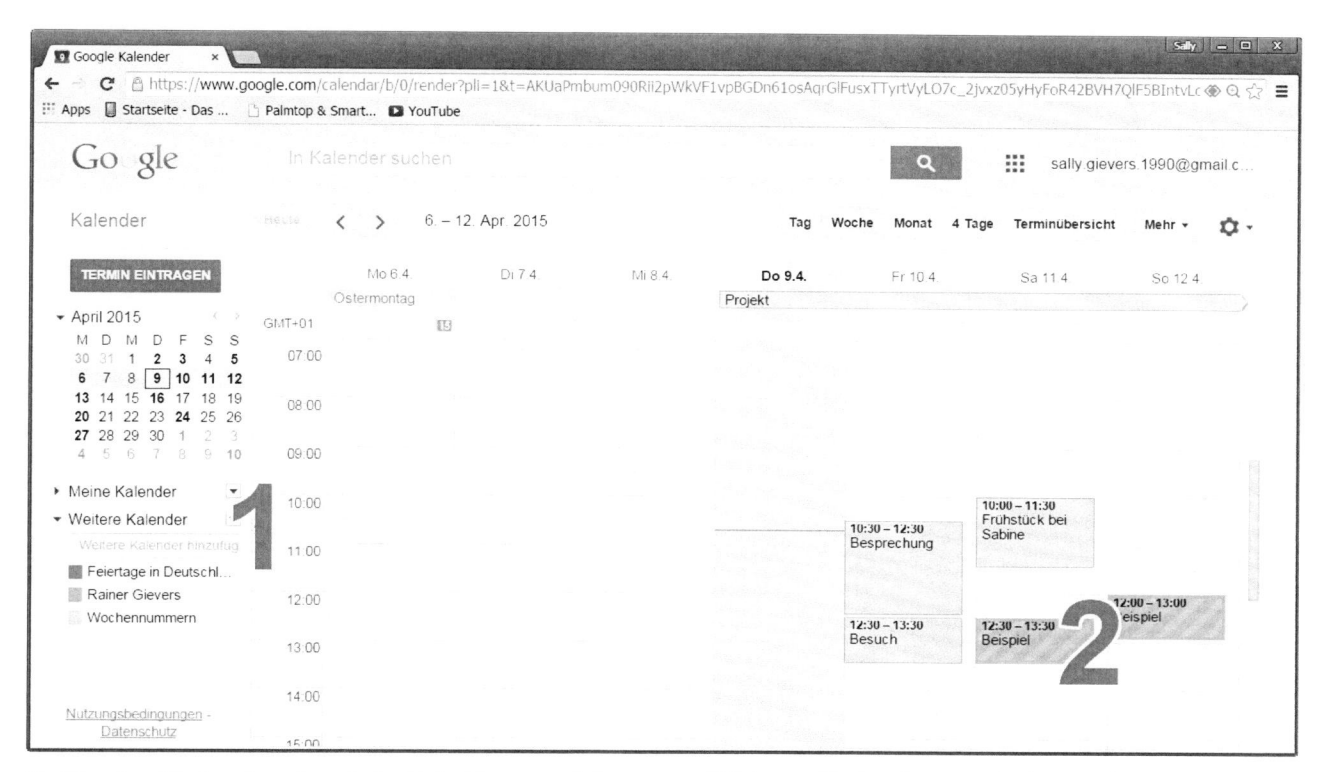

Sollte der Kalender des Arbeitskollegen nicht unter *Weitere Kalender* erscheinen, dann geben Sie seine E-Mail-Adresse in *Weitere Kalender hinzufügen* (1) erneut ein. Die Arbeitskollegen-Termine werden in einer anderen Farbe wie Ihre eigenen dargestellt.

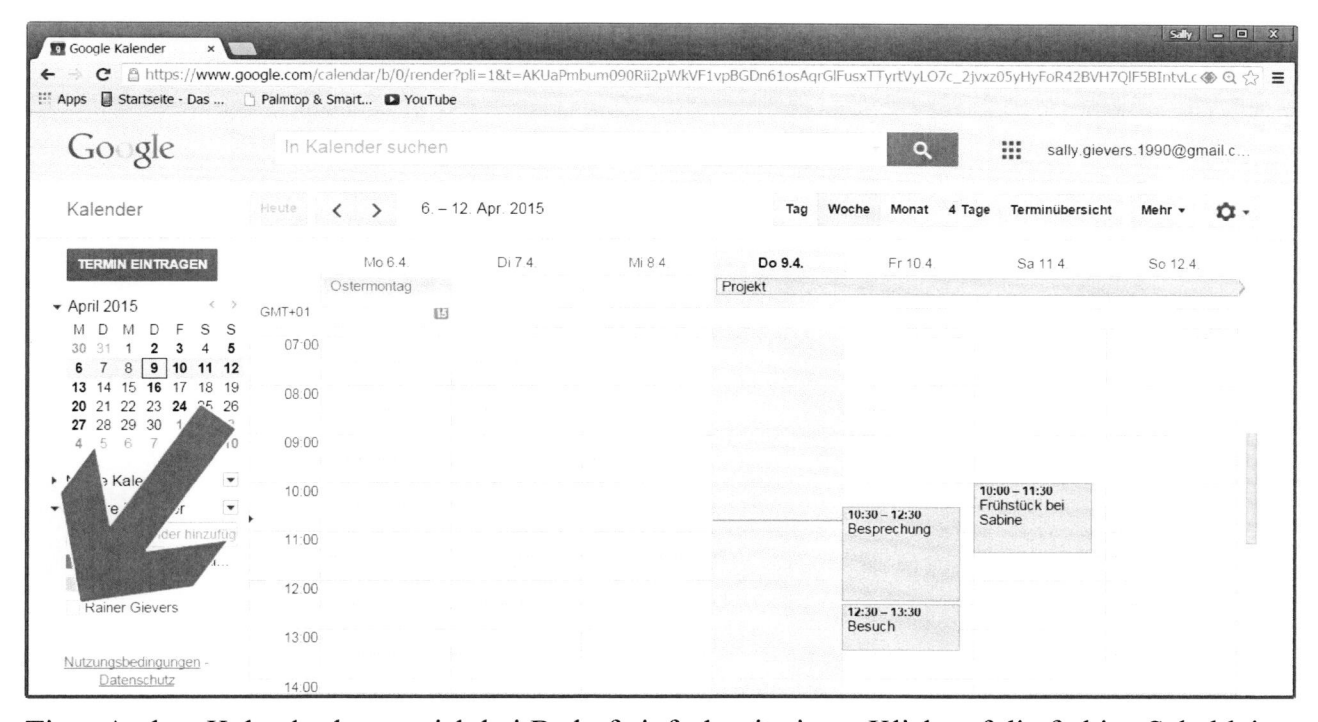

Tipp: Andere Kalender lassen sich bei Bedarf einfach mit einem Klick auf die farbige Schaltleiste (Pfeil) aus- und einblenden.

## 12.6.2 Mehrere eigene Kalender verwalten

Es kann ganz interessant sein, mehrere Kalender in der Kalender-Anwendung anzulegen. Auf diesem Wege trennt man zum Beispiel private und geschäftliche Termine.

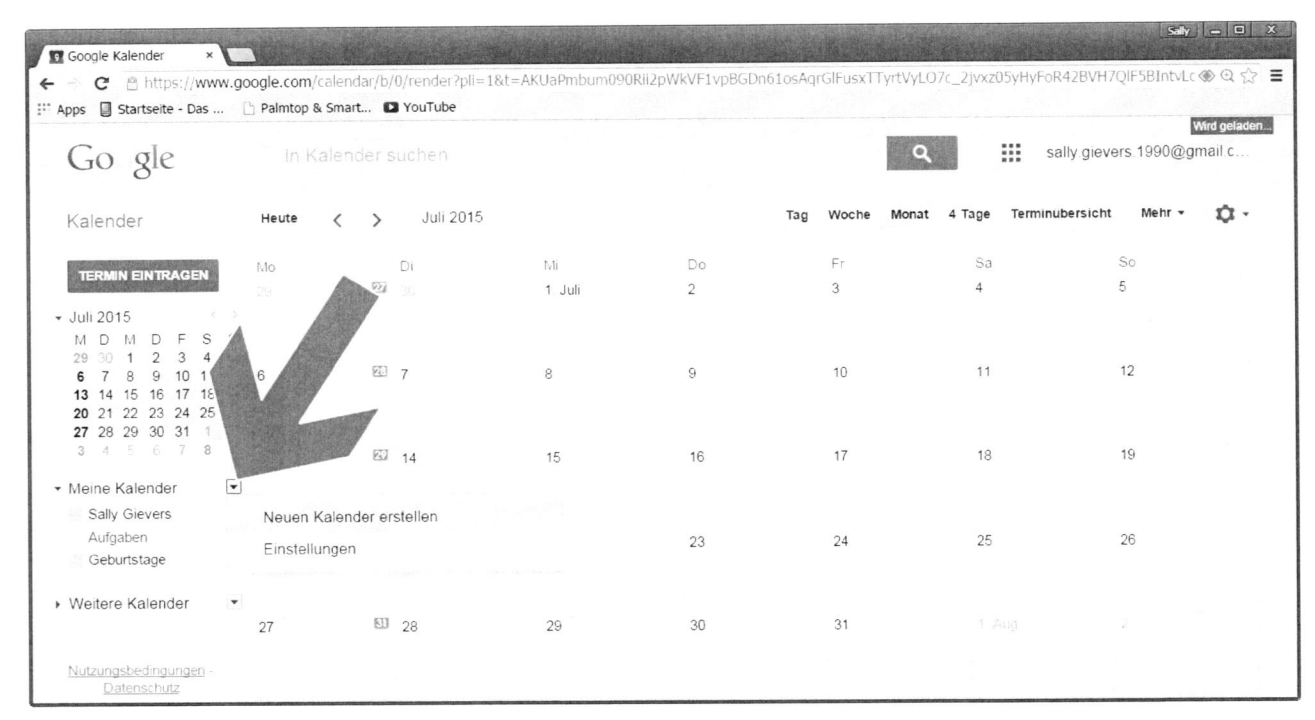

Klicken Sie hinter *Mein Kalender* auf ▼ (Pfeil) für das Popup-Menü und gehen Sie auf *Neuen Kalender erstellen*.

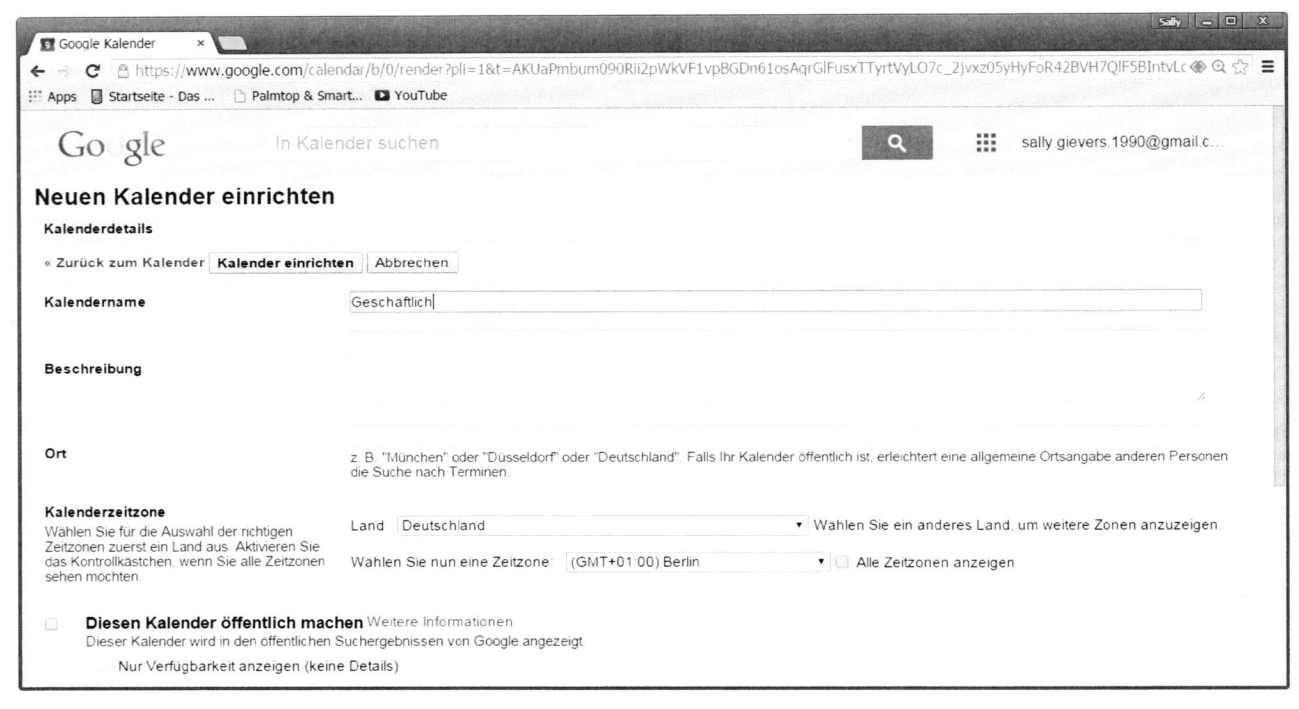

Geben Sie den Kalendernamen ein und klicken Sie auf *Kalender einrichten*. Bei Bedarf geben Sie in diesem Formular Ihren Kalender auch für andere frei, wie wir es bereits oben beschrieben haben.

# Google Kalender

## 12.6.3 Hinweise zur Mehrkalenderverwaltung

Erstellen Sie künftig einen neuen Termin (siehe Kapitel *12.3 Neuen Termin hinzufügen*), dann müssen Sie darauf achten, ihn dem richtigen Kalender zuzuweisen (Pfeil).

Für die Kalenderverwaltung klicken Sie oben rechts auf ✿ und gehen Sie auf *Einstellungen*. Aktivieren Sie das *Kalender*-Register. Neben den Berechtigungen stellen Sie hier auch die Freigaben ein.

## *12.7 Termine mit Teilnehmern*

Der Google Kalender bietet die Möglichkeit, Termine mit mehreren Teilnehmern durchzuführen. Dabei erhalten die Teilnehmer jeweils eine E-Mail mit einem Link, über den sie ihre Teilnahme bestätigen oder absagen. Die Teilnehmer müssen dazu noch nicht einmal über ein eigenes Google-

Konto verfügen.

> Falls Sie regelmäßig mit anderen Personen zusammenarbeiten, empfehlen wir statt der hier beschriebenen Terminteilnehmer-Funktion besser die im Kapitel *12.6.1 Kalender von anderen Personen einbinden* beschriebenen gemeinsamen Kalender zu verwenden.

### 12.7.1 Als Veranstalter einen Termin erstellen

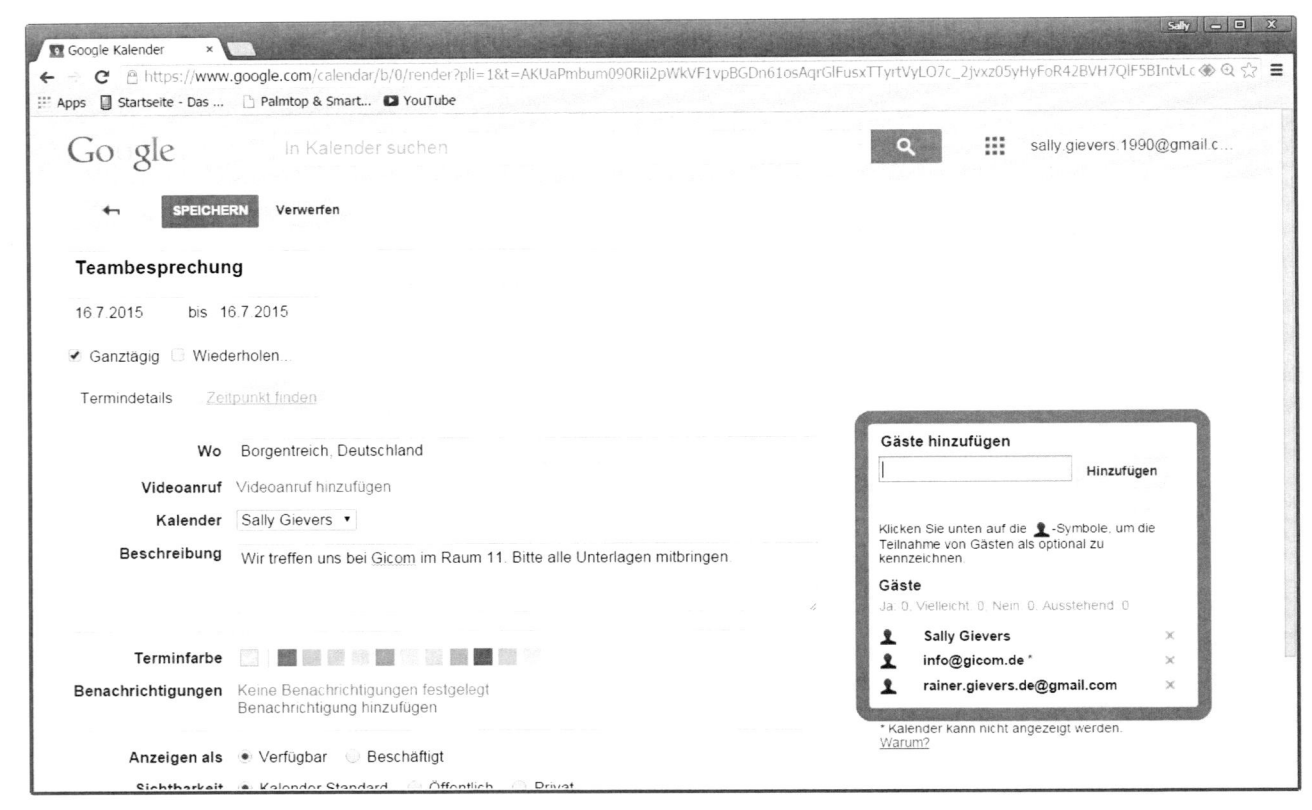

Gehen Sie bei der Termineingabe wie gewohnt vor, das heißt Sie klicken im Kalenderbildschirm auf *TERMIN EINTRAGEN*. Den Text im *Beschreibung*-Eingabefeld erhalten die Teilnehmer später in der Terminbenachrichtigung.

Die Teilnehmerverwaltung finden Sie unter *Gäste hinzufügen* (Markierung). Erfassen Sie jeweils die E-Mail-Adresse eines Teilnehmers und betätigen Sie *Hinzufügen*.

Unter *Gäste* listet die Kalender-Anwendung die Teilnehmer auf, welche man über die ✗-Schaltleiste wieder »ausladen« kann.

Die Rechte der Teilnehmer legen Sie unter *Gäste können* fest.

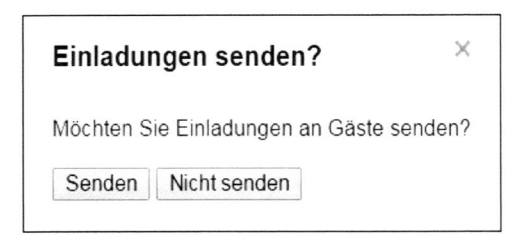

Sobald Sie auf *Speichern* klicken, fragt Sie die Kalender-Anwendung, ob Sie die Teilnehmer per E-Mail informieren möchten.

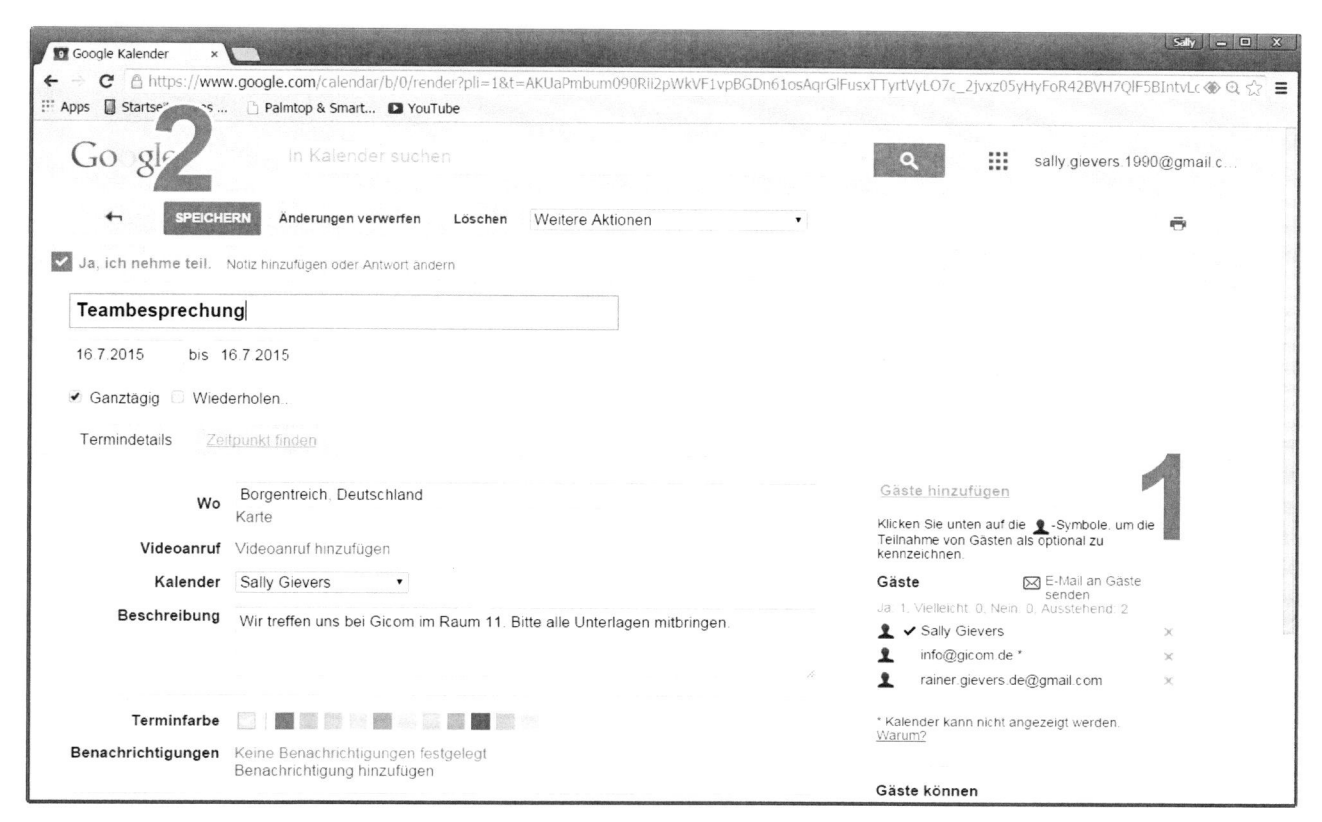

Bearbeiten Sie später den Termin, so erhalten Sie mit *E-Mail an Gäste senden* (1) die Möglichkeit, die Teilnehmer jederzeit zu kontaktieren. Dies ist übrigens nicht nötig, wenn Sie Terminänderungen durchführen, also beispielsweise die Zeiten ändern, denn beim Speichern fragt Sie die Kalender-Anwendung, ob Sie die Teilnehmer darüber informieren möchten.

Ob Sie selbst am Termin teilnehmen legen Sie unter *Notiz hinzufügen oder Antwort ändern* fest (2).

## 12.7.2 Als Teilnehmer einen Termin bestätigen

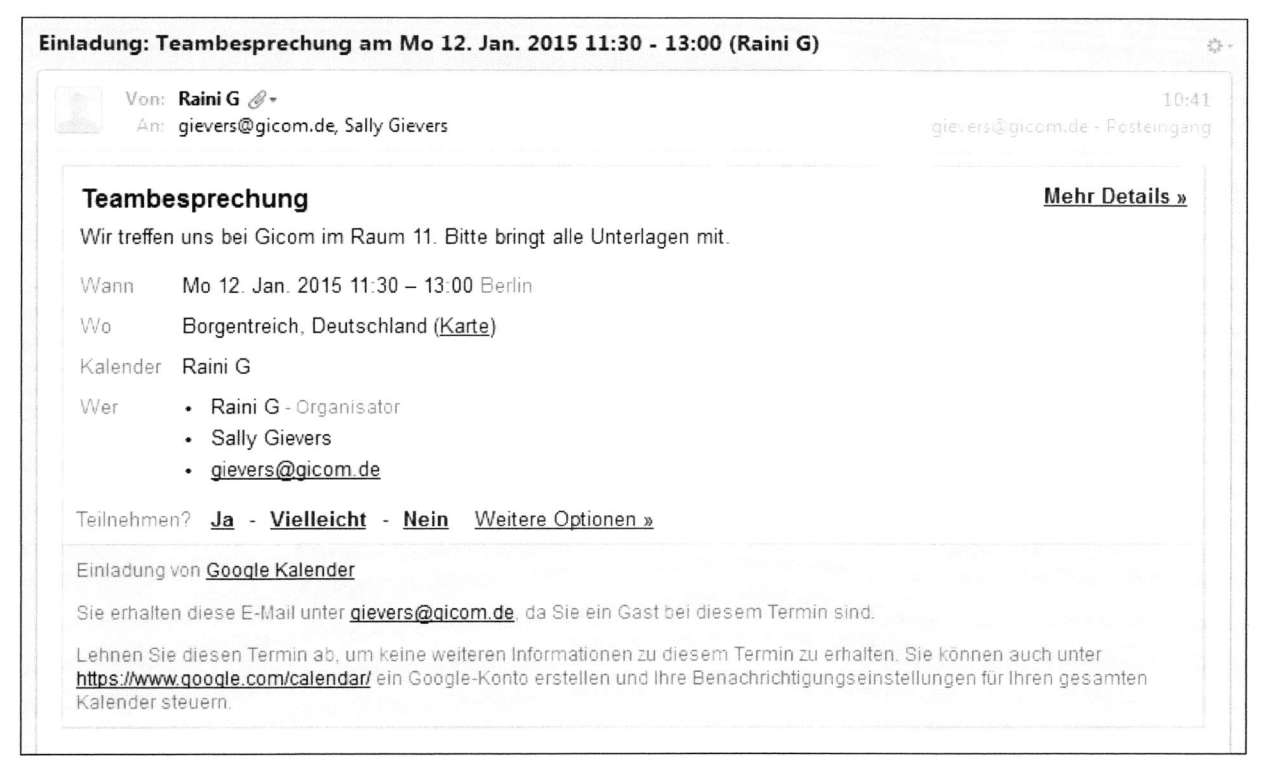

Beispiel für eine E-Mail-Benachrichtigung, die im E-Mail-Programm Postbox empfangen wurde. Im Dateianhang ist eine Kalenderdatei vorhanden, die Sie in Ihrem PC-Kalender, beispielsweise MS Outlook, importieren können.

Ob Sie teilnehmen oder nicht, legen Sie mit der *Ja, Vielleicht* oder *Nein*. Alternativ klicken Sie auf *Mehr Details* in der E-Mail-Nachricht...

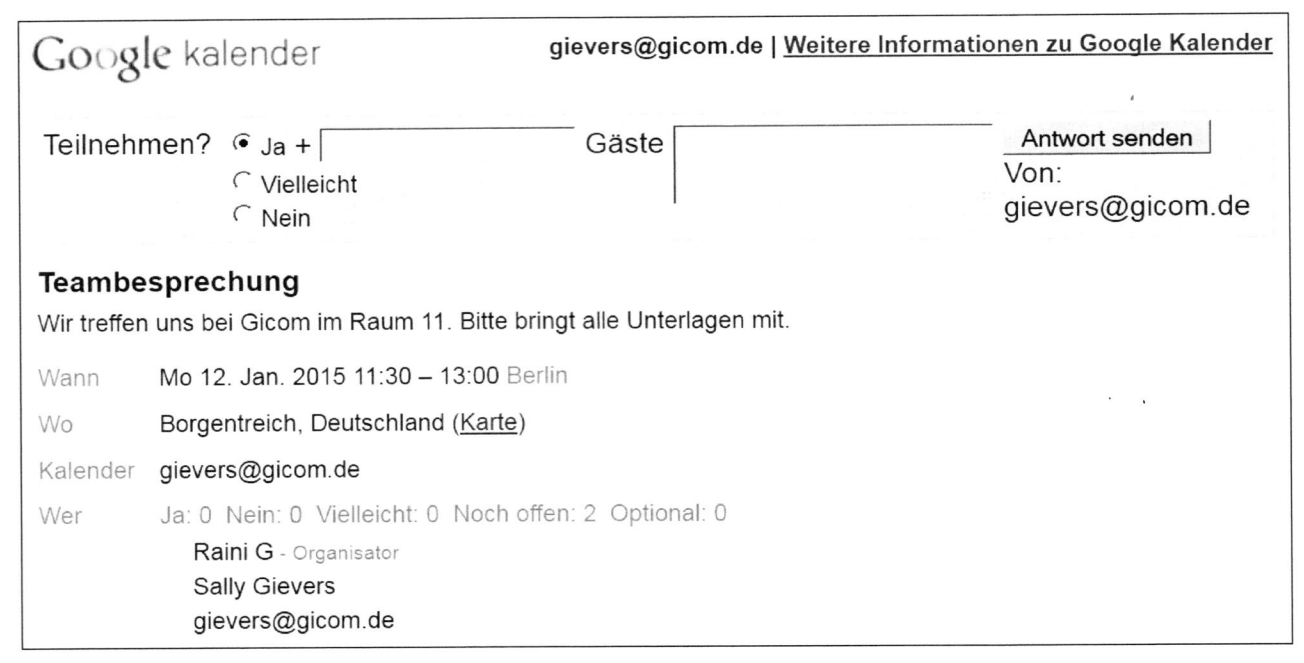

... und Sie können nun Ihre Teilnahme bestätigen und sogar weitere Teilnehmer hinzufügen.

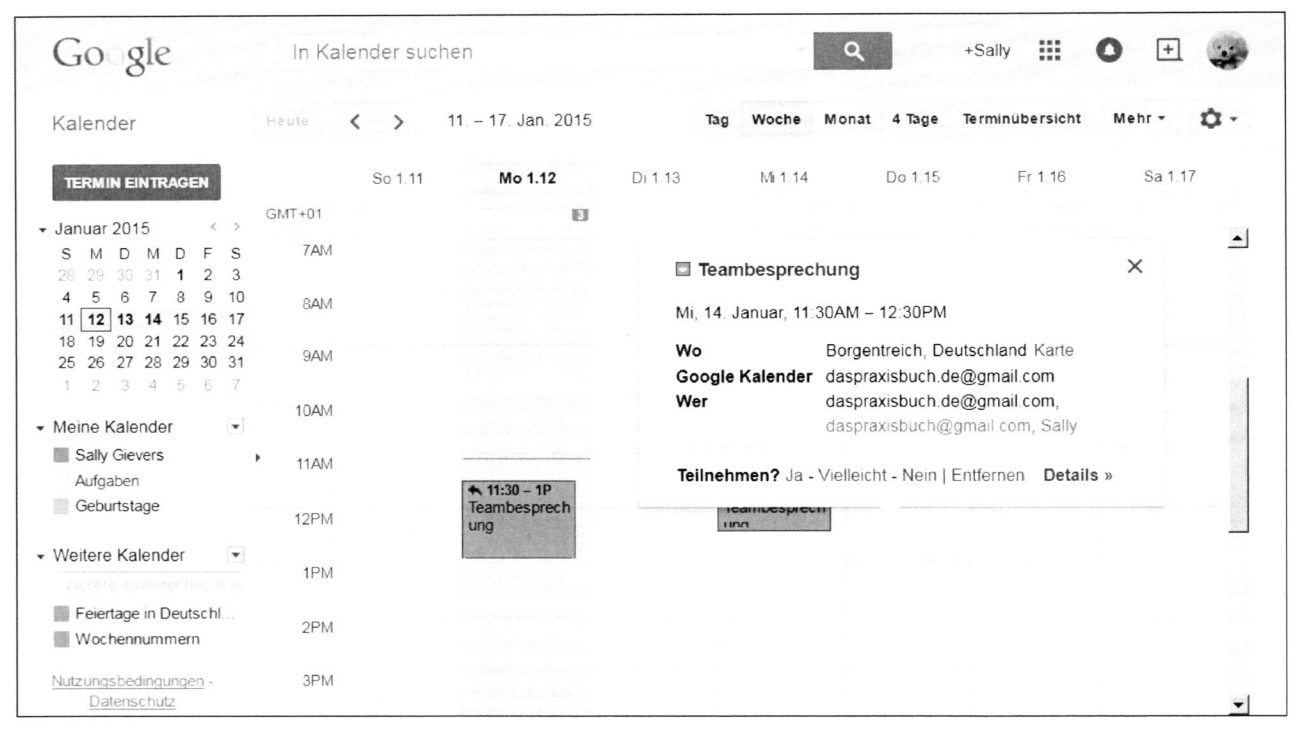

Eine Besonderheit gibt es bei Empfängern mit Google-Mail-Adresse, welche die Termineinladung in ihrem Google-Konto vorfinden: Klicken Sie den Termin an und reagieren Sie mit *Ja, Vielleicht* oder *Nein* auf die Anfrage.

# 13. Google Kontakte

Google verzichtet auf eine eigene Telefonbuchanwendung, denn man benötigt die Kontakte ja nur im Zusammenhang mit der E-Mail-Verarbeitung. Deshalb erfolgt die Kontaktverwaltung in der Gmail-Anwendung, die bereits Kapitel *6 Gmail* vorstellt.

Wie auch bei allen anderen Google-Anwendungen werden Ihre Daten in Ihrem Google-Konto gesichert und stehen auch auf Android-Handys und Tablets zur Verfügung. Sie müssen sich dort nur mit Ihrem Google-Konto anmelden.

> Während dieses Buch entstand, hat Google die Benutzeroberfläche überarbeitet. Einige Funktionen standen daher noch nicht zur Verfügung.

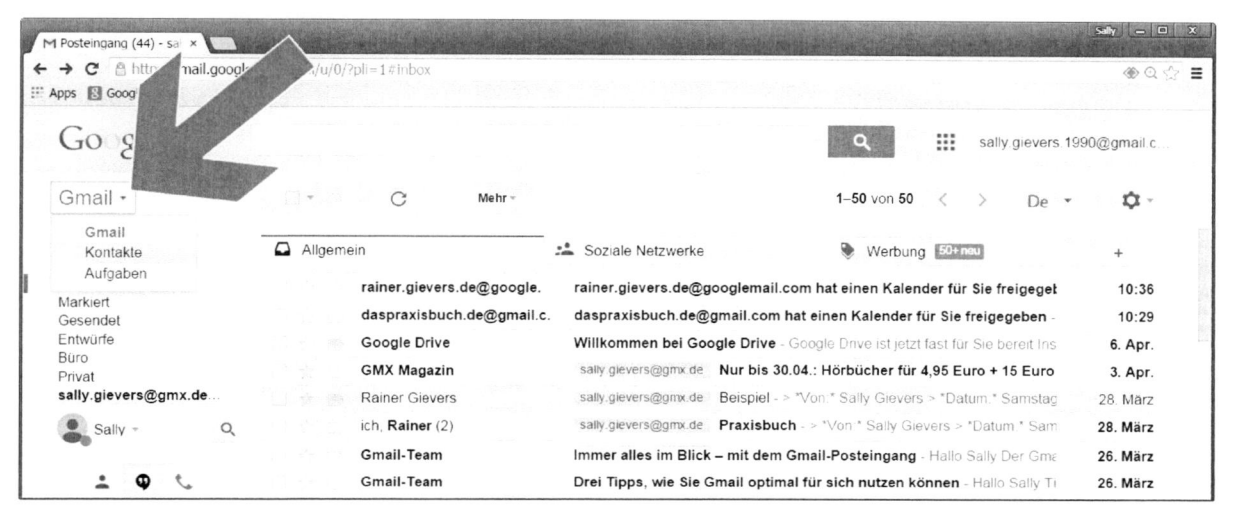

So rufen Sie die Kontaktverwaltung auf: Gehen Sie oben links auf das Auswahlmenü (Pfeil) und wählen Sie *Kontakte* (über *Gmail* gelangen Sie wieder auf die E-Mail-Oberfläche zurück).

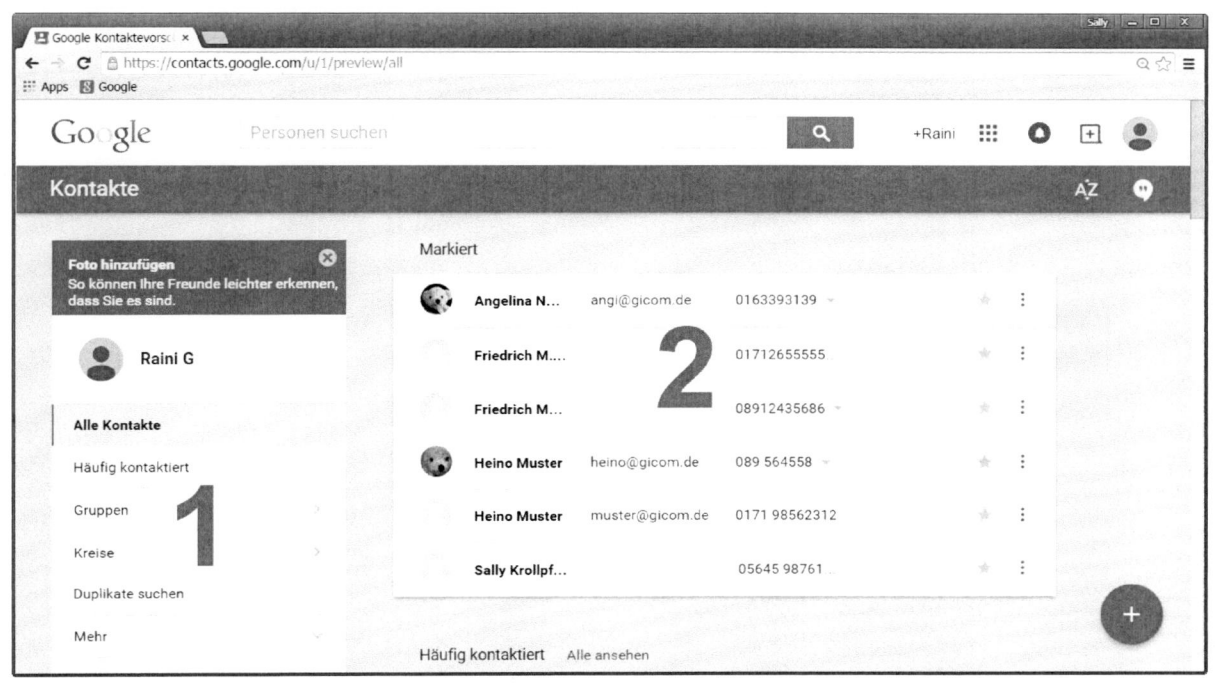

Auf der linken Seite finden Sie die Menüleiste (1) mit den Funktionen:

- *(Ihr Konto)*: Verwaltet Ihre Online-Verfügbarkeit in Google Hangouts (siehe Kapitel *17 Google Hangouts*).

- *Alle Kontakte*: Listet alle Kontakte auf.
- *Häufig kontaktiert*: Enthält von Ihnen in Gmail häufig genutzte Kontakte. Diese Liste wird laufend aktualisiert.
- *Gruppen*: Für Ordnung sorgen die sogenannten Gruppen, denen Sie Kontakte zuweisen. In Gmail können Sie dann allen Gruppenmitgliedern auf einmal eine Nachricht senden.
- *Kreise*: Enthält Ihre Kontakte aus dem sozialen Netzwerk Google+ (siehe Kapitel *15 Google+*).
- *Duplikate suchen*: Sucht im Telefonbuch nach doppelt vorhandenen Kontakten und fasst diese zu einem Kontakt zusammen.

Ein Klick auf *Mehr* klappt weitere Funktionen aus:

- *Einstellungen*: Sprache festlegen und ob Kontakte aus den eigenen Google+-Kreisen im Telefonbuch aufgelistet werden.
- *Importieren; Exportieren*: Kontakte aus einer Datei einlesen oder in eine Datei auf dem PC schreiben.
- *Drucken*: Darauf geht dieses Buch nicht weiter ein.
- *Kontakte wiederherstellen;* Gelöschte Kontakte »retten«.
- *Kontaktevorschau verlassen*: Schaltet auf die alte Telefonbuchoberfläche um, auf die dieses Buch nicht eingeht. Ein Klick auf *Kontakte in Vorschau ausprobieren* schaltet anschließend wieder auf die neue Telefonbuchoberfläche um.

Zum ausgewählten Menüpunkt erscheint im Fenster (2) die entsprechende Kontaktauflistung. Standardmäßig erfolgt die Sortierung nach *Markiert* (siehe Kapitel *13.6 Favoriten*), *Häufig kontaktiert* (Personen, denen Sie mal eine E-Mail geschrieben haben) und *Alle Kontakte*.

## 13.1 Kontakterfassung

### 13.1.1 Kontakt in Kontaktverwaltung eingeben

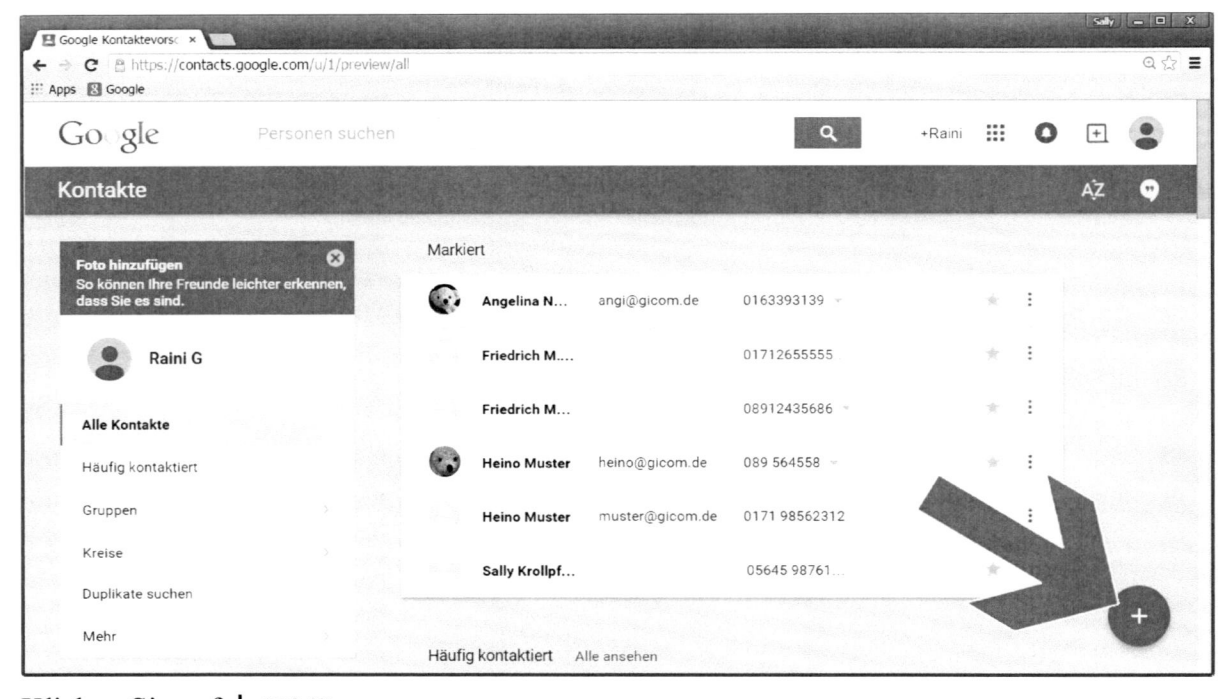

Klicken Sie auf + (Pfeil).

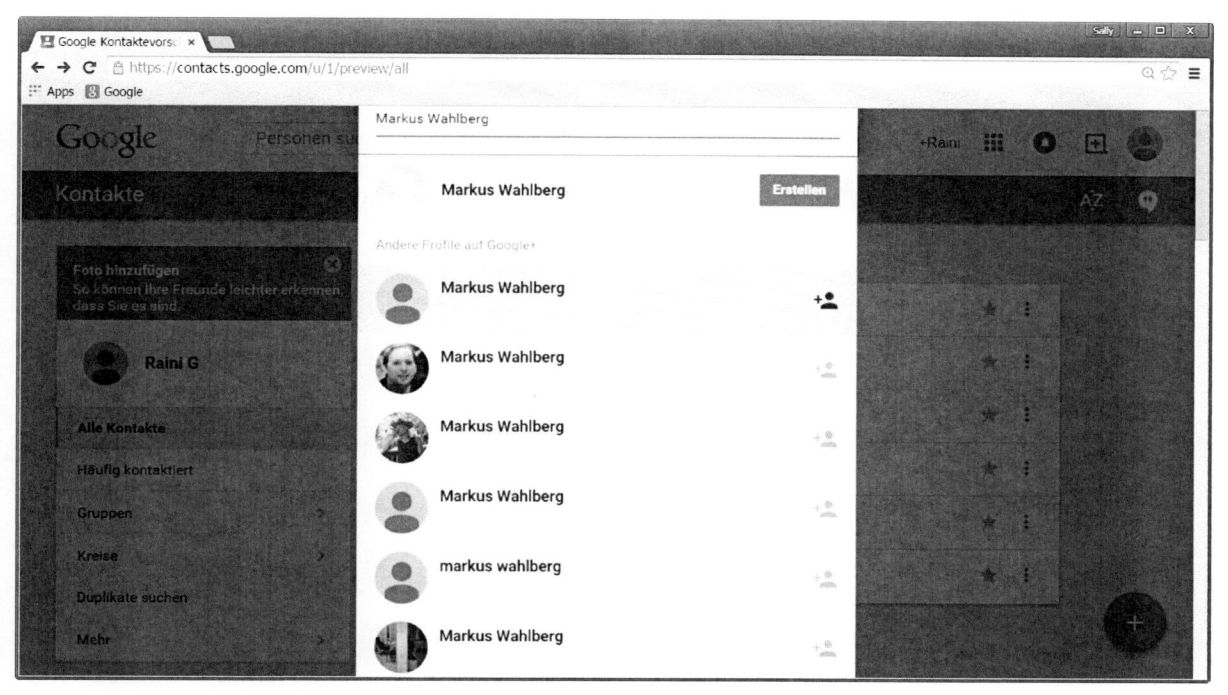

Erfassen Sie den Kontaktnamen. An dieser Stelle schlägt das Telefonbuch Personen aus dem sozialen Netzwerk Google+ vor, von denen Sie einen auswählen, falls dieser dem eingegebenen entspricht (dies dürfte aber eher selten der Fall sein). Klicken Sie auf *Erstellen*.

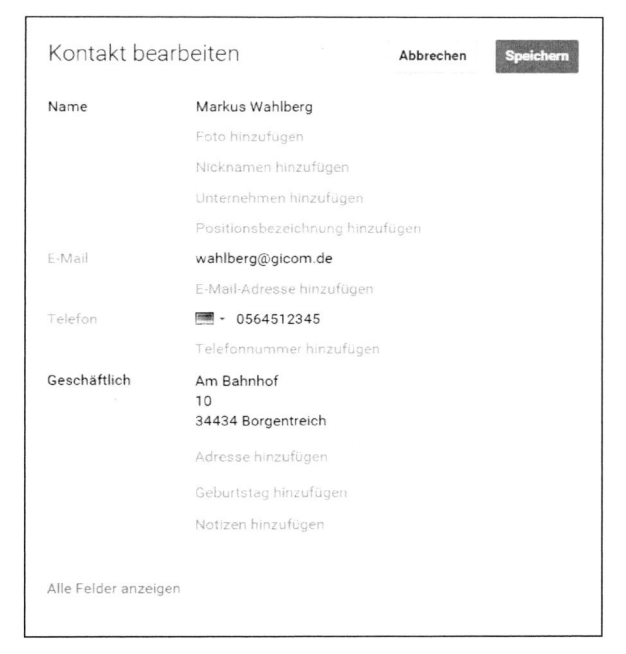

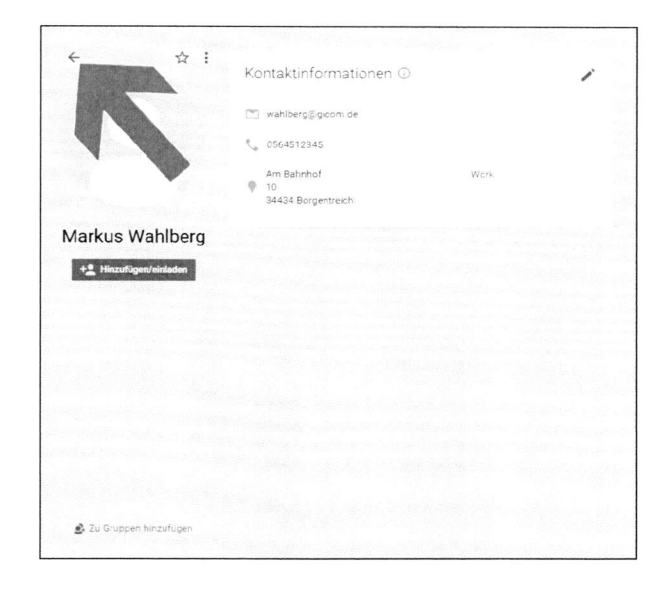

❶ Füllen Sie nun die Eingabefelder aus und schließen Sie den Vorgang mit *Speichern* ab.

❷ Das Telefonbuch zeigt eine Zusammenfassung, die Sie mit der esc-Taste auf der Tastatur oder einem Klick auf ← (Pfeil) schließen.

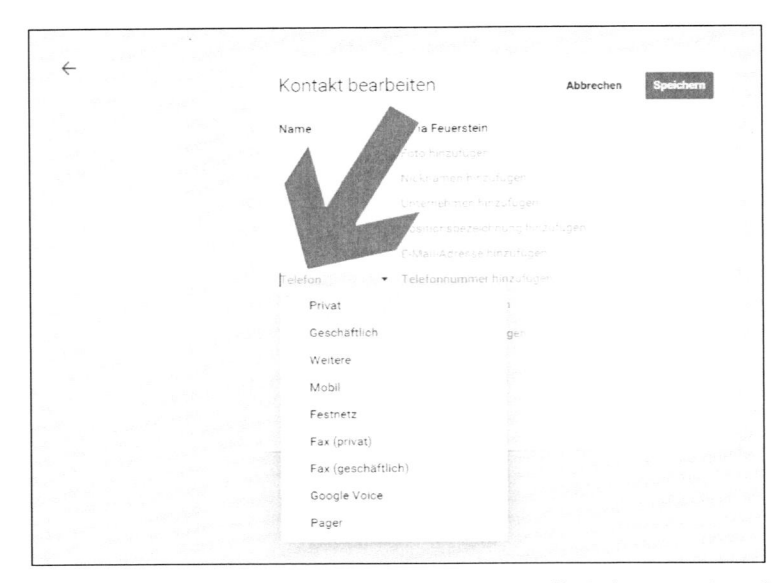

Bevor Sie eine Rufnummer oder E-Mail-Adresse eingeben, wählen Sie den Typ, beispielsweise *Privat* oder *Geschäftlich* aus (Pfeil). Zusätzliche Datenfelder legen Sie jeweils über die *xxx hinzufügen*-Schaltleiste an. Zum Löschen eines Feldes klicken Sie es an und betätigen die nun sichtbare ✕-Schaltleiste.

## 13.1.2 Kontakt in Gmail erstellen

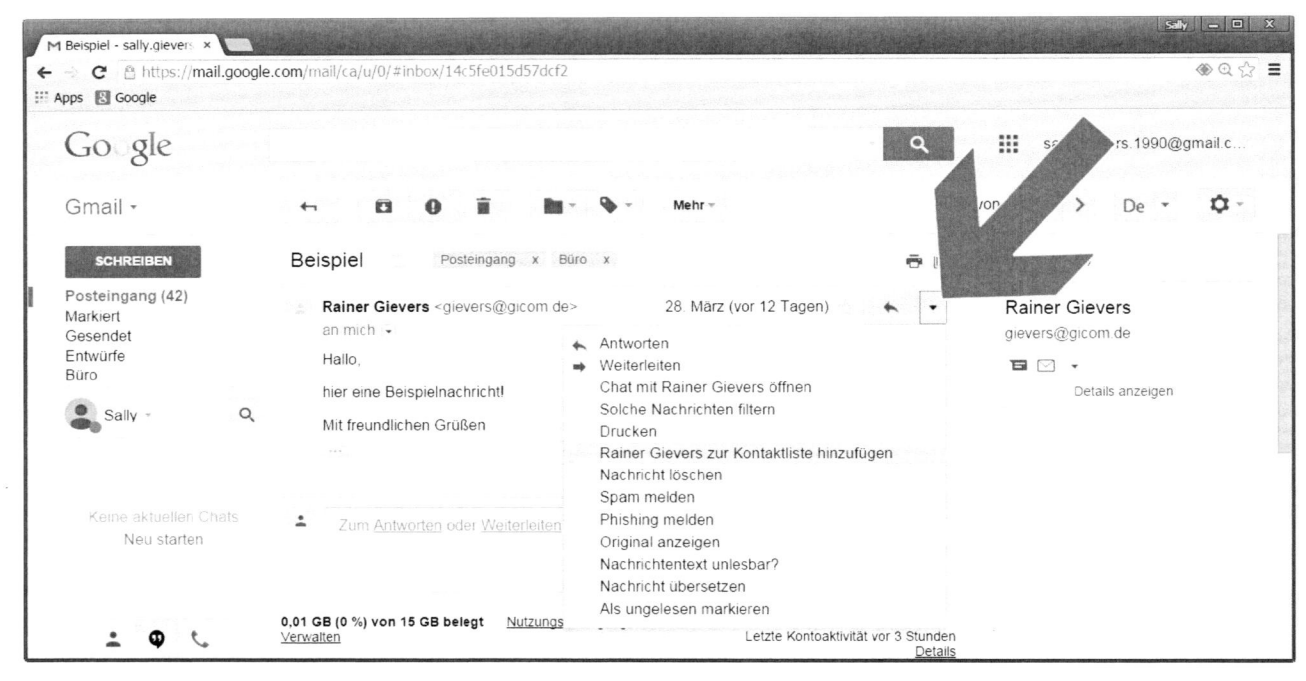

Die ▼-Schaltleiste (Pfeil) öffnet in der E-Mail-Detailansicht von Gmail ein Popup. Gehen Sie darin auf *xxx zu Kontaktliste hinzufügen*.

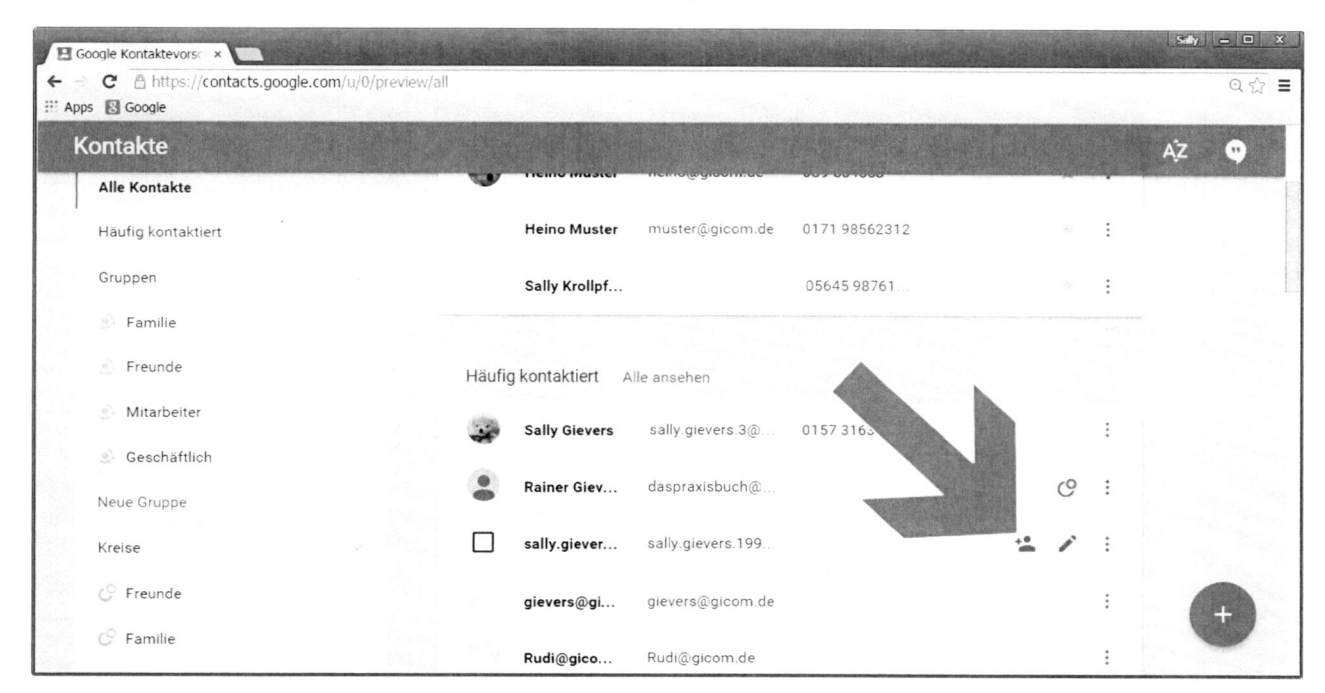

Alle Personen, denen sie beispielsweise zuletzt eine E-Mail geschrieben haben, listet das Telefonbuch unter *Häufig kontaktiert auf*. Halten Sie dort den Mauszeiger über einen hinzuzufügenden Kontakt und betätigen Sie 💁 (Pfeil).

## 13.2 Kontakt bearbeiten

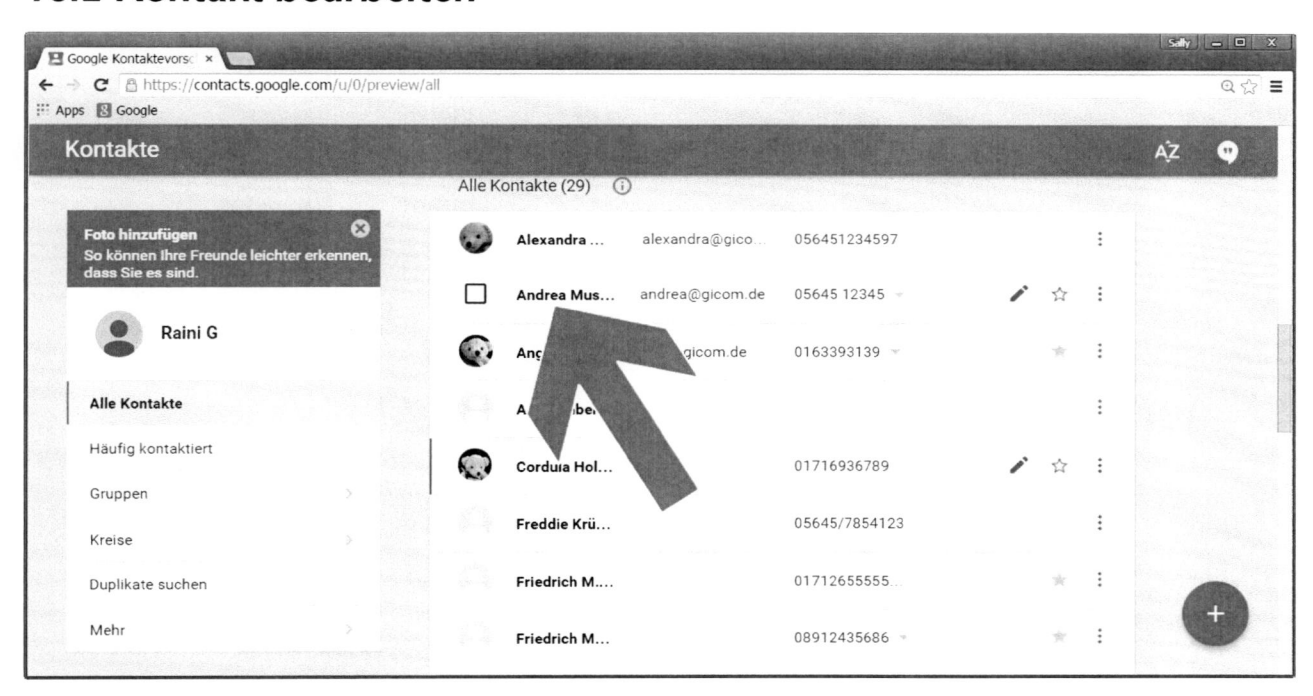

Zum Bearbeiten klicken Sie einfach einen Kontaktnamen in der Auflistung an.

Die Kontaktdetails verlassen Sie entweder mit der ←-Schaltleiste (1) oder Sie betätigen Sie esc-Taste auf der Tastatur. Gehen Sie auf ✎, um den Kontakt zu bearbeiten.

## 13.3 Kontaktfoto

Jedem Kontakt können Sie ein Kontaktfoto zuordnen, das nicht nur in der Kontaktverwaltung, sondern auch in Gmail (siehe Kapitel *6 Gmail*) und in Hangouts (siehe Kapitel *17 Google Hangouts*) angezeigt wird.

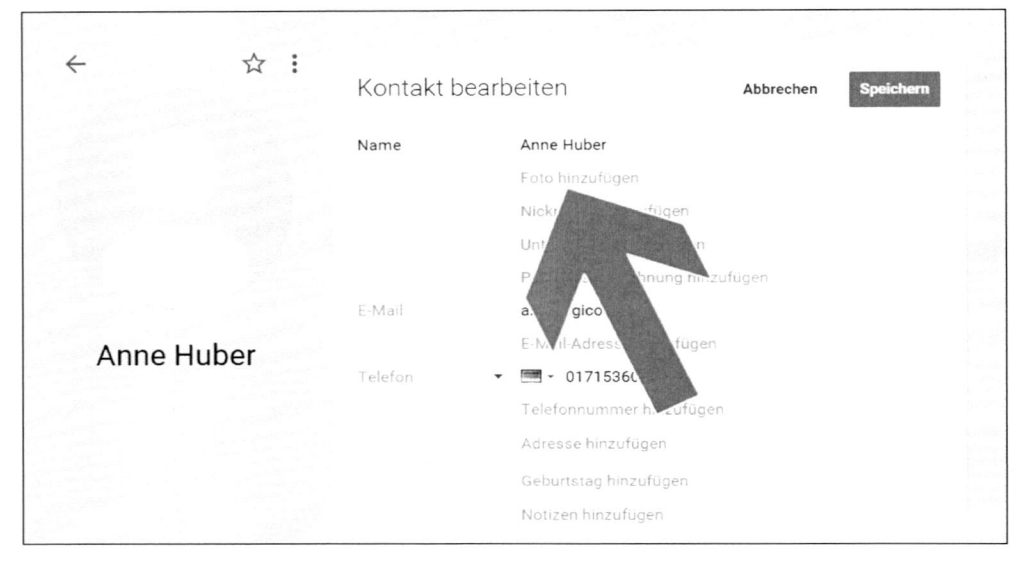

Um ein Kontaktfoto zuzuweisen, gehen Sie im Bearbeitungsbildschirm auf *Foto hinzufügen*.

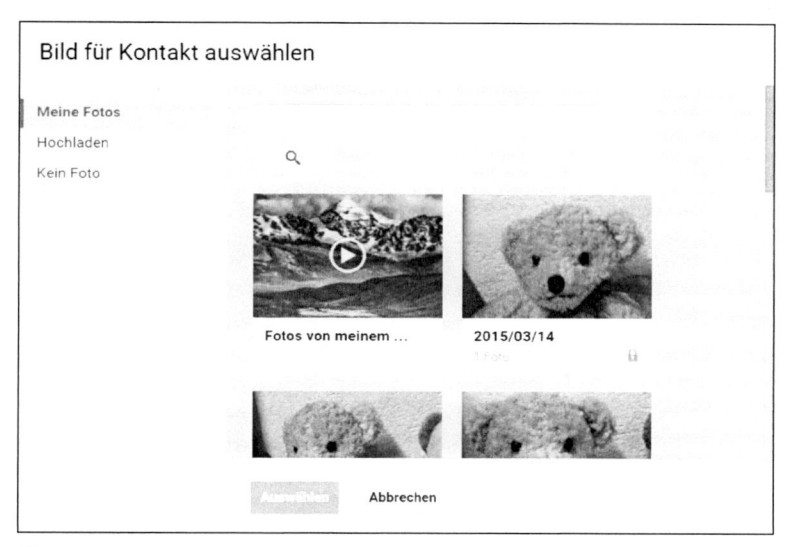

Über die Register am rechten Rand wählen Sie zwischen:

- *Meine Fotos*: Bilder, die Sie in Google Drive (siehe Kapitel *10 Google Drive*) beziehungsweise in Google+ (siehe Kapitel *15 Google+*) hochgeladen hatten.
- *Hochladen*: Ziehen Sie anschließend ein Foto von Ihrem PC aus in das Browserfenster, worauf automatisch der Upload startet.
- *Kein Foto*: Deaktiviert das Kontaktfoto und zeigt wieder die Silhouette an.

In unserem Fall verwenden wir eines der unter *Meine Fotos* aufgelisteten Bilder.

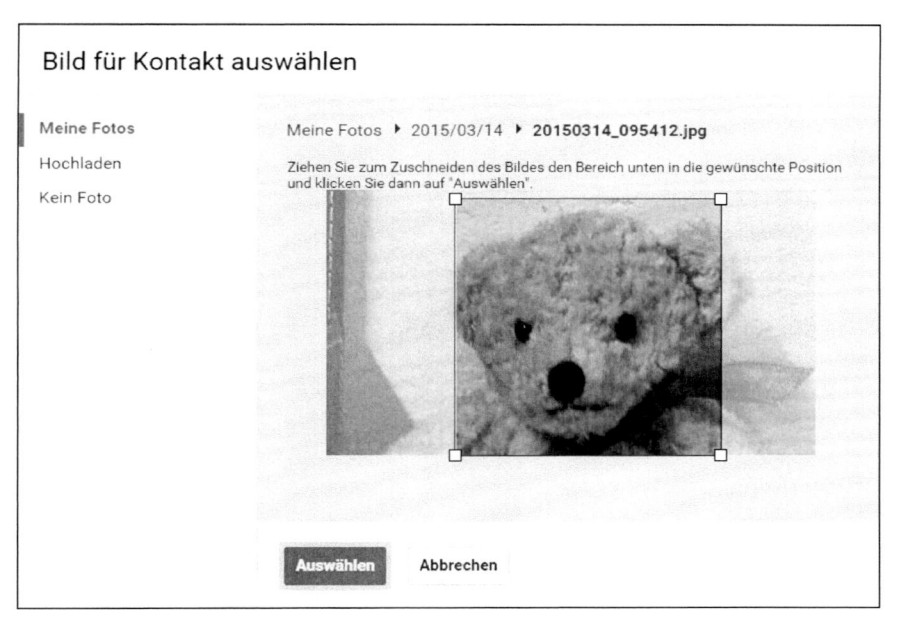

Anschließend lässt sich das Bild noch zuschneiden. Dafür ziehen Sie mit gedrückter Maustaste an den Ecken. Betätigen Sie dann *Auswählen*.

Künftig erscheint das Kontaktfoto in allen Anwendungen, die auf die Kontaktdaten zugreifen, also beispielsweise Gmail und Hangouts.

## 13.4 Suchen

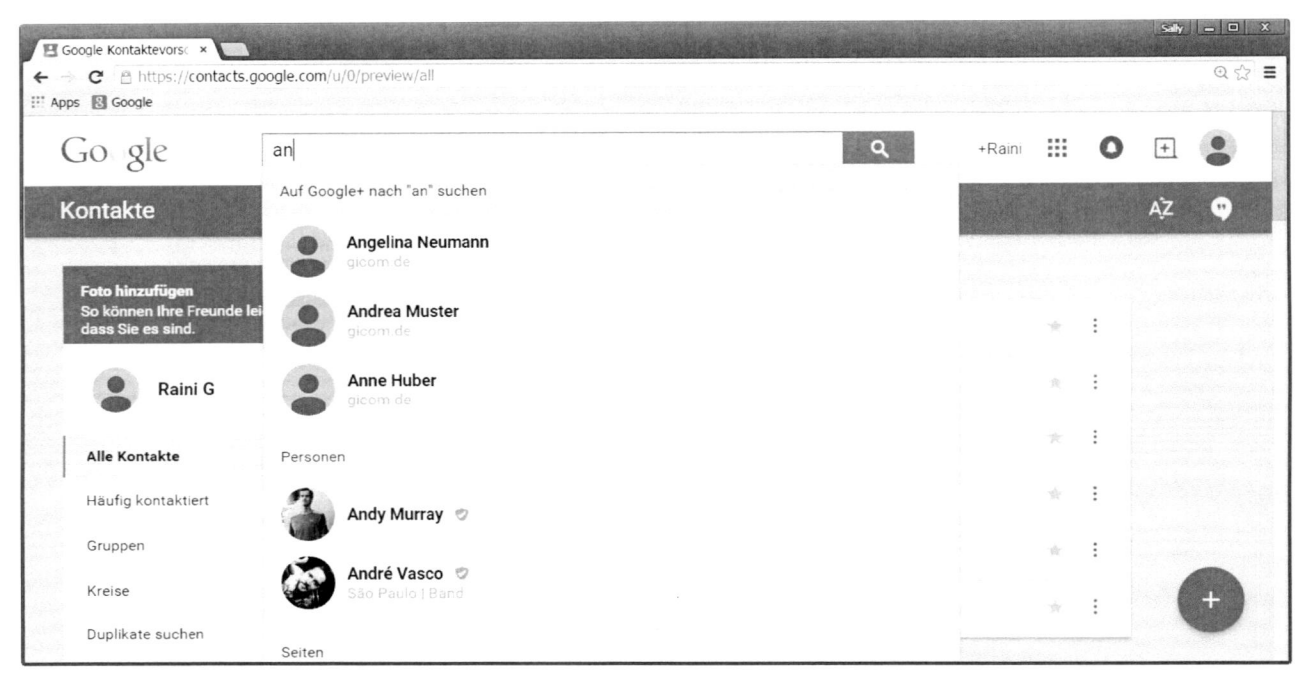

Es ist nicht unbedingt notwendig, umständlich in der Kontaktauflistung zu blättern, wenn Sie einen bestimmten Kontakt suchen. Klicken Sie stattdessen oben ins Suchfeldfeld und geben Sie den gesuchten Namen ein. Zu den eingegebenen Buchstaben, beziehungsweise Namen, zeigt das Telefonbuch sofort die passenden Kontakte an, von denen Sie einen anklicken.

## 13.5 Gruppen

Das Gruppen-Feature ist sehr nützlich, wenn sich sehr viele Kontakte angesammelt haben. Beispielsweise ordnen Sie dann private und berufliche Kontakte verschiedenen Gruppen zu und können die Kontaktanzeige auf bestimmte Gruppen beschränken.

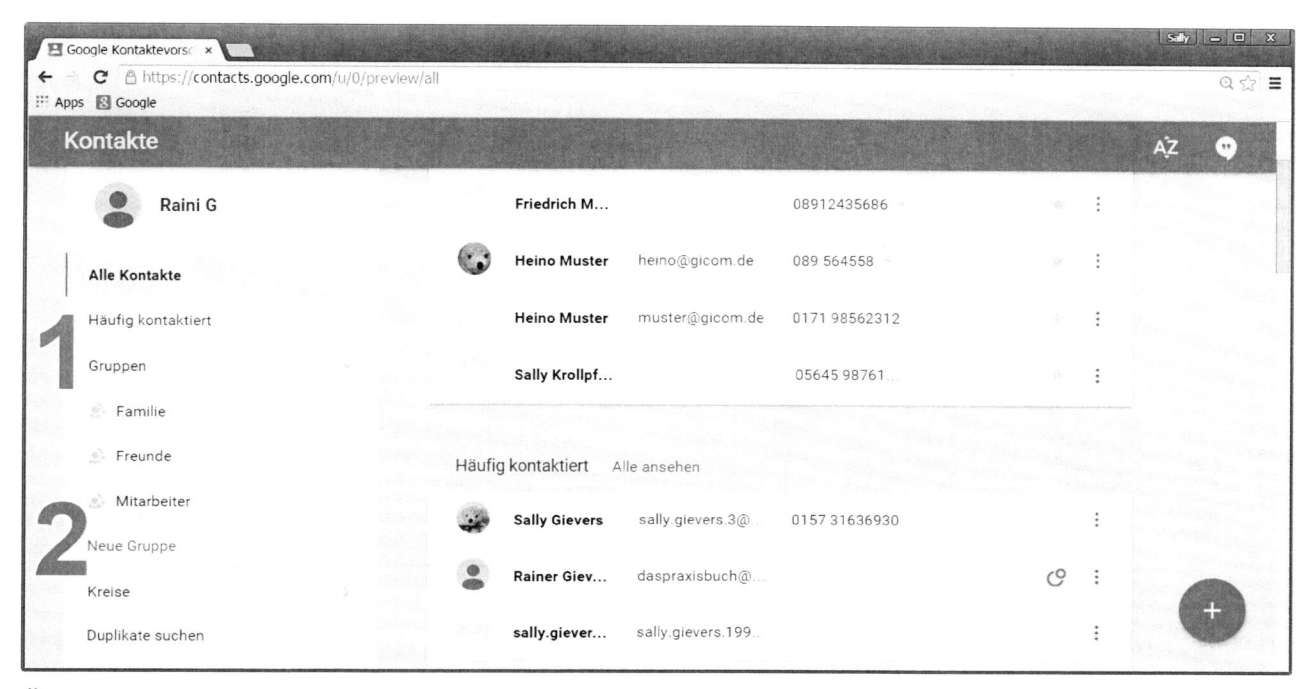

Öffnen Sie mit einem Kick in der Menüleiste zunächst die *Gruppen* (1), danach rufen Sie *Neue Gruppe* (2) auf.

Nach Eingabe des Gruppennamens betätigen Sie *OK*. Fügen Sie auf diesem Wege gegebenenfalls weitere Gruppen hinzu.

Die erstellten Gruppen sind natürlich noch leer. Rufen Sie nun die Kontaktauflistung auf, indem Sie links in der Menüauflistung auf *Alle Kontakte* klicken.

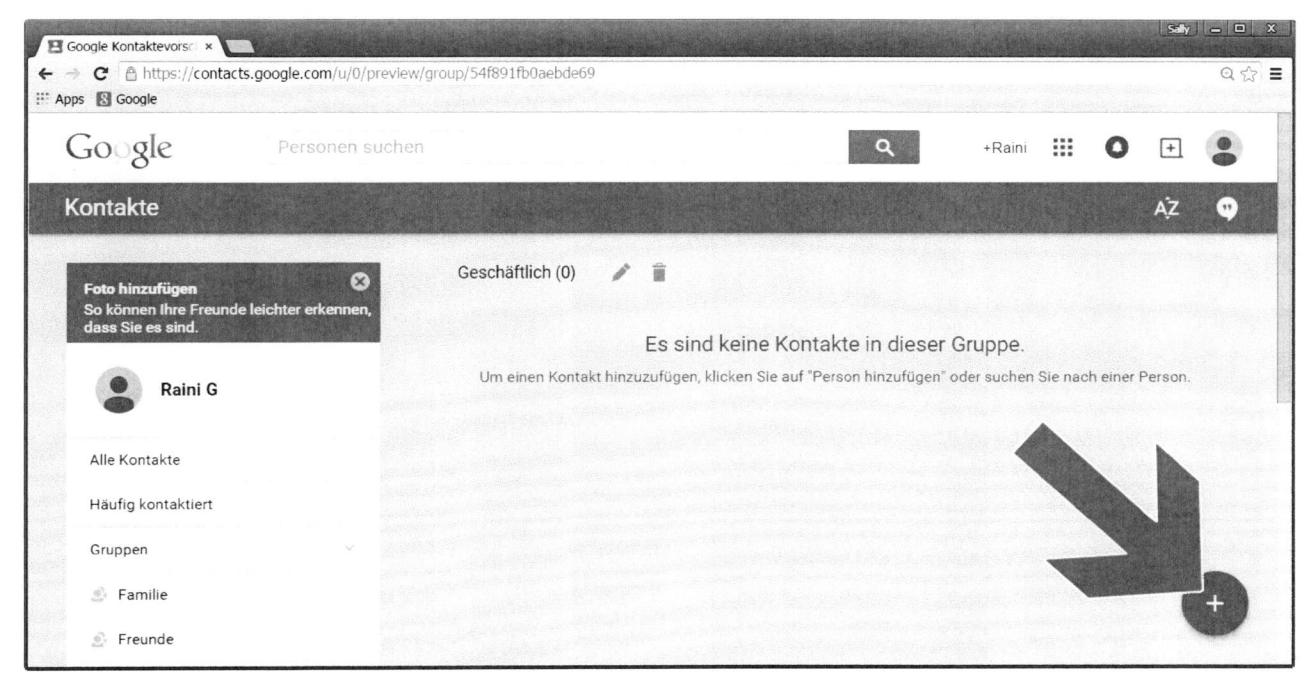

So fügen Sie Gruppenmitglieder hinzu: Während Sie eine Gruppe ausgewählt haben, gehen Sie auf

✚ (Pfeil), was einen neuen Kontakt erstellt. Dieser wird auch automatisch der Gruppe zugewiesen.

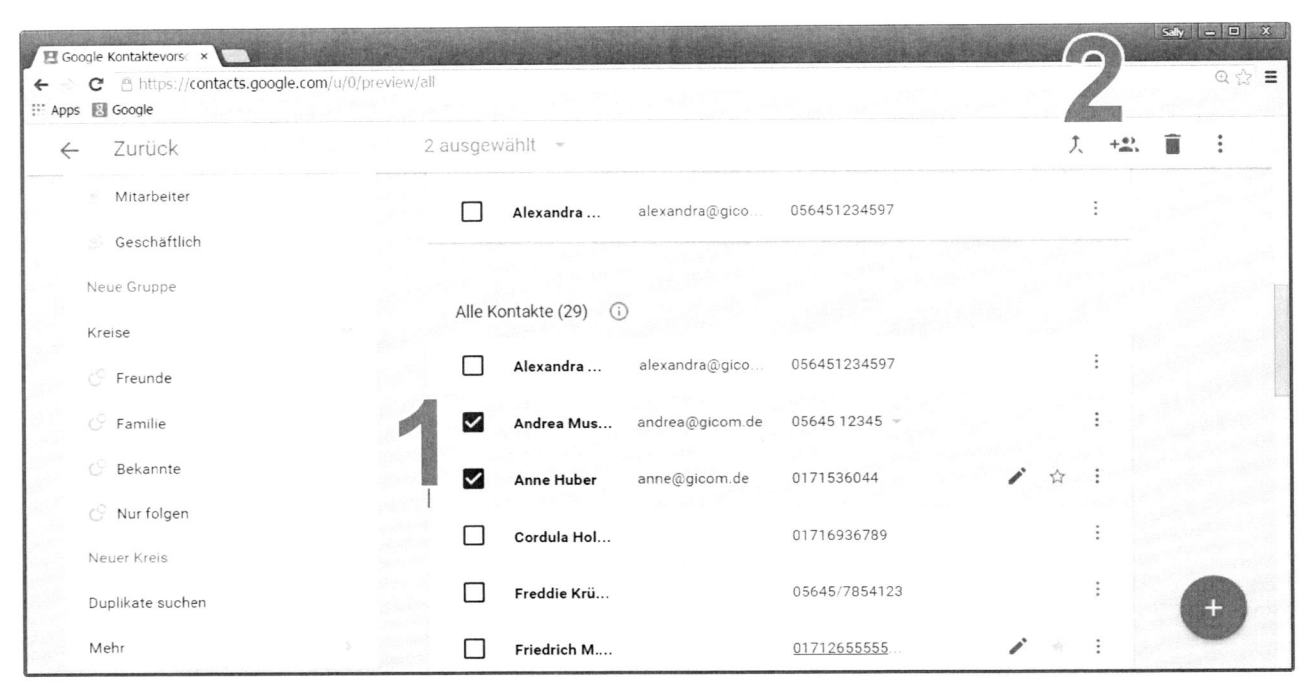

Alternativ klicken Sie die Profilfotos der Kontakteinträge (1) an, welche nun selektiert sind und betätigen dann ✚👥 (2). Es öffnet sich das Popup, worin Sie die Gruppen zuweisen.

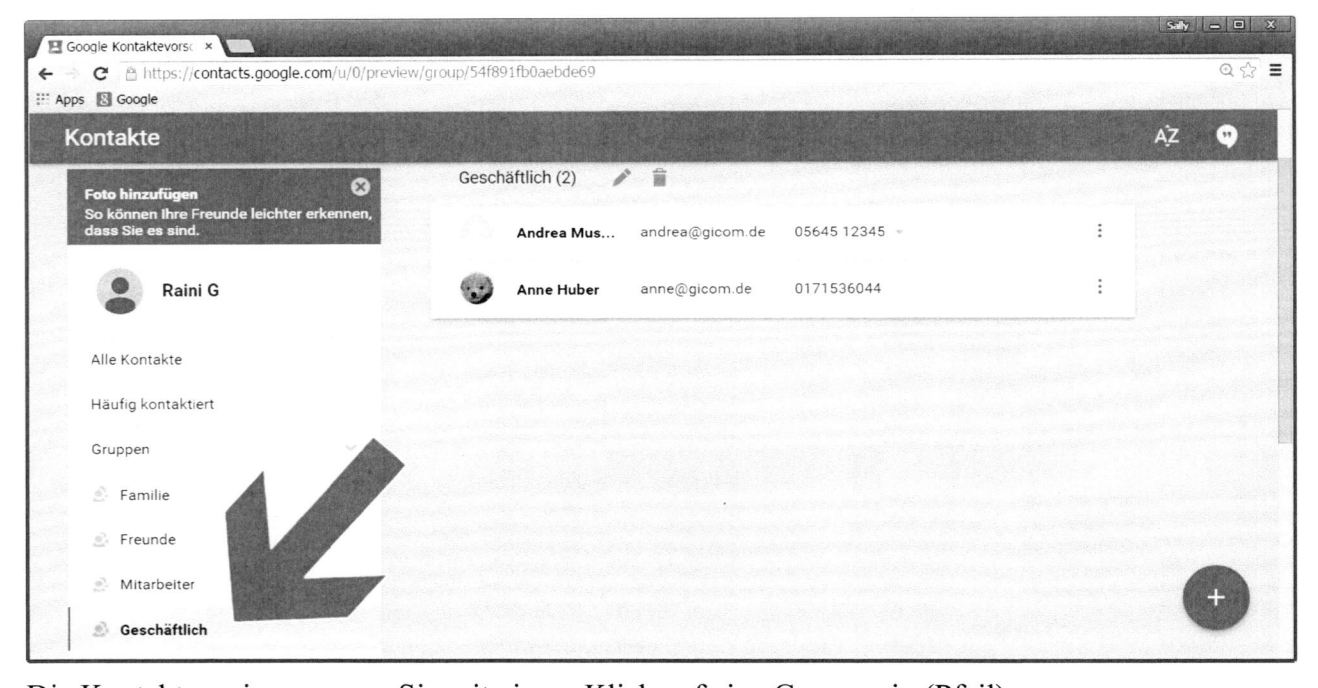

Die Kontaktanzeige grenzen Sie mit einem Klick auf eine Gruppe ein (Pfeil).

Google Kontakte

## 13.6 Favoriten

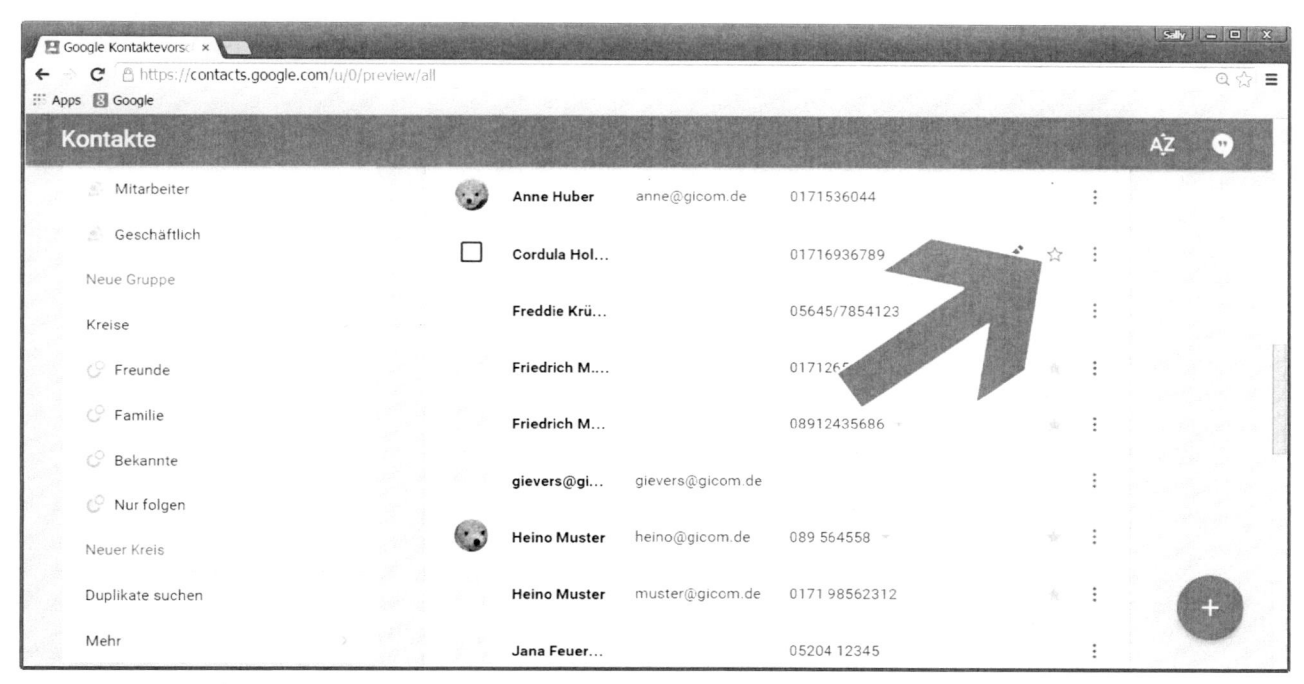

Ein Klick auf ☆ in der Kontaktauflistung (Pfeil) markiert einen Kontakt als Favorit – halten Sie dafür den Mauszeiger auf einem Kontakteintrag. Auch in den Kontaktdetails können Sie den ☆ setzen. Erneutes Anklicken deaktiviert den Favoritenstatus wieder.

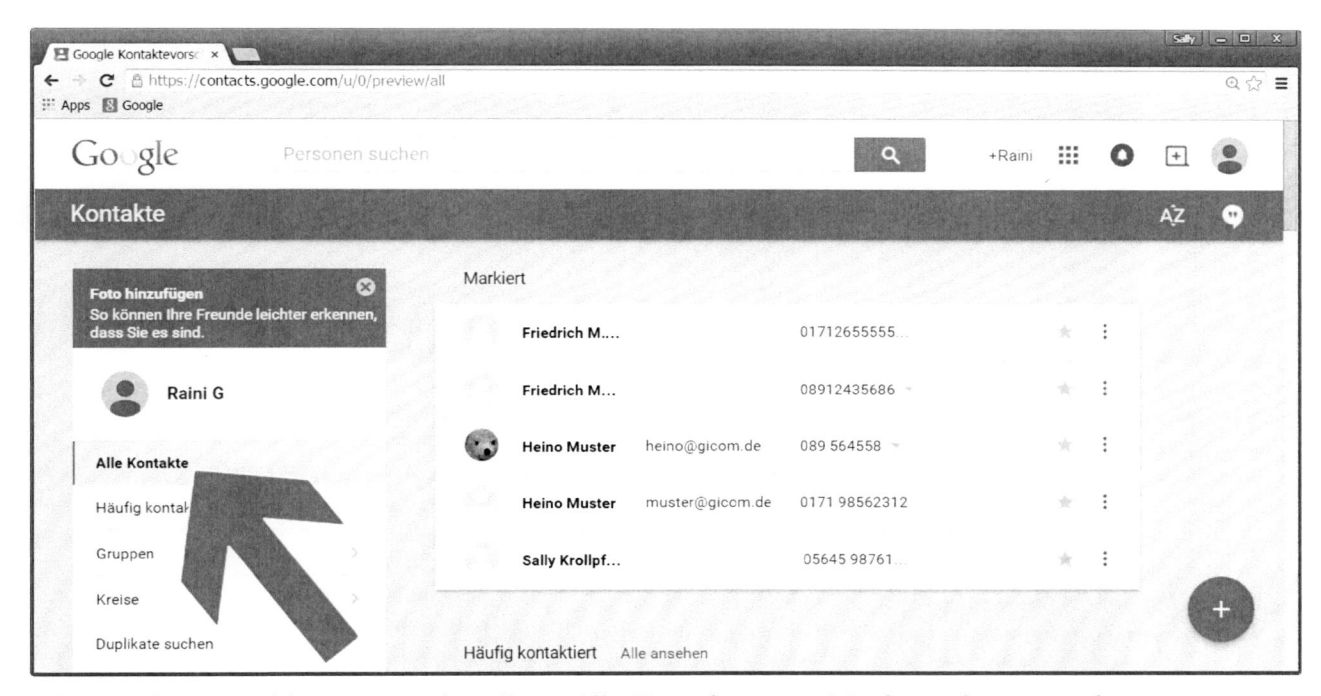

Die von Ihnen markierten Favoriten listet *Alle Kontakte* unter *Markiert* als erste auf.

## 13.7 Stapelverarbeitung

Die Stapelverarbeitung dient dazu, eine Aktion auf mehrere Kontakte gleichzeitig anzuwenden, was mitunter viel Zeit spart.

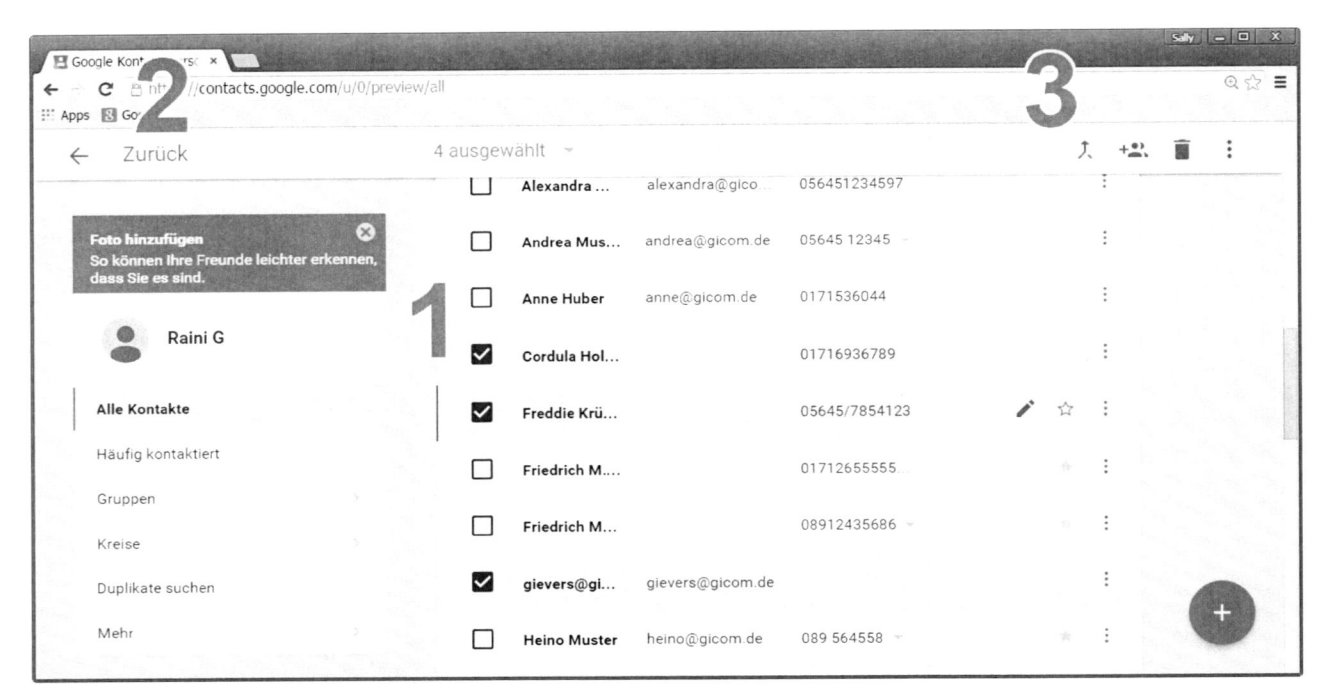

Aktivieren Sie Abhakkästchen (1) vor den Kontakten, die Sie gleichzeitig bearbeiten möchten (einfach bei einem Kontakt auf das Kontaktfoto klicken, worauf das Telefonbuch in den Markierungsmodus umschaltet). Ein Klick auf *Zurück* (2) beendet den Markierungsmodus.

Anschließend sind folgende Schaltleisten verfügbar:

- ⅄: Kontakte zusammenführen: Vielleicht haben Sie einige Kontakteinträge mehrfach vorliegen, zum Beispiel weil eine Person im Telefonbuch sowohl beruflich als auch privat vertreten ist. Sie können zusammengehörige Kontakte dann zusammenführen.

- +👥: Fügt die Kontakte einer Gruppe (siehe Kapitel *13.5 Gruppen*) hinzu.

- 🗑: Kontakte löschen.

- ⋮: E-Mail an die Kontakte senden (siehe Kapitel *6 Gmail*) oder Hangouts starten (siehe Kapitel *17 Google Hangouts*).

# 14. Google Maps

Google Maps zeigt nicht nur Straßenkarten, sondern auch Satellitenansichten an und dient als Routenplaner. Beachten Sie, dass Google Maps die Kartenausschnitte jeweils aus dem Internet lädt, also eine WLAN- oder Netzwerkverbindung bestehen muss.

Da alle uns bekannten Notebooks/PCs keinen GPS-Empfänger besitzen, ist die von Google Maps unterstützte Autonavigation nicht nutzbar. Auch die Standortermittlung, die automatisch vom gerade angezeigten Kartenausschnitt wieder auf die aktuelle GPS-Position umschaltet, funktioniert nicht. Auf eine Beschreibung dieser Funktionen gehen wir im Buch daher nur am Rande ein.

> Auch Android verfügt über die Kartenanwendung, zu der Sie eine Beschreibung im Kapitel *28 Google Maps (Android)* finden.

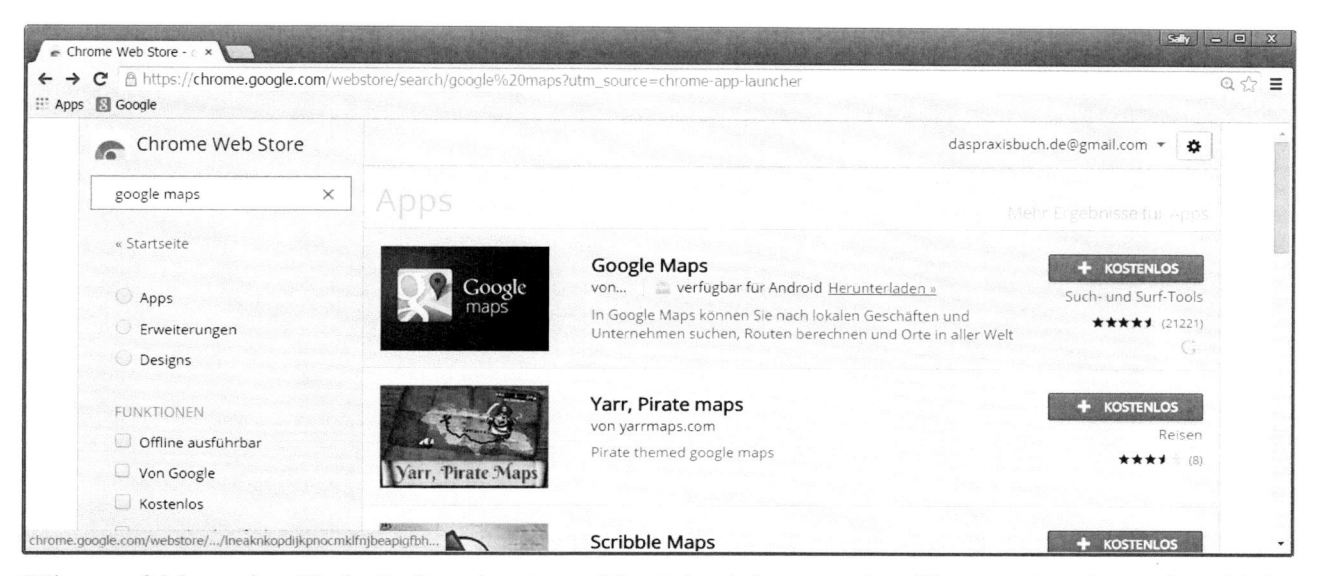

Wir empfehlen, eine Verknüpfung im Apps-Menü beziehungsweise Chrome App Launcher (siehe *7.5 Der Chrome App Launcher*) einzurichten. Dazu rufen Sie den Web Store auf (siehe Kapitel *7.2 Anwendungen installieren*), suchen nach *google maps* und betätigen bei *Google Maps* die *KOSTENLOS*-Schaltleiste.

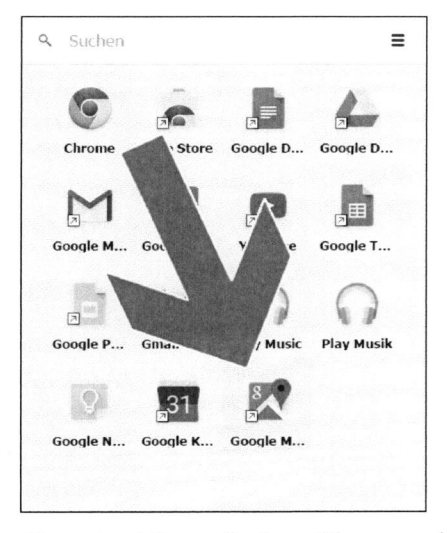

*Google Maps* finden Sie nun im Apps-Menü beziehungsweise Chrome App Launcher (siehe Kapitel *7.5 Der Chrome App Launcher*).

## 14.1 Google Maps nutzen

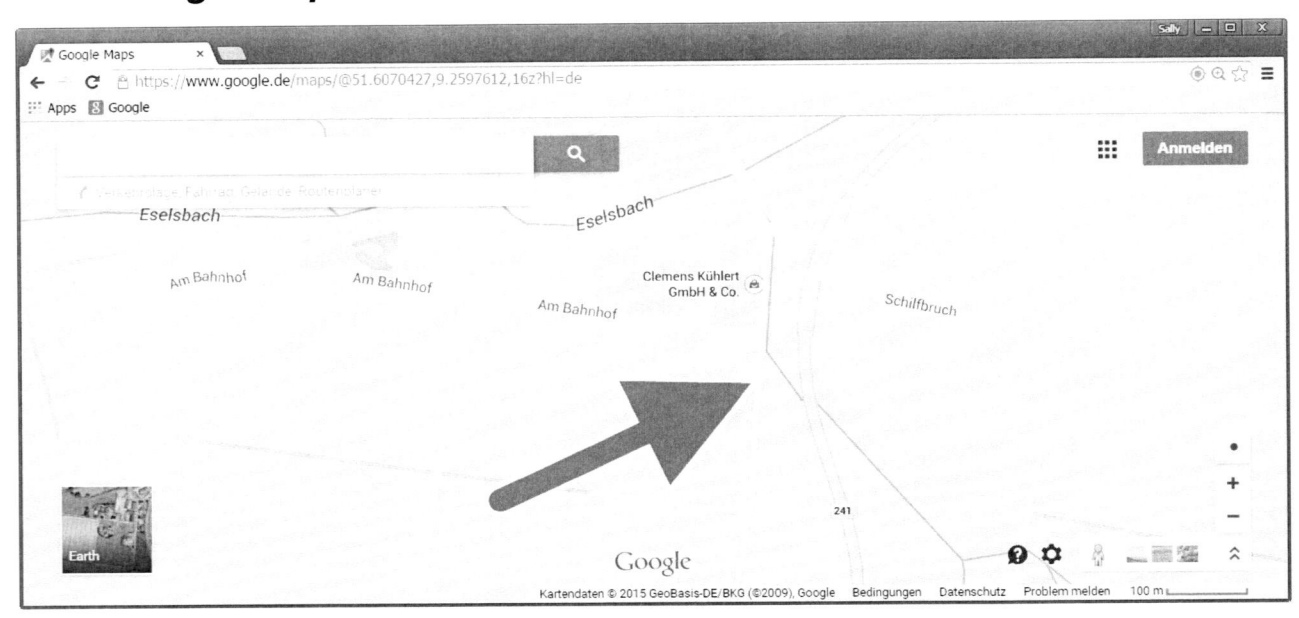

Den angezeigten Kartenausschnitt ändern Sie, indem Sie den Mauszeiger in die Karte bewegen und dann mit gedrückter linker Maustaste in die gewünschte Richtung ziehen.

Es existieren gleich mehrere Möglichkeiten, wie Sie den Kartenausschnitt verkleinern/vergrößern (Zoom):

- Klicken Sie zweimal schnell hintereinander mit der linken Maustaste. Wenn Sie gleichzeitig die **alt**-Taste auf der Tastatur gedrückt halten, verkleinern Sie den Kartenausschnitt dagegen.
- Nutzen Sie die Schaltleisten **+** und **−** unten rechts.
- Drehen Sie am Mausrad Ihrer Maus.

Betroffen von Ihrer Aktion ist immer der Kartenausschnitt unter dem Mauszeiger.

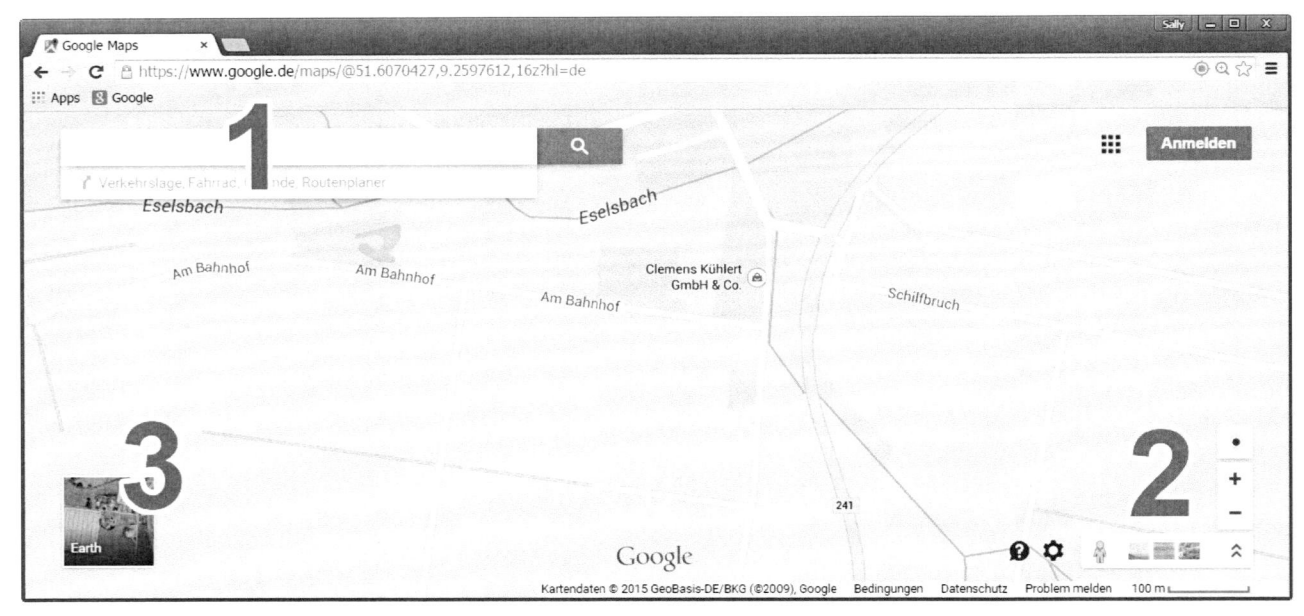

Verwenden Sie das Suchfeld (1) um Orte, Firmen, Adressen oder Sehenswürdigkeiten aufzufinden.

Unten rechts (2) sehen Sie die Schaltleisten:

- ⊙ (Mein Standort): Zeigt nach Anklicken Ihre vom GPS-Empfänger ermittelte Position auf der Karte an. Dazu müsste allerdings der PC einen GPS-Empfänger besitzen, weshalb diese

Funktion dort nicht verfügbar ist. Alternativ erfassen Sie, wie im Kapitel *14.2 Einstellungen* beschrieben unter *Sucheinstellungen* einen Standort, den ◉ dann anzeigt.

- ✚: Kartenausschnitt verkleinern (hereinzoomen).
- ➖: Kartenausschnitt vergrößern (herauszoomen).
- ❷: Hilfefunktion, sowie Tipps und Tricks.
- ✪: Einstellungen und einige Spezialfunktionen. Siehe Kapitel *14.2 Einstellungen*.
- ⚐: Den »Pegman« ziehen Sie in die Karte, um Straßenfotos anzuzeigen (siehe Kapitel *14.4 Google Street View*).
- ▄▄▄ ⌃: Öffnet das Erkunden-Fenster, welches Fotos von Sehenswürdigkeiten aus der Gegend anzeigt.

Ein Klick auf das Satellitenfoto (3) schaltet auf die Satellitenansicht um.

## 14.2 Einstellungen

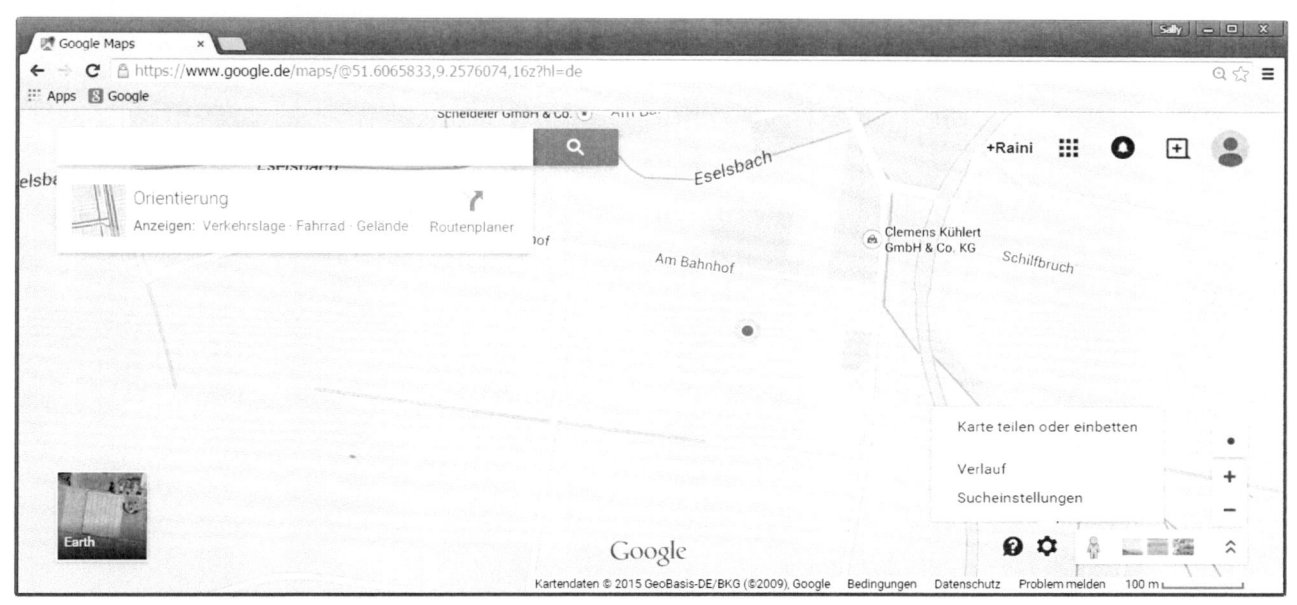

Gehen Sie auf ✪ für einige Sonderfunktionen:

- *Karte teilen oder einbetten*: Erzeugt einen Link, den Sie in die Zwischenablage kopieren und beispielsweise in einer E-Mail einfügen. Der E-Mail-Empfänger erhält dann nach einen Klick auf den Link den gleichen Kartenausschnitt angezeigt, den Sie sehen. Alternativ erzeugen Sie einen HTML-Code, den Sie in einer eigenen Webseite »einbauen«

- *Verlauf*: Alle von Ihnen in der Google-Suche eingegebenen Suchbegriffe, nach Datum sortiert auflisten (einschließlich Google Maps-Suche).

- *Sucheinstellungen*: Geben Sie einen Standort ein, den ein Klick auf ◉ im Kartenbildschirm anzeigt.

## 14.3 Suche

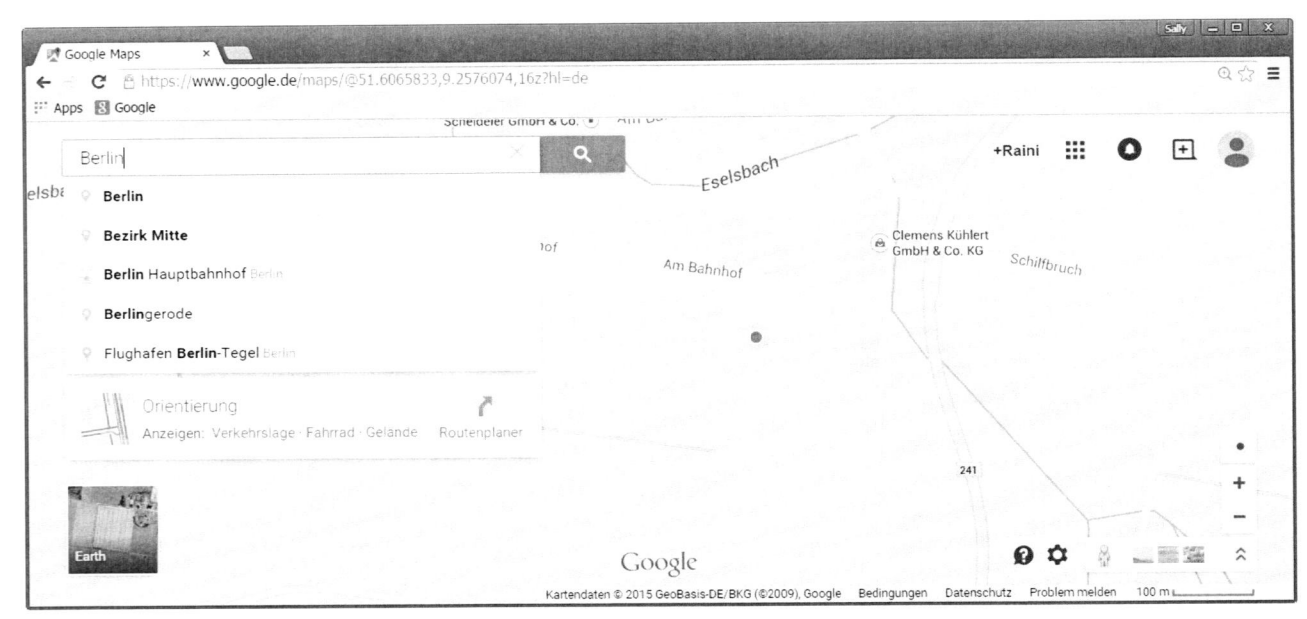

Gehen Sie ins Suchfeld, um Adressen oder Sehenswürdigkeiten (Points of Interest) aufzufinden. Dort erfassen Sie eine Adresse und betätigen die **enter**-Taste im Tastenfeld. Eventuell macht Google Maps hier schon Vorschläge, die Sie direkt mit einem Klick auswählen können.

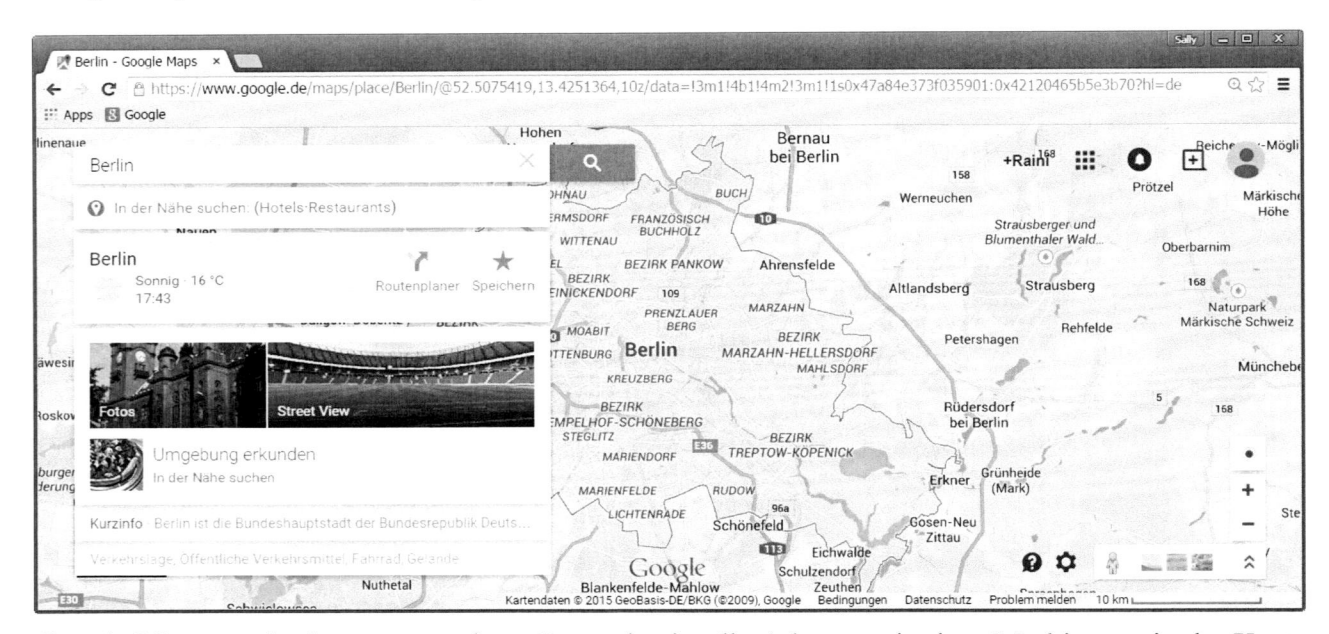

Google Maps wechselt zum gesuchten Ort und zeigt die Adresse mit einer Markierung in der Karte an (nur bei genauen Ortsangaben, beispielsweise wenn eine bestimmte Sehenswürdigkeit oder Straße gesucht wurde).

Die Angaben unter dem Suchfeld:

- Aktuelles Wetter
- *Routenplaner* (siehe Kapitel *14.5 Routenplaner*)
- *Speichern*: Ort als Favorit speichern, siehe Kapitel *14.8 Markierungen*.
- *Fotos*: Zeigt Fotos vom Ort, die von anderen Personen hochgeladen wurden.
- *Street View* (Vorschaubild anklicken): Aktiviert Street View (fotografische Anzeige des Straßenverlaufs). Dieser Menüpunkt ist nur sichtbar, wenn zum Fundort Street View-Bilder vorliegen.

- *Umgebung erkunden*: Führen Sie eine erneute Suche durch, die allerdings diesmal auf den näheren Fundstellenumkreis begrenzt ist.
- *Kurzinfo*: Interessante Fakten zum Ort.
- *Verkehrslage, Öffentliche Verkehrsmittel, Fahrrad, Gelände*: Ebenen einblenden. Siehe Kapitel *14.6 Ansichten*.

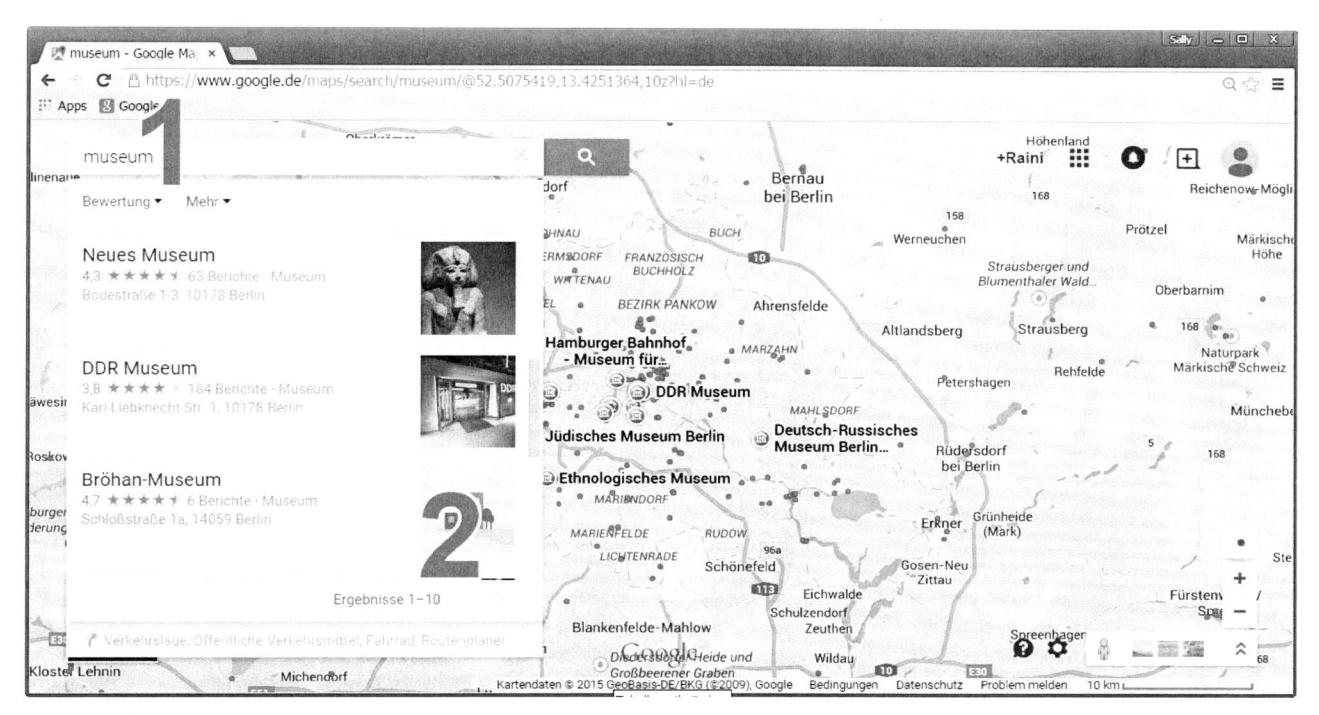

Häufig findet Google Maps auch mehrere Orte oder Points of Interest, die dann aufgelistet werden. Klicken Sie eines der Suchergebnisse, zu dem Sie weitere Infos wünschen, an.

Über die Auswahlmenüs *Bewertung* und *Mehr* (1) lässt sich die Suche eingrenzen. Blättern Sie mit ❮ und ❯ durch die Fundstellen.

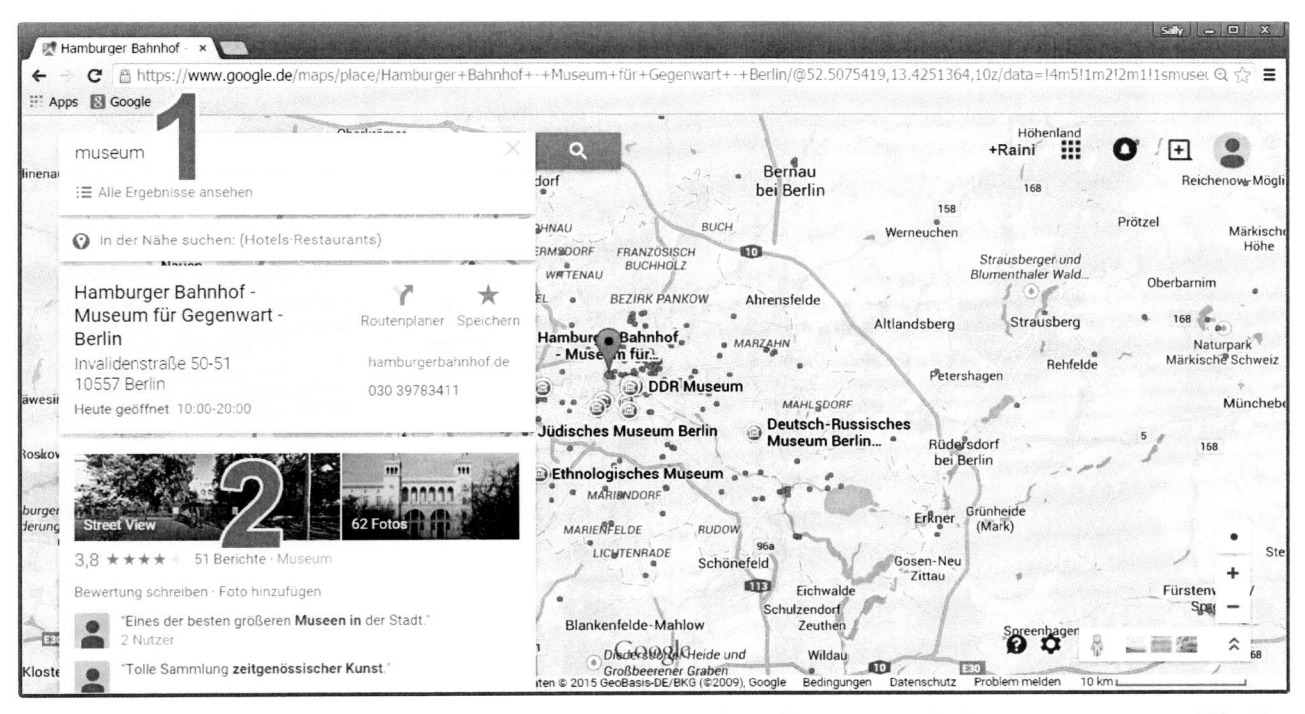

Ein Klick auf eine Fundstelle zeigt den jeweiligen Point of Interest mit Bewertungen an. *Alle Ergebnisse ansehen* (1) schaltet wieder auf die Fundstellenauflistung um. Ein Klick auf *xx Berichte*

(2) öffnet einen neuen Bildschirm mit Kontaktinfos, Öffnungszeiten und Nutzerbewertungen. Hier dürfen Sie auch selbst eine Bewertung schreiben, die von Google veröffentlicht wird.

> Tipp 1: Geben Sie im Suchfeld auch die Postleitzahl ein, wenn zu vermuten ist, dass eine gesuchte Stadt mehrfach vorkommt.
>
> Tipp 2: Möchten Sie beispielsweise wissen, welche Sehenswürdigkeiten es in einer bestimmten Region/Stadt gibt, dann wechseln Sie zuerst den entsprechenden Kartenausschnitt (Sie können auch die Stadt suchen) und geben dann im Suchfeld einen allgemeinen Begriff wie »Museum« ein. Alternativ gehen Sie unter dem Suchfeld auf *In der Nähe suchen* und führen eine erneute Suche durch.
>
> Zum Löschen der Suchergebnisse in der Karte tippen Sie oben rechts neben dem Suchfeld die ×-Schaltleiste an.

## *14.4 Google Street View*

Street View zeigt den Straßenverlauf in einer 360-Grad-Panorama-Ansicht an. Die dazu verwendeten Fotos wurden von Google mit speziell ausgerüsteten Kamera-Autos erstellt, welche 20 deutsche Großstädte durchfahren haben.

Google hat leider aus unternehmenspolitischen Gründen das Street View-Projekt in Deutschland eingestellt (Quelle: *de.wikipedia.org/wiki/Google_Street_View*), zeigt aber weiterhin die bereits vorhandenen Street View-Panoramabilder an. Im Jahr 2014 wurde bekannt, dass Google erneut seine Kameraautos durch Deutschland schickt, die Aufnahmen aber nur der Straßenerfassung für den Maps-Routenplaner dienen.

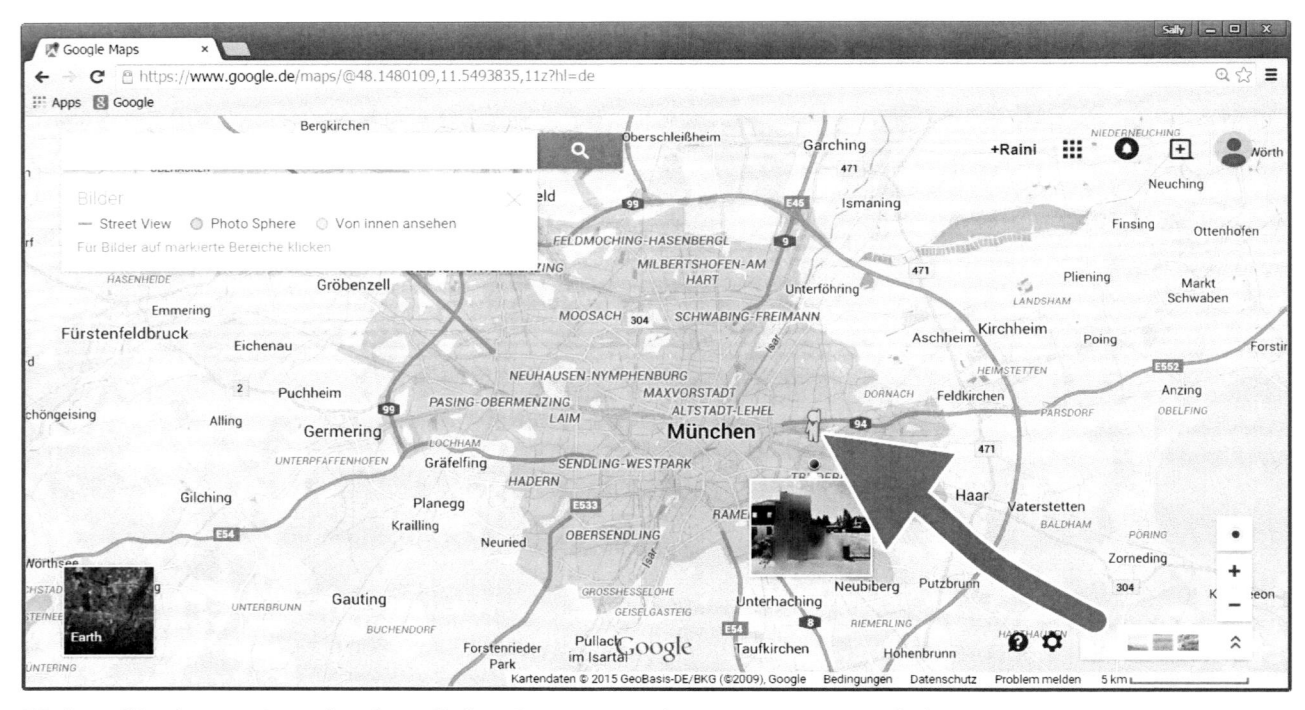

Ziehen Sie dann mit gedrückter linker Maustaste den »Peg Man« auf eine Kartenposition.

> Tipp: Google Maps zeigt alle Kartenbereiche, für die Street View-Fotos vorliegen, Grünblau hervorgehoben an, wenn Sie den »Peg Man« in die Karte ziehen. Sofern Sie zuvor einen besonders großen Kartenausschnitt, beispielsweise auf ganz Deutschland in der Karte herauszoomen, sehen Sie auf einem Blick, welche deutschen Städte und Regionen in Street View vertreten sind.

Street View zeigt nun den Kartenbereich als Panorama-Ansicht. Bewegen Sie den Mauszeiger in die Ansicht und ziehen Sie mit gedrückter Maustaste nach links oder rechts, worauf sich die Ansicht ändert. Ein Klick auf den Straßenverlauf folgt dieser.

Die esc-Taste auf das Tastatur beendet den Street View-Modus und schaltet wieder auf die Kartenansicht zurück.

> Manche Häuser in Street View sind »verpixelt«, das heißt man sieht nur einen unscharfen Umriss. Grund dafür ist eine Einigung zwischen Google und den deutschen Datenschützern, derzufolge Hausbewohner Ihr Grundstück bei Street View »verpixeln« lassen konnten.

## *14.5 Routenplaner*

Der Routenplaner zeigt Ihnen die beste Fahrtroute zwischen zwei Standorten.

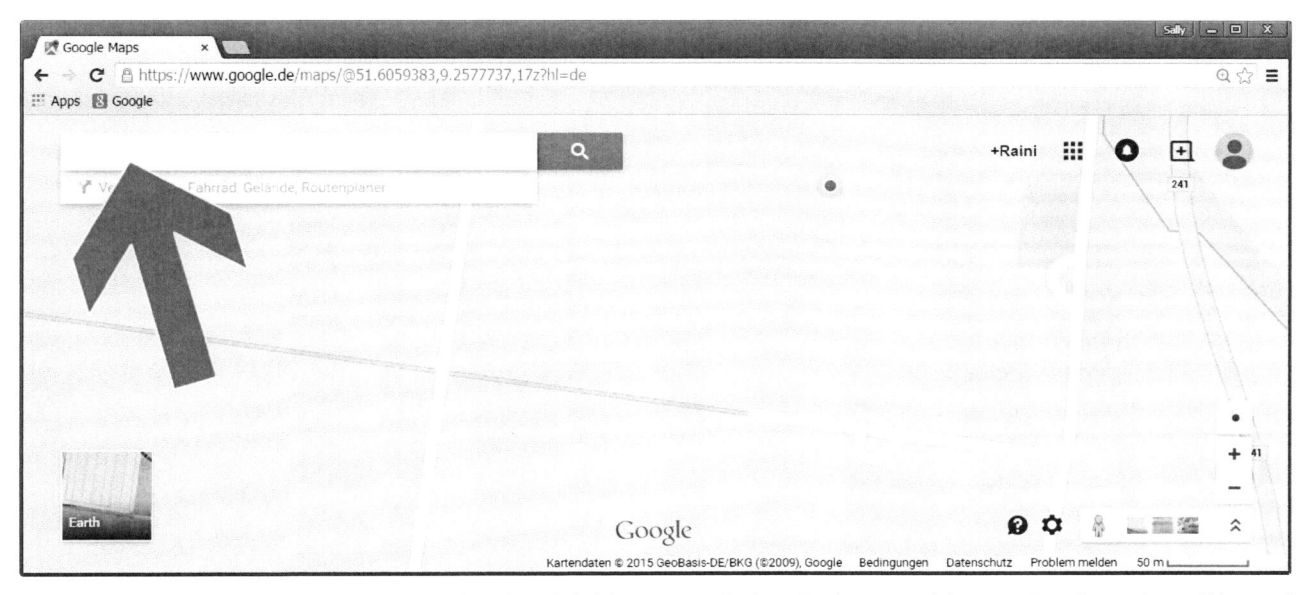

Halten Sie den Mauszeiger über das Suchfeld, worauf eine Leiste ausklappt. Darin gehen Sie auf

*Routenplaner.*

> Tipp: Wenn Sie vor dem Klick auf *Routenplaner* zuerst nach einem Ort beziehungsweise Point of Interest suchen, wird dieser beim Klick auf *Routenplaner* automatisch als Zielort übernommen.

Sie müssen nun Start und Ziel eingeben, wobei Sie recht frei in der Eingabe sind, das heißt neben Adressen können Sie auch einfach Namen von Sehenswürdigkeiten, Unternehmen, usw. eingeben. Am unteren Rand macht Google Maps passende Vorschläge, aber auch bereits besuchte Orte werden aufgelistet.

Die Pictogramme schalten die Routenberechnung für bestimmte Verkehrsmittel um:

- ↱: Öffentliches Verkehrsmittel und Auto
- 🚗: Auto
- 🚆: LKW und Busse
- 🚶: Fußgänger
- ... öffnet die Pictogramme für Motorrad und Flugverkehr.

Weitere Schaltleisten:

- ✕: Routenberechnung beenden.
- ↑↓: Start und Zielort tauschen.

Sobald Sie Start und Ziel ausgewählt beziehungsweise mit der enter-Taste bestätigt haben, listet Google Maps die möglichen Fahrtrouten auf.

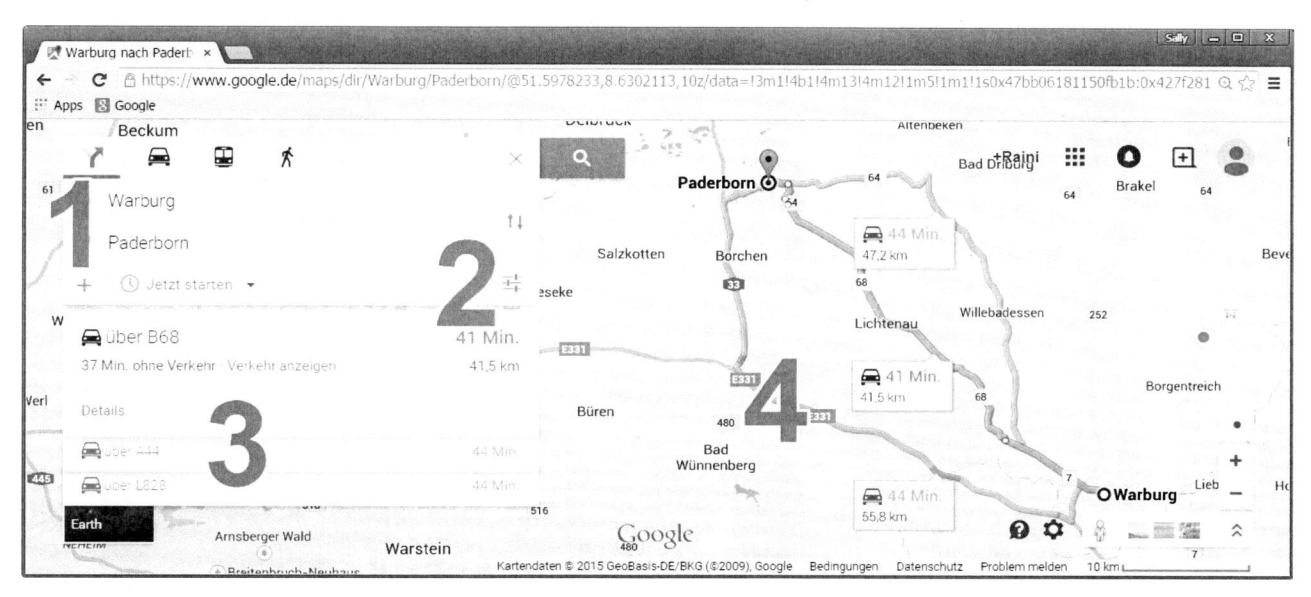

Falls sich der Kasten, in dem Sie zuvor die Routendaten eingegeben haben, ausblendet, bewegen Sie einfach den Mauszeiger wieder darauf.

Über ✛ (1) fügen Sie Zwischenstops hinzu. Dies ist praktisch, um Google Maps zur Verwendung von bestimmten Routen zu zwingen. In den Routenoptionen, die Sie mit ⇅ aktivieren (2) stellen Sie ein, ob Autobahnen, Mautstraßen und Fähren zu meiden sind.

Insbesondere bei längeren Strecken gibt es meist mehrere mögliche Fahrtmöglichkeiten, zwischen denen Sie mit einem Klick auf die Routenvorschläge (3) umschalten. Alternativ: Google Maps blendet in der Kartenansicht mögliche Routen ein. Klicken Sie darin einfach einen der grauen Routenvorschläge (4) an.

> Da der Routenplaner innerhalb von Google Maps abläuft, stehen dort viele der bereits ab Kapitel *14 Google Maps* beschriebenen Funktionen zur Verfügung. Zum Beispiel können Sie den Kartenausschnitt verschieben, oder im Kartenmaterial heraus- und hineinzoomen.

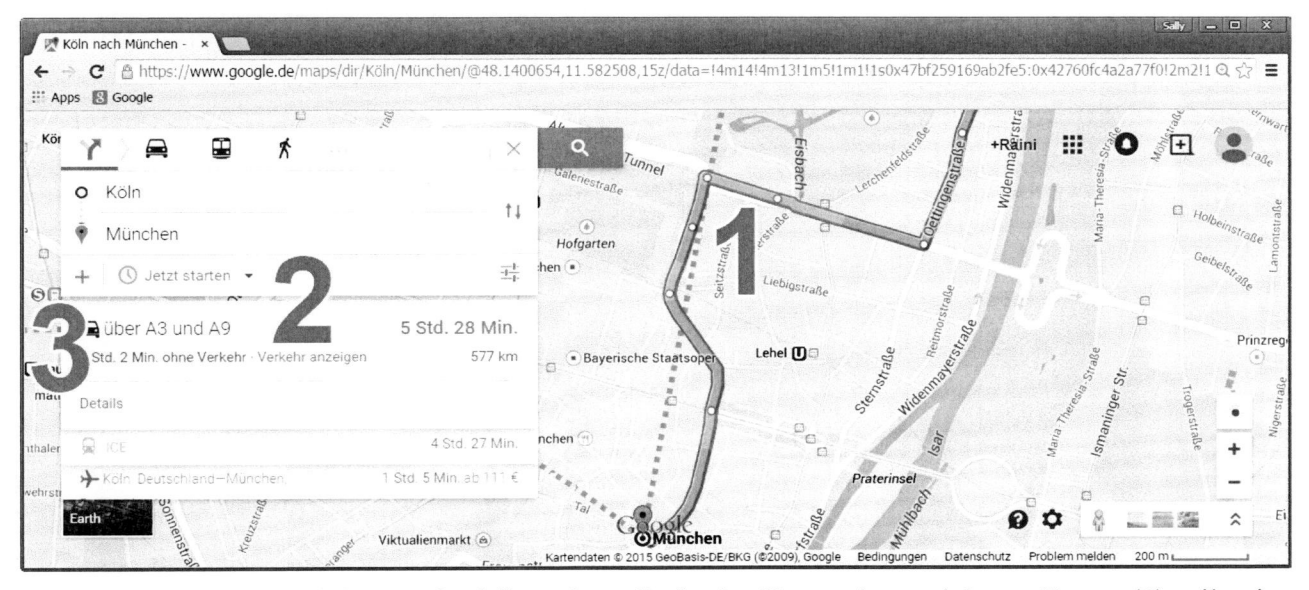

Vielleicht ist es Ihnen schon aufgefallen, dass die in der Karte eingezeichnete Route (1) teilweise unterschiedliche Farben aufweist. Sie erkennen daran die aktuelle Verkehrslage. Die Daten stammen von Android-Handys/Tablets, welche in anonymer Form ihre Position an Google-Server übermitteln, woraus Google den Verkehrsfluss ermittelt. Es sind nur Strecken eingefärbt, für die genügend Daten vorliegen. Rot sind Staus markiert, während zähflüssiger Verkehr orangefarbig markiert ist. Über *Verkehr anzeigen* (2) blenden Sie auch für Straßen außerhalb der aktuellen Route den Verkehr ein. Übrigens orientiert sich Google Maps am Verkehrsgeschehen, das heißt, je nach Tageszeit wird Ihnen eine andere Route beziehungsweise Fahrtzeit angezeigt.

*Details* (3) listet zur aktuellen Route die Fahrtzeiten auf und bietet eine Druckfunktion.

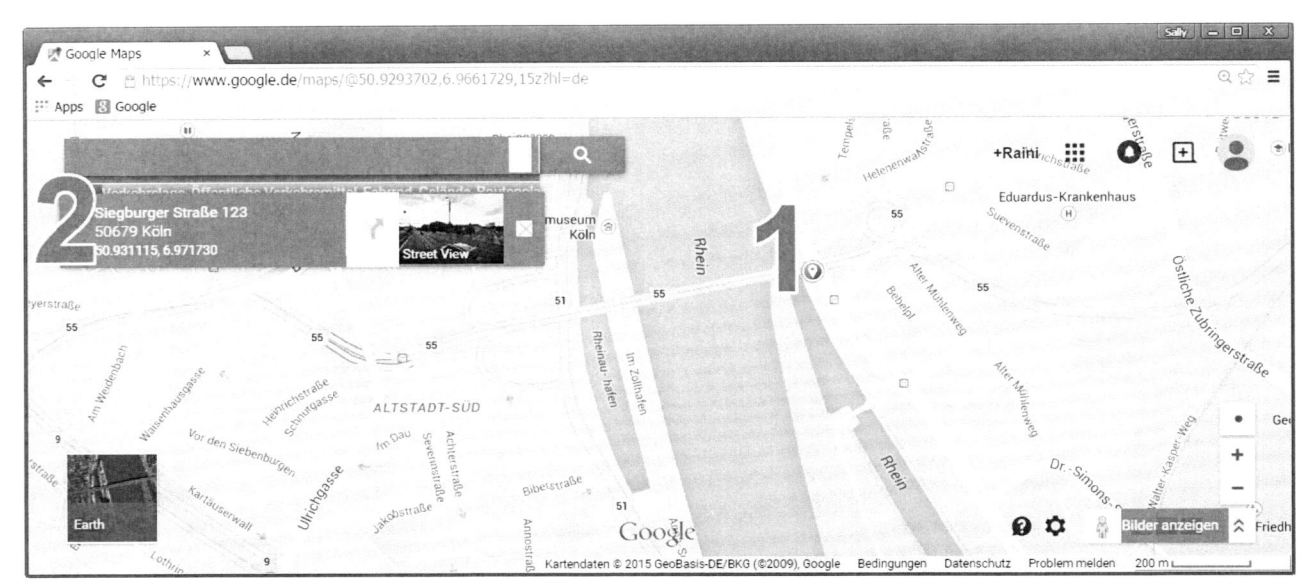

Ein Klick auf eine beliebige Kartenposition (1) öffnet das Popup, worin Sie mit ↱ (2) den Routenplaner starten. Der angeklickte Ort wird als Reiseziel übernommen.

## 14.6 Ansichten

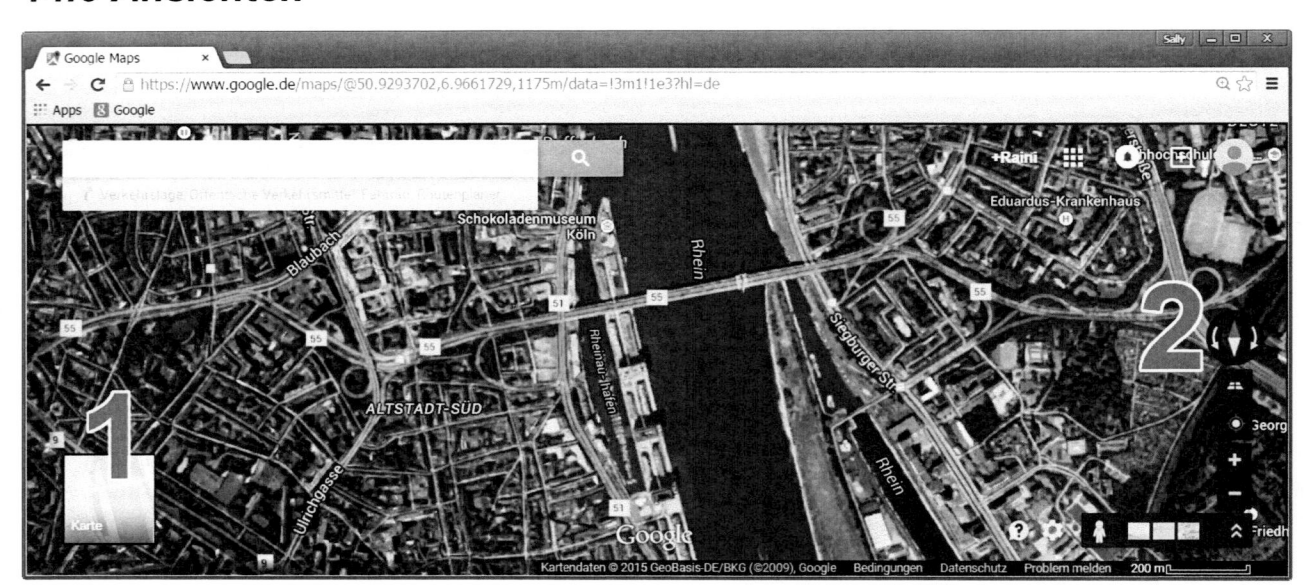

Ein Klick auf das Vorschaubild (1) schaltet zwischen Karten- und Satellitenansicht um. Die Satellitenansicht ist insbesondere dann praktisch, wenn man sich genau orientieren will, weil die normale Kartenansicht kaum Hinweise auf die Bebauung und markante Geländemerkmale gibt.

Mit den den Pfeilen im Kompass (2) drehen Sie die Kartenansicht, während ▀▀ die Kartenansicht neigt.

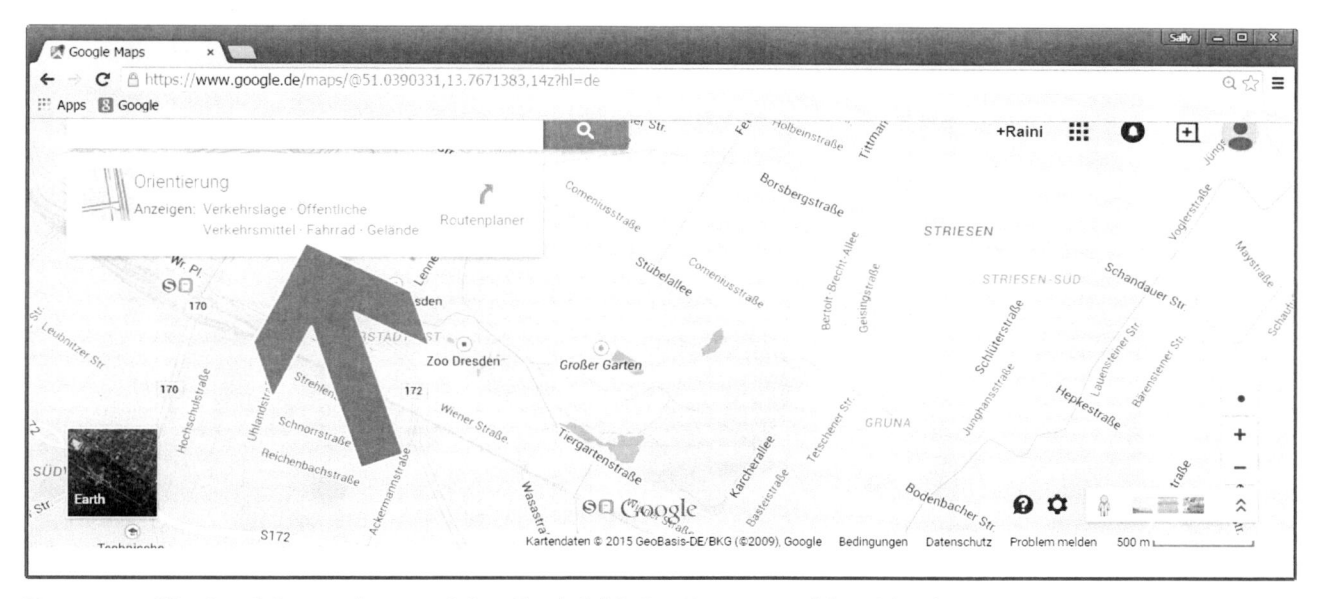

Bewegen Sie den Mauszeiger auf das Suchfeld. Im Popup wählen Sie dann aus:

- *Verkehrslage*: Zeichnet das aktuelle Verkehrsgeschehen in der Karte mit Farben von Rot (stockend) bis Grün (fließend) ein. Optional informiert Sie *Normale Verkehrslage* über die an bestimmten Wochentagen/Uhrzeiten vorherrschende Verkehrslage.
- *Öffentliche Verkehrsmittel*: Google Maps blendet in der Karte die Haltestellen öffentlicher Verkehrsmittel (Bus, Bahn, S- und und U-Bahn) ein. Ein Klick auf eine Haltestelle liefert Infos zum aktuellen Fahrplan.
- *Fahrrad*: Für Fahrradfahrer freigegebene beziehungsweise geeignete Strecken anzeigen.
- *Gelände*: Zeigt die Geländetopografie an.

## 14.7 Google Local

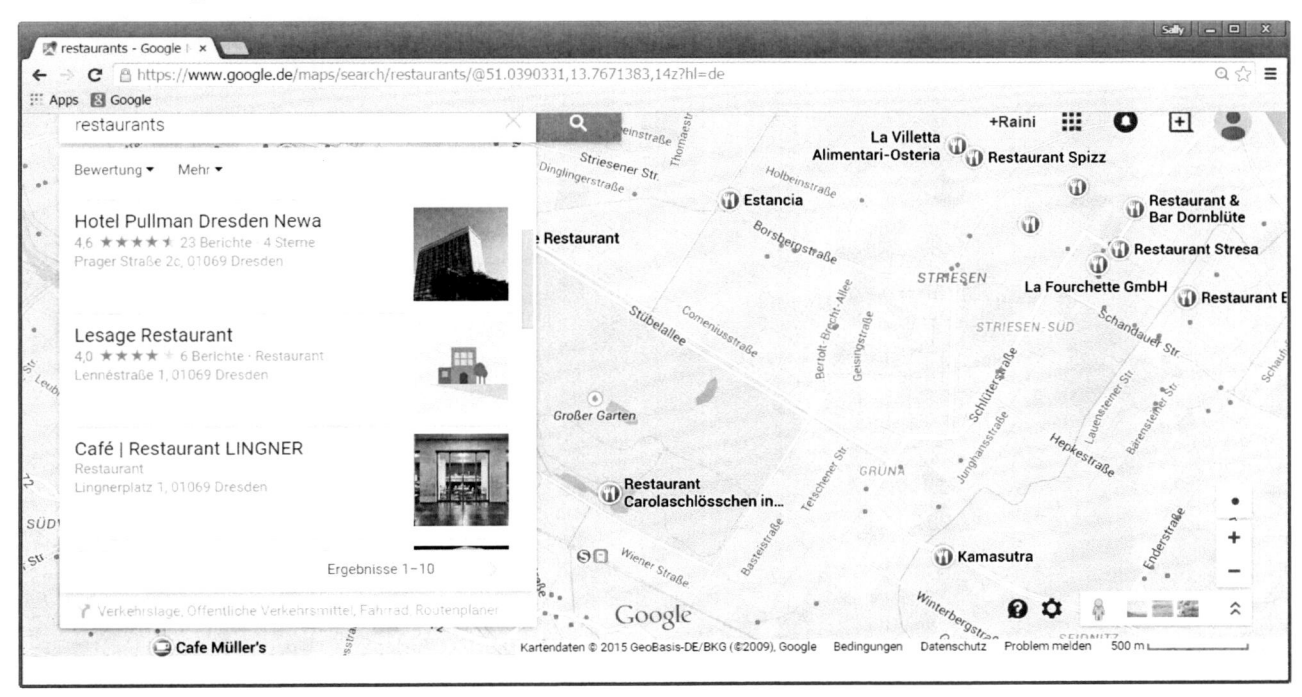

Der Suchmaschinenbetreiber Google führt eine riesige Datenbank mit den Standorten von »Points of Interest« (POIs), darunter Unternehmen, Sehenswürdigkeiten, Restaurants, usw. Wenn Sie eine Suche, beispielsweise nach »Restaurant«, in Google Maps durchführen, greift Google Maps auf diese Datenbank zurück und listet die Fundstellen auf. Man kann sich dann die Position eines

Restaurants in der Karte, sowie weitere Infos, darunter auch Kundenbewertungen, Öffnungszeiten und Telefonnummern anzeigen. Diese Suche beschreibt bereits Kapitel *14.3 Suche*. Google Local vereinfacht die Suche und arbeitet mit Google Maps zusammen, um die Kartenposition anzuzeigen.

> Etwas simpler ist die Option, einfach in den Kartenbereich zu wechseln, für den Sie Points of Interest suchen (zum Beispiel mit der im Kapitel *14.3 Suche* beschriebenen Suchfunktion), die Suche mit X beenden, die Suchleiste erneut anklicken und dann eine der Schaltleisten, beispielsweise für Restaurants zu betätigen.
>
> Alle Points of Interest erscheinen zudem direkt in der Karte, wenn Sie tief genug hereinzoomen.
>
> Weitere verfügbare Funktionen beschreibt bereits Kapitel *14.3 Suche*.
>
> Tipp: Sofern Sie eine Firma betreiben und noch nicht bei Google Local gelistet werden, sollten Sie sich unter der Webadresse *www.google.de/local/add* kostenlos registrieren und Ihre Daten hinterlegen.

## 14.8 Markierungen

Points of Interest, die Sie häufiger benötigen, können Sie für spätere Verwendung markieren. Die Markierungen werden dann in Ihrem Google-Konto gespeichert.

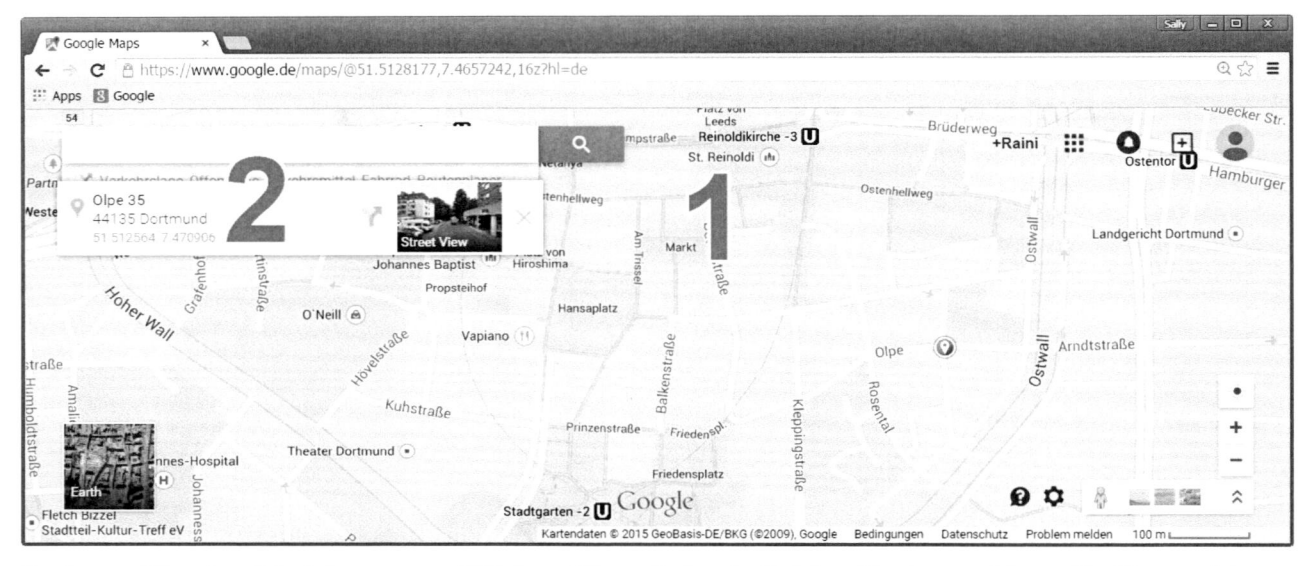

So legen Sie eine Markierung an: Klicken Sie auf eine beliebige Kartenposition, die Sie markieren möchten (1) und danach auf die Beschreibung im Popup (2). Sofern Sie einen Point of Interest angeklickt haben, erscheint dagegen sofort das nachfolgend gezeigte Popup.

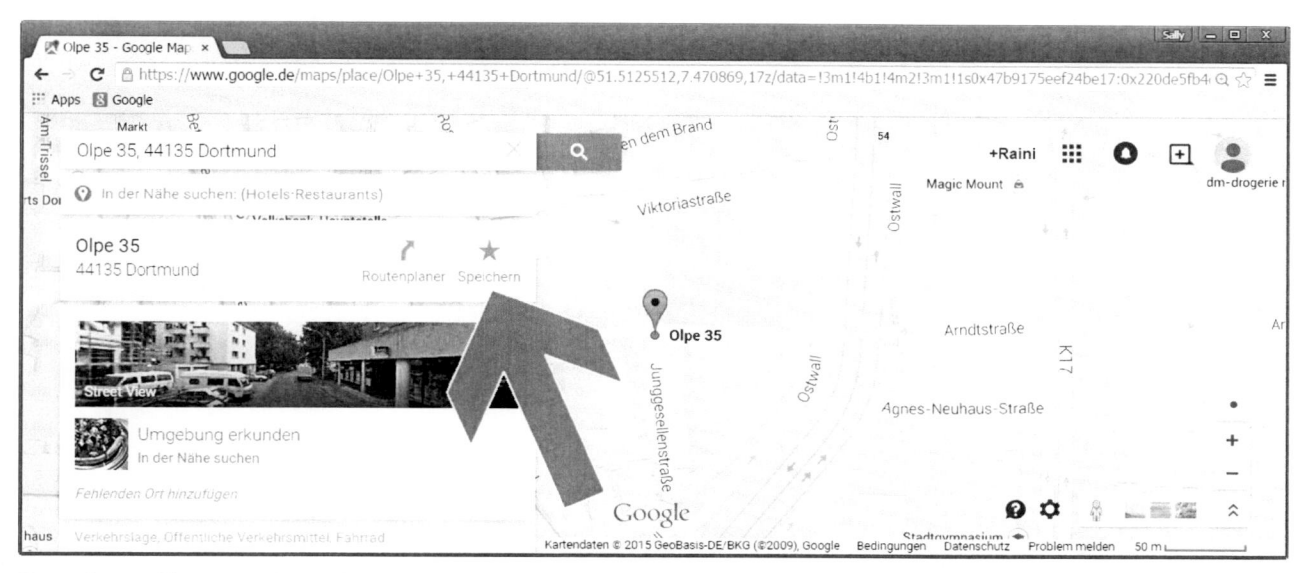

Betätigen Sie nun *Speichern* (Pfeil) – erneutes Betätigen der Schaltleiste löscht die Markierung wieder. Google Maps blendet an den von Ihnen markierten Positionen auf der Karte jeweils einen gelben Stern ein.

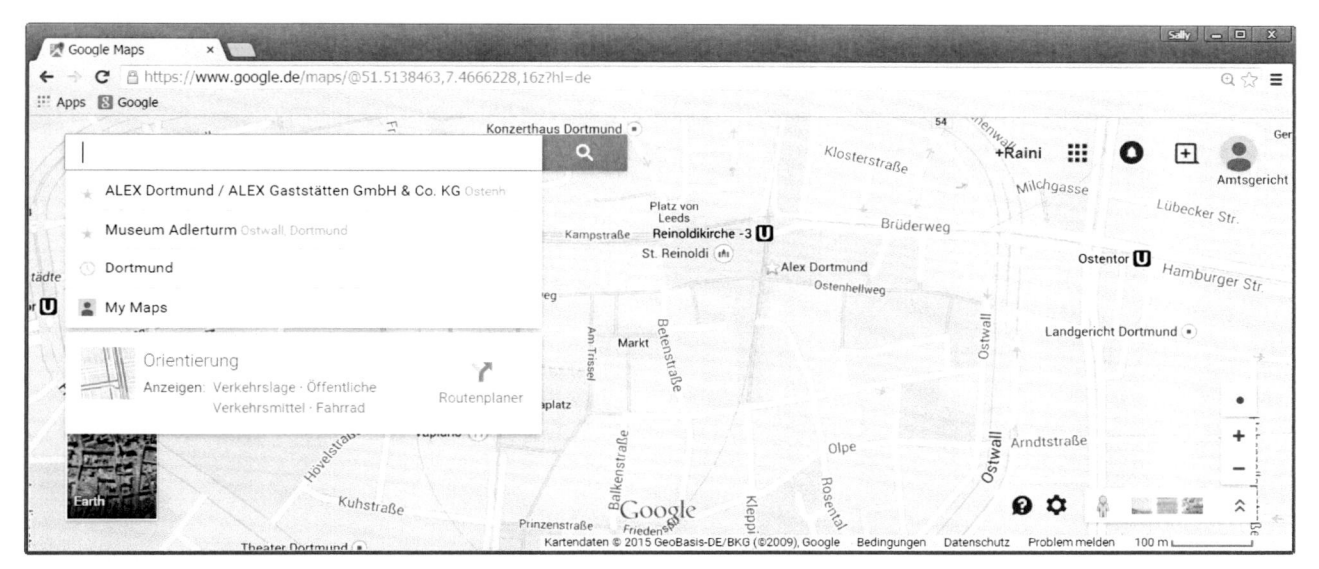

Unter dem Suchfeld listet Google Maps die von Ihnen angelegten Markierungen mit vorangestelltem ★ auf. Ein Klick auf einen Listeneintrag zeigt die jeweilige Markierung in der Karte an.

# 15. Google+

Mit dem sozialen Netzwerk Google+ griff Google vor einigen Jahren den Platzhirsch Facebook an. Vieles, was Sie von Facebook her kennen, stellte auch Google+ zur Verfügung, seien es Fotoalben oder Live-Chat. Dabei wurden bereits bestehende Google-Dienste wie Picasa (für Fotos) und Youtube (für Videos) nachträglich in Google+ eingebunden.

Um es kurz zu sagen, hatte Google mit Google+ gegenüber Facebook nie eine Chance, auch wenn zeitweise alle Nutzer eines Google-Kontos automatisch zum Google+-Mitglied wurden. Wenn Sie bereits ein zufriedener Facebook-Nutzer sind, können Sie also genau genommen dieses Kapitel überlesen.

Seit Mitte 2014 spaltet Google die Google+-Funktionen wieder auf beziehungsweise fährt sie zurück. Es ist also nicht mehr unbedingt nötig, ein Google+-Konto zu besitzen, um auf Youtube Videos zu kommentieren.

Bei Google+ ist manches anders als bei Facebook, was Einsteiger vielleicht erst einmal verwirren wird. Facebook verfolgt ein Zweiwege-Modell: Zwei Personen stimmen zu, sich gegenseitig als Freunde zu führen. Dadurch entsteht eine Gemeinschaft, deren Mitglieder sich gegenseitig schreiben, also eine Art von »in Kontakt bleiben«. Dagegen verhält sich Google+ wie eine Einbahnstraße: Man weist Personen seinen »Kreisen« zu. Die Veröffentlichungen der Personen erscheinen dann auf der eigenen Google+-Seite und man kann dann zum Beispiel Kommentare dazu abgeben und mit anderen darüber diskutieren. Facebook unterstützt natürlich auch private Gruppen, in denen nur eingeladene Kontakte schreiben und lesen können, allerdings müssen dazu die Teilnehmer erst einmal in der Freundesliste vorhanden sein.

Sie sollten sich – nicht nur als Nutzer von Google+ und den meisten anderen Online-Diensten wie Facebook – immer bewusst sein, dass Sie deren kostenlosen Dienste mit Ihren Daten bezahlen. Je öfter Sie diese nutzen, desto besser lernt man Sie und Ihre Gewohnheiten kennen und kann passendere Werbung einblenden.

Auf Android-Handys und Tablets gehört Google+ außerdem zum Standardlieferumfang. Sofern Sie dort mit dem gleichen Google-Konto wie auf dem PC-Webbrowser angemeldet sind, können Sie ebenfalls alle Daten in ihrem Google+-Konto bearbeiten und Beiträge veröffentlichen.

> Eine Anleitung zu Google+ auf den Handy finden Sie im Kapitel *29 Google+ (Android)*.

## Google+ und Facebook im Vergleich

|  | **Google+** | **Facebook** |
|---|---|---|
| Gruppen | Bei Google+ weist man seine Kontakte einem »Kreis« zu. Inhalte teilt man entweder mit einzelnen Kreisen oder Kontakten. | In Facebook legt man Gruppen an, die öffentlich oder privater Natur sein dürfen. |
| Freunde | Anderen Google+-Nutzern folgt man, indem man sie einem »Kreis« hinzufügt. Man erhält dann alles, was der Hinzugefügte veröffentlicht, im eigenen Stream angezeigt. Ein mit den Facebook-Freunden vergleichbarer Zustand entsteht erst, wenn der Hinzugefügte Sie ebenfalls einem der eigenen Kreise hinzufügt. | Dem eigenen Konto hinzugefügte Kontakte müssen erst die Freundschaft bestätigen. Erst dann erhält man die Pinnwand- und Statusmeldungen des Freundes im eigenen Stream angezeigt. |
| Videotelefonie | Videotelefonie wird mit bis zu 10 Teilnehmern unterstützt (Videokonferenz). Das dazu verwendete Hangouts ist auch ohne bei Google+ angemeldet zu sein nutzbar. | Direkt im Chatfenster über eine Schaltleiste möglich. Videokonferenzen mit mehreren Teilnehmern werden nicht unterstützt. |

|  | **Google+** | **Facebook** |
|---|---|---|
| Standortfreigabe | Geben Sie in Ihren veröffentlichten Fotos und Beiträgen an, wo diese entstanden sind. | Den eigenen Standort können Sie direkt in Ihren Pinnwand-Einträgen veröffentlichen. |
| Mobile Nutzung | Google+ ist als Anwendung auf allen Android-Geräten vorinstalliert und mit Ihrem Google-Konto verknüpft. Genau genommen nimmt also jeder, der ein Google-Konto neu anlegt, automatisch auch an Google+ teil. Die Google+-Funktionen sind in den einzelnen Android-Anwendungen verfügbar, beispielsweise die Google+-Kontakte im Telefonbuch. | Die aus dem Google Store nachinstallierbare Facebook-Anwendung bietet alle Facebook-Funktionen und integriert sich in den Android-Anwendungen. Zum Beispiel finden Sie Ihre Facebook-Kontakte im Telefonbuch. |

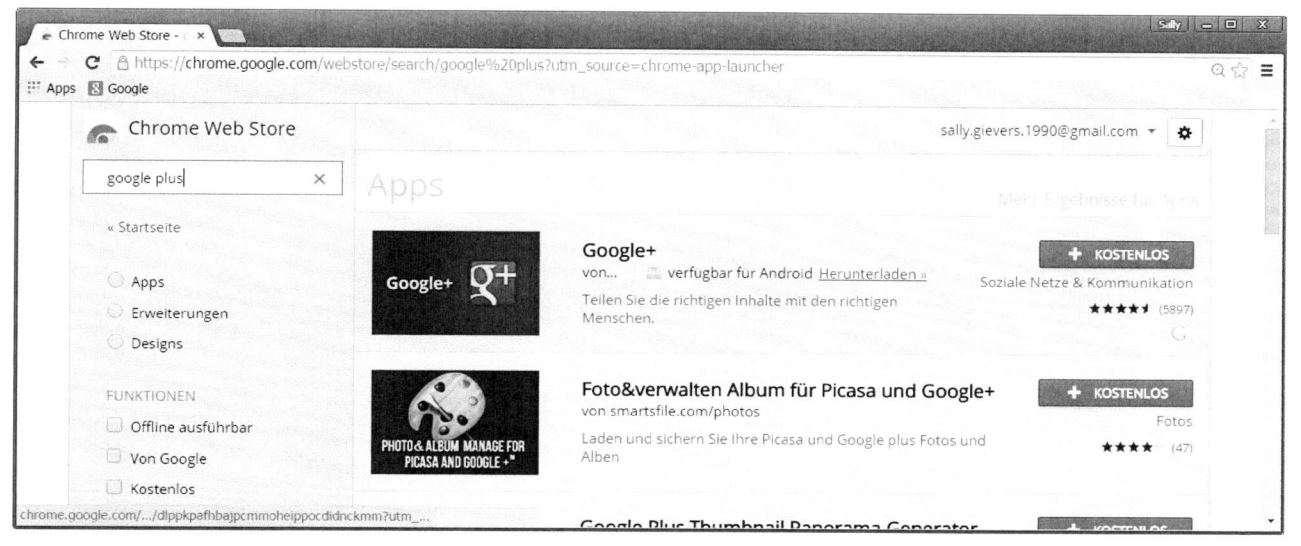

Wir empfehlen, eine Verknüpfung im Apps-Menü beziehungsweise Chrome App Launcher (siehe Kapitel *7.5 Der Chrome App Launcher*) einzurichten. Dazu rufen Sie den Web Store auf (siehe Kapitel *7.2 Anwendungen installieren*), suchen nach *google plus* und betätigen bei *Google+* die KOSTENLOS-Schaltleiste.

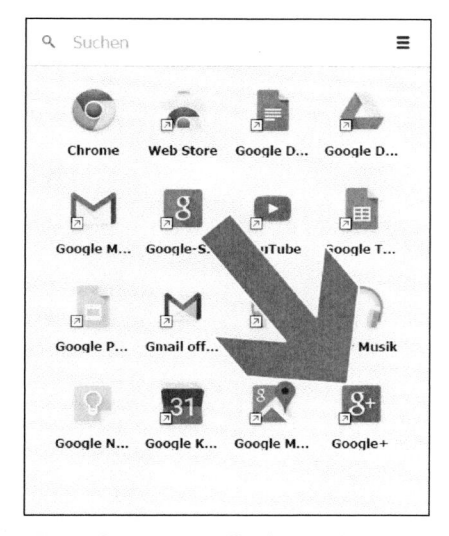

*Google Maps* finden Sie nun im Apps-Menü beziehungsweise Chrome App Launcher (siehe Kapitel *7.5 Der Chrome App Launcher*), das Sie nun anklicken.

| Wie bei fast allen anderen Google-Anwendungen lässt sich Google+ in jedem beliebigen Webbrowser über die Webadresse *plus.google.com* aufrufen. |
|---|

Sollten Sie bei der Registrierung Ihres Google-Kontos auf die Anlage eines sogenannten öffentlichen Kontos verzichtet haben, erscheint dieser Bildschirm. Bestätigen Sie hier Ihre Daten mit *Upgrade ausführen*.

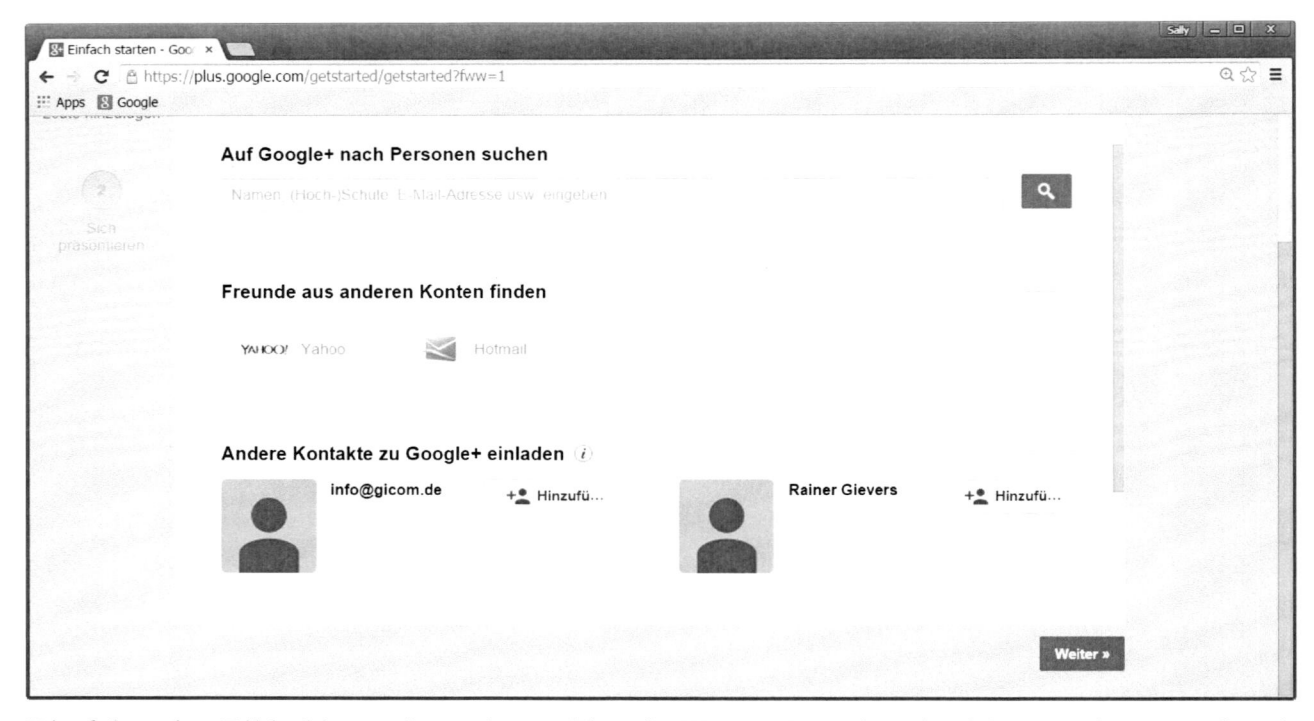

Die folgenden Bildschirme überspringen Sie mit *Weiter, Trotzdem fortfahren* und *Fertig*, da wir später noch auf die Suche nach weiteren Personen in Google+ eingehen.

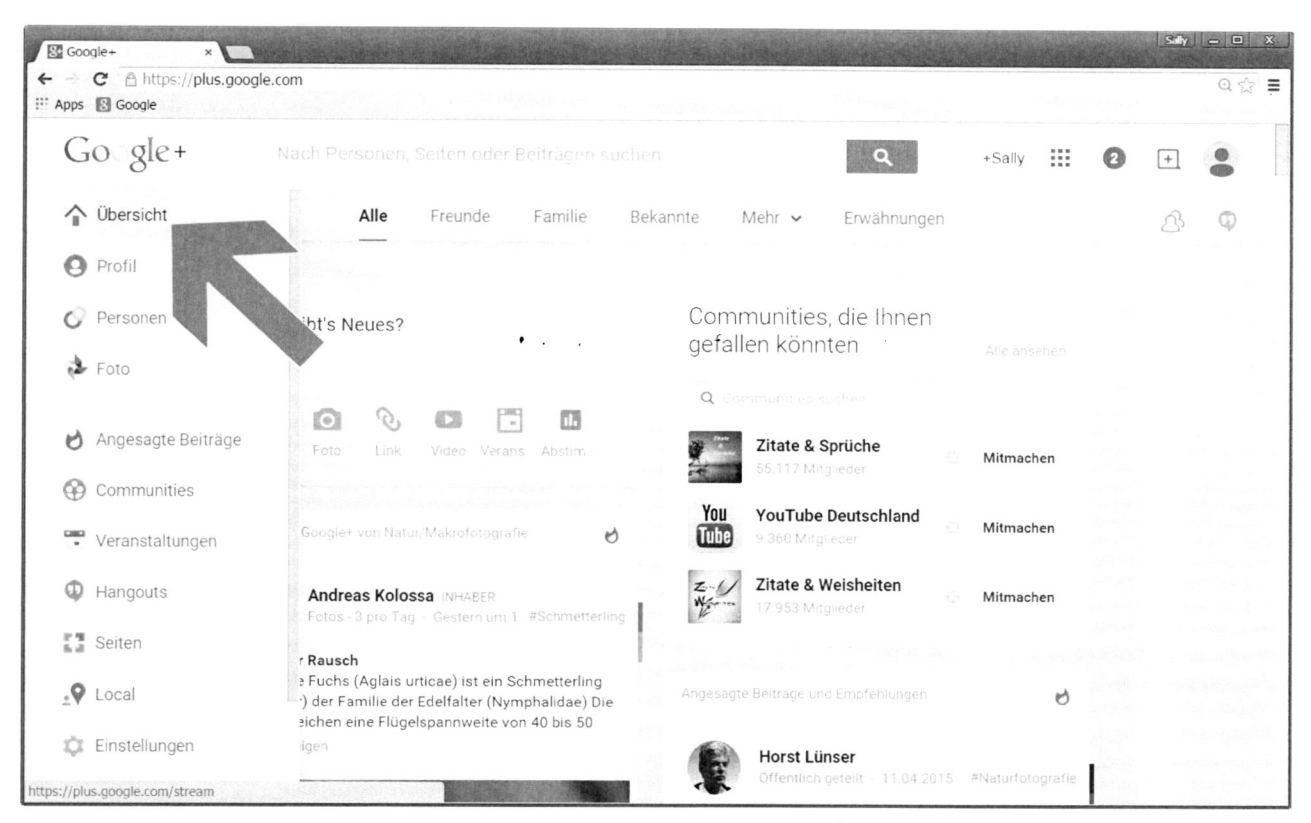

Sie befinden sich im Google+-Hauptbildschirm. Betätigen Sie *Übersicht* (Pfeil) für die Menüleiste:

- *Übersicht*: Schaltet wieder auf den Hauptbildschirm um.
- *Profil*: Zeigt Ihr eigenes Profil an.
- *Personen*: Kontakte in Ihren Kreisen verwalten.
- *Foto*: Verwaltet die von Ihnen auf Google+ hochgeladenen Fotos und ermöglicht es, diese mit anderen Nutzern zu teilen (zu Deutsch: ihnen sichtbar zu machen).
- *Angesagte Beiträge*: Bei anderen Google+-Nutzern beliebte Beiträge.
- *Communities*: Communities sind vergleichbar mit den Facebook-Gruppen und behandeln bestimmte Themen, bei denen man mitdiskutieren kann.
- *Veranstaltungen*: Ihr Terminkalender. Erstellen Sie Veranstaltungen, zu denen Sie andere Google+-Nutzer einladen und Fotos sowie Textbeiträge veröffentlichen.
- *Hangouts*: Chat und Videotelefonie mit anderen Personen.
- *Seiten*: Die »Seiten« sind für Unternehmen gedacht, die Daten zu Öffnungszeiten, angebotenen Dienstleistungen und Produkten veröffentlichen möchten. Die »Seiten« sind auch in der Google-Suchmaschine sichtbar.
- *Local*: Suchen Sie nach Points of Interest (Sehenswürdigkeiten, Hotels, Restaurants, usw.) in Ihrer Gegend oder anderswo.
- *Einstellungen*: Konfiguriert vor allem die Benachrichtigungen, wenn jemand Ihre Beiträge kommentiert.

## 15.1 Kreise und Freunde verwalten

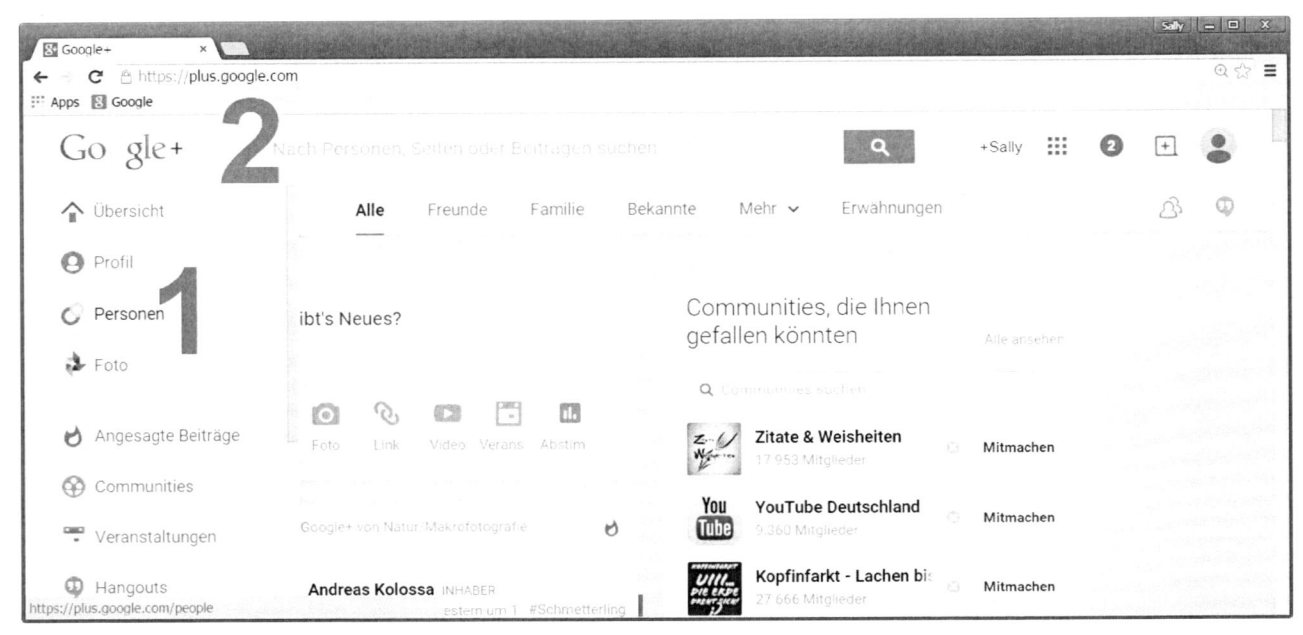

Google+ bietet mehrere Möglichkeiten an, über die Sie neue Kreise oder Personen Ihrem Google+-Konto hinzufügen: Das *Personen*-Menü (1) oder Sie geben einfach oben ins Suchfeld (2) einen Namen ein.

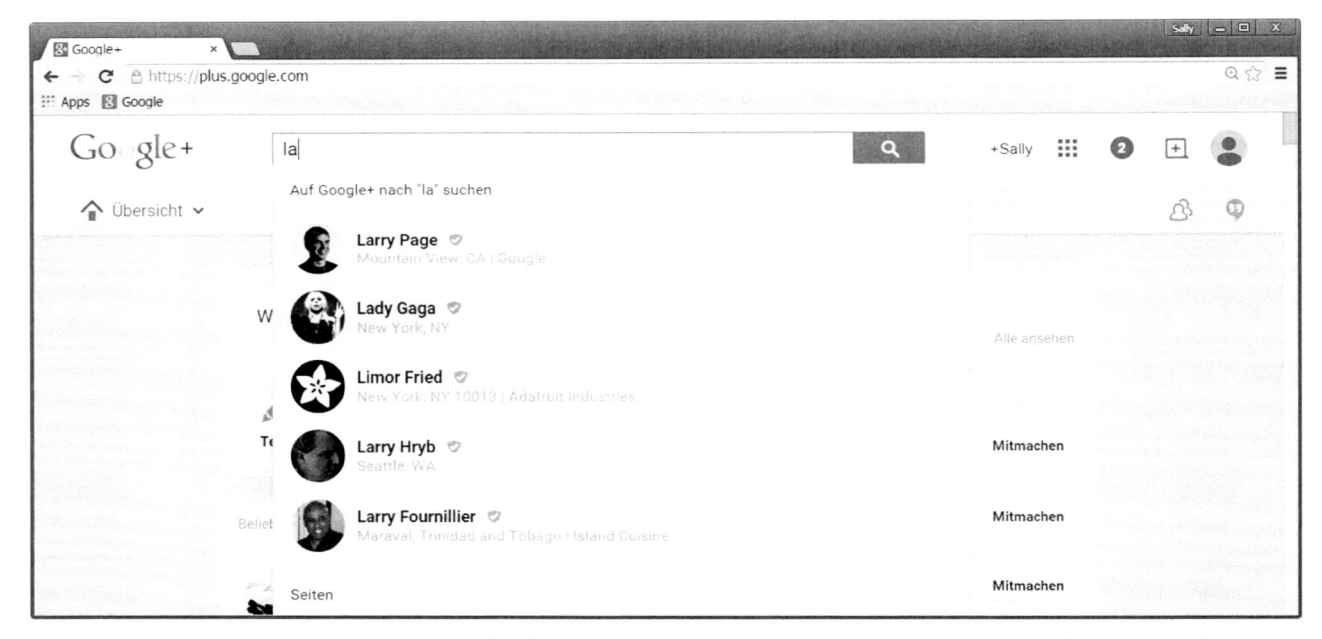

In Beispiel haben wir in der Suchleiste »*la*« eingegeben, woraufhin schon viele Vorschläge erscheinen, wovon wir die Künstlerin *Lady Gaga* auswählen.

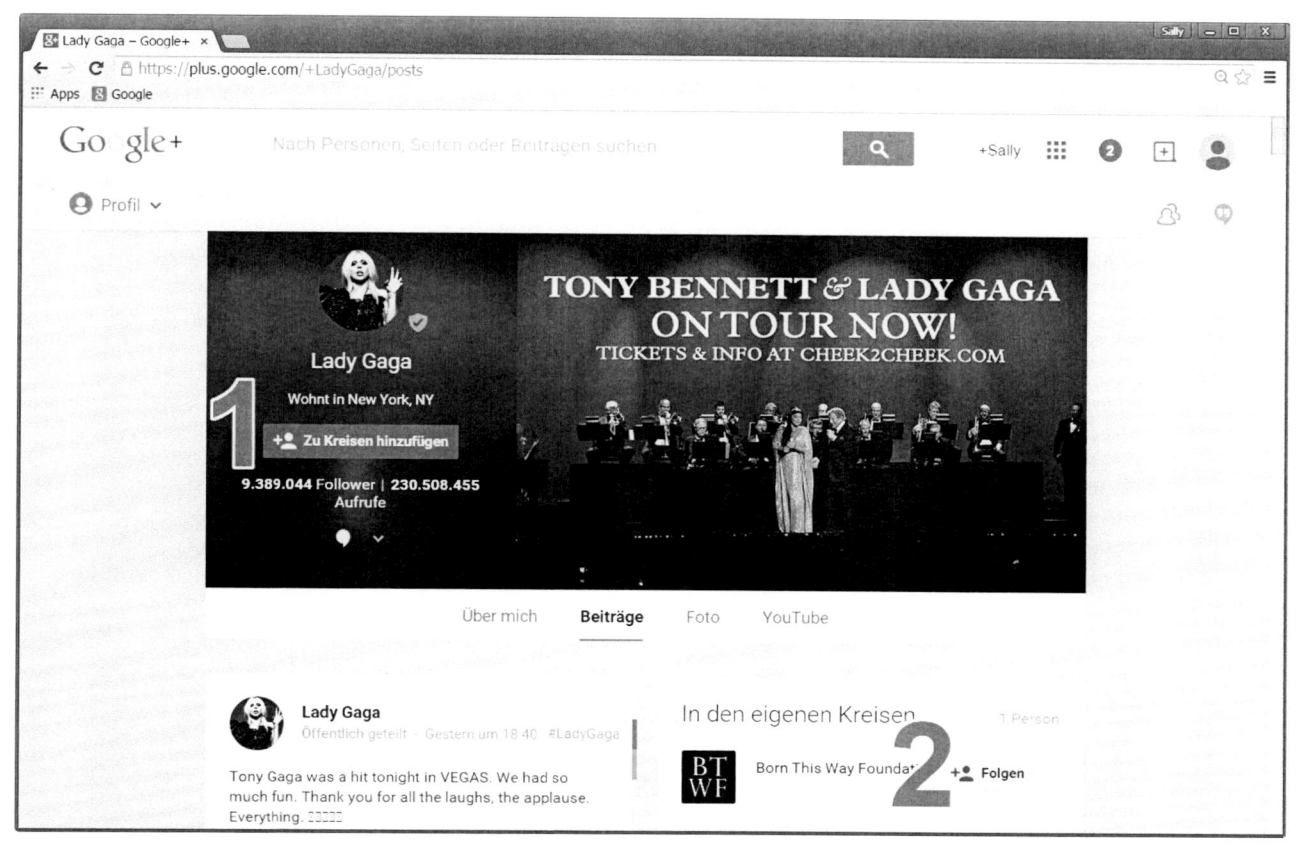

Sie können nun mit *Zu Kreisen hinzufügen* (1) die Person sozusagen in Ihre Kontaktliste aufnehmen. Häufig erscheint auch die *Folgen*-Schaltleiste (2). Dabei handelt es sich um zumeist von Unternehmen betriebene Seiten.

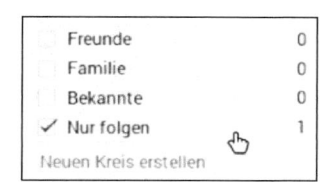

Anschließend müssen Sie noch auswählen, welchen Ihrer Kreise Sie die Person hinzufügen.

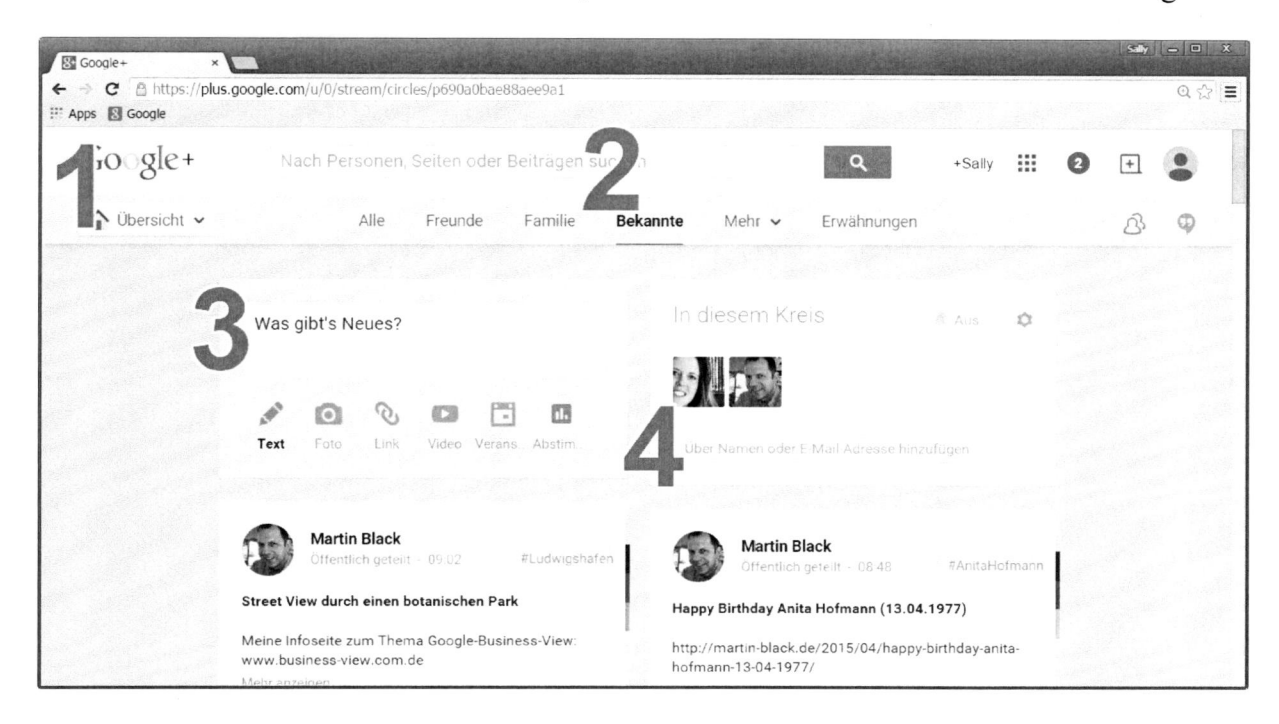

Ins Hauptmenü gelangen Sie mit einem Klick auf *Google+* am oberen linken Bildschirmrand (1) oder indem Sie auf *Übersicht* klicken.

Hier schalten Sie über die Register am oberen Bildschirmrand (2) zwischen Ihren Kreisen um. Alles, was Sie im *Was gibt's Neues?*-Eingabefeld (3) schreiben, wird für die Personen im jeweiligen Kreis freigegeben. Weitere Personen fügen Sie über das Suchfeld (4) hinzu.

So entfernen Sie einen Kontakt wieder aus Ihren Kreisen: Halten Sie den Mauszeiger über einen über dem Suchfeld aufgelisteten Kontakt und bewegen Sie ihn dann auf die *x Kreise*-Schaltleiste im Profil. Dort deaktivieren Sie die Kreise.

## 15.2 Beiträge veröffentlichen

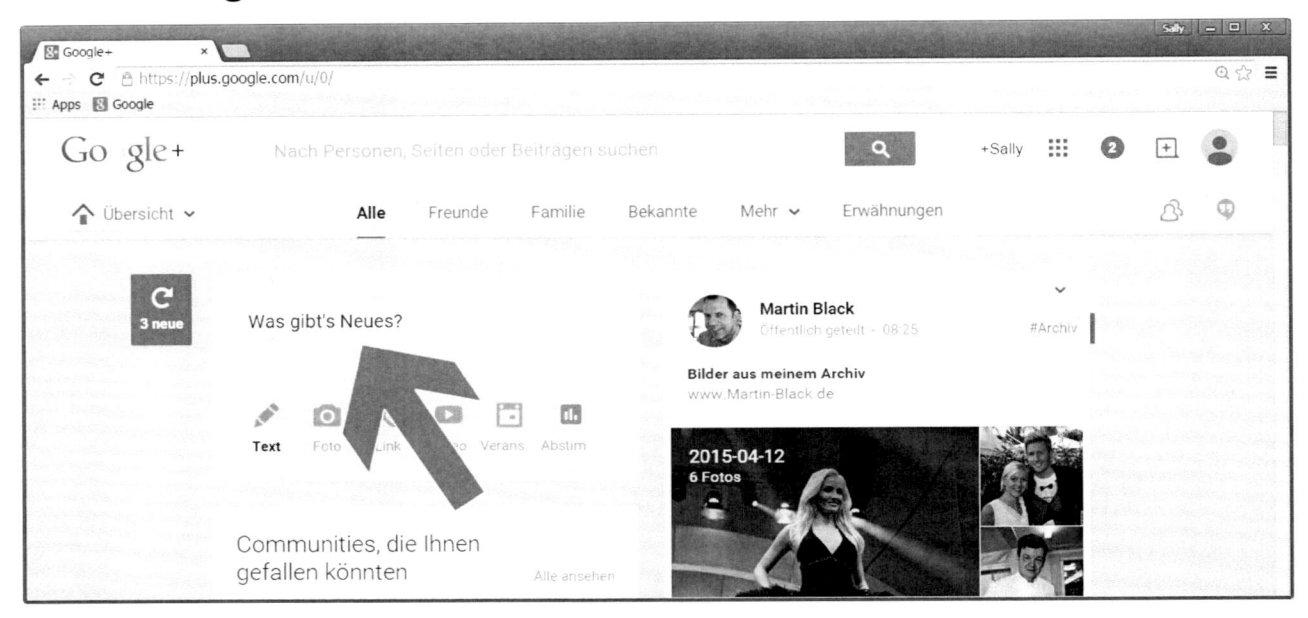

Standardmäßig öffnet ein Klick in das *Was gibt's Neues?*-Eingabefeld den Texteditor.

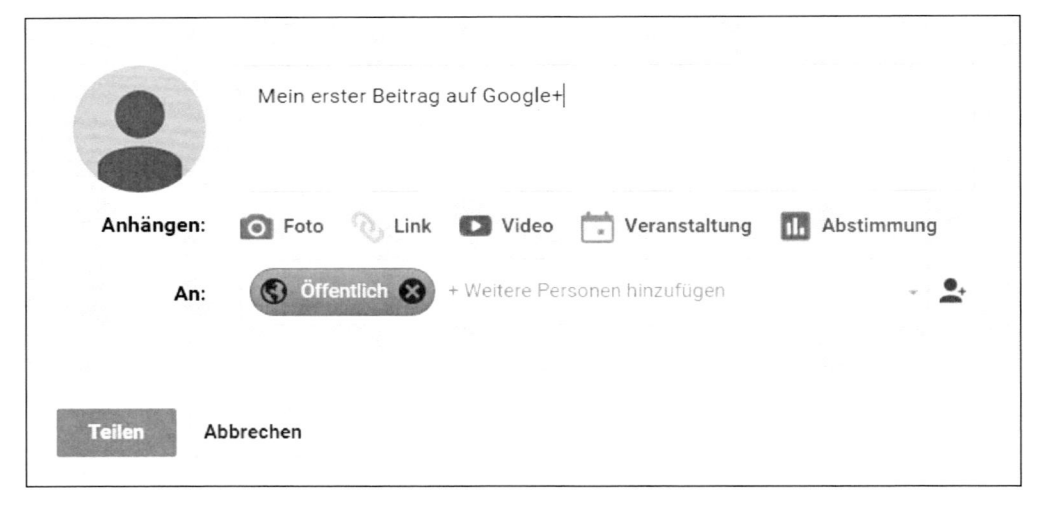

Geben Sie Ihren Text ein. Optional lassen sich über die Schaltleisten darunter auch Fotos, Links, Videos, usw. hinzufügen. *Teilen* veröffentlicht Ihren Beitrag.

Vorgegeben ist, dass Ihr Beitrag für alle Google+-Nutzer sichtbar wird. Falls Sie dies nicht möchten, klicken Sie auf das ❸ hinter *Öffentlich* und geben dann die Namen der Personen oder Kreise ein, die Ihren Beitrag lesen dürfen.

# 16. Google Fotos

Mit Google Fotos verwalten Sie mit Ihrem Webbrowser Fotos und Videos nicht direkt auf Ihrem PC, sondern im Internet, in Ihrem Google-Konto. Auf den Android-Handys und Tablets ist mit *Fotos* eine eigene Bilderverwaltung vorinstalliert.

Der verfügbare Speicherplatz beträgt 15 Gigabyte, den sich Google Fotos allerdings mit den anderen Google-Anwendungen Gmail, Google Drive, usw. teilt. Unter bestimmten Voraussetzungen, auf die wir noch eingehen, können Sie allerdings unbegrenzt viele Fotos oder Videos in Google Fotos hochladen.

> **Wichtig**: Google Fotos ist Bestandteil des sozialen Netzwerks Google+, weshalb Sie, wie im Kapitel *15 Google+* beschrieben, erst ein Google+-Profil einrichten sollten. Erst danach können Sie Google Fotos nutzen.
>
> Es fällt auf, dass Google Fotos etwas »unfertig« wirkt: Viele wünschenswerte Funktionen zur Bildoptimierung oder Bearbeitung fehlen, die heutzutage Standard sein sollten.
>
> Die Google Fotos-Anwendung auf dem Handy erläutert Kapitel *30 Google Fotos (Android)*.

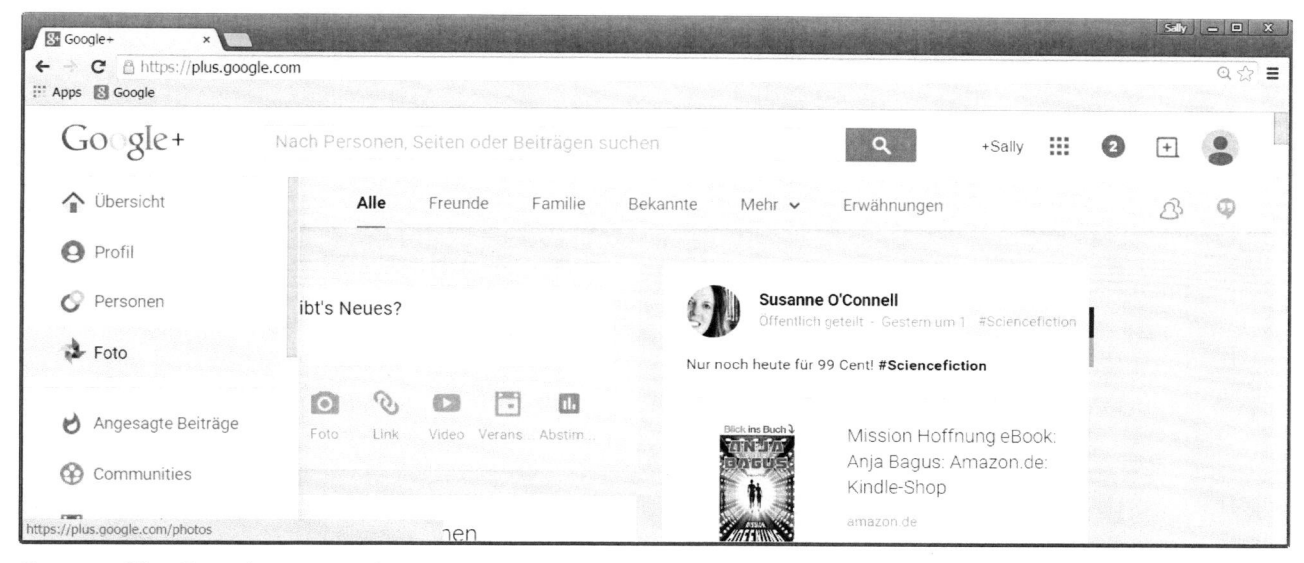

Starten Sie Google Fotos über *www.google.com/photos* im Webbrowser. Alternativ öffnen Sie in Google+ (siehe Kapitel *15 Google+*) mit einem Klick auf *Übersicht* die Menüleiste, in der Sie auf *Foto* gehen.

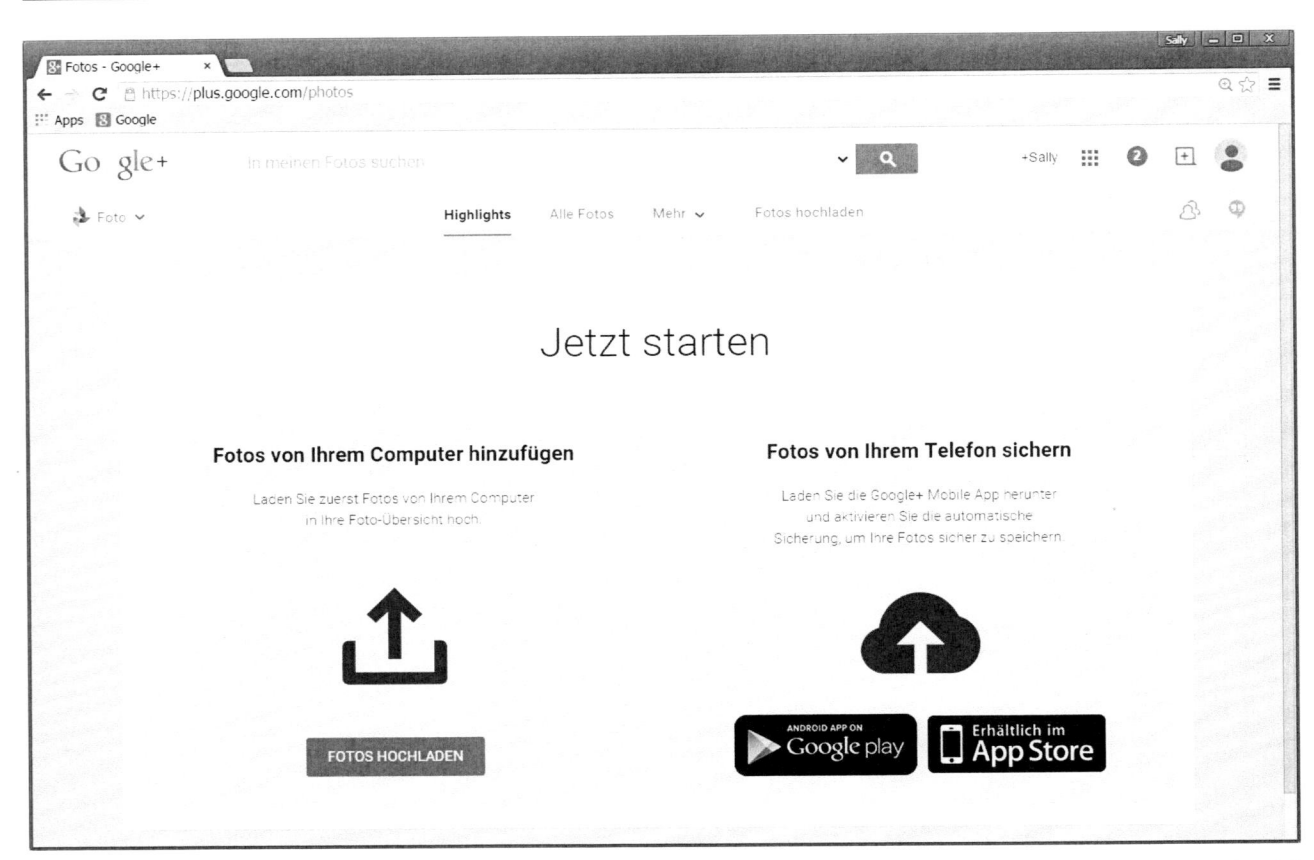

Beim ersten Start sind natürlich noch keine Bilder vorhanden, weshalb Sie nun auf *FOTOS HOCHLADEN* klicken.

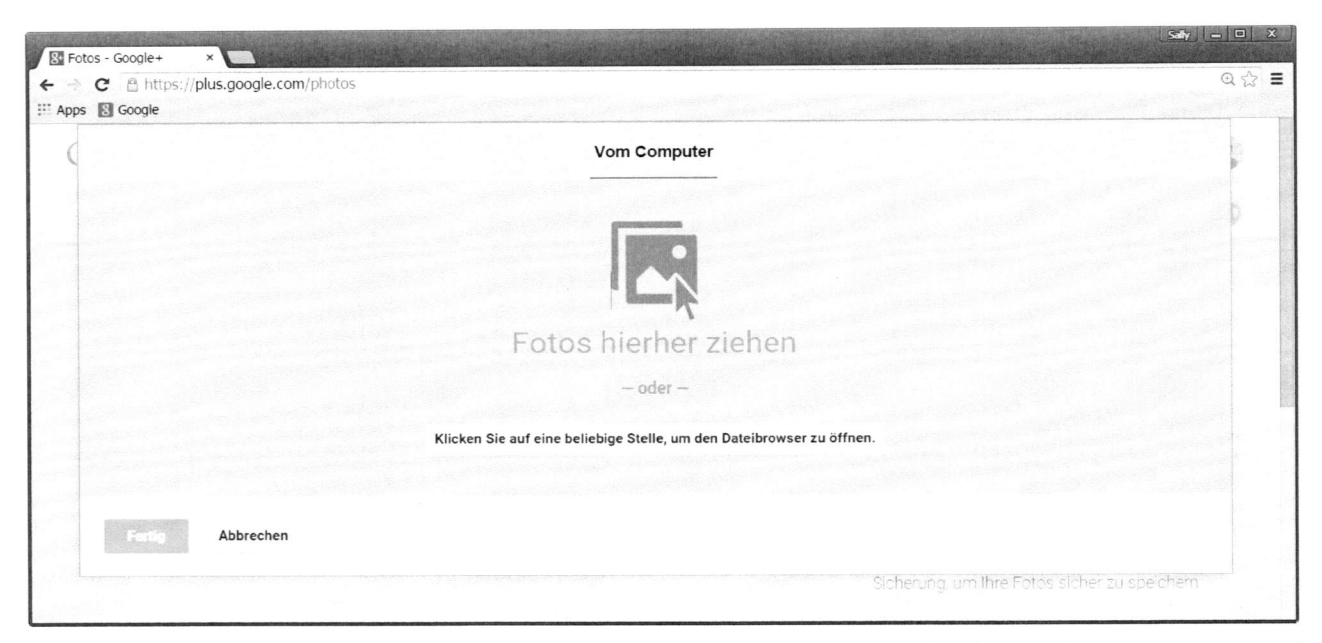

Ziehen Sie nun Fotos beziehungsweise Videos von Ihrem PC aus in den Webbrowser, worauf diese automatisch hochgeladen werden. Wie das »Ziehen« funktioniert, haben wir schon im Kapitel *8 Google Play Music* gezeigt.

Google Fotos erstellt automatisch von Ihren hochgeladenen Fotos ein Album, das mit dem aktuellen Datum benannt wird.

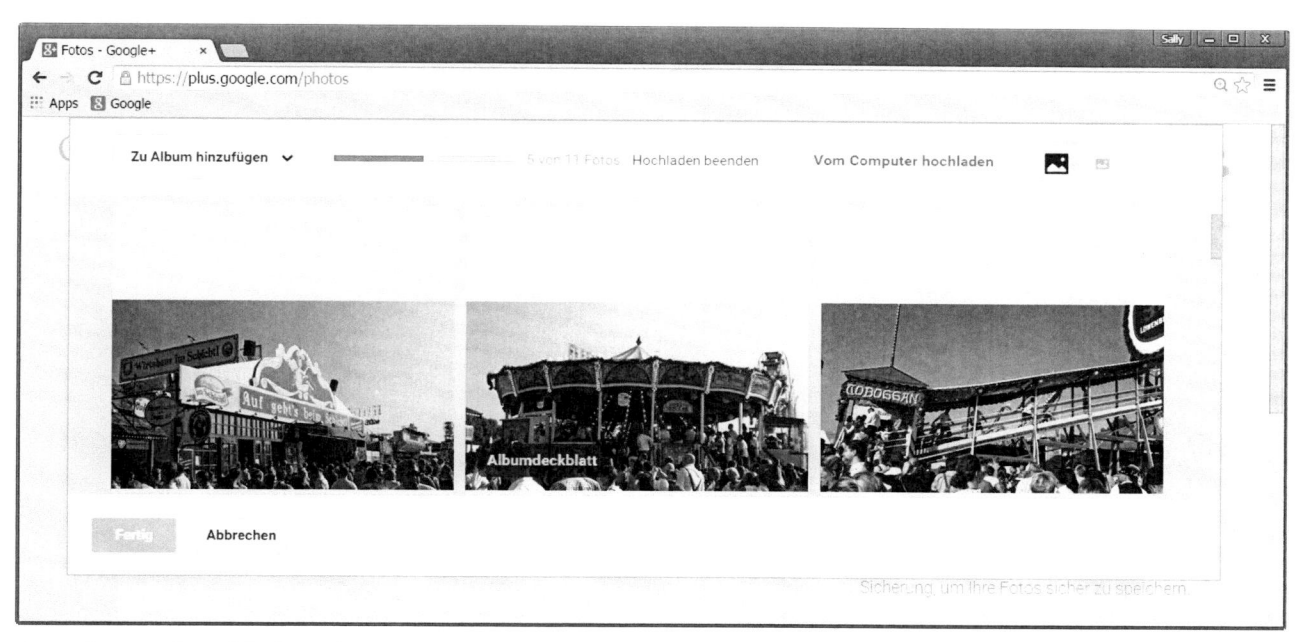

Am oberen Rand informiert Google Fotos über den Upload-Status. Das Browserfenster dürfen Sie währenddessen nicht schließen! Klicken Sie, sobald der Upload-Vorgang abgeschlossen ist auf *Fertig*.

Google Fotos verfügt über eine automatische Gesichtserkennung. Sollten Personen auf den Fotos erkennbar sein, fragt Google deshalb, ob Sie diese identifizieren können, was wir in unserem Fall mit *Fertig* abbrechen.

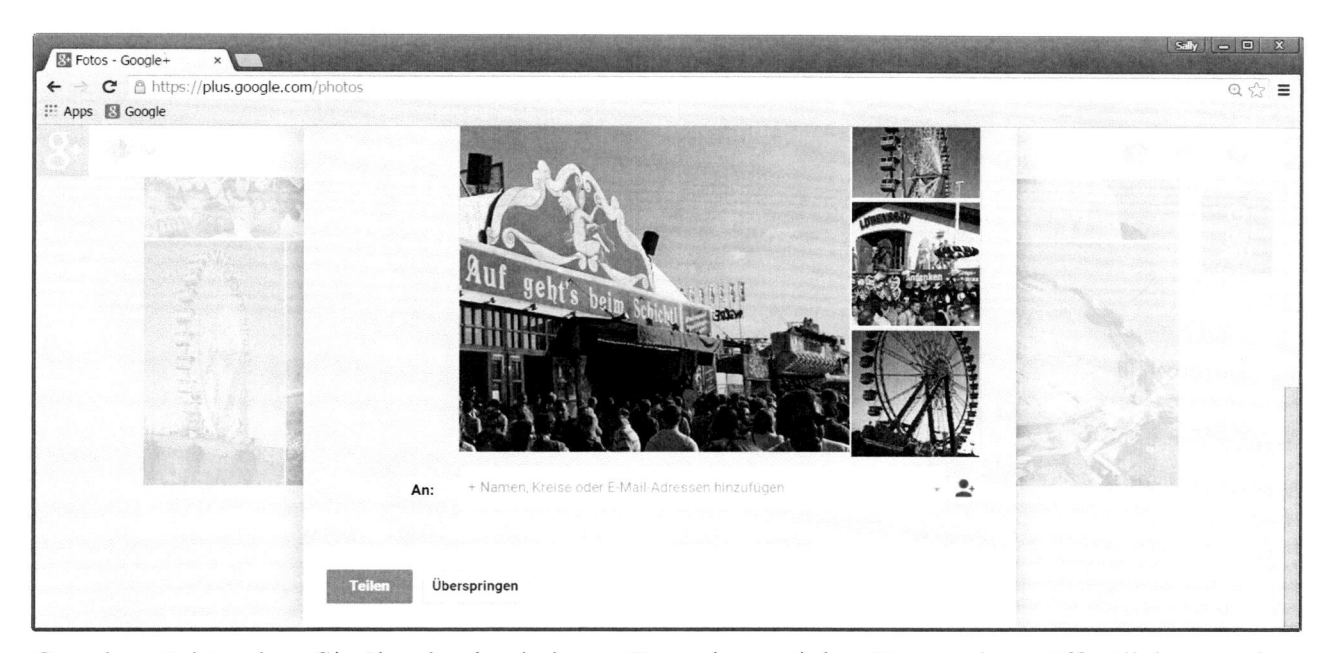

Google möchte, dass Sie Ihre hochgeladenen Fotos im sozialen Netzwerk veröffentlichen, sodass auch andere die Fotos ansehen können. Wir möchten dies in unserem Beispiel nicht und klicken auf *Überspringen*.

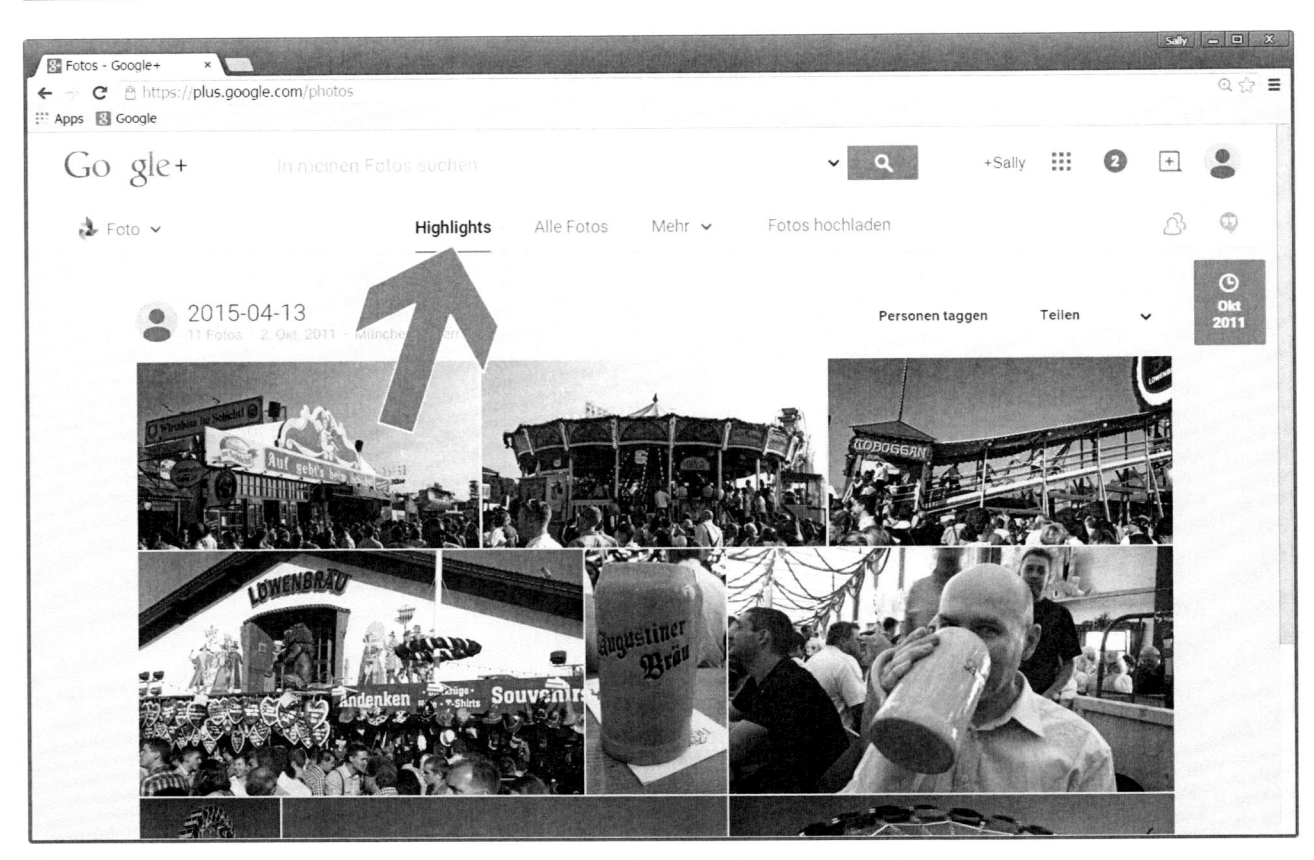

Über die Register am oberen Bildschirmrand schalten Sie um zwischen:

- *Highlights*: Hier finden Sie Fotos, die von Google+ für Sie automatisch ausgewählt wurden. Doppelte, verschwommene oder unterbelichtete Fotos filtert dabei Google heraus. Bevorzugt erscheinen hier übrigens Portrait-Fotos und Sehenswürdigkeiten.
- *Alle Fotos*: Listet alle von Ihnen hochgeladenen Fotos auf.

## 16.1 Das Mehr-Menü

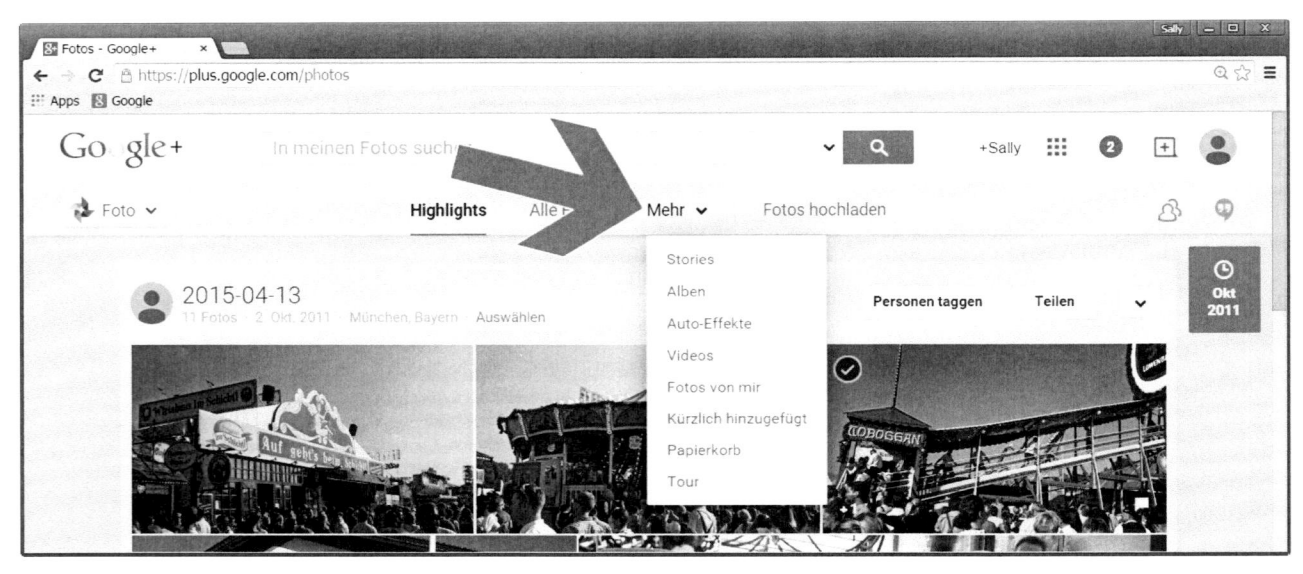

Das *Mehr*-Menü (Pfeil):

- *Stories* (Geschichten): Diese Funktion wertet die von Google automatisch als herausragend bewerteten Fotos (Personen im Vordergrund, Sehenswürdigkeiten usw.), sowie die in den Fotos hinterlegten GPS-Standorte aus. Erstellt wird daraus ein Album mit automatisch beschrifteten Fotos, die beispielsweise die besuchten Städte, Restaurants, Flugplätze,

Sehenswürdigkeiten, usw. enthalten.

- *Alben*: Von Ihnen in Google+ angelegte oder hochgeladene Alben anzeigen.
- *Auto-Effekte:* Google erstellt aus den hochgeladenen Fotos entweder Collagen (mehrere Fotos in einem Bild) oder Animationen (besteht aus mindestens fünf Fotos aus der gleichen Perspektive)
- *Videos:* Alle Videos auflisten.
- *Fotos von mir*: Fotos, auf denen Sie markiert wurden (entweder durch Sie selbst oder durch andere Google+-Nutzer).
- *Kürzlich hinzufügt*: Neu vorhandene Fotos/Videos.
- *Papierkorb*: Von Ihnen in Google Fotos gelöschte Dateien.

## 16.2 Bilderanzeige

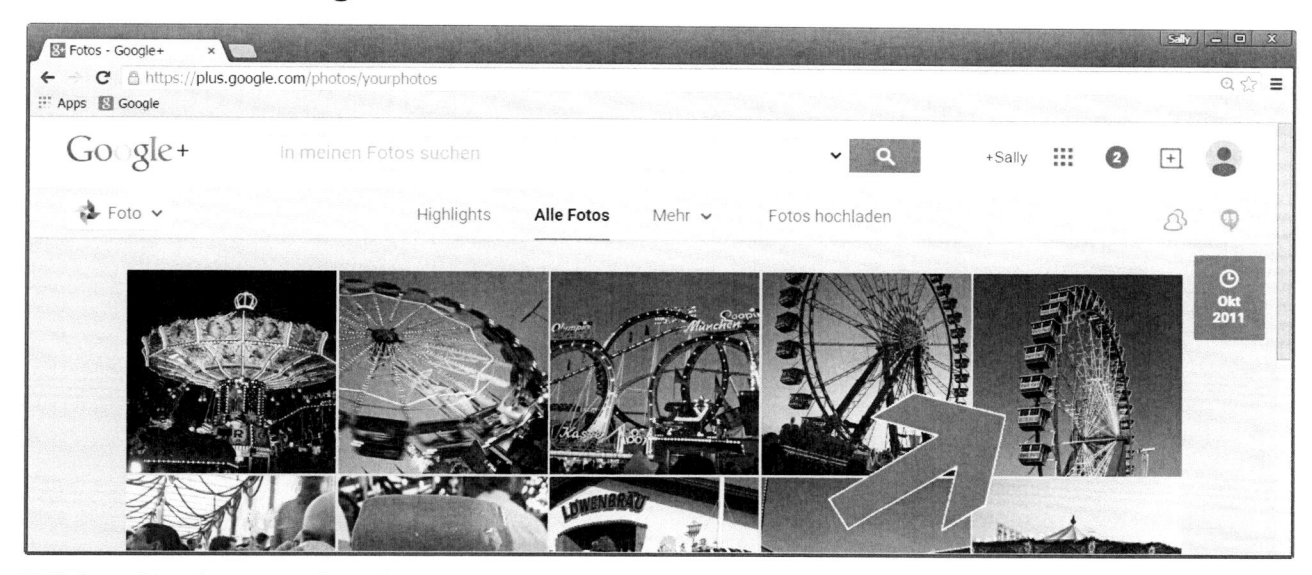

Klicken Sie ein anzuzeigendes Foto an (Pfeil).

Blättern Sie mit den Cursortasten auf der Tastatur zum nächsten/vorherigen Foto oder betätigen Sie die Schaltleisten ← und → am unteren Bildschirmrand. Die esc-Taste auf das Tastatur bringt Sie wieder in den Hauptbildschirm beziehungsweise das Album zurück.

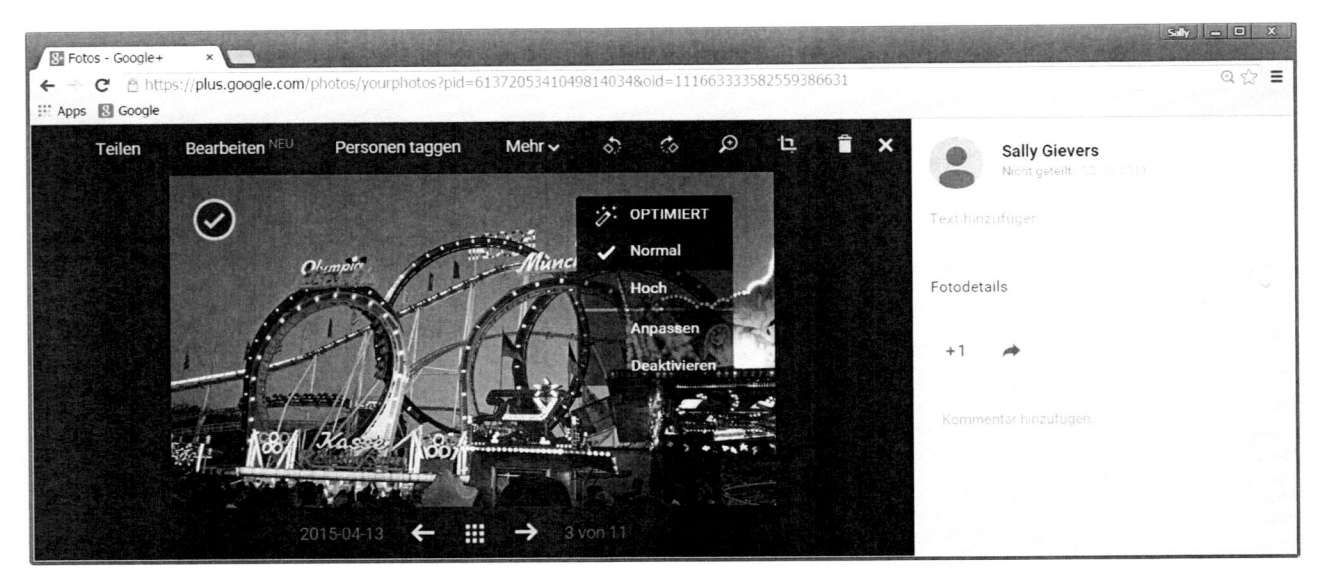

Die weiteren Funktionen:

- *Teilen*: Das Foto im sozialen Netzwerk Google+ veröffentlichen.
- *Bearbeiten*: Sie können die Bildparameter Helligkeit und Farbe anpassen.
- *Personen taggen*: Weisen Sie auf den Fotos vorhandenen Personen (genauer deren Gesichtern) einen Namen zu.
- *Mehr*: Bietet unter anderem weitere Funktionen zur Bildoptimierung und die Option, das jeweilige Bild auf den eigenen PC herunterzuladen.
- ↶: Bild links drehen.
- ↷: Bild rechts drehen.
- 🔍: Bild vergrößern/verkleinern. Alternativ drehen Sie einfach am Mausrad.
- ⌗: Bild beschneiden.
- 🗑: Bild löschen.
- ✗: Vollbildansicht beenden und zum Album beziehungsweise Hauptmenü zurückkehren.
- *OPTIMIERT* (Schaltleiste oben rechts im Foto): Alle Bilder werden automatisch optimiert (Helligkeits- und Kontrastanpassung). Klicken Sie auf *OPTIMIERT* so können Sie die Optimierung ausschalten beziehungsweise anpassen.

## 16.3 Alben verwalten

Google Fotos unterstützt die Anlage von Alben – allerdings nur indirekt, indem Sie Bilder markieren, die Sie dann in ein automatisch neu angelegtes Album kopieren/verschieben.

Beachten Sie bitte, dass jede Dateiaktion mitunter einige Zeit in Anspruch nimmt. Beispielsweise wird ein neu angelegtes Album erst nach bis zu 10 Sekunden in der Albenauflistung erscheinen.

Google Fotos

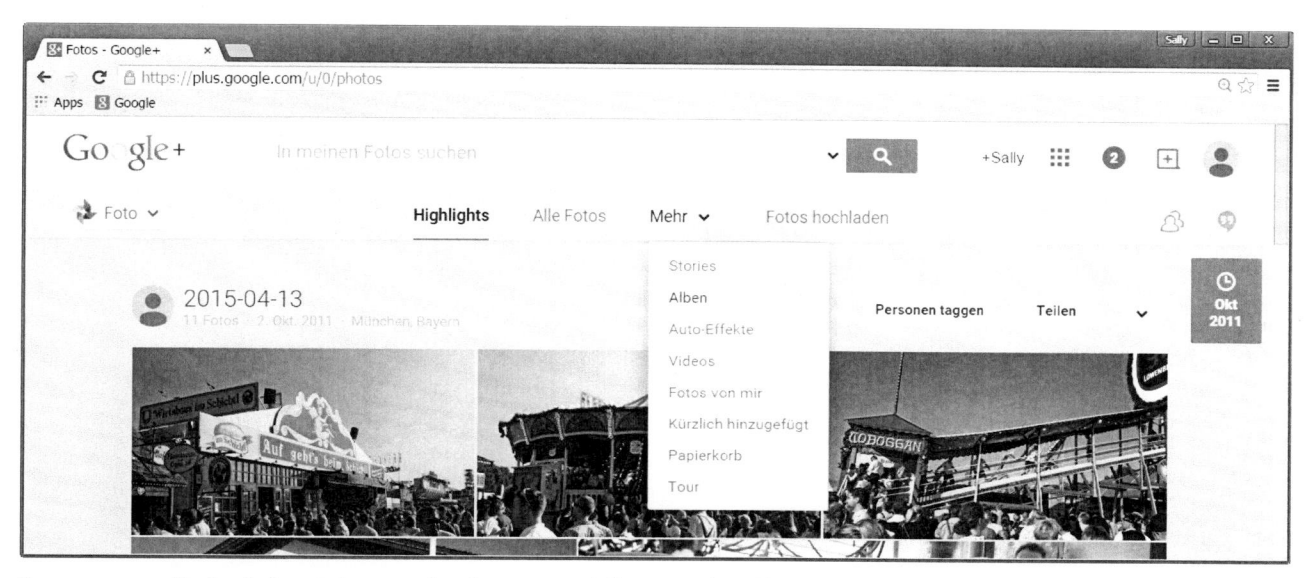

In unserem Beispiel möchten wir ein neues Album mit Bildern aus einem anderen Album anlegen. Rufen Sie dafür *Mehr/Alben* auf.

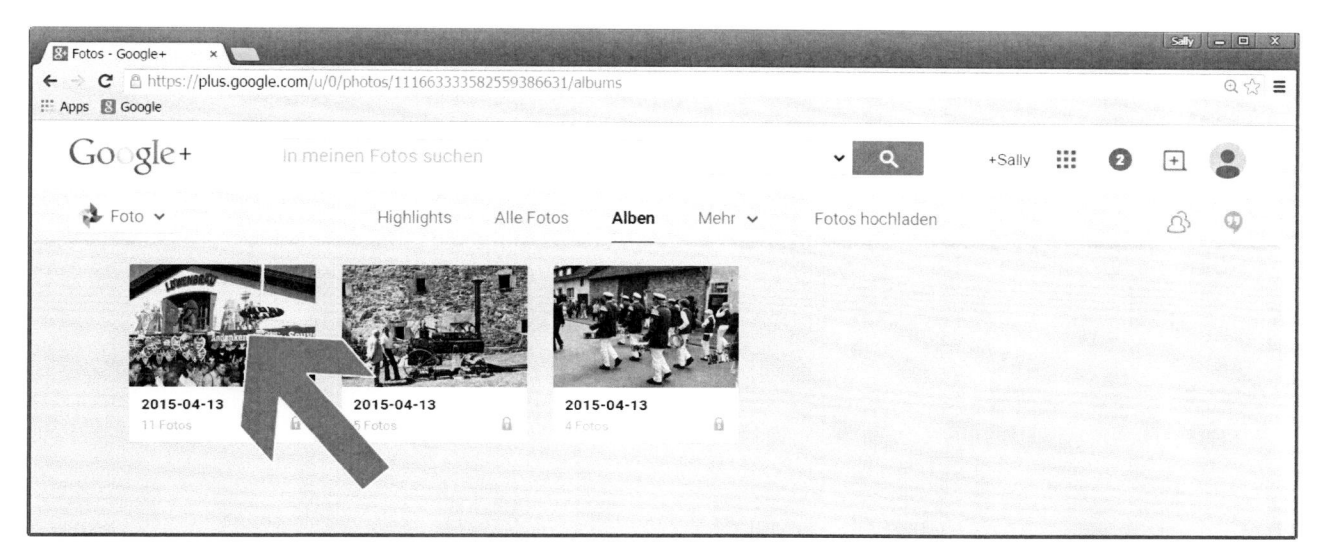

Klicken Sie ein Album an.

So markieren Sie Bilder: Sie halten Mauszeiger über ein Bild und klicken dort auf ● (1). Gehen Sie genauso bei den anderen Bildern vor. Zum Schluss öffnet ein Klick auf *Kopieren* beziehungsweise *Verschieben* einen Dialog...

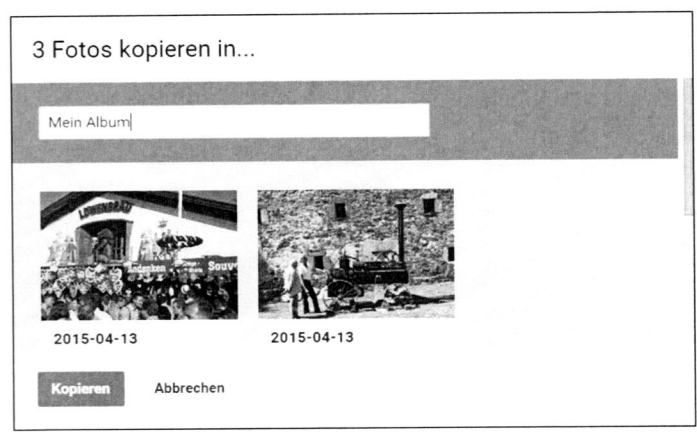

... worin Sie den Albumnamen eingeben und den Vorgang mit *Kopieren* beziehungsweise *Verschieben* abschließen.

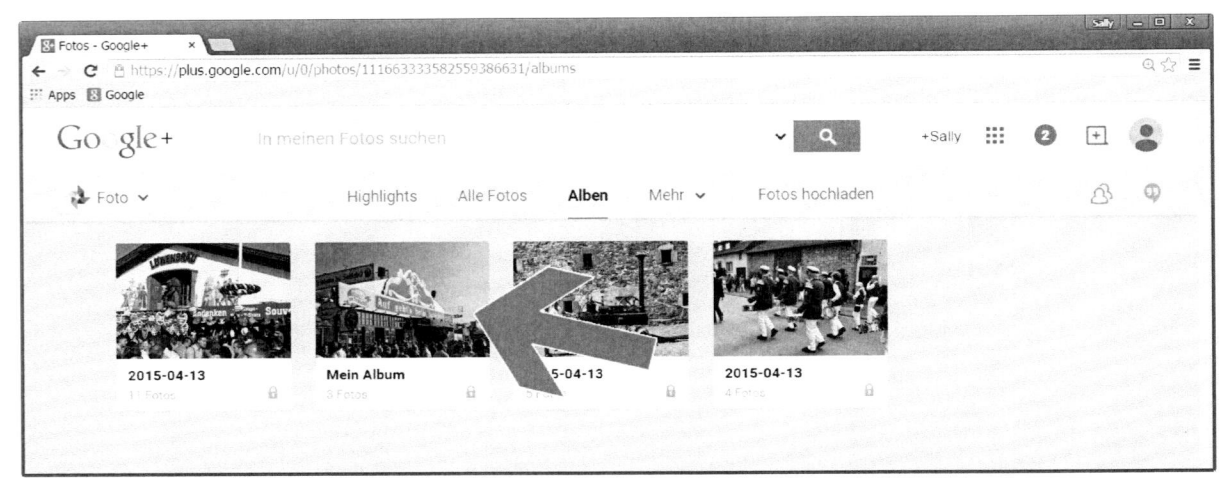

In der *Alben*-Auflistung taucht das Album nun auf (Pfeil), welches Sie anklicken.

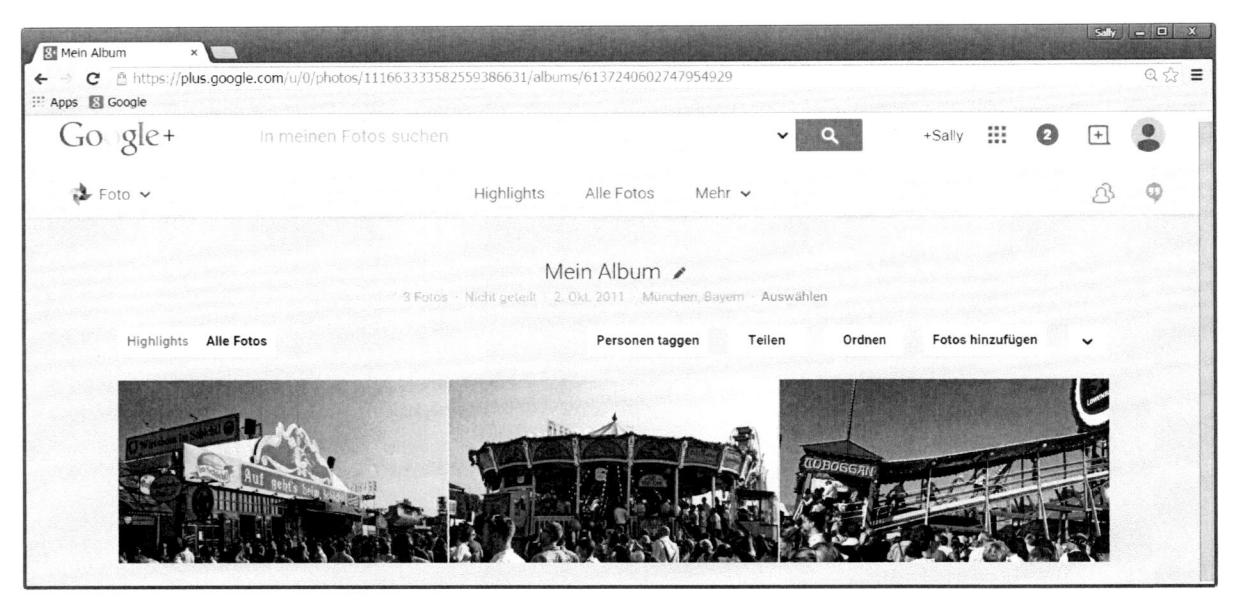

Folgende Schaltleisten werden angezeigt:

- ✏ (neben dem Albumnamen): Albumnamen ändern; Album für Ihre Kreise sichtbar machen.
- *Highlights:* Unter *Highlights* fasst Google besonders gut gelungene Fotos zusammen. Dabei werden verschwommene oder unterbelichtete Fotos herausgefiltert.

- *Alle Fotos*: Listet alle von Ihnen ins Album hochgeladenen Fotos auf.
- *Personen taggen*: Markieren Sie auf den Fotos Gesichter. In diesem Buch gehen wir nicht weiter darauf ein.
- *Teilen*: Das Album bei Google+ veröffentlichen.
- *Ordnen*: Bilderreihenfolge ändern.
- *Fotos hinzufügen*: In dieses Album weitere Fotos vom PC aus hochladen.

## 16.4 Fotos oder Alben veröffentlichen

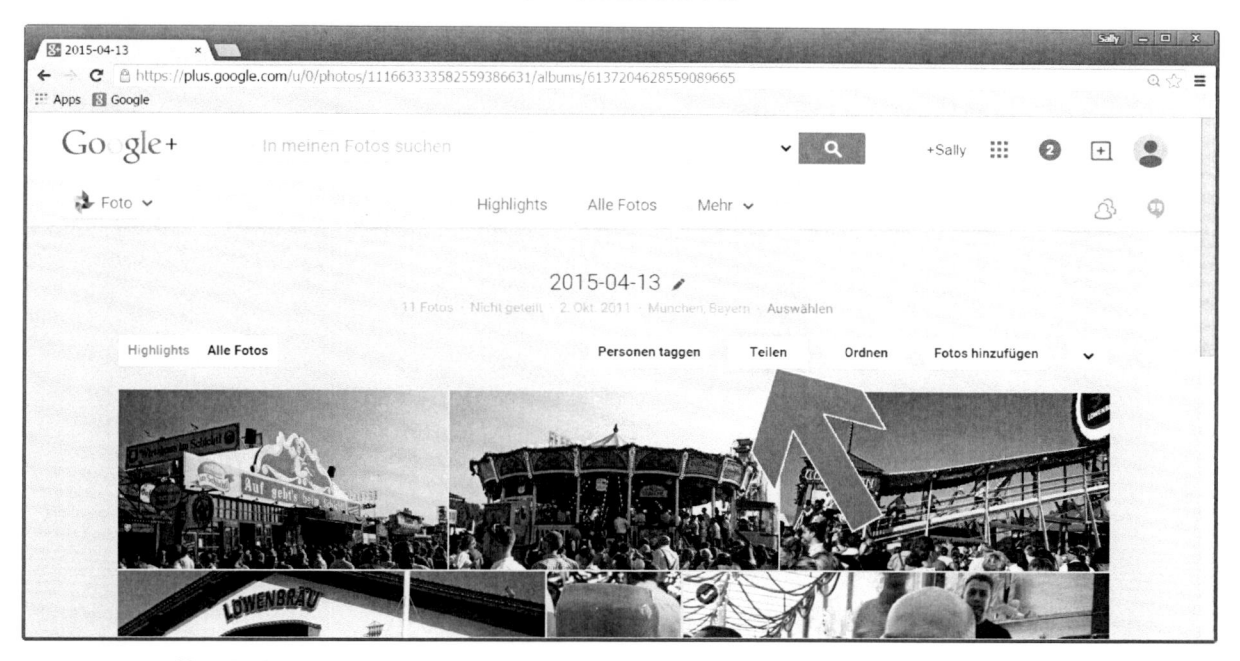

Das »Veröffentlichen« von Fotos erfolgt im sozialen Netzwerk Google+ (siehe Kapitel *15 Google+*). Gehen Sie dazu in einem Album oder Foto auf *Teilen* (Pfeil).

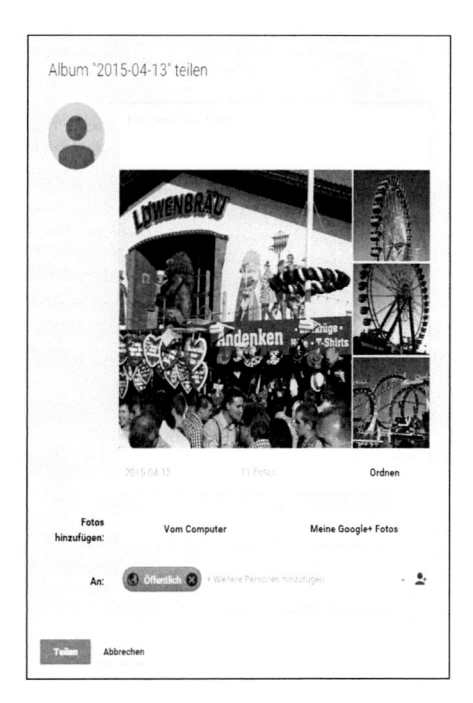

Geben Sie einen Kommentar zum Album/Foto ein und klicken Sie auf *Teilen*.

Den Personenkreis, der Ihre Fotos sieht, wird unter *Weitere Personen hinzufügen* eingestellt (klicken Sie auf ⊗ hinter *Öffentlich*, wenn nicht alle, sondern nur bestimmte Personen die Fotos sehen dürfen).

## 16.5 Einstellungen

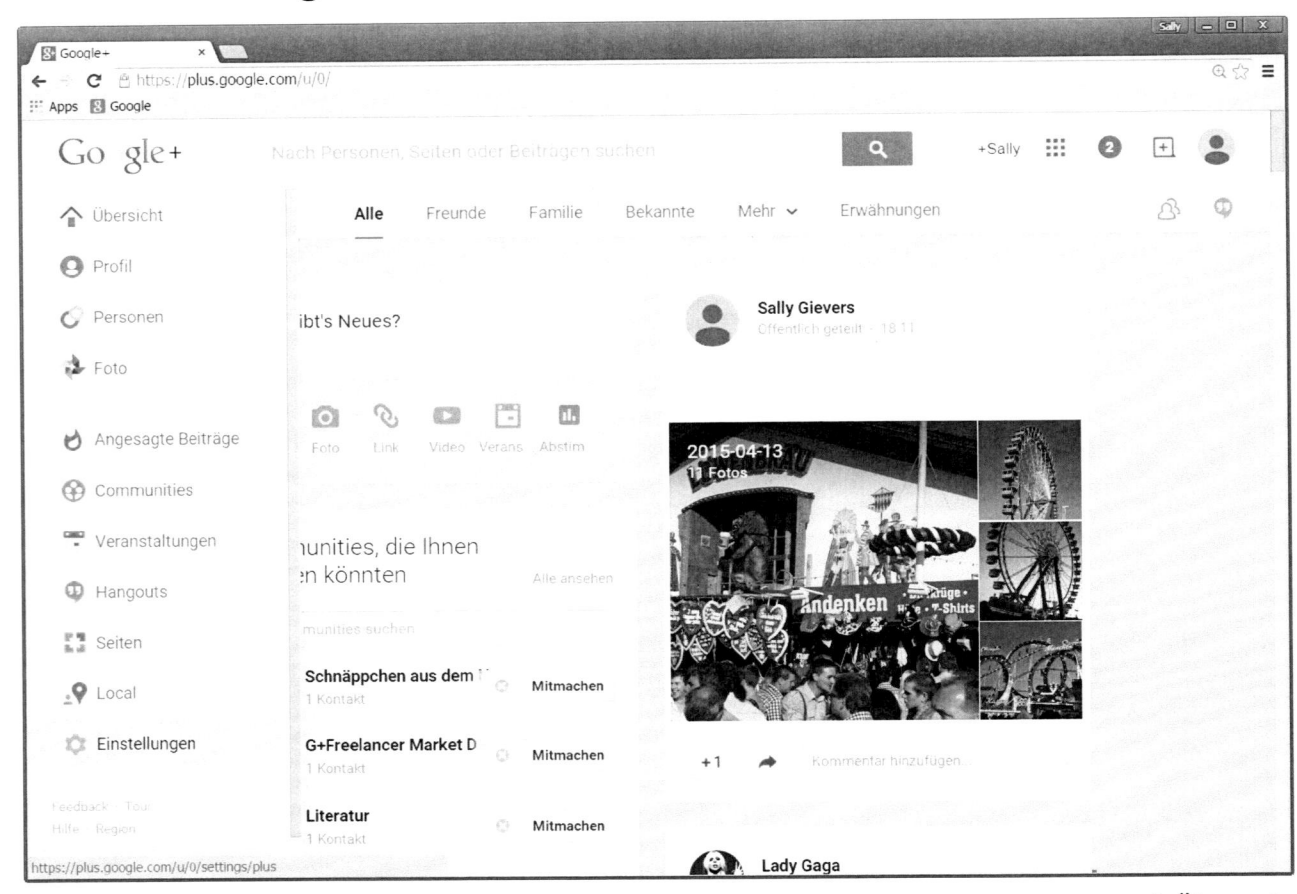

Für die Fotoeinstellungen öffnen Sie das Ausklappmenü, welches nach einem Klick auf *Übersicht* erscheint und wählen *Einstellungen*.

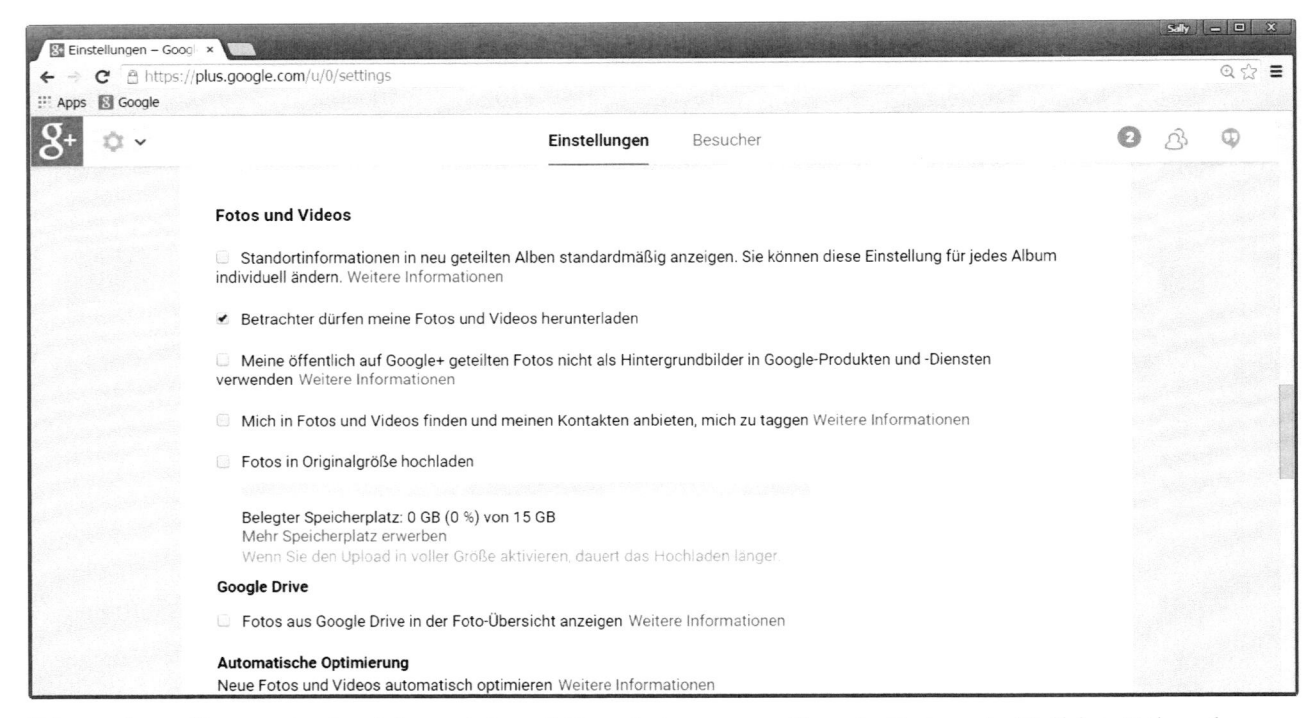

Die meisten Parameter beziehen sich auf Google+, wovon Google Fotos ein Teil ist. Wir gehen an dieser Stelle nur auf die Google Fotos-spezifischen Einstellungen ein:

Unter *Fotos und Videos:*

- *Standortinformationen in neu geteilten Alben standardmäßig anzeigen. Sie können diese Einstellung für jedes Album individuell ändern:* Viele Digitalkameras und alle Handys speichern auf Wunsch den per GPS ermittelten Aufnahmeort in den Fotos. Wenn Sie nicht möchten, dass Dritte in geteilten Fotos und Alben erfahren, wo diese entstanden, sollten Sie die Option deaktivieren.

- *Betrachter dürfen meine Fotos und Videos herunterladen*: Schützt Ihre geteilten Fotos/Videos vor dem Download durch Dritte.

- *Meine öffentlich auf Google+ geteilten Fotos nicht als Hintergrundbilder in Google-Produkten und -Diensten verwenden:* Google behält sich das Recht vor, Ihre geteilten Bilder in eigenen Produkten zu verwenden (beispielsweise als Hintergrundbild in Chromecast, siehe Kapitel *35 Chromecast*). Deaktivieren Sie die Option, wenn Sie dies nicht wünschen.

- *Mich in Fotos und Videos finden und meinen Kontakten anbieten, mich zu taggen*: Andere Google+-Nutzer dürfen Ihr Gesicht in Fotos mit Ihrem Namen markieren.

- *Fotos in Originalgröße hochladen*: Ihre hochgeladenen Bilddateien werden von Google Fotos an der längsten Seite auf maximal 2048 Pixel Breite verkleinert. Dafür dürfen Sie dann aber beliebig viele Bilder hochladen. Wir empfehlen die Option *Fotos in Originalgröße hochladen* nicht zu verwenden, da eine höhere Bildauflösung ohnehin häufig nichts bringt. Nutzen Sie dagegen diese Option und Ihre 15 GB Freivolumen sind erschöpft, so schaltet Google Fotos für folgende Uploads die Option ab. Bei Video-Uploads gibt es ebenfalls Restriktionen zu beachten: Sie dürfen beliebig viele Videos hochladen, sofern diese weniger als 15 Minuten lang sind und eine Auflösung von 1080 Pixeln (HD-Auflösung) nicht übersteigen. Videos, welche die beiden Anforderungen nicht erfüllen, rechnet Google auf das 15 Gigabyte große Freivolumen an.

Unter *Google Drive*:

- *Fotos aus Google Drive in der Foto-Übersicht anzeigen*: Zeigt Fotos/Videos, die Sie in Google Drive (siehe Kapitel *10 Google Drive*) hochgeladen haben, automatisch auch in Google Fotos an.

Unter *Automatische Optimierung*:

- Alle Ihre hochgeladenen Fotos unterzieht Google Fotos einer Bildbearbeitung, bei der meist der Kontrast erhöht und die Helligkeit angepasst wird. Dieser Vorgang ist reversibel. Wenn Ihnen mal die automatische Optimierung nicht gefällt, halten Sie einfach den Mauszeiger auf das Bild und betätigen die *OPTIMIERT*-Schaltleiste.

Unter *Auto-Effekte*:

- *Erstellen Sie aus Ihren Fotos und Videos kreative neue Bilder, Filme und Geschichten*: Diese automatisch erzeugten Dateien finden Sie in eigenen Kategorien in Google Fotos. Siehe auch Kapitel *Das Mehr-Menü* (Menüs *Stories* und *Geschichten*).

- *Tags automatisch genehmigen und zum Abschnitt "Fotos von mir" in meinem Profil hinzufügen, wenn mich diese Personen taggen*: Andere Google+-Nutzer dürfen Sie standardmäßig auf Fotos markieren. Wenn Sie dies nicht wünschen deaktivieren Sie einfach diese Option.

## *16.6 Mediendaten mit Picasa verwalten*

Eine tolle Bilderverwaltung stellt die Software Google Picasa 3 dar, die Sie über die Webadresse *www.google.com/intl/de/picasa* auf Ihren Heim-PC herunterladen und installieren. Picasa 3 glänzt zudem mit leistungsfähigen Bearbeitungsfunktionen, zum Beispiel automatischer Beseitigung der durch einen Blitz hervorgerufenen roten Augen und diverse Farb- und Effektfilter.

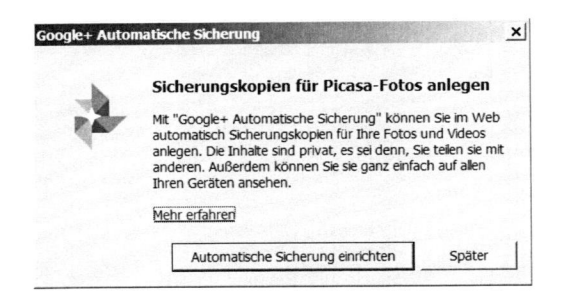

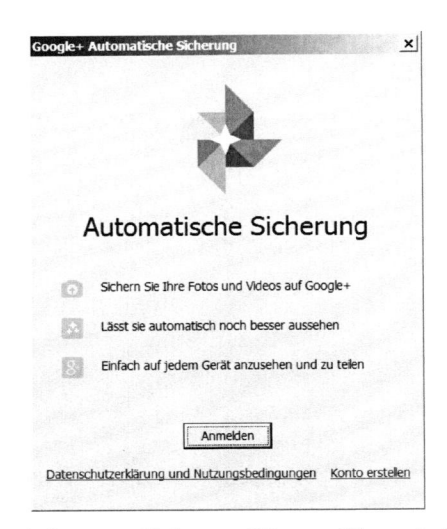

❶ Beim ersten Aufruf leitet Sie Picasa durch Einrichtungsdialoge. Wenn Sie möchten, dass das Programm automatisch Ihre Fotos/Videos in Ihrem Google-Konto sichert (Sie haben später darauf später online Zugriff, wie Kapitel *16 Google Fotos* zeigt), Betätigen Sie *Automatische Sicherung einrichten*.

❷ Sie müssen sich nun bei Ihrem Google-Konto (siehe Kapitel *4 Das Google-Konto*) anmelden, weshalb auf *Anmelden* klicken.

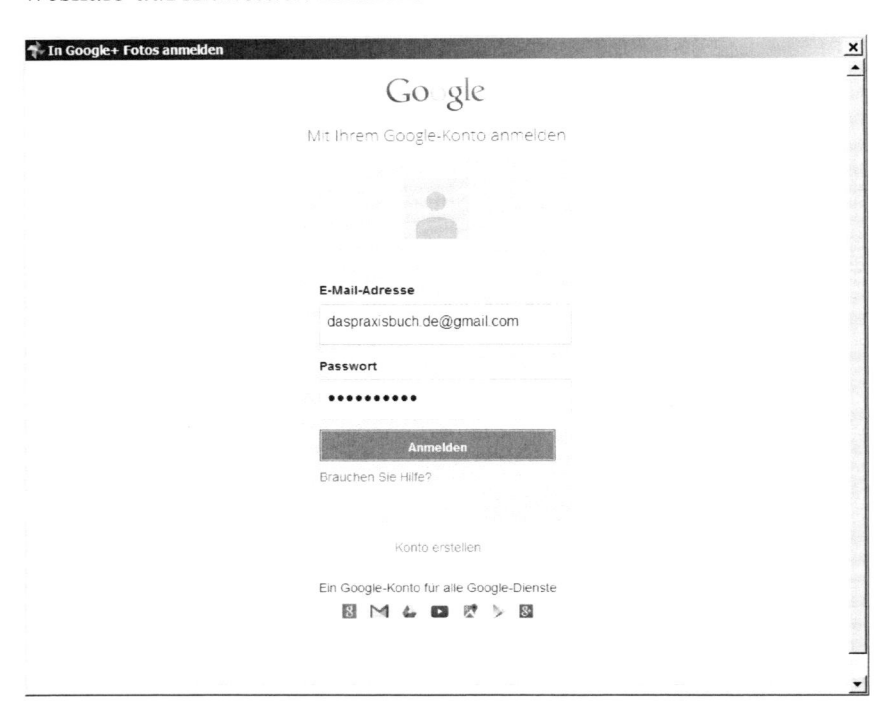

Geben Sie Ihre Kontodaten ein und klicken Sie auf *Anmelden*.

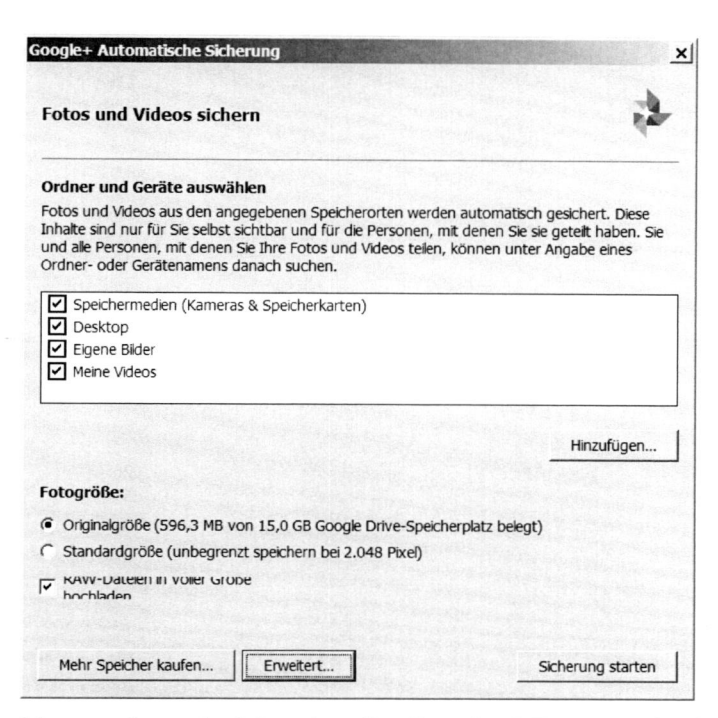

Vorgegeben sind bereits die Standard-Foto- und Videoverzeichnisse Ihres PCs (zu finden unter *Meine Dokumente\Bilder* und *Meine Dokumente\Videos*), sowie Ihr Desktop. In Ihrem PC eingelegte SD-Speicherkarten oder Digitalkameras sichert Picasa ebenfalls automatisch. Deaktivieren Sie jeweils die Abhakkästchen, wenn Sie ein Verzeichnis nicht sichern möchten.

Unter *Fotogröße* legen Sie fest, ob Ihre Bilder in *Originalgröße* oder gegebenenfalls in *Standardgröße* in Ihrem Google-Konto gesichert werden. Wir empfehlen Ihnen dringend, an dieser Stelle *Standardgröße* einzustellen. Wir hatten ja bereits im Kapitel *10 Google Drive* erläutert, dass Google nur 15 Gigabyte Speicherplatz zur Verfügung stellt. Wenn Sie Google mit *Standardgröße* erlauben, Ihre Fotos auf 2048 Pixel Breite zu verkleinern, wird deren Dateigröße nicht auf die 15 Gigabyte angerechet, sodass Sie unbegrenzt Fotos hochladen dürfen.

Die Option *RAW-Bilder in voller Größe hochladen* betrifft nur einige Fotografen, die professionelle Kameras mit dem RAW-Bildformat einsetzen. Klicken Sie *Sicherung starten* an. Die Datensicherung erfolgt im Hintergrund, weshalb Sie nicht unbedingt Picasa gestartet haben müssen.

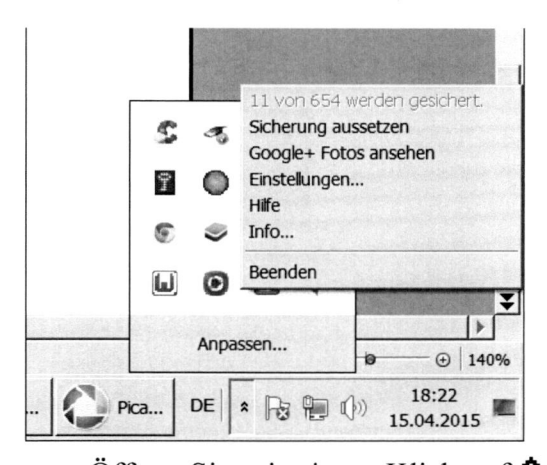

So konfigurieren Sie die automatische Bildersicherung: Öffnen Sie mit einem Klick auf ⌃ unten rechts in der Systemleiste (1) das Popup mit den ausgeblendeten Symbolen. Darin klicken Sie (2) an, worauf Sie die Sicherung aussetzen oder konfigurieren können.

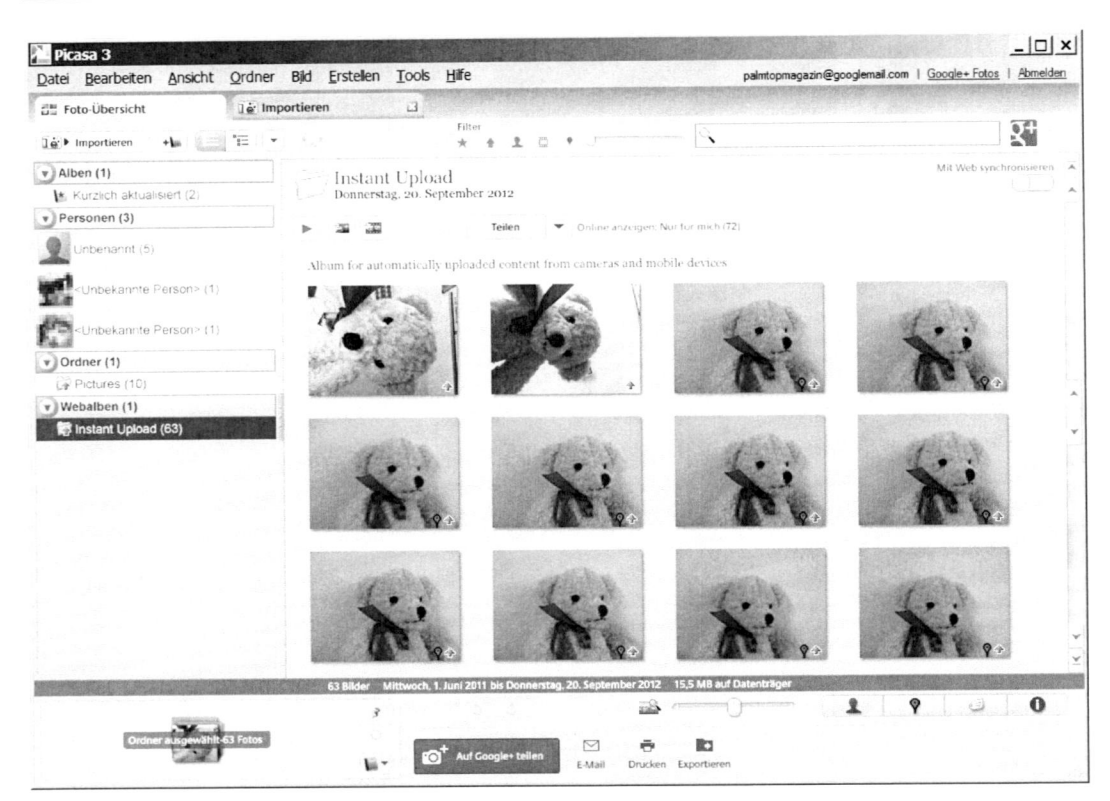

Fotos aus den Google Fotos Webalben laden Sie über das Menü *Datei/Aus Google+ Fotos importieren* herunter. Sie müssen dabei Ihr Google-Konto angeben. Die Picasa-Software fragt Sie dann, welche Alben zu importieren sind und lädt dann die Fotos herunter.

Umgekehrt unterstützt Google+ auch den Upload von Fotos bei Google+. Dazu markieren Sie ein oder mehrere Fotos und rufen das Menü *Tools/Hochladen/In Google+ hochladen* auf.

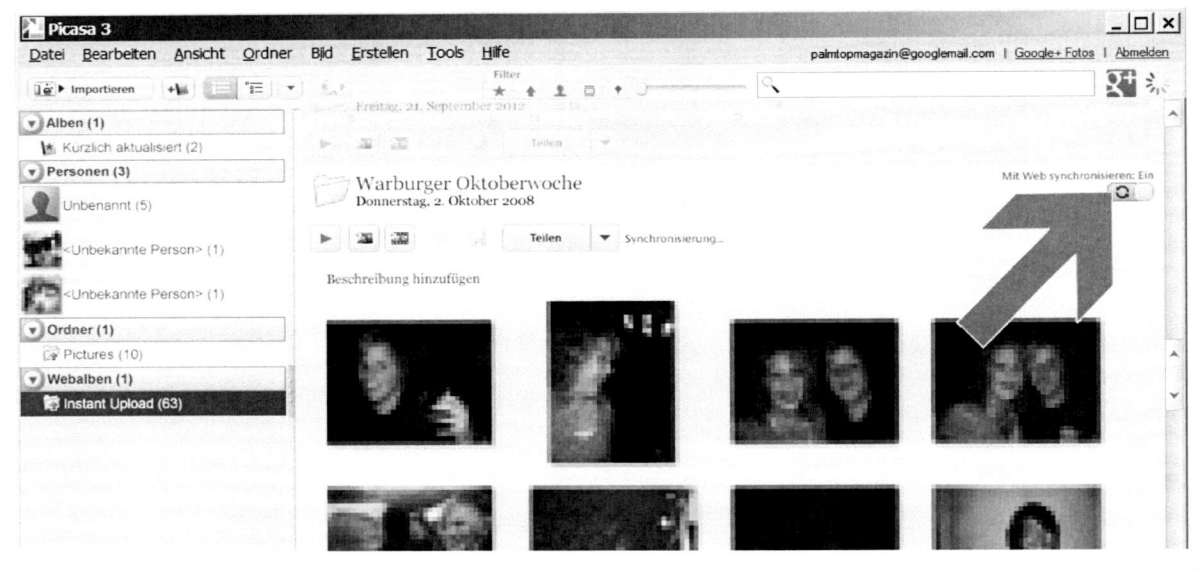

Die Fotos/Videos lassen sich auch automatisch zwischen Webalbum und PC synchronisieren. Klicken Sie dazu beim jeweiligen Album auf die Schaltleiste unter *Mit Web synchronisieren* und bestätigen Sie im Dialog mit *Synchronisieren*.

# 17. Google Hangouts

Die Chat-Anwendung Google Hangouts erlaubt den schnellen Nachrichtenaustausch zwischen mehreren Personen gleichzeitig und unterstützt auch Videoanrufe beziehungsweise Videokonferenzen mit bis zu 10 Teilnehmern. Die Teilnehmer müssen ein Google-Konto haben.

Hangouts lässt sich vom Funktionsumfang mit der bekannten Chat-Anwendung Whatsapp vergleichen, hat aber den Vorteil, nicht wie Whatsapp mit der SIM-Karte verknüpft zu sein. Es lässt sich deshalb ohne Weiteres nicht nur auf Handys und Tablets, sondern auch auf PCs nutzen.

Im Kapitel *31 Google Hangouts (Android)* beschreibt Hangouts auf Android-Handys.

## 17.1 Hangouts in Gmail

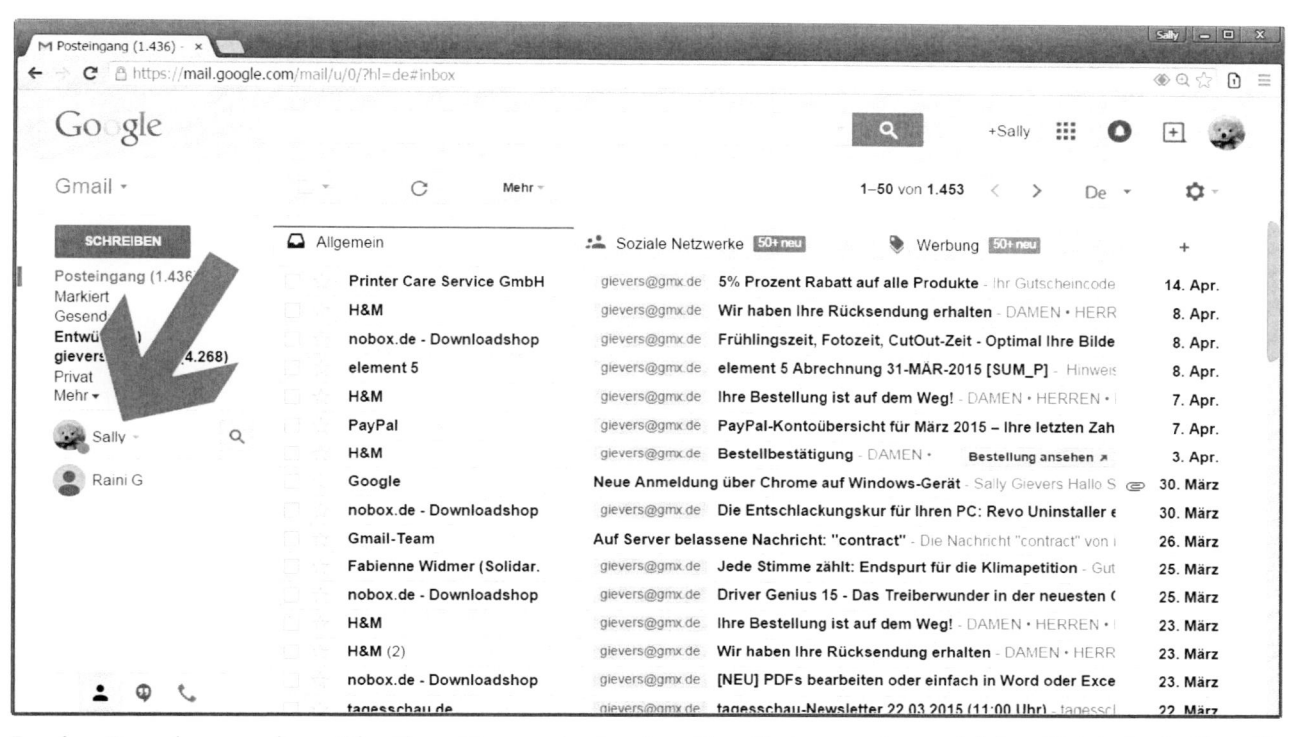

In der Regel verwalten Sie Ihre Hangouts in der Gmail-Anwendung (siehe Kapitel *6 Gmail*). Klicken Sie hier auf Ihren Namen (Pfeil).

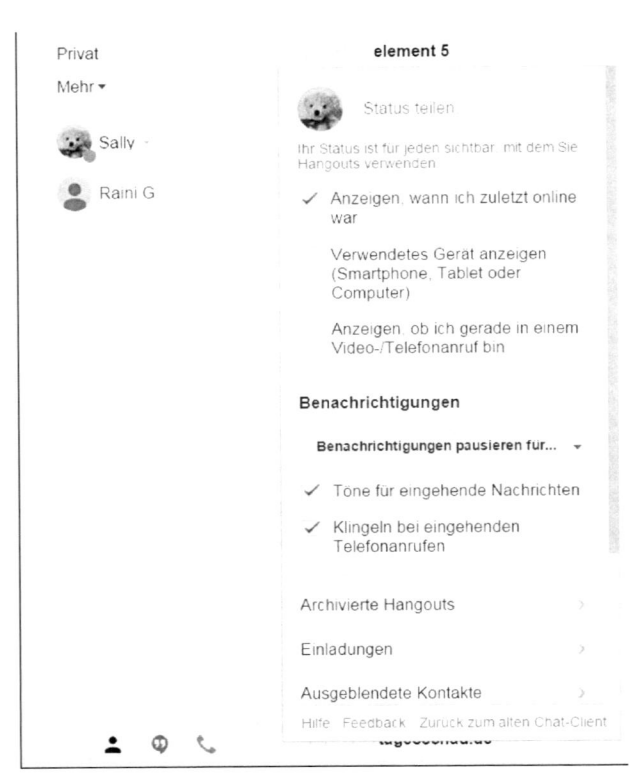

Das Ausklappmenü ist sehr umfangreich, weshalb Sie darin durchrollen müssen. Sie stellen hier ein:

- *Status teilen*: Erfassen Sie einen kurzen Hinweistext, der anderen Hangout-Nutzern angezeigt wird.
- *Anzeigen, wann ich zuletzt online war*: Informiert andere permanent über Ihren Verfügbarkeitsstatus.
- *Verwendetes Gerät anzeigen*
- *Anzeigen, ob ich gerade in einem Video-/Telefonanruf bin*: Eine nützliche Option, falls Sie Hangouts sehr intensiv einsetzen, damit andere wissen, ob Sie erreichbar sind.
- *Benachrichtigungen pausieren für...*: An manchen Zeiten stören vielleicht Hangout-Einladungen anderer Nutzer. Sie können diese dann über *Benachrichtigungen pausieren* ausblenden, wobei Personen, die Sie einladen, davon nichts mitbekommen. Diese Einstellung erfolgt global. Möchten Sie nur einzelne Personen in Hangouts ausblenden, so können Sie dies in den Benachrichtigungseinstellungen von Hangouts vornehmen.
- *Töne für eingehende Nachrichten*: Über neu vorhandene Nachrichten in Hangouts informiert ein Signalton.
- *Klingeln für eingehende Anrufe*: Damit Sie eingehende Videoanrufe bemerken, ertönt ein Signalton.
- *Archivierte Hangouts*: Ältere Hangout-Chats lesen Sie hier nach.
- *Einladungen*: Einladungen zu Hangouts durch andere.
- *Ausgeblendete Kontakte*: Hangouts-Einladungen von diesen Kontakten erfolgen nur durch einen Hinweis in Google+ beziehungsweise per E-Mail, nicht aber durch ein Popup.
- *Blockierte Personen*: Hangouts-Einladungen von diesen Personen werden automatisch geblockt.
- *Einstellungen für Einladungen anpassen*: Legen Sie hier fest, ob Google+-Kontakte (Personen in Ihren Kreisen, siehe Kapitel *15.1 Kreise und Freunde verwalten*) Sie direkt kontaktieren können oder nur über den Umweg einer Einladung.

# Google Hangouts

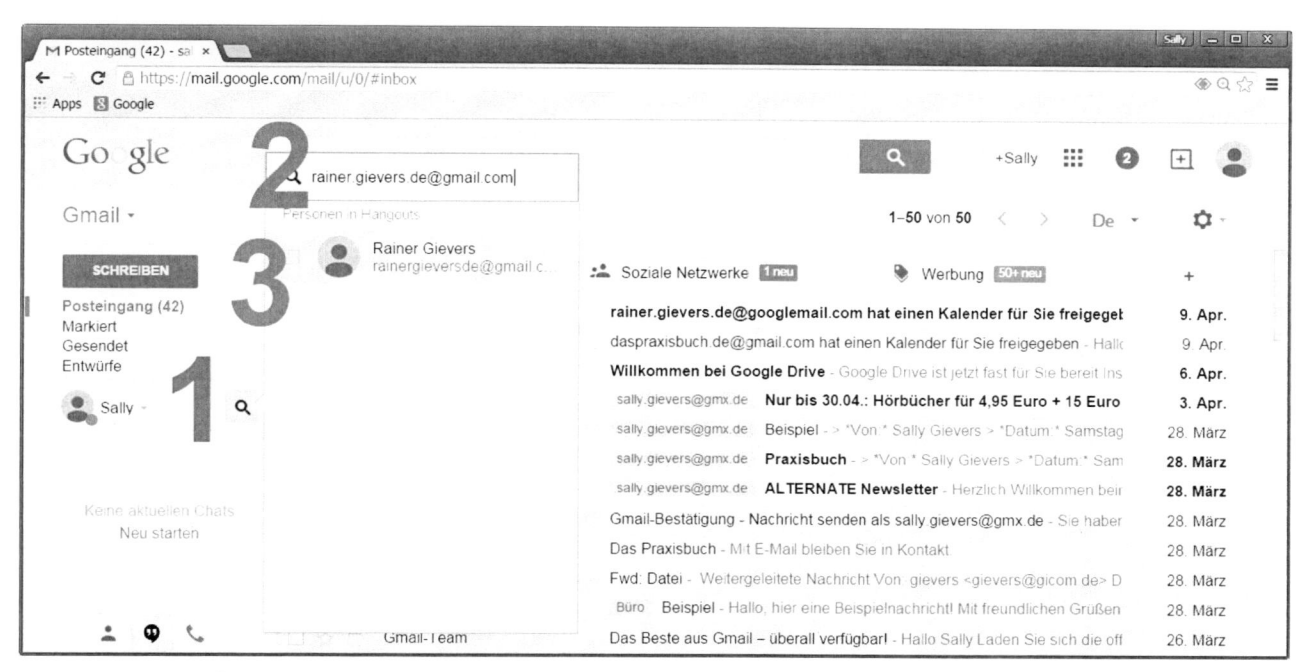

Gehen Sie auf 🔍 (1), wenn Sie einen Hangout mit einer oder mehreren Personen starten möchten.

Anschließend geben Sie den gesuchten Namen ein (2) und haken den Kontakt in der Fundstellenauflistung ab (3).

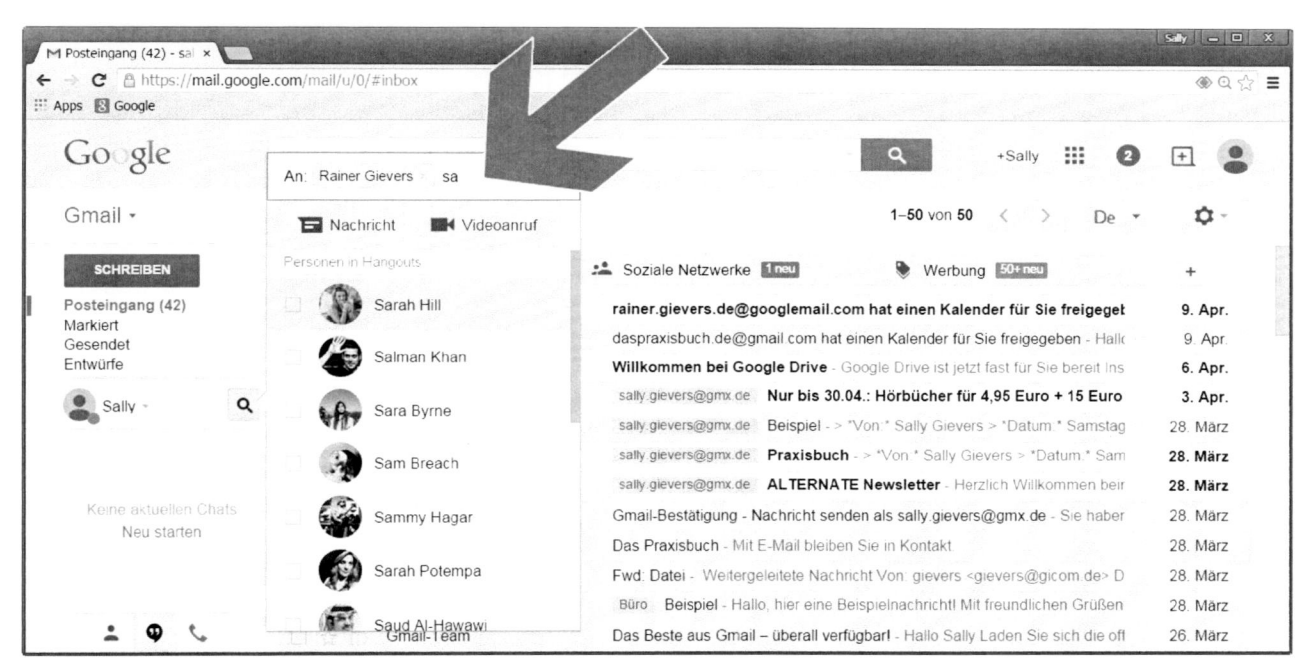

Weitere Teilnehmer fügen Sie nun hinzu, indem Sie erneut ins Suchfeld klicken und genauso wie oben beschrieben vorgehen: Das heißt, Sie geben den aufzufindenden Namen oder dessen E-Mail-Adresse ein und haken die Fundstelle ab.

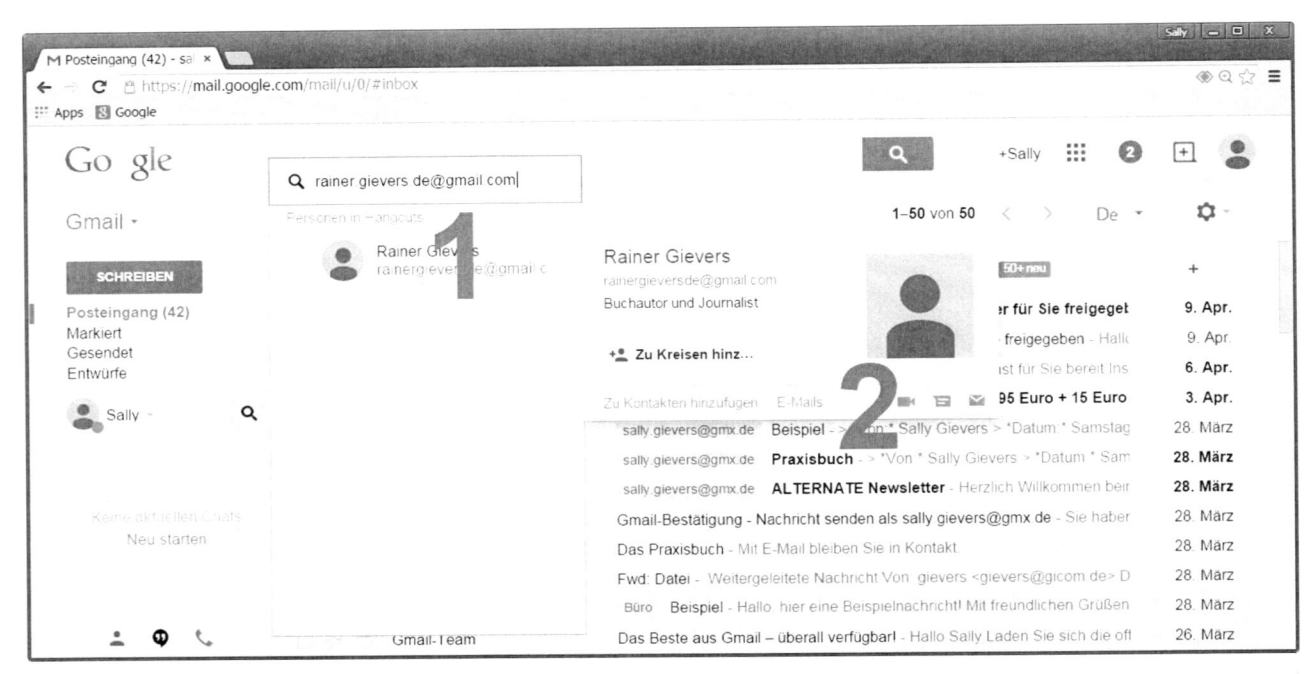

Möchten Sie dagegen nur mit einer Person kommunizieren, dann halten Sie den Mauszeiger auf den Kontaktnamen (1), bis das Popup erscheint und klicken dann auf ■ (Videoanruf), ■ (Text-Chat) oder ■ (E-Mail senden) (2).

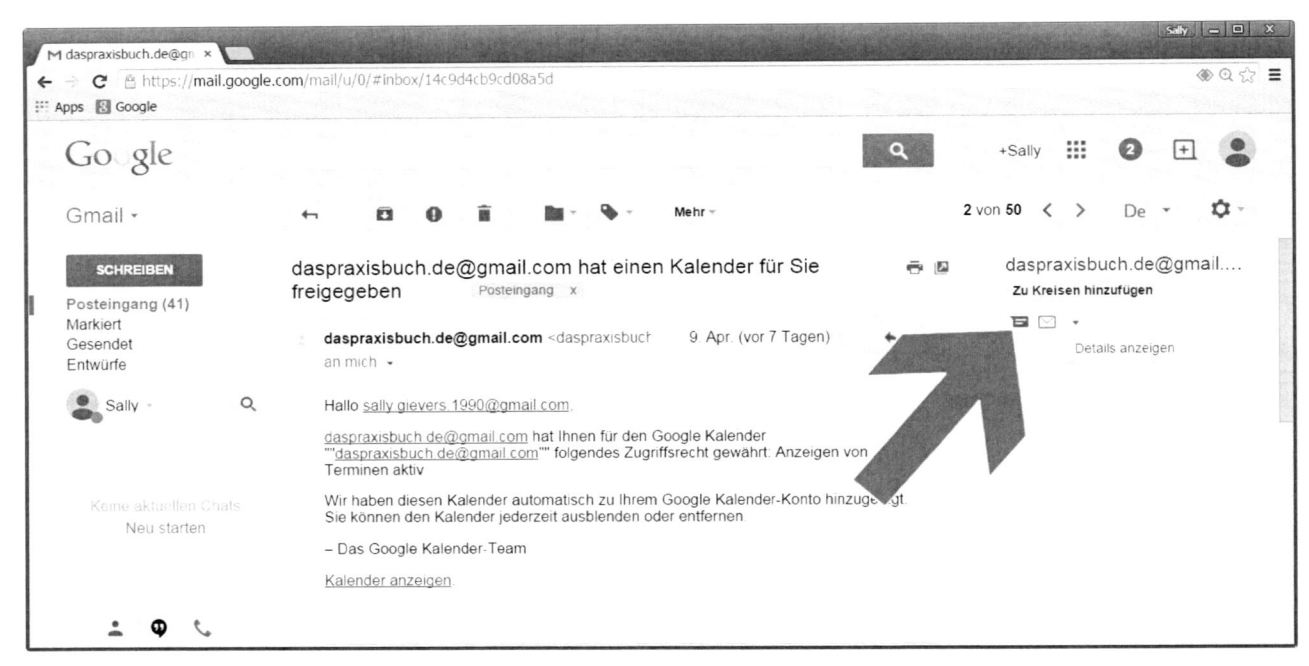

Auch in der E-Mail-Ansicht von Gmail lassen sich über die ■-Schaltleiste (Pfeil) jederzeit Hangouts starten.

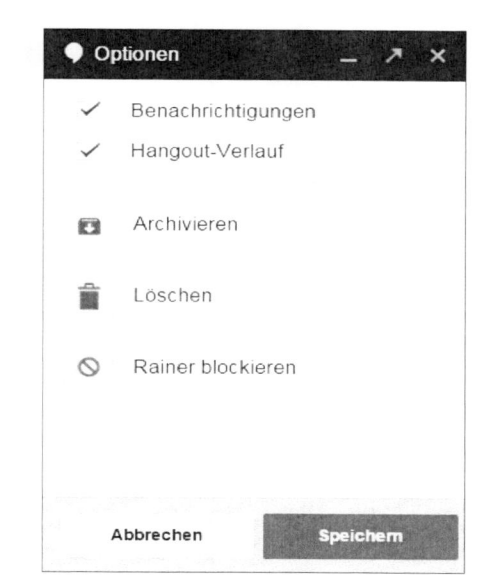

❶ Der Text-Chat erfolgt über ein Popup in der Gmail-Anwendung. Sobald Sie mit ∎◀ einen Videoanruf durchführen, startet aber die Hangouts-Anwendung. Mit ≛⁺ fügen Sie weitere Teilnehmer hinzu.

❷ ✿ öffnet die Einstellungen, worin Sie konfigurieren:

- *Benachrichtigungen:* Wenn Ihr Gegenüber etwas schreibt, erhalten Sie einen Hinweis, sodass Sie sich nicht permanent im Chat befinden müssen.
- *Hangout-Verlauf:* Speichert die Konversation, die Sie dann auch nach Beenden des Chats jederzeit ansehen können.
- *Archivieren*: Chat-Verlauf speichern.
- *Löschen*: Chat-Verlauf löschen.
- *xxx blockieren*: Beendet den Chat und übernimmt den Chat-Partner in die Blockierliste. Sie erhalten künftig keinerlei Benachrichtigungen, wenn dieser mit Ihnen einen Hangout starten möchte, kann Sie aber weiterhin beispielsweise per E-Mail erreichen.

Übernehmen Sie vorgenommene Änderungen mit *Speichern*.

## 17.2 Telefonie

Nicht nur Textchat und Videotelefonie übers Internet, sondern auch »normale« Telefonie auf Fest- und in Mobilfunknetze sind mit Google Hangouts möglich. Die Tarife erfahren Sie unter der Webadresse *www.google.com/voice/rates*. Standardmäßig bezahlen Sie innerhalb Deutschlands 0,01 Euro pro Minute ins Festnetz und 0,03 Euro pro Minute in alle Mobilfunknetze.

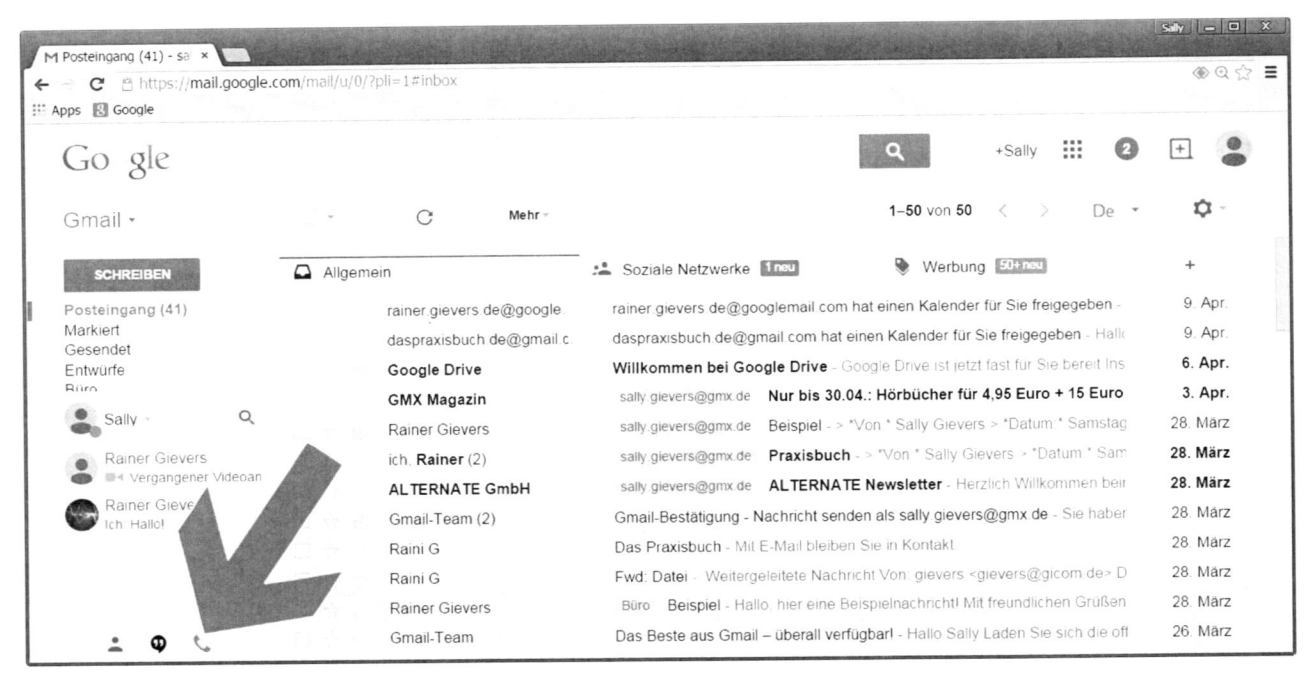

Ein Klick auf den Telefonhörer (Pfeil) startet die Telefoniefunktion.

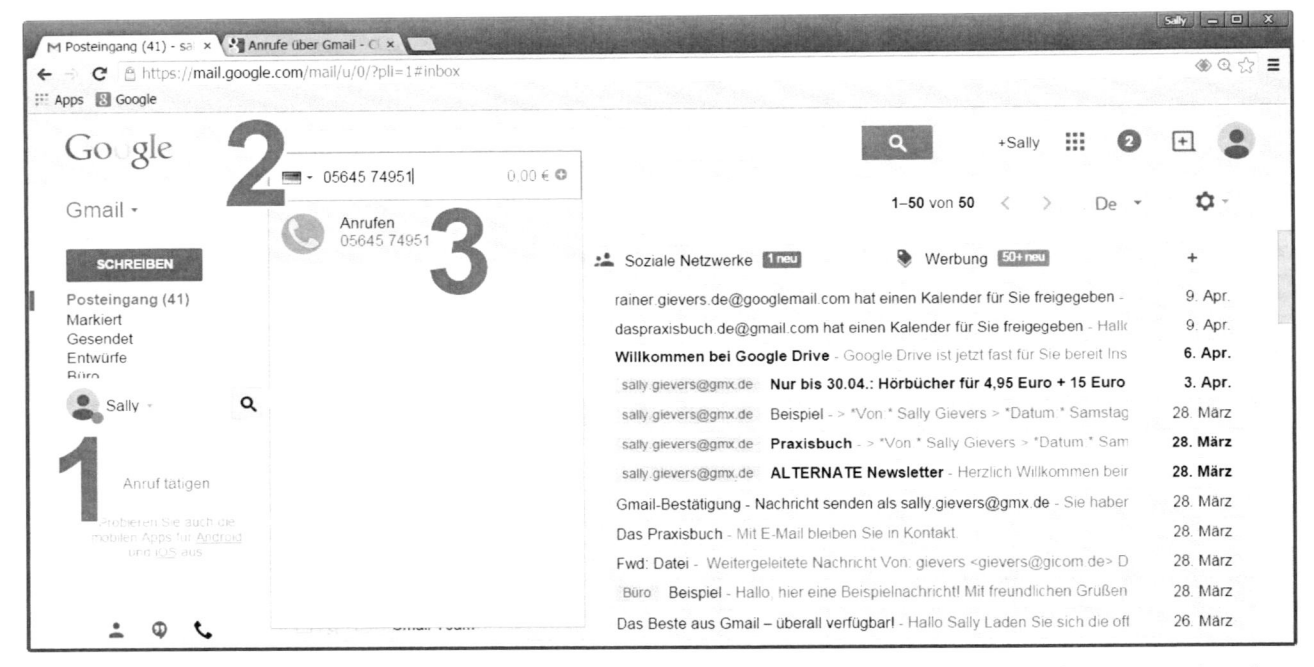

Anrufe führen Sie nun durch, indem Sie auf *Anruf tätigen* (1) klicken, die Rufnummer eingeben (2) und *Anrufen* (3) betätigen. Sie müssen danach erst die Google-Geschäftsbedingungen akzeptieren und anschließend Ihr Telefonguthaben aufladen. Der Betrag wird von Ihrer Kreditkarte abgebucht.

## 17.3 Hangouts-Anwendung

Videoanrufe führen Sie immer in der Hangouts-Anwendung durch.

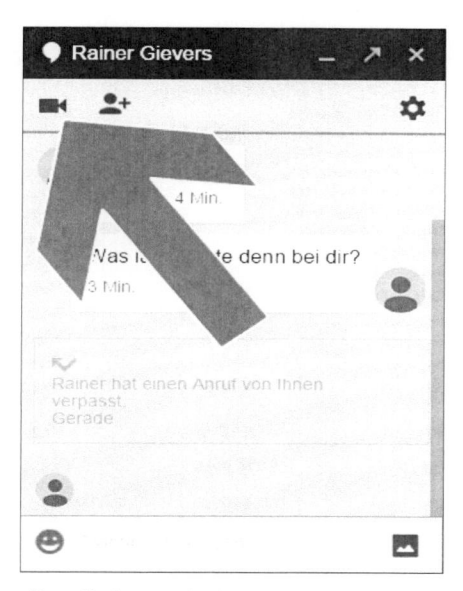

❶ Klicken Sie im Chat-Fenster auf ▮ (Pfeil).

❷ Auch in der Kontaktsuche, die wir oben beschreiben, öffnet ▮ (Pfeil) die Videotelefonie-Funktion.

Bewegen Sie den Mauszeiger über das Videofenster für die Funktionen:

- ▮: Weiteren Teilnehmer hinzufügen.
- ▮: Ihr Mikrofon ausschalten (sie hören aber weiterhin, was die anderen Teilnehmer von sich geben).
- ▮: Schaltet Ihr Videobild aus.
- ▮: Bandbreitennutzung anpassen. Normalerweise passt sich die Bildrate automatisch an die vorhandene Internetverbindung an.
- ▮: Zusätzliche Videoeinstellungen.
- ▮: Videoanruf beenden.

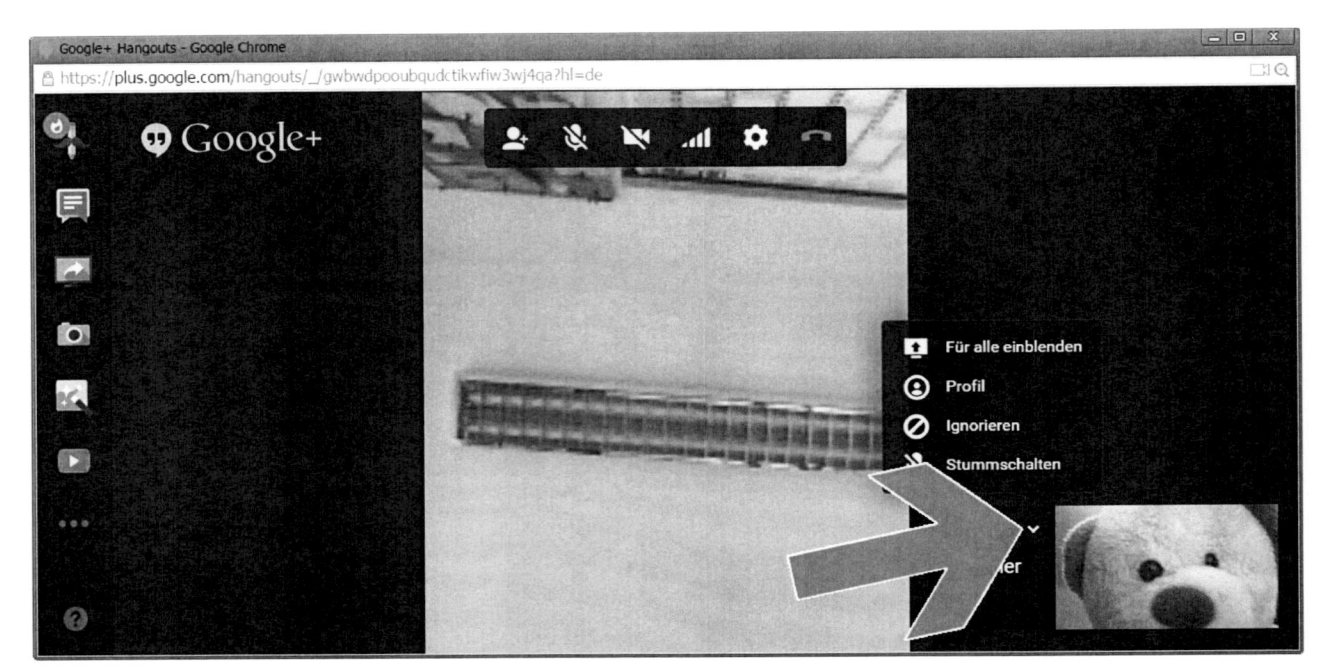

Als Initiator eines Videoanrufs stehen Ihnen einige weitere praktische Funktionen zur Verfügung: Klicken Sie auf eines der Vorschaubilder, um das zugehörige Video im Vollbild anzuzeigen. Bewegen Sie dazu den Mauszeiger auf Ihr Kontaktfoto. Ein Klick auf ✔ (Pfeil) öffnet nun das Popup-Menü:

- *Für alle einblenden*: Das Videobild wird allen Teilnehmern im Vollbild angezeigt.
- *Profil*: Öffnet das Google+-Profil (siehe Kapitel *15 Google+*) des Teilnehmers.
- *Ignorieren*: Setzt den Teilnehmer in die Blockierliste, sodass er künftig keine Hangouts mehr mit Ihnen durchführen kann.
- *Stummschalten*: Deaktiviert die Tonausgabe des Teilnehmers.

Die Symbolleiste auf der linken Seite:

- : Zeichnungen erstellen.
- : Gruppen-Textchat.

- ▣: Erstellt einen Schnappschuss vom Videobildschirm und teilt ihn über ein neu erstelltes Album mit allen Teilnehmern.
- ▣: Teilt Ihren Bildschirm mit anderen Teilnehmern.
- ▣: Google Effects erstellt in Echtzeit lustige Effekte.
- ▣: Öffnet Youtube.
- ●●●: Fügen Sie weitere nützliche Erweiterungen in Hangouts hinzu.

# 18. Medienkonsum auf dem PC

Wie Sie bereits in den vorherigen Kapiteln erfahren haben, verdient Google sein Geld nicht nur mit Werbeschaltungen in der eigenen Suchmaschine, sondern vertreibt auch digitale Güter wie Musik. Zusätzlich betreibt das Unternehmen aber auch Online-Shops für Spielfilme, Ebooks und Zeitschriften, auf die wir in diesem Kapitel eingehen.

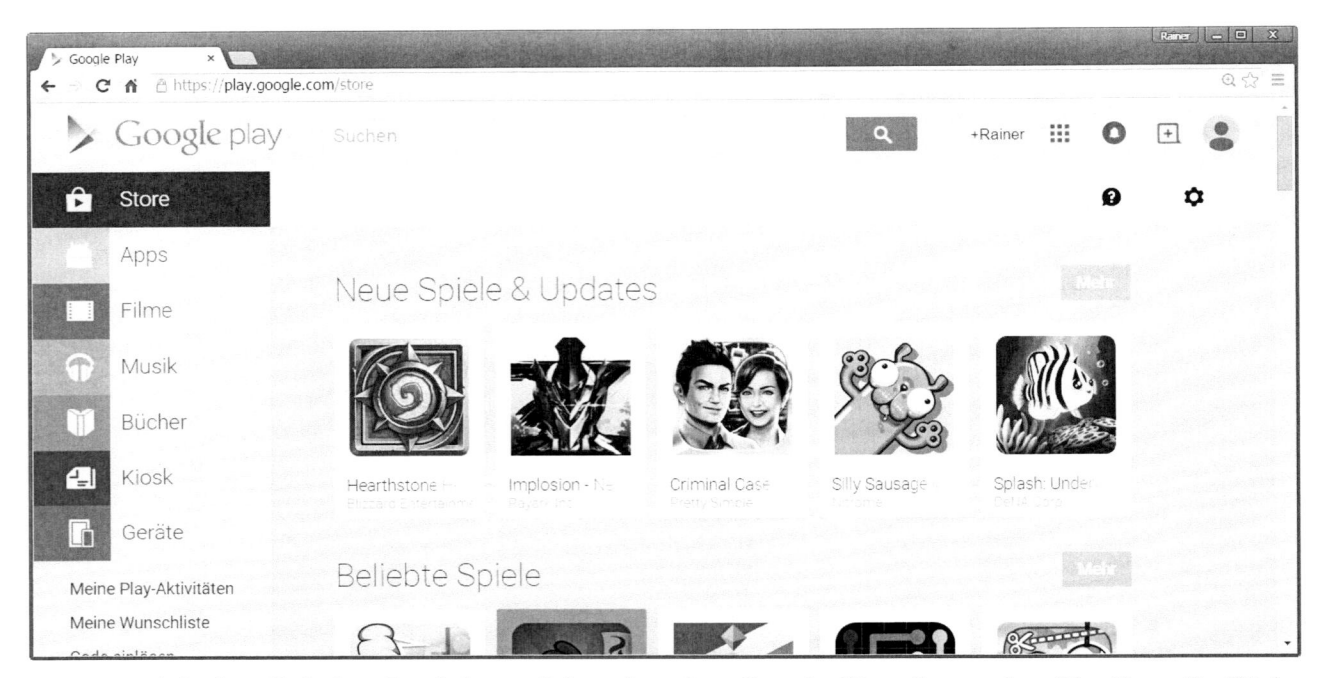

Der Vertrieb der digitalen Produkte erfolgt über den Google Play Store, den Sie über die Webadresse *play.google.com* im Browser aufrufen. Klicken Sie links in der Leiste auf eine Produktkategorie.

Die von Ihnen erworbenen/ausgeliehenen digitalen Produkte stehen plattformübergreifend auf allen unterstützten Geräten zur Verfügung. Beispielsweise rufen Sie, wie zuvor beschrieben, den Play Store im PC-Webbrowser auf und leihen sich dort einen Film, den Sie dann auf Ihrem Android-Handy oder Tablet ansehen. Einzige Voraussetzung ist, dass Sie sowohl im Browser, als auch auf dem verwendeten Android-Gerät mit dem gleichen Google-Konto angemeldet sind. Wir gehen darauf im Kapitel *32 Medienkonsum auf Android* ein.

## 18.1 Spielfilme

Wahlweise kaufen oder leihen Sie Spielfilme, wobei geliehene innerhalb von 30 Tagen angeschaut werden müssen. Einmal angefangene Filme stehen 48 Stunden zur Verfügung. Beachten Sie, dass Sie die Filme nur innerhalb der Google-Plattform nutzen können, weil sie mit einem Kopierschutz versehen sind. Siehe dazu auch Kapitel *32.1.3 Kopierschutz?*.

# Medienkonsum auf dem PC

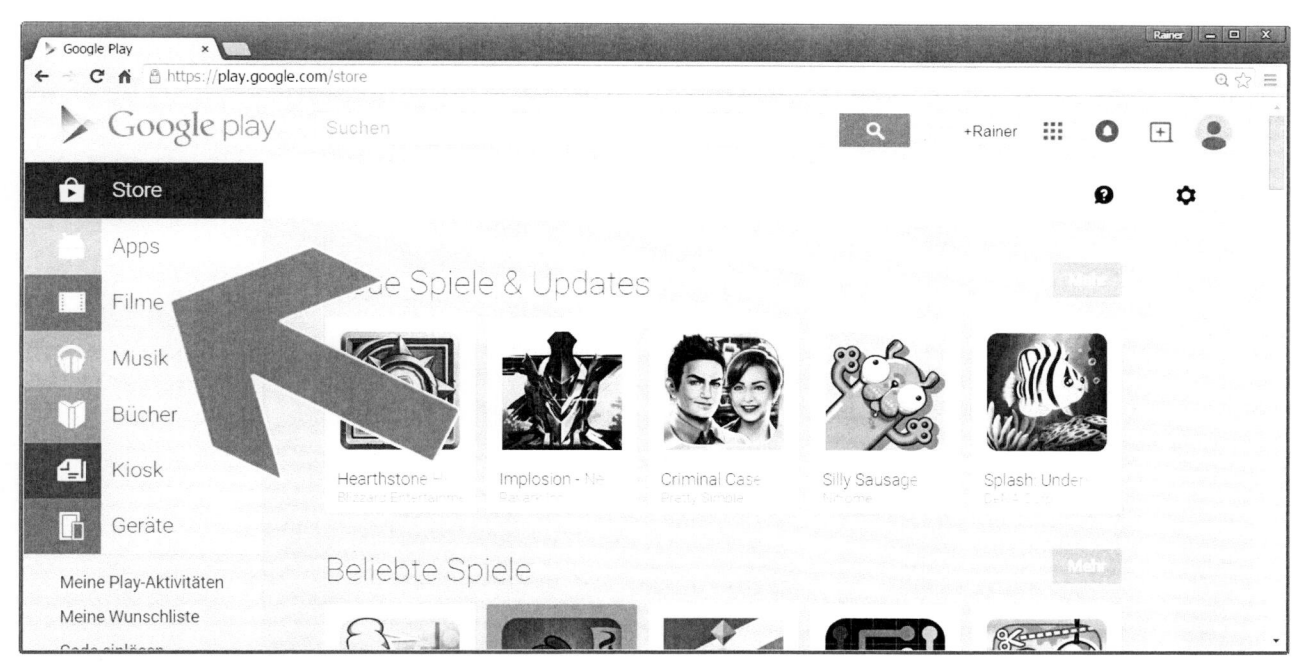

Klicken Sie auf *Filme* im Play Store.

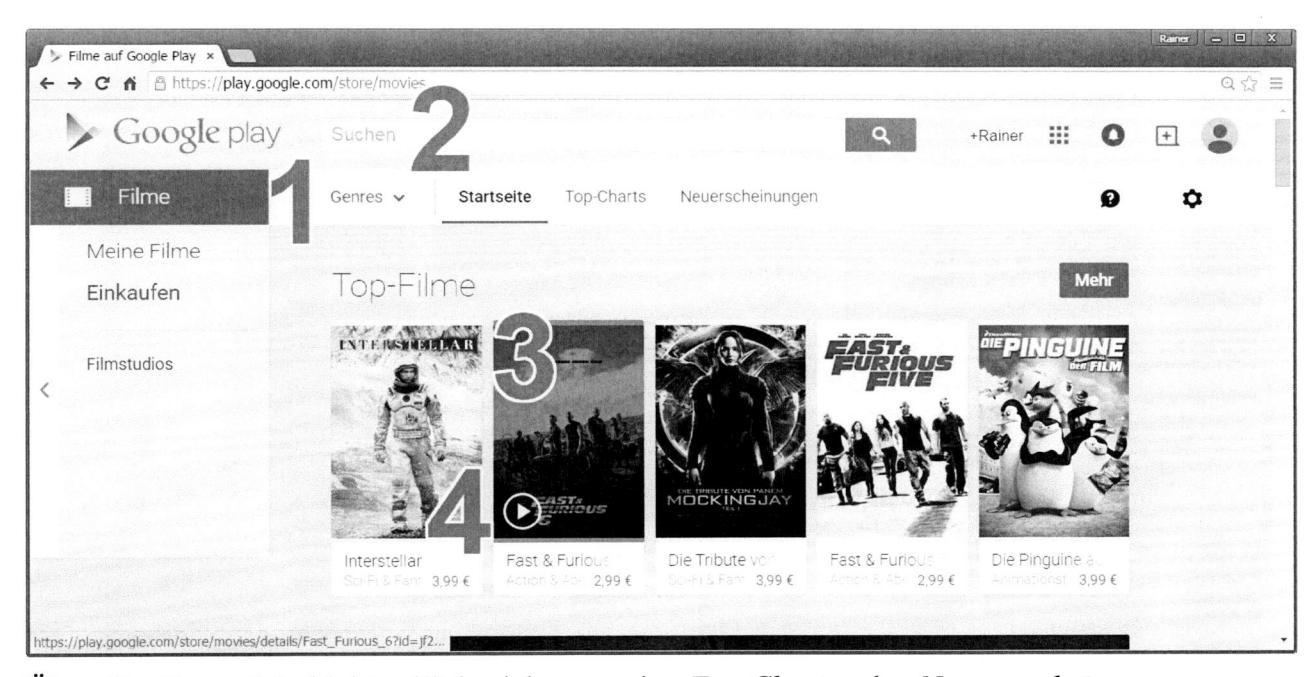

Über die *Genre*-Schaltleiste (1) beziehungsweise *Top-Charts* oder *Neuerscheinungen* grenzen Sie die aufgelisteten Filme ein. Alternativ verwenden Sie die Suchfunktion (2), um bestimmte Filme aufzufinden. Klicken Sie einen Film an, der Sie interessiert (3) – falls Sie zuvor einen Trailer sehen möchten, halten Sie dagegen den Mauszeiger über den Film und klicken auf ⊙ (4).

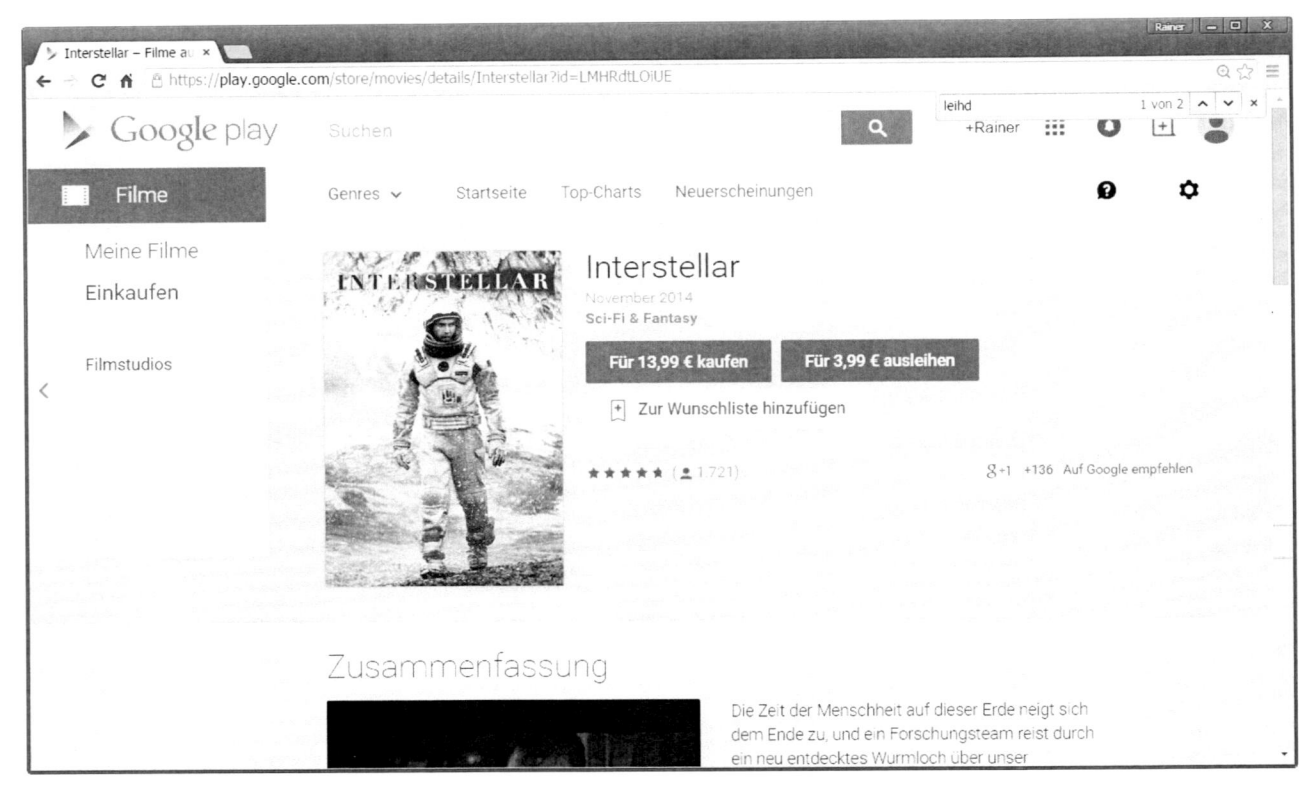

Gehen Sie auf *Für xx,xx € kaufen* beziehungsweise *Für xxx € ausleihen*.

Es stehen meist zwei Qualitätsstufen zur Auswahl, wobei SD ungefähr SD-Qualität entspricht und HD mit Bluray vergleichbar ist. Nach unserer Erfahrung reicht SD selbst die große Wohnzimmer-TVs vollkommen aus.

Kauf/Ausleihe erfolgen wahlweise über Kreditkarte oder Guthaben, ähnlich wie auf Android-Geräten (siehe dazu auch Kapitel *24.6 Softwarekauf im Google Play Store*).

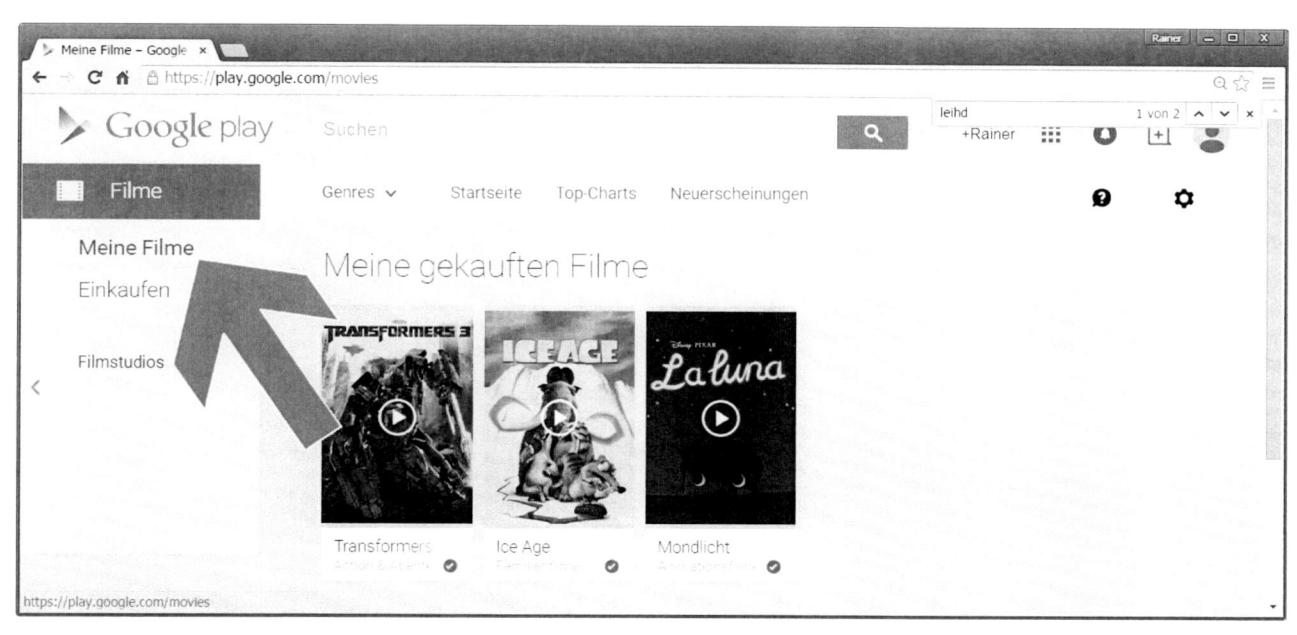

Die ausgeliehenen/gekauften Filme finden Sie unter *Meine Filme*, wo Sie sie auch abspielen.

## 18.2 Ebooks

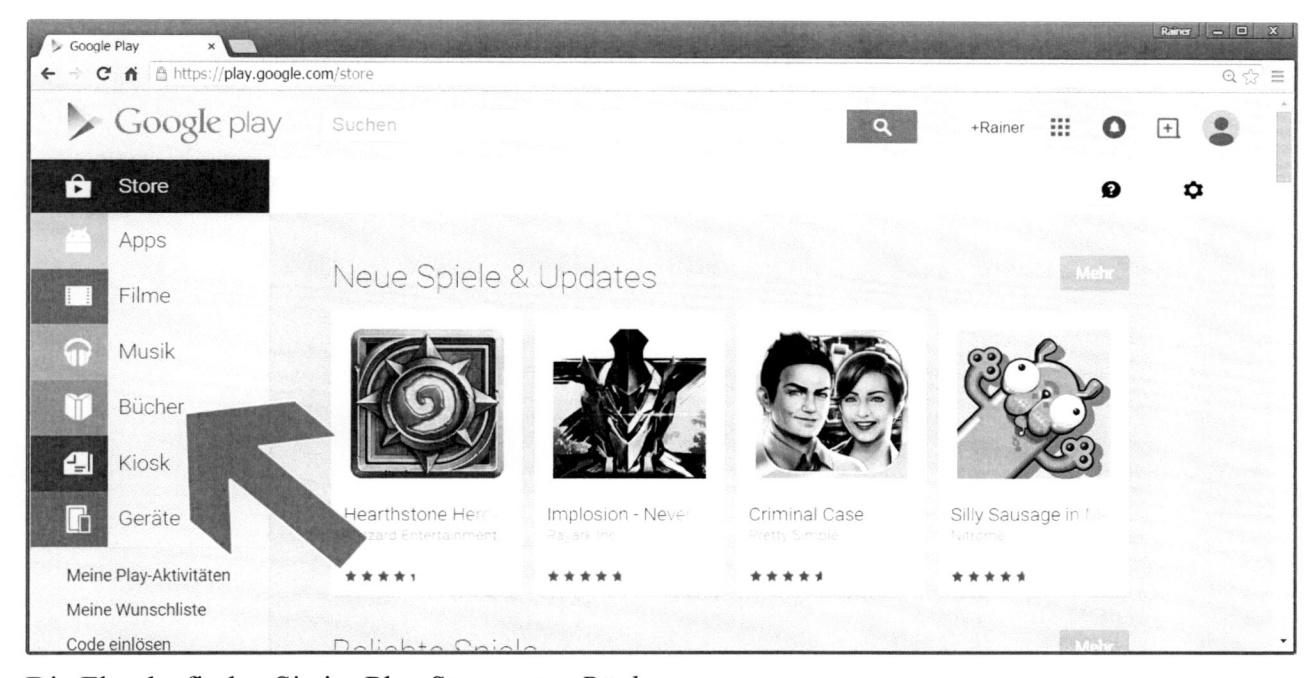

Die Ebooks finden Sie im Play Store unter *Bücher*.

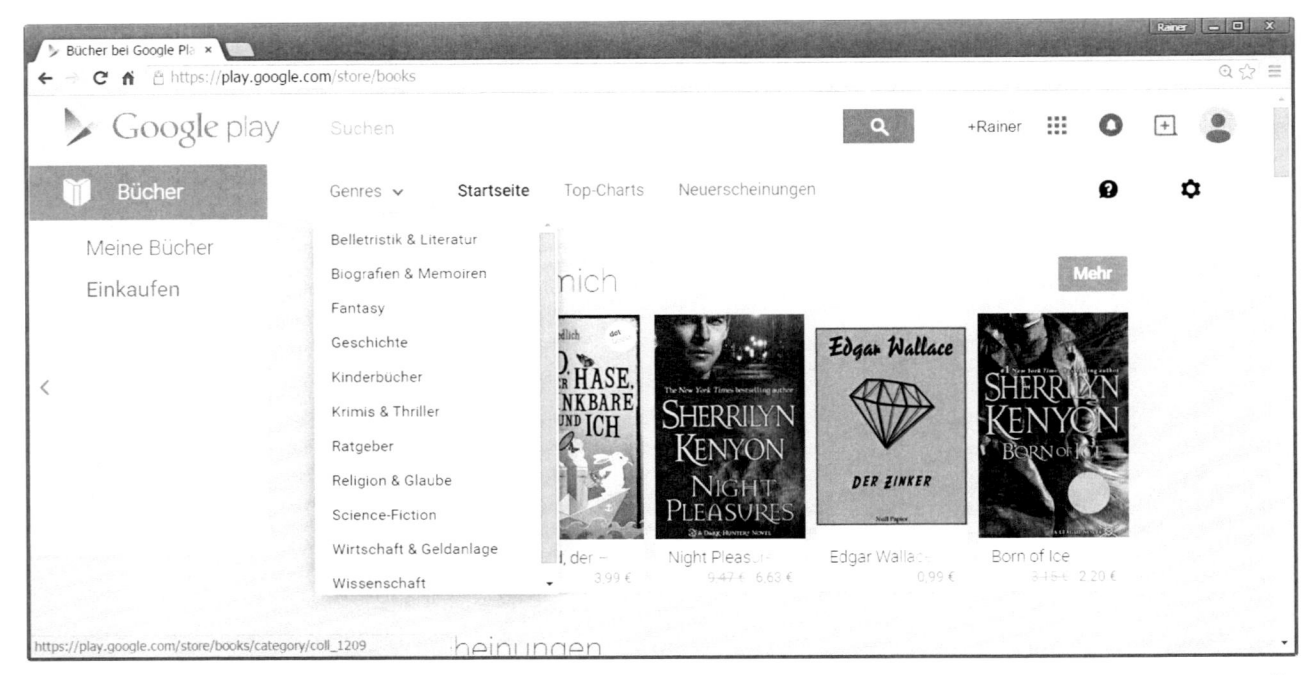

Auch hier grenzen Sie über die Schaltleisten *Genres*, *Top-Charts* und *Neuerscheinungen* die Bücherauswahl ein. Klicken Sie auf ein Buch, das Sie interessiert.

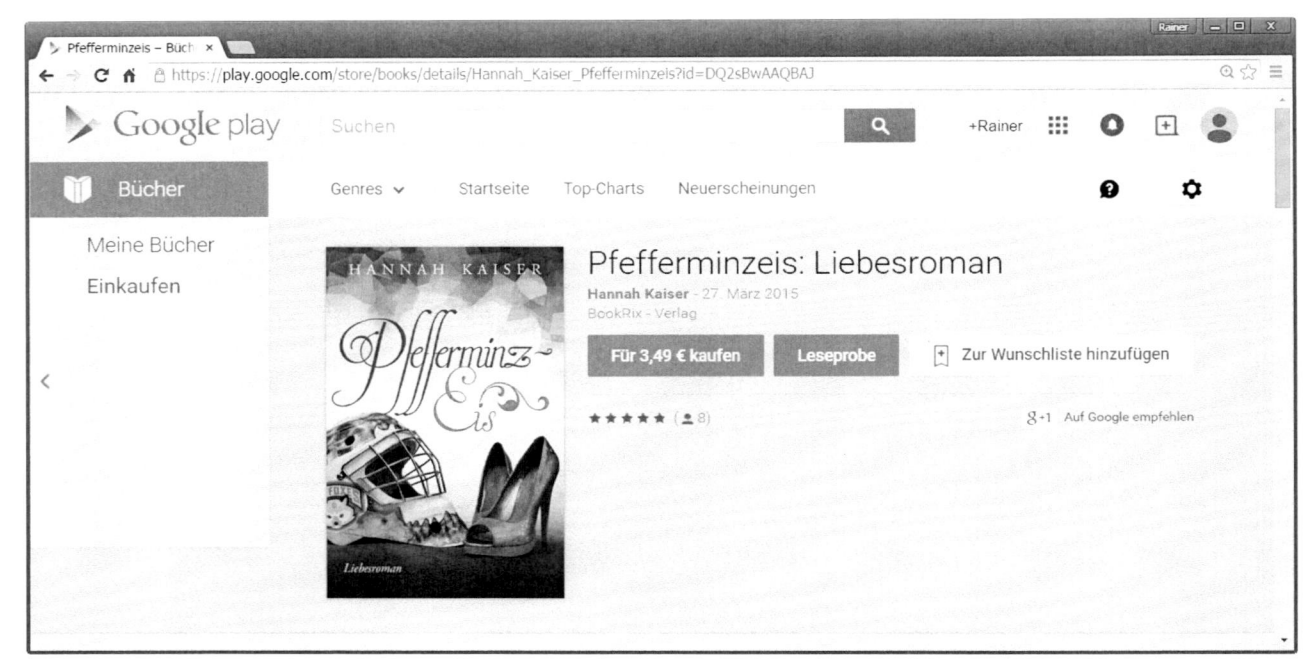

Ein Klick auf *Für xx,xx kaufen* führt die Kaufvorgang aus. Beachten Sie, dass im Gegensatz zum Filmangebot viele Ebooks, darunter etliche Klassiker, kostenfrei angeboten werden. Statt der Kaufschaltleiste erscheint dann *KOSTENLOS*.

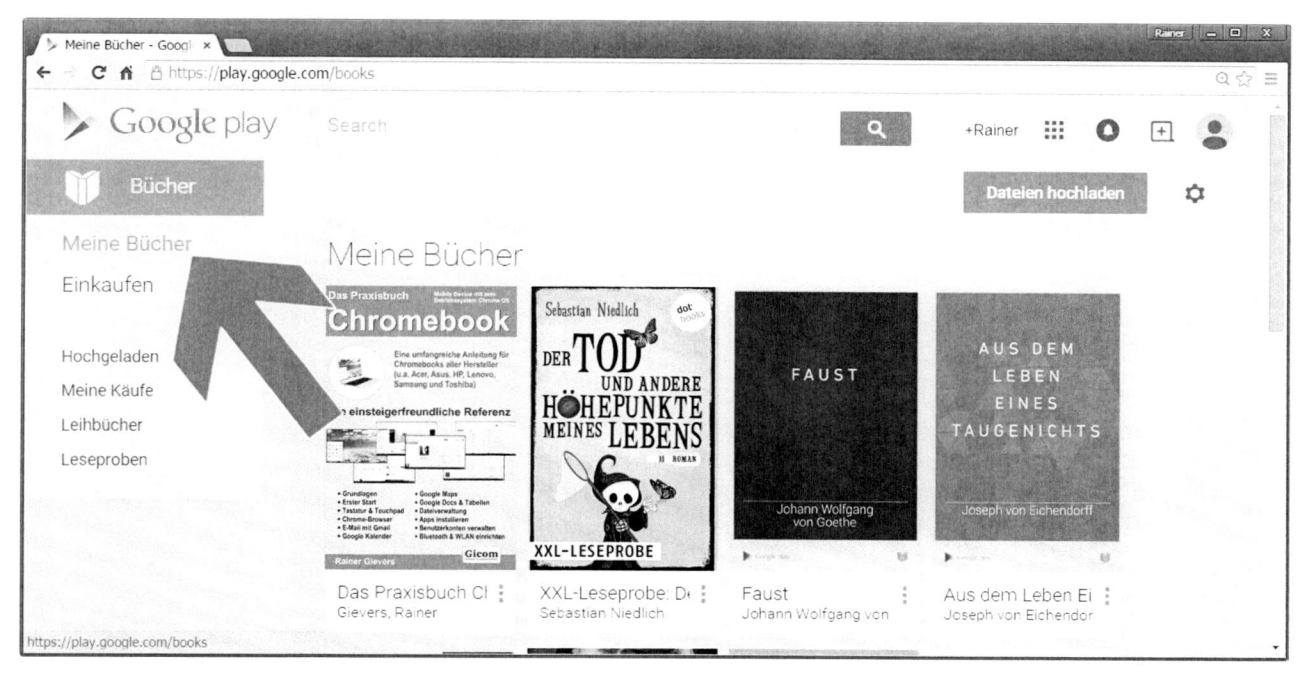

Die erworbenen Ebooks finden Sie unter *Meine Bücher* (Pfeil).

## 18.3 Kiosk

Das Kiosk bietet zahlreiche kostenpflichtige Zeitungen und Zeitschriften zum Download an. Wir raten aber von diesem Angebot ab, da es sich meist nur um eingescannte Seiten ohne Mehrwert handelt. Erkundigen Sie sich besser beim jeweiligen Verlag, welche eigenen digitalen Angebote er anbietet. Deshalb gehen wir auch nicht weiter darauf ein.

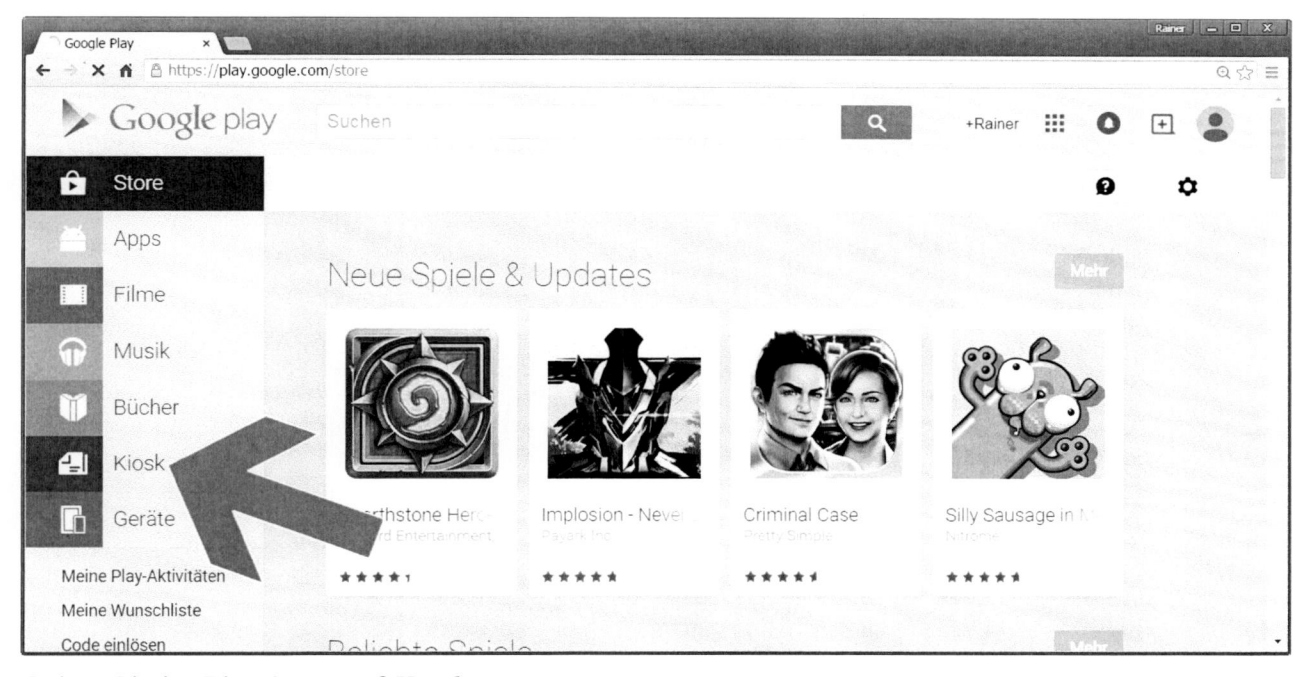

Gehen Sie im Play Store auf *Kiosk*.

# 19. Youtube

Auf dem Videoportal Youtube haben Sie Zugriff auf mehrere Millionen Videos unterschiedlicher inhaltlicher Qualität und Länge, die Sie kostenlos ansehen können. Zur Finanzierung blendet Google häufig Werbespots vor den Videos ein, die man meistens nach einigen Sekunden mit einem Klick überspringen kann.

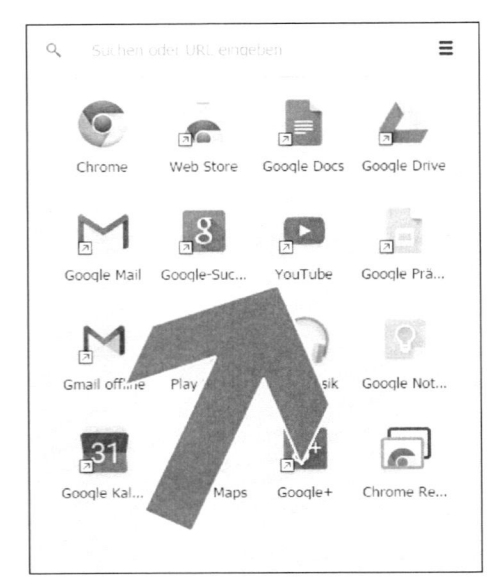

Starten Sie *Youtube* aus dem Apps-Menü oder Chrome App Launcher.

Klicken Sie einfach ein Video an, das Sie ansehen möchten.

Die Funktionen in der Menüleiste auf der linken Seite:

- *Empfohlene Videos*: Listet Videos auf, die Sie möglicherweise interessieren könnten.
- *Mein Kanal*: Verwaltet Ihre Youtube-Aktivitäten, beispielsweise von Ihnen hochgeladene Videos oder selbsterstellte Playlists.
- *Meine Abos*: Sie können von anderen erstellte Playlists anzeigen.
- *Verlauf*: Zuletzt von Ihnen angesehene Videos.
- *Später ansehen*: Über eine Schaltleiste können Sie im Wiedergabebildschirm jederzeit

Videos für eine spätere Wiedergabe markieren. Die so markierten Videos finden Sie unter *Später ansehen*.

## 19.1 Videos suchen und anzeigen

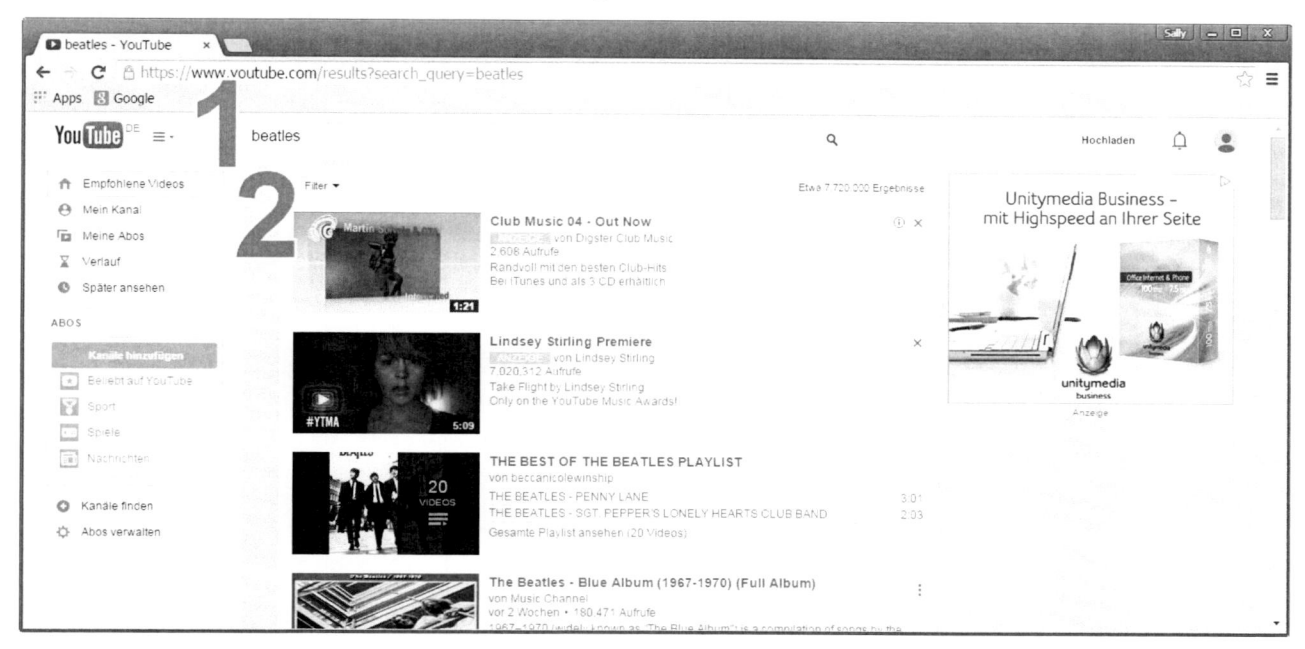

Die Suche dürften Sie am häufigsten nutzen: Geben Sie einfach oben im Eingabefeld einen oder mehrere Begriffe ein (1) und betätigen Sie die enter-Taste auf Ihrer Tastatur. Häufig listet Google bereits während Ihrer Eingabe Suchempfehlungen unter dem Eingabefeld auf, die Sie anklicken können. Mit der *Filter*-Schaltleiste (2) aktivieren Sie weitere Schaltleisten, mit denen Sie die Suche eingrenzen. Klicken Sie jetzt mal eine der Fundstellen an.

Groß- und Kleinschreibung spielt bei der Suche keine Rolle und auch Rechtschreibfehler werden im gewissen Umfang korrigiert.

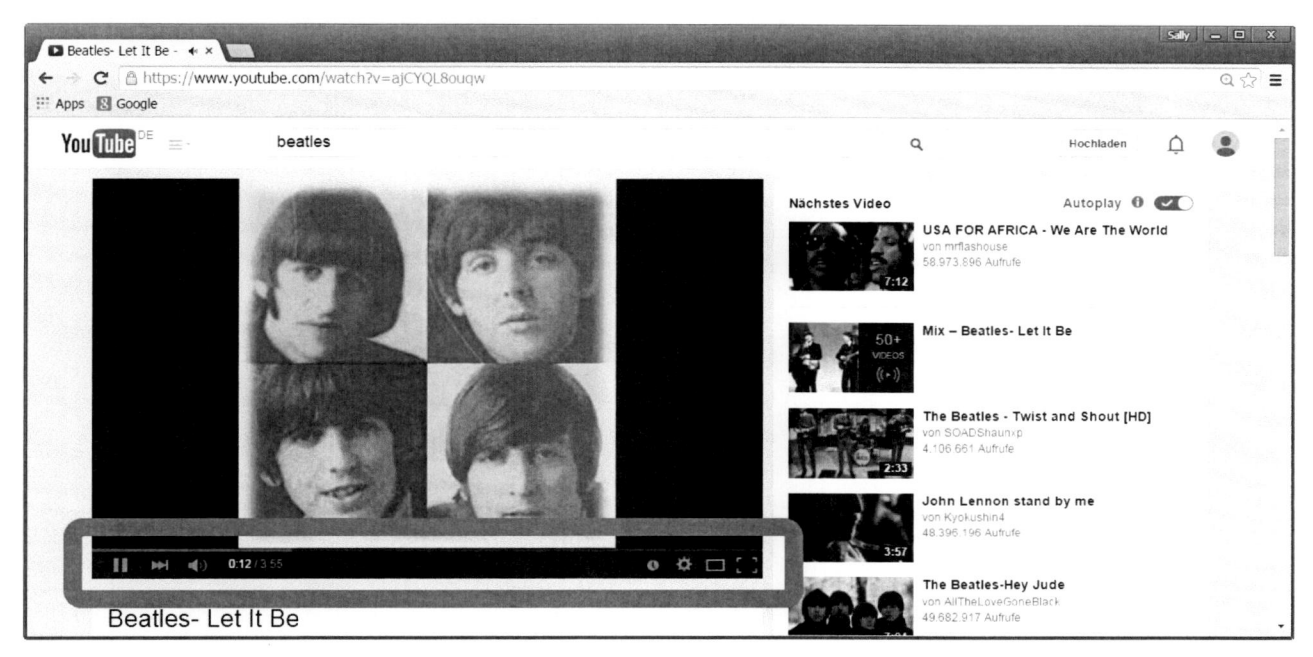

Die Funktionen im Wiedergabebildschirm:

- ⏮/⏭: Zum vorherigen/nächsten Video springen (nur bei Playlists, wir gehen noch im

Kapitel *8.4 Playlists* darauf ein)

- ❙❙/▶: Wiedergabe anhalten/Wiedergabe starten. Alternativ klicken Sie auf die
- 🔊: Lautstärke ändern (unabhängig von den Lautstärkereglern an Ihrem Chromebook)
- ⬇: Video später ansehen.
- ▬: Untertitel anzeigen/ausblenden (die Schaltleiste ist nicht bei allen Videos vorhanden und nur die wenigsten bieten tatsächlich Untertitel an).
- ✱: Einstellungen zum aktuellen Video.
- ▢: Videoansicht vergrößern/verkleinern.
- ⤢: Video als Vollbild anzeigen/Vollbildmodus beenden.

Wir empfehlen, dass Sie die vorgestellten Schaltleisten ruhig einmal ausprobieren, denn dabei können Sie nichts kaputt machen!

---

Wundern Sie sich bitte nicht, wenn bei vielen Musikvideos nur ein statisches Bild erscheint, denn den Personen, die die Videos hochladen, geht es häufig nur um die Musik.

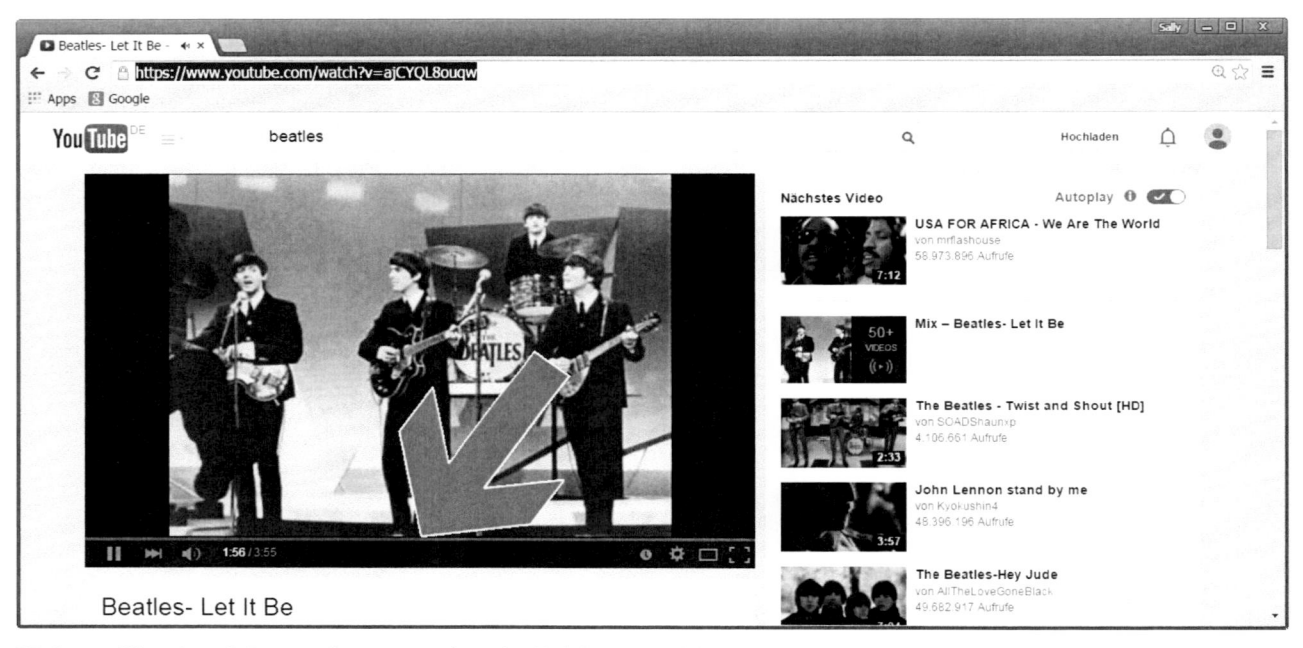

---

Halten Sie den Mauszeiger an eine beliebige Position im Wiedergabebalken (Pfeil), so blendet Youtube ein Vorschaubild ein (dies kann einige Sekunden dauern). Ein Klick in den Wiedergabebalken setzt die Wiedergabe an der angeklickten Stelle fort.

Youtube

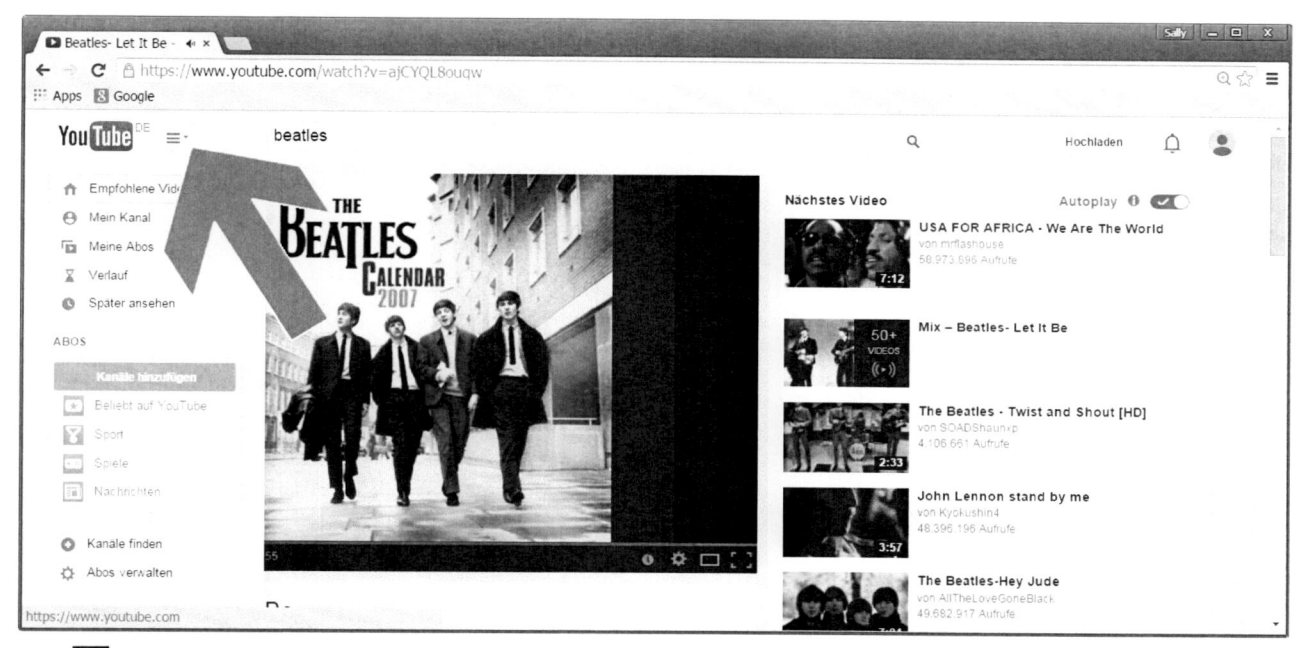

Die ≡ ▼-Schaltleiste aktiviert die Menüleiste mit den bereits beschriebenen Funktionen. Ein Klick auf das YouTube-Logo links daneben bringt Sie wieder auf die Youtube-Hauptseite zurück.

## 19.2 Playlists

In Playlists (dt. »Wiedergabelisten) sind mehrere Videos zusammengefasst, die nacheinander abgespielt werden. Meistens kommen die Playlists bei Musikvideos zum Einsatz.

In diesem Buch verwenden wir bewußt den Begriff »Playlist«, da Google unter »Wiedergabeliste« etwas anderes versteht.

### 19.2.1 Playlists nutzen

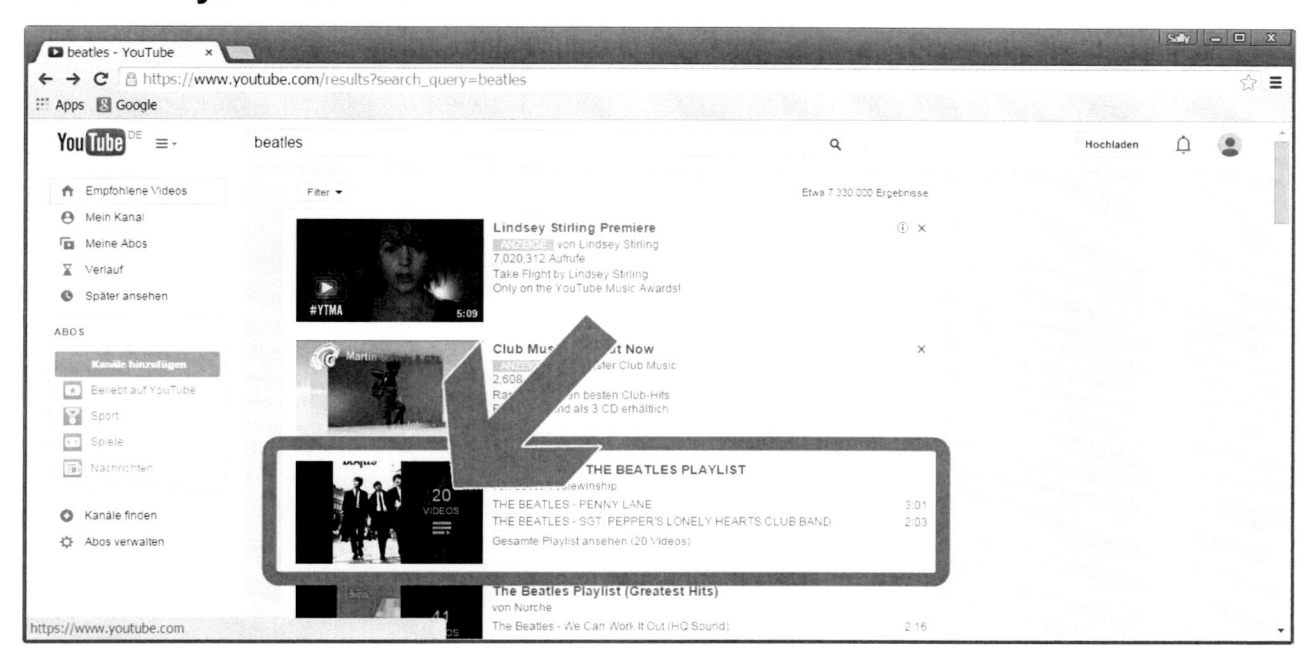

Sie erkennen Wiedergabelisten in den Suchergebnissen (siehe Kapitel *19.1 Videos suchen und anzeigen*) am Hinweis *xx VIDEOS* (Pfeil). Falls Sie nur Playlists auflisten möchten, geben Sie neben dem Namen des Interpreten oder Albums zusätzlich »*playlist*« ein, beispielsweise »*wolfgang petry playlist*«. Klicken Sie eine Playlist-Fundstelle an.

Youtube spielt die in der Playlist enthaltenen Videos nacheinander ab. Die Wiedergabe steuern Sie alternativ über die zusätzlichen ⏮/⏭-Schaltleisten (1).

Verwenden Sie 🔁 (2) für eine automatische Wiedergabewiederholung, sobald die Playlist durchlaufen wurde. 🔀 aktiviert die zufällige Wiedergabe. Alternativ klicken Sie in der Wiedergabeliste (3) einfach einen Titel an.

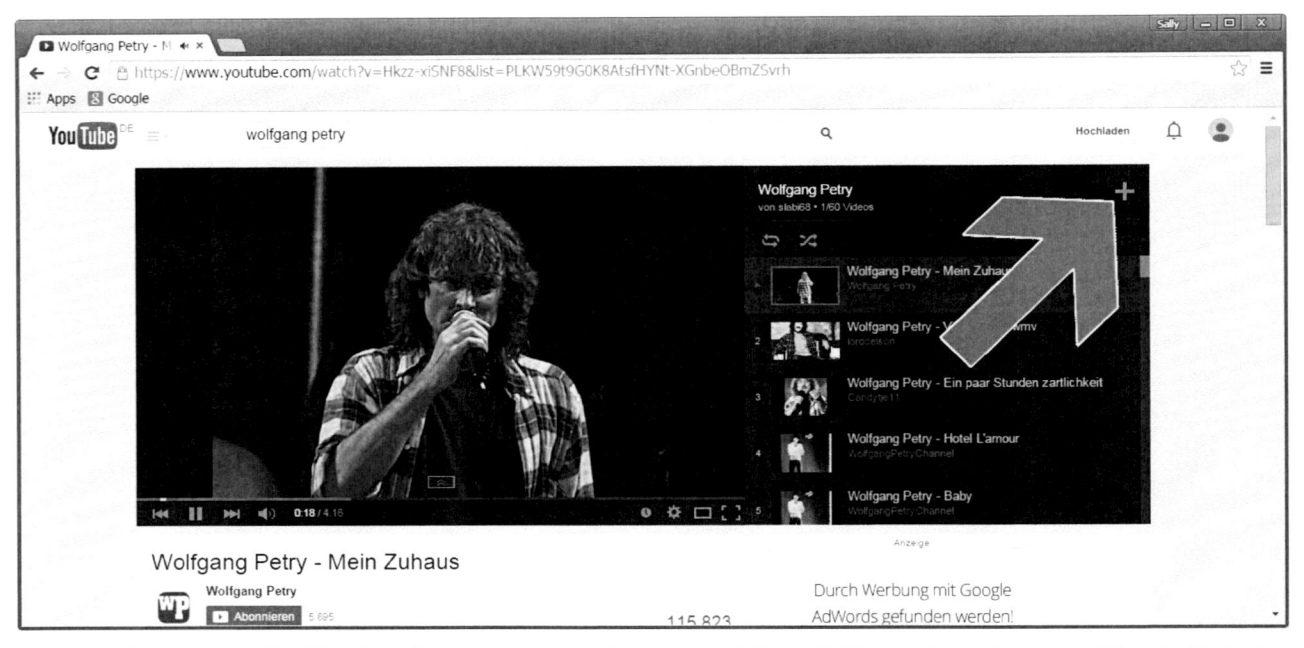

Sie möchten sich die Playlist für späteres Anhören speichern? Zum einen können Sie einfach im Chrome-Browser die gerade angezeigte Webseite als Lesezeichen anlegen (siehe Kapitel *5.4 Favoriten*), alternativ speichern Sie mit ➕ (Pfeil) die Playlist in Ihrem Google-Konto (erneutes Anklicken entfernt die Playlist wieder).

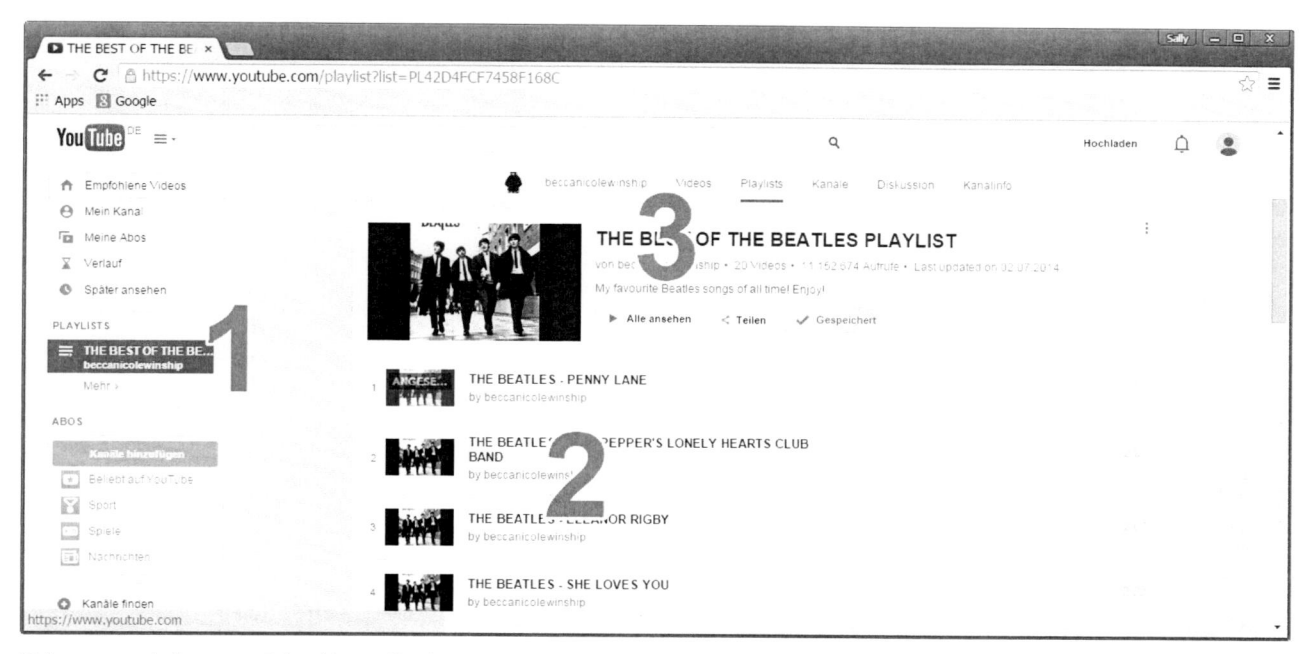

Die gespeicherten Playlists finden Sie nun in Menüleiste (1) unter *PLAYLISTS*. Klicken Sie dort einen Eintrag an.

Für die Wiedergabe klicken Sie entweder einen Titel in der Titelauflistung an (2) oder betätigen *Alle wiedergeben* (3). Ein Klick auf *Gespeichert* entfernt die Playlist aus Ihrem Google-Konto.

## 19.2.2 Playlist erstellen

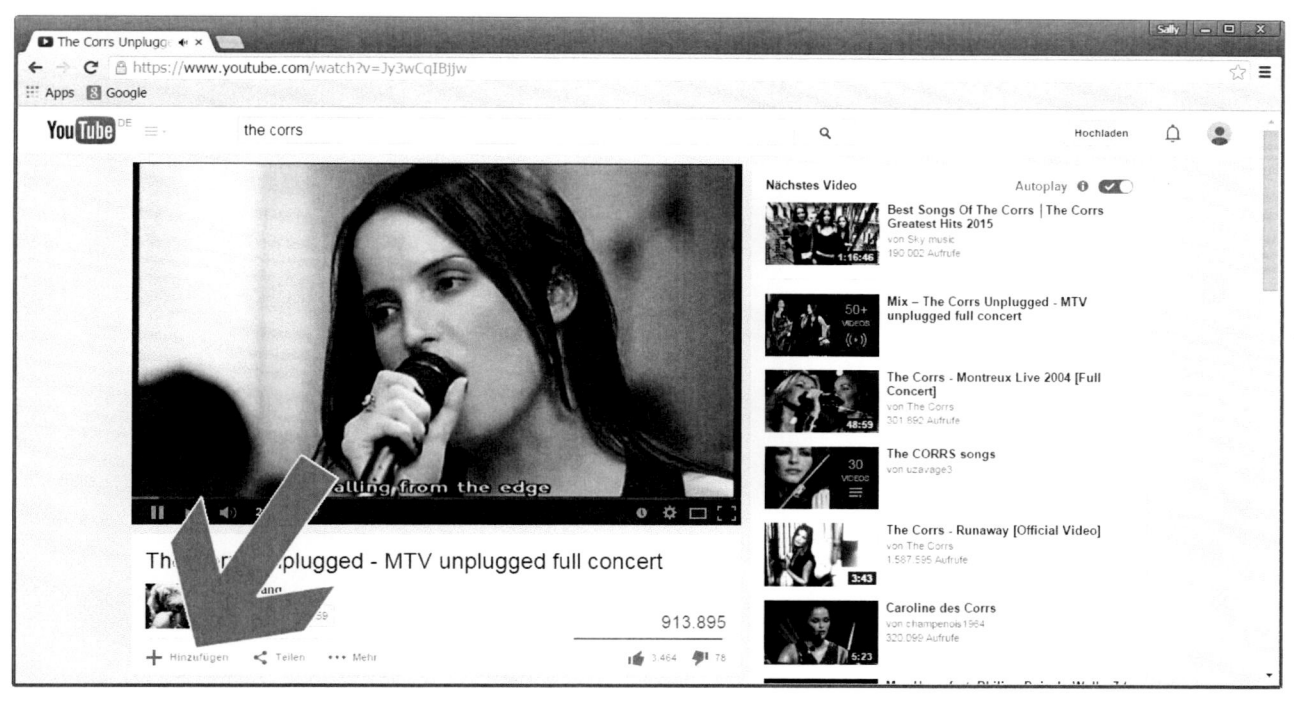

So erstellen Sie eine eigene Playlist: Im Wiedergabebildschirm gehen Sie auf *Hinzufügen* (Pfeil). Eventuell müssen Sie dann erst noch das verwendete Google-Konto in einem Dialog bestätigen.

❶ Geben Sie den Playlist-Namen ein. Unterhalb des Eingabefelds erscheint nun *"xxx" (neu erstellen)*, das Sie anklicken.

❷ Schließlich können Sie über das Auswahlmenü noch die Datenschutzeinstellungen ändern:

- *Öffentlich:* Playlist ist für alle anderen Youtube-Nutzer sichtbar.
- *Nicht gelistet*: Nicht sichtbar, kann aber geteilt werden (über die *Teilen*-Schaltleiste jemand anderes die Playlist senden).
- *Privat*: Die Playlist ist nur für Sie sichtbar.

Klicken Sie nun auf *Erstellen*.

Ihre selbsterstellte Playlist finden Sie unter *PLAYLIST* in der Menüleiste (Pfeil). Klicken Sie sie an (1).

In den *Playlist-Einstellungen* (2) können Sie die weiter unten beschriebenen Einstellungen zum Datenschutz und die Sortierung ändern.

Weitere Videos landen über mit *Videos hinzufügen* (3) in der Playlist. Alternativ können Sie, wie oben beschrieben, im Wiedergabebildschirm bei einem Song auf *Hinzufügen* und können dort die Wiedergabeliste auswählen.

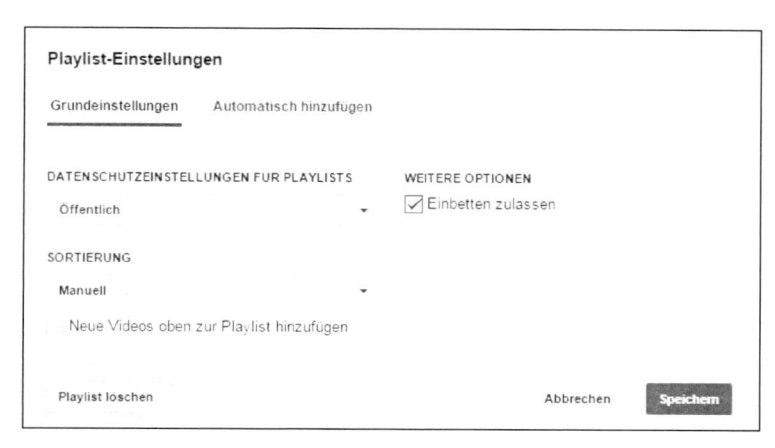

Die *Playlist-Einstellungen*-Schaltleiste öffnet einen Dialog:

- *DATENSCHUTZEINSTELLUNGEN FÜR PLAYLISTS*: Hier haben Sie die bereits erwähnte Möglichkeit, Ihre Playlist privat zu halten oder für andere Youtube-Nutzer zu veröffentlichen.

- *SORTIERUNG*: Neben der standmäßigen Voreinstellung *Manuell* lässt sich eine automatische Sortierung nach Beliebtheit, Hinzufügsdatum oder Veröffentlichungsdarum ändern. Im *Manuell*-Modus aktivieren Sie *Neue Videos oben zur Playlist hinzufügen*, damit diese nicht unten auf der Playlist landen.

- *WEITERE OPTIONEN*: Die Option *Einbetten zulassen* erlaubt es anderen, Ihre Playlist in Webseiten einzufügen.

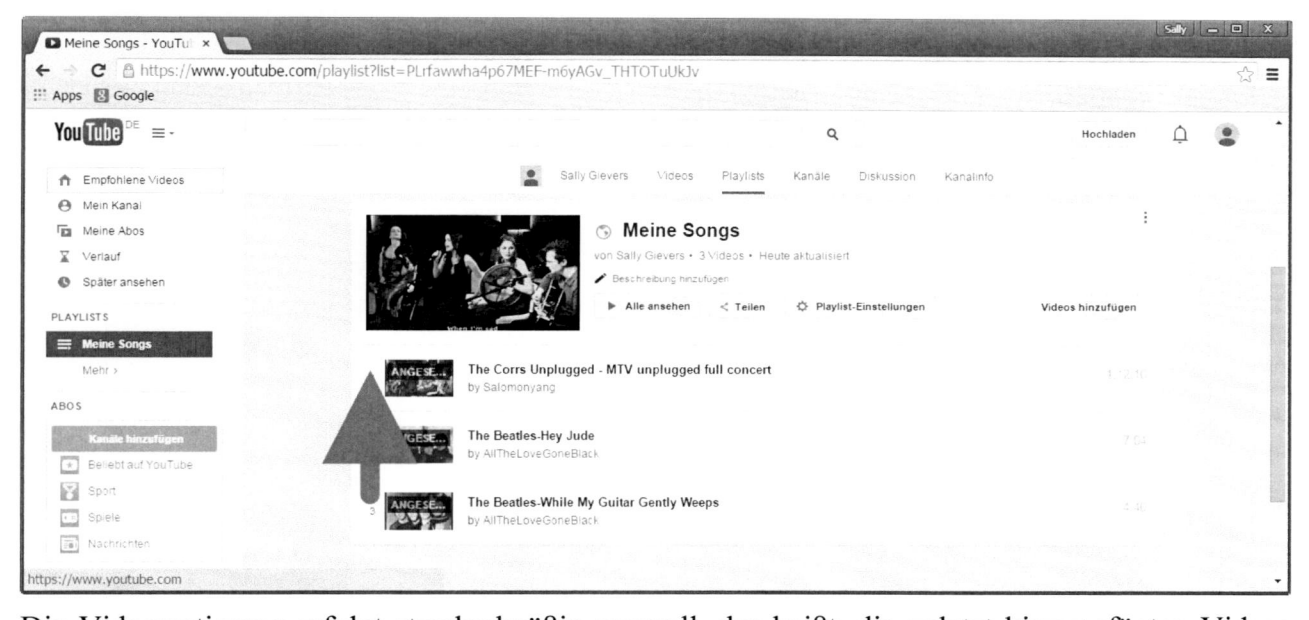

Die Videosortierung erfolgt standardmäßig manuell, das heißt, die zuletzt hinzugefügten Videos landen am Ende der Playlist. Ändern Sie die Reihenfolge, indem Sie auf den Reiter vor dem Vorschaubild klicken, die Maustaste aber noch nicht loslassen, sondern erst das Video an die Zielposition ziehen.

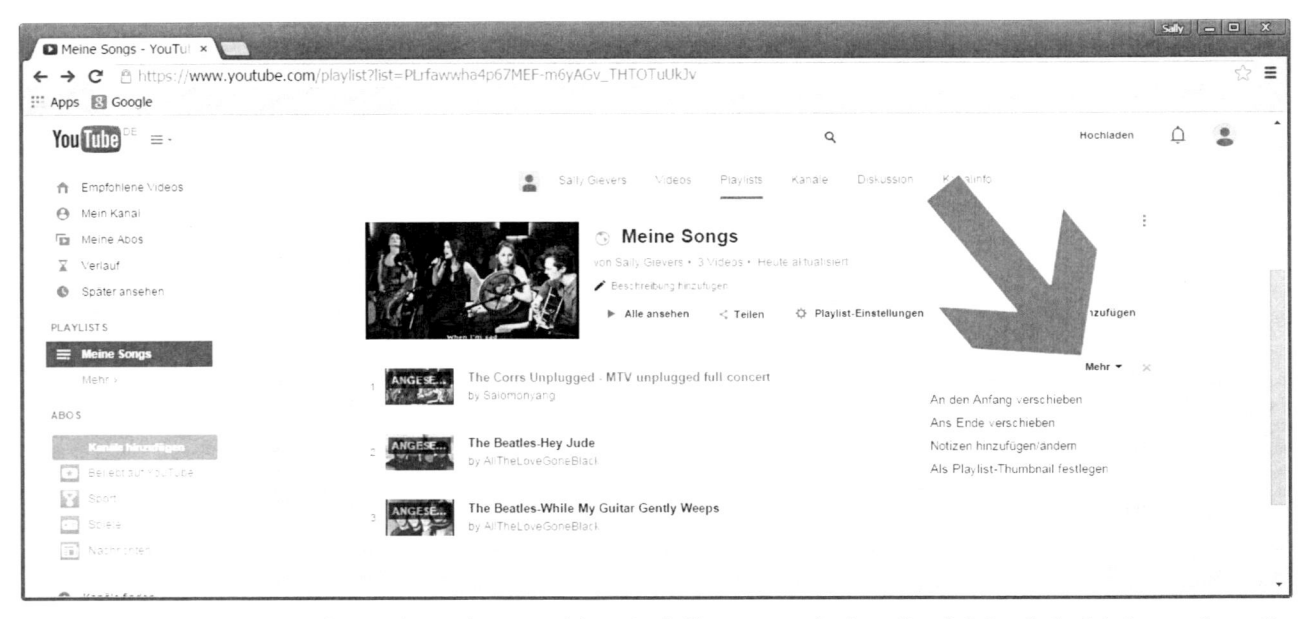

Halten Sie den Mauszeiger über einem Video (Pfeil), so erscheint die *Mehr*-Schaltleiste, über die Sie ebenfalls die Sortierung ändern. Das ✕ daneben entfernt das Video aus der Playlist.

## 19.3 Kanäle

Jeder, der eigene Videos auf Youtube veröffentlicht oder wie im Kapitel *19.2.2 Playlist erstellen* beschrieben, Playlists aus vorhandenen Videos erstellt, besitzt damit einen eigenen Kanal. Der Kanalname ist frei wählbar beziehungsweise entspricht dem Google-Konto-Namen vom Ersteller.

Youtube bietet an, Kanäle anderer Youtube-Nutzer zu »abonnieren«, sodass man später bereits in der Youtube-Startseite über Neues in den Kanälen informiert wird.

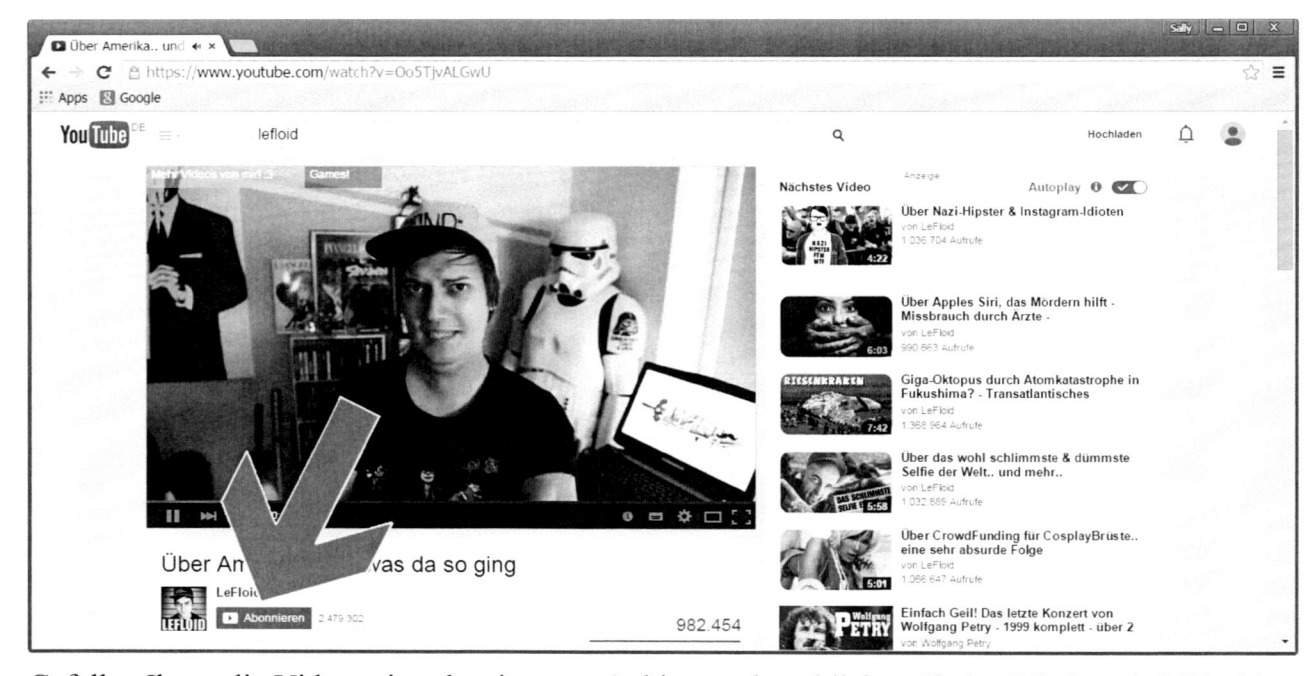

Gefallen Ihnen die Videos eines bestimmten Anbieters, dann klicken Sie im Wiedergabebildschirm auf *Abonnieren*.

Schließen Sie den folgenden Dialog mit *OK*.

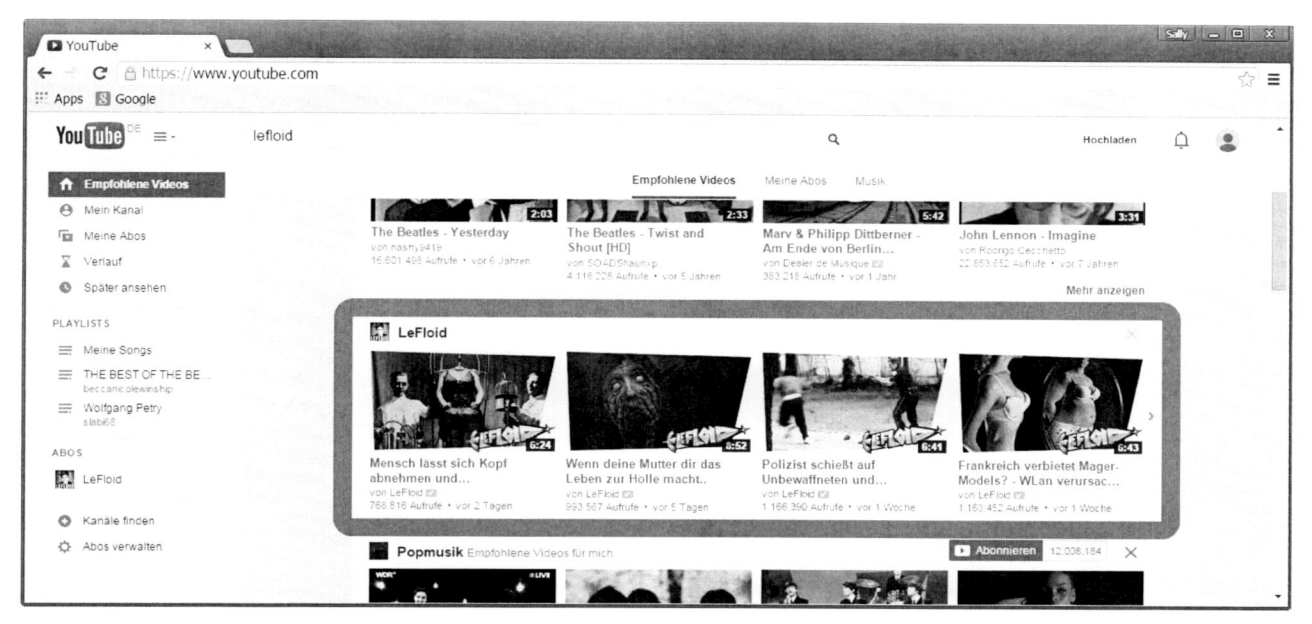

Videos des von Ihnen abonnierten Kanals listet Youtube bereits in der Startseite auf (Markierung).

Ein Klick auf ✗ hinter dem Kanaltitel (Pfeil) blendet den Kanal in der Youtube-Startseite aus.

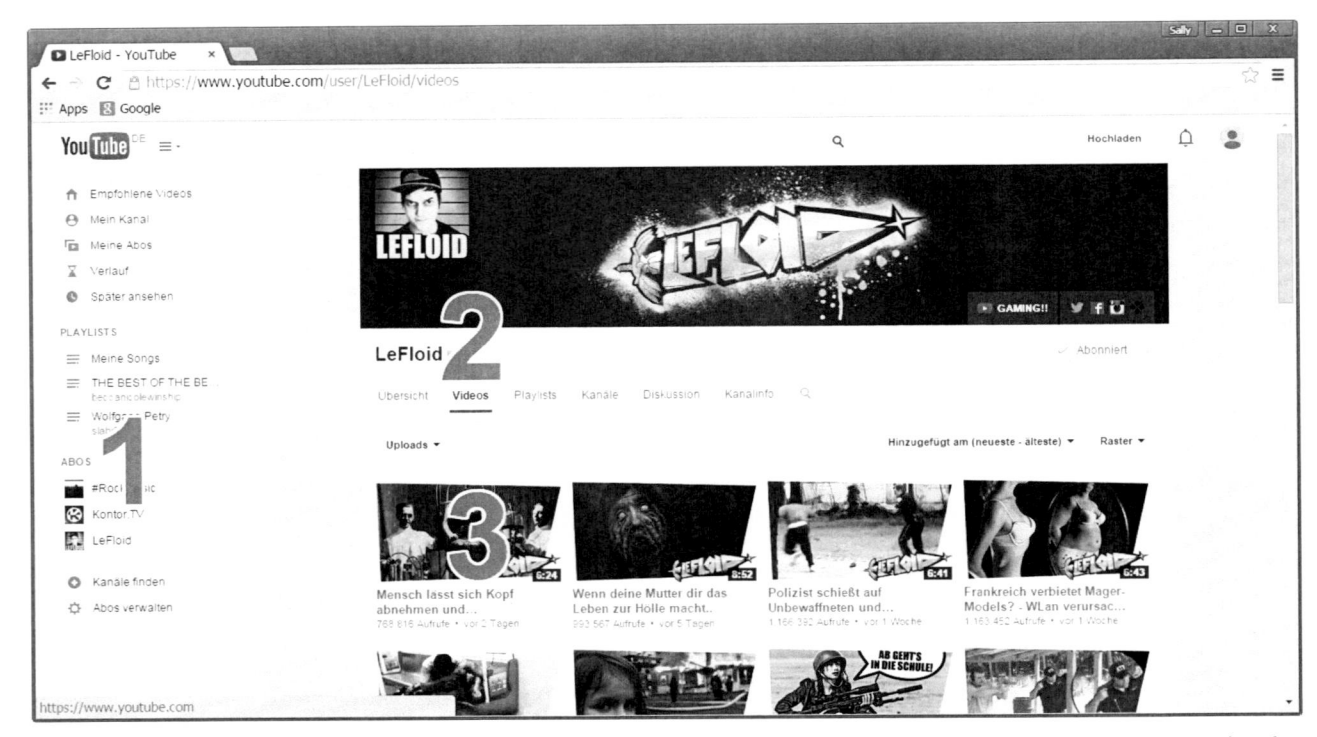

So listen Sie die Videos in einem abonnierten Kanal auf: Klicken Sie zuerst unter *ABOS* in der Menüleiste den Kanal an (1), danach aktivieren Sie das *Videos*-Register (2). Klicken Sie auf eines der gelisteten Videos (3), wenn Sie es anschauen möchten.

## 19.4 Tipps zum Videokonsum

Die inhaltliche Qualität wird von Google nicht überwacht, weshalb neben seriösen Sendungen beispielsweise der BBC oder der deutschen öffentlichen Anstalten auch viel Unseriöses auf Youtube zu finden ist. Dazu gehören Verschwörungstheorien, Aberglauben, Fundamentalismus, Verunglimpfungen, usw. Sie sollten also immer im Hinterkopf haben, dass jeder mit geringem Aufwand (es reicht eine Handykamera) Videos produzieren kann und die Veröffentlichung auf Youtube kostenlos ist.

Übrigens tricksen manche unseriöse Videoanbieter, indem sie ihre Produktionen mit renommierten Bezeichnungen wie »BBC« oder »National Geographic« im Titel versehen. Nach den ersten Sendeminuten wird aber schnell klar, woran man ist.

Auch wenn Youtube inzwischen das Synonym für Videokonsum im Internet ist, existieren noch eine Reihe anderer Videoportale:

- **Vimeo** (*www.vimeo.com*): Ein Portal, das besonders von Künstlern genutzt wird und Wert auf hochqualitative Videos legt. Im Gegensatz zu Youtube verzichtet Vimeo auf Zensur, sodass Sie auch manchmal nackte Haut sehen, sofern dies der künstlerischen Aussage dient. Einige Werke sind nur gegen Bezahlung abrufbar.

- **Tape.TV** (*www.tape.tv*): Tape.TV setzt eine einmalige Anmeldung voraus und gibt Ihnen Zugriff auf mehrere Zehntausend Musikvideos.

- **MyVideo** (*www.myvideo.de*) gehört zur ProSiebenSat.1-Gruppe, weshalb Sie hier ein umfangreiches Angebot an Serien und sogar viele komplette Spielfilme finden. Im Gegensatz zu Youtube verfügt MyVideo über eine GEMA-Lizenz und dürfte nach unser Zählung ca. 1,4 Millionen Musikvideos in ausgezeichneter Qualität anbieten.

- **Dailymotion** (*www.dailymotion.com*) ist ein Anbieter mit einem ähnlichem Videospektrum wie Youtube, den man auf jeden Fall mal besucht haben sollte.

Die Google-Suchmaschine (siehe Kapitel *3 Google-Suche*) unterstützt auch die Suche nach Videos. Geben Sie einfach Ihre Suchbegriffe ein und klicken Sie auf *Videos* (Pfeil), worauf nicht nur Fundstellen auf Youtube, sondern auch bei anderen Videoportalen aufgelistet werden. Auch in Webseiten eingebettete Videos, die nicht auf Videoportalen zu finden sind, tauchen hier auf.

# 20. Android-Bedienung

Im Folgenden stellen wir Ihnen die wesentlichen Bedienelemente Ihres Android-Handys/Tablets vor. Bitte beachten Sie, dass auf Ihrem Gerät die Benutzeroberfläche anders aussehen wird, denn fast jeder Gerätehersteller nimmt daran erhebliche Änderungen vor.

Die Herstelleranpassungen sind auch der Grund, dass wir in diesem Buch auf eine Beschreibung von Telefonoberfläche, Telefonbuch und Kalender verzichten.

Im Gegensatz zu Windows PCs ist das Betriebssystem auf den Android-Geräten vor Benutzeränderungen geschützt. Das heißt, bei einer Fehlbedienung im Alltagsbetrieb mögen vielleicht einige Ihrer Daten futsch sein, eine Beschädigung der Systemfunktionen ist aber ausgeschlossen.

## 20.1 Bedienelemente

Zwar erfolgt die Bedienung des Handys weitgehend über das Touchdisplay, einige Funktionen werden aber auch über Hardwaretasten ausgelöst.

Die drei Tasten auf der Unterseite:

- ⃞: Zuletzt genutzte Anwendungen auflisten.
- ⃞: *Startseite*: Schaltet wieder auf den Startbildschirm zurück. Drücken Sie diese Taste etwas länger, so erscheint der Task-Switcher, wo Sie zwischen den gerade laufenden Programmen wechseln.
- ⤺: Zurück: Zum vorherigen Bildschirm zurückkehren, beziehungsweise Menüs schließen.
- Lautstärke-Tasten (auf der linken Geräteseite): Regulieren bei Telefongesprächen die Hörerlautstärke, ansonsten die Klingeltonlautstärke.

Jeder Hersteller verwendet für die Hardwaretasten ein eigenes Design, die dahinterstehenden Funktionen sind aber immer gleich.

## 20.2 Displaysperre

Die Gerätesperre (Displaysperre), welche sich nach einiger Zeit der Nichtnutzung aktiviert, schaltet alle Tastenfunktionen aus. Dadurch lässt sich das Handy auch in einer Tasche transportieren, ohne dass man aus Versehen irgendeine Funktion auslöst.

Weil das Display zu den Komponenten eines Handys zählt, die am meisten Strom verbrauchen, wird es ausgeschaltet, sobald sich die Gerätesperre aktiviert. Auf eingehende Anrufe und Benachrichtigungen macht das Handy natürlich auch weiterhin aufmerksam: Geht ein Anruf ein, deaktiviert sich die Gerätesperre automatisch und das Display schaltet sich wieder ein.

Zum Aus- beziehungsweise Einschalten des Displays betätigen Sie den Ein/Ausschalter auf der Geräteseite.

Android-Bedienung 245

❶ So deaktivieren Sie die Displaysperre: Tippen und Halten Sie den Finger auf den Bildschirm und ziehen Sie ihn in eine beliebige Richtung.

❷ Der Startbildschirm ist damit freigeschaltet.

## 20.3 Der Startbildschirm

❶ Der Startbildschirm ist der Ausgangspunkt, von dem Sie alle weiteren Anwendungen aufrufen. Er erscheint automatisch nach dem Einschalten sowie nach Betätigen der ⟶-Taste (unterhalb des Displays). Über die Symbole, wovon Sie jetzt einmal eines antippen, starten Sie Programme.

❷ Aus einem aufgerufenen Programm kehren Sie, wie bereits erwähnt, jederzeit mit der ⟶-Taste in den Startbildschirm zurück. Alternativ dient die ↰-Taste dazu, einen Bedienschritt zurück zu gehen.

❶❷ Ein wichtige Bedienfunktion ist die sogenannte Wischgeste: Dafür tippen Sie auf das Display, lassen aber noch nicht los, sondern ziehen erst nach rechts oder links – in manchen Situationen wischen Sie nach oben oder unten. In unserem Beispiel schalten wir mit der Wischgeste zwischen den verschiedenen Startbildschirmseiten um.

## 20.4 Hauptmenü

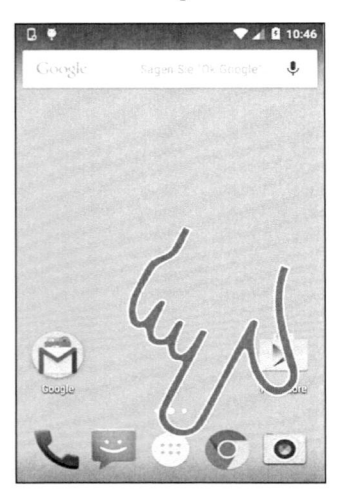

❶ Eine Übersicht aller auf dem Handy vorhandener Programme finden Sie im Hauptmenü. Dieses erreichen Sie über die ⋮⋮⋮-Schaltleiste im Startbildschirm, welche abhängig vom Gerätehersteller an unterschiedlicher Position zu finden ist und manchmal die Beschriftung *Menü* trägt.

❷❸ Auch hier blättern Sie mit einer Wischgeste nach links/rechts zwischen den Bildschirmseiten. Tippen Sie ein Programm an, das Sie starten möchten.

## 20.5 Systemsteuerung

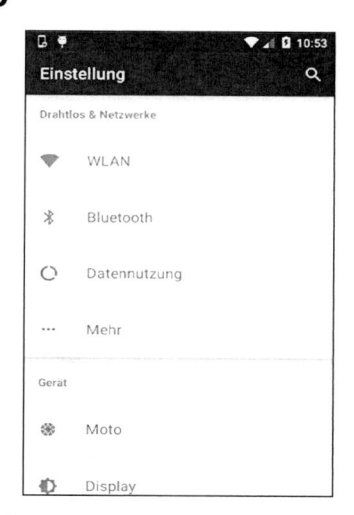

❶❷ Auch wenn Sie kein Techniker sind, müssen Sie sich früher oder später mit den Systemeinstellungen Ihres Handys auseinandersetzen. Das dafür zuständige Programm heißt meist *Einstellungen*. Leider kocht hier jeder Hersteller sein eigenes Süppchen und ordnet die Funktionen unterschiedlich an.

## 20.6 Titelleiste und Benachrichtigungsfeld

❶ Die **Titelleiste** informiert oben rechts über die WLAN- und Mobilfunknetz-Empfangsstärke, sowie den Akkustatus. Auf der linken Seite (Pfeil) weisen zudem Symbole auf verpasste Ereignisse, in unserem Beispiel einem verpassten Telefonanruf, hin.

❷ Weitere Hinweise zu den verpassten Ereignissen erhalten Sie mit einer Wischgeste, bei der Sie von oben außerhalb des Displays mit angedrückten Finger nach unten ziehen. Das auf diesem Wege angezeigte Menü wird als **Benachrichtigungsfeld** bezeichnet.

❸ Tippen Sie das Ereignis an, zu dem Sie weitere Infos wünschen. Nicht mehr benötigte Hinweise lassen sich entfernen, indem man darüber nach links oder rechts wischt. Dies ist aber nicht bei allen Ereignissen möglich.

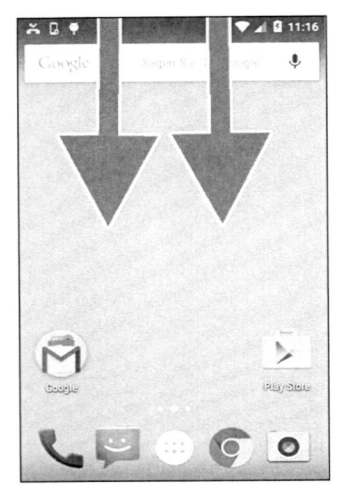

❶ Die meisten Android-Geräte unterstützen noch eine weitere Geste: Dazu wischen Sie mit zwei Fingern gleichzeitig von oben außerhalb des Displays nach unten.

❷ Dieses Menü listet die wichtigsten Systemfunktionen auf.

## 20.7 Menüs und Register

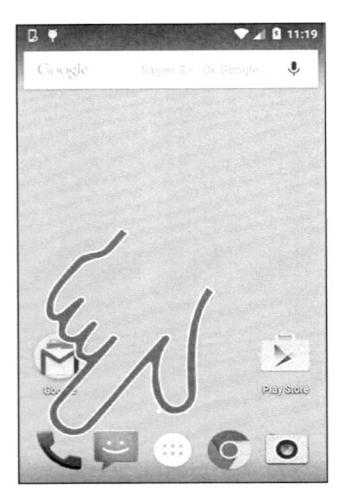

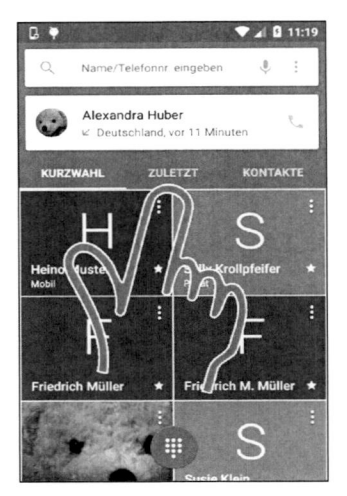

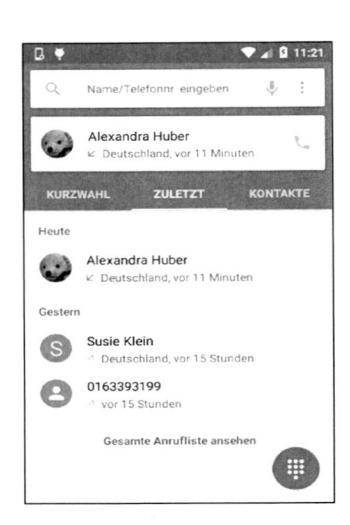

❶ Rufen Sie eine Anwendung auf.

❷❸ Der auf dem kleinen Handydisplay verfügbare Platz ist nur begrenzt, weshalb in eingen Anwendungen die sogenannten Register zum Einsatz kommen. Tippen Sie ein Register an, dessen Inhalt Sie ansehen möchten.

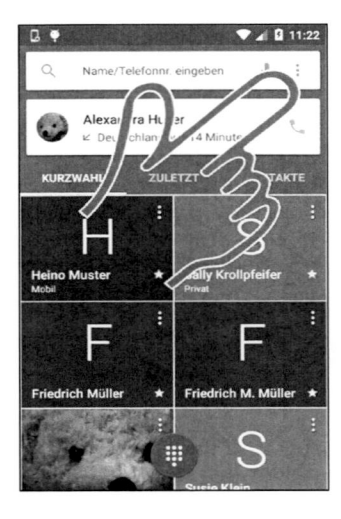

Android-Bedienung 249

❶❷ Wie auch auf dem PC sind weiterführende Funktionen in Menüs verborgen, die Sie hier jeweils über die ⋮-Schaltleisten öffnen.

## 20.8 Ausklappmenü

In vielen Anwendungen kommt das Ausklappmenü zum Einsatz.

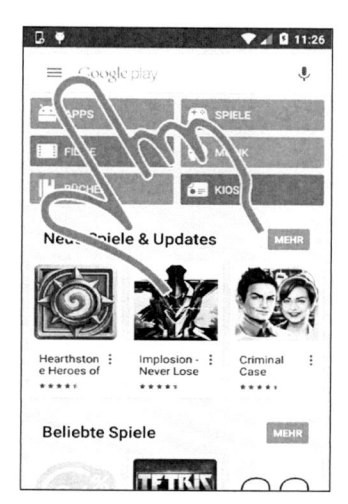

❶ Suchen und starten Sie jetzt einmal den *Play Store* im Hauptmenü.

❷ Mit einer Wischgeste von außerhalb des Displays nach rechts öffnen Sie das Ausklappmenü.

❸ Alternativ tippen Sie ≡ (Pfeil) an.

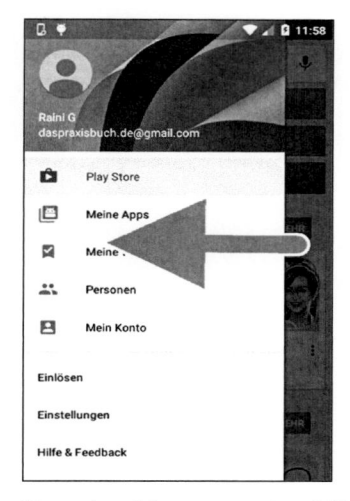

Das Ausklappmenü schließen Sie wahlweise, indem Sie einen Menüeintrag auswählen, mit einer Wischgeste nach von rechts nach links oder mit der ⟲-Taste unterhalb des Displays.

# 21. Das Google-Konto auf dem Android-Gerät

Das Unternehmen Google, welches 1996 mit einer Internetsuchmaschine seinen Siegeszug begann, verdiente zunächst sein Geld mit Werbeschaltungen auf eigenen und fremden Webseiten.

Bis Anfang der 2000er Jahre gab es kaum Mobilgeräte mit Internetzugang, wobei deren Nutzung unheimlich kompliziert und teuer war. So musste man seinen elektronischen Organizer der Marke Palm erst über Infrarot (sehr fehleranfällig!) mit einem datenfähigen Handy koppeln und kryptische Befehle eingeben, worauf eine langsame Internetverbindung hergestellt wurde, die der Netzbetreiber im Minutentakt abrechnete. Angesichts von niedrig aufgelösten Displays, die eine Auflösung von maximal 240 x 320 Pixeln hatten – die ersten Palm-Organizer sogar nur 160 x 160 Pixel) – war die Webseitenanzeige zudem eine Qual.

Ab 2001 erhielten dann Handys immer größere und besser aufgelöste Displays, mehr Speicher und schnellere Prozessoren, weshalb nun zunehmend leistungsfähige Kalenderfunktionen, eine E-Mail-Anwendung und ein Webbrowser zum Lieferumfang gehörten. Google reagierte auf diesen Trend und erwarb 2005 das Android-Betriebssystem. Erste Android-Handys, die von Partnerunternehmen produziert wurden, erschienen 2008, wenig später waren dann auch Tablets mit dem Betriebssystem im Handel.

Geld verdient Google bei Android hauptsächlich durch den Vertrieb/Verleih von Ebooks, Spielfilmen, Musik und Programmen, aber auch durch Werbung in den mitgelieferten Anwendungen.

## 21.1 Funktionsweise

Die Philosophie hinter Android soll die nachfolgende Abbildung illustrieren.

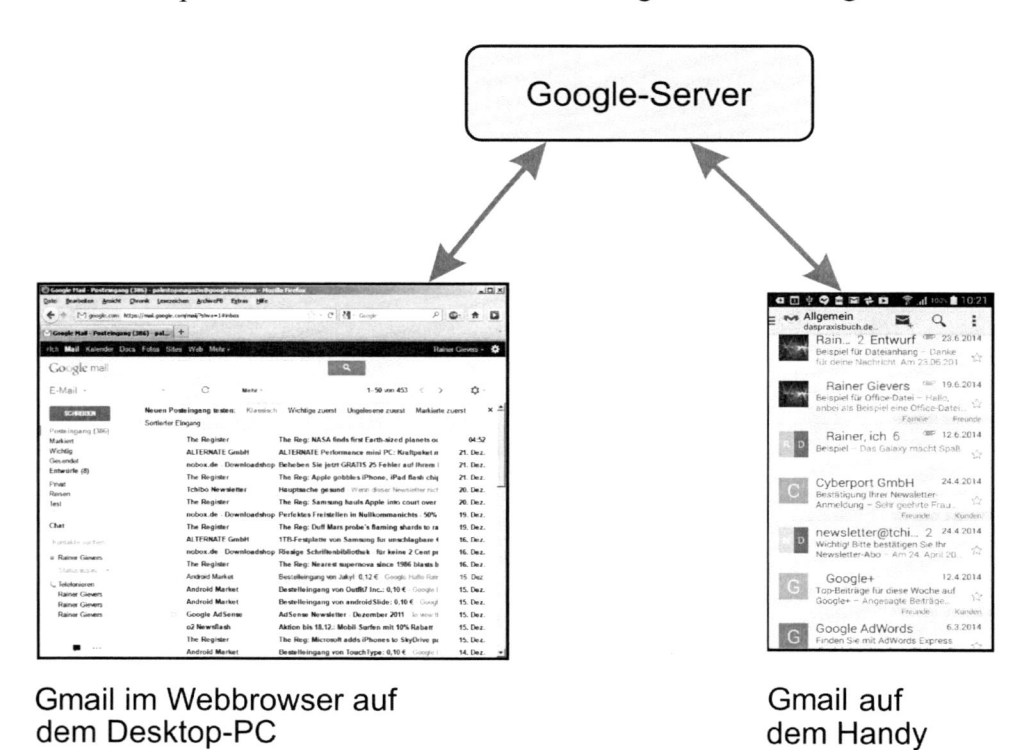

Gmail im Webbrowser auf dem Desktop-PC

Gmail auf dem Handy

Wenn Sie das Buch bis zu diesem Kapitel durchgearbeitet haben, dürfte Ihnen die linke Seite bereits bekannt sein: Über Ihren PC-Webbrowser nutzen Sie die Gmail-Anwendung (siehe Kapitel *6 Gmail*). Dabei dient Ihr Browser nur der E-Mail-Anzeige, während die eigentliche Verarbeitung auf Google-Servern im Internet stattfindet.

Eine Gmail-Anwendung gibt es auch auf dem Android-Handy. Auch hier erfolgt die Datenverarbeitung auf dem Google-Server und das Handy zeigt die E-Mails an.

Informationen, die Sie in einer Google-Anwendung auf dem Android-Handy oder im Webbrowser ändern, werden automatisch miteinander synchronisiert. Sie können also beispielsweise tagsüber während der Arbeit auf dem Handy E-Mails mit der Gmail-Anwendung verarbeiten, am Abend loggen Sie sich auf dem Desktop-PC-Webbrowser in die Gmail-Oberfläche ein und sehen den gleichen Nachrichtenstand wie auf dem Handy.

Auch wenn Sie kein Fan von Google sind, kommen Sie nicht darum herum, ein Konto bei Google zu eröffnen, denn Sie benötigen es spätestens, wenn Sie über den Google Play Store (siehe Kapitel *24 Programmverwaltung (Android)*) weitere Spiele oder Anwendungen auf dem Handy/Tablet installieren wollen.

## 21.2 Einrichtung des Google-Kontos

Damit Google Ihnen personalisierte Dienste anbieten kann, müssen Sie sich über eine E-Mail-Adresse und ein Passwort identifizieren. Die E-Mail-Adresse stellt Google im Format *IhrName@gmail.com* bereit, wobei wir empfehlen, sie wie im Kapitel *4.1 Neues Google Konto anlegen* beschrieben, über Ihren PC-Webbrowser einzurichten. Wenn wir künftig vom **Google-Konto** sprechen, meinen wir den durch Ihre Gmail-E-Mail-Adresse bezeichneten Datenspeicher auf den Google-Servern.

Alle Android-Geräte führen bei der Inbetriebnahme durch einen Assistenten, worin Sie Ihr Google-Konto (= Ihre Gmail-E-Mail-Adresse) anlegen oder sich darin anmelden.

Die verschiedenen Hersteller passen die Android-Benutzeroberfläche und damit auch den Einrichtungsassistenten an, weshalb sich die Anmeldung beim Google-Konto beziehungsweise die Registrierung des eigenen Google-Kontos zwischen jedem Hersteller unterscheidet.

> **Hinweis**: Falls Sie bereits den Assistenten durchlaufen haben und schon Ihr Gerät nutzen, können Sie dieses Kapitel übergehen.
>
> Tipp: Vom Autor Rainer Gievers sind zu zahlreichen Android-Geräten Bücher erschienen, die auch die Benutzeroberfläche und die Hersteller-Anwendungen beschreiben. Weitere Infos finden Sie unter *www.das-praxisbuch.de*.

### 21.2.1 Anmeldung auf einem Samsung-Handy

In diesem Kapitel stellen wir die Inbetriebnahme anhand eines Samsung Galaxy A3/A5 vor. Auf anderen Samsung-Geräten läuft der Vorgang sehr ähnlich ab.

Um das Handy (und andere Android-Geräte) sinnvoll zu nutzen, müssen Sie ein sogenanntes Google-Konto besitzen. Das Google-Konto hat das Format einer E-Mail-Adresse und immer die Endung *gmail.com*, beispielsweise *sally.gievers@gmail.com*.

Wir gehen im Folgenden davon aus, dass Sie bereits ein Google-Konto, wie im Kapitel *4.1 Neues Google Konto anlegen* beschrieben, in Ihrem PC-Webbrowser registriert haben.

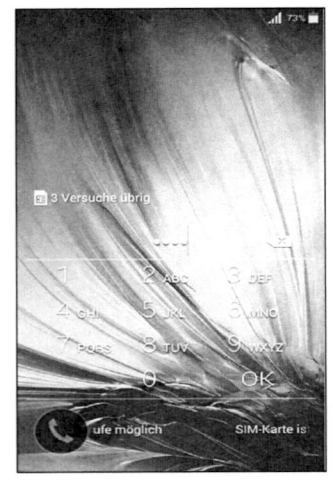

❶ Geben Sie zuerst die SIM-PIN ein, damit sich das Samsung Galaxy ins Netz einbuchen kann. Schließen Sie Ihre Eingabe mit der *OK*-Schaltleiste auf dem eingeblendeten Tastenfeld ab.

❷ Stellen Sie Ihr Land beziehungsweise Ihre Sprache ein, beispielsweise *Deutsch (Deutschland)*. Betätigen Sie *Starten*.

Beachten Sie bitte, dass situationsabhängig bestimmte Aktionen beziehungsweise Konfigurationsbildschirme früher oder später erscheinen. Beispielsweise kann es passieren, dass nach der SIM-PIN erst zu einem späteren Zeitpunkt gefragt wird.

❶❷ Als Nächstes stellen Sie den genutzten WLAN-Zugangspunkt ein. Tippen Sie einen der gefundenen Zugangspunkte in der Liste an, geben Sie das zugehörige Kennwort ein und betätigen Sie *Verbinden*.

❸ Schließen Sie den Bildschirm mit *Weiter*.

Sollte nicht der Hinweis »*Verbunden*« unter dem verwendeten WLAN-Zugangspunkt erscheinen, dann tippen Sie ihn an und betätigen die *Verbinden*-Schaltleiste.

Aus persönlicher Erfahrung wissen wir, dass viele Anwender nicht ihr WLAN-Kennwort wissen – meist liegt ja die Einrichtung des eigenen DSL-WLAN-Routers einige Monate oder gar Jahre zurück. In diesem Fall können Sie im Webbrowser auf dem Desktop-PC die Weboberfläche des Routers aufrufen und sich dort das WLAN-Kennwort anzeigen lassen, beziehungsweise ändern. Bei der beliebten AVM Fritzbox geben Sie zum Beispiel *fritz.box* in der Browseradresszeile ein und klicken in der Fritzbox-Benutzeroberfläche auf *WLAN* und dann auf *Sicherheit*.

# Das Google-Konto auf dem Android-Gerät

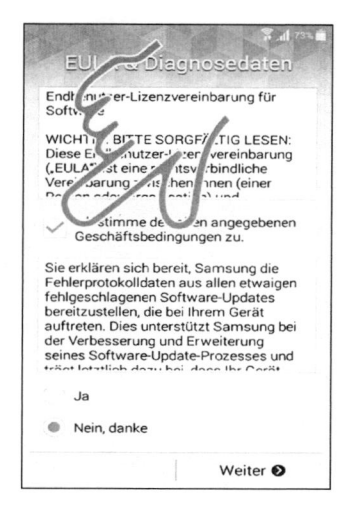

❶ Aktivieren Sie das Häkchen bei *Ich stimme den oben angegebenen...*, wählen Sie darunter *Ja* oder *Nein, danke* für die Übermittlung Ihrer Nutzungsdaten. Betätigen Sie *Weiter*.

❷ Zwischendurch bittet Sie das Handy in einem Dialog darum, Sicherheitsprobleme aufspüren zu dürfen. Sie sollten auf jeden Fall mit *Akzeptieren* antworten.

❶ Gehen Sie auf *Ja*.

❷ Geben Sie Ihren Google-Konto-Namen (Eingabe des Namens vor *@gmail.com* reicht aus) und das Kennwort ein. Betätigen Sie *OK* auf dem Tastenfeld. Schließen Sie auch das folgende Geschäftsbedingungen-Dialogfenster mit *OK*.

❶ Im *Google-Dienste*-Bildschirm sollten Sie alle Abhakkästchen aktiviert lassen:

Unter *SICHERUNG & WIEDERHERSTELLUNG*:

- *Sichern Sie Ihre Daten in einem Google-Konto. Stellen Sie vorherige Sicherungen auf diesem Gerät wieder her*: Kontakte, Termine, Browser-Lesezeichen, usw. werden auf dem Sony wiederhergestellt. Diese Option ist auch nützlich, wenn Sie beispielsweise von einem anderen Android-Gerät auf das Galaxy-Handy umgestiegen sind.

Unter *STANDORT:*

- *Apps können meinen Standort schneller bestimmen. Anonyme Standortdaten werden erfasst und an Google gesendet*: Google sammelt anonym die vom Tablet ermittelten Standorte von Funknetzen, um die Genauigkeit bei der Positionsbestimmung zu erhöhen.

- *Zur Verbesserung der Genauigkeit und für andere Zwecke lassen Sie zu, dass auch bei deaktiviertem WLAN nach Netzwerken gesucht wird*: Das Handy kann anhand der bekannten Position von WLAN-Zugangspunkten Ihre Position genauer bestimmen. Einige Funktionen des Geräts wie die Google-Suche liefern dann bessere – weil für Ihren Standort optimierte – Ergebnisse.

Betätigen Sie die ▼.

❷ Schließen Sie den Bildschirm mit der ▶-Schaltleiste.

❶ Geben Sie nun Ihren Namen ein (tippen Sie auf das jeweilige Eingabefeld) und betätigen Sie ▶.

❷❸ Zusätzliche Dienste – die Sie nicht unbedingt benötigen – stehen nach Anmeldung beim Samsung-Konto zur Verfügung. Tippen Sie auf *Überspringen* und schließen auch den Warnhinweis mit *Überspringen*.

❶ Erfassen Sie den Gerätenamen (tippen Sie mit dem Finger gegebenenfalls in das Eingabefeld).

Das Google-Konto auf dem Android-Gerät 255

Das Gerät erscheint später unter diesem Namen als Laufwerk, wenn Sie es über das mitgelieferte USB-Kabel am PC anschließen. Schließen Sie das Tastenfeld, indem Sie die *OK*-Taste in der Bildschirmtastatur betätigen. Daraufhin ist die *Beenden*-Schaltleiste sichtbar, welche Sie nun betätigen.

❷ Sie befinden sich im Startbildschirm und können mit Ihrem Handy arbeiten.

## 21.2.2 Anmeldung auf einem Sony-Handy

Die Anmeldung beim Google-Konto erläutern wir hier am Beispiel des Sony Xperia Compact Z3.

❶ Geben Sie zuerst die SIM-PIN ein, damit sich das Sony ins Netz einbuchen kann. Schließen Sie den Vorgang mit ⬅ auf dem Tastenfeld ab.

❷ Stellen Sie Ihr Land beziehungsweise Ihre Sprache ein. Sofern Sie das Handy in Deutschland erworben haben, dürfte *Deutsch (Deutschland)* bereits korrekt festgelegt sein. Betätigen Sie dann *Fertig*.

❸ Aktivieren Sie durch Antippen das Abhakkästchen und betätigen Sie ➔ (am unteren Bildschirmrand).

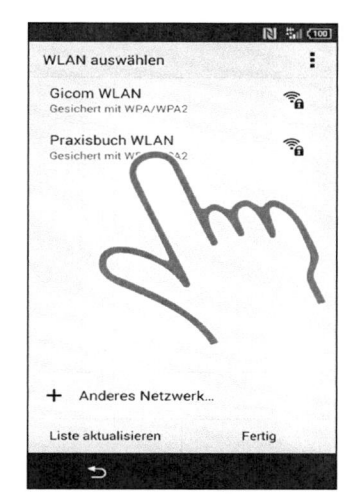

❶ Die Vorgabe *Ja* für die Interneteinstellungen lassen Sie unverändert und gehen erneut auf ➔.

❷ Betätigen Sie *Nach Netzen suchen,* um das Handy mit einem WLAN-Zugangspunkt zu verbinden.

❸ Tippen Sie einen der gefundenen WLAN-Zugangspunkte an.

❶ Geben Sie das zugehörige Kennwort ein und betätigen Sie *Verbinden*.

❷ Das Handy meldet den betreffenden Zugangspunkt als *Verbunden*. Schließen Sie den Bildschirm mit *Fertig*.

❸ Sie befinden Sie wieder im *Wi-Fi-Verbindung*-Bildschirm, den Sie mit der ➔-Schaltleiste verlassen.

> Sollte nicht der Hinweis »*Verbunden*« unter dem verwendeten WLAN-Zugangspunkt erscheinen, dann tippen Sie ihn erneut an und führen Sie die Passworteingabe erneut durch.
>
> Aus persönlicher Erfahrung wissen wir, dass viele Anwender nicht ihr WLAN-Kennwort wissen – meist liegt ja die Einrichtung des eigenen DSL-WLAN-Routers einige Monate oder gar Jahre zurück. In diesem Fall können Sie im Webbrowser auf dem Desktop-PC die Weboberfläche des Routers aufrufen und sich dort das WLAN-Kennwort anzeigen lassen, beziehungsweise ändern. Bei der beliebten AVM Fritzbox geben Sie zum Beispiel *fritz.box* in der Browseradresszeile ein und klicken in der Fritzbox-Benutzeroberfläche auf *WLAN* und dann auf *Sicherheit*.

❶ Sie können sich nun mit *Ja* bei Ihrem Google-Konto anmelden oder mit *Nein* ein Konto neu anlegen. In unserem Beispiel ist bereits ein Google-Konto vorhanden, weshalb *Ja* angetippt wurde.

❷ Geben Sie Ihren Google-Konto-Namen (Eingabe des Namens vor *@gmail.com* reicht aus) und das Kennwort ein. Betätigen Sie *OK* auf dem Tastenfeld. Schließen Sie auch das folgende Geschäftsbedingungen-Dialogfenster mit *OK*.

Das Google-Konto auf dem Android-Gerät

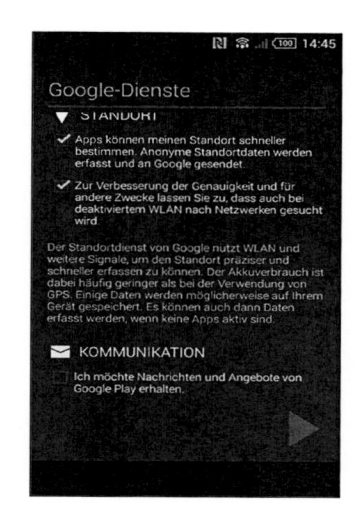

❶ Im *Google-Dienste*-Bildschirm sollten Sie alle Abhakkästchen aktiviert lassen:

Unter *SICHERUNG & WIEDERHERSTELLUNG*:

- *Sichern Sie Ihre Daten in einem Google-Konto. Stellen Sie vorherige Sicherungen auf diesem Gerät wieder her*: Kontakte, Termine, Browser-Lesezeichen, usw. werden auf dem Sony wiederhergestellt. Diese Option ist auch nützlich, wenn Sie beispielsweise von einem anderen Android-Gerät auf das Sony-Handy umgestiegen sind.

Unter *STANDORT:*

- *Apps können meinen Standort schneller bestimmen. Anonyme Standortdaten werden erfasst und an Google gesendet*: Google sammelt anonym die vom Tablet ermittelten Standorte von Funknetzen, um die Genauigkeit bei der Positionsbestimmung zu erhöhen.

- *Zur Verbesserung der Genauigkeit und für andere Zwecke lassen Sie zu, dass auch bei deaktiviertem WLAN nach Netzwerken gesucht wird*: Das Handy kann anhand der bekannten Position von WLAN-Zugangspunkten Ihre Position genauer bestimmen. Einige Funktionen des Geräts wie die Google-Suche liefern dann bessere – weil für Ihren Standort optimierte – Ergebnisse.

Betätigen Sie die ▼.

❷ Schließen Sie den Bildschirm mit der ▶-Schaltleiste.

❶ Für den späteren Kauf von Software, Musik, Videos oder Ebooks können Sie jetzt Ihre Visitenkartendaten hinterlegen – dies ist aber auch jederzeit später möglich, weshalb Sie jetzt auf *Später* gehen sollten.

❷❸ Betätigen Sie in den folgenden zwei Bildschirmen erneut ➔.

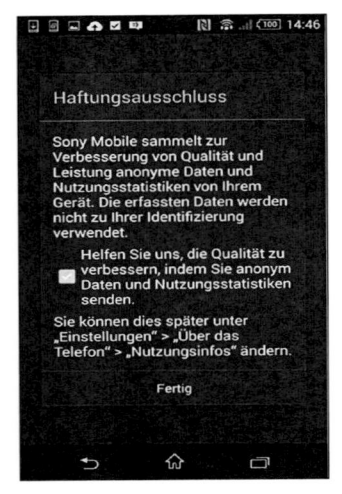

❶❷ Die nächsten Dialoge zum Haftungsausschluss schließen Sie mit *Weiter* beziehungsweise *Fertig*. Der Startbildschirm erscheint und Sie können nun mit dem Handy arbeiten.

### 21.2.3 Anmeldung auf dem Android Lollipop-Handy

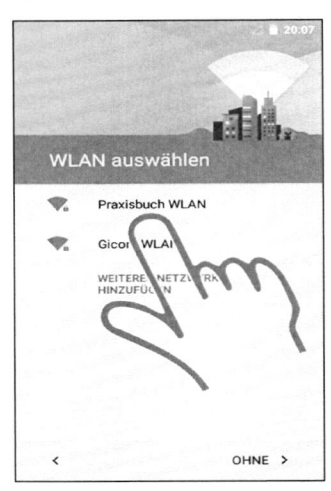

❶ Geben Sie zuerst die SIM-PIN ein, damit sich das Handy ins Netz einbuchen kann. Schließen Sie Ihre Eingabe mit der ✓-Schaltleiste auf dem eingeblendeten Tastenfeld ab.

❷ Stellen Sie Ihre Sprache ein, beispielsweise *Deutsch*. Dazu wischen Sie mit dem Finger auf dem Bildschirm nach oben oder unten. Betätigen Sie dann die gelbe Schaltleiste in der Bildschirmmitte.

❸ Tippen Sie einen der gefundenen WLAN-Zugangspunkte an.

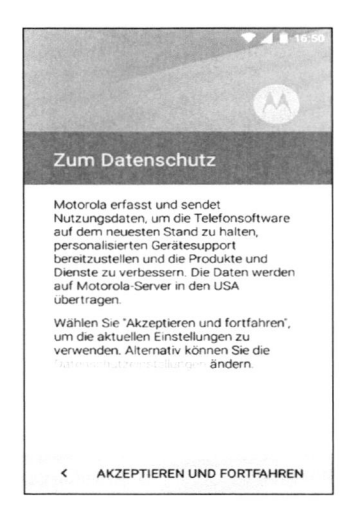

Das Google-Konto auf dem Android-Gerät

❶ Geben Sie das zugehörige Kennwort ein und betätigen Sie *VERBINDEN*.

❷ Den folgenden Bildschirm schließen Sie mit *AKZEPTIEREN UND FORTFAHREN*.

❸ Geben Sie Ihren Google-Konto-Namen (Eingabe des Namens vor *@gmail.com* reicht aus) und ein und betätigen Sie *WEITER*. Bei diesem und den folgenden Eingabefeldern müssen Sie gegebenenfalls erst mit einem Finger das Eingabefeld antippen, damit sich das Tastenfeld öffnet.

❶ Erfassen Sie das zugehörige Kennwort und betätigen Sie *WEITER*.

❷ Betätigen Sie *AKZEPTIEREN*. Sie sind damit bei Ihrem Google-Konto angemeldet.

❸ Die folgenden Bildschirm schließen Sie jeweils durch *MEHR* beziehungsweise *WEITER*. Sie befinden sich im Startbildschirm Ihres Handys und können damit arbeiten.

## 21.2.4 Anmeldung in einer Google-Anwendung

Vielleicht nutzen Sie Ihr Android-Handy/Tablet bereits einige Zeit und wissen nicht, ob Sie schon ein Google-Konto angelegt haben. Ob Sie bereits mit Ihrem Google-Konto angemeldet sind, erfahren Sie auf ganz einfache Weise: Starten Sie einfach eine Google-Anwendung, beispielsweise *Gmail* oder *Play Store*.

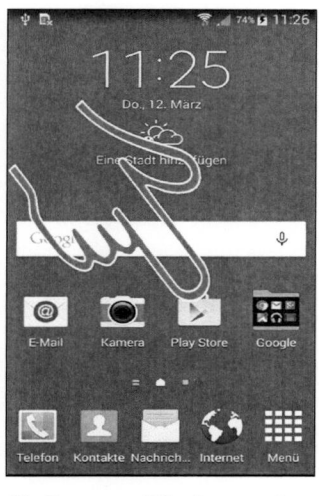

❶ Starten Sie jetzt eine Anwendung, die ein Google-Konto benötigt, im Beispiel *Play Store*, aus dem Startbildschirm. Falls direkt die Benutzeroberfläche des Programms angezeigt wird, ohne dass Ihre Login-Daten abgefragt werden, dann haben Sie bereits die nur einmalig notwendige Anmeldung durchgeführt, beispielsweise bei der Inbetriebnahme durchgeführt

❷ Andernfalls betätigen Sie *Vorhandenes Konto*.

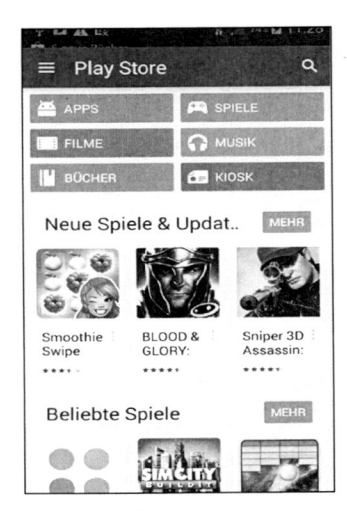

❶ Geben Sie Ihre Gmail-Adresse und das Kennwort ein und betätigen Sie die ▶-Schaltleiste. Im Popup müssen Sie dann die Nutzungsbedingungen mit *OK* bestätigen.

❷ Praktischerweise führt das Handy automatisch eine Sicherung aller Ihrer Daten auf dem Handy mit Google-Servern durch, sodass im Falle eines Gerätewechsels oder eines Zurücksetzens des Handys alle Daten wiederhergestellt werden. Wenn Sie dies nicht möchten, deaktivieren Sie das Abhakkästchen bei *Daten in Google-Konto sichern*. Betätigen Sie ▶.

> Sie brauchen nur den ersten Teil Ihrer Google-Mail-Adresse vor dem »@« einzugeben, denn »@gmail.com« wird automatisch ergänzt, wenn Sie ins Passwortfeld wechseln.
>
> Die Anmeldung mit der Gmail-Adresse ist nur einmalig notwendig. Danach können sie Gmail, Google Play Store, usw. ohne erneute Anmeldung nutzen.

❸ Die Play Store-Anwendung (siehe Kapitel *24 Programmverwaltung (Android)*) startet und lässt sich jetzt nutzen.

# 22. Chrome-Webbrowser (Android)

❶ Sie starten den Webbrowser über *Chrome* aus dem Hauptmenü.

❷ Beim ersten Aufruf müssen Sie die Nutzungsbedingungen akzeptieren, indem Sie *AKZEPTIEREN & WEITER* betätigen.

❸ Schließen sie den folgenden Bildschirm mit *FERTIG*.

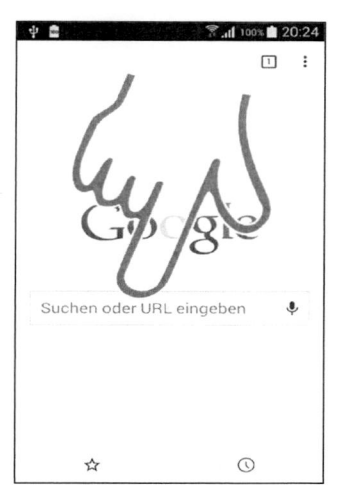

❶ Falls Sie sich beim ersten Aufruf des Browsers wundern, dass die gewohnte Adressleiste fehlt, erhalten Sie diese, sobald Sie in das Eingabefeld in der Bildschirmmitte tippen.

❶ Tippen Sie in die Adresszeile, um eine Webadresse einzugeben – falls bereits eine Webseite angezeigt wird, müssen Sie eventuell erst mit dem Finger auf dem Bildschirm nach unten ziehen (Wischgeste), um die Adressleiste anzuzeigen.

❷ Nach Eingabe der Webadresse betätigen Sie die *Öffnen*-Taste (Pfeil) auf dem Tastenfeld. Bereits während der Eingabe macht der Browser Vorschläge, wobei Sie anhand der vorangestellten Symbole erkennen, woher diese stammen:

- 🌐: Webseite
- ★: Lesezeichen (»Favorit«)
- ⏱: Verlauf (eine bereits von Ihnen besuchte Webseite)
- 🔍: Websuche (in Google gefundene Suchbegriffe).

Wählen Sie in der Liste einfach die anzuzeigende Webseite aus.

❸ Die Webadresse wird geladen und angezeigt. Bei manchen Webseiten, die für PC-Bildschirme optimiert sind, sehen Sie nur einen Teilausschnitt, den Sie einfach ändern, indem Sie mit dem Finger auf den Bildschirm drücken und dann in die gewünschte Richtung ziehen (»Wischgeste«).

> Wie Sie eine andere Startseite einstellen, erläutert Kapitel *22.4 Einstellungen,* worin Sie *Startseite* anpassen.
>
> Besonders bei der Webseitenanzeige kann eine horizontale Bildschirmorientierung optimaler sein. Halten Sie dafür einfach das Handy waagerecht statt senkrecht.

❶ Doppeltippen Sie auf einen Bildschirmbereich, um ihn auf lesbare Größe aufzuziehen. Erneutes Doppeltippen in das Browserfenster schaltet wieder auf die Vorschau zurück.

❷ Durch »Kneifen« ändern Sie die Anzeige: Tippen und halten Sie Mittelfinger und Daumen gleichzeitig auf dem Bildschirm und ziehen Sie beide auseinander, was in die Webseite hereinzoomt. Ziehen Sie dagegen die beiden Finger zusammen, zoomen Sie wieder heraus. Es ist egal, ob Sie nun vertikal oder waagerecht »kneifen«.

> Unter *Standardzoom* in den Einstellungen konfigurieren Sie, wie stark der Webseitenbereich vergrößert wird. Siehe Kapitel *22.4.2 Bedienungshilfen.*

# Chrome-Webbrowser (Android)

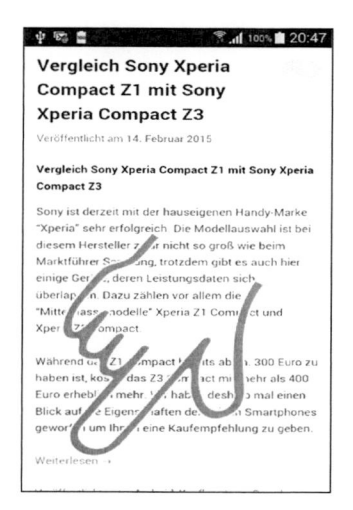

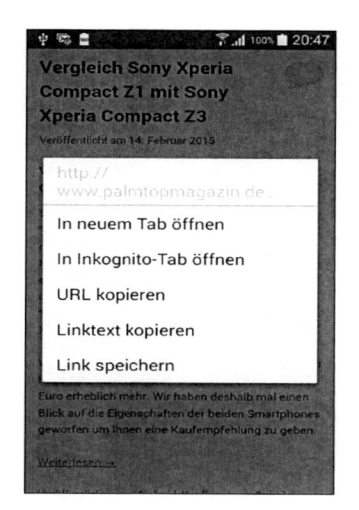

❶ Einem Link folgen Sie, indem Sie ihn antippen.

❷ Tippen und halten Sie den Finger über einem Link für weitere Funktionen:

- *Im neuen Tab öffnen*: Öffnet den Link in einem neuen Browser-Tab.
- *In Inkognito-Tab öffnen*: Öffnet den Link im privaten Modus, bei der alle Cookies oder andere Daten wieder gelöscht werden, wenn man den Tab später schließt.
- *Linktext kopieren*: Kopiert die Webadresse des Links in die Zwischenablage, von wo man sie später in andere Anwendungen wieder einfügen kann.
- *Link speichern*: Speichert die Webseite auf der Speicherkarte im Verzeichnis \download.

Verwenden Sie die ⟲-Taste, um zur letzten angezeigten Seite zurückzukehren. Beachten Sie aber, dass der Browser verlassen wird, wenn Sie die ⟲-Taste drücken, während die zuerst aufgerufene Seite angezeigt wird.

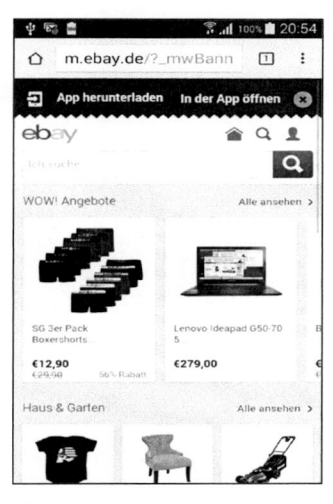

❶ Viele Websites werten den verwendeten Browser aus und optimieren dann die Webseiten für die Besucher entsprechend. Ein gutes Beispiel ist Ebay, wo man mit Smartphones und Tablets nur eine vereinfachte und funktionsbeschränkte Weboberfläche zu sehen bekommt.

❷❸ Eine vollwertige Anzeige erhalten Sie im Browser, wenn Sie ⋮/*Desktop-Version* aktivieren. Beachten Sie, dass sich dann die Ladezeiten erhöhen.

## 22.1 Tabs

Heutzutage bietet jeder PC-Webbrowser die Möglichkeit, mehrere Webseiten gleichzeitig anzuzeigen, wobei die sogenannten Tabs zum Einsatz kommen. Sofern Sie bereits Tabs auf dem PC-Webbrowser genutzt haben, dürften Sie also vieles wiedererkennen.

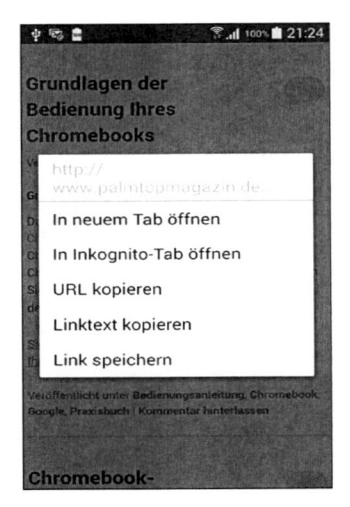

❶❷ Tippen und halten Sie einen Finger über dem Link, bis das Popup-Menü erscheint. Wählen Sie dann *In neuem Tab öffnen*. Der Browser-Tab wird im Hintergrund geöffnet.

Einen leeren Tab öffnen Sie mit ⋮/*Neuer Tab*.

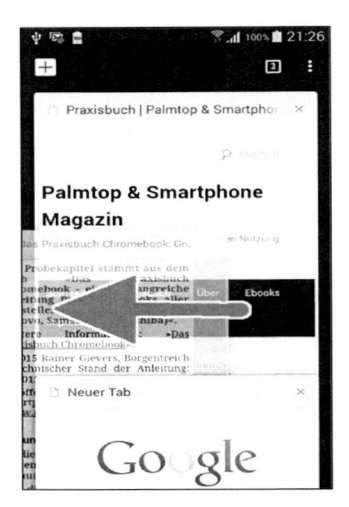

❶ Wieviele Tabs gerade offen sind, erfahren Sie oben rechts. Tippen Sie auf die ☐-Schaltleiste für die Tab-Übersicht.

❷ Antippen eines Tabs zeigt diesen im Vollbild an. Schließen Sie hier Tabs mit der ✕-Schaltleiste.

❸ Das Löschen eines Tabs erfolgt durch eine Wischgeste von links nach rechts oder umgekehrt.

Chrome-Webbrowser (Android) 265

❶❷ Eine Besonderheit ist der Inkognito-Modus, den Sie über ⋮/*Neuer Inkognito-Tab* aktivieren: In diesem Tab surfen Sie anonym, das heißt, der Browser speichert nach Verlassen des Inkognito-Tabs keine Daten und löscht von Websites angelegte Cookies.

❶ Zwischen den Inkognito-Tabs und den normalen Browser-Tabs wechseln Sie, indem Sie zuerst die □-Schaltleiste (Pfeil) betätigen.

❷ Anschließend führen Sie eine Wischgeste von links nach rechts aus, woraufhin Sie sich wieder in der Tab-Übersicht befinden.

## 22.2 Lesezeichen

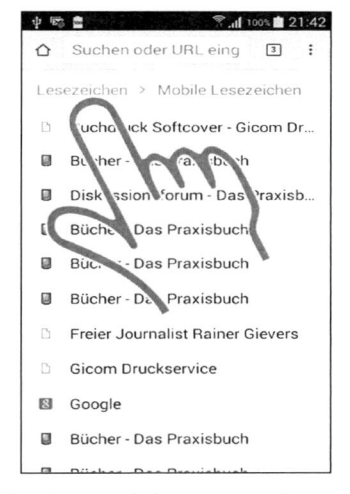

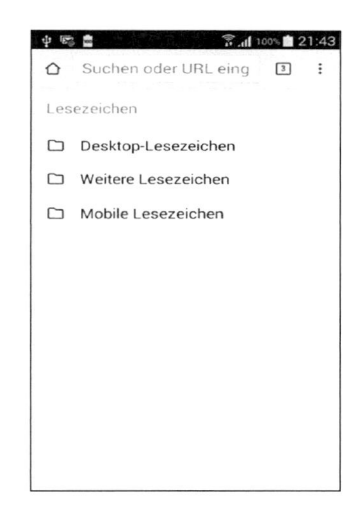

❶ Mit ⋮/*Lesezeichen* öffnen Sie die Lesezeichenverwaltung.

❷ Tippen Sie jetzt mal *Lesezeichen* (Pfeil) an.

❸ Die Lesezeichenverwaltung zeigt drei Ordner an:

- *Desktop-Lesezeichen*: Diese stammen vom Google Chrome-Webbrowser, den Sie eventuell auf Ihrem PC einsetzen (siehe Kapitel *22.5 Lesezeichen des PCs auf dem Handy nutzen*).
- *Weitere Lesezeichen*: Nicht von Google dokumentiert.
- *Mobile Lesezeichen*: Verwaltet die von Ihnen auf dem Handy angelegten Lesezeichen.

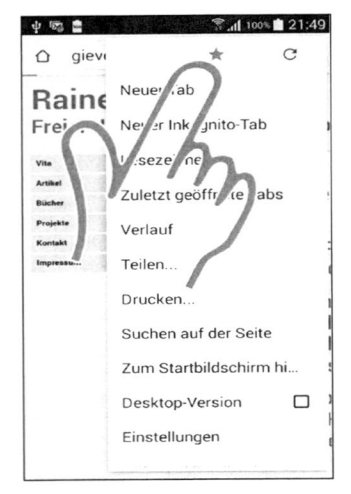

❶ So speichern sie ein Lesezeichen: Aktivieren Sie das ⁝-Menü und tippen Sie darin ★ an.

❷ Anschließend geben Sie dem Lesezeichen noch einen Namen und betätigen *Speichern*.

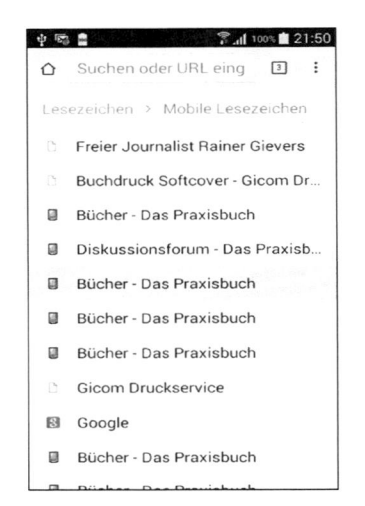

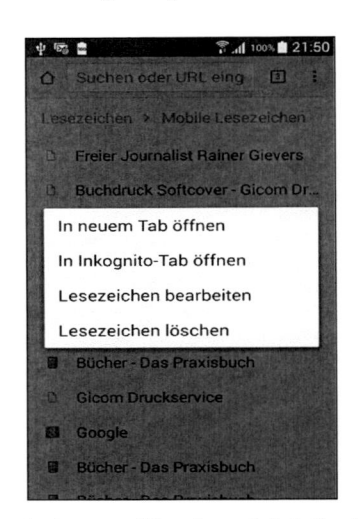

❶ Rufen Sie mit ⁝/*Lesezeichen* die Lesezeichenverwaltung auf und tippen Sie den *Mobile Lesezeichen*-Ordner an.

❷ Tippen Sie in der Lesezeichenverwaltung ein Lesezeichen an, damit die zugehörige Webadresse im Browser geladen wird.

❸ Halten Sie den Finger über einem Lesezeichen für diese Funktionen gedrückt:

- *In neuem Tab öffnen*: Öffnet den Link in einem neuen Browser-Tab.
- *In Inkognito-Tab öffnen*: Öffnet den Link im privaten Modus, bei der alle Cookies oder andere Daten wieder gelöscht werden, wenn man den Tab später schließt.
- *Lesezeichen bearbeiten*: Bezeichnung und Webadresse bearbeiten.
- *Lesezeichen löschen*

> Die Lesezeichen werden mit Ihrem Google-Konto synchronisiert, das heißt, wenn Sie sich auf einem anderen Android-Gerät bei Ihrem Google-Konto anmelden, sind dort im Browser Ihre Lesezeichen verfügbar. Gleiches gilt auch für den Chrome-Browser auf dem PC (siehe Kapitel *5 Chrome-Browser*).

Chrome-Webbrowser (Android) 267

## 22.3 Dateien herunterladen

❶ Wenn Sie einen Link antippen, der auf eine Datei verweist, lädt der Browser diese automatisch herunter.

❷❸ Nach dem Download aktivieren Sie das Benachrichtigungsfeld und gehen auf die heruntergeladene Datei, welche dann im entsprechenden Anzeigeprogramm geöffnet und angezeigt wird.

> Alle heruntergeladenen Dateien landen im Verzeichnis *Download* im Gerätespeicher.
>
> Sie können die heruntergeladenen Dateien auch in der *Downloads*-Anwendung aus dem Hauptmenü anzeigen.
>
> Bei einigen Dateitypen erscheint die Warnmeldung »*Dateien dieses Typs können Schäden auf Ihrem Mobilgerät verursachen*« vor dem Download. Sofern Sie sicher sind, dass die herunterzuladende Datei aus einer vertrauten Quelle stammt (beispielsweise von der Website eines seriösen Unternehmens), können Sie aber ruhig *OK* betätigen.

## 22.4 Einstellungen

❶ Für die Browserkonfiguration gehen Sie auf ⋮/*Einstellungen*.

❷ Die hier angebotenen Optionen:
- *(Ihr Konto)@gmail.com*: Verwaltet die Synchronisation der Lesezeichen mit Ihrem Google-Konto.

Unter *GRUNDEINSTELLUNGEN*:

- *Suchmaschine* (❸): Stellt die zu verwendende Suchmaschine ein (die Suche erfolgt automatisch, wenn Sie einen Begriff in der Browser-Adresszeile eingeben).
- *AutoFill-Formulare*: Die hier erfassten Texte mit Ihren Adressdaten schlägt der Browser automatisch vor, wenn Sie in ein passendes Eingabefeld tippen (zum Beispiel Adressfelder in einem Online-Shop).
- *Passwörter speichern*: Verwaltet alle Passwörter, die zwischengespeichert und das nächste Mal automatisch eingefügt werden. Sofern das Handy/Tablet von mehreren Personen genutzt wird, sollten Sie diese Option deaktivieren.
- *Startseite*: Die Startseite lädt der Chrome-Browser beim ersten Aufruf. Sie können hier eine beliebige andere Webseite einstellen.

Unter *ERWEITERTE EINSTELLUNGEN*:

- *Datenschutz*: Löschen Sie hier vom Chrome-Browser gespeicherte Daten und stellen Sie ein, ob der Browser bei der Adresseingabe Vorschläge macht.
- *Bedienungshilfen*: Standardschriftgröße bei den angezeigten Webseiten.
- *Website-Einstellungen*: Cookies, Übermittlung des Standorts, JavaScript, usw. zulassen.
- *Datennutzung reduzieren*: Beschleunigt die Datenübertragung, indem aufgerufene Webseiten zuerst von Google selbst eingeladen, komprimiert und dann im Chrome geladen werden. Dies ist nicht möglich für verschlüsselte Websites (beispielsweise beim Online-Banking). Sofern Sie auf Ihren Datenschutz Wert legen, sollten sie auf diese Funktion verzichten.

## 22.4.1 Datenschutz

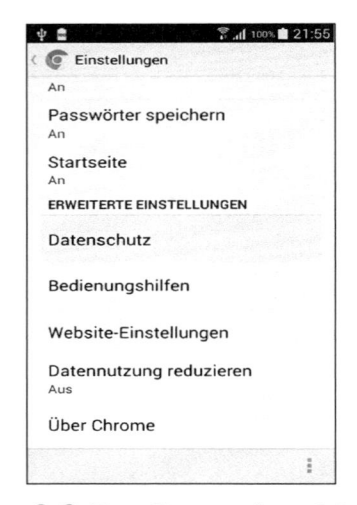

❶❷ Das *Datenschutz*-Menü konfiguriert:

- *Vorschläge bei Navigationsfehlern*: Wenn Sie eine Webadresse falsch eingeben, sodass sie nicht geladen werden kann, erscheint normalerweise die Meldung »Diese Webseite ist nicht verfügbar«. Aktivieren Sie *Vorschläge bei Navigationsfehlern*, so macht der Chrome-Browser Vorschläge wie die Webadresse korrekt lauten könnte.
- *Such- und URL-Vorschläge*: Schon während der Eingabe einer Webadresse, beziehungsweise von Suchbegriffen macht der Browser Vorschläge zu den möglicherweise gesuchten Webseiten, die man dann direkt anzeigen lassen kann.
- *Prognose von Netzwerkaktionen*: Nicht von Google dokumentiert.

Chrome-Webbrowser (Android)

- *Nutzungs- und Absturzberichte*: Legt fest, ob der Chrome-Browser anonyme Nutzungsberichte an Google senden darf, die Google dann für Optimierungen verwendet.
- *"Do Not Track"*: Der Browser sendet an aufgerufene Webseiten einen Befehl, dass diese keine Benutzerdaten auswerten darf (beispielsweise für Werbung). Siehe auch *de.wikipedia.org/wiki/Do_Not_Track*.

❸ Rufen Sie ⋮/*Browserdaten löschen* auf für das Auswahlmenü:

- *Browserverlauf löschen*: Die Adressen einmal besuchter Seiten speichert der Browser zwischen und zeigt sie dann als Auswahl an, wenn Sie eine ähnliche Webadresse in der Adresszeile angeben.
- *Cache leeren*: Um den Aufbau der Webseiten zu beschleunigen, verwendet der Browser, ebenso wie der Internet Explorer oder Firefox auf dem Desktop-PC, einen Cache. Rufen Sie eine Webseite zum zweiten Mal auf, wird der Browser zuerst überprüfen, ob die bereits gespeicherte Seite im Cache aktuell ist und gegebenenfalls die Seite daraus laden und anzeigen. Sie können sich sicher vorstellen, dass somit das Surfen erheblich beschleunigt wird. Einen Nachteil hat der Cache allerdings auch: Die gespeicherten Seiten benötigen auf dem Handy/Tablet Speicherplatz, der nicht mehr für andere Programme zur Verfügung steht. Ab und zu sollten Sie daher den Cache über das Menü löschen.
- *Cookies/Daten löschen*: Cookies sind Daten, die von Webseiten auf Ihrem Gerät abgelegt werden, um Sie bei einem späteren Besuch wiedererkennen zu können. Es dürfte nur sehr selten Sinn machen, die vom Browser angelegten Cookies zu löschen.
- *Passwörter löschen; AutoFill-Daten löschen*: Enfernt die automatisch vom Browser gespeicherten Daten, die Sie in Eingabefeldern eingetippt hatten.

## 22.4.2 Bedienungshilfen

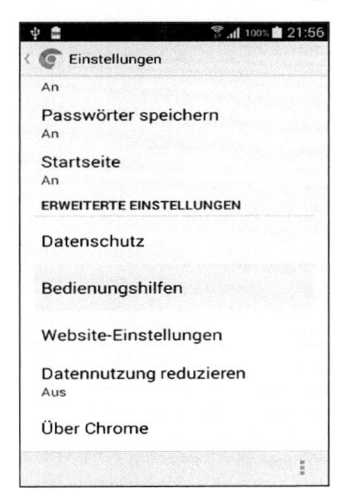

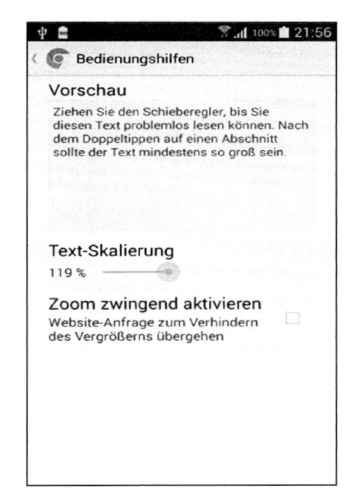

❶❷ Das *Bedienungshilfen*-Menü sind für Personen mit eingeschränkter Sehkraft gedacht:

- *Text-Skalierung*: Vergrößert die Textdarstellung.
- *Zoom zwingend aktivieren*: Manche für Handys optimierte Webseiten lassen sich nicht durch Doppeltippen oder eine Kneifgeste vergößern. Wenn Sie das stört, aktivieren Sie diese Option.

## 22.4.3 Website-Einstellungen

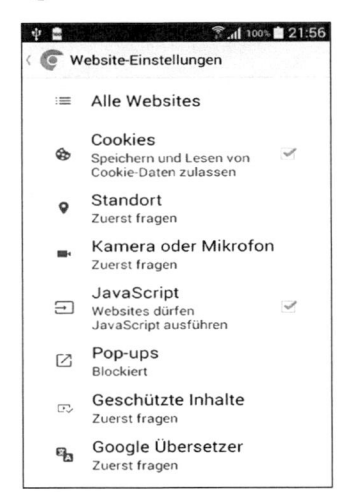

❶❷ In den *Website-Einstellungen* legen Sie fest, welche Daten oder Funktionen von Ihnen besuchte Websites nutzen dürfen. Sofern Sie nicht genau wissen, wass Sie tun, sollten Sie die Voreinstellungen nicht verändern:

- *Cookies*: Wie bereits oben erwähnt, sind Cookies wichtig, damit man von Webseiten eindeutig zugeordnet werden kann. Insbesondere Websites, in die man sich über Login und Passwort einloggen kann, sowie Webshops, sind häufig auf Cookies angewiesen. Sie sollten also die Option *Cookies* nicht deaktivieren.

- *Standort*: Google kann für Suchanfragen Ihren aktuellen (GPS-)Standort auswerten, genauso verwenden manche Websites Ihren Standort, um für Ihre Standort optimierte Angebote bereitzustellen. Ein Beispiel dafür ist die Google-Suchmaschine selbst.

- *Kamera oder Mikrofon*: Nur wenige Websites dürften den Zugriff auf Ihre Kamera oder das Mikrofon benötigen. Uns fällt jedenfalls kein Grund dafür ein.

- *JavaScript*: JavaScript ist eine Programmiersprache, die in Webseiten eingebettet sein kann, um dort interaktive Funktionen zu realisieren. Dazu gehören zum Beispiel Eingabefeldprüfungen. Weil sonst viele Webseiten nicht mehr funktionieren, sollten Sie JavaScript immer aktiviert haben.

- *Pop-ups*: Viele Websites öffnen Popup-Fenster (Tabs), beispielsweise mit Werbung, wenn man sie besucht. Deshalb werden Popup-Fenster standardmäßig blockiert.

- *Geschützte Inhalte:* Einige Websites, insbesondere Videostreaming-Portale verlangen eine eindeutige Identifizierung ihrer Nutzer. Wir empfehlen allerdings *Geschützte Inhalte* deaktiviert zu lassen.

- *Google Übersetzer*: Für Besucher ausländischer Websites bietet Google eine Übersetzungsfunktion an, die automatisch alle Texte in Deutsch anzeigt.

## 22.5 Lesezeichen des PCs auf dem Handy nutzen

Auch für den PC gibt es eine Version des Chrome-Browsers (falls Sie ihn installieren möchten, geben Sie einfach »Google Chrome« in der Google-Suchmaschine ein, worauf Ihnen Download-Möglichkeiten angezeigt werden). Die Lesezeichen lassen sich zwischen Chrome auf dem Handy und dem PC synchronisieren, sodass Sie auf beiden Geräten immer auf dem gleichen Stand sind.

# Chrome-Webbrowser (Android)

Auf dem PC klicken Sie im Chrome-Webbrowser oben rechts auf 🕮 für das Menü und gehen dort auf *In Chrome anmelden* – wenn Sie bereits angemeldet sind, erscheint als Menüeintrag stattdessen *Angemeldet als (Ihr Kontoname)@gmail.com*.

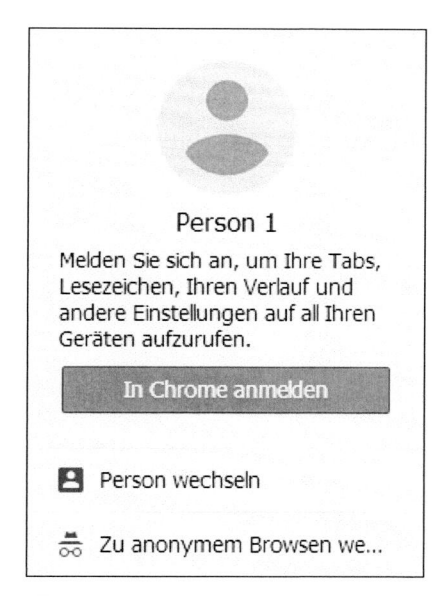

❶ Klicken Sie auf *In Chrome anmelden*.

❷ Melden Sie sich mit Ihren Google-Kontodaten an (dem gleichen Google-Konto wie bei Chrome auf dem Handy).

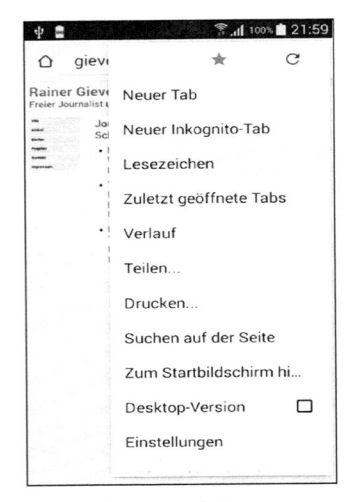

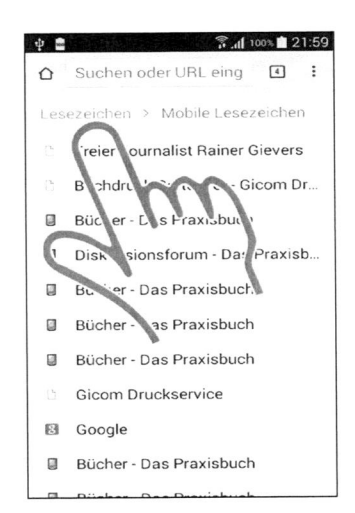

❶ Rufen Sie ⋮/*Lesezeichen* auf

❷ Sofern Sie sich in den mobilen Lesezeichen befinden, tippen Sie oben auf *Lesezeichen*.

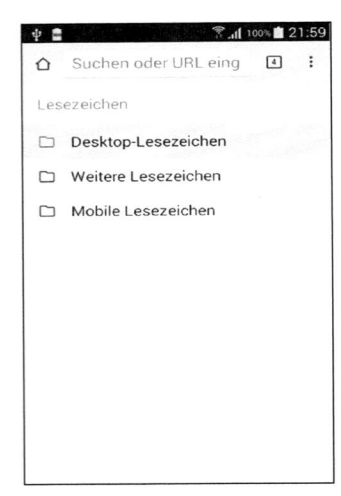

❶❷ Wählen Sie *Desktop-Lesezeichen*. Chrome listet nun alle Lesezeichen vom Desktop-Chrome-Browser auf.

# 23. Gmail (Android)

❶ Starten Sie *Gmail* aus dem Hauptmenü Ihres Handys/Tablets.

❷ Beim ersten Start erscheinen diverse Hinweise, welche Sie nun mit einer horizontalen Wischgeste beziehungsweise der ✕-Schaltleiste entfernen.

❸ Die großen bunten Symbole vor den einzelnen Nachrichten enthalten jeweils den ersten Buchstaben des Absenders, im Beispiel also »C« für einen C&A-Newsletter, usw.

## 23.1 Gmail in der Praxis

### 23.1.1 E-Mails abrufen

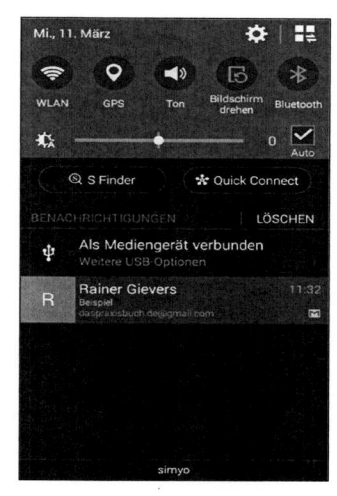

❶ Für die Synchronisierung der E-Mails in der Gmail-Anwendung mit dem E-Mail-Konto führen Sie eine Wischgeste von oben nach unten in der E-Mail-Oberfläche durch.

❷❸ Alternativ können Sie sich die neuen E-Mails auch auf einem weiteren Wege anzeigen: Wenn neue Nachrichten vorliegen, erscheint in der Titelleiste ein M-Symbol (Pfeil). Öffnen Sie das Benachrichtigungsfeld (dazu ziehen Sie mit einem angedrückten Finger von oben außerhalb des Displays nach unten) und tippen Sie auf *x neue Nachrichten*, worauf der Gmail-Posteingang angezeigt wird. Sofern nur eine neue Nachricht empfangen wurde, zeigt Gmail diese statt dem Posteingang an.

Die Gmail-Anwendung arbeitet speicheroptimiert, das heißt beim Blättern in der Nachrichtenauflistung lädt sie automatisch die als nächstes anzuzeigenden Mails nach. Dies kann bei einer langsamen Mobilfunkverbindung manchmal einige Sekunden dauern. Sie sehen dann »*Konversationen werden geladen*«.

❶ Alle noch ungelesenen Nachrichten erscheinen in Fettschrift. Tippen Sie nun eine Nachricht an, die Sie lesen möchten.

❷ Die Bedeutung der Schaltleisten am oberen Bildschirmrand:

- ◘ (Archivieren): Entfernt eine Nachricht aus dem Posteingang, ohne sie zu löschen. Siehe auch Kapitel *6.2.2 Archivieren*.
- 🗑: Nachricht löschen.
- ✉ (Ungelesen): Setzt den Nachrichtenstatus auf »ungelesen« und schaltet wieder auf den Posteingang um.

❸ Über eine Kneifgeste (zwei Finger, beispielsweise Daumen und Zeigefinger, gleichzeitig auf das Display drücken), können Sie die Ansicht vergrößern/verkleinern. Verschieben Sie bei Bedarf dann mit dem Finger den angezeigten Bildschirmausschnitt. Alternativ tippen Sie zweimal schnell hintereinander auf den Nachrichtentext.

❶ Ziehen Sie mit angedrücktem Finger nach links/rechts, um zur nächsten älteren/neueren Nachricht zu blättern.

❷ Die ↰-Schaltleiste erstellt eine Antwort-Nachricht an den Absender.

❸ Das ⋮-Menü:

Gmail (Android)

- *Allen antworten*: Sofern die E-Mail mehrere Empfänger enthält, können Sie Ihre Antwort-Nachricht an alle Empfänger senden. Wir raten davon aber ab, weil dies unter Umständen zu peinlichen Situationen führen kann, beispielsweise, wenn ein Kunde die interne Kommunikation eines Unternehmens zugesandt bekommt.
- *Weiterleiten*: Erstellt eine neue Nachricht mit dem Nachrichtentext.
- *Markieren; Markierung entfernten*: Markiert eine Nachricht als Favoriten beziehungsweise entfernt die Markierung wieder. Siehe Kapitel *6.2.4 Markierungen*.
- *Drucken*

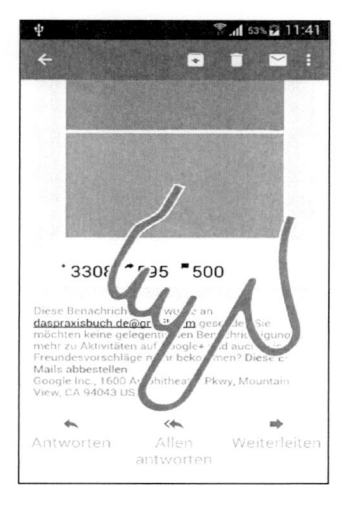

Die Funktionen zum Antworten und Weiterleiten finden Sie auch am Ende der E-Mail.

## 23.1.2 Absender ins Telefonbuch aufnehmen

❶ Tippen Sie mit dem Finger auf die Silhouette.

❷ Wählen Sie dann im Dialog entweder *Neuer Kontakt* oder *Vorhandene aktualisieren* (einem bestehenden Kontakt hinzufügen).

## 23.1.3 Dateianlagen

❶ Nachrichten mit Dateianlagen erkennen Sie am ⊘-Symbol (Pfeil) in der Nachrichtenauflistung.

❷❸ Bild-Dateianlagen zeigt Gmail in einer Vorschau.

Heruntergeladene Dateianlagen landen im Verzeichnis *Download* im Gerätespeicher.

## 23.1.4 Labels

Labels haben bei Gmail die gleiche Funktion wie Ordner. Deshalb werden auch die klassischen E-Mail-Ordner *Postausgang*, *Entwürfe*, *Gesendet*, usw. bei Gmail als »Label« bezeichnet. Man darf einer Mail mehrere Labels gleichzeitig zuweisen.

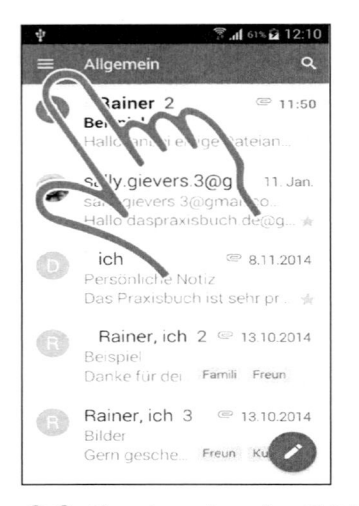

❶❷ Zur Anzeige der E-Mails eines Labels tippen Sie oben links (Pfeil) für das Ausklappmenü:

Die Nachrichten sind eingeteilt nach (diese Informationen wurden der Gmail-Hilfe unter *support.google.com/mail/answer/3055016* entnommen):

- *Allgemein:* Nachrichten von Freunden und Verwandten sowie sonstige Nachrichten, die nicht in einem der anderen Labels angezeigt werden.

- *Soziale Netzwerke*: E-Mails aus sozialen Netzwerken, Plattformen zum Teilen von Inhalten, Online-Partnervermittlungen, Spieleplattformen oder anderen sozialen Websites.

- *Werbung*: Werbeaktionen, Angebote und sonstige Werbe-E-Mails.

- *Benachrichtigungen:* Benachrichtigungen wie Bestätigungen, Belege, Rechnungen und Kontoauszüge.

Gmail (Android)

- *Foren:* E-Mails aus Online-Gruppen, Diskussionsforen und Mailinglisten.

Unter *Alle Labels* finden Sie:

- *Markiert*: Der »Markiert«-Status kann Nachrichten oder Konversationen zugewiesen werden. Siehe dazu auch Kapitel *6.2.4 Markierungen*.
- *Wichtig*: Gmail erkennt automatisch Nachrichten, die für Sie interessant oder wichtig sind und ordnet sie unter *Wichtig* ein. Siehe auch Kapitel *6.2.3.b Wichtig-Label und der sortierte Eingang*.
- *Gesendet*: Versandte Nachrichten.
- *Postausgang*: Zum Versand bereitstehende Nachrichten.
- *Entwürfe*: Nachrichten, die bereits vorbereitet, aber noch nicht versandt wurden.
- *Alle Nachrichten*: Zeigt alle Mails sortiert als sogenannte Konversationen an.
- *Spam*: Als Spam erkannte Mails.
- *Papierkorb*: Von Ihnen gelöschte Mails.
- *Arbeit, Belege, Privat, ...*: Vordefinierte Labels von Ihnen oder Gmail.

Tippen Sie ein Label, deren zugeordneten E-Mails Sie ansehen möchten, an.

❸ Am oberen Bildschirmrand (Pfeil) sehen Sie, in welchem Ordner Sie sich gerade befinden.

Auf die Funktion der einzelnen Label gehen die folgenden Kapitel ein. Nicht genutzte Label blendet die Gmail-Anwendung aus.

Befinden Sie sich in einem anderen Ordner als *Allgemein*, dann kehren Sie mit der ↰-Taste wieder zu *Allgemein* zurück.

### 23.1.5 E-Mails beantworten

❶ Zum Beantworten einer gerade angezeigten E-Mail betätigen Sie einfach die ←-Schaltleiste (Pfeil).

❷ Geben Sie nun den Nachrichtentext ein und betätigen Sie ➤. Es erscheint dann für einige Sekunden der Hinweis »*Nachricht wird gesendet*«, während die Nachricht verschickt wird.

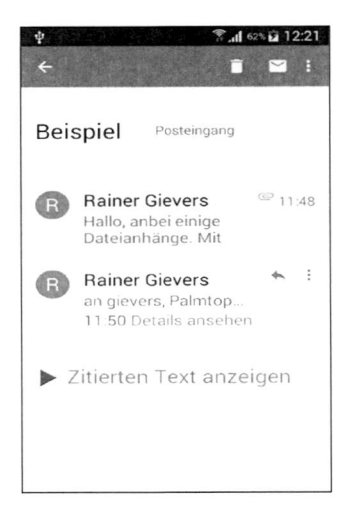

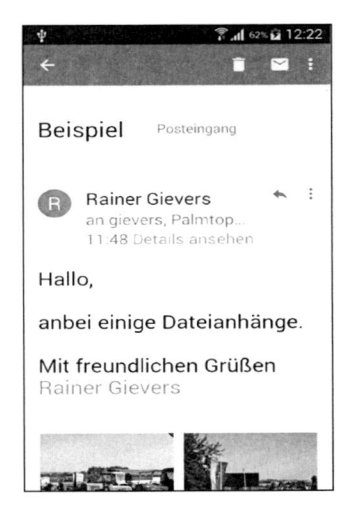

❶ Gmail verwaltet die Nachrichten als »Konversationen«, das heißt, alle Nachrichten die Sie mit einem Kommunikationspartner austauschen werden unter einem Eintrag zusammengefasst. Sie erkennen die Konversationen daran, dass beim Betreff ein »*ich*« und die Zahl der ausgetauschten Nachrichten erscheint. Tippen Sie den Betreff an, um die Konversation anzuzeigen.

❷❸ Es erscheinen Karteireiter mit den Nachrichten, die Sie mit dem Kommunikationspartner ausgetauscht haben. Tippen Sie einen Karteireiter an, um die zugehörige Nachricht auszufalten. Erneutes Antippen eines Karteireiters blendet die Nachricht wieder aus. Mit einer vertikalen Wischgeste können Sie zudem durch die aufgeklappten Nachrichten rollen.

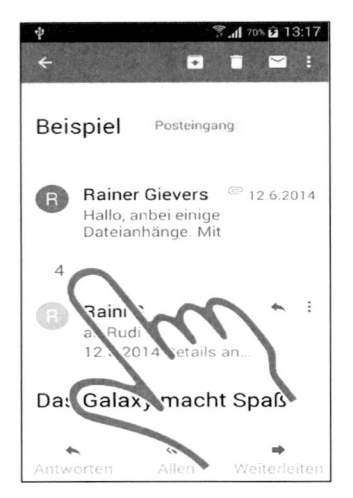

❶❷ Mitunter sind in einer Konversation sehr viele Nachrichten enthalten, die Gmail dann hinter einem Kreis-Symbol verbirgt (Pfeil). Tippen Sie darauf, um die Nachrichten einzublenden.

Gmail (Android)

## 23.1.6 E-Mail neu schreiben

❶ Betätigen Sie die rote Schaltleiste (Pfeil).

❷❸ Im *An*-Feld erfassen Sie nun den Empfänger. Gmail sucht bereits bei der Eingabe des Kontaktnamens passende E-Mail-Adressen und listet diese auf. Tippen Sie einfach die Gewünschte an.

Die E-Mail-Adresse landet im Empfängerfeld. Falls Sie einen weiteren Empfänger hinzufügen möchten, geben Sie diesen einfach dahinter ein. Geben Sie nun Betreff und Nachrichtentext ein und betätigen Sie ➤ (oben rechts) zum Senden.

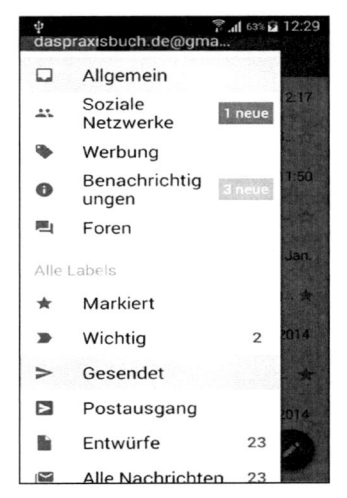

❶ Die versandte Mail finden Sie im *Gesendet*-Ordner. Aktivieren Sie dafür das Ausklappmenü (Pfeil).

❷❸ Wählen Sie *Gesendet* aus, worauf die versandten Nachrichten aufgelistet werden.

## 23.1.7 Weitere Funktionen bei der E-Mail-Erstellung

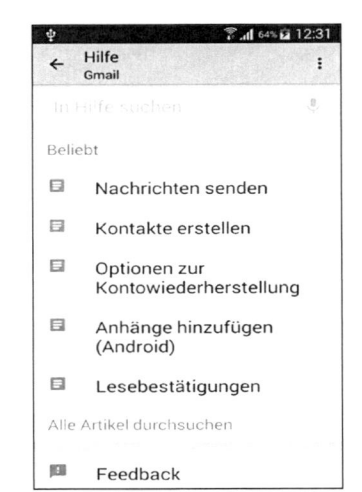

❶ Im E-Mail-Editor finden im ⋮-Menü folgende Optionen:

- *Entwurf speichern*: Speichert die E-Mail als Entwurf. Siehe Kapitel *6.1.8 Entwürfe*.
- *Löschen*: Nachricht ohne zu senden verwerfen.
- *Einstellungen*: Die Einstellungen beschreibt bereits Kapitel *6.3 Einstellungen*.
- *Hilfe & Feedback* (❷): Ausführliche Hilfeseiten. Falls Ihnen etwas an Gmail auffällt, das Ihnen nicht gefällt, oder Sie Verbesserungsvorschläge haben, können Sie diese außerdem an Google senden.

### 23.1.7.a Cc/Bcc

❶❷ Über ∨ (Pfeil) hinter dem *An*-Eingabefeld aktivieren Sie zusätzliche Eingabefelder. Deren Bedeutung:

- *Cc*: Der Begriff Cc steht für »Carbon Copy«, zu deutsch »Fotokopie«. Der ursprüngliche Adressat (im *An*-Eingabefeld) sieht später die unter *Cc* eingetragenen weiteren Empfänger. Die *Cc*-Funktion ist beispielsweise interessant, wenn Sie ein Problem mit jemandem per E-Mail abklären, gleichzeitig aber auch eine zweite Person von Ihrer Nachricht Kenntnis erhalten soll.

- *Bcc*: Im *Bcc* (»Blind Carbon Copy«)-Eingabefeld erfassen Sie weitere Empfänger, wobei der ursprüngliche Adressat im *An*-Feld nicht mitbekommt, dass auch noch andere Personen die Nachricht erhalten.

## 23.1.7.b Dateianlage

❶ Mit ⊘ (Pfeil) fügen Sie Ihrer E-Mail eine Datei als Anhang hinzu.

❷ Wählen Sie dann aus:

- *Datei anhängen*: Eine Beliebige Datei (zum Beispiel ein Word-Dokument).
- *Aus Google Drive anhängen*: Eine Datei aus dem Online-Speicherdienst Google Drive (siehe Kapitel *27 Google Drive (Android)*) übernehmen.

In unserem Beispiel gehen wir auf *Datei anhängen*.

❸ Gehen Sie in der folgenden Abfrage auf *Galerie*. Wählen Sie erst ein Album, dann ein Bild aus. Sie können diesen Vorgang auch wiederholen, falls Sie mehrere Dateien verschicken möchten.

Zum Entfernen der Bilddatei tippen Sie auf die ✗-Schaltleiste (Pfeil).

## 23.1.8 Entwürfe

Manchmal kommt es vor, dass man eine fertige Nachricht erst später verschicken möchte. Dafür bietet sich die Entwürfe-Funktion an.

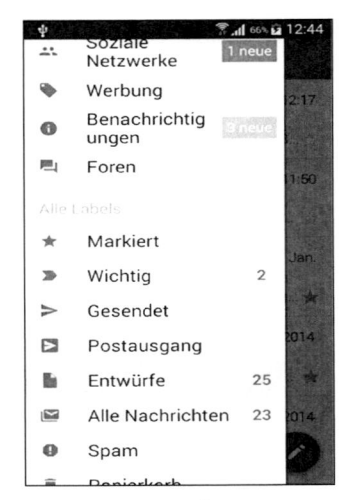

❶ Geben Sie die Nachricht wie gewohnt ein. Danach betätigen Sie zweimal die ⤺-Taste, worauf die Meldung »*Nachricht als Entwurf gespeichert*« erscheint und Gmail zur Nachrichtenübersicht zurückkehrt.

❷❸ Aktivieren Sie das Ausklappmenü und rufen Sie darin *Entwürfe* auf.

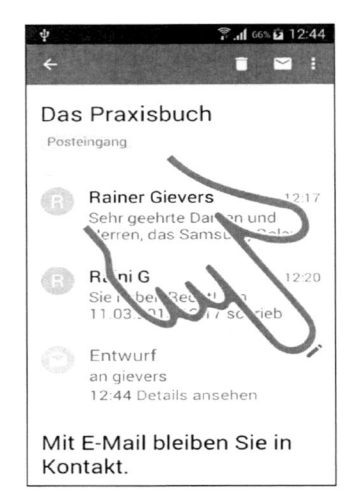

❶ Tippen Sie in der Auflistung des *Entwürfe*-Ordners eine Nachricht an, die Sie bearbeiten und später verschicken möchten.

❷ Eine Besonderheit gibt es bei Nachrichten, die man als Antwort geschrieben hat und dann als Entwurf speichert: In diesem Fall wird der Entwurf in die Konversation eingebettet und es erscheint dort der Hinweis »*Entwurf*«. Zum Bearbeiten und späteren Senden des Entwurfs tippen Sie ✏ an.

## 23.1.9 E-Mails löschen

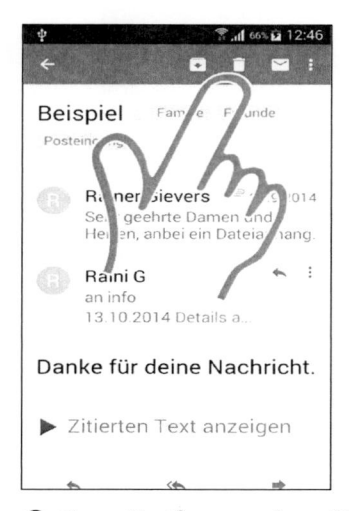

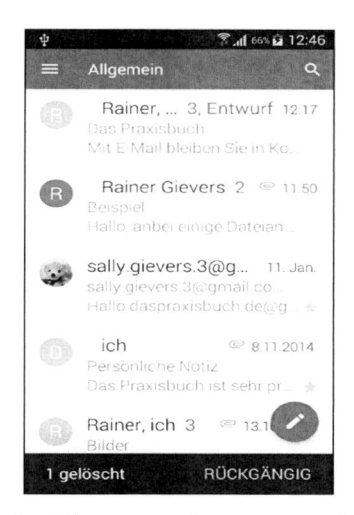

❶ Zum Entfernen einer E-Mail oder Konversation verwenden Sie in der E-Mail-Detailansicht 🗑.

❷ Die Nachricht ist dann entfernt und Gmail schaltet in den Posteingang um. Falls Sie sich mit dem Löschen vertan haben, ist es noch möglich, den Löschvorgang durch Antippen von *RÜCKGÄNGIG* am unteren Bildschirmrand rückgängig zu machen. Dieser Hinweis verschwindet allerdings, wenn Sie im E-Mail-Programm weiterarbeiten, also beispielsweise eine Nachricht öffnen oder den E-Mail-Ordner wechseln.

> Wenn Sie zum ersten Mal eine Nachricht löschen, fragt Sie das Handy, wie nach dem Löschen verfahren werden soll. Tippen Sie *Konversationsliste* an, damit Gmail dann in die Nachrichtenansicht zurückkehrt.

❶❷ Die gelöschten Mails sind aber noch nicht verloren, sondern werden im *Papierkorb*-Ordner zwischengespeichert. Diesen erreichen Sie, indem Sie ins Ausklappmenü gehen (Pfeil), dann das *Papierkorb*-Label auswählen.

❶ Im Prinzip verhält sich der *Papierkorb*-Ordner ähnlich wie der *Posteingang*, das heißt sie können hier die Nachrichten noch einmal ansehen. Die gelöschten Nachrichten werden im Papierkorb für 60 Tage vorgehalten.

❷❸ Zum »Retten« einer Nachricht aus dem Papierkorb verschieben Sie sie einfach wieder in den Posteingang. Gehen Sie in der Nachrichtenansicht auf ⋮/*Verschieben nach* und aktivieren Sie *Allgemein*. Nach dem Bestätigen mit *OK* finden Sie die Nachricht im *Allgemein*-Ordner wieder.

## *23.2 Weitere Funktionen*

### 23.2.1 Nachrichten durchsuchen

❶ Betätigen Sie die ⌕-Schaltleiste, wenn Sie die Nachrichten eines Ordners durchsuchen möchten.

❷ Die -Taste (Pfeil) im Tastenfeld führt dann die Suche durch. Alternativ wählen Sie einen der Suchvorschläge aus.

❸ Tippen Sie eine Nachricht an, die Sie lesen möchten. Die ↶-Taste bringt Sie wieder in die Nachrichtenauflistung zurück.

## 23.2.2 E-Mail aus Telefonbuch senden

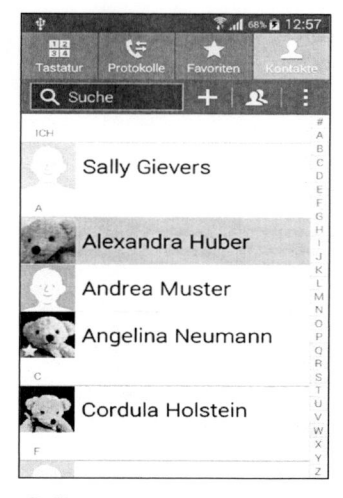

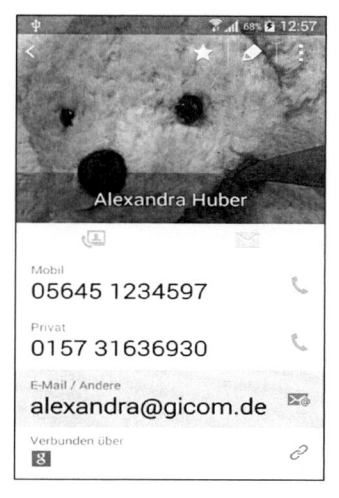

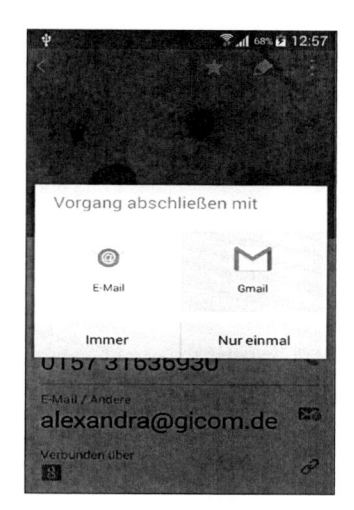

❶❷ Auch das Senden von Nachrichten über das Telefonbuch (hier von einem Samsung-Handy) ist möglich. Wählen Sie darin einen Kontakt aus und tippen Sie dann die E-Mail-Adresse an.

❸ Wählen Sie den *Gmail*-Eintrag aus (auf einigen Handys gibt es eine separate E-Mail-Anwendung, weshalb hier neben *Gmail* ein *E-Mail*-Eintrag erscheint). Falls Sie immer Gmail für den E-Mail-Kontakt nutzen möchten, betätigen Sie dann *Immer*, sodass nicht mehr die Abfrage erscheint, ansonsten *Nur einmal*.

## 23.2.3 Archivieren

Obwohl Gmail Nachrichten, die mit dem gleichen Empfänger ausgetauscht wurden als »Konversationen« in einem Eintrag zusammenfasst, kann der Posteingang unübersichtlich werden. Unwichtige Nachrichten/Konversationen lassen sich deshalb im Posteingang ausblenden, was mit der Archivieren-Funktion geschieht.

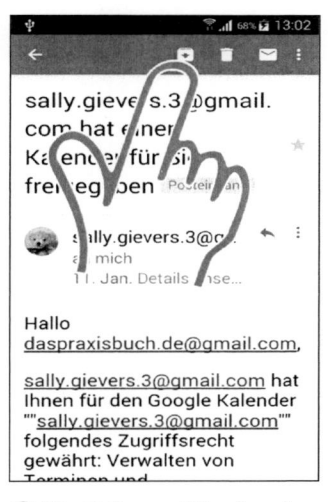

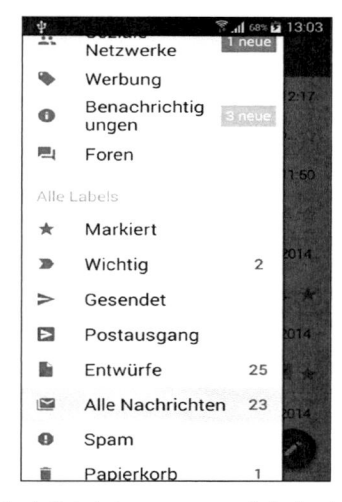

❶ Betätigen Sie in der E-Mail-Detailansicht ■ (Pfeil). Die Nachricht ist nun »archiviert« und Gmail schaltet wieder auf den Posteingang um.

❷ Zum Anzeigen der archivierten Nachrichten aktivieren Sie das Ausklappmenü.

❸ Wählen Sie *Alle Nachrichten* aus.

Gmail zeigt nun alle Nachrichten, das heißt, neben den archivierten auch die aus *Entwürfe*, *Gesendet*, usw. an.

> Alle Nachrichten, die im Posteingang vorhanden sind, sind mit einem grauen »*Posteingang*« markiert.
>
> Über zweimaliges Betätigen der ⤺-Taste oder erneutes Aktivieren des Ausklappmenüs und Auswahl von *Posteingang* beziehungsweise *Allgemein* bringt Sie wieder in den Posteingang zurück.
>
> Antwortet jemand auf eine archivierte Nachricht/Konversation, so verschiebt Gmail diese automatisch wieder in den Posteingang.

### 23.2.3.a Unterdrücken

Die zuvor erwähnte Archivieren-Funktion mag zwar sehr praktisch sein, wenn Sie aber laufend Nachrichten einer Konversation (beispielsweise auf einer Mailing-Liste) erhalten, die Sie überhaupt nicht interessieren, ist es sehr lästig, immer wieder erneut die einzelnen Nachrichten zu archivieren.

Mit der Unterdrücken-Funktion lassen sich dagegen alle Nachrichten einer Konversation automatisch archivieren, das heißt, wenn neue Nachrichten in einer unterdrückten Konversation eingehen, werden diese automatisch ebenfalls archiviert. Sie sollten die Unterdrücken-Funktion aber vorsichtig einsetzen, weil Sie ja von neuen Nachrichten einer unterdrückten Konversation nichts mitbekommen. Dies ist aber meist nicht weiter schlimm, denn ist Ihre E-Mail-Adresse im Feld »*An*« oder »*Cc*« enthalten, wird die Konversation wieder in Ihren Posteingang eingeordnet. Sie verpassen also keine Nachrichten, die direkt an Sie adressiert sind.

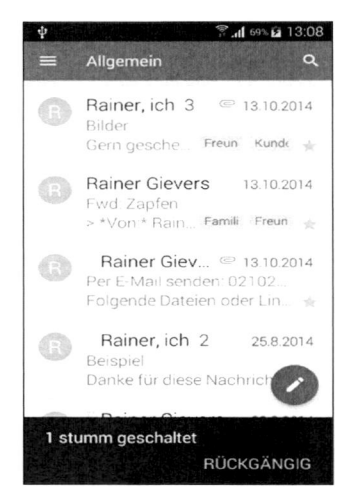

❶❷ In der Nachrichtenansicht rufen Sie ⋮/*Ignorieren* auf. Die Nachricht/Konversation verschwindet aus dem Posteingang.

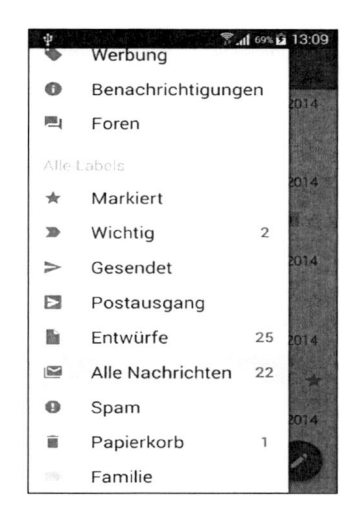

❶ Zum Anzeigen der ignorierten Nachrichten aktivieren Sie das Ausklappmenü (Pfeil).

❷ Wählen Sie *Alle Nachrichten* aus.

❸ Unterdrückte Nachrichten sind mit dem Label *Ignoriert* markiert (Pfeil).

So verschieben Sie unterdrückte Nachrichten wieder in den Posteingang: Gehen Sie in die Nachrichtenansicht und rufen Sie ⋮/*In den Posteingang verschieben* auf.

### 23.2.4 Labels

Wie Sie bereits in den vorherigen Kapiteln erfahren haben, bietet Gmail die übliche Ordner-Struktur mit *Posteingang*, *Gesendete*, *Entwürfe*, usw. Weitere Ordner oder Unterordner lassen sich nicht anlegen, was aber kein großer Nachteil ist, weil es die »Label« gibt. Sie können einer Nachricht auch mehrere Label gleichzeitig zuweisen, beispielsweise *Arbeit* und *Belege*, was Übersicht in Ihren Posteingang bringt.

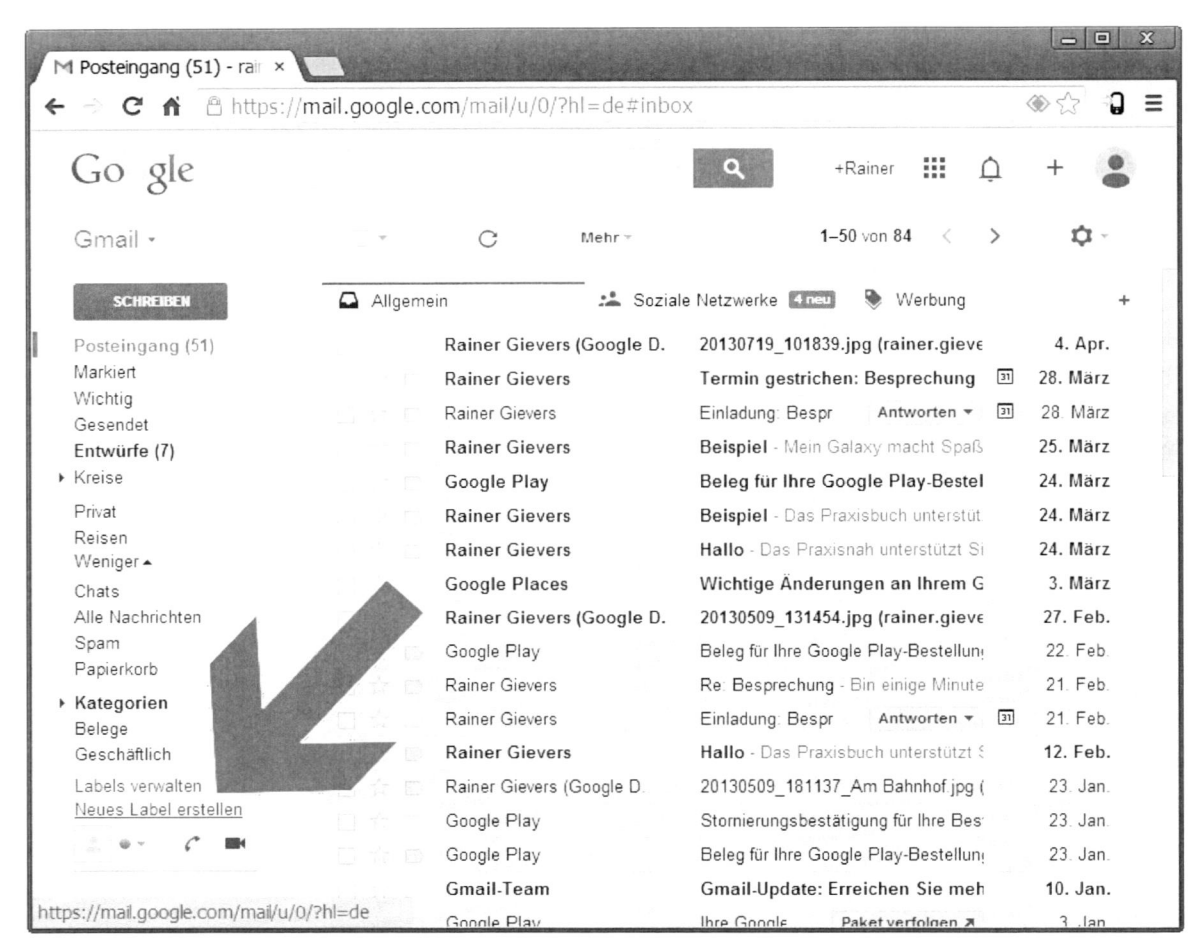

Neue Label lassen sich nur in der Web-Oberfläche von Gmail erstellen (siehe Kapitel *6.2.3 Labels*). Bewegen Sie darin den Mauszeiger links in die Labelliste, welche dann ausklappt. Dort klicken Sie dann auf *Neues Label erstellen*.

❶ Tippen Sie das *Posteingang*-Label an.

❷ Aktivieren Sie die Abhakkästchen vor den Labels und schließen Sie den Dialog mit *OK*.

❸ Die einer Nachricht zugeordneten Labels sieht man am oberen Bildschirmrand (Pfeil).

❶ Auch in der Nachrichtenauflistung erscheint jeweils ein Hinweis auf die Labels (Pfeil).

❷❸ So begrenzen Sie die Anzeige auf bestimmte Label: Gehen Sie in das Ausklappmenü und tippen Sie ein Label an.

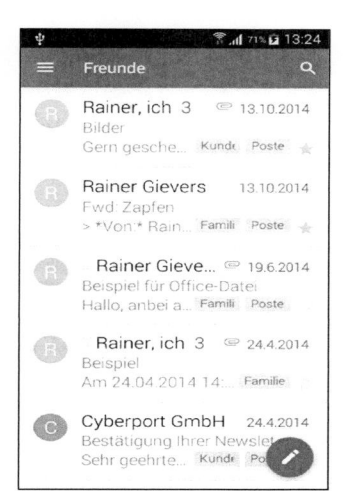

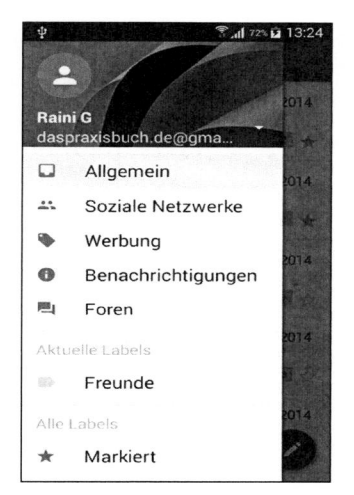

❶ Es werden nur noch Nachrichten mit dem ausgewählten Label aufgelistet. Verwenden Sie die ⤺-Taste, um wieder in den *Allgemein*-Ordner zurückzukehren.

❷ Der Wechsel zurück nach *Allgemein* ist auch über das Ausklappmenü möglich.

### 23.2.5 Wichtig-Label und der sortierte Eingang

Erhalten Sie extrem viele Nachrichten, unterstützt Sie Gmail dabei, die lesenswerten von den weniger lesenswerten Nachrichten zu unterscheiden. Die Lesenswerten landen dann im *Sortierten Eingang*-Ordner. Aber wie funktioniert diese Filterung genau? Dazu schreibt Google in seiner Online-Hilfe (*support.google.com/mail/answer/186543*):

*Gmail berücksichtigt automatisch eine Reihe von Signalen, um festzustellen, welche eingehenden Nachrichten wichtig sind, unter anderem:*

- *An wen Sie E-Mails senden: Falls Sie viele E-Mails an Thomas senden, sind E-Mails von Thomas höchstwahrscheinlich wichtig.*

- *Welche Nachrichten Sie öffnen: Nachrichten, die Sie öffnen, sind höchstwahrscheinlich wichtiger als ungeöffnete Nachrichten.*

- *Welche Themen Ihre Aufmerksamkeit wecken: Falls Sie Nachrichten über Fußball immer lesen, ist eine E-Mail zum Thema Fußball höchstwahrscheinlich wichtig.*

- *Welche E-Mails Sie beantworten: Falls Sie Nachrichten von Ihrer Mutter immer be-*

*antworten, sind ihre Nachrichten an Sie höchstwahrscheinlich wichtig.*

- Wie Sie die Funktionen "Markieren", "Archivieren" und "Löschen" verwenden: Nachrichten, die Sie markieren, sind höchstwahrscheinlich wichtiger als Nachrichten, die Sie ungeöffnet archivieren.

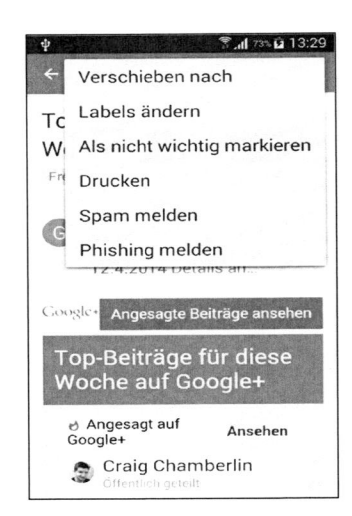

❶ Von Gmail als »wichtig« eingestufte Nachrichten erkennen Sie jeweils am gelben -Symbol in der Nachrichtenauflistung des Posteingangs.

❷❸ Über */Als wichtig markieren*, beziehungsweise */Als nicht wichtig markieren* in der Nachrichtenansicht nehmen Sie Einfluss auf die automatische Einordnung weiterer E-Mails vom gleichen Absender.

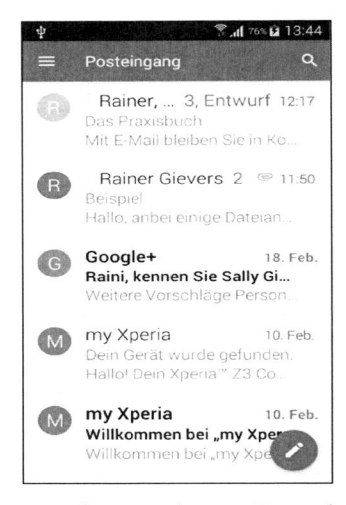

❶❷❸ Wie bereits erwähnt, zeigt Gmail nun nach dem Start immer nur den sortierten Posteingang mit den als »wichtig« erachteten Nachrichten an. Wenn Sie dagegen alle Nachrichten anzeigen möchten, rufen Sie das Ausklappmenü auf und wählen *Posteingang*.

> Wenn Sie, wie im folgenden Kapitel beschrieben, die *Art des Posteingangs* auf *Sortierter Eingang* umschalten, so zeigt Gmail beim Programmstart automatisch den sortierten Eingang mit den als wichtig eingestuften Nachrichten an.

### 23.2.5.a Benachrichtigung

Normalerweise erhalten Sie ja bei jeder empfangenen E-Mail eine akustische und visuelle Benachrichtigung, was schnell lästig wird. Über die Funktion »sortierter Eingang« können Sie die Benachrichtigung so einschränken, sodass Sie nur bei den von Gmail als »wichtig« eingestuften Mails einen Hinweis erhalten. Im Folgenden erfahren Sie, wie Sie den sortierten Eingang konfigurieren.

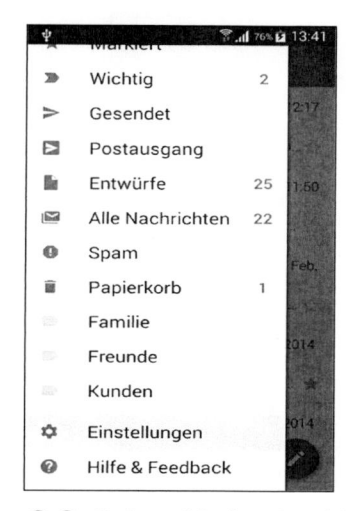

❶❷ Gehen Sie im Ausklappmenü auf *Einstellungen* und wählen Sie dann Ihr Google-Konto aus.

❸ Tippen Sie *Art des Posteingangs* an und aktivieren Sie *Sortierter Eingang*.

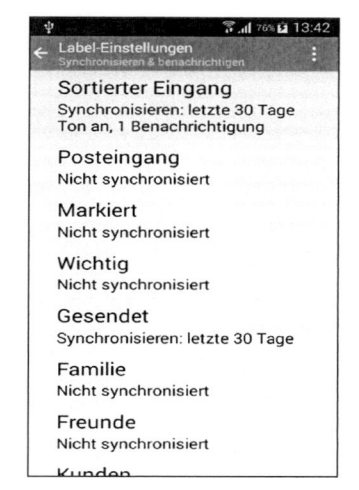

❶❷ Danach rufen Sie *Labels verwalten* auf und gehen auf *Sortierter Eingang*.

❸ Hier stellen Sie ein:

- *Label-Benachrichtigungen*: Wenn aktiv, informiert Sie Gmail in der Titelleiste über neue Mails.

- *Ton; Vibration*: Der Signalton, beziehungsweise das Vibrationssignal, mit dem Sie über neu empfangene Nachrichten informiert werden.

- *Bei jeder E-Mail benachrichtigen*: Konfiguriert, ob beim Abruf von mehreren neuen E-Mails bei jeder E-Mail einzeln die Benachrichtigung erfolgt.

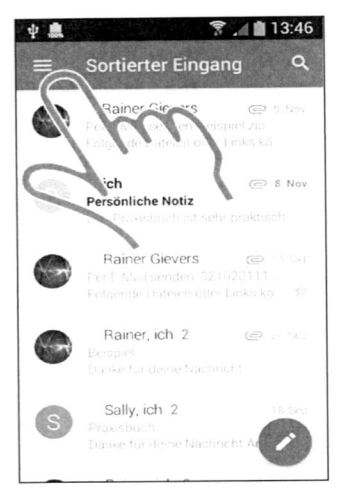

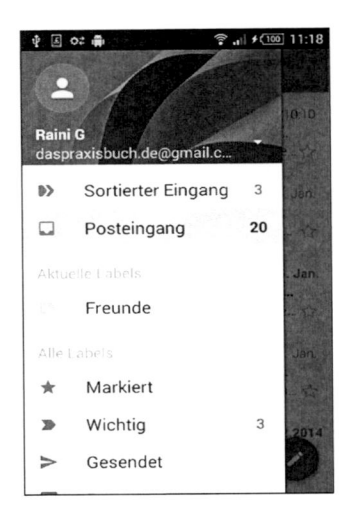

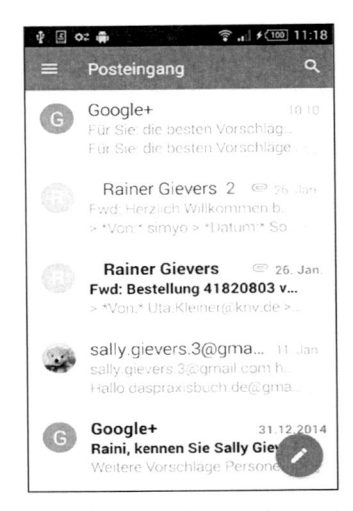

❶❷❸ Wie bereits erwähnt, zeigt Gmail nun nach dem Start immer nur den sortierten Posteingang mit den als »wichtig« erachteten Nachrichten an. Wenn Sie dagegen alle Nachrichten anzeigen möchten, rufen Sie das Ausklappmenü auf und wählen *Posteingang*.

## 23.2.6 Markierungen

Nachrichten, die für Sie wichtig sind, heben Sie einfach durch Markierung mit einem »Stern« hervor.

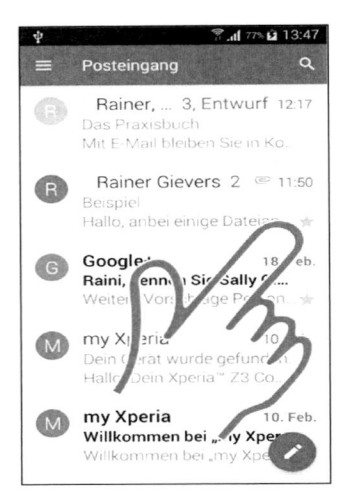

❶ Um einen Stern zu setzen, tippen Sie einfach den ausgeblendeten Stern hinter einer Nachricht an. Ein zweites Antippen deaktiviert den Stern wieder.

❷ Auch in der Nachrichtenanzeige können Sie den Stern setzen/entfernen (Pfeil).

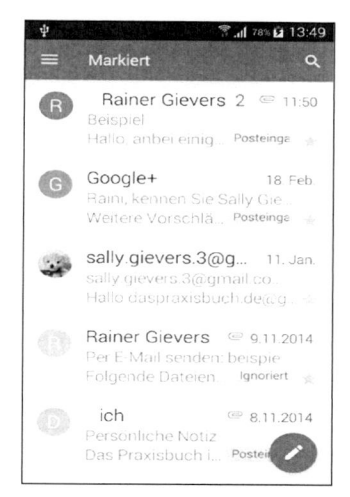

❶❷❸ Die Anzeige beschränken Sie mit *Markiert* im Label-Ausklappmenü auf die markierten Nachrichten.

## 23.2.7 Spam

Unter Spam versteht man unerwünschte Werbemails. Abhängig davon, ob Sie Ihre E-Mail-Adresse irgendwo mal auf einer Website hinterlassen haben oder durch Zufall ein Spam-Versender Ihre Gmail-Adresse mit Ausprobieren erraten hat, können pro Tag einige dutzend oder hundert Werbemails in Ihrem E-Mail-Konto auflaufen. Damit Ihre wichtige Kommunikation nicht im ganzen Spam untergeht, verfügt Ihr Gmail-Konto über einen automatischen Spam-Filter. Alle Spam-Mails landen dabei im *Spam*-Ordner.

Damit Google weiß, was für Sie Spam ist, müssen sie die unerwünschten Mails einzeln als Spam markieren.

❶❷ Rufen Sie in der Nachrichtenansicht ⋮/*Spam melden* auf. Die betreffende Nachricht wird aus dem *Posteingang* entfernt und landet im *Spam*-Ordner.

> Nutzen Sie ⋮/*Phishing melden*, wenn Sie eine Spam-Nachricht erhalten, mit deren Hilfe Dritte Daten wie Ihre Kreditkartennummer abfragen oder zum Aufruf einer möglicherweise gefährlichen Webseite auffordern. Beliebt sind dabei unter anderem vorgeschobene Warnungen vor Online-Kontosperrungen, weshalb man seine Kontodaten inklusive PIN eingeben müsse. Weitere nützliche Hinweise zum wichtigen Thema »Phishing« finden Sie online unter *support.google.com/mail/answer/8253*.

❶❷❸ So zeigen Sie den *Spam*-Ordner an: Aktivieren Sie das Label-Ausklappmenü, worin Sie *Spam* auswählen.

Wenn Sie meinen, dass eine Nachricht doch kein Spam ist, dann rufen gehen Sie in die Nachricht und rufen ⋮/*Kein Spam* auf.

Es ist sehr **wichtig**, dass im *Spam*-Ordner wirklich nur unerwünschte Mails enthalten sind. Gmail vergleicht nämlich eingehende Nachrichten mit denen im Spam-Ordner und ordnet sie als Spam ein, wenn eine große Ähnlichkeit besteht. Schauen Sie deshalb ab und zu mal in Ihren *Spam*-Ordner, um falsche Einordnungen wieder rückgängig zu machen.

## 23.2.8 Stapelvorgänge

Wenn eine Aktion, wie Label ändern, Löschen, Markierung hinzufügen, usw. auf mehrere Nachrichten anzuwenden ist, verwenden Sie die Stapelvorgänge.

❶ Zum Markieren tippen Sie auf die bunten Kästchen vor den Nachrichten. Über die Schaltleisten am oberen Bildschirmrand können Sie dann die Nachrichten archivieren, löschen, einem Label zuweisen, auf gelesen/ungelesen setzen oder als Favoriten markieren.

Gmail (Android)

❷ Den Markierungsmodus verlassen Sie gegebenenfalls mit der ←-Schaltleiste (Pfeil). Alternativ betätigen Sie die ⟲-Taste.

> Die Funktion »Stapelvorgänge« können Sie in den Einstellungen über *Kontrollkästchen ausblenden* deaktivieren, siehe Kapitel *6.3 Einstellungen*.

### 23.2.9 Wischgeste zum Archivieren

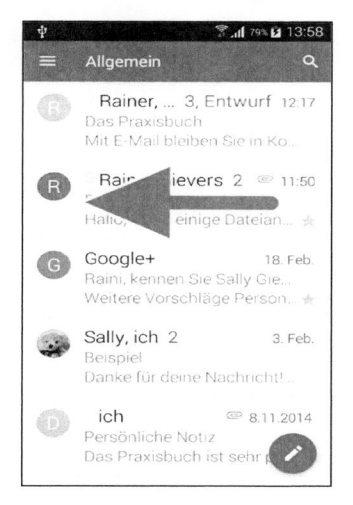

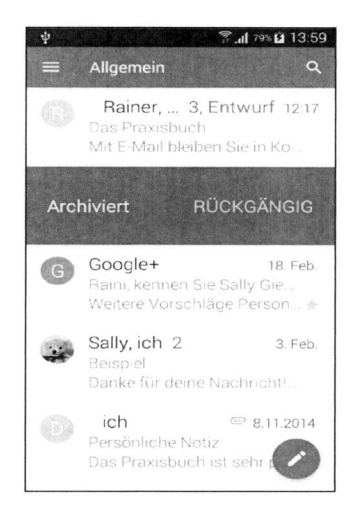

❶ Mit einer Wischgeste nach links oder rechts über einer Nachricht archivieren Sie diese.

❷ Über die *RÜCKGÄNGIG*-Schaltleiste können Sie den Vorgang wieder zurücksetzen.

> Welche Aktion die Wischgeste durchführt, legen Sie in ⁞/*Einstellungen/Allgemeine Einstellungen* fest. Gehen Sie dort auf *Gmail-Standardaktion,* bei der Sie die Wahl zwischen *Löschen* und *Archivieren* haben.

## 23.3 Einstellungen

### 23.3.1 Allgemeine Einstellungen

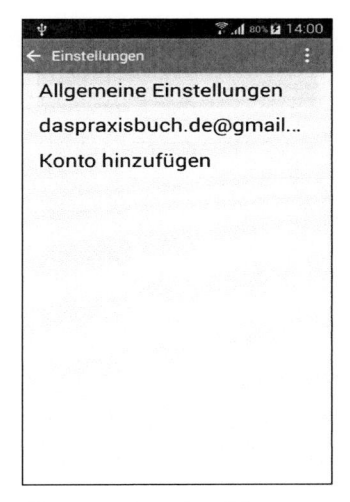

❶❷❸ Rufen Sie zunächst *Einstellungen* im Ausklappmenü auf und gehen dann auf *Allgemeine Einstellungen*.

- *Gmail-Standardaktion:* Steuert die im Kapitel *23.2.9 Wischgeste zum Archivieren* beschriebene Wischgeste. Deaktivieren Sie *Zum Archivieren wischen*, wenn Sie die

Wischgeste nicht nutzen.

- *Aktionen beim Wischen*: Falls Sie die Wischgeste (siehe *23.2.9 Wischgeste zum Archivieren*) nicht nutzen möchten, deaktivieren Sie sie hier.
- *Bild des Absenders*: Zeigt Kontaktfotos in der Konversationsliste an.
- *Allen Antworten*: Sofern in einer beantworteten Nachricht mehrere weitere Empfänger enthalten sind, können Sie diesen mit der *Allen-Antworten*-Option neben dem ursprünglichen Empfänger ebenfalls Ihre Antwort-Mail zukommen lassen. Wir raten allerdings davon ab, *Allen Antworten* zu aktivieren, da sonst Außenstehende Ihre E-Mails erhalten könnten, die nicht für sie bestimmt sind.
- *Nachrichten automatisch anpassen*: Normalerweise zeigt die Gmail-Anwendung alle Nachrichten in Originalgröße an, sodass Sie im Nachrichtentext mit dem Finger rollen müssen. Aktivieren Sie *Nachrichten autom. anpassen*, wenn stattdessen die Nachrichten auf Bildschirmbreite verkleinert werden sollen.
- *Automatisch fortfahren*: Konfiguriert, wie sich Gmail verhält, wenn Sie eine Nachricht archivieren oder löschen. Standardmäßig landen Sie dann wieder in der Nachrichtenauflistung (*Konversationsliste*).

Unter AKTIONSBESTÄTIGUNGEN:

- *Vor Löschen bestätigen; Vor Archivieren bestätigen; Vor Senden bestätigen*: Die Aktionen Archivieren, Löschen und Senden erfolgen bei Gmail ohne Rückfrage. Falls Sie das stört, aktivieren Sie hierüber die Sicherheitsabfrage.

## 23.3.2 Label-Einstellungen

Wie bereits erwähnt (siehe Kapitel *6.2.3 Labels*), kann man Nachrichten von Hand verschiedenen Labeln zuordnen, teilweise erfolgt die Zuordnung auch automatisch (unter anderem bei den Labeln *Spam, Wichtig, Sortierter Posteingang* oder *Soziale Netzwerle, Werbung, Benachrichtigungen, Foren*). Bei jedem Label kann man separat eine akustische Benachrichtigung zuweisen. Sinn macht die Benachrichtigung natürlich nur bei den zuerst genannten Labeln mit automatischer Zuordnung.

Beachten Sie, dass einige Einstellungen, beispielsweise der Klingelton, auch direkt im Konto (Kapitel *23.3.3 Konto-Einstellungen*) vornehmbar sind, was den Vorteil hat, dass sie für alle Labels gelten.

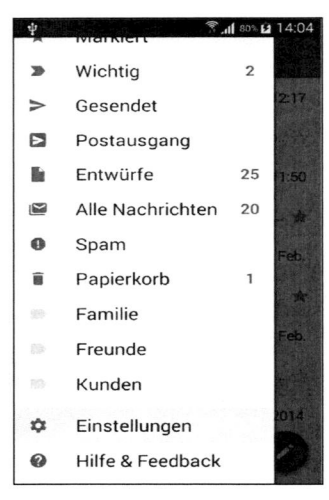

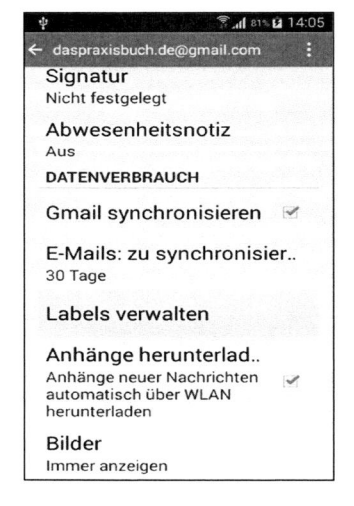

❶ Rufen Sie *Einstellungen* im Ausklappmenü auf.

❷❸ Gehen Sie dann in *(Ihr Konto)/Labels verwalten*.

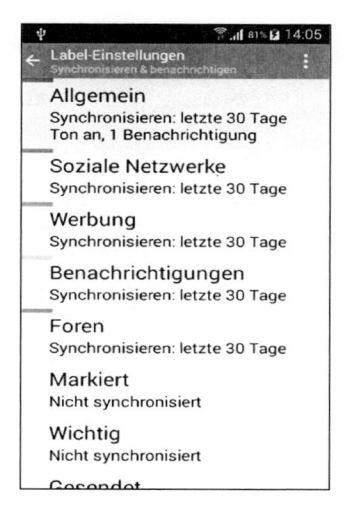

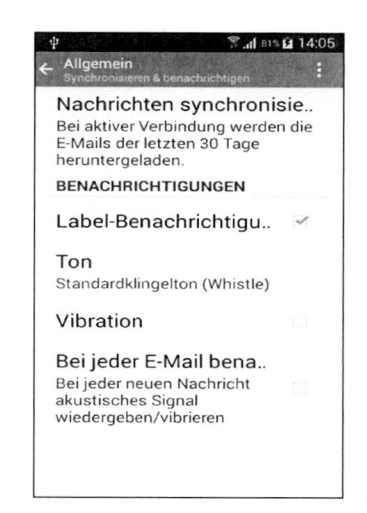

❶ Gehen Sie dann in der Auflistung auf den Labeleintrag *(Allgemein, Soziale Netzwerke* oder *Werbung)*, den Sie anpassen möchten.

❷ Die Optionen:

- *Nachrichten synchronisieren*: Sofern Sie die Benachrichtigungen nutzen möchten, müssen Sie hierin *Synchronisieren: letzte 30 Tage* oder *Synchronisieren: alle* aktivieren.

- *Label-Benachrichtigungen*: Wenn neue Nachrichten empfangen wurden, meldet Gmail dies in der Titelleiste. Deaktivieren Sie *Label-Benachrichtigungen*, um diese Benachrichtigungen auszuschalten.

- *Ton*: Der Signalton, mit dem Sie über neu empfangene Nachrichten informiert werden.

- *Vibration*: Das Gerät vibriert bei Empfang neuer Nachrichten.

- *Bei jeder E-Mail benachrichtigen*: Konfiguriert, ob beim Abruf von mehreren neuen E-Mails bei jeder E-Mail einzeln die Benachrichtigung erfolgt.

## 23.3.3 Konto-Einstellungen

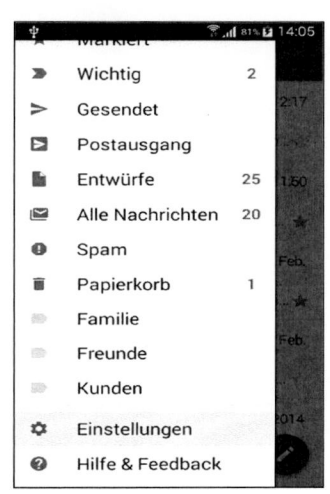

❶ Aktivieren Sie das Ausklappmenü und wählen Sie *Einstellungen*.

❷❸ Über *(Ihr Google-Konto)* konfigurieren Sie:

- *Art des Posteingangs*: Wählen Sie darin *Sortierter Eingang*, dann zeigt Gmail nicht mehr alle erhaltenen Nachrichten an, sondern nur solche, die als *Wichtig* markiert sind (siehe dazu Kapitel *6.2.3.b Wichtig-Label und der sortierte Eingang*).

- *Kategorien des Posteingangs:* Gmail sortiert Werbung, Nachrichten sozialer Netzwerke, usw. automatisch unter bestimmte Label ein. Siehe auch Kapitel *23.3.3.b Automatisch* zugewiesene Labels.

- *Benachrichtigungen*: Wenn neue Nachrichten empfangen wurden, meldet Gmail dies in der Titelleiste. Deaktivieren Sie *E-Mail-Benachrichtigung*, um diese Benachrichtigungen auszuschalten.
- *Ton & Vibration für Posteingang*: Die bereits im Kapitel *23.3.2 Label-Einstellungen* beschriebenen Benachrichtigungseinstellungen für den *Posteingang*.
- *Signatur*: Die Signatur ist ein Text, den Gmail automatisch beim Erstellen einer neuen Nachricht einfügt. Nutzen Sie sie, um den Empfängern Ihrer E-Mails auf weitere Kontaktmöglichkeiten per Telefon, oder ähnlich hinzuweisen.
- *Abwesenheitsnotiz*: Ein sehr nützliches Feature, wenn Sie mal nicht erreichbar sind und Personen, die Ihnen geschrieben haben, automatisch über Ihre Abwesenheit informieren möchten.

Unter *DATENVERBRAUCH*:

- *Gmail synchronisieren*: Diese Schaltleiste führt Sie in die Kontenverwaltung, worin Sie unter anderem den Datenabgleich mit dem Google-Konto steuern. Für die meisten Nutzer dürfte es aber keinen Sinn machen, dort den E-Mail-Abruf vom Google-Mail-Konto zu deaktivieren.
- *E-Mails: Zu synchronisierende Tage*: Legt fest, wie lange empfangene Nachrichten von der Gmail-Anwendung aufbewahrt werden. Ältere Nachrichten werden natürlich nicht gelöscht, sondern sind weiterhin über die Weboberfläche von Gmail (*mail.google.com*) im Webbrowser anzeigbar.
- *Labels verwalten*: Konfigurieren Sie die Benachrichtigungen zu den einzelnen Labels. Auf diese Funktion geht bereits das vorherige Kapitel *23.3.2 Label-Einstellungen* ein.
- *Anhänge herunterladen*: Dateianhänge sind häufig mehrere Megabyte groß, weshalb diese nur automatisch heruntergeladen werden, wenn eine WLAN-Verbindung besteht. Lassen Sie diese Option am Besten aktiviert, da sonst beim Öffnen von Dateianhängen längere Wartezeiten entstehen.
- *Bilder*: Standardmäßig lädt Gmail immer alle eingebetteten Bilder aus dem Posteingang herunter und zeigt diese an. Dies betrifft vor allem Werbe-E-Mails von Unternehmen (Newsletter, u.ä.). Sie können aber auch diese Einstellung auf *Vor dem Anzeigen erst fragen* stellen, sodass Sie die Bilderanzeige in jeder betroffenen E-Mail erst bestätigen müssen.

## 23.3.3.a Abwesenheitsnotiz

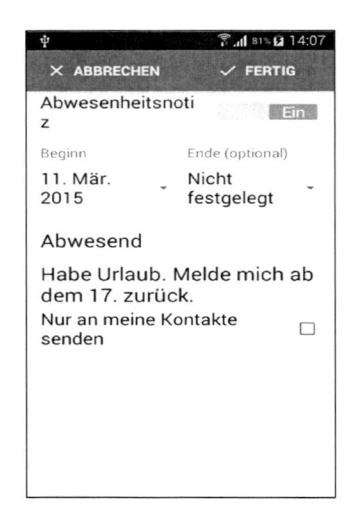

❶❷ Unter *Abwesenheitsnotiz* geben Sie einen Text ein, der während des eingestellten Zeitraums an alle E-Mail-Sender geschickt wird. Aktivieren Sie *Nur an meinen Kontakte senden*, damit nur Ihnen bekannte (im Telefonbuch gespeicherte) Kontakte die Abwesenheitsnotiz erhalten. Vergessen Sie nicht, zum Schluss die Abwesenheitsnotiz über den Schalter oben rechts zu aktivieren!

### 23.3.3.b Automatisch zugewiesene Labels

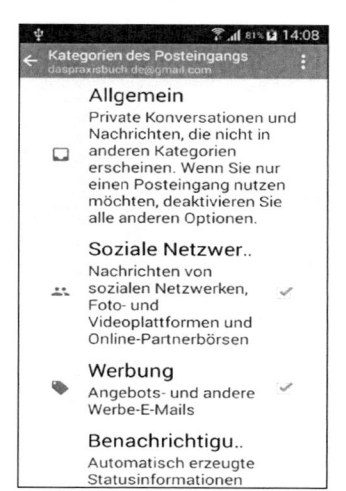

❶❷ Gmail weist Nachrichten, die von einem bestimmten Typ sind, automatisch Labeln zu. Dazu zählen laut Google (*support.google.com/mail/answer/3055016?hl=de*):

- *Allgemein*: Nachrichten von Freunden und Verwandten sowie sonstige Nachrichten, die nicht in einem der anderen Tabs angezeigt werden
- *Werbung*: Werbeaktionen, Angebote und sonstige Werbe-E-Mails
- *Soziale Netzwerke*: E-Mails aus sozialen Netzwerken, Plattformen zum Teilen von Inhalten, Online-Partnervermittlungen, Spieleplattformen oder anderen sozialen Websites
- *Benachrichtigungen*: Benachrichtigungen wie Bestätigungen, Belege, Rechnungen und Kontoauszüge
- *Foren*: E-Mails aus Online-Gruppen, Diskussionsforen und Mailinglisten

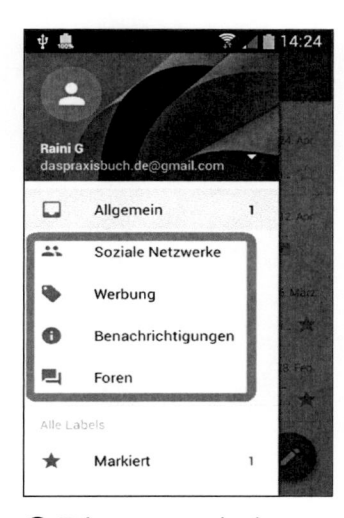

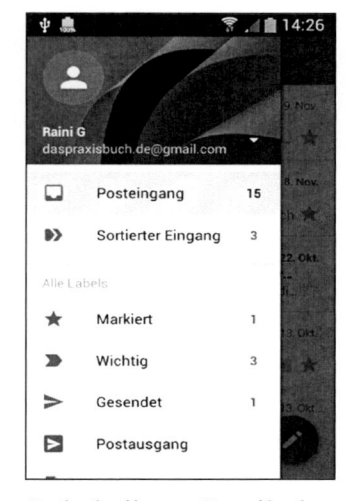

❶ Die automatisch zugewiesenen Labels listet Gmail als erstes im Ausklappmenü auf. Labels, die keine Nachrichten enthalten, werden ausgeblendet.

❷ Haben Sie dagegen alle automatisch zugewiesenen Labels deaktiviert, ordnet Gmail die empfangenen Nachrichten dem Label *Posteingang* beziehungsweise *Sortierter Eingang* (siehe Kapitel *6.2.3.b Wichtig-Label und der sortierte Eingang*) zu.

❶❷ Der *Allgemein*-Ordner erscheint sehr aufgeräumt, wenn die automatisch zugewiesenen Labels aktiv sind. Schaltflächen weisen dann im Allgemein-Ordner auf neu vorhandene Nachrichten in den Labels hin.

## 23.4 Nutzung mehrerer E-Mail-Konten

Viele Anwender nutzen mehrere Gmail-Konten, zum Beispiel für private und berufliche Zwecke. Deshalb lassen sich mehrere Mail-Konten auf dem Handy verwalten.

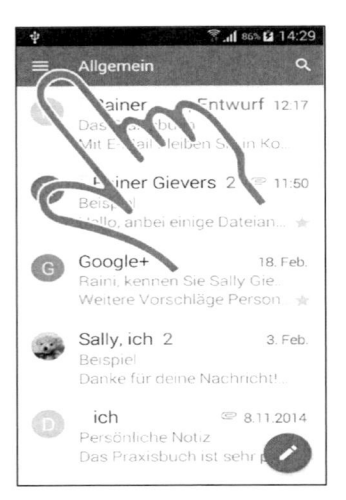

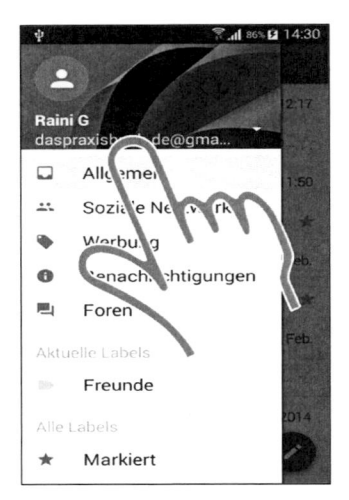

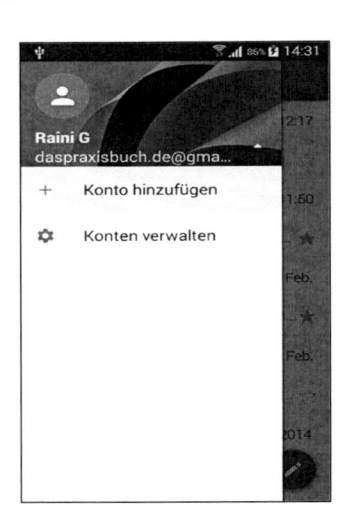

❶ Aktivieren Sie das Ausklappmenü.

❷ Tippen Sie auf den Kontonamen und gehen Sie auf *Konto hinzufügen*.

❶ In unserem Fall wählen wir *Google* für ein Gmail-Konto aus und betätigen *Vorhandenes Konto*.

❷❸ Geben Sie Ihren Kontonamen (es reicht, nur den Namen vor dem »*@gmail.com*« einzugeben, denn der Rest wird ergänzt) und das Kennwort ein. Betätigen Sie ▶ und anschließend OK, um die Datenschutz- und Nutzungsbedingungen zu bestätigen.

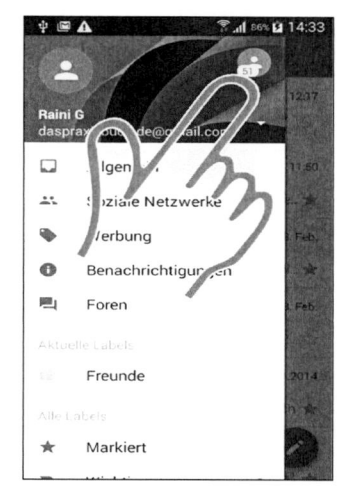

❶ Die zu synchronisierenden Elemente sollten Sie nicht ändern. Betätigen Sie ▶.

❷ Damit ist die Kontenanlage abgeschlossen und Sie befinden sich wieder in Gmail. Schließen Sie das Ausklappmenü mit der ⤺-Taste.

❸ Zwischen den Konten schalten Sie nun immer über die Schaltleisten im Ausklappmenü um.

## 23.5 Andere E-Mail-Konten mit Gmail

Die Gmail-Anwendung wurde ursprünglich nur für den Einsatz mit dem Google-Konto und der damit verbundenen E-Mail-Adresse entwickelt.

Viele Anwender haben aber bereits eine E-Mail-Adresse, sei es von einem freien E-Mail-Anbieter wie GMX, Web.de, T-Online.de oder Outlook.com oder eine Firmen-E-Mail-Adresse. Deshalb liefern Gerätehersteller wie Samsung zusätzlich neben Gmail eine weitere E-Mail-Anwendung mit. Sie können neben ihrem Gmail-Konto auch Ihre anderen E-Mail-Konten darüber verwalten. Ob Sie davon Gebrauch machen, ist Ihnen überlassen.

### 23.5.1 E-Mail einrichten

Leider ist es uns aus Platzgründen hier nicht möglich, auf die Einrichtung aller möglichen E-Mail-Adressen einzugehen, weshalb wir uns hier beispielhaft auf einen kostenlosen Anbieter (Outlook.com) beschränken. Bei anderen Anbietern wie T-Online, GMX, usw. läuft es aber im Prinzip genauso ab.

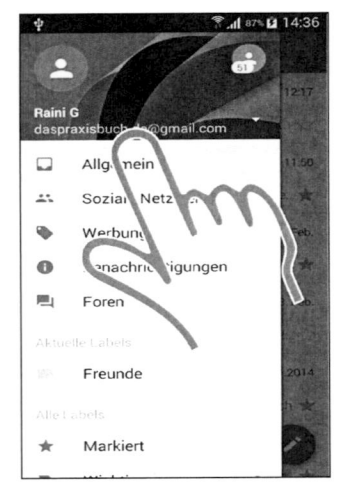

❶ Aktivieren Sie das Ausklappmenü, in dem Sie auf Ihren Kontennamen tippen.

❷❸ Gehen Sie auf *Konto hinzufügen* und dann *Persönlich (IMAP/POP)*.

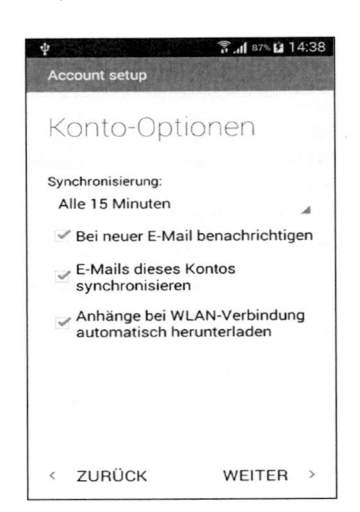

❶ Geben Sie Ihre E-Mail-Adresse und das Kennwort Ihres E-Mail-Kontos ein. Betätigen Sie *WEITER*.

❷ Erfassen Sie das Kennwort Ihres E-Mail-Kontos und betätigen Sie erneut *WEITER*. Die Einstellungen werden aus dem Internet geladen.

❸ Sie können nun unter *Synchronisierung* den automatischen Abrufintervall einstellen. 15 Minuten reichen normalerweise aus, es ist aber später jederzeit möglich, einen manuellen Abruf per Tastendruck durchzuführen.

Weitere Einstellungen:

- *Bei neuer E-Mail benachrichtigen*: Akustisches und optisches Signal bei neu empfangenen Nachrichten.

- *E-Mails synchronisieren*: Muss aktiv sein, damit das Handy den Abruf durchführt.

- *Anhänge bei WLAN-Verbindung automatisch herunterladen*: Die E-Mail-Anwendung lädt E-Mail-Anhänge herunter, sofern eine WLAN-Verbindung besteht. Ansonsten können Sie E-Mail-Anhänge von Hand herunterladen. Diese Option steht nur für Nutzer eines Outlook.com-E-Mail-Kontos zur Verfügung.

Betätigen Sie *WEITER*.

Zum Schluss können Sie noch den Kontonamen ändern, sowie den Namen, als dessen Empfänger Sie in den E-Mails erscheinen. Betätigen Sie *WEITER*, womit die Einrichtung abgeschlossen ist.

Auf dem gleichen Wege, wie Sie das E-Mail-Konto gerade angelegt haben, dürfen Sie auch weitere Konten anlegen.

### 23.5.2 E-Mail in der Praxis

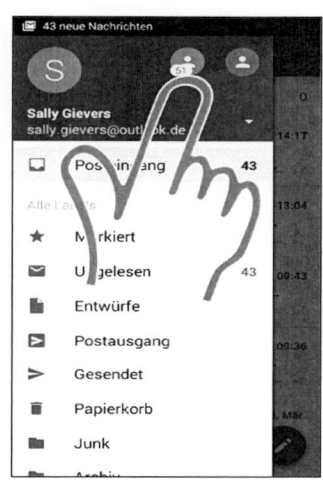

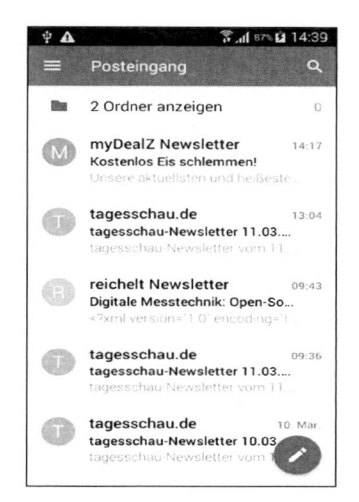

❶ So schalten Sie zwischen mehreren E-Mail-Konten um: Aktivieren Sie das Ausklappmenü und betätigen Sie eine der runden Schaltleisten am oberen Rand (Pfeil).

❷ Viele Funktionen, die Sie bereits im Zusammenhang mit Ihrem Google-Konto kennen gelernt haben, sind auch mit Ihrem eigenen E-Mail-Konto möglich, weshalb wir hier nicht noch einmal darauf eingehen.

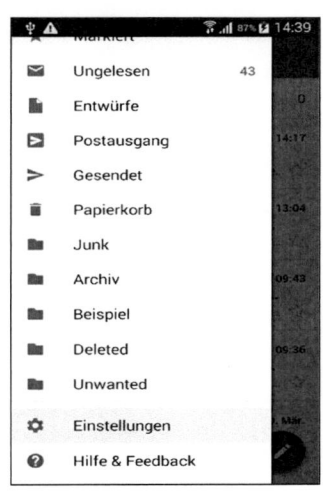

❶ Für die Konfiguration rufen Sie das Ausklappmenü auf und gehen auf *Einstellungen*.

❷ Wählen Sie das E-Mail-Konto aus.

❸ Die Parameter:
- *Kontoname*: Unter diesem Namen erscheint das Konto in der E-Mail-Anwendung.
- *Mein Name*: Erscheint als Absendername in Ihren E-Mails.
- *Signatur*: Die Signatur erscheint unter allen Ihren E-Mails. Geben Sie dort zum Beispiel Ihre Kontaktdaten ein, damit Sie E-Mail-Empfänger auch auf anderen Wegen als über E-Mail erreichen können.

Unter *DATENVERBRAUCH*:
- *Synchronisationshäufigkeit*: Die Vorgabe *15 Minuten* dürfte für die meisten Nutzer ausreichend sein, zumal auch der manuelle Abruf (auf dem Bildschirm nach unten Wischen) jederzeit möglich ist.
- *Anhänge herunterladen*: Sofern eine WLAN-Verbindung besteht, lädt Gmail auch Nachrichten mit E-Mail-Anhängen komplett herunter – steht nur eine Mobilfunkverbindung zur Verfügung, so können Sie das Herunterladen aber auch manuell anstoßen.

Unter *BENACHRICHTIGUNGSEINSTELLUNGEN*:
- *E-Mail-Benachrichtigung*: In der Titelleiste erfolgt bei neu empfangenen Nachrichten ein Hinweis.
- *Klingelton auswählen; Vibration*: Benachrichtigungston für empfangene Nachrichten.

Unter *SERVEREINSTELLUNGEN*:
- *Eingangsserver; Ausgangsserver*: Konfiguriert die Abruf- beziehungsweise Sendeeinstellungen. Hier sollten Sie nichts ändern.

# 24. Programmverwaltung (Android)

Die mitgelieferten Anwendungen beim Android-Handy decken bereits ein großes Spektrum an Einsatzmöglichkeiten ab. Sie können aber auf dem Gerät jederzeit über den Google Play Store weitere Anwendungen und Spiele installieren.

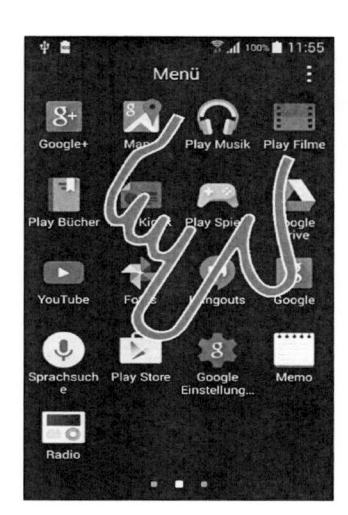

❶❷ Sie finden den *Play Store* im Startbildschirm beziehungsweise Hauptmenü.

❸ Das allgemeine Softwareangebot finden Sie unter *APPS* (Pfeil). Falls Sie dagegen Unterhaltungssoftware suchen, so finden Sie diese unter *SPIELE*.

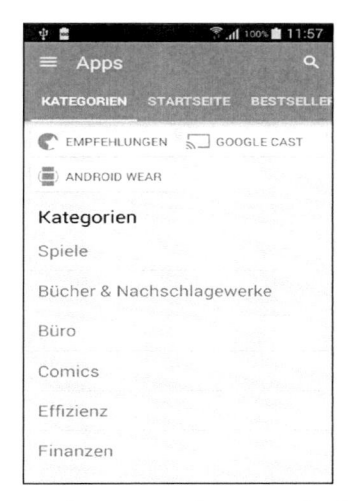

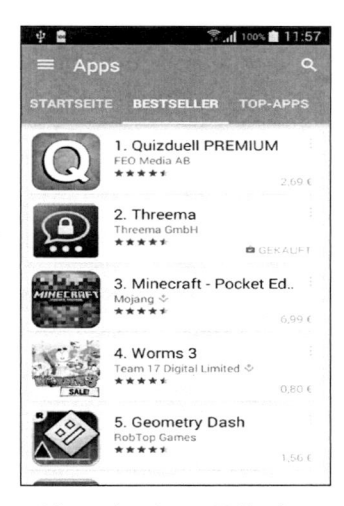

❶ Die Benutzeroberfläche besitzt mehrere Register, zwischen denen Sie mit einer Wischgeste auf dem Bildschirm umschalten:

- *KATEGORIEN* (❷): Alle Programme sind im Play Store nach Kategorien sortiert, die Sie einfach nach interessanten Anwendungen oder Spielen durchblättern können. Bitte beachten Sie, dass in den Kategorien auch viele Programme zu finden sind, welche keinerlei Nutzwert haben.
- *BESTSELLER* (❸): In den letzten Wochen sehr häufig gekaufte Programme.
- *TOP APPS*: Die von Nutzern am besten bewerteten Programme.
- *ERFOLGREICHSTE*: Die am häufigsten heruntergeladenen Programme.
- *TOP-ARTIKEL-VERKÄUFE, NEU*: Die am häufigsten verkauften Programme.
- *NEUE TOP-APPS*: Neu im Play Store eingestellte Programme, die häufig heruntergeladen werden.

- *TRENDS*: Programme, die aktuell häufig heruntergeladen werden, beispielsweise, weil die Medien darüber berichtet haben.
- *Suche*: Wenn Ihnen der Name eines Programms bekannt ist, oder Sie nach einer bestimmten Programm-Funktion suchen, können Sie auch die Suche (Q) verwenden.

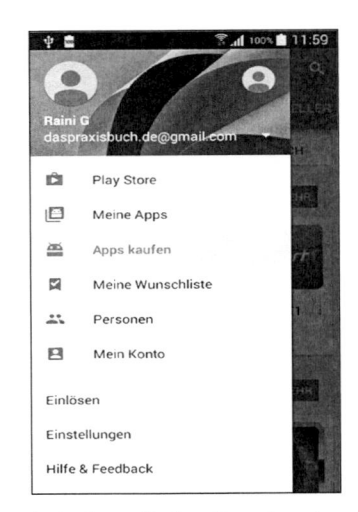

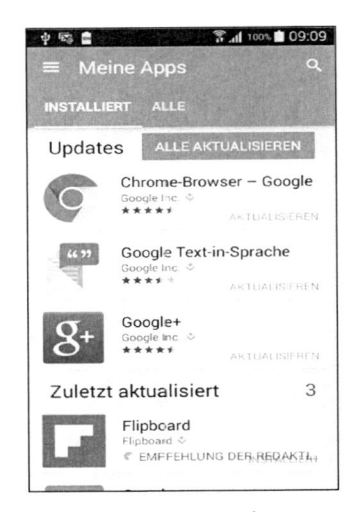

❶❷ Betätigen Sie im Hauptmenü ≡ oben links für das Ausklappmenü. Die Menüpunkte:

- *(Ihr Konto)@gmail.com*: Das Google-Konto, mit dem Sie angemeldet sind.
- *Play Store*: Die Begrüßungsseite, von der Sie einen der verschiedenen Shops für Programme (Apps), Bücher, Spiele, Videos, usw. aufrufen.
- *Meine Apps*: Zeigt die von Ihnen installierten Programme an und ermöglicht diese wieder zu deinstallieren. Außerdem sehen Sie hier, ob Updates zu installierten Programmen im Play Store vorliegen (❸).
- *Apps kaufen*: Schließt das Ausklappmenü. Alternativ führen Sie auf dem Bildschirm eine Wischgeste von rechts nach links durch oder betätigen ≡ oben links erneut.
- *Meine Wunschliste*: Eine Art Erinnerungsliste, auf die Sie Programme setzen können, die Sie irgendwann mal ausprobieren, beziehungsweise kaufen möchten.
- *Personen*: Verzweigt auf Google+ (siehe Kapitel *29 Google+ (Android)*).
- *Einlösen*: Google vertreibt über Supermärkte und Tankstellen Gutscheine, die Sie in diesem Menü einlösen. Das Guthaben lässt sich dann für den Kauf von Filmen, Ebooks, Musik und Software im Play Store verwenden.
- *Einstellungen*: Auf die Einstellungen geht Kapitel *24.5 Einstellungen* ein.

## 24.1 Konten

Welche Programme Sie aus dem Play Store installiert beziehungsweise gekauft haben, speichert der Play Store in Ihrem Google-Konto ab. Es ist möglich, auf dem Handy/Tablet mehrere Google-Konten gleichzeitig zu nutzen (beispielsweise privat und geschäftlich). Wenn Sie ein Anwender mit mehreren Google-Konten sind, müssen Sie jeweils darauf achten, welches Konto Sie gerade verwenden, denn gekaufte Programme lassen sich nicht zwischen den Google-Konten übertragen.

Programmverwaltung (Android)

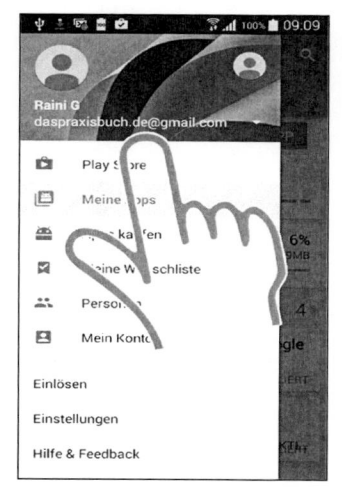

❶❷ Aktivieren Sie das Ausklappmenü, indem Sie im Hauptmenü die ≡-Schaltleiste oben links betätigen. Wählen Sie nun das im Play Store zu nutzende Google-Konto aus.

## 24.2 Programme installieren/deinstallieren

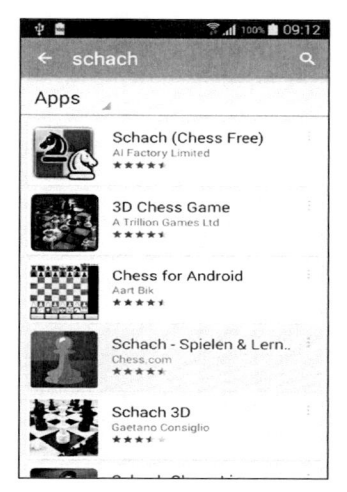

❶ Gehen Sie auf 🔍 im Hauptbildschirm und geben Sie den Suchbegriff ein. Bestätigen Sie mit 🔍 im Tastenfeld. Es werden der Name und die Beschreibung aller Programme durchsucht.

❷ Die Fundstellen werden mit Namen, Bewertung und Preis aufgelistet. Tippen Sie eines der angebotenen Programme an.

❸ Neben einer ausführlichen Beschreibung finden Sie hier die Bewertungen von anderen Benutzern, Infos zum Entwickler mit der Möglichkeit, seine weiteren Programme im Play Store anzuzeigen, sowie Kontaktmöglichkeiten zum Entwickler. Betätigen Sie zuerst *INSTALLIEREN*, dann *AKZEPTIEREN*, um das Programm auf dem Handy zu installieren. Der Download erfolgt anschließend im Hintergrund.

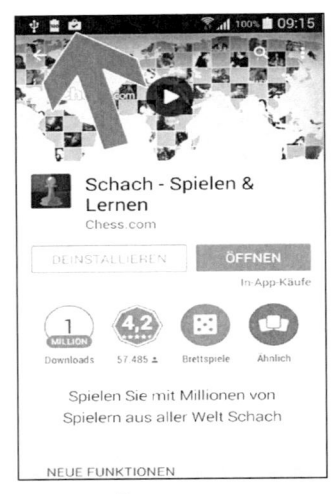

❶ Ein ☑-Symbol (Pfeil) informiert in der Titelleiste über den durchgeführten Download und dort erscheint nach der automatisch erfolgten Installation auch ein Erfolgshinweis.

❷ Öffnen Sie das Benachrichtigungsfeld für weitere Informationen. Von dort lässt sich das Programm dann auch starten.

❸ Alternativ betätigen Sie nach der Installation in der Programmanzeige die *Öffnen*-Schaltleiste.

❶ Sie finden das neue Programm auch im Hauptmenü.

❷ Standardmäßig wird nach der Installation auch eine Programmverknüpfung im Startbildschirm angelegt (Pfeil). Darüber lässt sich das Programm dann ebenfalls starten.

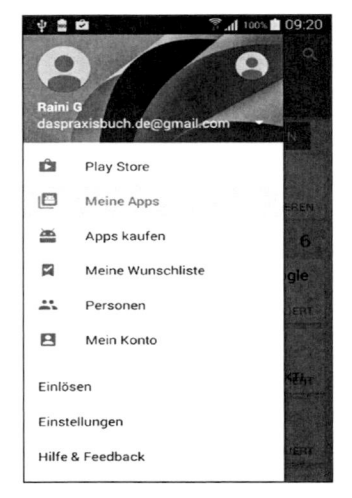

❶ Viele Programme nutzen potenziell »gefährliche« Funktionen, die beispielsweise GPS-Daten auslesen, das Mikrofon aktivieren, usw. In solchen Fällen erscheint **vor** dem Herunterladen ein Hinweis. Tippen Sie auf eine Berechtigung für weitere Infos.

❷❸ Über den Installationsfortschritt und bereits installierte Programme informiert Sie *Meine Apps* aus dem Ausklappmenü.

❶❷ Google Play »merkt« sich auch alle früher mal von Ihnen installierten Programme (zum Beispiel auf einem anderen Android-Gerät oder die Sie inzwischen wieder deinstalliert haben). Mit einer »Wischgeste« nach links zeigen Sie sie im *ALLE*-Register an.

❸ Weil die Liste der ehemals installierten Programme sehr groß werden kann, ist es möglich, mit der ✕-Schaltleiste nicht mehr benötigte Einträge zu entfernen.

> Es ist auch möglich, mehrere Programmeinträge für das Entfernen zu markieren, indem Sie erst den Finger auf einem Eintrag gedrückt lassen, bis dieser markiert ist. Anschließend tippen Sie die restlichen Programmeinträge an und betätigen dann ✕ oben rechts.
>
> Von Fabrik aus vorinstallierte Programme lassen sich nicht entfernen, weshalb Sie bei diesen keine ✕-Schaltleiste vorfinden werden.

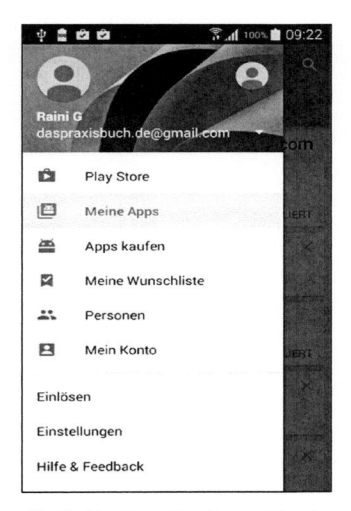

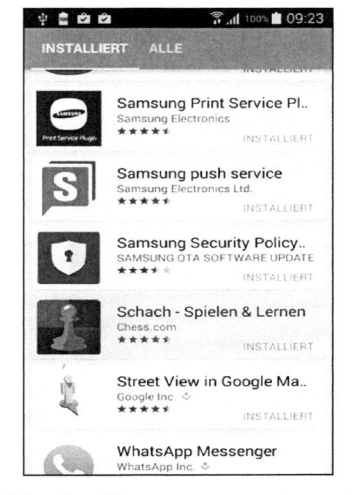

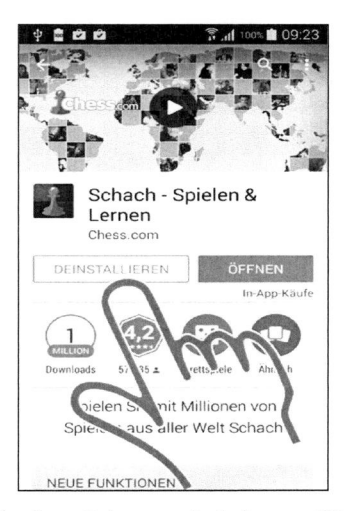

❶❷❸ Zur Deinstallation, wenn Sie das Programm später nicht mehr benötigen, aktivieren Sie das Ausklappmenü, gehen auf *Meine Apps*, wählen im *INSTALLIERT*-Register das Programm aus und betätigen *Deinstallieren*. Die Sicherheitsabfrage beantworten Sie mit *OK*.

## 24.3 Wunschliste

Auf die »Wunschliste« setzen Sie Programme, die Sie interessieren und vielleicht später mal ausprobieren oder kaufen möchten.

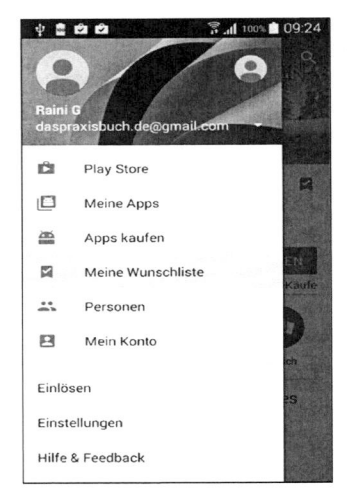

❶ Wenn Sie mal auf ein interessantes Programm stoßen, betätigen Sie einfach die ⊞-Schaltleiste. Erneutes Betätigen entfernt das Programm wieder von der Wunschliste.

❷❸ Ihre Wunschliste finden Sie im Ausklappmenü unter *Meine Wunschliste*.

## 24.4 Gute von schlechter Software unterscheiden

- Häufig geladene (und damit meist gute) Software findet in den Kategorien *BESTSELLER, TOPP-APPS, ERFOLGREICHSTE*, usw. Eingang.

- Auch wenn Sie die Suchfunktion nutzen, erscheinen in der Auflistung zuerst die am häufigsten heruntergeladenen Programme.

- Zusätzlich finden Sie bei jedem Programm eine Sterne-Bewertung sowie Kommentare der Nutzer. Insbesondere bei Kaufprogrammen (die Sie ja nicht vorab testen können) sollten Sie sich die Nutzerbewertungen durchlesen.

- Manche Kaufprogramme sind auch in funktionsbeschränkter Form kostenlos (als sogenannte »Freeware«) im Play Store erhältlich, sodass man zumindest einen groben Überblick über deren Tauglichkeit erhält. Es gibt übrigens häufig auch Programme, die sowohl kostenlos, als auch als Kaufversion erhältlich sind. Die kostenlose Version finanziert sich dann meistens durch Werbebanner. Werbebanner haben allerdings den Nachteil, häufig aus dem Internet Daten nachzuladen (irgendwoher müssen die Werbebanner ja kommen) und teilweise den GPS-Empfänger zu aktivieren. Letzteres dient dazu, dem Nutzer für sein Land optimierte Werbung anzuzeigen. Leider reduziert sich dadurch die Handy-Akkulaufzeit...

- Die Softwareentwickler bestimmen selbst ob ihre Programme für bestimmte Handys und Handys geeignet sind. Programme, die nicht auf Ihrem Handy funktionieren, werden erst gar nicht im Play Store anzeigt. Trotzdem werden Sie ab und zu auf Programme, insbesondere Spiele stoßen, die nicht gut angepasst sind, was sich u.a. in pixeliger Darstellung, verschobenen Schaltleisten, überstehenden Texten, usw. bemerkbar macht. Falls Ihnen ein Programm trotzdem gefällt, sollten Sie einfach das Programm installiert lassen. Der Play Store meldet zu jeder installierten Software automatisch im Benachrichtigungsfeld, wenn ein Update vorliegt, das vielleicht die Probleme beseitigt.

Programmverwaltung (Android)

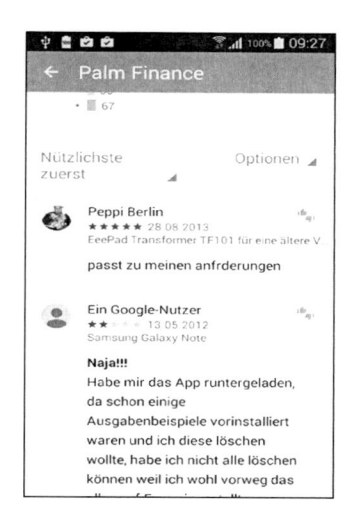

❶ Die Bewertungen erhalten Sie angezeigt, wenn Sie die Bewertungszahl (Pfeil) antippen. Alternativ führen Sie auf dem Display eine Wischgeste von unten nach oben durch.

❷ Hohe Stern-Bewertungen und große Downloadzahlen führen manchmal auch in die Irre: Der Play Store fasst die weltweit auflaufenden Nutzerbewertungen zusammen. Beispielsweise wird ein Buchhaltungsprogramm, das in den USA entwickelt wurde, dort von den Anwendern hochgelobt und entsprechend bewertet werden, während es für deutsche Anwender nicht geeignet ist.

Einige Programme werden zudem nicht weiterentwickelt, weshalb unter Umständen eine hohe Bewertung heute nicht mehr gerechtfertigt wäre.

Der Play Store zeigt nur deutsche Bewertungstexte an. Es kann deshalb vorkommen, dass Sie bei einem international angebotenen Programm zwar viele Bewertungen, aber kaum Bewertungstexte sehen.

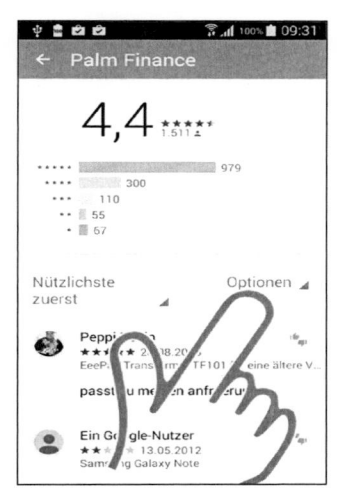

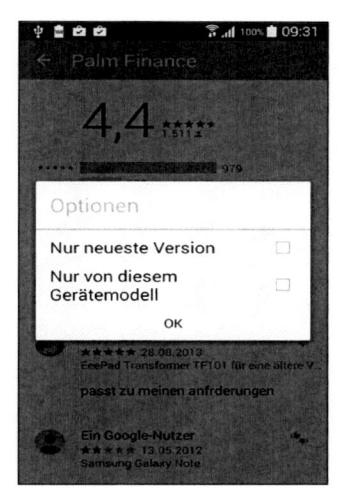

❶ Während man die kostenlos angebotenen Programme einfach installiert und bei Nichtgefallen wieder vom Gerät wirft, ist es bei Kaufprogrammen besser, vorher die Nutzerbewertungen anzuschauen. Tippen Sie daher auf *Optionen*.

❷ Sie können nun mit *Nur neueste Version*, beziehungsweise *Nur von diesem Gerätemodell* die Bewertungstexte einschränken (*Nur von diesem Gerätemodell* führt allerdings meistens dazu, dass der Play Store keine Bewertungen mehr anzeigt, wenn es nicht besonders viele Nutzer eines Geräts gibt).

Tipp: Von vielen höherwertigen Programmen wird im Play Store eine kostenlose Version mit beschnittenen Funktionsumfang angeboten, Sie können so das jeweilige Programm schon vorab auf Herz und Nieren testen und anschließend die Vollversion erwerben.

## 24.5 Einstellungen

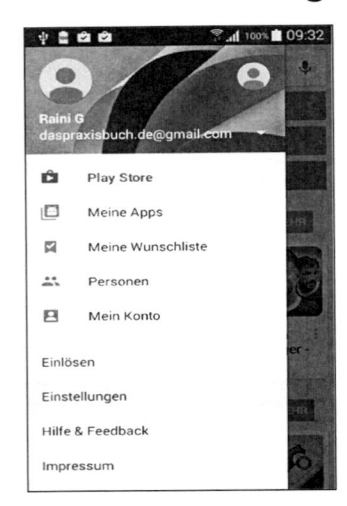

❶❷ *Einstellungen* im Ausklappmenü konfiguriert:

Unter *ALLGEMEIN*:

- *Benachrichtigungen*: Wenn zu einem aus dem Play Store installiertem Programm Updates vorliegen, erhalten Sie eine Benachrichtigung.

- *Automatische App-Updates*: Installierte Programme werden automatisch im Hintergrund aktualisiert, wenn eine neue Version im Play Store vorhanden ist.

- *Symbol zu Startbildschirm hinzufügen*: Automatisch eine Programmverknüpfung neu installierter Programme auf dem Handy/Tablet anlegen.

- *Lokalen Suchverlauf löschen*: Die Suchfunktion speichert alle eingegebenen Begriffe und schlägt sie beim nächsten Mal vor.

Unter *NUTZERSTEUERUNG*:

- *Filter für Inhalte; Authentifizierung für Käufe*: Sie können Inhalte, die anzügliche Inhalte oder Gewalt propagieren, im Play Store blockieren und die Programminstallation von einer vorher einzugebenden PIN abhängig machen.

## 24.6 Softwarekauf im Google Play Store

Viele Programme im Play Store (ca. 65 Prozent) sind kostenpflichtig, wobei als Zahlungsmethode neben einer Kreditkarte auch Paypal (ein amerikanischer Zahlungsdienstleister), die Handyrechnung (nicht bei allen Netzbetreibern möglich) und Gutscheine akzeptiert werden (auf Letztere geht Kapitel *24.7 Google-Gutscheine* noch genauer ein). Damit Sie nicht die »Katze im Sack« kaufen, lassen sich Käufe innerhalb von 2 Stunden rückgängig machen. Eine Rückgabe ist beim erneuten Kauf dann aber nicht mehr möglich. Die erworbenen Programme werden mit Ihrem Google-Konto verknüpft und lassen sich beim Gerätewechsel ohne erneuten Kauf herunterladen und installieren.

> Gekaufte Software lässt sich immer nur auf einem Gerät gleichzeitig nutzen.
>
> Beachten Sie bitte, dass manche Software nur für bestimmte Geräte angeboten wird. Insbesondere Spiele unterstützten nicht alle Android-Handys und Tablets. Problematisch sind auch Programme, deren Entwicklung eingestellt wurde und daher nicht für neue Geräte freigegebenen sind, obwohl sie darauf laufen könnten.

# Programmverwaltung (Android)

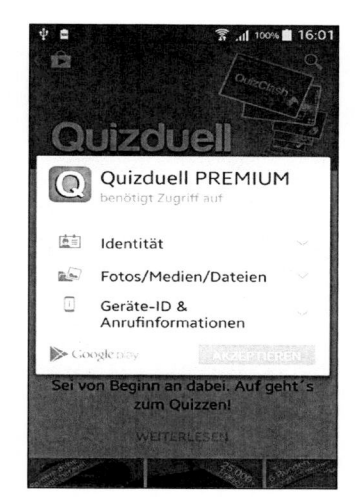

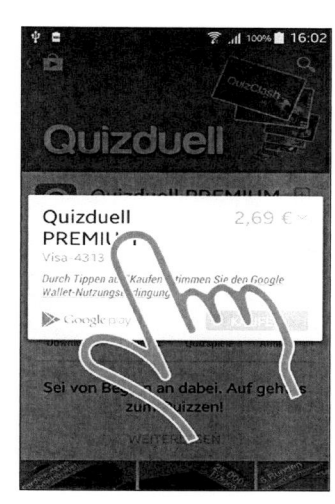

❶❷ Betätigen Sie bei einem Kaufprogramm die Preisschaltleiste (Pfeil). Betätigen Sie dann *AKZEPTIEREN*.

❸ Abhängig davon, ob Sie bereits ein Programm aus dem Play Store erworben haben, betätigen Sie jetzt *WEITER* oder tippen den Programmnamen (Pfeil) an.

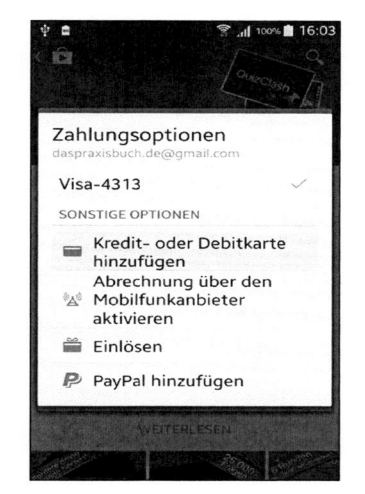

❶ Gehen Sie auf *Zahlungsoptionen*.

❷ Wählen Sie nun eine der Zahlungsmethoden aus:

- *Kredit- oder Debitkarte hinzufügen*: Zahlung über Ihre Kreditkarte.

- *Abrechnung über den Mobilfunkanbieter aktivieren*: Die Zahlung erfolgt über Ihren Mobilnetzbetreiber und taucht dann auf Ihrer nächsten Mobilfunkrechnung auf. Beachten Sie bitte, dass nicht jeder Netzbetreiber mobile Zahlungen akzeptiert. Haben Sie beim Netzbetreiber »Inkasso von Dritten« deaktivieren lassen, ist ebenfalls kein Kauf über die Mobilfunkrechnung möglich.

- *Einlösen*: Gutschein verwenden. Falls Ihnen die anderen Zahlungsmethoden unbekannt sind oder zu unsicher erscheinen, ist die Nutzung eines Guthabens die beste Bezahlmethode. Wir gehen darauf im Kapitel *24.7 Google-Gutscheine* genauer ein.

- *PayPal hinzufügen*: Zahlungsabwicklung über PayPal. Dieser Zahlungsabwickler wird von Ebay betrieben und bucht Rechnungen entweder von Ihrem Bankkonto oder Ihrer Kreditkarte ab. Siehe auch die PayPal-Website unter *www.paypal.com*.

In diesem Beispiel wählen wir *Kredit- oder Debitkarte hinzufügen*.

❸ Folgen Sie einfach den Anweisungen, das heißt, zuerst erfassen Sie die Kreditkartennummer, das Ablaufdatum und den Sicherheitscode (CCV), danach Ihre persönlichen Daten. Betätigen Sie dann *SPEICHERN*.

> Leider ist eine Zahlung durch Überweisung vom eigenen Bankkonto beziehungsweise Bankeinzug nicht vorgesehen.

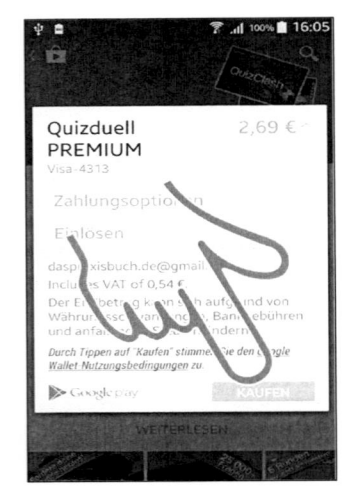

❶ Sie befinden sich wieder im Kaufdialog und betätigen die *KAUFEN*-Schaltleiste.

❷ Geben Sie zum Abschluss das Passwort Ihres Google-Kontos ein und schließen Sie mit *BESTÄTIGEN* ab. Aus Sicherheitsgründen sollten Sie übrigens die Option *NICHT MEHR FRAGEN* auf keinen Fall abhaken, da sonst eventuell Unbefugte, die Ihr Handy in die Hand bekommen, Käufe im Google Play Store durchführen könnten.

❸ Wenn Sie das Programm nicht so funktioniert wie es soll, betätigen Sie *ERSTATTEN* in den Programmdetails (beachten Sie, dass Sie dazu nur 2 Stunden Zeit haben!).

## 24.7 Google-Gutscheine

Es sind Gutscheine für den Google Play Store in Stückelungen von 15 und 25 Euro bei diversen Tankstellen, in Supermärkten und Elektronikketten erhältlich. Da die Karten schwarz sind, sollten sie nicht zu übersehen sein.

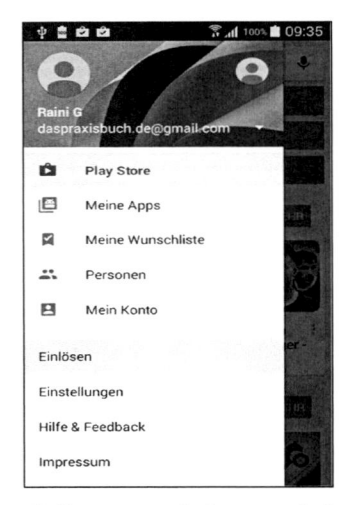

❶❷ Zum Einlösen aktivieren Sie einfach im Play Store das Ausklappmenü und gehen auf *Einlösen*. Geben Sie dann den Code von der Karte ein.

❸ Wählen Sie gegebenenfalls während des Kaufvorgangs über *Zahlungsoptionen* das *Google Play*-Guthaben aus.

Programmverwaltung (Android)

## 24.8 In-App-Käufe

Programmentwickler können sich grundsätzlich auf drei Arten finanzieren: Durch den Verkauf ihrer Programme, die Einblendung von Werbung oder durch ein Freemium-Modell (Wortspiel aus engl. Free = Frei und engl. Premium = kostenpflichtig). Freemium-Modelle kommen vorwiegend bei Computerspielen vor. Freemium heißt, dass das Programm kostenlos ist, Sie aber zusätzliche Inhalte oder Funktionen jederzeit erwerben dürfen. Dies können in einem Ballerspiel beispielsweise leistungsfähigere Waffen sein oder bei einem Fitness-Programm weitere Trainings. Für Kinder sind solche Programe ungeeignet, da sie die dadurch entstehenden Kosten nicht einschätzen können.

Damit wir uns nicht missverstehen: Grundsätzlich sind Freemium-Programme nicht immer schlecht, denn insbesondere bei Spielen leidet der Spaß nur geringfügig, wenn man auf In-App-Käufe verzichtet.

Gegenüber dem »normalen« Kauf im Play Store haben In-App-Käufe einige Nachteile (wörtlich übernommen von *support.google.com/googleplay/answer/1061913*):

- Es gibt kein 15-minütiges Erstattungsfenster.
- Erstattungen werden im Allgemeinen nach dem Ermessen des App-Entwicklers gewährt.
- Für die Bereitstellung von In-App-Käufen sind die Entwickler zuständig.

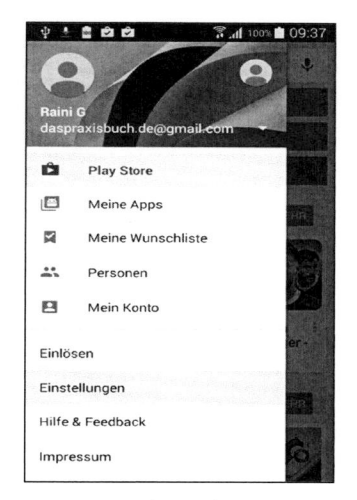

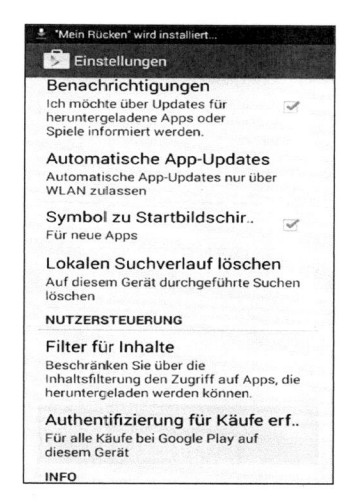

❶ Im Play Store erkennen Sie In-App-Käufe anhand der Berechtigungen, die **vor** der Installation aufgelistet werden (siehe Kapitel *24.2 Programme installieren/deinstallieren*).

❷ Damit ein Kind oder andere unberechtigte Person nicht aus Versehen In-App-Käufe tätigen kann, rufen Sie im Hauptmenü des Play Stores das Ausklappmenü auf und gehen auf *Einstellungen*.

❸ Ändern Sie nun unter *Authentifizierung für Käufe erforderlich* die Voreinstellung auf *Für alle Käufe bei Google Play auf diesem Gerät*. Der Play Store verlangt nun die Eingabe Ihre Google-Konto-Passworts. Künftig sind Käufe im Play Store und damit auch bei In-App-Käufe grundsätzlich erst nach Passworteingabe möglich.

Genau genommen erfolgt bei den sogenannten In-App-Käufen bereits standardmäßig eine Passwortabfrage – unter bestimmten Umständen, wenn Sie 30 Minuten vorher ein Programm im Play Store erworben hatten, greift die Passwortabfrage aber nicht. Mit der hier vorgeschlagenen Voreinstellung sind Sie dagegen immer auf der sicheren Seite.

## 24.9 Spiele

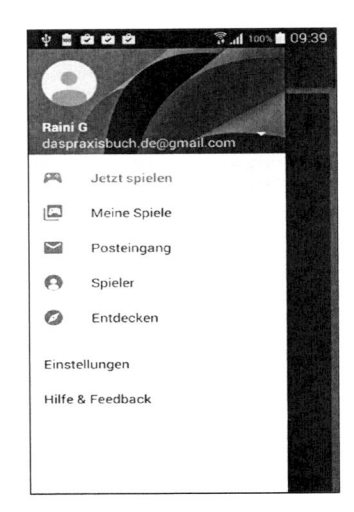

❶ Mit *Play Spiele* aus dem *Google*-Ordner des Hauptmenüs zeigen Sie den Spielebereich des Google Play Stores an (Alternativ betätigen Sie die *SPIELE*-Schaltleiste im Hauptbildschirm des Play Stores).

❷❸ Der Aufbau und die Funktionen von Play Games entspricht dem des Play Stores, wenn man davon absieht, dass Sie hier ausschließlich Spiele finden.

## 24.10 Programme verwalten

Auf dem Handy gibt es mehrere Möglichkeiten, den Speicherverbrauch installierter Programme anzuzeigen, beziehungsweise Programme zu deinstallieren.

### 24.10.1 Anwendungsmanager (Samsung)

Diese Vorgehensweise gilt für viele Samsung Galaxy-Handys.

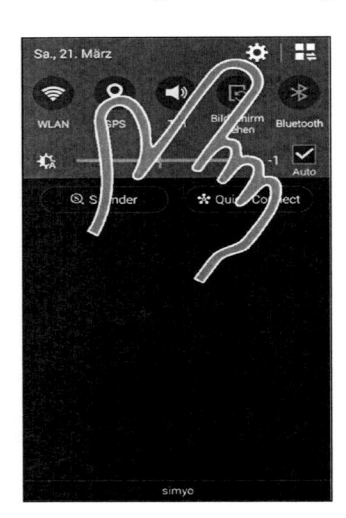

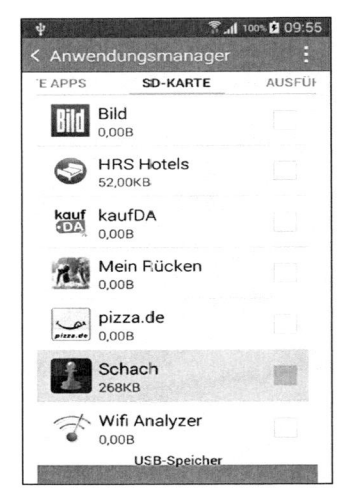

❶ Aktivieren Sie das Benachrichtigungsfeld (mit einem angedrückten Finger von oben außerhalb des Display nach unten ziehen) und gehen Sie auf ✿ (Pfeil).

❷ Im *Anwendungsmanager* unter *ANWENDUNGEN* informiert das Galaxy über die installierten Programme und deren Speicherverbrauch.

❸ Wählen Sie ein Programm aus für weitere Infos – sofern Sie es nicht finden, wischen Sie auf dem Bildschirm einmal nach links.

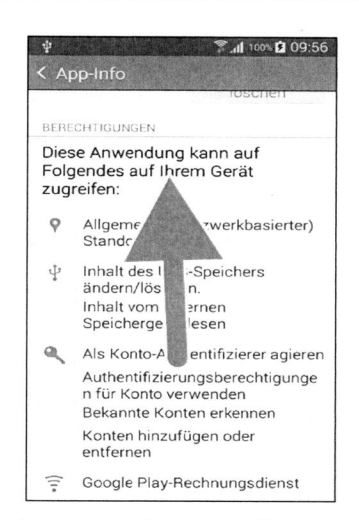

# Programmverwaltung (Android)

❶ Neben dem Programm selbst lassen sich auch die Dateien, welche das Programm bisher angelegt hat, über *Daten löschen*, beziehungsweise *Cache leeren* entfernen. Beachten Sie dabei, dass das Programm dann eventuell nicht mehr funktioniert.

❷ Rollen Sie den Bildschirm für Infos zu den vom jeweiligen Programm benötigten Berechtigungen (siehe Kapitel *24.13 App-Sicherheit*) durch.

## 24.10.2 Anwendungsmanager (Sony)

Die Beschreibung bezieht sich auf Sony Xperia-Handys.

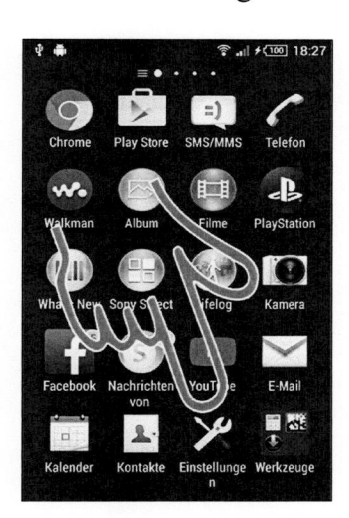

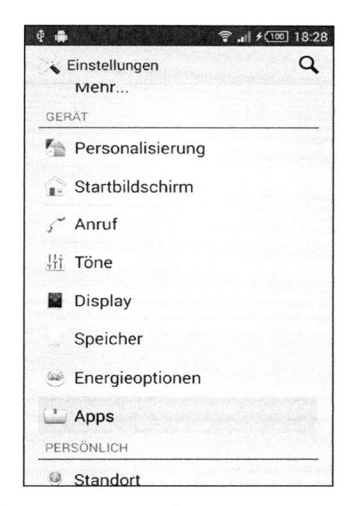

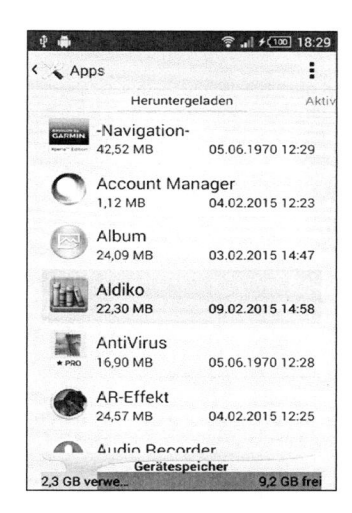

❶ Rufen Sie *Einstellungen* im Hauptmenü auf.

❷❸ In *Apps* unter *GERÄT* informiert das Sony über die installierten Programme und deren Speicherverbrauch. Wählen Sie ein Programm aus für weitere Infos.

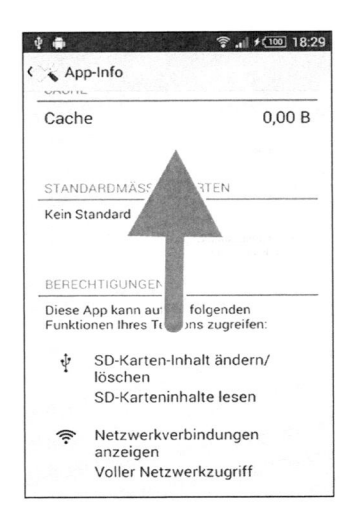

❶ Neben dem Programm selbst lassen sich auch die Dateien, welche das Programm bisher angelegt hat, über *Daten löschen*, beziehungsweise *Cache leeren* entfernen. Beachten Sie dabei, dass das Programm dann eventuell nicht mehr funktioniert.

❷ Rollen Sie den Bildschirm für Infos zu den vom jeweiligen Programm benötigten Berechtigungen (siehe Kapitel *24.13 App-Sicherheit*) durch.

## 24.10.3 Anwendungsmanager (Android Lollipop)

Die Beschreibung richtet sich an Anwender, die ein Handy mit dem Standard-Android (sogenanntes Stock-Android) nutzen, beispielsweise von Google oder Motorola.

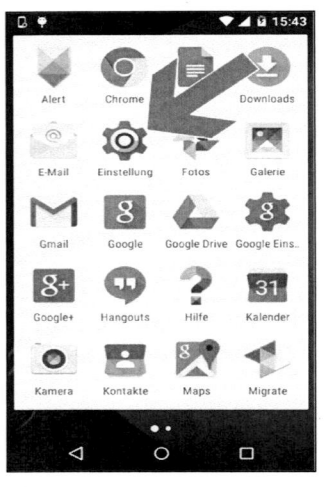

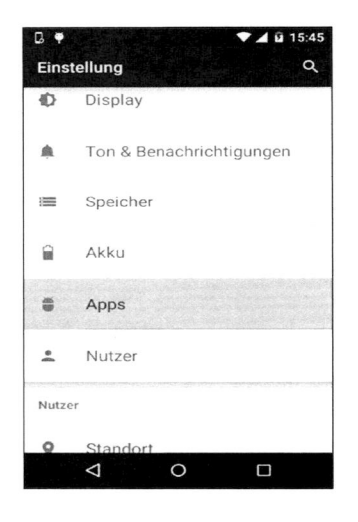

❶ Rufen Sie *Einstellung* auf.

❷ Gehen Sie auf *Apps*.

❸ Unter *HERUNTERGELADEN* informiert das Handy über die installierten Programme und deren Speicherverbrauch. Wählen Sie ein Programm aus für weitere Infos.

Programmverwaltung (Android)

❶ Neben dem Programm selbst lassen sich auch die Dateien, welche das Programm bisher angelegt hat, über *DATEN LÖSCHEN*, beziehungsweise *CACHE LEEREN* entfernen. Beachten Sie dabei, dass das Programm dann eventuell nicht mehr funktioniert.

❷ Rollen Sie den Bildschirm für Infos zu den vom jeweiligen Programm benötigten Berechtigungen (siehe Kapitel *24.13 App-Sicherheit*) durch.

## 24.10.4 Programm deinstallieren/deaktivieren (Samsung)

Die nachfolgende Beschreibung gilt für viele Samsung Galaxy-Handys.

❶ Gehen Sie im Hauptmenü auf ⁞/*Apps deinstallieren/deaktivieren*.

❷ Mit einer Wischgeste nach links/rechts »blättern« Sie gegebenenfalls durch das Hauptmenü.

❸ Antippen eines Programms mit »-«-Symbol deinstalliert es. Einige Programme lassen sich dagegen nur deaktivieren, sodass sie zwar nicht mehr im Hauptmenü auftauchen, aber noch weiterhin auf dem Gerät vorhanden sind.

Betätigen Sie anschließend die ⤺, worauf Sie ins Hauptmenü zurückgelangen.

> Auf einigen Samsung-Handys heißt das Menü leider etwas anders.
> 
> Die meisten vorinstallierten Programme lassen sich nicht deinstallieren.

## 24.10.5 Programm deinstallieren aus dem Hauptmenü (Sony)

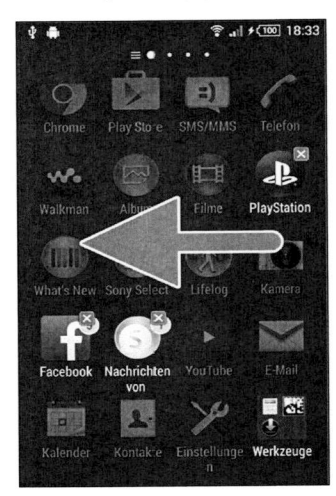

❶ Wischen Sie im Hauptmenü mehrmals von links nach rechts, bis das Aufklappmenü erscheint.

❷ Rufen Sie darin *Deinstallieren* auf.

❸ Mit einer Wischgeste nach links/rechts wechseln Sie gegebenenfalls zwischen den Bildschirmseiten des Hauptmenüs. Tippen Sie das zu deinstallierende Programm an.

Die meisten vorinstallierten Programme lassen sich nicht deinstallieren.

## 24.10.6 Programm deinstallieren (Android Lollipop)

Anleitung für Handys mit Android Lollipop, beispielsweise Google Nexus oder Motorola.

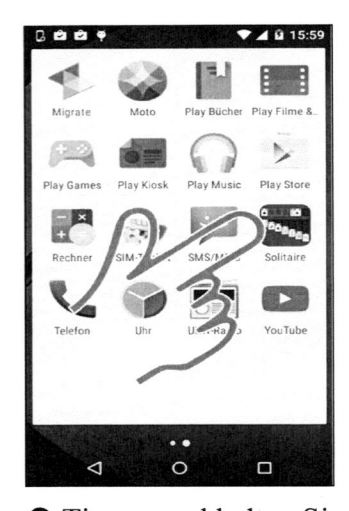

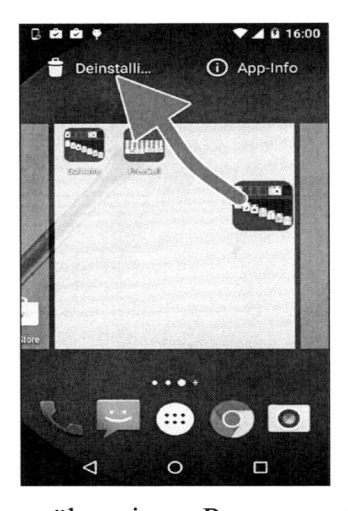

❶ Tippen und halten Sie den Finger über einem Programm-Symbol im Hauptmenü.

❷ Das Handy wechselt auf den Startbildschirm. Lassen Sie den Finger noch nicht los, sondern ziehen Sie das Symbol auf *Desinstallieren*.

Die meisten vorinstallierten Programme lassen sich nicht deinstallieren.

## *24.11 Google Play Store über den PC-Webbrowser*

Mit dem Online-Play Store verwalten Sie bequem Ihre Programme auf dem Handy. Dazu loggen Sie sich einfach mit dem PC-Webbrowser beim Google Play Store ein. Alle Aktionen, sei es, dass Sie ein Programm zur Installation markieren oder eine Deinstallation anstoßen, werden auto-

# Programmverwaltung (Android)

matisch auf Ihrem Handy oder Tablet – wie von Geisterhand – nach einigen Minuten durchgeführt. Wichtig ist dabei nur, dass das Android-Gerät eine Internetverbindung per WLAN oder Mobilfunknetz hat.

## 24.11.1 Programme installieren

Rufen Sie *play.google.com* in Ihrem Webbrowser auf. Klicken Sie dort oben rechts auf *Anmelden* und loggen Sie sich über Ihre Google-Mail-Adresse ein.

Klicken Sie auf *APPS*.

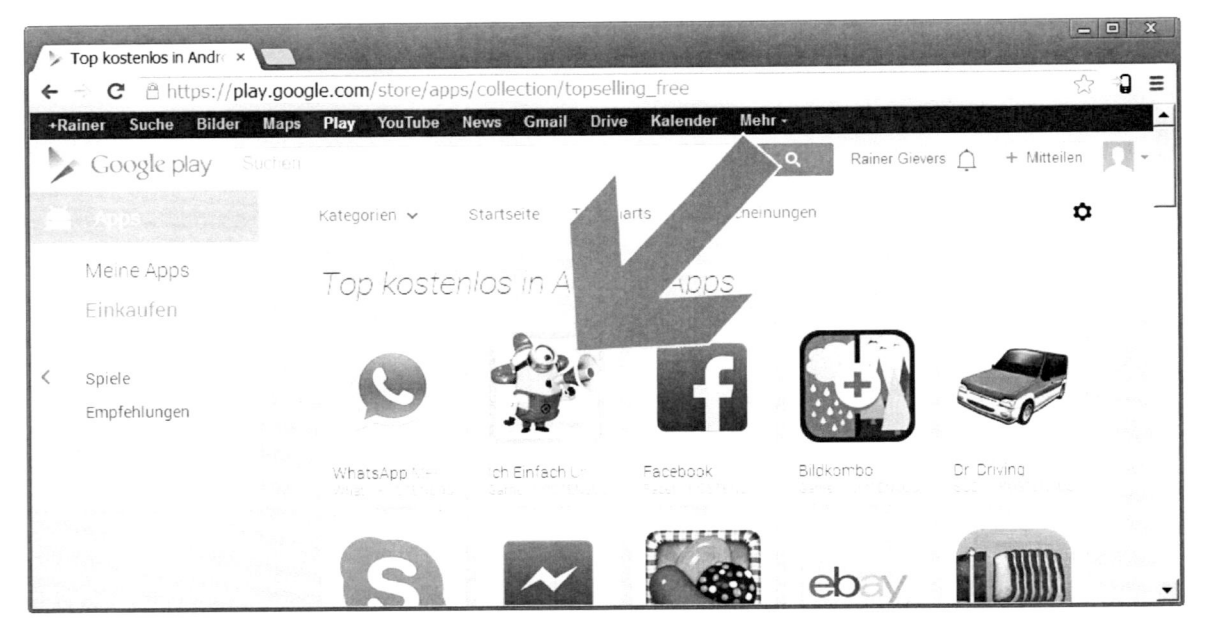

Klicken Sie auf ein Programm-Symbol für weitere Informationen.

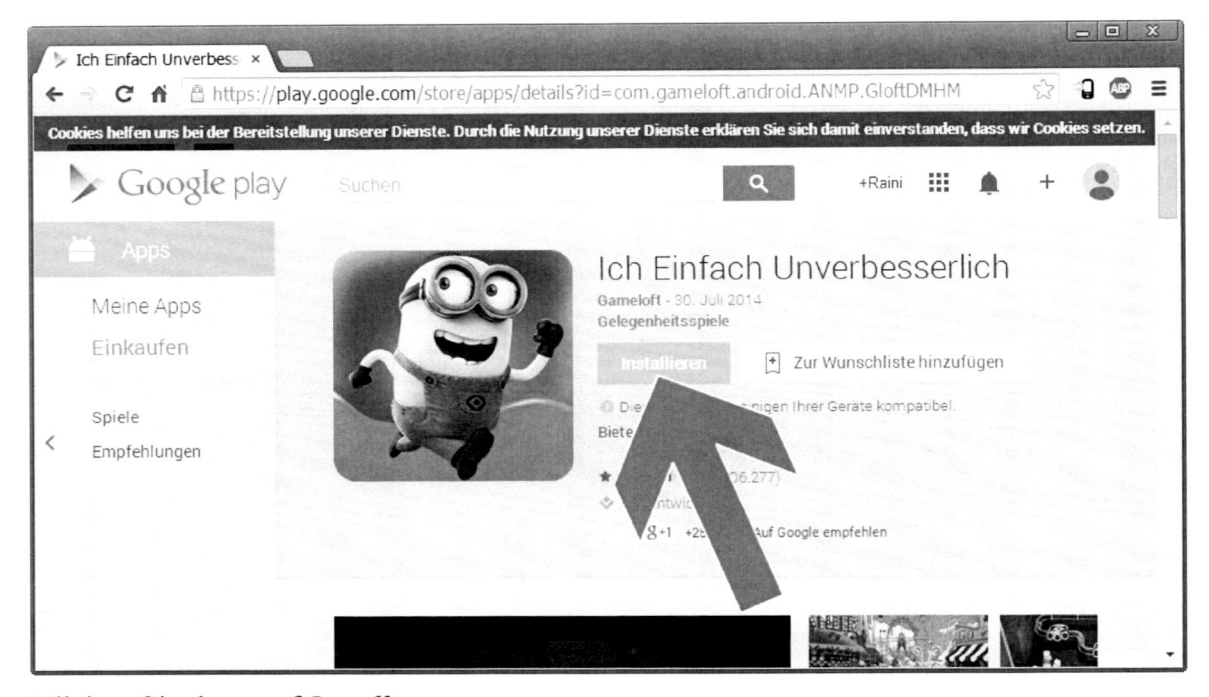

Klicken Sie dann auf *Installieren*.

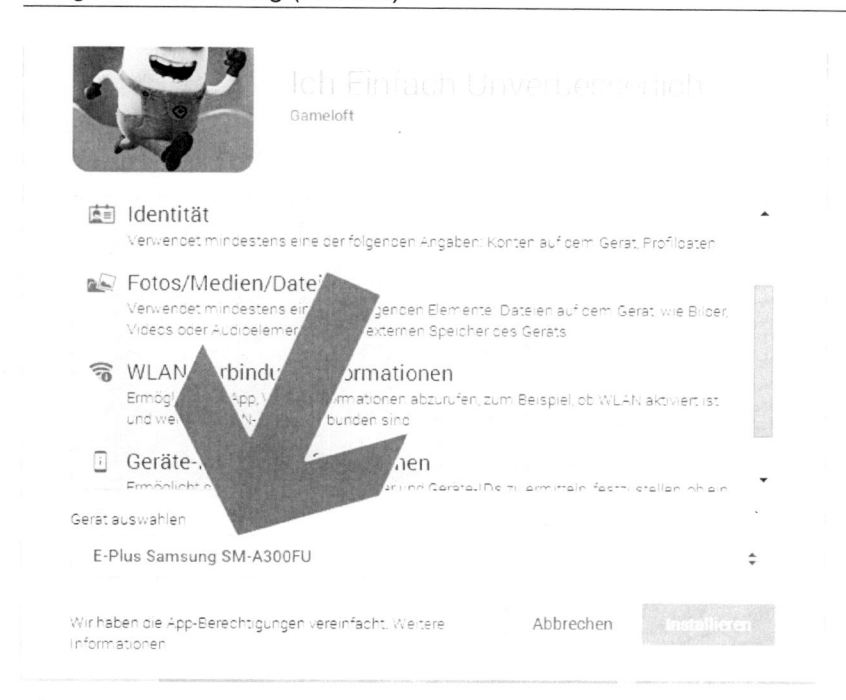

Sie erhalten Informationen zu den vom Programm genutzten Gerätefunktionen, im Beispiel eine Netzwerk- beziehungsweise Internetverbindung. Klicken Sie die Auswahl-Schaltleiste an (Pfeil) und wählen das gewünschte Gerät aus, auf dem das Programm installiert werden soll.

Klicken Sie nun auf *Installieren*. Es erscheint die Meldung »*(Programmname) wird demnächst auf Ihrem Gerät installiert.*«.

## 24.11.2 Programme verwalten

Klicken Sie auf *Meine Apps*.

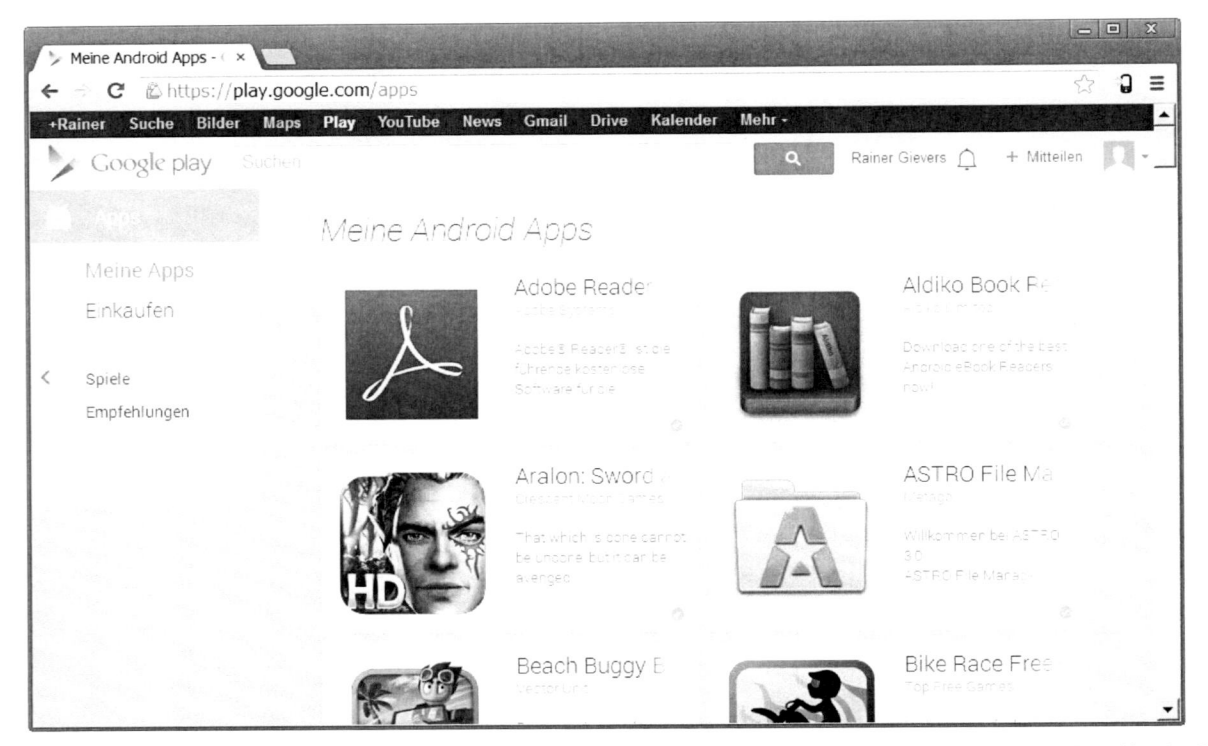

Die installierten Programme werden aufgelistet. Beachten Sie, dass derzeit (Stand Juli 2013) keine Deinstallation von Programmen über die Weboberfläche möglich ist. Außerdem können Sie, falls Sie mehrere Android-Geräte besitzen, nicht erkennen, welche Programme auf welchem Gerät installiert sind.

## 24.12 Programme im Hintergrund

Genauso wie unter Windows auf dem PC dürfen auch auf Android mehrere Programme gleichzeitig aktiv sein. Bedingt durch die geringe Displaygröße gibt es allerdings keine Fenster, in denen jeweils Programme ablaufen und zwischen denen man mit einem Mausklick wechselt.

Zum Beenden eines Programms unter Android betätigen Sie einfach die ⤺-Taste. Soll dagegen das gerade aktive Programm im Hintergrund weiterlaufen, drücken Sie die ⬜-Taste. In das Hintergrund-Programm kehren Sie entweder durch erneuten Programmaufruf aus dem Hauptmenü zurück, oder Sie verwenden dazu die nachfolgend beschriebene Vorgehensweise.

### 24.12.1 Samsung Galaxy

❶ Wenn Sie die ⬜-Taste unterhalb des Displays betätigen, listet das Galaxy die zuletzt aufgerufenen Programme auf – was übrigens nicht heißt, dass diese noch im Hintergrund laufen. Ziehen Sie mit angedrücktem Finger ein Vorschaubild nach links oder rechts, um es aus der Liste zu entfernen, beziehungsweise zu beenden.

❷ Möchten Sie dagegen wissen, welche (System-)Programme gerade im Hintergrund aktiv sind, dann gehen Sie auf ❀.

❸ Im *Aktive Anwendungen*-Register wählen Sie einen Programmeintrag aus. Die *Beenden*-Schaltleiste stoppt dagegen ein das Programm.

Grundsätzlich dürfte es nur äußerst selten nötig sein, im Hintergrund laufende Programme zu beenden.

### 24.12.2 Sony Xperia

Wenn Sie die ▭-Taste unterhalb des Displays drücken, listet das Sony die zuletzt aufgerufenen Programme auf – was übrigens nicht heißt, dass diese noch im Hintergrund laufen. Ziehen Sie mit angedrücktem Finger ein Vorschaubild nach links oder rechts, um es aus der Liste zu entfernen, beziehungsweise zu beenden.

### 24.12.3 Android Lollipop

Wenn Sie die ▢-Taste unterhalb des Displays drücken, listet das Handy die zuletzt aufgerufenen Programme auf – was übrigens nicht heißt, dass diese noch im Hintergrund laufen. Ziehen Sie mit angedrücktem Finger ein Vorschaubild nach links oder rechts, um es aus der Liste zu entfernen, beziehungsweise zu beenden.

## *24.13 App-Sicherheit*

Waren damals elektronische Organizer ziemlich dumm und konnten neben dem Telefonieren gerade mal ein Telefonbuch verwalten und SMS verschicken, so sind moderne Handys und Tablets Alleskönner. Die Möglichkeit, weitere Programme von Drittentwicklern nachinstallieren zu können, machen Android und auch andere Mobil-Betriebssysteme allerdings angreifbar für Hacker. So wäre es zum Beispiel durchaus denkbar, dass ein bösartiges Programm SMS an teure

Premium-Nummern schickt, die vorher vom Hacker eingerichtet wurden. Oder ein Notizenprogramm speichert alle Eingaben, die vielleicht Passwörter oder Kreditkartendaten enthalten, im Internet auf einem chinesischen Server.

Gegen Hacker gibt es zum Glück einen Schutz: **Vor** jeder Installation werden Sie über die von der jeweiligen Anwendung benötigten Dienste informiert. Benötigt dann eine Notizen-Anwendung, um im oben genannten Fall zu bleiben, eine Internetverbindung oder soll auch der SMS-Versand genutzt werden, sollten die Alarmglocken klingeln (Google hat übrigens einen Schutzmechanismus gegen bösartige Software ins Android-Betriebssystem eingebaut, auf den wir noch eingehen).

Es gibt aber allerdings Gründe, warum ein bestimmter Dienst von einer Anwendung benötigt wird: So nutzen viele Spiele eine Internetverbindung, um Ihren Highscore an den Entwickler zu senden. Viele Entwickler möchten auch gerne wissen, wer ihre Programme nutzt und lassen sich deshalb über das Internet Informationen zum Nutzer schicken. Häufig finanzieren sich auch kostenlose Programme über Werbebanner innerhalb der Benutzeroberfläche, deren Daten aus dem Internet nachgeladen werden.

Fazit: Es ist durchaus möglich, sich vor bösartiger Software (sogenannte »Malware«) zu schützen, indem man während der Installation auf die freizugebenen Berechtigungen schaut. Im Zweifel brechen Sie die Installation einfach ab, denn meistens gibt es Alternativprogramme, die weniger Berechtigungen benötigen. Auf der sicheren Seite ist man zudem mit Software von bekannten Unternehmen wie beispielsweise Google.

❶ So erfahren Sie, welche Berechtigungen ein Programm benötigt: Vor der Installation werden diese aufgelistet.

❷❸ Tippen Sie eine der Berechtigungen für genauere Informationen an.

> Generell dürfen alle Programme auf das Internet zugreifen, weshalb dafür keine extra Genehmigung angefordert wird. Viele kostenlose Programme benötigen den Internetzugriff, um Werbebanner aus dem Internet herunterzuladen. Werbebanner haben allerdings einen Nachteil: Durch das häufige Nachladen von neuen Bannern, sowie Einschalten des GPS-Empfängers zum Ermitteln Ihrer Position (für zielgerichtete Werbung) wird der Akku schneller leer.
>
> Unser Tipp: Von vielen kostenlosen Programmen existieren kostenpflichtige Vollversionen, die teilweise mehr Funktionsumfang bieten und natürlich auf die lästigen Werbebanner verzichten. Außerdem unterstützen Sie mit Ihrem Kauf die Entwicklung guter Software!

## 24.13.1 Virenscanner

Es gibt inzwischen für die Android-Plattform Dutzende verschiedene Virenscanner, die bis zu 30 Euro kosten. Dazu, ob und welchen Scanner Sie verwenden, können wir leider keinen Tipp geben, zumal Sie, wie bereits erwähnt, auf der sicheren Seite sind, wenn Sie nur Software bekannter Anbieter vom Play Store installieren. Es dürfte zudem sinnlos sein, präventiv einen Virenscanner zu nutzen, wenn Sie ohnehin nur sehr selten neue Programme installieren. Hinzu kommt, dass Google selbst jedes im Play Store neu eingestellte Programm in einer sogenannten »Sandbox« (engl. »Sandkasten«), also einem simulierten Android-Gerät, installiert und dort auf Schadensfunktionen überprüft. Das unabhängige Testlabor AV-Test führt regelmäßig Tests der Android-Virenscanner deren Testergebnisse unter der Webadresse *www.av-test.org/tests/android* veröffentlicht werden (falls die Webseite in Englisch erscheint, einfach oben rechts in der Webseite auf *Deutsch* umschalten).

## 24.13.2 Unnütze Programme identifizieren

Je nach Programmierung benötigen einige Programme viel Speicher, während andere dauernd im Hintergrund Daten übertragen oder durch ihre dauernde Aktivität die Akkulaufzeit stark reduzieren. Mit den Android-Bordmitteln lassen sich die größten Übeltäter mit einiger Erfahrung zwar identifizieren, einfacher geht es aber mit dem kostenlosen Programm AVG Uninstaller.

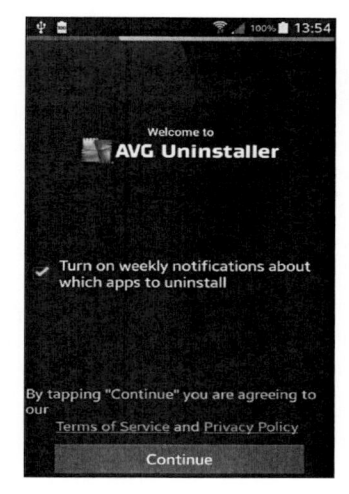

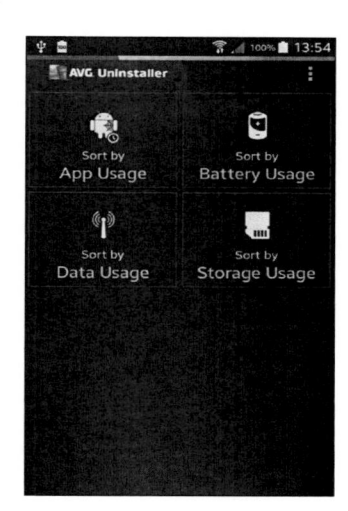

❶❷ Laden Sie den *AVG Uninstaller* von AVG Mobile aus dem Play Store und starten Sie ihn. Betätigen Sie dann *Continue*. Der AVG Uninstaller erfasst permanent im Hintergrund die Nutzungsdaten und liefert erst nach 72 Stunden eine Empfehlung. Solange sollten Sie das Android-Gerät ganz normal nutzen.

❸ Die Schaltleisten:

- *App Usage*: Nutzungsdauer
- *Battery Usage*: Akkuverbrauch in Prozent
- *Data Usage*: Übertragene Datenmenge
- *Storage Usage*: Speicherbrauch

# 25. Google Play Music (Android)

Play Music ist der offizielle MP3-Player von Google.

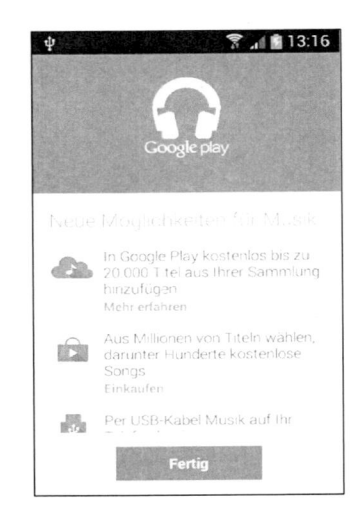

❶ Sie finden *Play Music* im Hauptmenü.

❷❸ Die penetrante Werbung für den kostenlosen Test der Google Music-Flatrate schließen Sie mit *Standard verwenden*. Danach gehen Sie auf *Fertig*.

❶❷ Betätigen Sie jeweils die ☰- beziehungsweise ←-Schaltleiste zum Ausblenden/Einblenden des Klappmenüs (alternativ führen Sie eine horizontale Wischgeste von links nach rechts beziehungsweise umgekehrt durch). Hierin finden Sie die Funktionen:

- *Jetzt anhören*: Der MP3-Player schlägt, basierend auf den bisher abgespielten Titeln, den nächsten Song vor. Die Songvorschläge werden mit der Zeit dann immer genauer.

- *Meine Musik*: Die Songs auf Ihrem Gerät.

- *Playlists*: Weisen Sie Songs, die Sie nacheinander anhören möchten, den Playlists zu. Siehe Kapitel *8.4 Playlists*.

- *Schnellmixe*: Basierend auf Ihren Lieblingssongs erstellt das Handy automatisch eine Playlist.

- *Einkaufen*: Weitere Songs im Play Store erwerben.

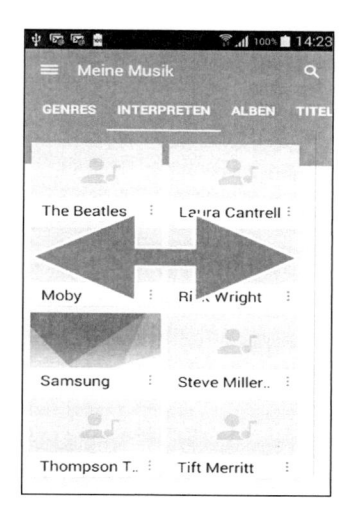

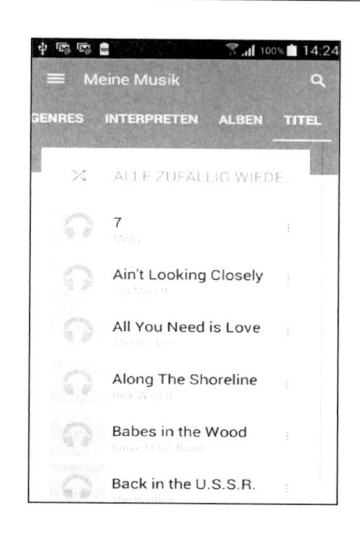

❶ Gehen Sie im Ausklappmenü auf *Meine Musik*.

❷ Der MP3-Player ordnet alle Songs automatisch den Kategorien *GENRES, INTERPRETEN, ALBEN* und *TITEL* zu. Zwischen den Kategorien wechseln Sie mit einer Wischgeste. Falls Sie alle Songs auflisten möchten, gehen Sie auf *TITEL*.

> Für die Zuordnung nach Interpret, Alben und Genres und wertet der MP3-Player das sogenannte MP3-ID-Tag (siehe *de.wikipedia.org/wiki/ID3-Tag*) in den MP3-Dateien aus. Beachten Sie, dass sehr häufig die MP3-ID-Tags falsch oder überhaupt nicht ausgefüllt sind. Man sollte sich daher nicht auf deren Richtigkeit verlassen.

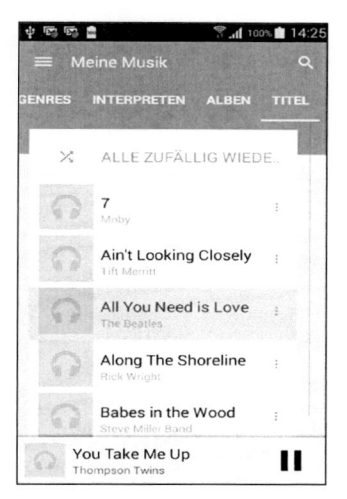

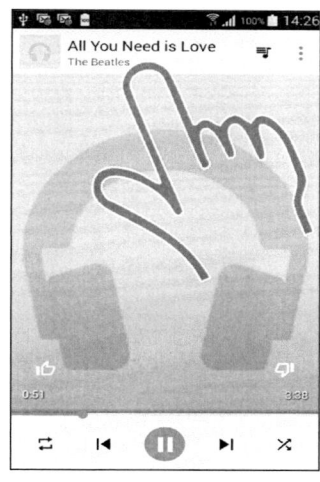

❶ Tippen Sie in der Auflistung im *TITEL*-Register einen Song an, der dann abgespielt wird.

❷❸ Über die Schaltleiste am unteren Bildschirmrand (Pfeil) springen Sie jederzeit in den Wiedergabebildschirm. Zur Titelauflistung gelangen Sie dann wieder mit der ⤺-Taste, alternativ geschieht dies auch über Antippen des Song-Titels am oberen linken Bildschirmrand.

❶❷ Das mit ⋮ in der Titelauflistung bei einem Song aktivierbare Popup-Menü:

- *Schnellmix starten:* Stellt eine Abspielliste aus ähnlich klingenden Songs zusammen.
- *Als nächsten Titel spielen*: Das Lied landet in der Warteliste und wird als Nächstes gespielt.
- *In die Wiedergabeliste*: Fügt das Lied am Ende der Warteliste hinzu.
- *Zu Playlist hinzufügen*: Wird bereits im Kapitel *8.4 Playlists* beschrieben.
- *Interpreten aufrufen*: Alle Songs des Interpreten beziehungsweise der Band auflisten.
- *Album aufrufen*: Das zugehörige Album anzeigen.
- *Löschen*: Entfernt die Songdatei aus dem Speicher.
- *Artikel dieses Musikers*: Startet eine Song-Suche im Google Play Store.

Der Menüpunkt *Schnellmix starten* ist nur bei Songs verfügbar, die bei Google hochgeladen wurden (siehe Kapitel *8.5 Kauf von Songs oder Alben*).

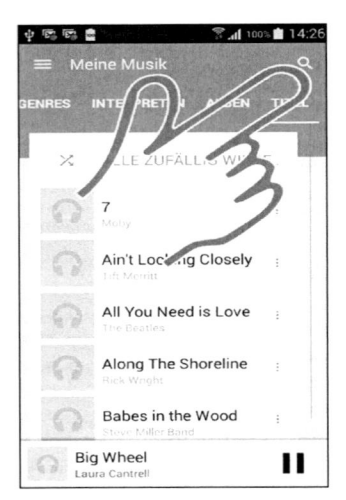

❶❷ Führt eine Suche durch. Schon während der Eingabe zeigt das Handy dabei die Fundstellen sortiert nach Interpreten, Alben und Titel an. Tippen Sie einen Eintrag an, den Sie anzeigen, beziehungsweise abspielen möchten. Die Suche beenden Sie mit der ⤺-Taste.

## 25.1 Der Wiedergabebildschirm

❶❷ Antippen des Musiktitels am unteren Bildschirmrand bringt Sie in den Wiedergabebildschirm.

Tippen Sie in einen beliebigen Bereich des Fortschrittsbalkens (Pfeil), wenn Sie zu einem bestimmten Punkt im abgespielten Song springen möchten.

Weitere Funktionen:

- ⏮/⏭: Zum vorherigen/nächsten Titel springen (dies ist auch über eine Wischgeste nach links oder rechts möglich).
- ▶ / ⏸ : Starten/Pausieren der Wiedergabe.

Am unteren Bildschirmrand befinden sich folgende Schaltleisten (tippen Sie den Bildschirm an, falls sie ausgeblendet sind):

- 🔁: Alle Songs in der Wiedergabeliste nach dem Durchlaufen erneut abspielen. Tippen Sie diese Schaltleiste erneut an, wird nur immer der aktuelle Song wiederholt.
- 🔀: Zufällige Wiedergabe der Songs aus der aktuellen Wiedergabeliste.

In einigen Fällen zeigt der MP3-Player auch Albenfotos an, die in den MP3-Songs eingebettet sind.

Das ⋮-Menü:

- *Schnellmix starten*: Der Schnellmix ist eine automatisch vom Handy erstellte Playlist, die anhand des Musiktyps des markierten Songs erstellt wird.
- *Zu Playlist hinzufügen*: Wird bereits im Kapitel *8.4 Playlists* beschrieben.
- *Interpreten aufrufen*: Alle Songs des Interpreten beziehungsweise der Band auflisten.
- *Album aufrufen*: Das zugehörige Album anzeigen.
- *Wiedergabeliste leeren; Wiedergabeliste speichern*: In der Titelliste können Sie sich über das Popup-Menü den nächsten abzuspielenden Song in eine Warteschlange übernehmen, die Sie hiermit wieder löschen. Siehe auch Kapitel *8.3.1 Wiedergabeliste*.

## 25.1.1 Warteschlange

Die Warteschlange bestimmt, welcher Song aus der Titelliste (beziehungsweise einer Playlist) als jeweils nächster abgespielt wird.

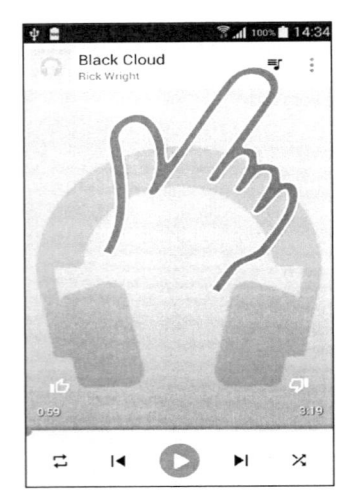

❶ Auf die Warteschlange schalten Sie mit der ≡♪-Schaltleiste (Pfeil) um.

❷ Tippen Sie den Finger auf die »Noppen« vor einem Song und ziehen Sie den Song nach oben oder unten, um die Abspielreihenfolge zu ändern. Dies bedarf etwas Geschicklichkeit, denn Sie dürfen den Finger nicht angedrückt lassen, weil Sie sonst den Song auswählen. Der oberste Song in der Liste wird jeweils als nächster gespielt.

In den Abspielbildschirm kehren Sie über die ⤺-Taste zurück.

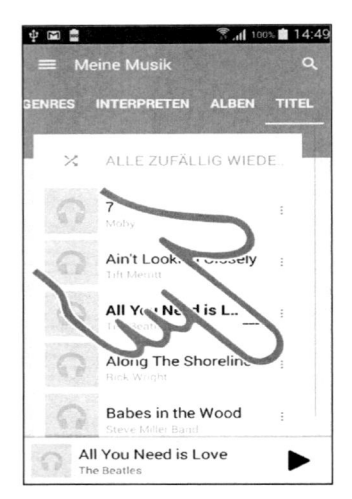

❶❷ Auch in der Titelliste, der Alben-, Genre- und Interpreten-Auflistung ist es möglich, über ⋮/*In die Wiedergabeliste* die jeweiligen Songs auf die Warteschlange zu setzen.

## 25.2 Playlists

Wenn mehrere Hundert Songs auf dem Handy/Tablet vorhanden sind, wird es mühselig, sich die abzuspielenden Songs herauszusuchen. Abhilfe schaffen die Wiedergabelisten (»Playlists«), denen man einfach einmalig die Songs zuordnet.

Google Play Music (Android)

## 25.2.1 Playlist erstellen

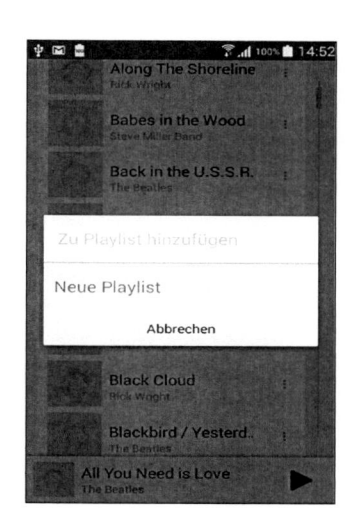

❶ Tippen Sie auf ⋮ hinter einem Titel.

❷ Gehen Sie auf *Zu Playlist hinzufügen*.

❸ Sie können hier eine bereits vorhandene Playlist auswählen, in unserem Fall möchten wir aber eine weitere Playlist anlegen, was über *Neue Playlist* geschieht.

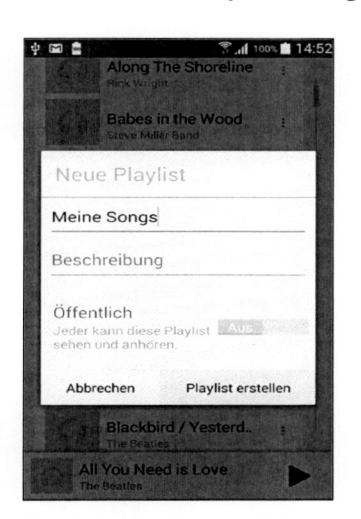

❶ Geben Sie den Namen der Wiedergabeliste ein und betätigen Sie *Playlist erstellen* (Tastenfeld eventuell vorher mit der ⤺-Taste schließen).

❷❸ Im Folgenden können Sie nun einzelne Songs über ⋮/*Zu Playlist hinzufügen* der neu erzeugten Playlist hinzufügen.

> Das Hinzufügen von mehreren Songs ist über das *Alben* oder *Interpreten*-Register möglich.
>
> Es ist leider nicht vorgesehen, in der Titelliste mehrere Songs auf einmal zu markieren, die man dann der Playlist hinzufügt.

## 25.2.2 Playlist nutzen

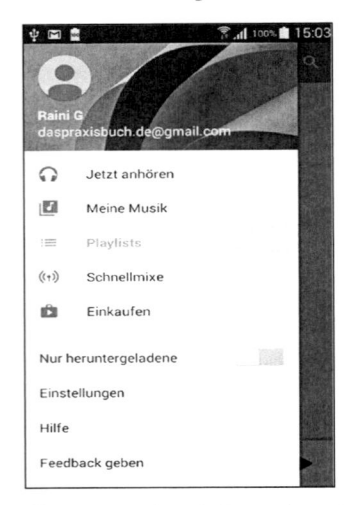

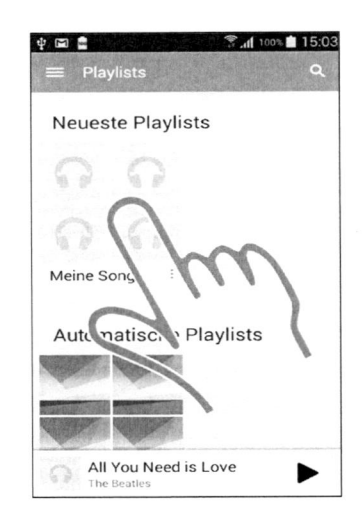

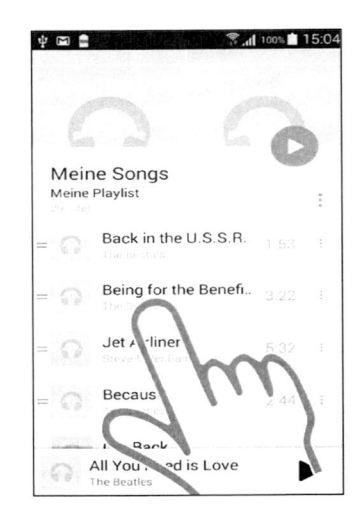

❶ Zum Abspielen einer Playlist aktivieren Sie das Ausklappmenü und rufen *Playlists* auf.

❷ Tippen Sie die Wiedergabeliste kurz an.

❸ Tippen Sie dann einen beliebigen Song in der Liste zum Start der Wiedergabe an.

## 25.2.3 Playlist bearbeiten

❶❷ Das Löschen einer Playlist erfolgt über ⋮/*Löschen* (Pfeil). Es verschwindet nur die Playlist, während die darin vormals enthaltenen Songs natürlich im Gerätespeicher erhalten bleiben.

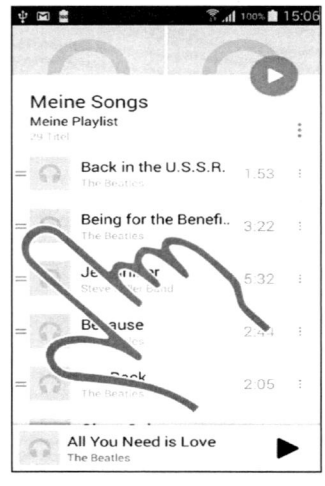

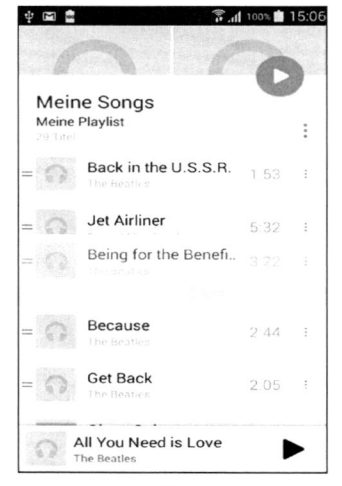

❶❷ So ändern Sie die Abspielreihenfolge: Öffnen Sie die Playlist. Halten Sie den Finger links neben einem Songtitel und ziehen Sie mit dem Finger nach oben/unten (ohne Verzögerung nach oben/unten ziehen). Nach dem Loslassen wird der Song an der gewünschten Position eingeordnet.

## 25.3 Wiedergabe im Hintergrund

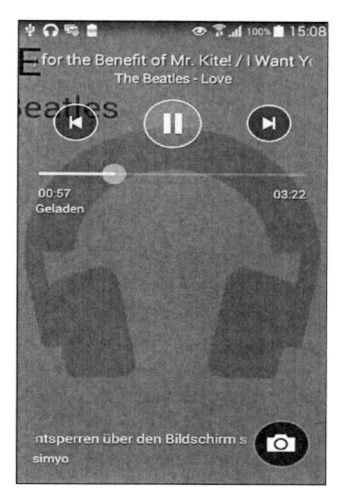

❶ Während der Wiedergabe muss der MP3-Player nicht unbedingt im Vordergrund laufen: Betätigen Sie die ⌷-Taste (unterhalb des Displays), so läuft die Wiedergabe weiter und in der Titelleiste weist ein ⇧ (Pfeil) auf die aktive Wiedergabe hin.

❷ Ein Steuerfeld erhalten Sie nach Öffnen des Benachrichtigungsfelds (mit einem angedrückten Finger von oben außerhalb des Displays nach unten ziehen) angezeigt. Dort tippen Sie auf den Songtitel für den Abspielbildschirm.

❸ Die Musikwiedergabe lässt sich auch bei aktiver Bildschirmsperre steuern.

## 25.4 Der Google Play Music-Dienst

Google Play Music ist eine Musikplattform, über die man seine Musiksammlung als »Stream« anhören kann. Beim sogenannten »streaming« erfolgt die Wiedergabe direkt aus dem Internet, ohne dass der abgespielte Song lokal auf dem Gerät gespeichert wird. Ein Vorteil des Streamings ist die zentrale Ablage aller Songs auf einem Server, wobei die Wiedergabe auf jedem beliebigen Endgerät, vom PC bis zum Handy möglich ist – es wird nur eine Internetverbindung benötigt, die noch nicht einmal besonders schnell sein muss.

Im Prinzip funktioniert Google Music wie der Konkurrent Apple iTunes, mit dem Unterschied, dass die meisten Anwender ihre eigenen Songs (bis zu 50.000) selbst bei Google Music hochladen. Weitere Songs oder Alben können über die Website von Google Music oder über eine Android-Anwendung erworben werden. Ein Kopieren Ihrer gekauften oder von Ihnen selbst hochgeladenen Songs ist nicht vorgesehen, das heißt, für die Wiedergabe benötigt man auf jeden Fall ein Android-Gerät oder einen Webbrowser, über den man die Google Play-Oberfläche aufruft.

Falls Sie Ihre Musik nicht nur auf dem Handy oder Tablet abspielen möchten, sondern auch ganz klassisch von CD, sollten Sie auf Google Play Music verzichten, denn es ist offiziell keine Möglichkeit vorgesehen, die einmal im Google Play Store gekaufte, beziehungsweise selbst hochgeladene Musik wieder herunterzuladen, um Sie beispielsweise auf eine CD zu brennen. Im Internet sind allerdings bereits einige mehr oder weniger illegale »Hacks« zu finden, mit denen man dies trotzdem auf relativ unbequeme Art und Weise schafft.

## 25.4.1 Erste Einrichtung

Wie bereits zuvor erwähnt, muss man in der Play Music-Anwendung zwischen den lokal auf dem Gerät vorhandenen Songs (die man beispielsweise über eine USB-Verbindung vom PC auf das Gerät kopiert hat) und den auf Google-Servern liegenden Songs unterscheiden. Letztere sind Ihrem Google-Konto gespeichert. Sofern Sie mehrere Google-Konten auf dem Handy/Tablet nutzen, sollten Sie deshalb darauf achten, immer das gleiche Google-Konto für den Upload eigener Songs, beziehungsweise den Kauf von Songs/Alben zu verwenden.

Beim ersten Aufruf der Play Music-Anwendung erfolgte bereits eine Abfrage, welches Google-Konto Sie verwenden möchten.

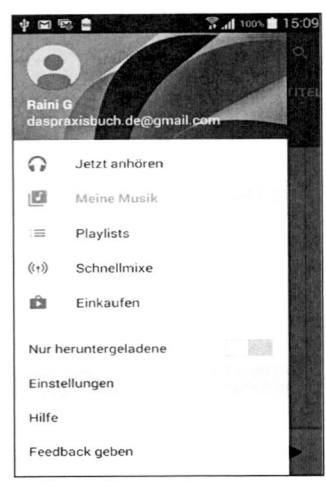

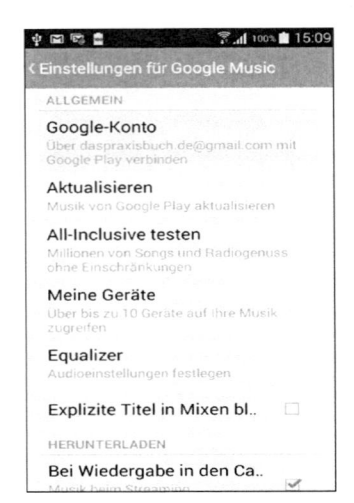

❶❷ Sofern Sie mehrere Google-Konten auf dem Handy/Tablet gleichzeitig nutzen, sollten Sie zuerst das gerade eingestellte Konto überprüfen. Dazu gehen Sie auf *EINSTELLUNGEN* im Ausklappmenü und stellen unter *Google-Konto* das Konto ein.

## 25.4.2 Kauf von Songs oder Alben

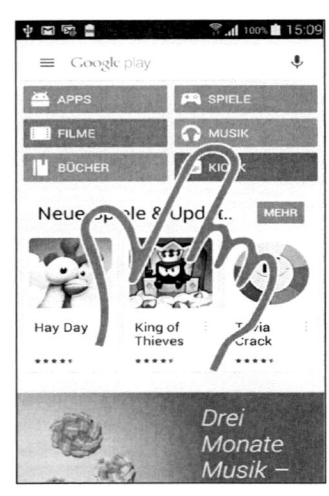

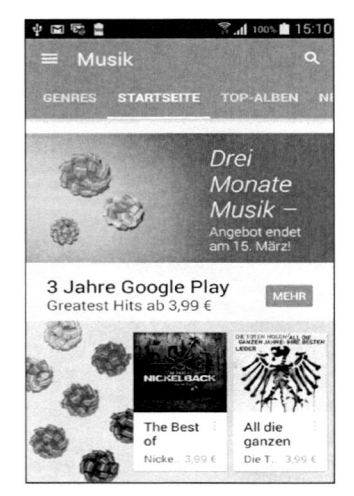

❶❷ Der Musikverkauf findet im Play Store statt (siehe Kapitel *24 Programmverwaltung (Android)*). Alternativ erwerben Sie die Songs über die Webadresse *play.google.com* auf dem PC-Browser.

## 25.4.3 Play Music in der Praxis

In der Play Music-Anwendung werden die lokal auf dem Gerät und auf dem Google Music-Server vorhandenen Songs zusammen aufgelistet. Auch in der Google Play Music-Webseite angelegte Playlists sind hier verfügbar. Von der Bedienung her werden Sie keinen Unterschied zu den ab

Kapitel *25 Google Play Music (Android)* beschriebenen Funktionen bemerken.

❶ Damit Sie auf die gestreamten Songs Zugriff haben, muss im Ausklappmenü der Eintrag *Nur heruntergeladene* deaktiviert sein.

❷ Verlieren Sie die Internetverbindung, so erscheinen alle nur online vorhandenen Songs ausgegraut und der Abspielbildschirm zeigt gegebenenfalls einen Hinweis.

> Beachten Sie, dass Google Music nur immer von einem Gerät aus nutzbar ist. Wenn Sie beispielsweise gleichzeitig die Google Play Music-Weboberfläche aktiv haben, pausiert dort die Wiedergabe und ein Hinweis erscheint.

So blenden Sie die Google Music-Songs in der Play Music-Anwendung aus: Aktivieren Sie im Ausklappmenü den Eintrag *Nur Heruntergeladene*.

## 25.4.4 Offline-Nutzung

❶❷ Für den Fall, dass mal keine Internetverbindung zur Verfügung steht, lassen sich Songs auch vorab herunterladen. Aktivieren Sie dafür im *ALBEN*-Register ⋮/*Herunterladen*.

❸ Der Song-Download erfolgt nun automatisch im Hintergrund, was Sie an der Fortschrittsanzeige im Benachrichtigungsfeld nachvollziehen können. In der Titelleiste informiert eine Animation zudem über den gerade durchgeführten Download.

> Um einen Song wieder aus der Liste zu nehmen, müssen Sie, wie zuvor beschrieben, Songs in der *ALBEN*-Ansicht deselektieren.
>
> Die heruntergeladenen Songs landen in einem versteckten Speicherbereich, auf den man keinen Zugriff hat. Es ist also nicht möglich, die Songs auf diesem Wege herunterzuladen, um sie dann beispielsweise für anderweitige Verwendung auf einen PC zu kopieren.

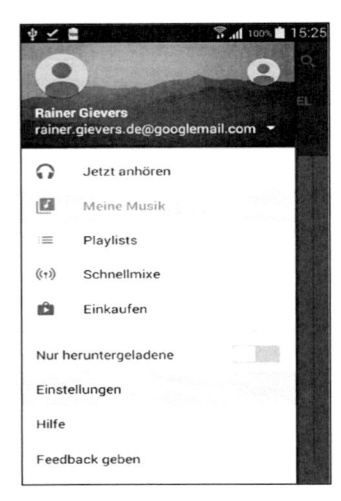

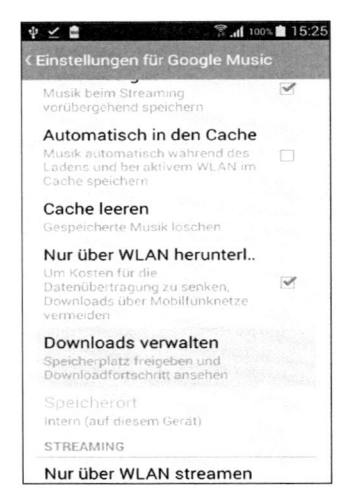

❶ So löschen Sie die heruntergeladenen Songs: Rufen Sie das Ausklappmenü auf und gehen Sie auf *Einstellungen*.

❷ Wählen Sie *Downloads verwalten*.

❸ Betätigen Sie jeweils die orangefarbene Schaltleiste hinter dem Albumtitel und in der Sicherheitsabfrage *Entfernen*, um die Songs zu löschen. Songs, die Sie von Hand auf das Gerät kopiert hatten bleiben übrigens erhalten.

## 25.4.5 Streaming-Einstellungen

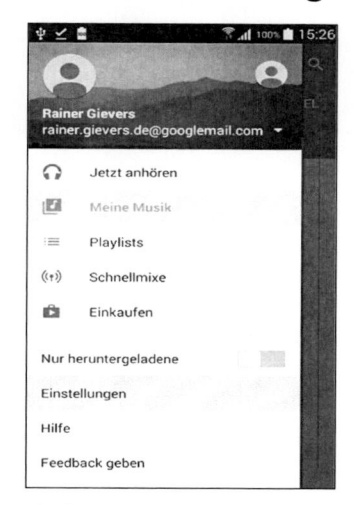

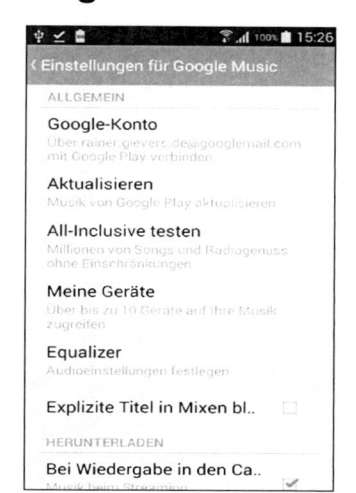

❶❷ *Einstellungen* im Ausklappmenü konfiguriert:

Unter *ALLGEMEIN*:

- *Google-Konto:* Mit diesem Konto ist Google Music verknüpft.

- *Aktualisieren*: Falls Sie in Ihrem Google-Konto neue Songs vorliegen haben (seien sie gekauft oder vom PC aus hochgeladen), können Sie hiermit die Songliste aktualisieren.

- *All-Inclusive testen:* Kostenpflichtige Streaming-Flatrate kostenlos testen.

- *Meine Geräte*: Verwaltet die von Ihnen für die Musikwiedergabe verwendeten Geräte. Im Normalfall werden Sie dieses Menü nie benötigen.

- *Equalizer*: Klangverbesserung durch Änderung des Frequenzbandes.

- *Explizite Titel in Mixen blockieren*: Wenn Sie den Schnellmix nutzen, werden nicht jugendfreie Titel übersprungen.

Unter *HERUNTERLADEN:*

- *Bei Wiedergabe in den Cache*: Google Music speichert gestreamte Songs zwischen, sodass auch kurze Unterbrechungen der Internetverbindung keinen Einfluss haben.

- *Automatisch in den Cache*: Getreamte Musik wird von Google Music automatisch auf dem Gerät gespeichert.

- *Cache leeren*: Beim Streaming zwischengespeicherte Songdaten aus dem Speicher entfernen.

- *Nur über WLAN herunterladen:* Musikstreaming erfolgt nur bei einer vorhandenen WLAN-Verbindung.

- *Downloads verwalten*: Listet die gerade heruntergeladenen Songs auf, die Sie, wie im Kapitel *25.4.4 Offline-Nutzung* beschrieben, offline auf dem Gerät verfügbar machen.

- *Speicherort*: Wählen Sie zwischem Gerätespeicher und eingelegter Speicherkarte als Speicherort für die heruntergeladenen Songdaten.

Unter *STREAMING*:

- *Nur über WLAN streamen*: Von Ihnen zum Download markierte Songs (siehe Kapitel *25.4.4 Offline-Nutzung*) werden nur bei vorhandener WLAN-Verbindung heruntergeladen.

- *Qualität für Streaming über Mobilfunknetz*: Normalerweise passt der MP3-Player die Datenrate beim Streamen an die Geschwindigkeit des Internetzugangs an. Aktivieren Sie *Hohe Qualität streamen*, wenn Sie keine Kompromisse bei der Klangqualität akzeptieren –

Sie müssen sich aber dann darauf einrichten, dass es ab und zu Aussetzer bei der Wiedergabe gibt, weil der Player erst wieder den Datenpuffer füllt.

## 25.5 Welcher Song ist das?

Sie kennen sicher das Problem, ab und zu im Radio, TV, Kaufhaus oder Club einen unbekannten Song zu hören, der Ihnen gefällt. Den Songtitel herauszufinden gestaltete sich dann schwierig. Als Problemlösung bietet sich eine Automatik an, die anhand eines mitgehörten Ausschnitts Interpret, Titel und Album ermittelt.

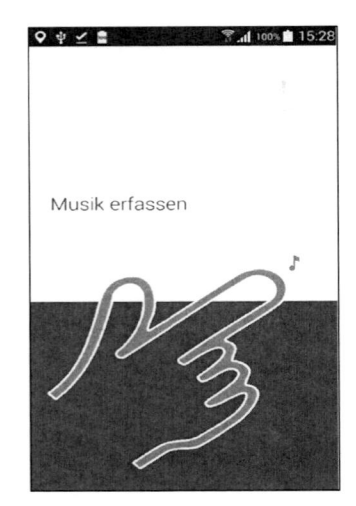

❶ Betätigen Sie – während die Musik gespielt wird – die 🎤-Schaltleiste unten links im Google-Such-Widget (Pfeil) des Startbildschirms.

❷ Tippen Sie dann auf das Notensymbol (Pfeil).

❸ Google analysiert nun die Musik und zeigt den Songtitel und Interpreten an. Tippen Sie *Google Play* an, um den Song oder das zugehörige Album im Play Store zu kaufen.

# 26. Google Notizen (Android)

Google Notizen ist ein elektronisches Notizbuch. Ihre darin verwalteten Texte, Bilder und Audioaufnahmen werden automatisch in Ihrem Google-Konto abgelegt und stehen dann auch auf anderen Android-Geräten zur Verfügung. Natürlich haben Sie auch über einen PC-Webbrowser unter der Webadresse *drive.google.com/keep* auf Ihre Notizen Zugriff.

Eine Besonderheit von Google Notizen ist die Möglichkeit, Notizen für die Wiedervorlage einzurichten:

- *Uhrzeiterinnerung*: Zu einer bestimmten Tageszeit (Morgens, Nachmittags, Spätnachmittags, Abends) oder zu einer exakten Uhrzeit weist Sie das Programm auf die fällige Notiz hin.

- *Standorterinnerung*: Alternativ weisen Sie Ihrer Notiz einen Standort zu. Sobald Sie diesen besuchen, werden Sie alarmiert. Beispielsweise können Sie einer Einkaufsliste den Namen und Standort eines Supermarkts eingeben und Google Notizen informiert Sie über die Notiz, sobald Sie sich dem Supermarkt nähern.

❶ Suchen Sie *Google Notizen* im Play Store und installieren Sie es.

❷❸ Google Keep arbeitet mit einem Ausklappmenü, das Sie mit einer horizontalen Wischgeste nach rechts öffnen beziehungsweise mit einer Wischgeste nach links wieder schließen. Sie finden darin die Einträge *Notizen, Erinnerungen, Archiv* und *Papierkorb*:

- *Notizen* ist Ihr Arbeitsbereich, in dem Sie alles sammeln, was gerade aktuell ist oder noch abgearbeitet werden muss.

- Wenn Sie eine Notiz nicht mehr benötigen, können Sie sie in das *Archiv* verschieben.

- *Erinnerungen*: Hier finden Sie alle Notizen, die von Ihnen mit einer zeitlichen oder örtlichen Erinnerung versehen wurden.

- *Papierkorb*: Gelöschte Notizen landen für einige Zeit im Papierkorb, aus dem Sie sie gegebenenfalls wieder »retten« können.

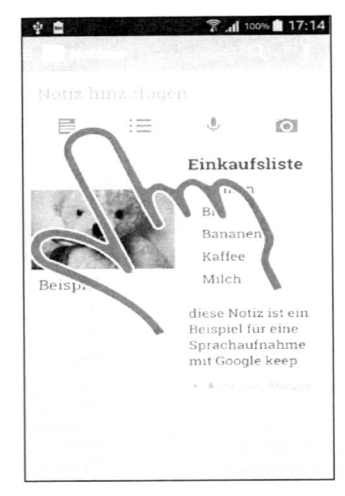

❶ Tippen Sie zur Notizerstellung auf eine der Schaltflächen:

- 🗐: Notiz
- ≡: Listeneintrag
- 🎤: Sprachaufnahme
- 📷: Foto

❷❸ Beispiel für eine Sprachaufnahme. Für eine Benachrichtigung tippen Sie auf *Erinnern*. Anschließend können Sie entweder eine *Uhrzeiterinnerung* oder *Standorterinnerung* festlegen.

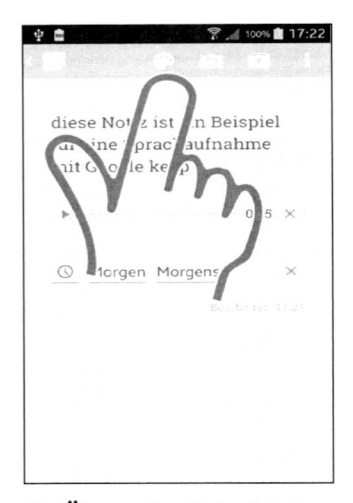

❶ Über die Schaltleisten am oberen Bildschirmrand (Pfeil) ändern Sie die Hintergrundfarbe der Notiz, fügen ein Foto hinzu oder verschieben die Notiz ins Archiv.

❷ Das ⋮-Menü:

- *Löschen*: Notiz entfernen.
- *Kopie erstellen*
- *Teilen*: Notiz über E-Mail, Bluetooth, usw. versenden. Damit der Empfänger etwas mit Ihrer Notiz anfangen kann, wird die Notiz in ihre Bestandteile (Bild, Audioaufnahme, Text, etc.) zerlegt und diese als einzelne Dateien verschickt.
- *Kontrollkästchen anzeigen; Kontrollkästchen ausblenden*: Abhakkästchen anzeigen/ausblenden. Die Kontrollkästchen können später einzeln in einer Notiz abgehakt werden.

Verlassen Sie den Bearbeitungsbildschirm mit der -Taste, worauf die Notiz gespeichert wird.

❸ Beispiel für einige Notizen.

❶ Sprachnotizen können Sie auch über die eingebaute Spracherkennung des Handys durchführen: Aktivieren Sie die Sprachsteuerung, beispielsweise über die ↯-Taste in der Google-Verknüpfung des Startbildschirms. Sprechen Sie »*Notiz an mich*« und danach den zu speichernden Text.

❷❸ Ihre Spracheingabe wird in Text übersetzt und Sie müssen anschließend im *Notizen* auswählen. Sie finden danach Ihre Sprachnotiz inklusive des daraus übersetzten Texts in der Google Notizen-Anwendung.

# 27. Google Drive (Android)

Bei Google Drive handelt es sich um einen Online-Speicher, worin Sie beliebige Dateien ablegen. Das Arbeitsprinzip kennen Sie vielleicht schon vom Konkurrenten Dropbox. Google Drive ist mit Ihrem Google-Konto verknüpft.

Beachten Sie, dass Google Drive zwar 15 Gigabyte Online-Speicher zur Verfügung stellt, dieser aber mit allen anderen Google-Diensten wie Google Fotos (siehe Kapitel *30 Google Fotos (Android)*) und Gmail (siehe Kapitel *6 Gmail* geteilt wird.

Die übliche Vorgehensweise:

1. Laden Sie von Ihrem Handy aus beliebige Dateien wie Fotos oder Office-Dokumente in Google Drive hoch.
2. Der Zugriff auf die Dateien lässt sich anschließend für andere Nutzer freigeben.
3. Über eine Weboberfläche (*drive.google.com*) ist auch die Dateiverwaltung über einen PC-Webbrowser möglich. Dort können Sie auch ein PC-Programm herunterladen, das Ihnen die Arbeit mit Google Drive erleichtert.

Zusätzlich unterstützt Google Docs das Erstellen und Bearbeiten von Microsoft Office-Dateien (Word, Excel und PowerPoint). Dies geschieht über die Zusatzprogramme Google Docs (Word-Dateien), Google Sheets (Excel-Tabellendateien) und Google Slides (PowerPoint-Präsentationsdateien). Google Drive ist sehr umfangreich, weshalb wir hier nur auf die interessantesten Funktionen eingehen können.

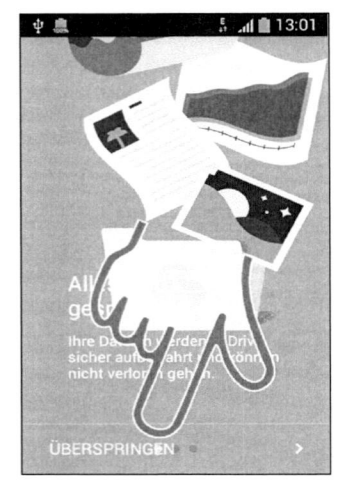

❶ Starten Sie *Google Drive* aus dem Hauptmenü.

❷❸ Anschließend gehen Sie beim ersten Start auf *ÜBERSPRINGEN* und schließen auch den Hinweis mit *OK*.

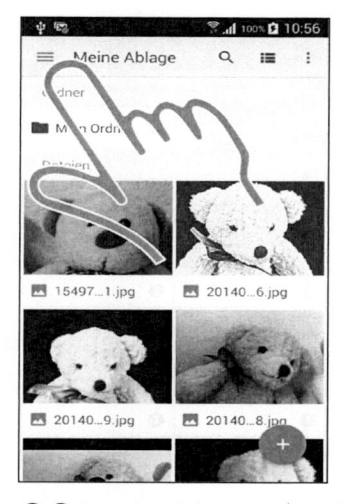

❶❷ Im Ausklappmenü finden Sie die Funktionen:

- *Meine Ablage*: Alle von Ihnen in Google Drive erstellten Office-Dokumente, sowie hochgeladene Dateien.

- *Neu hinzugekommen*: Dateien anderer Google Drive-Nutzer, die Ihnen den Zugriff gestatten.

- *Markiert*: Von Ihnen als Favoriten markierte Dateien, beispielsweise weil Sie sie häufig nutzen.

- *Zuletzt geöffnet*: Dateien auf die Sie zuletzt zugegriffen haben (Zugriffsverlauf).

- *Auf dem Gerät*: Aus Google Drive heruntergeladene Dateien. Sie haben darauf auch offline – also ohne Internetverbindung – Zugriff.

- *Uploads*: Listet die zuletzt in Google Drive hochgeladenen Dateien auf.

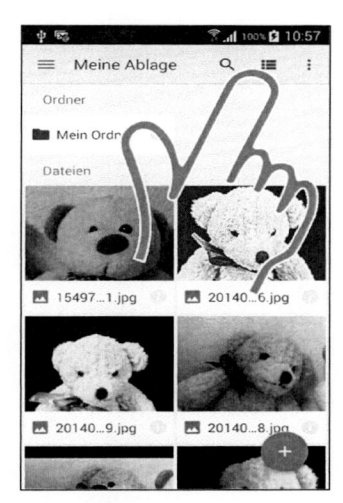

❶❷ ▦ (Pfeil) schaltet zwischen der Listenansicht und Vorschauansicht um.

## 27.1 Dateien bei Google Drive hochladen

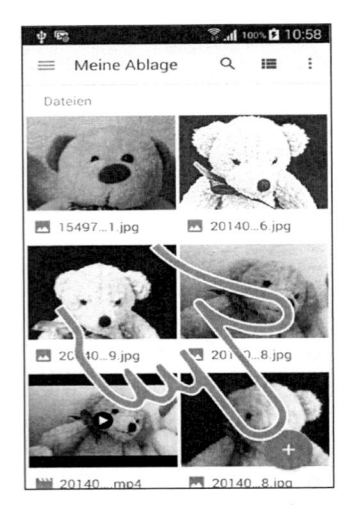

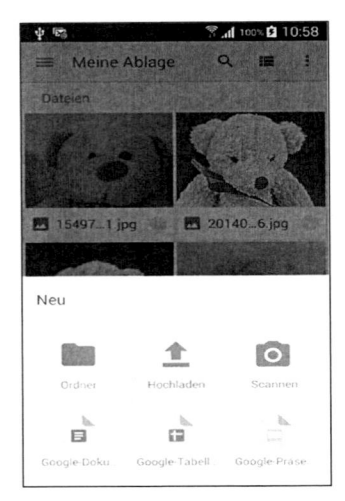

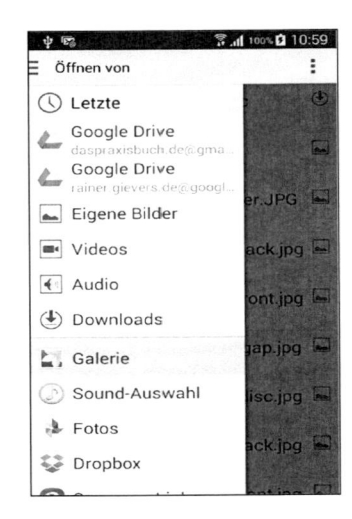

❶❷ Gehen Sie auf + (Pfeil) und dann auf *Hochladen*.

❸ In unserem Beispiel möchten wir einige Fotos hochladen, weshalb wir *Galerie* auswählen.

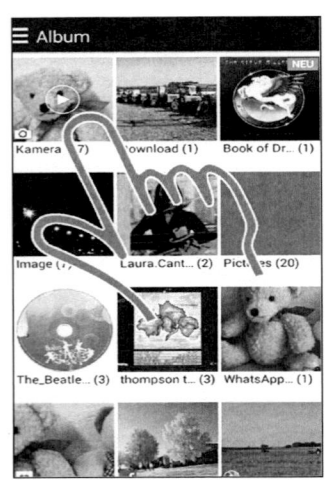

❶ Tippen Sie dann zuerst ein Album und dann ein Foto an, welches daraufhin in Google Drive hochgeladen wird.

❷ Im Benachrichtigungsfeld finden Sie eine Erfolgmeldung: *1 Datei hochgeladen*.

❸ Das hochgeladene Foto erscheint in *Uploads* beziehungsweise *Meine Ablage*.

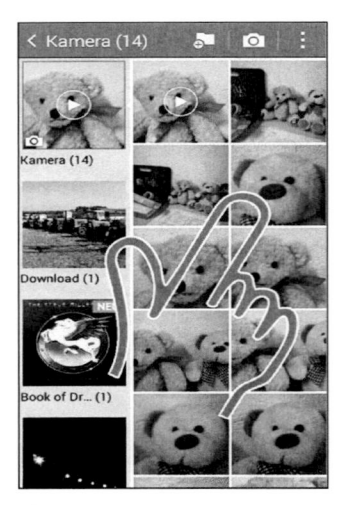

❶ Möchten Sie mehrere Dateien, in diesem Beispiel Fotos, bei Google Drive hochladen, dann empfehlen wir, die jeweils zuständige Anwendung zu bemühen. Starten Sie die *Galerie*-Anwendung aus dem Hauptmenü. Hier tippen und halten Sie den Finger über dem ersten zu markierenden Foto, das dann ein Häckchen erhält. Markieren Sie anschließend weitere Fotos durch kurzes Antippen.

❷ Das Hochladen erfolgt über ◁/*Google Drive*.

❸ Wählen Sie zum Schluss noch das Google-Konto (nur wenn Sie Google Drive mit mehreren Google-Konten nutzen) und den Zielordner bei Google Drive aus.

## 27.2 Ordner

Sofern Sie vorhaben, intensiven Gebrauch von Google Drive zu machen, empfehlen wir Ihnen, Ihre Dateien in Ordnern zu verwalten. Sonst wird es doch recht unübersichtlich in der Anwendung. Sinnvollerweise dürfen Sie auch Unterordner anlegen.

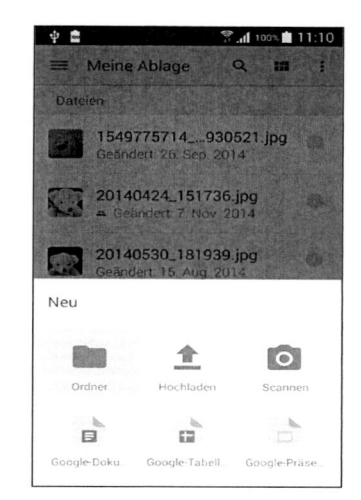

❶❷ Betätigen Sie **+** und dann auf *Ordner*.

❸ Anschließend geben Sie einen Ordnernamen ein.

❶❷ Sie befinden sich danach im neu angelegten Ordner. Aktivieren Sie das Ausklappmenü und gehen darin auf *Meine Ablage*, um in den Hauptbildschirm zurückzukehren.

❸ Tippen Sie im Hauptbildschirm einen Ordner an, dessen Inhalt Sie ansehen/bearbeiten möchten.

## 27.3 Office-Datei erstellen

Google bietet Programme an, mit denen Sie Office-Dokumente auf dem Gerät, aber auch in Google Drive hochgeladene Office-Dateien bearbeiten können. Unterstützt werden dabei die Microsoft-Dateiformate Word, Excel und PowerPoint.

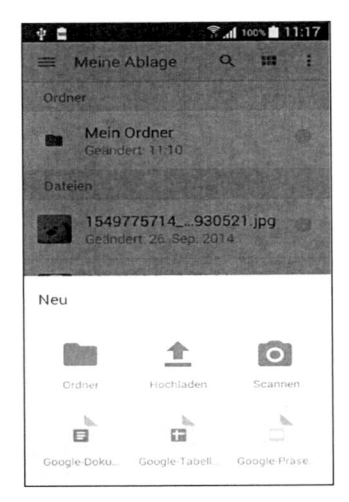

❶❷ Gehen Sie auf + und dann auf *Google-Dokument*, *Google-Tabelle* oder *Google-Präsentation*.

❶❷ Die Bearbeitungsfunktionen sind auf dem Handy nicht vorinstalliert. Sie werden daher beim ersten Aufruf aufgefordert, die Installation nachzuholen. Dazu betätigen Sie GOOGLE DOCS beziehungsweise GOOGLE SHEETS oder GOOGLE SLIDES. Betätigen Sie danach AKZEPTIEREN.

❸ Sie müssen nun warten, bis die Installation, deren Fortgang Sie im Benachrichtigungsfeld verfolgen können, abgeschlossen ist.

Google Drive (Android)

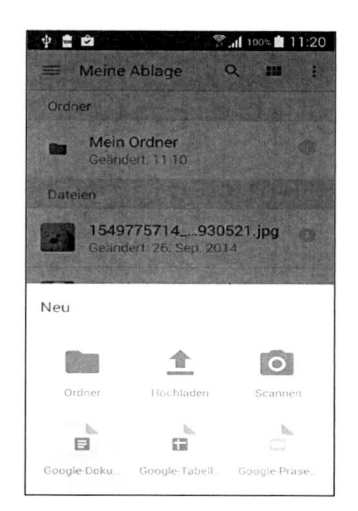

❶❷❸ Gehen Sie erneut in Google Drive auf + und dann auf *Dokument*, worauf Google Docs mit einem leerem Dokument/einer leeren Tabelle startet. Sie befinden Sie im Editor. Nach der Bearbeitung speichern Sie die Datei mit ✓ und finden die Datei unter *Meine Ablage* beziehungsweise *Zuletzt geöffnet* im Ausklappmenü von Google Drive.

> Google Docs, Google Sheets und Google Slides sind eigenständige Anwendungen, die Sie auch aus dem Hauptmenü starten können. Sie brauchen also nicht den Umweg über Google Drive zu nehmen.

## 27.4 Dateien freigeben

Standardmäßig haben nur Sie Zugriff auf Ihre in Google Drive abgelegten Dateien. Sie können aber einzelne Dateien oder ganze Verzeichnisse für Dritte freigeben. Wir empfehlen, die Freigaben über einen PC-Webbrowser unter *drive.google.com* durchzuführen, da die dort angebotenen Funktionen wesentlich leistungsfähiger und einfacher zu handhaben sind.

Die Personen, denen Sie den Zugriff gestatten, werden über ihre E-Mail-Adresse identifiziert. Dabei ist es nicht nötig, dass sie Google-Konto (= Gmail-E-Mail-Adresse) besitzen, müssen dann aber auf einige Komfort-Funktionen verzichten, die man nur mit Google-Konto hat.

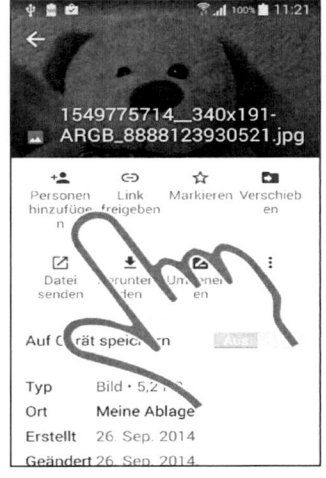

❶ Tippen Sie hinter dem Dateinamen auf ⓘ (Pfeil).

❷ Wischen Sie auf dem Bildschirm nach oben und gehen Sie auf *Personen hinzufügen*.

❸ Erfassen Sie die E-Mail-Adressen von einer oder mehreren Personen, die auf die Datei Zugriff erhalten sollen, stellen Sie darunter die Berechtigungsart ein. Schließen Sie den Dialog mit *HINZUFÜGEN*. Sie können jederzeit weitere E-Mail-Adressen mit unterschiedlichen Berechtigungen hinzufügen.

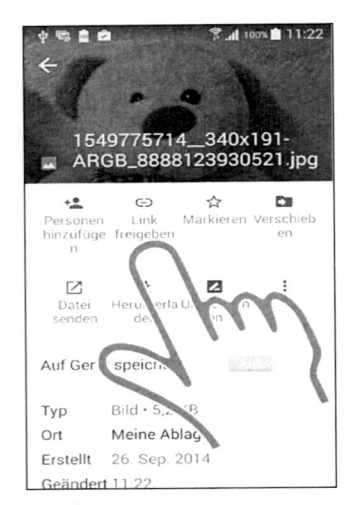

❶ Über *Link freigeben* versenden Sie einen Link, über den sich die Datei abrufen lässt.

❷❸ In unserem Beispiel wählen wir *Gmail*, worauf eine neue Nachricht mit dem Link erzeugt wird.

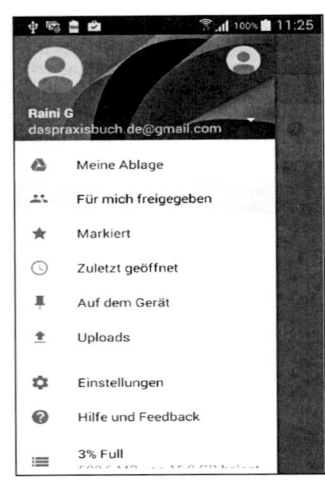

❶❷ Haben Sie eine Person mit Gmail-Adresse hinzufügt, so erscheint die freigegebene Datei in seiner Google Drive-Anwendung unter *Für mich freigeben* im Ausklappmenü. Alle anderen erhalten automatisch per E-Mail eine Webadresse, worunter sie die Datei anzeigen beziehungsweise bearbeiten.

# 28. Google Maps (Android)

Google Maps zeigt nicht nur Straßenkarten, sondern auch Satellitenansichten an und dient als mobiles Navigationsgerät. Beachten Sie, dass Google Maps die Kartenausschnitte jeweils aus dem Internet lädt, also eine WLAN- oder Mobilfunkverbindung bestehen muss.

Google Maps können Sie auch auf dem Desktop-PC im Webbrowser nutzen: Geben Sie dort *maps.google.de* als Webadresse ein.

> Sofern Sie keine Datenflatrate (»Datenvertrag«) in Ihrem Mobilfunkvertrag haben und kein WLAN nutzen, sollten Sie auf die Verwendung von Google Maps verzichten, da schon bei geringer Nutzung mehrere Megabyte an Datenvolumen zusammenkommen.
>
> Tipp: Im Google Play Store (siehe Kapitel *24 Programmverwaltung (Android)*) finden Sie mit »Nokia HERE« eine kostenlose Navigationssoftware, die auch eine Navigation ohne Internetverbindung unterstützt.

## 28.1 Google Maps nutzen

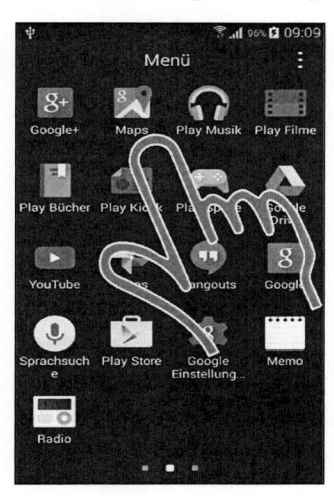

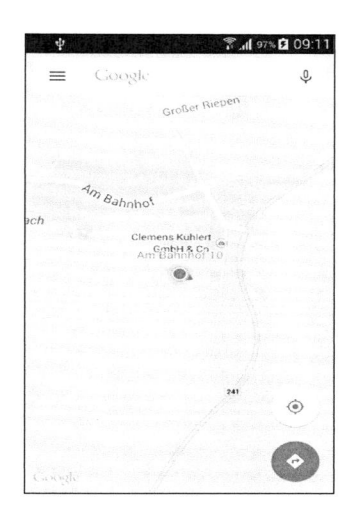

❶ Sie starten das Programm unter *Maps* im Hauptmenü.

❷❸ Betätigen Sie *AKZEPTIEREN UND WEITER* und gegebenenfalls *ANMELDEN* damit das Programm startet.

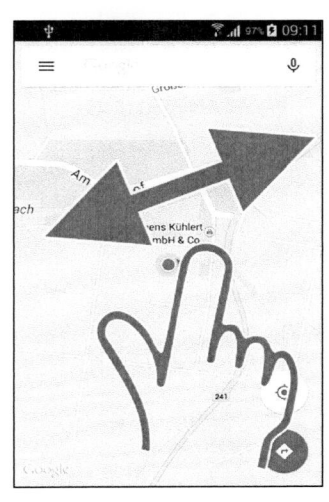

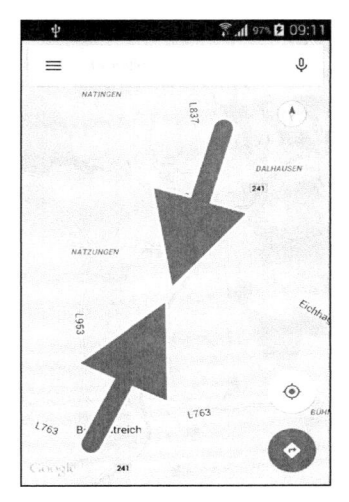

❶ Mit angedrücktem Finger bewegen Sie den angezeigten Kartenausschnitt, der dann aus dem Internet nachgeladen wird.

❷ Zum Vergrößern/Verkleinern des Kartenausschnitts verwenden Sie die »Kneifen«-Geste, bei der Sie den auf dem Display angedrückten Daumen und den Zeigefinger nach außen oder innen ziehen. Auch schnelles zweimaliges Antippen einer Kartenstelle vergrößert die Ansicht.

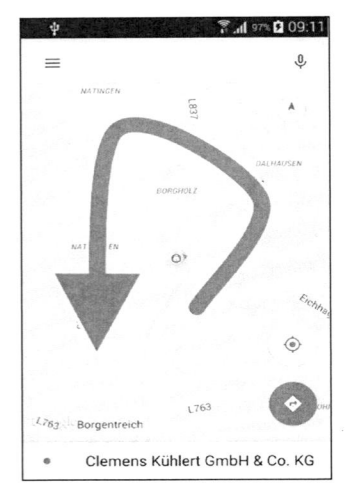

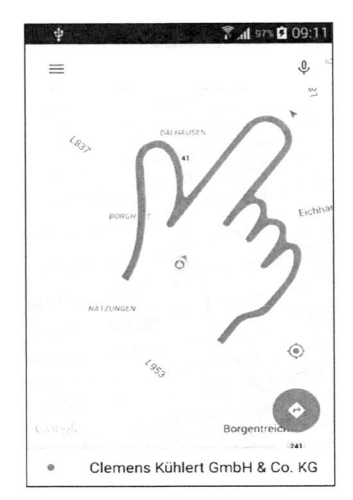

❶ Bei Google Maps ist Norden standardmäßig oben. Fußgänger dürften deshalb die Drehfunktion begrüßen: Tippen Sie mit zwei Fingern, zum Beispiel Daumen und Zeigefinger, auf das Display und drehen Sie beide Finger dann um sich selbst. Der Kartenausschnitt dreht sich mit. Als Fußgänger richten Sie so den Kartenausschnitt genau in Gehrichtung aus.

❷ Eine Kompassnadel oben rechts zeigt nun die Nord/Süd-Achse an. Tippen Sie darauf, richtet sich der Kartenausschnitt wieder nach Norden aus.

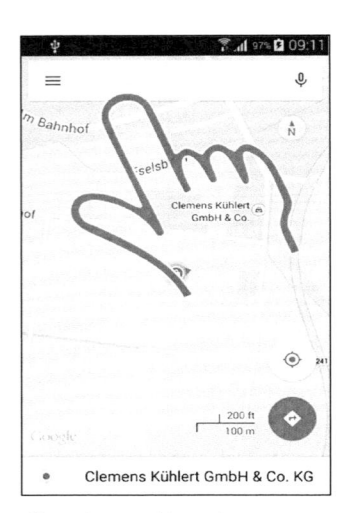

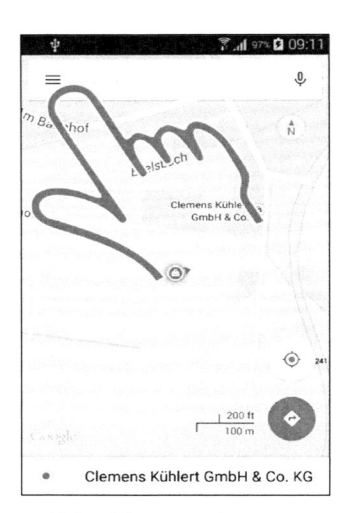

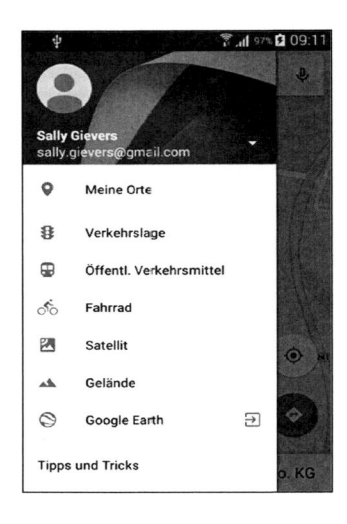

❶ Die Bedienelemente am oberen Bildschirmrand:

- Suchfeld (Pfeil): Nach Orten, Firmen, Adressen oder Sehenswürdigkeiten suchen.
- 🎤 (Sprachsteuerung): Sprechen Sie einen Ort oder einen Point of Interest, nach dem Google Maps suchen soll.
- ⊙ (»Mein Standort«, unten rechts im Bildschirm): Zeigt nach Antippen Ihre vom GPS-Empfänger ermittelte Position auf der Karte an. Dazu muss allerdings der GPS-Empfang (siehe nächstes Kapitel) aktiviert sein.
- ◆ (»Route«, unten rechts im Bildschirm): Plant eine Route und gibt Ihnen eine Wegbeschreibung.

❷❸ Tippen Sie auf ≡ (Pfeil), worauf sich das Ausklappmenü mit weiteren Funktionen öffnet. Zum Schließen des Ausklappmenüs führen Sie eine Wischgeste von rechts nach links durch.

*Meine Orte* verwaltet die von Ihnen als Favoriten markierten Points of Interest, worauf Kapitel

*14.8 Markierungen* noch eingeht.

Mit *Verkehrslage, Öffentl. Verkehrsmittel, Fahrrad, Satellit, usw.* blenden Sie verschiedenen Overlays (»Überlagerungen«) ein. *Google Earth* startet die unter gleichem Namen im Google Play Store erhältliche Anwendung, welche eine über Google Maps hinausgehende 3D-Kartenansicht bietet.

## 28.2 Einstellungen

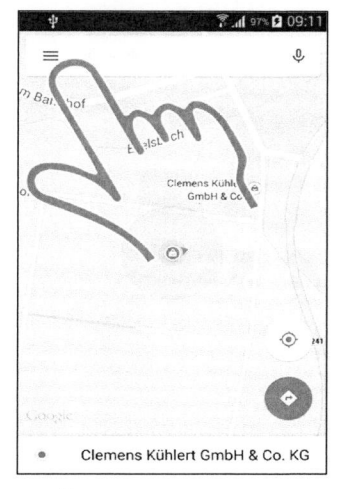

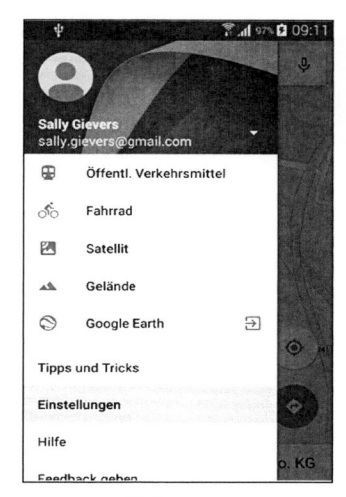

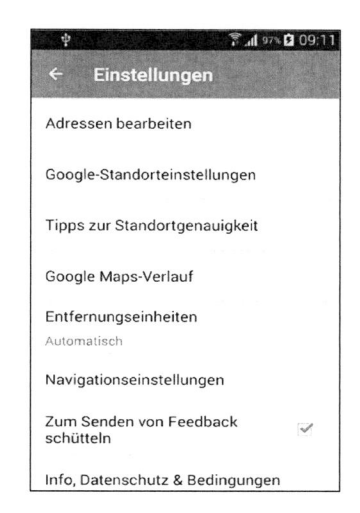

❶ Öffnen Sie das Ausklappmenü über die ☰-Schaltleiste.

❷ Gehen Sie auf *Einstellungen*.

❸ Die verfügbaren Optionen:

- *Adressen bearbeiten*: Geben Sie Ihre Privat- und Geschäftsadresse an, welche von der Navigationsfunktion (siehe Kapitel *14.5 Routenplaner*) ausgewertet wird.

- *Google-Standorteinstellungen*: Diverse Einstellungen für Google Local, auf die Kapitel *14.7 Google Local* eingeht.

- *Tipps zur Standortgenauigkeit*: Sofern das Handy Ihre Position nicht exakt orten kann, gibt das Gerät hier Hinweise.

- *Google Maps-Verlauf*: Listet die von Ihnen in Google Maps aufgerufenen Orte auf.

- *Entfernungseinheiten*: Sie können die Anzeige zwischen Meilen und Kilometer umschalten.

- *Navigationseinstellungen:* Hier können Sie nur über *Karte neigen* festlegen, dass während der Navigation (siehe Kapitel *14.5 Routenplaner*) die Karte leicht geneigt dargestellt wird.

- *Feedback geben; Zum Senden von Feedback schütteln*: Falls Sie Verbesserungsvorschläge haben oder auf einen Programmfehler stoßen, können Sie ihn den Entwicklern melden.

## 28.3 GPS-Empfang aktivieren

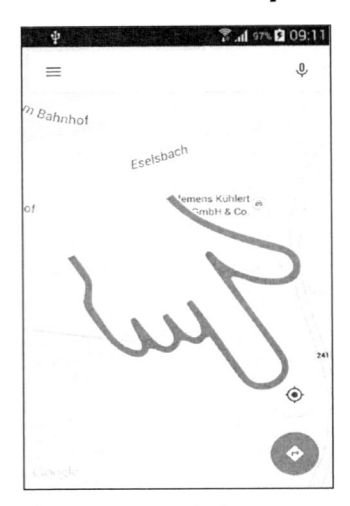

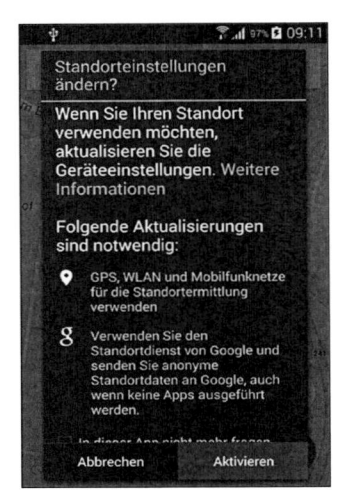

❶ Viele Funktionen von Google Maps sind nur mit GPS sinnvoll nutzbar. Starten Sie Google Maps, ohne dass der GPS-Empfang aktiv ist, so erscheint ein Hinweisdialog. Falls dies nicht der Fall ist, betätigen Sie die ◉-Schaltleiste (Pfeil).

❷ Gehen Sie im Dialog auf *Aktivieren*.

## 28.4 Eigene Position

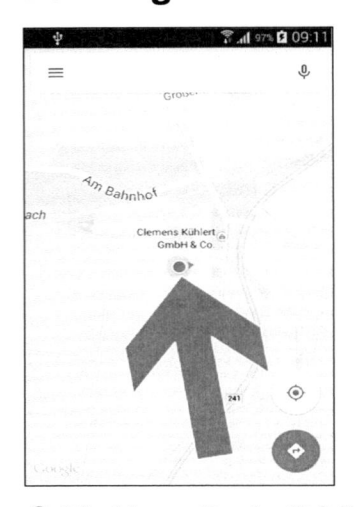

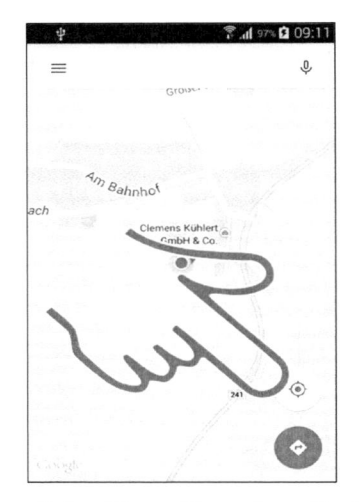

❶ Ein blauer Punkt (Pfeil) zeigt auf der Karte Ihre aktuelle Position an.

❷❸ Über die ◉-Schaltleiste (Pfeil) schalten Sie in den Kompass-Modus, der die Karte immer in Blickrichtung anzeigt. Erneutes Betätigen der ◉-Schaltleiste aktiviert wieder die Normalanzeige.

## 28.5 Kartenausschnitt auf dem Gerät speichern

Google Maps hat gegenüber normalen Navis den Vorteil, immer tagesaktuelle Karten bereitzustellen, welche aus dem Internet nachgeladen werden. Problematisch wird es nur, wenn man das Handy unterwegs nutzt, da dann ja das Fehlen des WLAN-Empfangs die Kartenaktualisierung verlangsamt, denn häufig steht dann nur eine langsame Mobilfunkverbindung zur Verfügung, mit der Google Maps kaum Spaß macht. Deshalb unterstützt Google Maps die lokale Speicherung der Kartendaten auf dem Gerät.

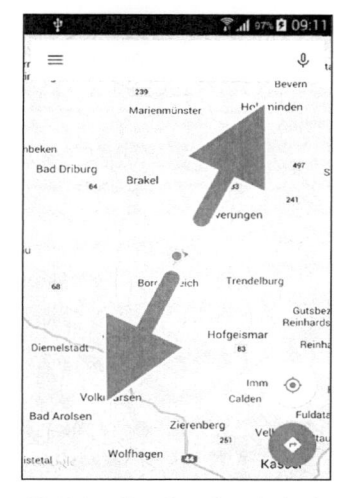

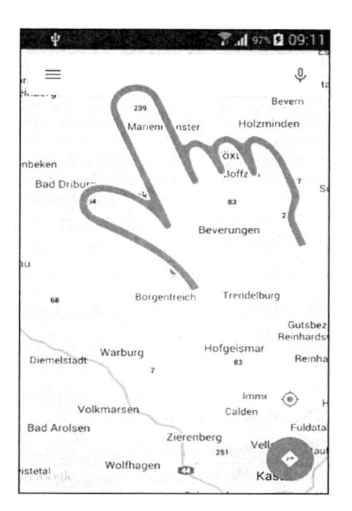

❶ Die Größe des lokal gespeicherten Kartenausschnitts stellen Sie ein, indem Sie den Kartenausschnitt vergrößern, beziehungsweise verkleinern (mit zwei Fingern auf das Display halten und dann beide auseinander-/zusammenziehen). Der Kartenausschnitt darf allerdings maximal ca. 40 x 40 Kilometer groß sein.

❷ Tippen Sie ins Suchfeld.

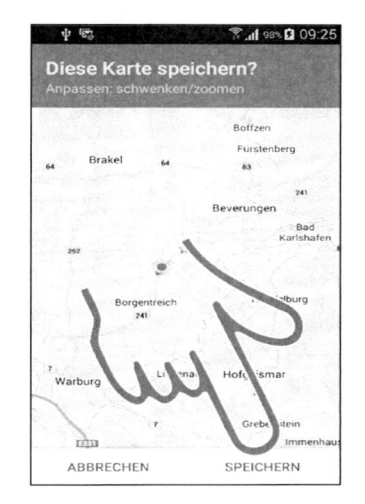

❶ Betätigen *Karte für Offlinenutzung speichern*.

❷ Sie können nun noch den Kartenausschnitt mit einer Kneifgeste verändern. Gehen Sie auf *SPEICHERN* und geben Sie einen Namen ein. Die Kartendaten werden geladen, was einige Zeit in Anspruch nimmt. Sie müssen warten, bis dieser Vorgang abgeschlossen ist.

> Leider ist es in Google Maps auch weiterhin nicht möglich, offline (ohne Internetverbindung) Routen zu berechnen oder zu navigieren.

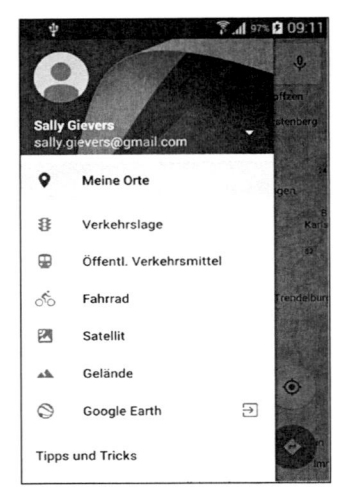

❶ Die gespeicherten Karten finden Sie im Ausklappmenü unter *Meine Orte*.

❷ Rollen Sie bis zum Listenende zu x *Offline-Karten* durch. Wenn Sie hier eine Karte auswählen, öffnet Google Maps den zugehörigen gespeicherten Kartenausschnitt.

## 28.6 Suche

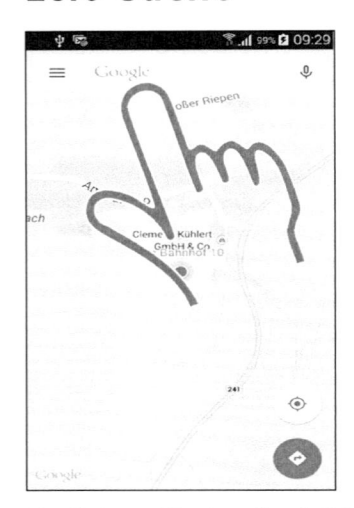

❶ Gehen Sie ins Suchfeld (Pfeil), um Adressen oder Sehenswürdigkeiten (Points of Interest) aufzufinden.

❷ Geben Sie eine Adresse ein und bestätigen Sie mit im Tastenfeld. Eventuell macht das Programm hier schon Vorschläge, die Sie direkt auswählen können.

❶ Google Maps zeigt die Adresse mit einer Markierung in der Karte an. Am unteren Bildschirmrand erscheint ein Ortshinweis, daneben die Fahrtzeit mit dem Auto. Tippen Sie auf den Ortshinweis (Pfeil).

❷ Es öffnet sich ein Dialog mit weiteren Bedienelementen:
- *SPEICHERN*: Den Ort als Favorit speichern. Siehe Kapitel *14.8 Markierungen*.
- *TEILEN*: GPS-Position als Web-Link per Bluetooth, SMS oder E-Mail versenden.
- *Street View* (Vorschaubilder antippen): Aktiviert Street View (fotografische Anzeige des Straßenverlaufs). Dieser Menüpunkt ist nur sichtbar, wenn zum Fundort Street View-Bilder vorliegen.

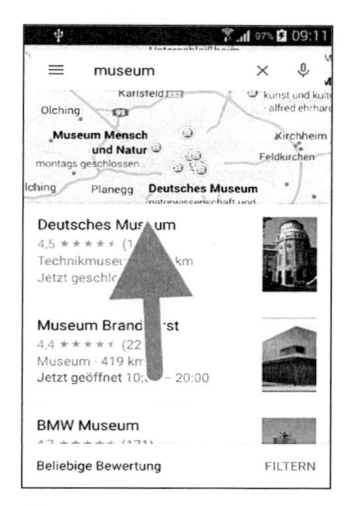

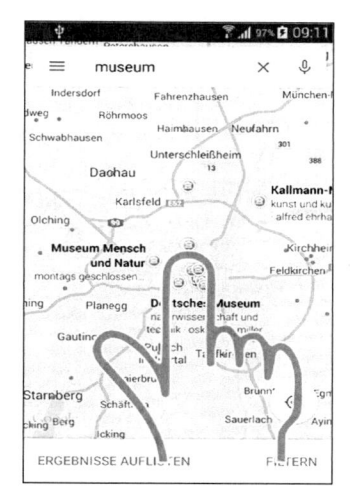

❶ Häufig findet Google Maps auch mehrere Orte oder Points of Interest, die dann aufgelistet werden. Führen Sie in der Liste eine Wischgeste von unten nach oben durch, um die Listeneinträge zu durchblättern. Tippen Sie einen Eintrag für weitere Infos an.

❷❸ Umgekehrt schließen Sie die Liste, indem Sie (gegebenenfalls mehrfach) von oben nach unten wischen und gelangen dann zur Kartenansicht. Hier stellt Google Maps alle Fundstellen mit Symbolen dar. Wenn Sie weitere Infos über einen Point of Interest haben möchten, tippen Sie ihn an.

---

Tipp 1: Geben Sie im Suchfeld auch die Postleitzahl ein, wenn zu vermuten ist, dass eine gesuchte Stadt mehrfach vorkommt.

Tipp 2: Möchten Sie beispielsweise wissen, welche Sehenswürdigkeiten es in einer bestimmten Region/Stadt gibt, dann wechseln Sie zuerst den entsprechenden Kartenausschnitt (Sie können auch die Stadt suchen) und geben dann im Suchfeld einen allgemeinen Begriff wie »Museum« ein.

Zum Löschen der Suchergebnisse in der Karte tippen Sie oben rechts neben dem Suchfeld die ✕-Schaltleiste an.

❶ Tippen Sie den Dialog am unteren Bildschirmrand für weitere Infos zum Standort, Öffnungszeiten, Bewertungen, usw. an.

❷❸ Weitere Infos stehen Ihnen mit einer Wischgeste von unten nach oben zur Verfügung.

❶❷ Zwischen den Suchergebnissen schalten Sie durch eine Wischgeste nach rechts/links im unteren Bildschirmbereich um (vorher müssen Sie einen Point of Interest in der Karte angetippt haben).

❸ ✘ (Pfeil) beendet die Suche.

## 28.7 Google Street View

Street View zeigt den Straßenverlauf in einer 360-Grad-Panorama-Ansicht an. Die dazu verwendeten Fotos wurden von Google mit speziell ausgerüsteten Kamera-Autos erstellt, welche 20 deutsche Großstädte und dichtbesiedelte Regionen durchfahren haben.

Google hat leider aus unternehmenspolitischen Gründen das Street View-Projekt in Deutschland eingestellt (Quelle: *de.wikipedia.org/wiki/Google_Street_View*), zeigt aber weiterhin die bereits vorhandenen Street View-Panoramabilder an. Im Jahr 2014 wurde bekannt, dass Google erneut seine Kameraautos durch Deutschland schickt, die Aufnahmen aber nur der Straßenerfassung für den Maps-Routenplaner dienen.

> Manche Häuser in Street View sind »verpixelt«, das heißt man sieht nur einen unscharfen Umriss. Grund dafür ist eine Einigung zwischen Google und den deutschen Datenschützern, derzufolge Hausbewohner Ihr Grundstück bei Street View »verpixeln« lassen konnten.

## 28.7.1 Street View auf dem Handy

❶ Street View können Sie auf verschiedene Weisen aktivieren: Wenn Sie zuvor nach einem Ort gesucht hatten (siehe Kapitel *14.3 Suche*), dann tippen Sie einfach unten auf den Ortsnamen.

❷❸ Ist Street View verfügbar, erscheint im Menü (eventuell einmal nach oben Wischen) ein Vorschaubild, auf das Sie tippen.

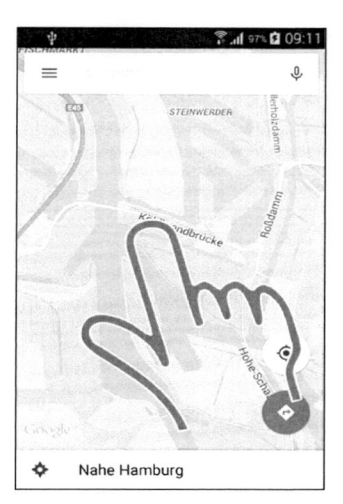

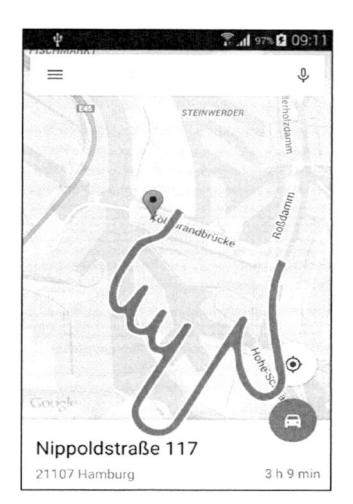

❶❷ Alternativ tippen und halten Sie mit dem Finger auf einen angezeigten Point of Interest oder einen Kartenbereich und tippen das Popup am oberen Bildschirmrand an. Anschließend gehen Sie darin auf *Street View*.

❶ In der Panorama-Ansicht verschieben Sie mit angedrücktem Finger den Bildausschnitt.

❷ Tippen Sie auf die Pfeile, um der Straße zu folgen.

❸ Tippen Sie einmal kurz auf den Bildschirm, woraufhin unten links ein Symbol erscheint (Pfeil). Diesen tippen Sie an für den Kompassmodus. Dabei wird immer das Panorama-Bild angezeigt, in dessen Richtung Sie das Handy halten. Ideal, um sich in einer Stadt zu orientieren.

Die ↶-Taste beendet den Street View-Modus und schaltet wieder auf die Kartenansicht zurück.

## 28.8 Navigation

Google Maps Navigation stellt eine vollwertige Alternative zu normalen Autonavigationsgeräten dar, wobei man allerdings den Nachteil in Kauf nehmen muss, dass laufend Kartenmaterial aus dem Internet nachgeladen wird. Man kommt also um einen Datenvertrag, den viele Netzbetreiber bereits ab rund 5 Euro pro Monat anbieten, nicht vorbei. Dafür ist allerdings das Kartenmaterial immer auf dem aktuellsten Stand. Für den Praxiseinsatz empfiehlt sich der Kauf einer Universal-Halterung für das Auto.

> Als Alternative zu Google Maps empfehlen wir das kostenlose »Nokia HERE«, das Sie aus dem Google Play Store (siehe Kapitel *24 Programmverwaltung (Android)*) installieren können. Diese Software unterstützt das Herunterladen von Kartenausschnitten, sodass Sie auch offline, also ohne Internetverbindung navigieren können.

### 28.8.1 Routenplaner

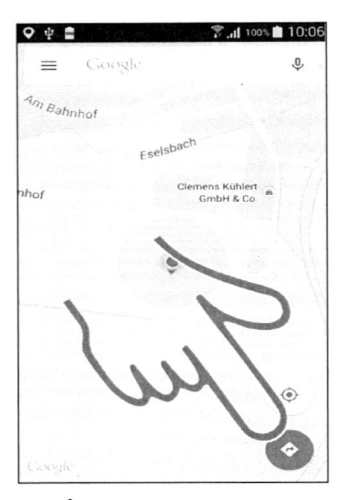

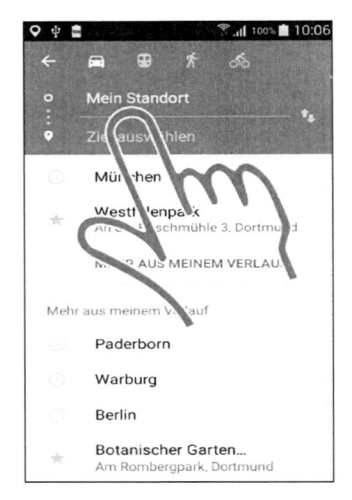

❶ ↷ (Pfeil) berechnet den optimalen Fahrtweg zwischen zwei Orten.

❷ Tippen Sie auf das erste Eingabefeld *Mein Standort*.

❸ Geben Sie den Startort ein (falls Sie Ihre aktuelle, per GPS ermittelte Position verwenden möchten, geben Sie hier nichts ein). Betätigen Sie 🔍 auf dem Tastenfeld oder wählen Sie einen der Vorschläge unter dem Eingabefeld aus.

> **Wichtig:** Wenn Sie tatsächlich anschließend navigieren möchten, müssen Sie ***Mein Standort* leer lassen**, weil sonst nur eine Routenvorschau möglich ist.

# Google Maps (Android)

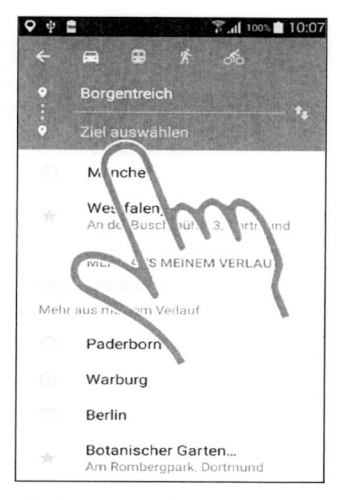

❶ Danach tippen Sie auf *Ziel auswählen*.

❷ Geben Sie auch hier eine Adresse beziehungsweise eine Stadt ein und schließen mit 🔍 auf dem Tastenfeld ab.

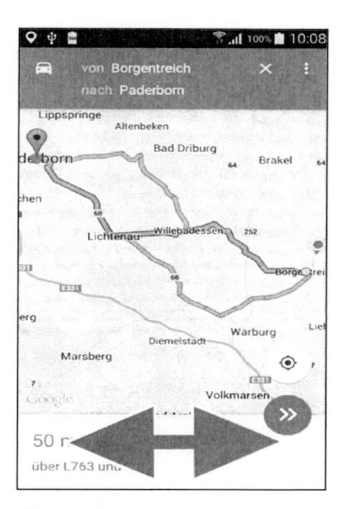

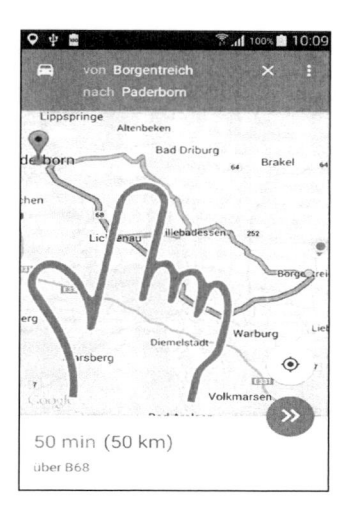

❶ Insbesondere bei längeren Strecken gibt es meist mehrere mögliche Fahrtmöglichkeiten, zwischen denen Sie mit einer Wischgeste im unteren Bildschirmbereich umschalten.

❷ Alternativ: Google Maps blendet in der Kartenansicht mögliche Routen ein. Tippen Sie darin einfach einen der grauen Routenvorschläge an.

❶❷ Weitere Optionen erhalten Sie nach Antippen der Routenübersicht am oberen Bildschirmrand. Hier wählen Sie über die Pictogramme die Art Ihres Fahrzeugs (Auto, öffentliche Verkehrsmittel (!), Fußgänger oder Fahrrad), was direkte Auswirkungen auf die empfohlenen Routen hat.

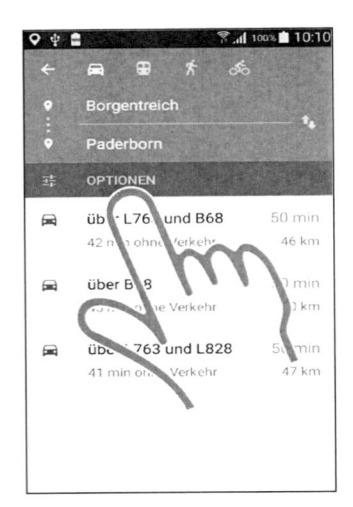

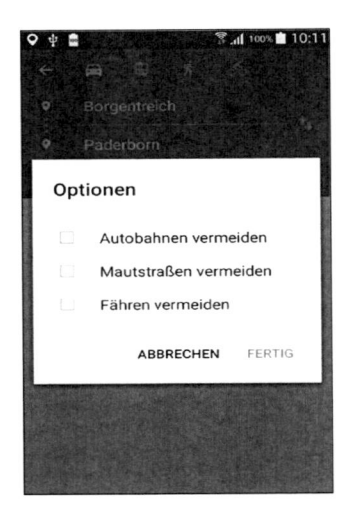

❶❷ Rufen Sie die *OPTIONEN* auf, wenn Sie Autobahnen, Mautstraßen oder Fähren meiden möchten.

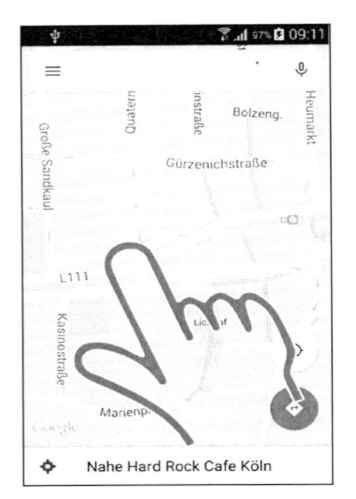

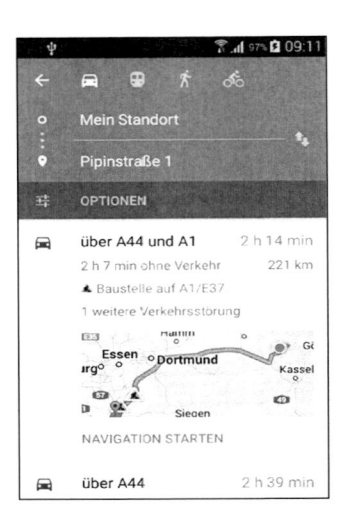

❶ Alternativ lässt sich die Navigation auch direkt in der Kartenansicht aufrufen: Tippen und halten Sie den Finger auf einem Point of Interest, beziehungsweise Kartenbereich, bis am unteren Bildschirmrand das Popup erscheint.

❷ Danach gehen Sie auf 🚗, worauf der zuvor im Popup angezeigte Ort als Zielort übernommen wird.

❸ Wählen Sie, falls nötig wie zuvor bereits beschrieben, einen der Routenvorschläge aus.

# Google Maps (Android)

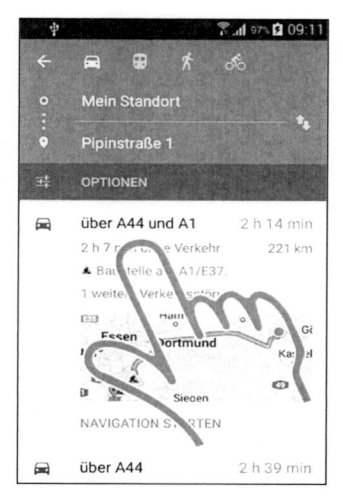

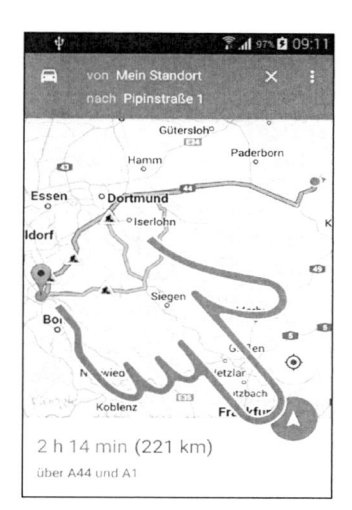

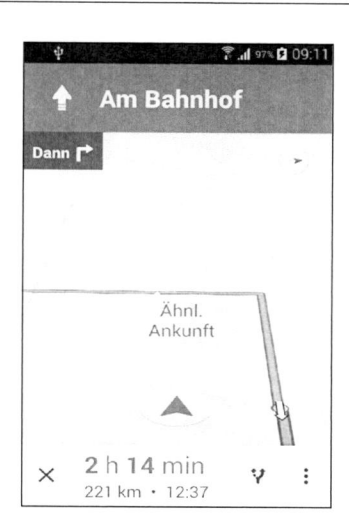

❶ Tippen Sie einen der Routenvorschläge an.

❷❸ Betätigen Sie ▲, worauf Google Maps in den Navigationsmodus wechselt. ✕ (oben rechts) beendet den Routenplaner.

> Da die Navigation innerhalb von Google Maps abläuft, stehen dort viele der bereits ab Kapitel *28 Google Maps (Android)* beschriebenen Funktionen zur Verfügung. Zum Beispiel können Sie mit angedrücktem Finger den Kartenausschnitt verschieben, oder durch »Kneifen« mit zwei Fingern im Kartenmaterial heraus- und hineinzoomen.

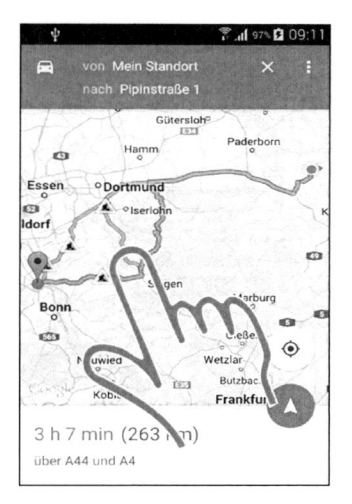

❶ Fast immer existieren alternative Routen. Zwischen den Routenvorschlägen schalten Sie mit einer Wischgeste im unteren Bildschirmbereich um.

❷ Sie können die Route auch visuell auswählen, indem Sie sie einfach antippen (um den Routenverlauf zu kontrollieren, ist es hier zudem möglich, mit einer Kneifgeste beziehungsweise Doppeltippen den Kartenausschnitt zu verkleinern/vergrößern).

> Hinweis: Die farbigen Strecken (schwarz, rot, orange oder grün) weisen auf die aktuelle Verkehrslage hin. Die Daten stammen von Android-Handys/Tablets, welche in anonymer Form ihre Position an Google-Server übermitteln, woraus Google den Verkehrsfluss ermittelt. Es sind nur Strecken eingefärbt, für die genügend Daten vorliegen.
>
> Eine Streckenänderung während der Navigation ist nicht möglich. Sie müssen für diesen Fall den Navigationsmodus mit der ✕-Taste unten links beenden und dann die Routenplanung erneut aufrufen.

## 28.8.2 Navigation in der Praxis

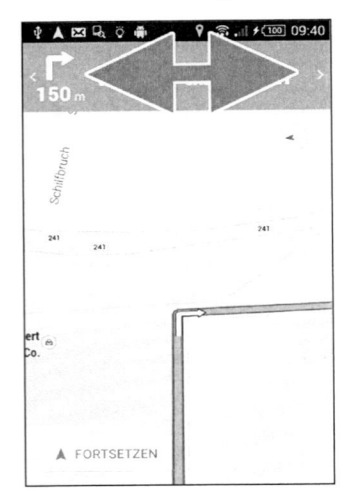

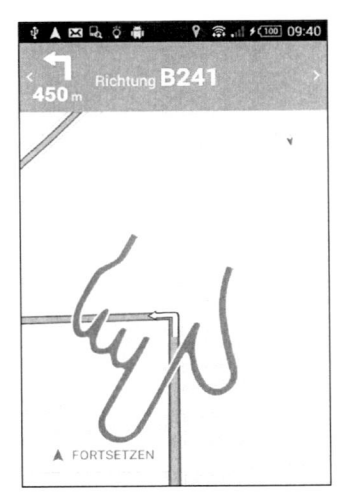

❶ Mit einer Wischgeste nach links/rechts am oberen Bildschirmrand können Sie die einzelnen Fahrtanweisungen vor und zurück »blättern«.

❷ Antippen von *Fortsetzen* (Pfeil) oder Betätigen der ⤺-Taste schaltet wieder auf Ihre aktuelle Position um.

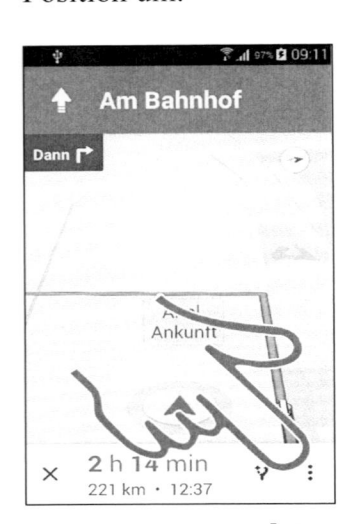

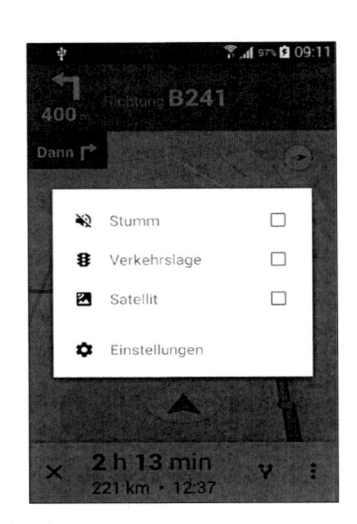

❶❷ Betätigen Sie ⋮ für weitere Optionen:

- *Stumm*: Schaltet die Sprachausgabe aus/ein.
- *Verkehrslage*: Google Maps informiert in der Karte mit Symbolen über das Verkehrsgeschehen.
- *Satellit*: Satellitenbild einblenden. Beachten Sie, dass dabei das aus dem Internet übertragene Datenvolumen stark ansteigt!

## 28.9 Ansichten

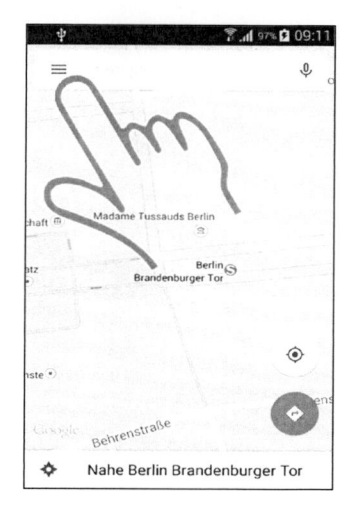

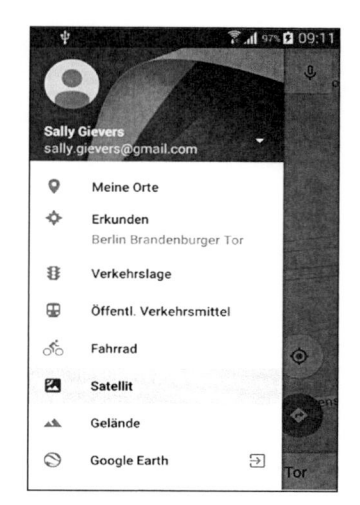

❶❷ Aktivieren Sie über ☰ (Pfeil) das Ausklappmenü, worin Sie auf *Satellit* gehen.

❸ Die Satellitenansicht ist insbesondere dann praktisch, wenn man sich genau orientieren will, weil die normale Kartenansicht kaum Hinweise auf die Bebauung und markante Geländemerkmale gibt.

> Um die eingestellten Ansichten wieder auszuschalten, tippen Sie einfach im Ausklappmenü erneut darauf.

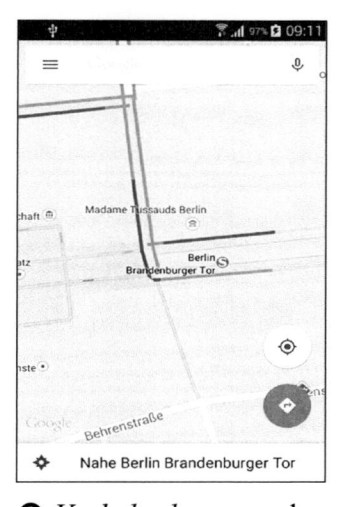

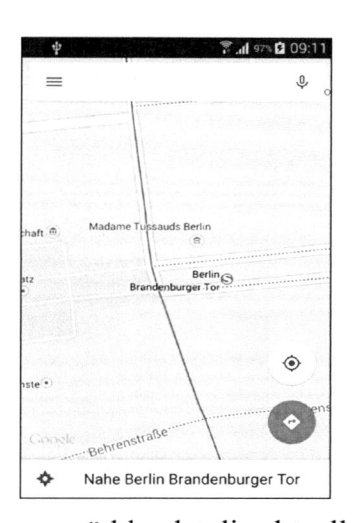

❶ *Verkehrslage* aus dem Ausklappmenü blendet die aktuelle Straßenlage in der Kartenanzeige ein, wobei das Verkehrsgeschehen mit schwarz (Stau), rot/orange (zähflüssig) oder grün (freie Fahrt) bewertet wird. Für die Staudaten, welche Google Maps im Minutentakt aktualisiert, wertet Google das Bewegungsprofil von Android-Handys und Tablets aus. Jedes Android-Gerät sendet ja in anonymisierter Form im Minutenabstand seine aktuelle, per GPS ermittelte Position an die Google-Server, woraus sich dann ein Bewegungsmuster errechnen lässt. Leider müssen dafür genügend Handys/Tablets auf einer Strecke vorhanden sein, weshalb der Staudienst nur in Ballungsräumen zur Verfügung steht.

❷ Verwenden Sie *Fahrrad* aus dem Ausklappmenü, um Fahrradtouren anhand der ausgewiesenen Fahrradwege zu planen.

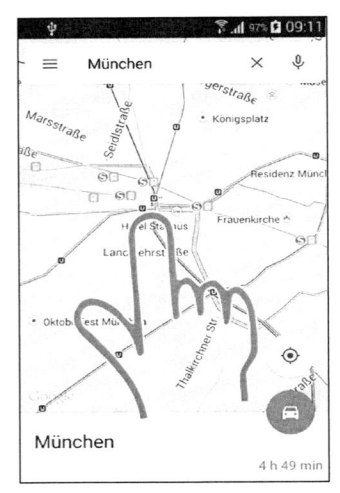

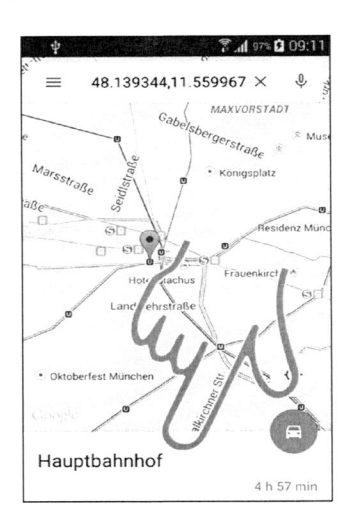

❶❷ Ebenfalls praktisch ist die Kartenansicht *Öffentl. Verkehrsmittel*. Google Maps zeichnet dann alle Haltestellen öffentlicher Verkehrsmittel ein. Tippen Sie auf eine Haltestelle und dann im Popup am unteren Bildschirmrand auf deren Namen, um Infos zu den Abfahrtszeiten und nächstgelegenen Haltestellen zu erhalten. Gegebenenfalls müssen Sie mit einer Wischgeste von unten nach oben (❸) durch die Haltestellenliste rollen.

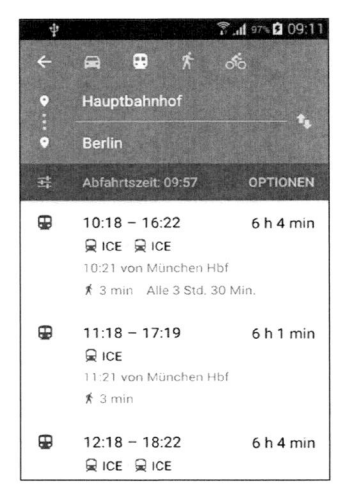

❶❷ Nutzen Sie *ABFAHRT* (Pfeil), um eine Reiseroute über öffentliche Verkehrsmittel zu planen.

## *28.10 Google Local*

Der Suchmaschinenbetreiber Google führt eine riesige Datenbank mit den Standorten von »Points of Interest« (POIs), darunter Unternehmen, Sehenswürdigkeiten, Restaurants, usw. Wenn Sie eine Suche, beispielsweise nach »Restaurant«, in Google Maps durchführen, greift Google Maps auf diese Datenbank zurück und listet die Fundstellen auf. Mit einem Fingerdruck kann man sich dann die Position eines Restaurants in der Karte, sowie weitere Infos, darunter auch Kundenbewertungen, Öffnungszeiten und Telefonnummern anzeigen. Diese Suche beschreibt bereits Kapitel *14.3 Suche*. Google Local vereinfacht die Suche und arbeitet mit Google Maps zusammen, um die Kartenposition anzuzeigen.

> Tipp: Sofern Sie eine Firma betreiben und noch nicht bei Google Local gelistet werden, sollten Sie sich unter der Webadresse *www.google.de/local/add* kostenlos registrieren und Ihre Daten hinterlegen.

Google Maps (Android)  367

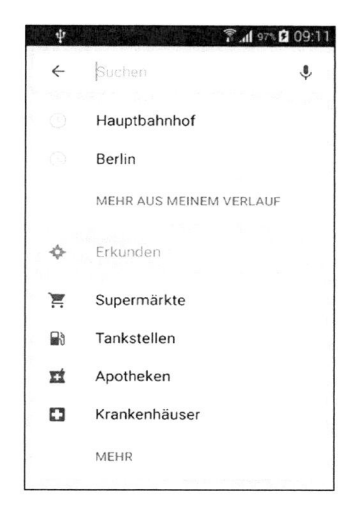

❶ Die Funktionen von Google Local stehen automatisch nach Antippen der Suchleiste zur Verfügung.

❷ Schließen Sie gegebenenfalls das Tastenfeld mit der ⤺-Taste. Wählen Sie eine der vorgebenen Kategorien aus, oder gehen Sie auf *Erkunden* für Vorschläge.

❸ Blättern Sie mit einer Wischgeste und wählen Sie einen Eintrag aus, zu dem Sie mehr Infos wünschen. Alternativ beschränken Sie mit *MEHR* jeweils die Anzeige auf eine bestimmte Kategorie, beispielsweise Museen, Cafés, usw.

> Etwas simpler ist die Option, einfach in den Kartenbereich zu wechseln, für den Sie Points of Interest suchen (zum Beispiel mit der im Kapitel *14.3 Suche* beschriebenen Suchfunktion), die Suche mit ✕ beenden, die Suchleiste eneut antippen und dann eine der Schaltleisten, beispielsweise für Restaurants zu betätigen.
>
> Alle Points of Interest erscheinen zudem direkt in der Karte, wenn Sie tief genug hereinzoomen.
>
> Weitere verfügbare Funktionen beschreibt bereits Kapitel *14.3 Suche*.

## 28.10.1 Markierungen

Points of Interest, die Sie häufiger benötigen, können Sie für spätere Verwendung markieren. Die Markierungen werden dann in Ihrem Google-Konto und nicht nur lokal auf Ihrem Handy gespeichert.

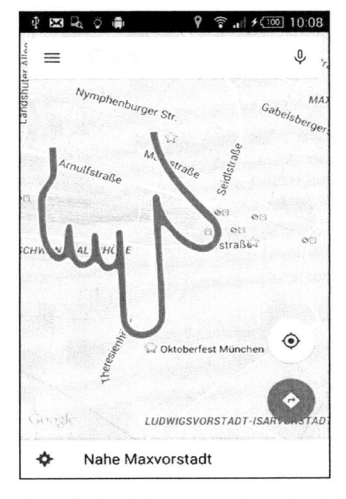

❶ In der Detailansicht setzen Sie eine Markierung durch Aktivieren des »Sterns« (Pfeil).

❷ In der Kartenansicht von Google Maps sind die markierten Orte mit einem Stern hervorgehoben. Tippen sie darauf für weitere Infos.

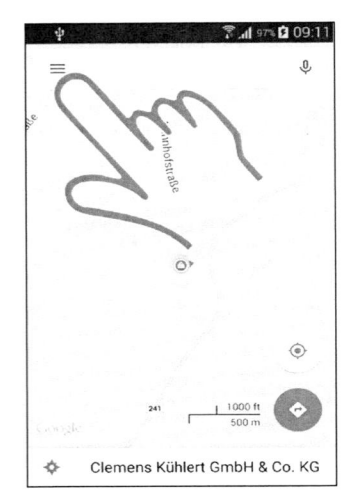

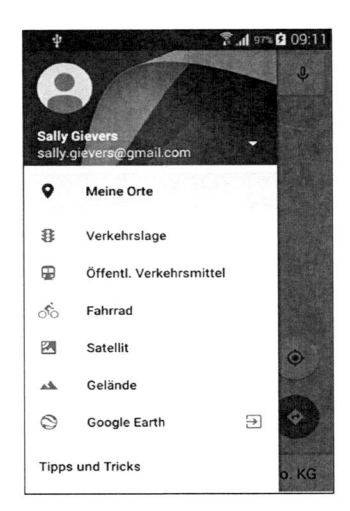

❶❷ Die von Ihnen gespeicherten Orte finden Sie im Ausklappmenü unter *Meine Orte*.

❸ Tippen Sie einen Ort an, den Google Maps dann in der Karte anzeigt.

# 29. Google+ (Android)

Auf die Besonderheiten von Google+ sind wir bereits im Kapitel *15 Google+* eingegangen, weshalb hier die Bedienung im Vordergrund stehen soll.

❶❷ Starten Sie *Google+* aus dem Hauptmenü und betätigen Sie *Weiter*.

❸ Sie befinden sich in der Benutzeroberfläche.

Je nachdem, ob Sie Google+ bereits mal genutzt hatten, werden Sie eventuell nach dem Start durch verschiedene Bildschirme geleitet, in denen Sie Einstellungen vornehmen.

## 29.0.1 Erste Einrichtung

Damit Ihnen alle Funktionen von Google+ zur Verfügung stehen, müssen Sie erst Ihr öffentliches Profil einrichten, das sozusagen Ihre Homepage im Internet ist. Besuchern Ihres Profils zeigt Google die von Ihnen veröffentlichten Beiträge und Fotos an.

Wir mussten länger recherchieren, wie man mit möglichst wenigen Bedienschritten das Google+-Profil einrichtet und sind auf nachfolgende Methode gekommen.

❶ Blättern Sie mit Wischgesten von unten nach oben durch die Beiträge.

❷ Sie stoßen auf die Vorschläge, von denen Sie einen beliebigen antippen.

❸ Sofern Sie bisher noch kein öffentliches Google+-Profil besaßen, werden Sie nun einmalig aufgefordert, dies jetzt nachzuholen. Geben Sie Ihren Namen ein beziehungsweise wählen Sie Ihr Geschlecht aus und betätigen Sie *Erstellen*.

❶ Betätigen Sie *Weiter*.

❷ Die Vorgaben sollten sie nicht ändern und nochmals *Weiter* am unteren Bildschirmrand betätigen.

❸ Sie befinden sich nun wieder in der Übersicht.

## 29.0.2 Google+ in der Praxis

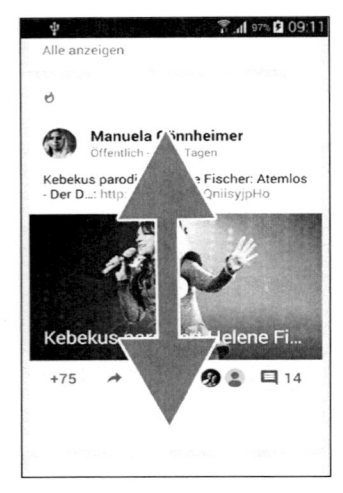

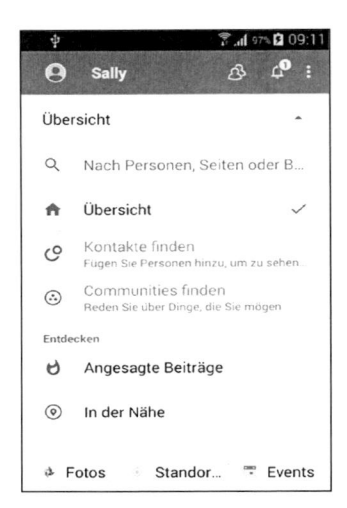

❶ Mit einer Wischgeste nach oben/unten wechseln Sie zwischen den Beiträgen Ihrer Kontakte.

❷❸ Tippen Sie die obere Schaltleiste an:

- : Nach Begriffen in allen Beiträgen suchen.
- *Alle:* Alle Beiträge, die in den von Ihnen gefolgten Kreisen veröffentlicht wurden, anzeigen.
- *Kontakte finden*: Kontakte Ihren Kreisen hinzufügen.
- *Communities finden*: Communities sind vergleichbar mit den Facebook-Gruppen und behandeln bestimmte Themen, bei denen man mitdiskutieren kann.

Unter *Entdecken*:

- *Angesagte Beiträge*: Bei anderen Google+-Nutzern beliebte Beiträge.
- *In der Nähe*: Beiträge, die in der Nähe Ihres Standorts von anderen Nutzern veröffentlicht wurden.

Die Schaltleisten am unteren Bildschirmrand:

- *Fotos*: Verwaltet die von Ihnen auf Google+ hochgeladenen Fotos und ermöglicht es, diese mit anderen Nutzern zu teilen (zu Deutsch: ihnen sichtbar zu machen). In *Fotos* lassen sich auch Fotos auf dem Handy verwalten, wobei diese erst hochgeladen werden, wenn Sie sie teilen.
- *Standorte*: Über Google+ können Sie Ihren aktuellen Standort Ihren Kontakten mitteilen. Diese wissen somit jederzeit, wo Sie sie finden, was beispielsweise interessant ist, wenn sich mehrere Personen verabreden.
- *Events*: Ihr Terminkalender.

Die Schaltleisten am oberen rechten Bildschirmrand:

- ⚘ (Personen): Kontakte in Ihren Kreisen verwalten.
- ⚑: Google+-Benachrichtigungen, beispielsweise über neu von Ihrem Handy hochgeladene Fotos.

## 29.0.3 Personen den eigenen Kreisen hinzufügen

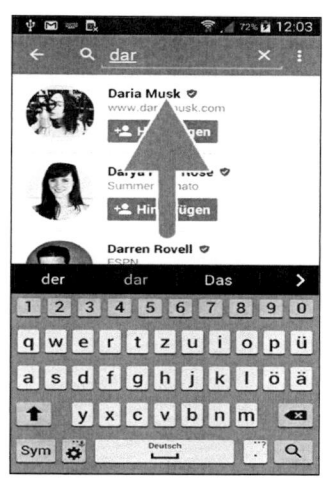

❶ Neue Kreise, beziehungsweise neue Personen, fügen Sie im *Personen*-Menü hinzu, das Sie über die ⚘-Schaltleiste erreichen.

❷ Betätigen Sie oben die *Nach Personen suchen*-Schaltleiste und geben Sie gesuchten Namen ein.

❸ Am oberen Bildschirmrand listet Google+ die bereits in Ihren Kreisen enthaltenen Personen auf, weshalb Sie mit einer Wischgeste von unten nach oben durch die Einträge rollen müssen.

❶ *Hinzufügen* übernimmt den Kontakt in einen Ihrer Kreise (falls Sie vorher wissen möchten, ob es sich um die richtige Person handelt, tippen Sie stattdessen auf den Namen).

❷ Anschließend wählen Sie die zuzuweisenden Kreise aus und schließen den Dialog mit *OK*.

In der Auflistung erscheinen auch Einträge mit *Folgen*-Schaltleiste. Dabei handelt es sich um zumeist von Unternehmen betriebene Seiten.

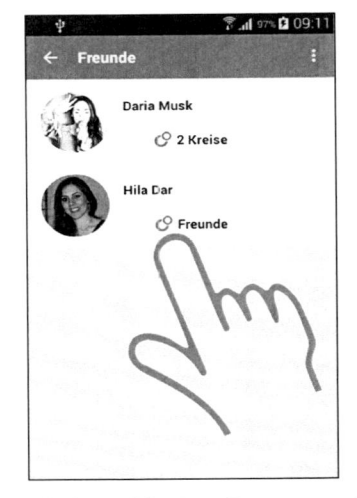

❶ So ändern Sie die einem Google+-Kontakt zugewiesenen Kreise: Gehen Sie im *Personen*-Bildschirm auf *Mehr Profile/Seiten*.

❷ Blättern Sie mit einer Wischgeste nach unten. Rufen Sie einen Ihrer Kreise auf.

❸ Führen Sie eine Wischgeste von unten nach oben durch, um zu Ihren Kontakten zu gelangen. Tippen Sie die Schaltleiste beim Kontakt an.

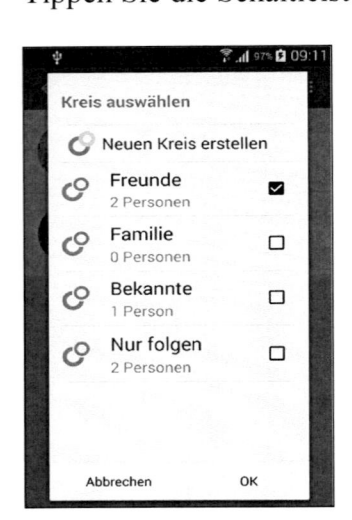

Danach haken die Kreise ab, denen die Person angehören soll. Schließen Sie mit *OK*.

❶❷ Neue Beiträge erstellen Sie alternativ über die Schaltleiste unten rechts im Hauptmenü der Google+-Anwendung.

# 30. Google Fotos (Android)

Das Handy/Tablet sichert alle Ihre mit der Kamera-Anwendung erstellten Fotos und Videos automatisch im Internet auf Google-Servern. Dabei werden die Mediendateien in Ihrem Google-Konto (siehe Kapitel *4 Das Google-Konto*) hinterlegt. Für Sie hat dies den Vorteil, auf jedem Android-Gerät, auf dem Sie mit Ihrem Google-Konto angemeldet sind, auf alle Ihre Fotos und Videos zugreifen zu können. Eine umständliche Datensicherung, beispielsweise vom Handy auf dem PC, ist deshalb nicht nötig.

## 30.1 Start und erste Einrichtung

❶ Starten Sie Google Fotos unter *Fotos* aus dem Hauptmenü.

❷ Beim ersten Start wird Sie die Anwendung auffordern, beim Google-Konto für die Fotoverwaltung anzumelden, weshalb Sie jetzt *ANMELDEN* betätigen.

❸ Nacheinander fragt die Anwendung ab:

- *Meine Fotos und Videos sichern*: Alle mit der Kamera-Anwendung aufgenommenen Fotos und Videos werden automatisch in das *Von meinem Handy*-Album hochgeladen. Bis Sie sie teilen, sind diese Mediendateien nur für Sie sichtbar. Sie können sie über das Handy oder am Desktop-PC (über die Google+-Weboberfläche) auf Google+ teilen. In den meisten Fällen sollte *Über WLAN oder Mobilfunk* in Ordnung gehen. Gehen Sie dann auf *AKTIVIEREN*. Sollen dagegen keine Fotos/Videos hochgeladen werden, so müssen Sie hier *NEIN DANKE* betätigen.

- *Google Drive-Fotos dazunehmen*: Google Drive (siehe Kapitel *27 Google Drive (Android)*) verwaltet beliebige Dateien im Internet, darunter auch Fotos.

- *Stories*: Diese Funktion sucht automatisch aus allen Fotos diejenigen aus, welche sehr gut gelungen sind (Belichtung, Bildschärfe), Personen oder Sehenswürdigkeiten zeigen. Die ausgesuchten Fotos landen dann zusätzlich als Kopie in einem eigenen Album.

- *Weitere Fotos von mir*: Andere Nutzer von Google+ (siehe Kapitel *29 Google+ (Android)*) können Sie auf Fotos markieren, die dann hier erscheinen.

> Die vorgenommenen Einstellungen können Sie jederzeit, wie im Kapitel *30.3 Einstellungen* gezeigt, später ändern.

## 30.2 Die Benutzeroberfläche

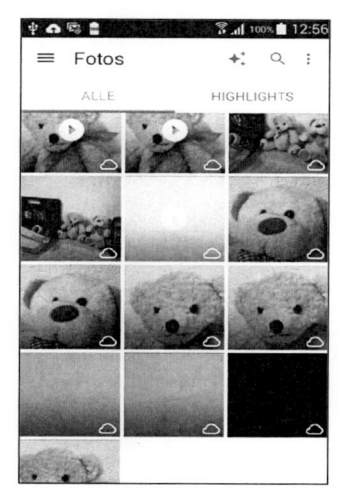

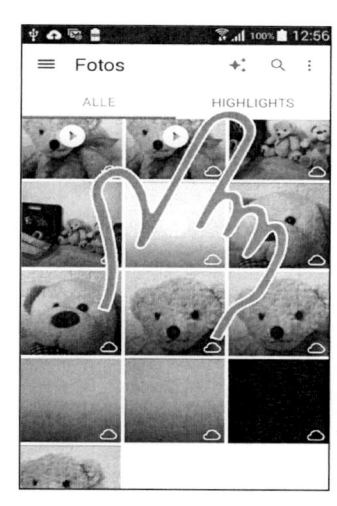

❶ Die Fotos, die sich im Gerätespeicher und auf dem Google-Server befinden, werden aufgelistet.

❷❸ Die Register (Pfeil) am oberen Bildschirmrand schalten um zwischen:

- *ALLE*: Von Ihnen mit der eingebauten Kamera des Handys/Tablets erstellte und danach automatisch in Google+ hochgeladene Fotos.

- *HIGHLIGHTS*: Hier finden Sie Fotos, die von Google+ für Sie automatisch ausgewählt wurden. Doppelte, verschwommene oder unterbelichtete Fotos filtert dabei Google heraus. Bevorzugt erscheinen hier übrigens Portrait-Fotos und Sehenswürdigkeiten.

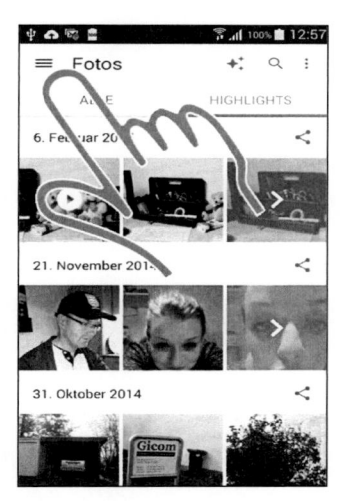

❶❷ Weitere Funktionen erhalten Sie nach Öffnen des Ausklappmenüs:

- *Fotos*: Alle vorhandenen Fotos auflisten.

- *Stories* (Geschichten)*:* Diese Funktion wertet die von Google automatisch als herausragend bewerteten Fotos (Personen im Vordergrund, Sehenswürdigkeiten usw.), sowie die in den Fotos hinterlegten GPS-Standorte aus. Erstellt wird daraus ein Album mit automatisch beschrifteten Fotos, die beispielsweise die besuchten Städte, Restaurants, Flugplätze, Sehenswürdigkeiten, usw. enthalten.

- *Alben*: Von Ihnen in Google+ angelegte oder hochgeladene Alben anzeigen.

- *Auto-Effekte:* Google erstellt aus den hochgeladenen Fotos entweder Collagen (mehrere Fotos in einem Bild) oder Animationen (besteht aus mindestens fünf Fotos aus der gleichen Perspektive)

- *Videos:* Alle Videos auflisten.

- *Fotos von mir*: Fotos, auf denen Sie markiert wurden (entweder durch Sie selbst oder durch andere Google+-Nutzer).

- *Auf dem Gerät*: Nur im Gerätespeicher beziehungsweise eingelegter Speicherkarte vorhandene Fotos/Videos anzeigen. Im Google-Konto vorhandene Fotos/Videos blendet das Programm dann aus.

- *Papierkorb*: Von Ihnen in Google Fotos gelöschte Dateien.

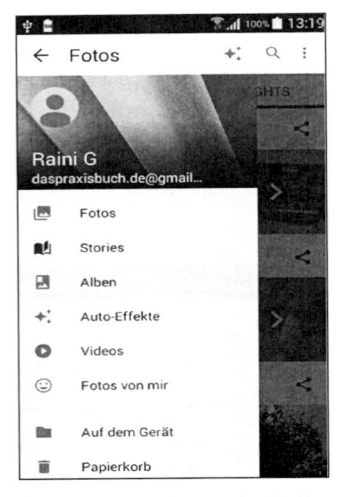

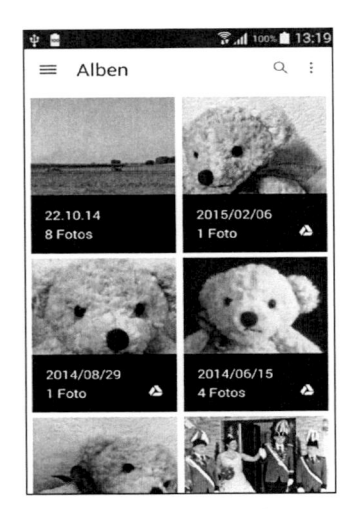

❶ In den *Alben* sind die von Ihnen angelegten Fotoalben zu finden.

❷ Eine Reihe an Alben legt Google+ – je nach Ihrer Google+-Nutzung – auch automatisch an.

## 30.2.1 Medien verwalten

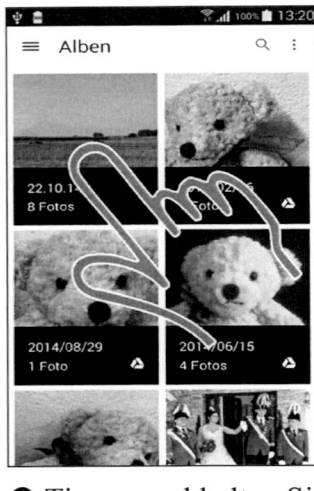

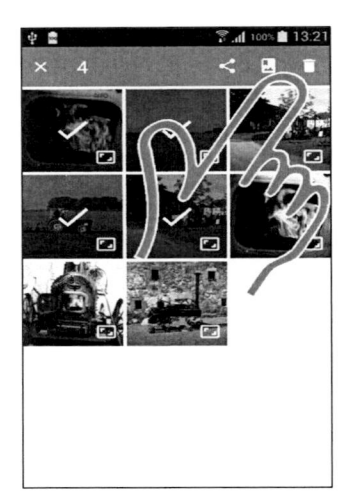

❶ Tippen und halten Sie den Finger über einem Bild, bis es markiert ist und markieren dann durch kurzes Antippen die weiteren Bilder.

❷ Tippen Sie eine der Schaltleisten oben rechts an, um die markierten Fotos zu löschen oder in ein anderes Album zu kopieren.

## 30.3 Einstellungen

### 30.3.1 Automatische Sicherung

❶❷❸ Gehen Sie im Hauptbildschirm auf ⁝/*Einstellungen/Automatische Sicherung*. Die Parameter:

Am oberen Bildschirmrand:

- *Automatische Sicherung*: Deaktivieren Sie diese Option, wenn Sie nicht möchten, dass von Ihnen erstellte Fotos/Videos automatisch auf Ihr Google-Konto hochgeladen werden.

Unter *Aktives Konto*:

- *(Ihr Konto)@gmail.com*: Das von Ihnen genutzte Google-Konto.

Unter *Sicherungsspeicher*:

- *Fotogröße*: Zur Auswahl stehen *Originalgröße* und *Standardgröße*. Wenn Sie *Originalgröße* verwenden, dürfen Sie maximal 15 GB an Bilddaten hochladen (den Speicherplatz können Sie kostenpflichtig erweitern). Alternativ lassen Sie mit *Standardgröße* Ihre hochgeladenen Bilddateien bei der längsten Seite auf maximal 2048 Pixel Breite verkleinern, dürfen dann aber beliebig viele Bilder hochladen. Wir empfehlen die Option *Standardgröße* zu aktivieren, da eine höhere Bildauflösung im Webbrowser ohnehin nichts bringt. Nutzen Sie dagegen die Option *Originalgröße* und Ihre 15 GB Freivolumen sind erschöpft, so schaltet das Tablet für folgende Uploads automatisch auf *Standardgröße* um.
- *Mehr Speicherplatz erwerben*: Mieten Sie zusätzlichen Speicherplatz.

Unter *Sicherungseinstellungen*:

- *Fotos sichern; Videos sichern*: Stellen Sie separat für Fotos und Videos ein, ob Videos und Fotos je nach Verfügbarkeit über WLAN oder zusätzlich über die Mobilfunkverbindung in Google+ hochgeladen werden.
- *Roaming*: Uploads auch durchführen, wenn Sie sich im Ausland befinden. Da in fremden Mobilfunknetzen erhebliche Kosten entstehen, sollten Sie diese Option nicht aktivieren.
- *Nur beim Ladevorgang*: Der Upload erfolgt nur, wenn Sie das Tablet am Netzteil oder PC angeschlossen haben.
- *Alles sichern*: Lädt alle Mediendateien sofort hoch. Sonst würde der Upload im Hintergrund erfolgen, was längere Zeit in Anspruch nimmt.

Bei Video-Uploads gibt es einige Restriktionen zu beachten: Sie dürfen beliebig viele Videos hochladen, sofern diese weniger als 15 Minuten lang sind und eine Auflösung von 1080 Pixeln (HD-Auflösung) nicht übersteigen. Videos, welche die beiden Anforderungen nicht erfüllen, rechnet Google auf das 15 Gigabyte große Freivolumen an.

Der durch andere von Ihnen genutzte Google-Dienste (Gmail, Google Drive, usw.) belegte Speicher wird ebenfalls von den 15 Gigabyte abgezogen.

## 30.3.2 Kontoeinstellungen

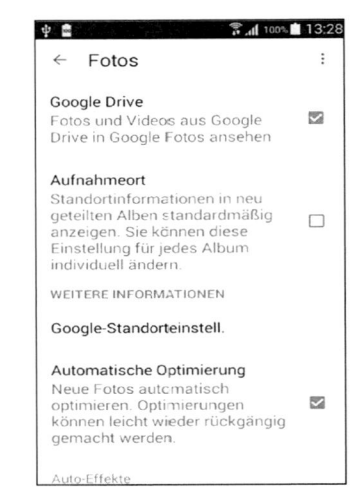

❶❷ Rufen Sie ⋮/*Einstellungen* auf und wählen Sie Ihr Google-Konto aus.

❸ Hier können Sie einstellen:

- *Google Drive*: Zeigt auch in der Google Drive-Anwendung (siehe Kapitel *27 Google Drive (Android)*) vorhandene Fotos/Videos in Google+ an.
- *Aufnahmeort:* Andere Nutzer sehen bei neu in Google+ freigegebenen Fotos den Aufnahmeort.

Unter *WEITERE INFORMATIONEN:*

- *Google-Standorteinstell.*: Konfiguriert die Genauigkeit der Standortermittlung. Wir gehen in diesem Buch nicht weiter ein.
- *Automatische Optimierung*: Hochgeladene Fotos optimiert Google selbsttätig, beispielsweise durch Aufhellung und sattere Farben.

Unter *Auto-Effekte*:

- *Erstellen Sie aus Fotos und Videos kreative neue Bilder, Filme und Geschichten*: Diese Funktion sucht automatisch aus allen Fotos diejenigen aus, welche sehr gut gelungen sind (Belichtung, Bildschärfe), Personen oder Sehenswürdigkeiten zeigen. Die ausgesuchten Fotos landen dann zusätzlich als Kopie in einem eigenen Album.

Unter *Find my Face*:

- *Wenn Sie die Funktion "Find My Face" aktivieren, kann Google+ Ihren Kontakten anbieten, Sie auf Fotos und in Videos zu taggen*: In Google+ dürfen andere Nutzer Fotos, auf denen Sie erkannt wurden, mit Ihrem Namen verknüpfen (ähnlich dem Personenmarkieren, wie es Facebook unterstützt).

# 31. Google Hangouts (Android)

Google Hangouts nutzen Sie für Chats mit einen oder mehreren Teilnehmern.

❶ Gehen Sie im Hauptmenü auf *Hangouts*.

❷ Es ist eine Ersteinrichtung notwendig, für die Sie auf *WEITER* gehen.

❸ Das Folgende müssen Sie nicht unbedingt durchführen, erlaubt es später aber anderen Personen, Sie einfacher zu kontaktieren: Geben Sie Ihre Handynummer ein und tippen Sie auf *BESTÄTIGEN*. Den folgenden Bildschirm schließen Sie mit *OK*.

## 31.1 Die Programmoberfläche

❶ Öffnen Sie mit einer Wischgeste von links außerhalb des Bildschirms das Ausklappmenü.

❷ Sie finden hier die Funktionen:

- *Ihr Google-Konto*: Falls Sie mehrere Google-Konten auf dem Handy nutzen, schalten Sie hierüber dazwischen um.

- *Benachrichtigungen pausieren*: Stellen Sie eine Zeitspanne ein, während der Sie nicht von eingehenden Kontaktversuchen anderer Hangouts-Nutzer behelligt werden.

- *Einladungen*: Personen, die nicht in Ihrem Telefonbuch oder Google+-Kreisen enthalten sind, können Ihnen nicht direkt schreiben. Stattdessen erscheint der Kontaktversuch in den *Einladungen*, wo Sie ihn akzeptieren oder ablehnen.

- *Archiviert*: Halten Sie den Bildschirm aufgeräumt, indem Sie nicht mehr benötigte Chats hier archivieren.

- *Blockierte Personen*: Unerwünschte Kontaktversuche landen im Menü *Blockierte Personen*.
- *Einstellungen*: Hier legen Sie unter anderem fest, wer aus Ihren Google+-Kreisen Sie direkt kontaktieren kann.

Das Ausklappmenü schließen Sie entweder durch Auswahl eines Menüpunkts oder mit der ⟵-Taste.

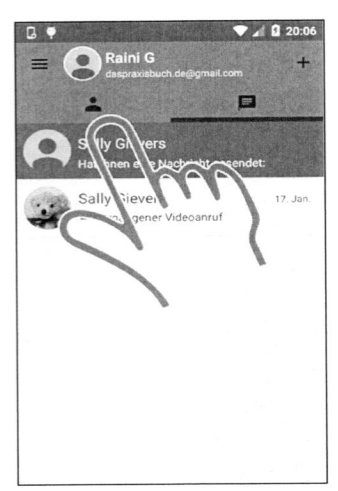

❶❷ Über die Register am oberen Bildschirmrand schalten Sie zwischen der Chat-Übersicht (🗩) und den Kontakten (👤) um. Mit Letzterem können Sie Chats starten.

## 31.1.1 Einen Chat durchführen

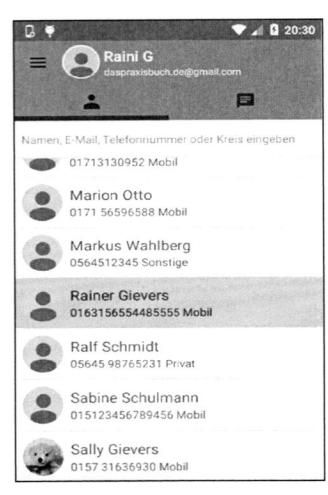

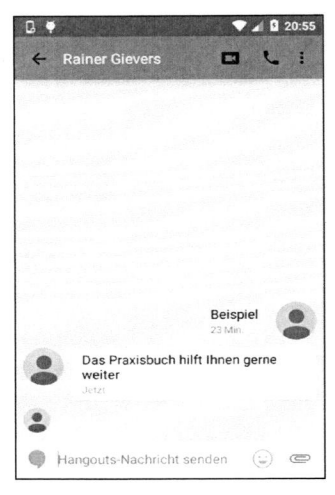

❶ Wie bereits angedeutet, gibt es mehrere Möglichkeiten, einen Chat zu beginnen. Im einfachsten Fall dürften Sie im 👤-Register einen Kontakt auswählen.

❷❸ Tippen Sie nun ins Eingabefeld und schreiben Sie einen Text, den Sie mit ➤ senden.

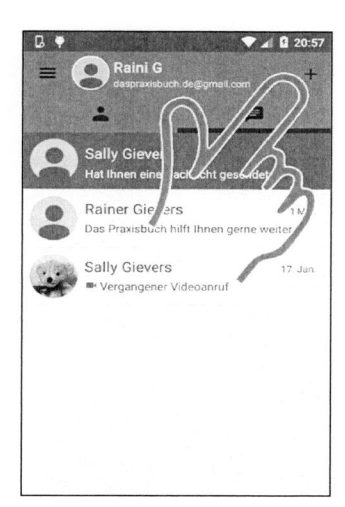

❶ Alternativ starten Sie einen Chat über die ➕-Schaltleiste im 🗩-Register.

❷ Erfassen Sie die E-Mail-Adresse des gewünschten Kommunikationspartners, worauf eine Vorschlagsliste erscheint, in der Sie einen Eintrag auswählen.

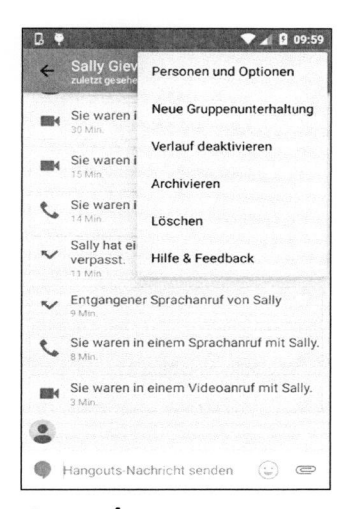

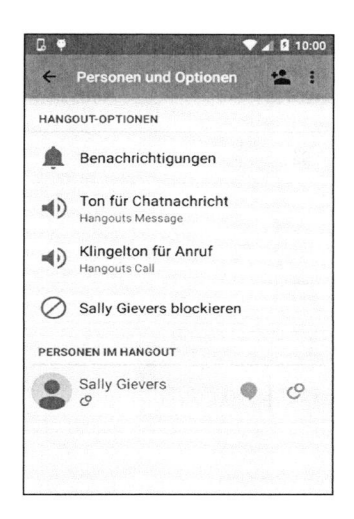

❶ Das ⋮-Menü:

- *Personen und Optionen* (❷): Sie konfigurieren in dem Menü die Benachrichtigungen für eingehende Mitteilungen oder Anrufe Ihres Kommunikationspartners. Außerdem lässt er sich bei Bedarf über *xxx blockieren* in die Blockierliste verschieben (Sie finden den Teilnehmer dann unter *Blockierte Personen* im Ausklappmenü wieder.

- *Neue Gruppenunterhaltung*: Fügen Sie Ihrem Chat weitere Teilnehmer hinzu.

- *Verlauf deaktivieren*: Die Unterhaltung wird ab diesem Zeitpunkt nicht auf Ihrem Handy gespeichert. ⋮/*Verlauf aktivieren* schaltet die Speicherung wieder ein.

- *Archivieren*: Der Chat-Verlauf wird gespeichert und lässt sich unter *Archiviert* im Ausklappmenü jederzeit einsehen.

- *xxx blockieren*: Der Kommunikationspartner kann ihnen zukünftig nicht mehr schreiben. Sie finden ihn unter *Blockiert* im Ausklappmenü, wo Sie den Vorgang gegebenenfalls wieder rückgängig machen können.

## 31.1.2 Chat-Verwaltung

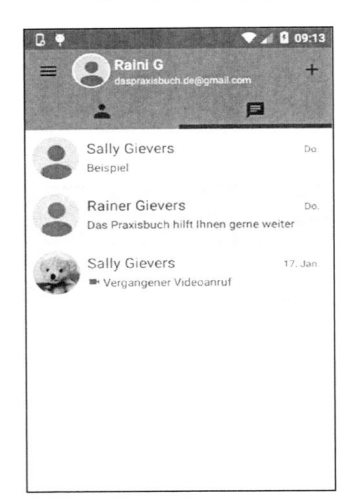

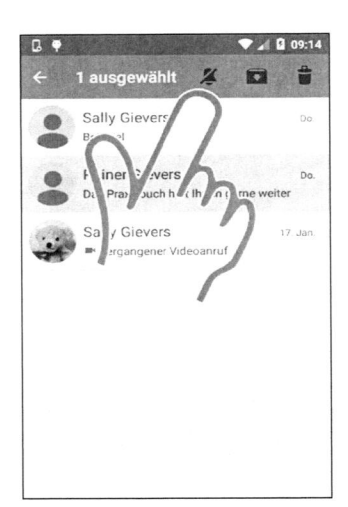

❶ Tippen und halten Sie den Finger über einen Chat-Verlauf im 🗩-Register. Der Eintrag ist markiert und Sie können noch weitere Verläufe markieren.

❷ Die Schaltleisten am oberen Bildschirmrand:

- 🔕: Deaktiviert die Benachrichtigungen für den Verlauf. Sie erhalten kein also kein akustisches Signal mehr, wenn Ihnen die Person schreibt.
- 🗂: Archiviert den Chat-Verlauf. Sie finden ihn im Ausklappmenü über *Archiviert* wieder.
- 🗑: Chat-Verlauf löschen.

## 31.1.3 Einladungen

Es wäre natürlich unangenehm, wenn Sie jeder in Hangouts kontaktieren könnte, weshalb Hangouts ein ausgeklügeltes Blockierungssystem einsetzt: In der Standardeinstellung können Ihnen nur Personen schreiben, die sich in Ihren Google+-Kreisen (siehe Kapitel *29 Google+ (Android)*) und damit im Telefonbuch befinden.

❶ Eine Person, die sich nicht in Ihren Kreisen befindet, ordnet Hangouts als Einladung ein. Rufen Sie jetzt mal *Einladung* im Ausklappmenü auf.

❷ In vorliegenden Fall hat uns also jemand geschrieben, worauf wir den Kontakteintrag antippen.

❸ Sie können nun mit *IGNORIEREN* die Kontaktanfrage blockieren, ohne dass der Teilnehmer dies mitbekommt, oder mit *AKZEPTIEREN*. Verwenden Sie *HINZUFÜGEN*, wenn Sie den Teilnehmer in Ihre Google+-Kreise übernehmen möchten. Nebenbei erleichtern Sie ihm später die Kontaktaufnahme, weil er dann sofort, ohne Umweg über die Einladung, mit Ihnen chatten kann.

## 31.1.4 Anrufe

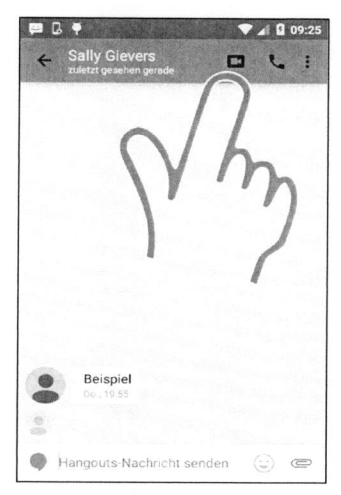

❶ Die ▣-Schaltleiste (Pfeil) startet einen Videoanruf.

❷ Ihr Kommunikationspartner muss dann das Gespräch explizit mit einer Wischgeste im unteren Bildschirmbereich freischalten.

❸ Die Bedienelemente (falls Sie diese nicht sehen, tippen Sie einfach einmal auf den Bildschirm:

- 👁: Eigenes Videobild nicht mehr übertragen
- 📷: Zwischen Vorder- und Rückkamera umschalten
- 🎤: Mikrofon stumm schalten.
- 📞: Videoanruf beenden.
- 🎥: Empfangenes Video nicht mehr anzeigen.

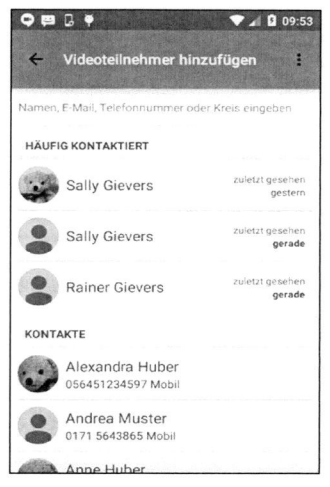

❶❷ Weitere Teilnehmer laden Sie mit ⋮/*Personen hinzufügen* zum Videoanruf ein.

❶ Einen Sprachanruf startet die ☎-Schaltleiste.

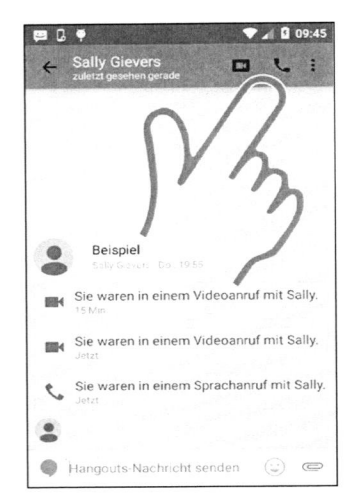

❷ Auch hier muss der Kommunikationspartner erst den Anruf mit einer Wischgeste nach rechts entgegen nehmen.

❸ Die Benutzeroberfläche ähnelt der, die wir bereits bei den Videoanrufen beschrieben haben. Zusätzlich lassen sich hier über 👥 weitere Teilnehmer hinzufügen.

# 32. Medienkonsum auf Android

Google vertreibt neben Software und Musik im Play Store auch Ebooks, Spielfilme und Zeitschriften.

## 32.1 Ebooks auf dem Handy lesen

Viele Verlage bieten ihre Bücher und Zeitschriften inzwischen auch in elektronischer Form als sogenanntes »Ebook« an. Ärgerlicherweise hat der Börsenverein des deutschen Buchhandels, der über die Buchpreisbindung wacht, inzwischen auch für Ebooks eine Preisbindung durchgesetzt, das heißt, Sie werden die Ebooks aktueller Autoren bei jedem Anbieter, egal ob Amazon, Weltbild oder Google, zum gleichen Preis finden. Anders sieht es nur für Buchklassikern mit abgelaufenem Copyright aus (Autor bereits seit 70 Jahren tot), die von mehreren Verlagen zu unterschiedlichsten Preisen verkauft werden – sofern man sie nicht ohnehin als kostenlosen Download angeboten bekommt.

Leider sind viele Ebooks, auch die von Google verkauften, mit DRM (Digital Rights Management) geschützt, sodass man sie nur mit bestimmten Anzeigeprogrammen, beziehungsweise nur auf dem Gerät lesen kann, für das man sie erworben hat.

### 32.1.1 Google Play Bücher

Sie finden das Ebook-Angebot im Google Play Store (siehe Kapitel *24 Programmverwaltung (Android)*), aus dem Sie auch Ihre Software laden. Alternativ nutzen Sie für das Stöbern im Ebook-Shop den Play Store im Browser auf dem PC (siehe Kapitel *18 Medienkonsum auf dem PC*). Dort ausgewählte/gekaufte Ebooks landen dann nach wenigen Minuten auf Ihrem Handy.

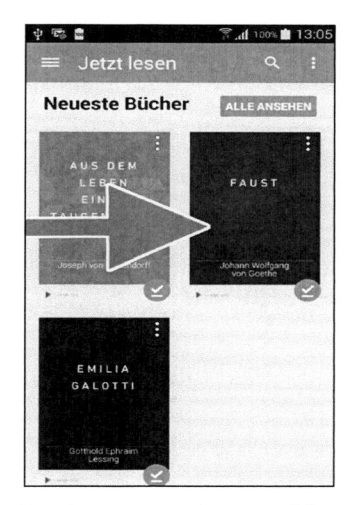

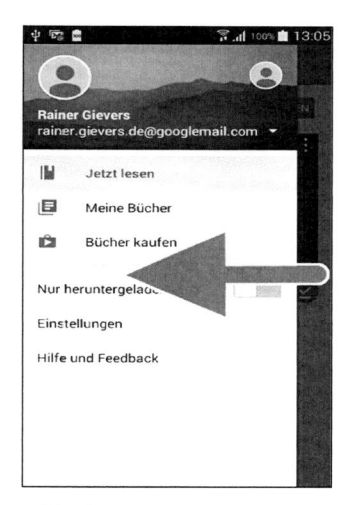

❶ *Play Bücher*, mit dem Sie Ihre Bücher verwalten und lesen, finden Sie im Hauptmenü.

❷❸ Viele Funktionen finden Sie im Ausklappmenü, das Sie mit einer Wischgeste von links außerhalb des Displays nach rechts aktivieren. Umgekehrt wischen Sie von rechts nach links, um das Ausklappmenü wieder zu schließen.

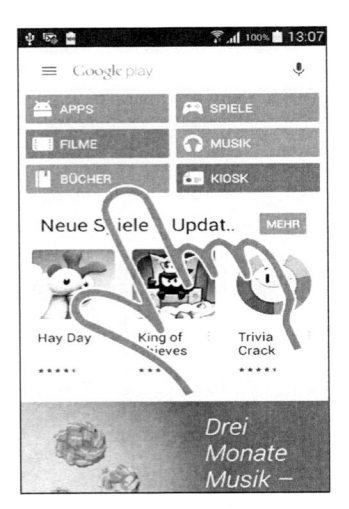

❶ Ihre Ebooks laden Sie dann aus den Play Store, welchen Sie im Ausklappmenü über *Bücher kaufen* erreichen.

❷ Alternativ rufen Sie den Google Play Store im Startbildschirm auf und gehen dort auf *Bücher*.

❶ Blättern Sie mit einer Wischgeste zwischen den verschiedenen Kategorien. Sinnvollerweise gibt es dort auch *TOP KOSTENLOS*, wo Sie zahlreiche kostenlose Ebooks finden.

❷ Tippen Sie einen Ebook-Eintrag an.

❸ Betätigen Sie die Preisschaltleiste beziehungsweise *IN DIE BIBLIOTHEK,* so lädt das Handy ein Ebook nach einem leider obligatorischen Kaufhinweis (bei kostenlosen Büchern wird natürlich auch nichts berechnet) sofort herunter und zeigt es an.

> Der Kauf von Ebooks erfolgt, analog wie beim Softwarekauf im Play Store gewohnt, über Kreditkarte, über die Mobilfunkrechnung, Paypal oder ein Guthaben, das Sie über Google Play-Gutscheine (die Sie in Supermärkten oder Tankstellen erhalten) wieder aufladen.

❶❷ Auch in der Play Bücher-Anwendung ist das Ebook nun zu finden und kann gelesen werden. Ihre erworbenen Bücher finden Sie im Ausklappmenü unter *Meine Bücher*.

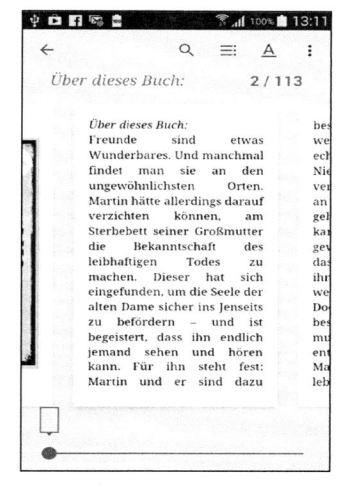

❶ Wählen Sie das anzuzeigende Buch aus.

❷ Blättern Sie mit einer Wischgeste durch das Buch, beziehungsweise tippen Sie einmal auf den Bildschirm für die Bedienelemente.

## 32.1.2 Ebooks von unabhängigen Anbietern

Im Internet gibt es Hunderte von Anbietern kostenloser und kostenpflichtiger Ebooks. Während man PDF-Ebooks aufgrund des integrierten PDF-Anzeigers sofort auf dem Handy/Tablet lesen kann, muss man für das sehr gebräuchliche EPUB-Format erst ein Anzeigeprogramm installieren.

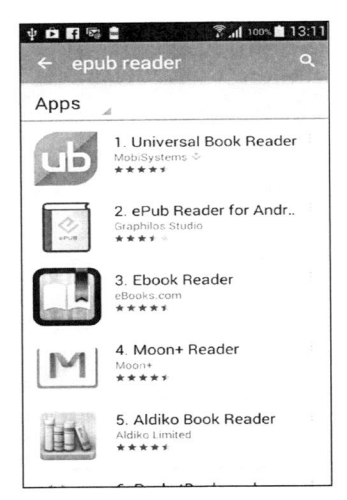

❶ Suchen Sie im Google Play Store (siehe Kapitel *24 Programmverwaltung (Android)*) nach »epub reader« und installieren Sie eines der gefundenen Programme.

❷❸ So kommen Sie an Ihren Lesestoff: Suchen Sie mit dem Webbrowser im Internet nach »epub kostenlos«, »ebook kostenlos« oder ähnlichen Begriffen. Sie werden viele Websites finden, auf denen Sie kostenlose Klassiker als Ebook herunterladen dürfen. Natürlich ist es auch möglich, mit dem Webbrowser auf dem PC nach Ebooks zu suchen und die heruntergeladenen Ebooks dann über die USB-Verbindung auf das Handy/Tablet zu kopieren.

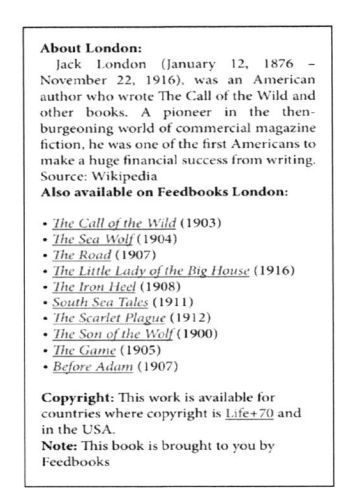

❶❷ Die vom PC auf das Gerät kopierten Ebooks können Sie in den entsprechenden Ebook-Anzeigern öffnen. Bei vielen Ebooks lohnt es sich, das Handy waagerecht zu halten, um die Bildschirmfläche besser auszunutzen.

### 32.1.3 Kopierschutz?

Die beiden großen Ebook-Anbieter Google und Amazon setzen bei den Ebooks generell auf einen Kopierschutz (DRM, Abkürzung für Digital Rights Management = digitale Rechteverwaltung). Dies gilt selbst für dort kostenlos angebotenen Lesestoff. Man kann also seine Ebooks nicht ohne Weiteres an Dritte weitergeben und benötigt zum Lesen immer das Leseprogramm des Ebook-Anbieters. Das damit verknüpfte Ziel ist klar: Neben dem Verhindern der unerlaubten Weitergabe der Ebooks wird der Leser auf eine Ebook-Plattform »festgenagelt«. Die wenigsten Leser dürften sich die Mühe machen wollen, je nach Ebook zwischen verschiedenen Ebook-Leseprogrammen zu wechseln.

Desweiteren bereitete auch schon mancher Ebook-Anbieter seinen Kunden Schwierigkeiten, weil der Kopierschutz umgestellt wurde und vorhandene Ebooks plötzlich nicht mehr geöffnet werden konnten. Sollte zudem mal ein Ebook-Vertrieb den Laden dicht machen, so werden sich Ihre

Ebooks mangels Rechtefreigabe-Server nicht mehr nutzen lassen.

Unser Tipp ist daher, Ebooks nach Möglichkeit ohne Kopierschutz zu erwerben, was beispielsweise auf Beam Ebooks (*www.beam-ebooks.de*) möglich ist (manche Ebooks sind aber auch dort nur mit Kopierschutz erhältlich). Die Ebooks können Sie dann auf fast jedem beliebigen Lesegerät, sei es PC, Tablet oder Handy anzeigen. Im Google Play Store findet man zudem zahlreiche unterschiedliche Ebook-Anzeiger, die jeden Geschmack bedienen.

Leider sind – unabhängig von DRM – mit dem digitalen Buchvertrieb weitere Nachteile verbunden, denn beispielsweise lassen sich bei Google nur diejenigen Ebooks herunterladen, für die in Ihrem aktuellen Aufenthaltsland eine Vertriebsgenehmigung vorliegt. Machen Sie beispielsweise in Asien Urlaub, werden Sie viele Ihrer Ebooks nicht laden können. Lösen lässt sich dieses Problem, indem Sie vor dem Reiseantritt alle genutzten Ebooks einmal öffnen und damit auf Ihr Gerät herunterladen.

## 32.2 Google Play Kiosk

Das Play Kiosk bringt nicht nur aktuelle Nachrichten auf das Handy, sondern bietet auch die Option, diverse Zeitungen kostenpflichtig zu abonnieren.

❶ Starten Sie *Play Kiosk* aus dem Hauptmenü.

❷ So stöbern Sie durch das kostenlose Nachrichtenangebot: Wählen Sie mit einer Wischgeste nach rechts/links eine Kategorie aus.

❸ Anschließend wischen Sie vertikal durch die Nachrichten.

❶❷ Für das kostenpflichtige Angebot öffnen Sie dagegen mit einer Wischgeste von links außerhalb des Display nach rechts das Ausklappmenü und wählen *Mein Kiosk* aus.

❸ Gehen Sie auf *ZEITSCHRIFTEN*.

❶ Die *ALLES KLAR* beziehungsweise *KAUFEN*-Schaltleiste betätigen Sie als Nächstes.

❷❸ Nach Antippen eines Titels haben Sie meistens die Möglichkeit, entweder eine einzelne Ausgabe oder ein Abo zu erwerben.

> Die Qualität der von Google bereitgehaltenen Zeitschriften ist leider größtenteils miserabel, weil sie nur eingescannt wurden. Viele Verlage bieten dagegen spezielle Anzeigeprogramme für ihre Magazine an, welche die Inhalte wesentlich besser aufbereiten. Suchen Sie einfach im Play Store (siehe Kapitel *24 Programmverwaltung (Android)*) nach dem Verlags- oder Zeitschriftennamen.

## 32.3 Google Play Filme

Der Onlinedienst Google Play Filme holt für Sie das Kino sozusagen aufs Handy. Zu Preisen zwischen 1 bis 5 Euro können Sie Videos mieten, die Sie wahlweise auf dem Handy oder im Webbrowser auf dem PC ansehen. Einmal angefangene Filme sind leider nur 48 Stunden verfügbar, lassen sich aber erfreulicherweise nicht nur online ansehen (als sogenanntes »Streaming« in verschiedenen Qualitätsstufen), sondern auch herunterladen. Unerlaubtes Vervielfältigen verhindert ein Kopierschutz.

> Google Play Filme ist leider bei den Top-Filmen recht teuer und hat den Nachteil, dass keine Originaltonspuren angeboten werden, was Filmpuristen verzweifeln lassen dürfte. Weitere Online-Video-Anbieter – die ihr Angebot allerdings hauptsächlich auf PC-Besitzer ausrichten – stellt die Webseite *www.was-ist-vod.de/vod-anbieter* vor.

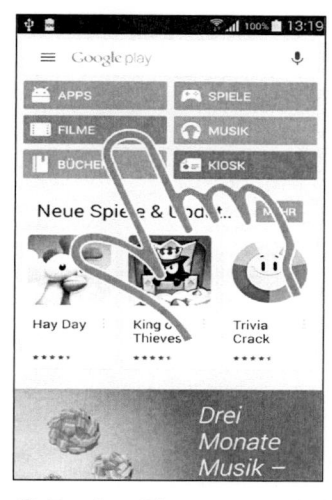

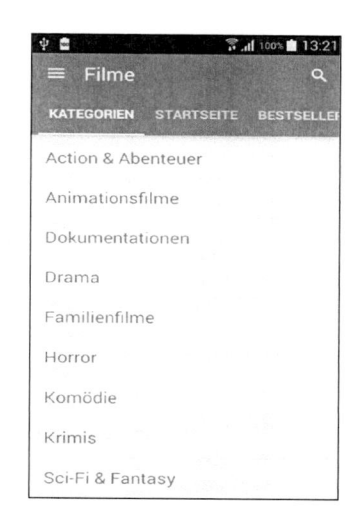

❶ Rufen Sie *FILME* (Pfeil) im Play Store auf, worin Sie die Spielfilme kaufen und herunterladen. Die Ausleihe ist übrigens auch auf dem Webbrowser auf dem PC über die Webadresse *play.google.com/store/movies* möglich.

❷❸ Die Bedienung des Filmverleihs orientiert sich an den Play Store-Standards, das heißt, Sie blättern mit einer Wischgeste zwischen den verschiedenen Auflistungen nach Besteller, Neuerscheinungen und Kategorien.

❶ Wählen Sie einen Film aus. Wahlweise leihen Sie den Film, was die bereits oben erwähnten Beschränkungen mit sich bringt, oder Sie kaufen ihn für unbegrenzte Nutzung. Ob ein Kauf oder Leihe möglich sind, hängt vermutlich vom Kinostart des jeweiligen Films ab; neuere Filme kann man meist nur ausleihen, ältere dagegen nur kaufen.

❷ Häufig stehen zu unterschiedlichen Preisen die Qualitätsversionen SD (DVD-Qualität) oder HD zur Verfügung, wovon Sie eine auswählen und auf *Weiter* tippen. Danach stellen Sie die Zahlungsmethode ein, betätigen *Akzeptieren & kaufen* und bestätigen Sie den Kauf.

❶❷ Die Anzeige Ihrer ausgeliehenen und gekauften Videos erfolgt über die *Play Filme*-Anwendung. Es empfiehlt sich, das Handy bei der Wiedergabe waagerecht zu halten, damit der ganze Bildschirm ausgenutzt wird.

# 33. Youtube

In Youtube finden Sie hunderttausende Videos von professionellen Anbietern, aber auch von vielen Amateuren. Deshalb schwankt nicht nur die Bild-, sondern auch die inhaltliche Qualität von Video zu Video.

Sie finden Youtube im Hauptmenü.

Wir empfehlen, das Handy während der Youtube-Nutzung waagerecht zu halten, damit Sie die Videos in voller Displaygröße ansehen können.

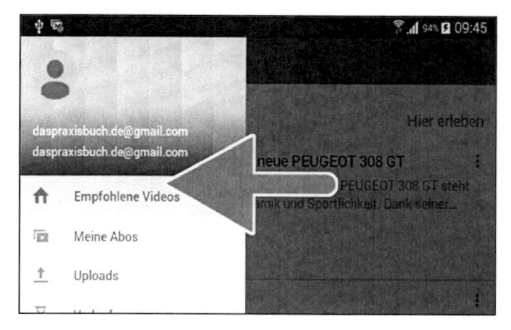

❶❷ Der Youtube-Player startet mit einer Kachelansicht, in der Sie einfach ein Video zum Ansehen antippen. Die Bedienelemente blenden Sie mit einer Wischgeste von links nach rechts, beziehungsweise umgekehrt, ein oder aus.

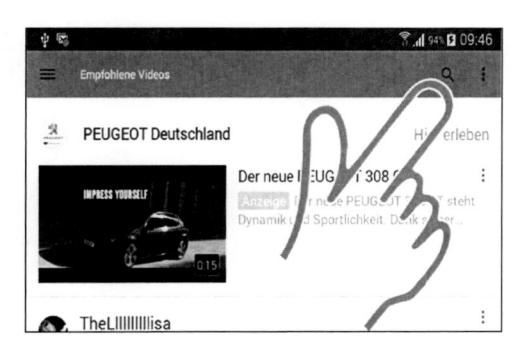

❶❷ Zum Auffinden von Videos tippen Sie oben auf 🔍, geben den Suchbegriff ein und betätigen 🔍 auf dem Tastenfeld. Tippen Sie in den aufgelisteten Suchergebnissen das anzuzeigende Video an.

❶❷ Die Wiedergabe erfolgt. Tippen Sie auf den Bildschirm, um Bedienelemente anzuzeigen. Die ⤺-Taste schaltet wieder auf das Hauptmenü um. ↘ (Pfeil) schaltet dagegen in ein kleines Videofenster um.

❶ Wischen Sie mit dem Finger von rechts unten nach links oben, um das Videofenster wieder zu vergrößern.

❷ Wischen Sie vom Videofenster aus horizontal nach rechts oder links, um es zu schließen. Dies beendet natürlich auch die Wiedergabe.

# 34. Google Now (Android)

Google Now stellt die zum aktuellen Zeitpunkt wichtigen Infos auf einem Blick zur Verfügung. Dazu wertet das Programm das Nutzerverhalten im Hintergrund aus und versucht daraus Schlüsse zu ziehen, welche Infos für Sie gerade nützlich sein könnten. Da Google dabei zahlreiche Ihrer privaten Daten analysiert und speichert, sollten Sie auf Google Now verzichten, wenn Sie auf Ihre Privatsphäre Wert legen.

Je nach Situation werden laut Google folgende Infos angezeigt:

- *Wetter*: Wetteraussichten
- *Verkehr*: Falls Sie unterwegs sind.
- *Öffentliche Verkehrsmittel*: Falls Sie sich in der Nähe einer Haltestelle öffentlicher Verkehrsmittel befinden.
- *Flüge*: Wird nach einer Flug-Suche angezeigt.
- *Sport*: Punktezahlen für eine Mannschaft, nach der gesucht wurde.
- *Nächster Termin*: Anstehende Kalendertermine.
- *Übersetzung*
- *Währung*: Währungsumrechnung.
- *Uhrzeit zu Hause*: Wenn Sie sich in einer anderen Zeitzone befinden.
- *Orte*: Points of Interest in der Nähe.

❶ Tippen Sie im Startbildschirm auf das Google-Widget.

❷ Beim ersten Start müssen Sie mit *JETZT STARTEN* und mehrmaligem Betätigen von *OK* die Einrichtung durchführen.

❶ Rollen Sie mit einer Wischgeste durch die angezeigten »Notizkarten«.

❷ Wischen Sie über nicht benötigten Karten nach links oder rechts, was diese entfernt.

In den ersten Tagen der Nutzung wird Google Now zunächst nur kaum nützliche Infos anzeigen, was sich aber mit der Zeit ändert.

Google Now bringt auch eine Suche mit. Geben Sie einfach im Suchfeld am oberen Bildschirmrand den Suchbegriff ein beziehungsweise betätigen Sie die 🎤 für die Sprachbefehle.

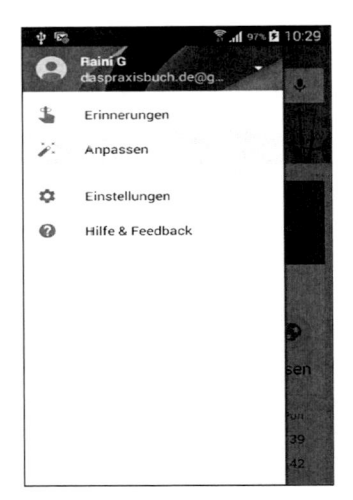

❶❷❸ Detaillierte Anpassungen nehmen Sie über das Ausklappmenü, das Sie mit der ☰-Schaltleiste öffnen, vor. Gehen Sie darin auf *Anpassen*.

# 35. Chromecast

Als Chromecast bezeichnet Google einen kleinen Stick, der für 35 Euro im Handel beziehungsweise direkt von Google verkauft wird und der Medienwiedergabe dient. Dies können zum Beispiel Videos, Musik oder Bilder sein.

Der Chromcast-Stick ist kleiner als eine Zigarettenpackung und besitzt nur einen HDMI-Stecker und einen Anschluss für das mitgelieferte Netzteil.

Sofern Ihr TV über eine USB-Buchse verfügt, können Sie eventuell auf das Netzteil verzichten: Schließen Sie einfach zur Stromversorgung den Chromecast-Stick über das mitgelieferte USB-Kabel an die USB-Buchse an, die dann die Stromversorgung übernimmt.

## 35.1 Funktionsweise

Der Chromecast-Stick benötigt immer eine WLAN-Verbindung, die man bei der Inbetriebnahme einrichtet. Deshalb dürfte es sehr mühselig sein, den Stick mobil einzusetzen, um beispielsweise bei Freunden die Urlaubsbilder, die man auf dem eigenen Handy hat, auf deren TV anzuzeigen. Weil der Stick auf jegliche Bedienelemente verzichtet, steuern Sie ihn ausschließlich über PC, Notebook, Android-Tablet oder Handy.

Es gibt zwei Funktionsweisen:

- Sie spielen Musik oder Videos aus dem Internet ab: Der Stick übernimmt in diesem Fall das sogenannte Streaming direkt aus dem Internet.
- Sie geben lokal auf dem eigenen Handy, Tablet oder PC vorhandene Mediendateien auf dem Stick wieder.

Beachten Sie, dass immer nur ein Gerät Chromcast nutzen kann. Eine gerade bestehende Verbindung wird abgebrochen, wenn ein weiteres Gerät auf den Chromecast-Stick zugreift.

Der Fachbegriff »Streaming« bezeichnet die Wiedergabe von Online-Medien (meist Audio oder Video) aus dem Internet, ohne dass auf dem Wiedergabegerät Daten gespeichert werden. Viele Online-Anbieter setzen »technische Maßnahmen« ein, damit die Nutzer die gestreamten Inhalte nicht auf Ihrem Gerät abspeichern und damit an Dritte weitergeben können.

Für den Nutzer hat Streaming den Vorteil, jederzeit auf die Inhalte zugreifen zu können – es ist nur eine Internetverbindung nötig. Von Nachteil ist natürlich, dass für das Streaming immer eine Internetverbindung bestehen muss.

## 35.2 Einrichtung

Schließen Sie den Stick an einem HDMI-Eingang Ihres TVs an und verbinden Sie das mitgelieferte Stromkabel mit dem Stick.

![Chromecast Setup Screen: "Bitte einrichten - Rufen Sie über ein Smartphone, Tablet oder einen Laptop chromecast.com/setup auf." Chromecast2856]

Das TV muss, wenn Sie den richtigen Kanal beziehungsweise TV-Eingang eingestellt haben, nach einigen Sekunden den Einrichtungsbildschirm anzeigen.

Im Prinzip besteht die Einrichtung nur darin, dem Stick Ihre WLAN-Zugangsdaten mitzuteilen, damit er später direkt von anderen Geräten im WLAN gesteuert werden kann. Umgekehrt ist es dem Stick dann möglich, selbsttätig übers WLAN Medien aus dem Internet abzuspielen.

Wir beschreiben nachfolgend, wie Sie Chromecast mit einem Android-Gerät oder dem PC/Notebook konfigurieren. Dies ist nur einmal nötig; danach steht Chromecast allen Geräten, die mit dem WLAN-Zugangspunkt verbunden sind, automatisch zur Verfügung.

## 35.2.1 WLAN-Zugangspunkt vorbereiten

Chromecast funktioniert nur, wenn alle beteiligten Geräte mit dem gleichen WLAN-Zugangspunkt verbunden sind. Außerdem muss es im WLAN möglich sein, dass die Geräte nicht nur Daten mit dem Internet sondern auch untereinander austauschen dürfen.

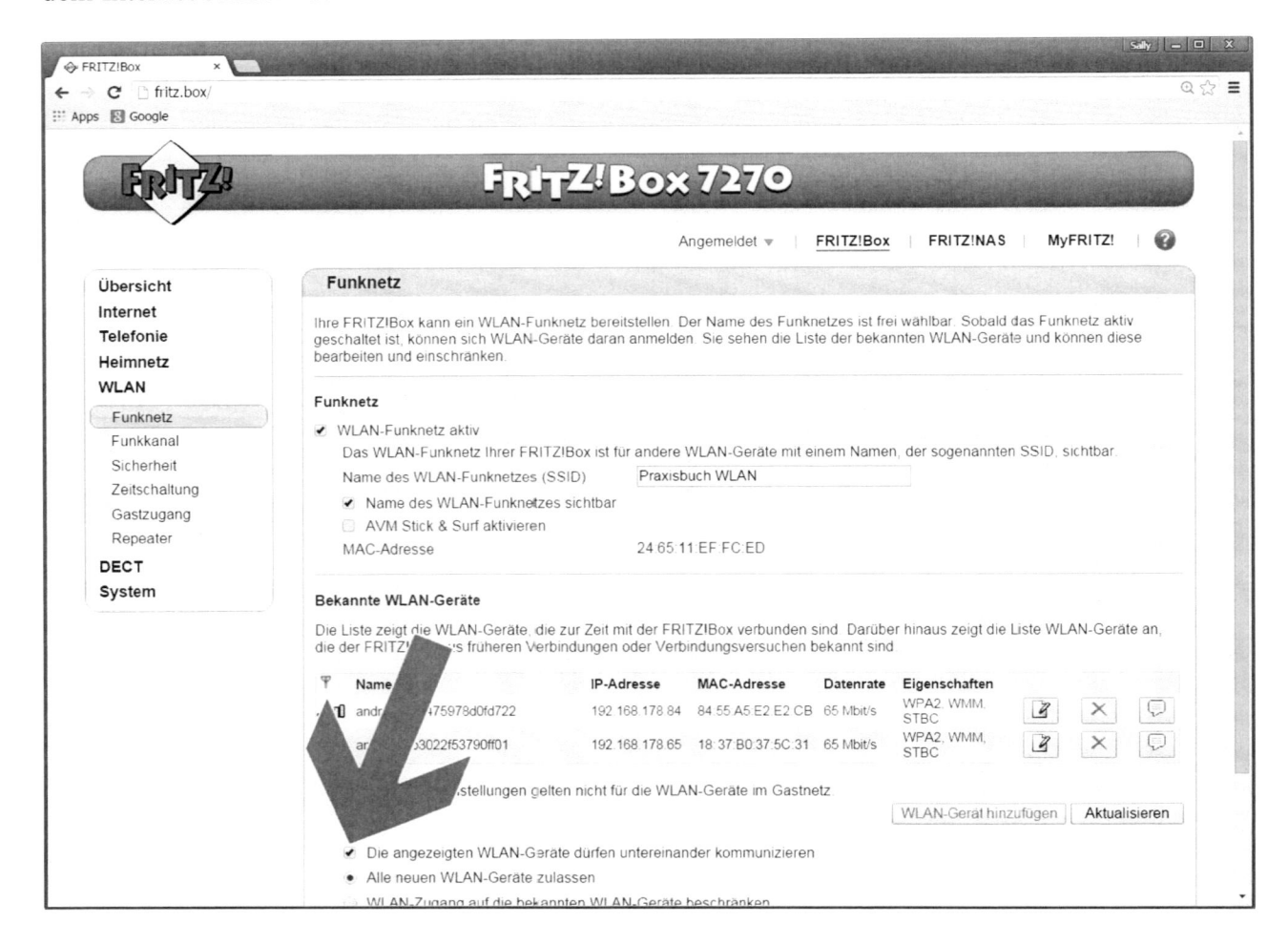

![Screenshot der FRITZ!Box 7270 Weboberfläche mit WLAN-Funknetz-Einstellungen. Hervorgehoben mit einem Pfeil ist die Option "Die angezeigten WLAN-Geräte dürfen untereinander kommunizieren".]

Sofern Sie eine Fritz-Box als DSL-Router einsetzen, rufen Sie im Webbrowser auf dem PC mit *fritz.box* dessen Benutzeroberfläche auf und klicken dann links auf *WLAN* und dann auf *Funknetz*. Überprüfen Sie, dass die Option *Die angezeigten WLAN-Geräte dürfen untereinander kommunizieren* aktiv ist.

Der sogenannte WLAN-Gastzugang, den viele DSL-Router anbieten, kann häufig nicht für Chromecast verwendet werden, weil hierüber nur Verbindungen ins Internet, nicht aber ins Heimnetz möglich sind. Prüfen Sie also auf Ihrem Gerät, ob Sie dort eventuell doch den Gastzugang nutzen, wenn Chromecast nicht funkionieren sollte.

In manchen Fällen macht auch der von der Fitz-Box genutzte Funkkanal (= Funkfrequenz) Probleme, denn der Chromecast-Stick findet die Kanäle 12 und 13 nicht.

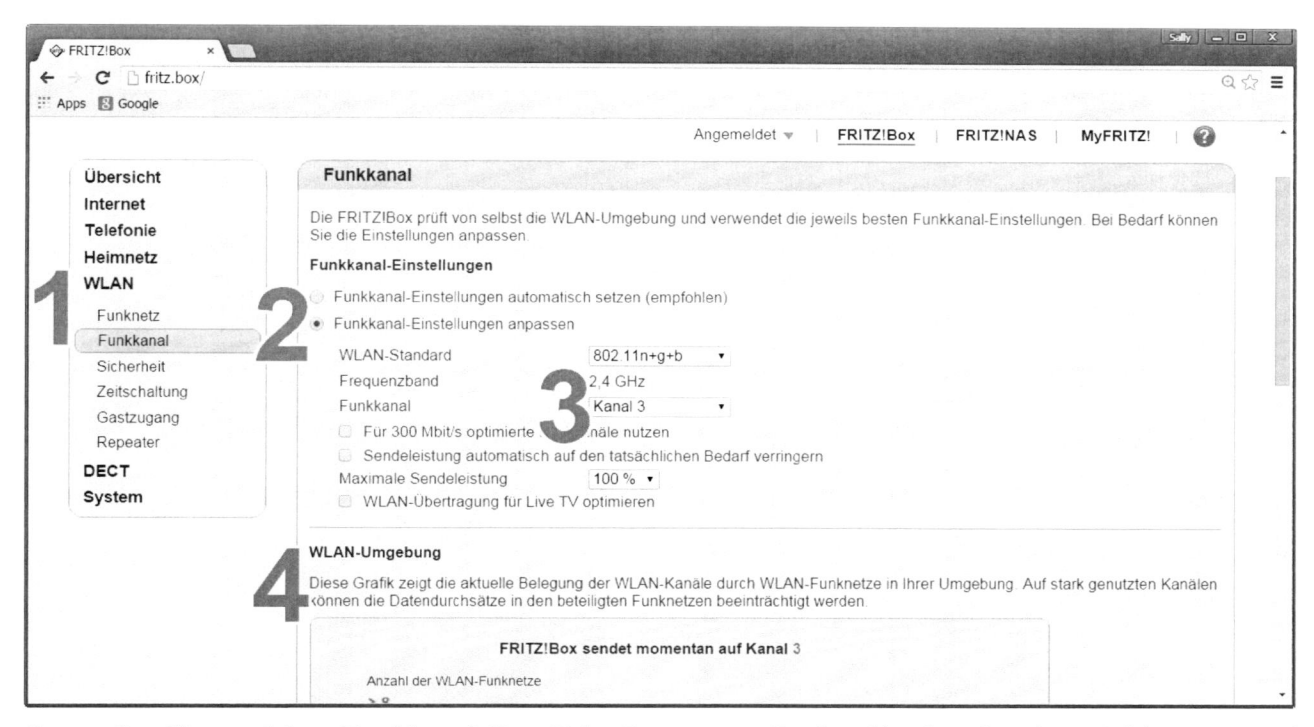

So prüfen Sie, welchen Funkkanal Ihre Fritz-Box nutzt: Rufen Sie *fritz.box* im Webbrowser auf und klicken Sie links auf *WLAN* (1) und dann auf *Funkkanal*. Aktivieren Sie die Option *Funkkanal-Einstellungen anpassen* (2) und stellen Sie nun den *Funkkanal* (3) ein, in unserem Beispiel *Kanal 3*. Vergessen Sie nicht die Konfiguration mit der *Übernehmen*-Schaltleiste zu speichern. Ein Blick auf die Grafik unter *WLAN-Umgebung* zeigt eventuelle Kanalkollisionen mit fremden Funknetzen an.

> **Hinweis:** Bei einzelnen Telefongesellschaften beziehungsweise Kabelbetreibern kann es vorkommen, dass der Chromecast-Stick trotz korrekter Konfiguration keine Internetverbindung herstellt. In solchen Fällen muss im DSL/Kabel-Router die DNS auf einen von Google betriebenen Server (IP 8.8.8.8) umgestellt werden. Weil man dabei viel falsch machen kann, empfehlen wir Ihnen, dies einen Experten erledigen zu lassen.
>
> Falls Sie mal überhaupt nicht weiter kommen, hilft es vielleicht, den Chromecast-Stick zurückzusetzen. Halten Sie einfach den Knopf am Stick für ca. 15 Sekunden gedrückt, worauf er neu startet.

## 35.2.2 Einrichtung mit Android-Handy oder Tablet

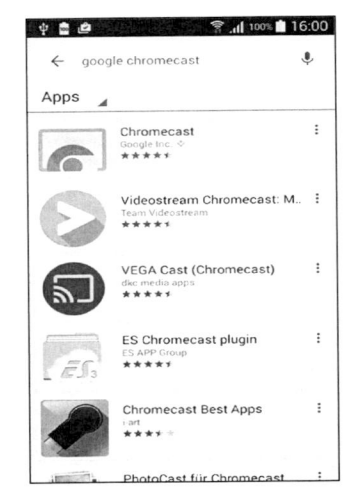

❶ Rufen Sie auf Ihrem Gerät den *Google Play Store* auf (Pfeil).

❷❸ Suchen Sie darin nach *Google Chromecast* und installieren Sie es.

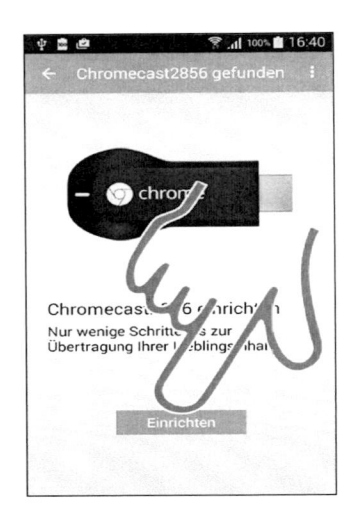

❶ Starten Sie *Chromecast*.

❷ Bestätigen Sie die Nutzungsbedingungen mit *Akzeptieren*.

❸ Die Anwendung sucht und findet den Chromecast-Stick, den Sie mit *Einrichten* konfigurieren.

Der Fernseher zeigt unten rechts einen Code, im Beispiel *Q8B6* an.

❶ Sofern der Code mit dem auf Ihrem Mobilgerät übereinstimmt, gehen Sie auf *Ich sehe den Code*.

❷ Geben Sie einen Namen ein, beispielsweise *Chromecast* und schließen Sie den Bildschirm mit *Namen festlegen*.

❸ Zum Schluss teilen Sie dem Chromecast-Stick das Passwort für Ihren WLAN-Zugangspunkt mit und betätigen *Netzwerk festlegen*.

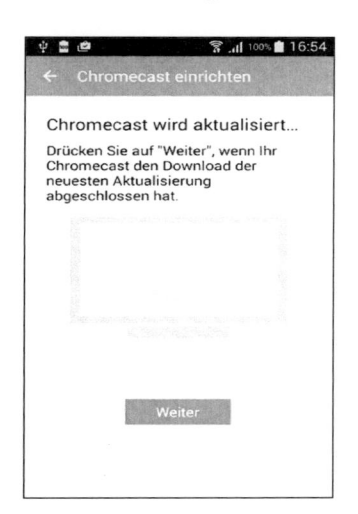

❶❷ Geschafft! Beachten Sie die Anzeige auf dem TV, denn vermutlich wird der Chromecast-Stick erst einmal ein Update herunterladen und installieren. Warten Sie, bis er neu startet und den nachfolgenden Bildschirm anzeigt. Betätigen Sie dann *Weiter*. Verlassen Sie die Chromecast-Anwendung gegebenenfalls mit der ⬜-Taste unterhalb des Displays.

Sie können nun Chromecast nutzen (bei Ihnen könnte der Bildschirm eventuell anders aussehen).

## 35.3 Einrichtung mit dem PC oder Notebook

Diese Vorgehensweise wird in der Regel nur funktionieren, wenn PC beziehungsweise Notebook den gleichen WLAN-Zugangspunkt nutzen. Richten Sie daher gegebenenfalls WLAN auf Ihrem Gerät ein. Während dies für Notebooks, die immer mit WLAN ausgerüstet sind, kein Problem darstellt, sind leider PCs ohne WLAN-Unterstützung außen vor. Besorgen Sie sich dann entweder einen WLAN-USB-Stick, welchen es für wenige Euro im Handel gibt oder nutzen Sie die im Kapitel *Einrichtung mit Android-Handy oder Tablet* beschriebene Methode.

Rufen Sie die Webadresse *chromecast.com/setup* in Ihrem Webbrowser auf. Ein Klick auf *Herunterladen* lädt ein Installationsprogramm herunter, das Sie anschließend starten.

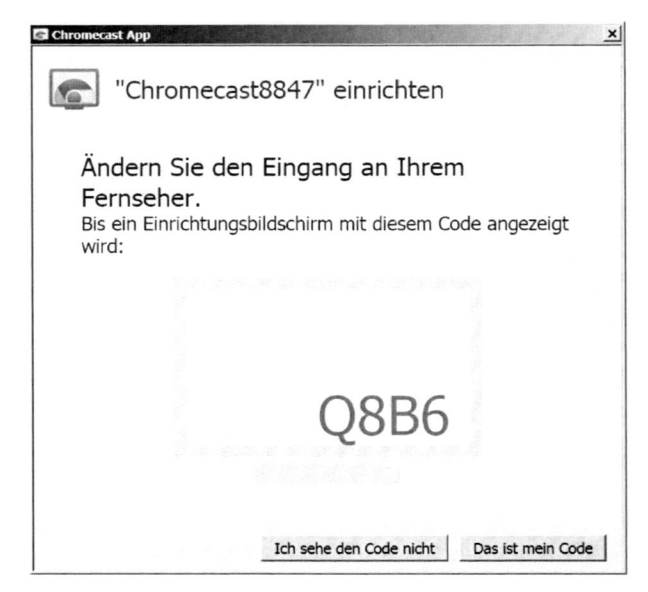

Das Installationsprogramm findet nach einigen Sekunden den Chromecast-Stick. Betätigen Sie *Weiter*.

Der Fernseher zeigt unten rechts einen Code, im Beispiel *Q8B6* an.

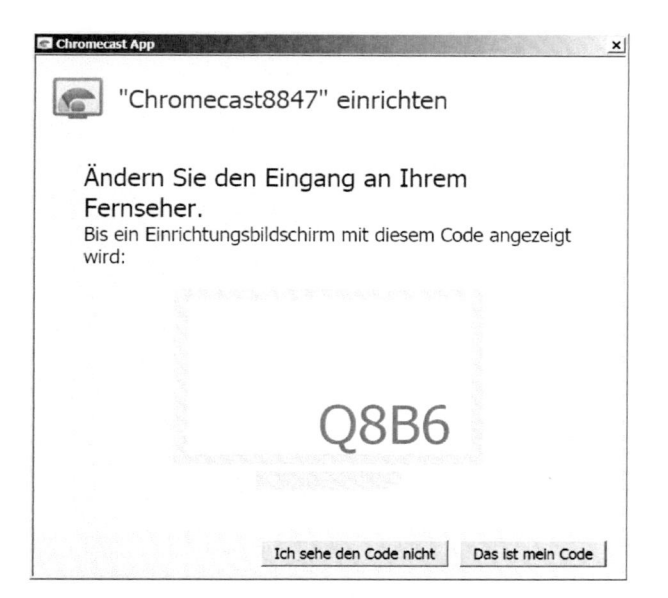

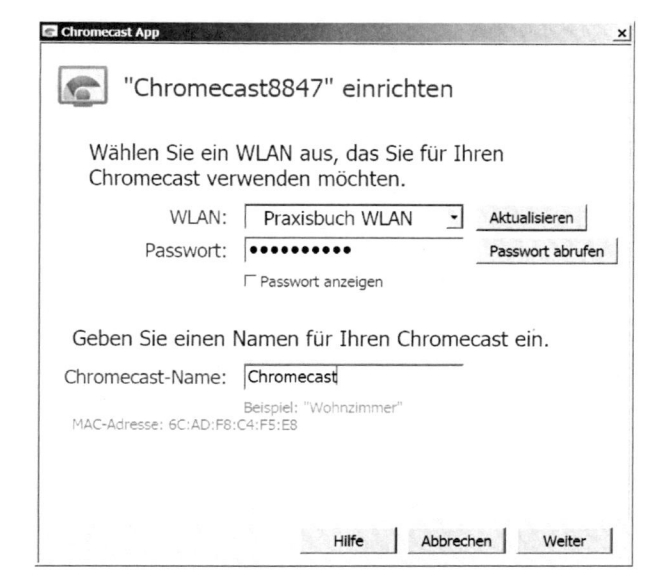

❶ Bestätigen Sie mit *Das ist mein Code*.

❷ Nachdem Sie das WLAN-Passwort erfasst und unter *Chromecast-Name* den Chromecast-Stick nach Wunsch umbenannt haben, gehen Sie auf *Weiter*.

Der Chromecast-Stick ist nun zwar betriebsfertig konfiguriert, wir können ihn aber noch nicht nutzen. Klicken Sie daher auf *Cast-Erweiterung herunterladen*.

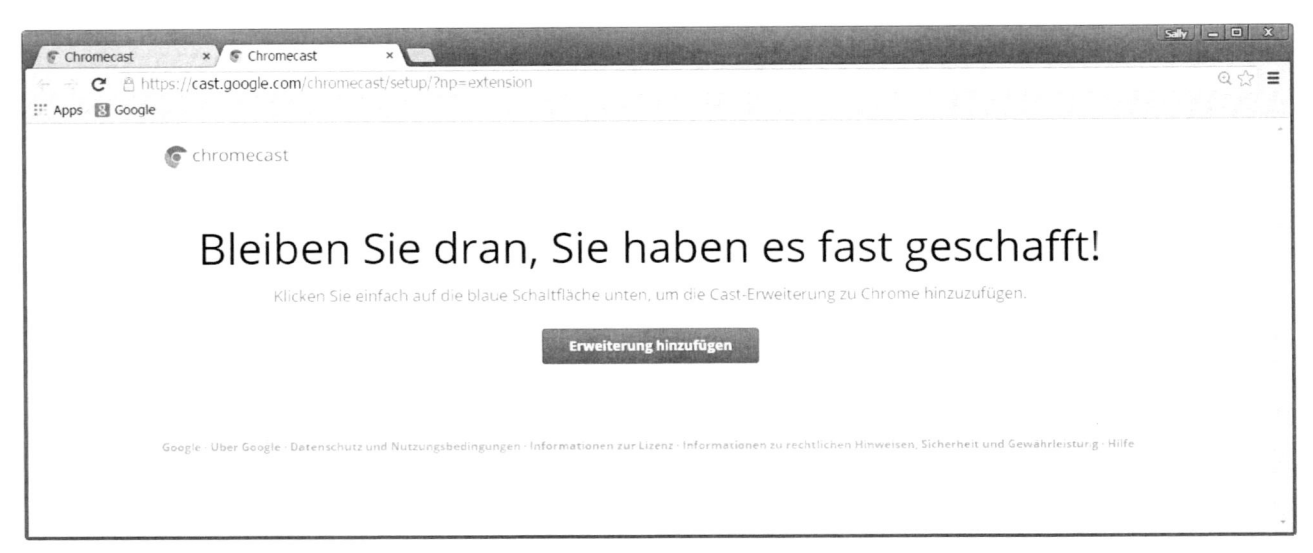

Ein Klick auf *Erweiterung hinzufügen* führt die Installation durch. Das Popup mit der Sicherheitsabfrage schließen Sie mit *Hinzufügen*.

## 35.4 Chromecast am PC oder Notebook nutzen

### 35.4.1 Chrome-Browser vorbereiten

Sie benötigen für Chromecast am PC/Notebook den Chrome-Browser, den Kapitel *35 Chromecast* beschreibt.

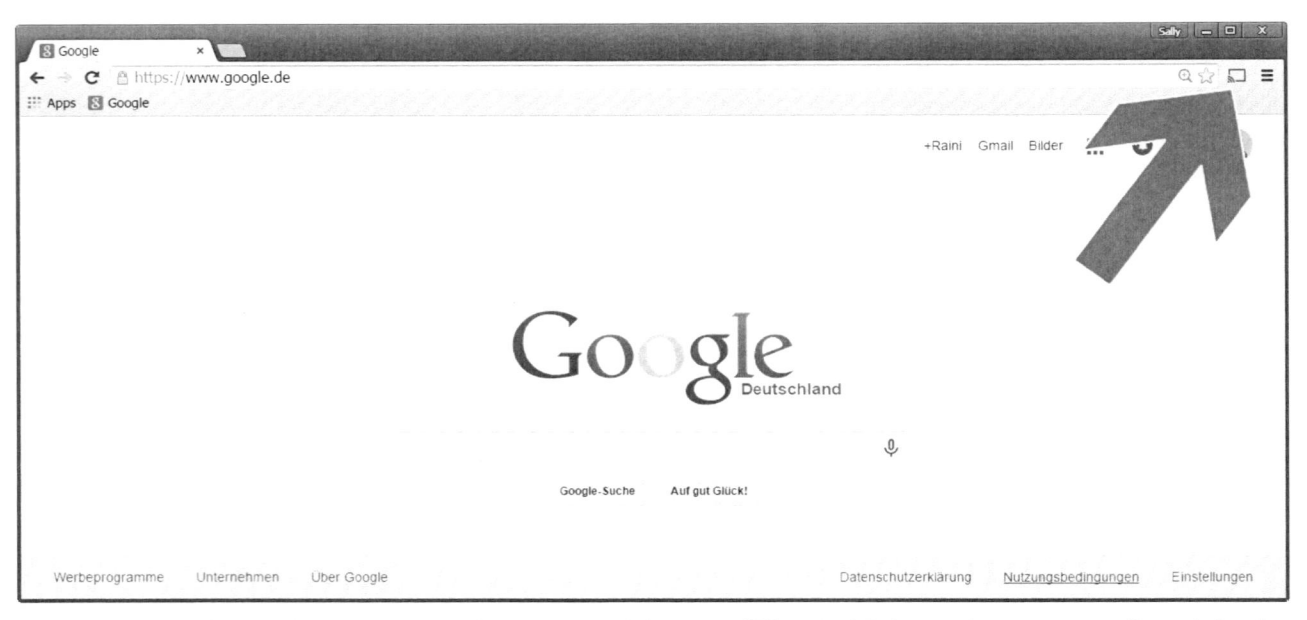

Im Browser sollten Sie oben rechts in der Titelleiste die -Schaltleiste sehen. Wenn dies nicht der Fall sein sollte, dann haben Sie offenbar die Chromecast-Erweiterung noch nicht installiert.

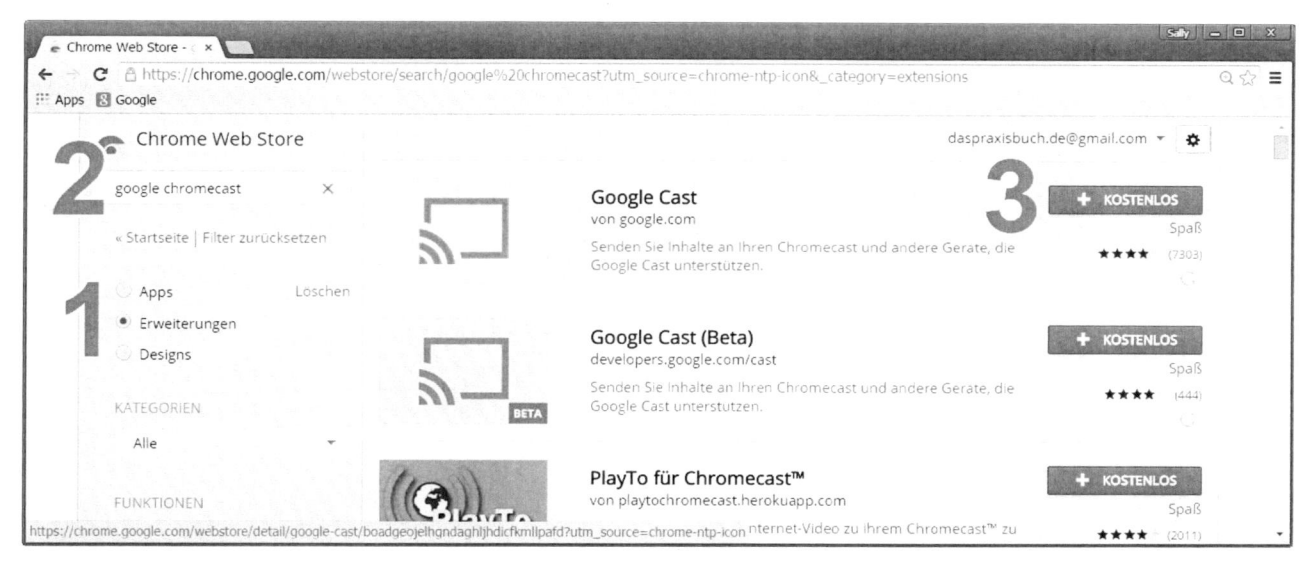

So installieren Sie die Chromecast-Erweiterung, falls sie noch nicht vorhanden ist: Im Web Store (siehe Kapitel *7 Programmverwaltung*) aktivieren Sie die *Erweiterungen*-Option (1) und geben als Suchbegriff *Google Chromecast kein*. Ein Klick auf *KOSTENLOS* bei *Google Cast* führt die Installation durch.

> Der Web Store listet neben *Google Cast* auch *Google Cast (Beta)* auf. Bei Letzterem handelt es sich um eine Entwicklerversion, die Sie nicht nutzen sollten.

## 35.4.2 Chromecast ein- und ausschalten

Den Inhalt Ihres Browserfensters spiegeln Sie auf dem TV, indem Sie zuerst auf 🔲 (1) klicken und im Menü dann den Chromecast-Stick auswählen (2).

Im 🔲-Menü stehen folgende Funktionen zur Verfügung:

- 🔊: Audio ein/aus (verwenden Sie für die Lautstärkereglung bitte die Fernbedienung Ihres TVs)
- ⚙: Bildqualität einstellen. Meistens dürfte die Vorgabe *Hoch (720p)* ausreichen.
- *Übertragung beenden*: Beendet die Spiegelung auf dem Fernseher.

### 35.4.3 Youtube

Google hat das Videoportal Youtube (siehe Kapitel *19 Youtube*) für Chromecast optimiert, das heißt, sobald Sie dort ein Video aufrufen, erhalten Sie eine etwas vom Gewohnten abweichende Benutzeroberfläche.

Vergessen Sie nicht, wie zuvor beschrieben, Chromecast zu aktivieren, damit die als Nächstes beschriebenen Funktionen vorhanden sind.

Der Chromecast-Stick streamt die Videodaten selbsttätig, ohne Umweg über den PC, aus dem Internet. Deshalb sehen Sie im Chrome-Browser kein Videobild und auch die Lautstärke müssen Sie bei Bedarf direkt am TV anpassen.

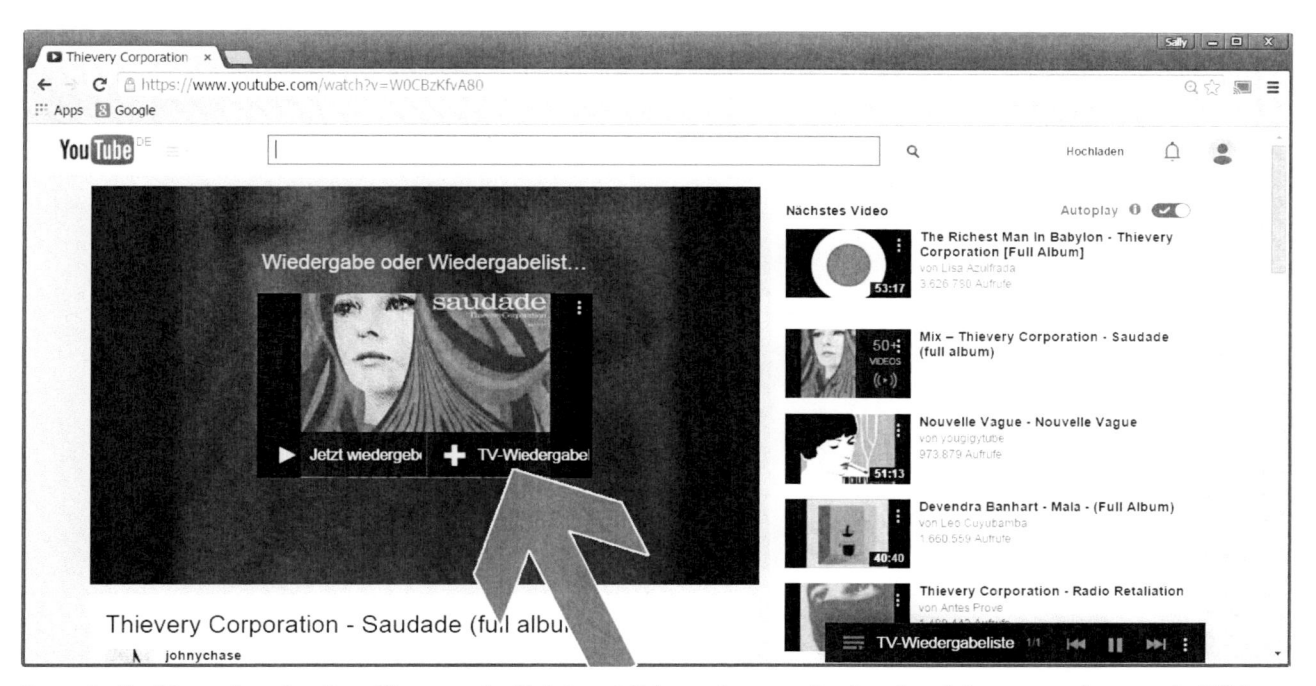

Innerhalb Youtube dürfen Sie nun beliebige Videoseiten aufrufen beziehungsweise nach Videos suchen – die Wiedergabe läuft währenddessen auf dem TV einfach weiter!

Vielleicht haben Sie es bereits bemerkt, denn damit Sie ohne unterbrechungsfrei Videos ansehen können, verwaltet Youtube eine Wiedergabeliste. Rufen Sie eine Videoseite auf und klicken Sie auf *TV-Wiedergabeliste* (Pfeil), damit das Video in der Wiedergabeliste landet und dann als eines der nächsten abgespielt wird.

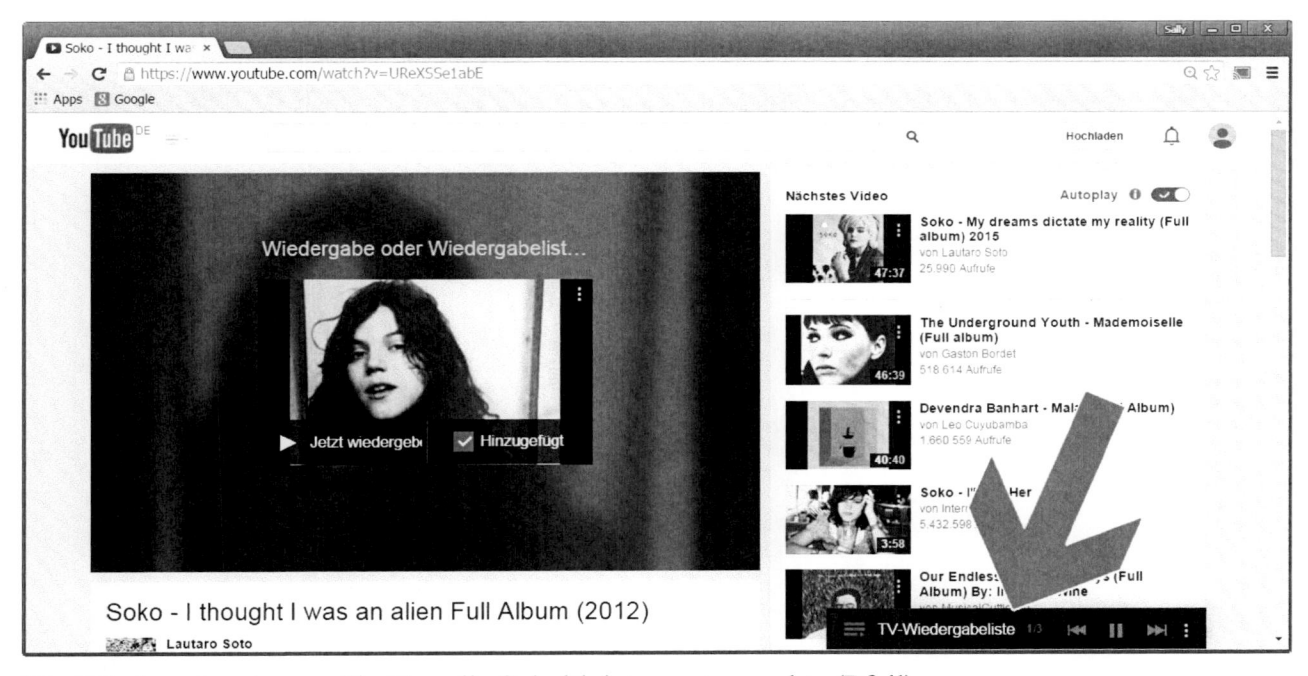

Die Wiedergabe steuern Sie über die Schaltleisten unten rechts (Pfeil):

- *TV-Wiedergabeliste*: Öffnet die Wiedergabeliste, worin Sie ein Video, das als nächstes abgespielt werden soll anklicken.
- ⏮: Vorheriges Video abspielen.
- ⏸: Wiedergabe pausieren.
- ⏭: Nächstes Video abspielen.
- ⋮: Speichert die Playlist bei Youtube (siehe Kapitel xxx) beziehungsweise beendet die Wiedergabe

oder löscht die Wiedergabeliste.

## 35.4.4 Fremdmedien wiedergeben

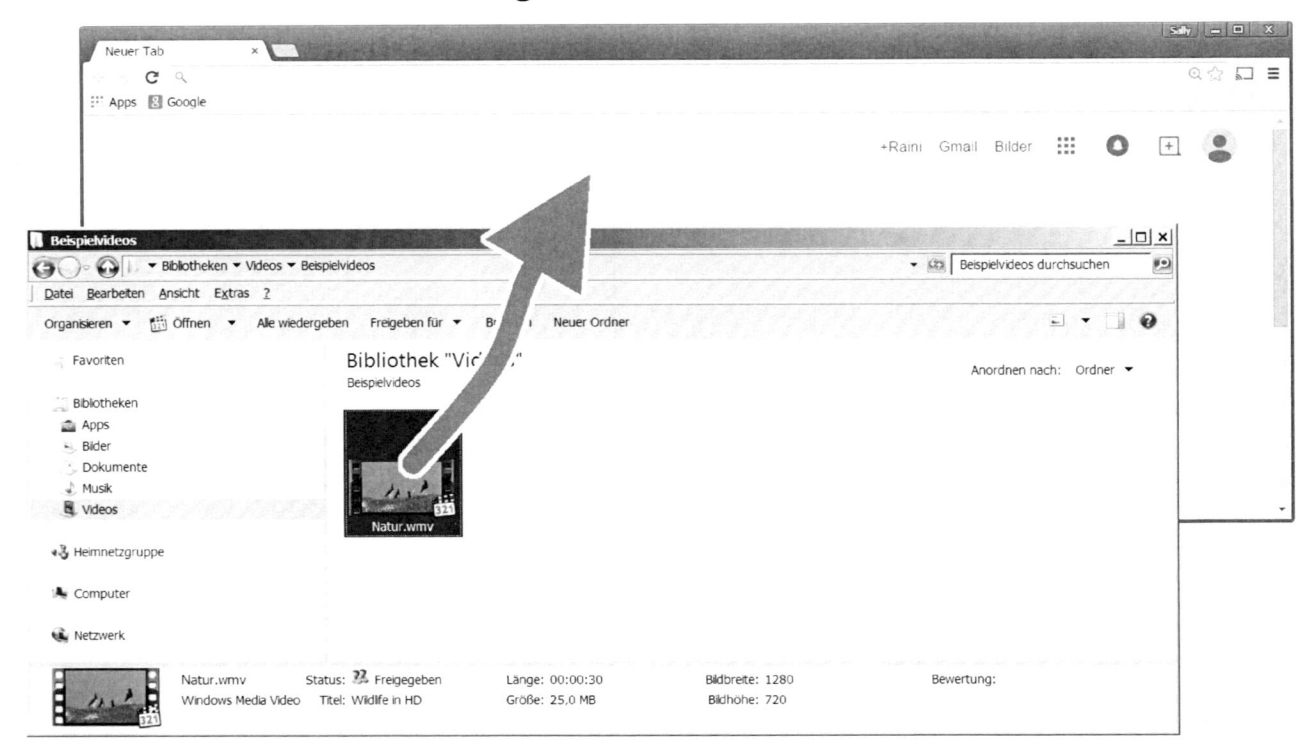

Vielleicht möchten Sie nicht nur Webseiten im Chrome-Browser auf dem TV anzeigen, sondern auch lokal auf dem PC vorliegende Fotos und Videos? Dies ist tatsächlich ziemlich einfach, denn Sie müssen dafür nur die jeweilige Datei mit der Maus ins Browser-Fenster ziehen. Der Chrome-Browser unterstützt zahlreiche Dateiformate, darunter auch PDF.

Beispiel für eine Videodatei, die wir vom Desktop in das Browserfenster gezogen haben. Da die Übertragung vom PC zum Chromecast-Stick erfolgt, ist hier auch eine Lautstärkeregelung im Browser möglich (Pfeil).

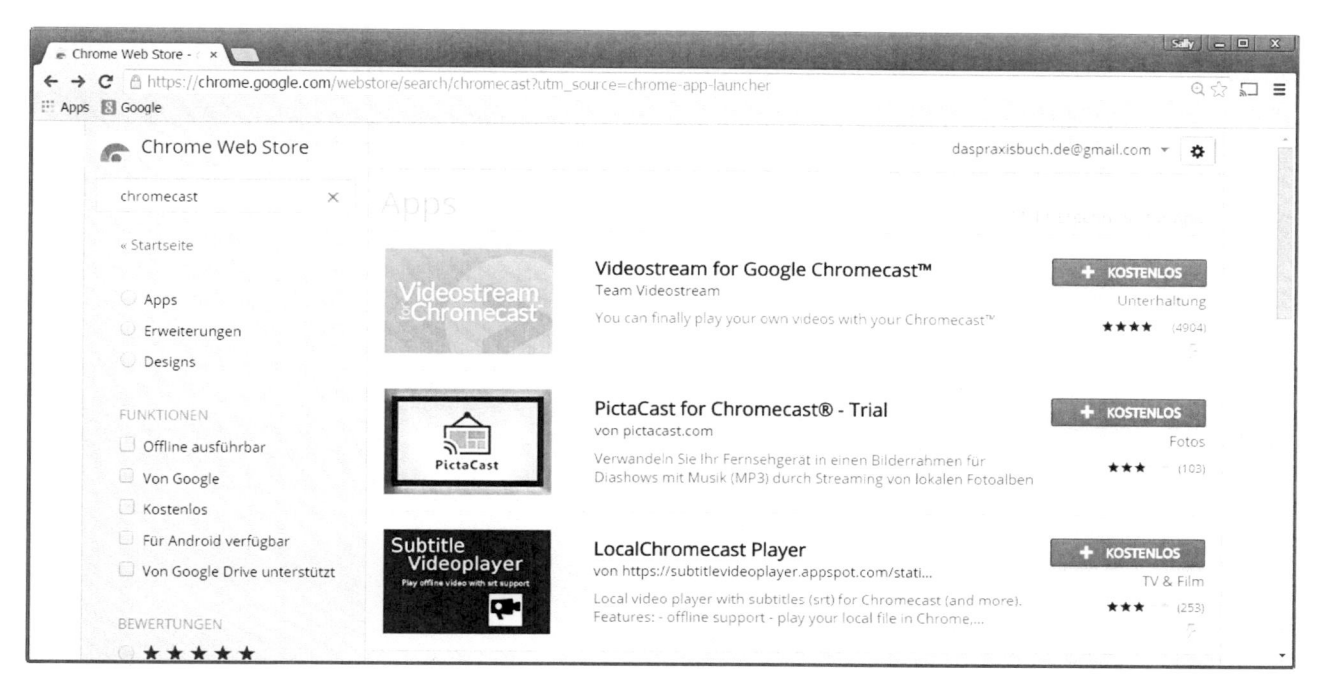

Im Web Store (siehe Kapitel *7 Programmverwaltung*) finden Sie einige Erweiterungen von Dritten, welche die Handhabung lokaler Mediendateien erleichtern. Suchen Sie dort einfach nach *Chromecast*. In diesem Buch können wir leider aus Platzgründen nicht darauf eingehen.

### 35.4.5 Webvideos

Viele TV-Sender, in unserem Beispiel die ARD, streamen nicht nur das aktuelle Programm live im Internet, sondern stellen bereits ausgestrahlte Sendungen in ihrer Mediathek für den kostenlosen Abruf zur Verfügung. In der Regel lässt sich mit einer Schaltleiste (Pfeil) auf die Vollbilddarstellung umschalten, was den Sehgenuss erhöht.

## 35.4.6 Amazon Prime

Vielleicht haben Sie schon von Amazon Prime Instant Video gehört. Der Online-Shop Amazon (zu finden unter *www.amazon.de*) bietet auch ein kostenpflichtiges Video-Streaming an. Sind Sie Prime-Mitglied, so stehen Ihnen zudem unter Prime Video zahlreiche Videos kostenlos zum Abruf bereit.

Leider setzt Amazon bei Prime Video beziehungsweise Prime Instant Video auf eine eigenwillige Technik, denn über Chromecast lässt sich das Videobild nicht übertragen. Ein kleiner Trick führt aber trotzdem zum Erfolg.

> Die meisten großen Videostreaming-Anbieter, darunter Netflix, Watchever, usw. (eine Übersicht finden Sie beispielsweise unter *www.filmflatratevergleich.com*) scheinen Chromecast direkt zu unterstützen. Konsultieren Sie bei Bedarf deren Hilfeseiten im Internet.

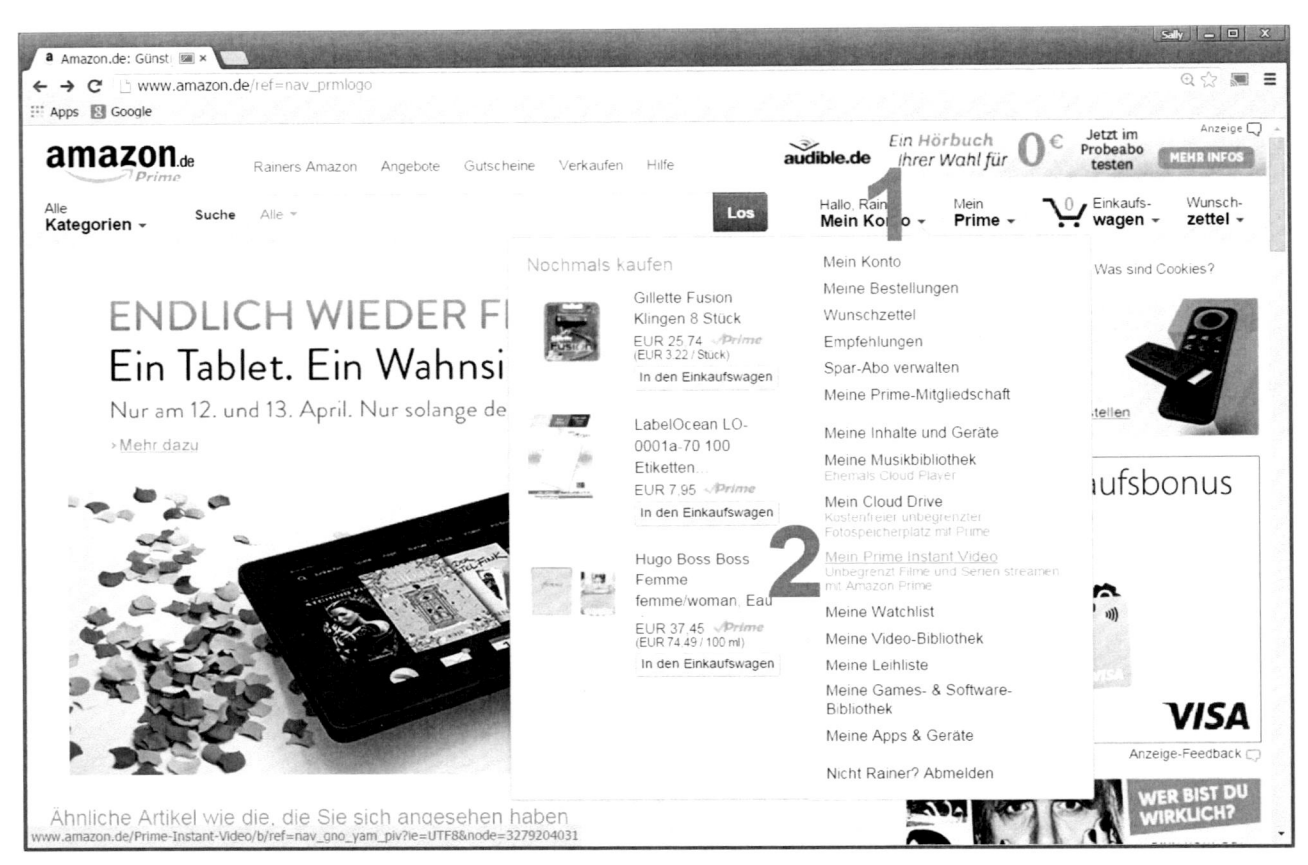

Melden Sie sich bei Ihrem Amazon-Konto an. Halten Sie dann den Mauszeiger über *Ihr Konto* (1) und rufen Sie im ausgeklappten Menü *Mein Prime Instant Video* (2) auf.

# Chromecast

Gehen Sie auf *Einstellungen* (Pfeil).

Aktivieren Sie unter *Geringere Pufferzeiten mit Microsoft Silverlight bei HD-Titeln* die Option *Adobe Flash Player*. Künftig zeigt Chromecast Ihre Filme auch auf dem TV an.

## 35.4.7 Chromecast auf dem Android-Handy und Tablet

Unter Android unterstützen die Anwendungen Youtube, Play Musik, Play Filme und Fotos die Chromecast-Wiedergabe.

> Aus Vereinfachungsgründen stellen wir Ihnen die Chromecast-Funktionen nur anhand eines Android-Handys vor. Die Benutzeroberfläche auf Tablets ist aber ähnlich.

## 35.4.7.a Grundsätzliche Bedienungsweise

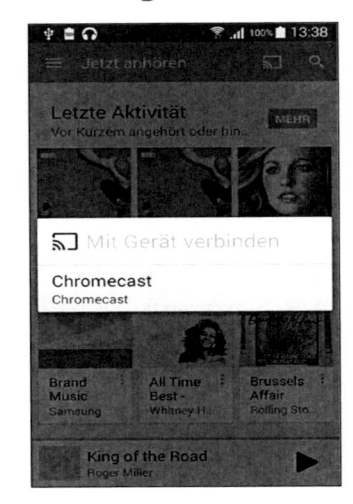

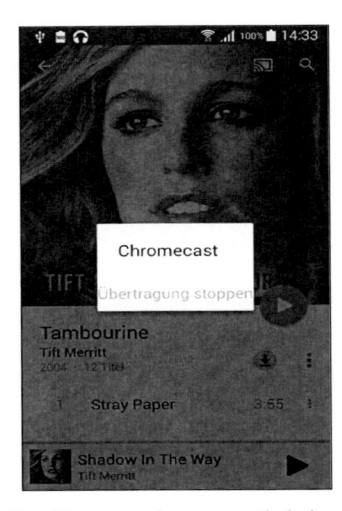

In allen Chromecast-unterstützenden Anwendungen ist die Bedienung immer gleich:

❶ Betätigen Sie 🔲, damit Chromecast startet.

❷ Wählen Sie Ihren Stick im Popup aus.

❸ Zum Beenden der Chromecast-Verbindung gehen Sie auf 🔲 und wählen *Übertragung stoppen* im Popup.

Für die Lautstärkeregelung verwenden Sie die Lautstärketasten auf der linken oder rechten Seite Ihres Handys.

## 35.4.7.b Play Musik

Die Play Musik-Anwendung erlaubt es leider nicht, direkt auf dem Gerät vorhandene Musikdateien abzuspielen (das Programm meldet dann »*Wiedergabe des Titels nicht möglich. Per Sideload übertragene Titel können nicht per Remote-Zugriff abgespielt werden*«).

Keine Probleme macht dagegen die Wiedergabe von Titeln, die Sie entweder im Google Play Store erworben oder in Ihr Google-Konto hochgeladen haben. Wie Letzteres funktioniert erfahren Sie im Kapitel *8.1 Musik hochladen*.

> Unter »Sideload« versteht man im Computerbereich meistens das Kopieren von Dateien vom PC auf das Mobilgerät. Das Gegenteil davon sind Dateien, die auf Internet-Server gespeichert sind, also die sich in der »Cloud« (= dt. ungefähr »Datenwolke«) befinden.

# Chromecast

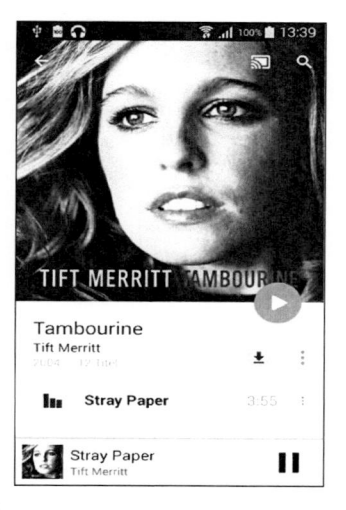

❶ Rufen Sie *Play Musik* auf.

❷ Titel, die Sie nun auf dem Handy abspielen, gibt der Fernseher nach Aktivierung von Chromecast (siehe vorheriges Kapitel) aus.

> Während der Wiedergabe können Sie mit der ⬜-Taste unterhalb des Displays zum Startbildschirm zurückkehren, während die Songs weiter abgespielt werden.

## 35.4.8 Die Chromecast-Anwendung auf Android

Einige nützliche Funktionen finden Sie in der Chromecast-Anwendung, die Sie bei der Ersteinrichtung (siehe Kapitel *35.4.7 Chromecast auf dem Android-Handy und Tablet*) auf dem Handy installiert hatten. Sollten Sie diese noch nicht genutzt haben, müssen Sie sie im Google Play Store auf Ihrem Gerät installieren.

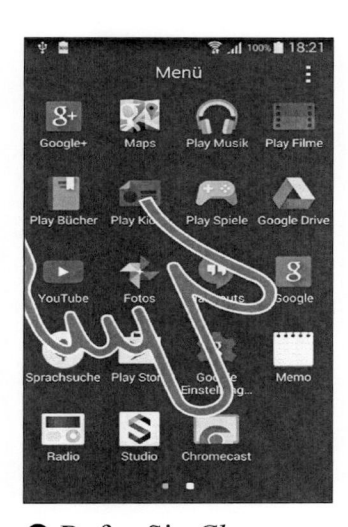

❶ Rufen Sie *Chromecast* aus dem Hauptmenü auf.

❷ Beim ersten Start wird Sie das Programm fragen, ob Sie eigene Bilder als Hintergrund festlegen möchten, was Sie mit *Nein danke* erst einmal ablehnen. Zu dieser Funktion kommen wir später noch.

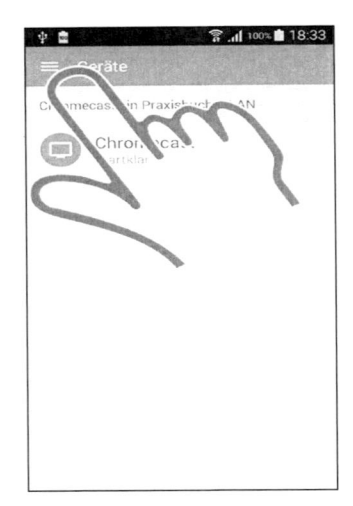

❶❷ Alle Funktionen finden Sie im Ausklappmenü, für das Sie ≡ (Pfeil) antippen:

- *Geräte*: Die verfügbaren Chromecast-Sticks anzeigen.
- *Apps entdecken*: Öffnet den Google Play Store und listet die dort verfügbaren Chromecast-Anwendungen auf. Siehe auch Kapitel *24 Programmverwaltung (Android)*.
- *Bildschirm übertragen*: Anzeige Ihres Handys auf dem TV spiegeln.
- *Bilderrahmen*: Eigene Hintergrundbilder auf dem Chromecast-Stick einrichten.
- *Weitere Informationen*: Online-Hilfe zu Chromecast.

### 35.4.8.a Bildschirm übertragen

Wir hatten bereits eine gewichtige Einschränkung von Chromecast beschrieben, denn es wird nur von einigen wenigen Programmen unterstützt. Aus diesem Grund unterstützt die Chromecast-Anwendung die Funktion »Bildschirm übertragen«, welche den gerade angezeigten Bildschirm auf dem TV spiegelt.

Diese Funktion hat allerdings einige Nachteile, die wir nicht verschweigen möchten:

- Die TV-Darstellung orientiert sich an der Handy-Bildschirmdarstellung, das heißt, mit einem hochwertigen Handy (das ein hochaufgelöstes Display besitzt) erhalten Sie eine bessere Anzeige.
- In langsamen WLANs kann es zu Verbindungsproblemen kommen, denn das Handy überträgt den Bildschirminhalt über WLAN an den Chromecast-Stick. Je nach Anwendungsfall lädt aber das Handy auch gleichzeitig Inhalte aus dem Internet und belegt damit WLAN-Bandbreite.
- Das Handy überträgt permanent Daten über das WLAN, was die Akkulaufzeit stark reduziert.

# Chromecast

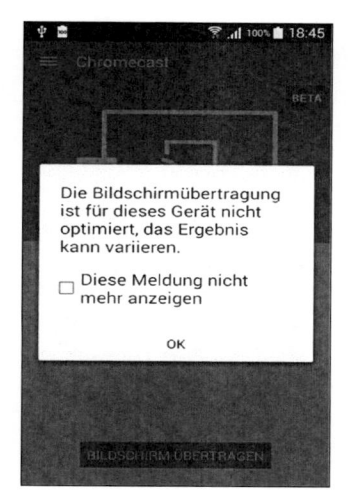

❶ Rufen Sie *Bildschirm übertragen* auf.

❷ Eventuell erscheint ein Hinweis, den Sie mit *OK* schließen.

❸ Betätigen Sie *BILDSCHIRM ÜBERTRAGEN*.

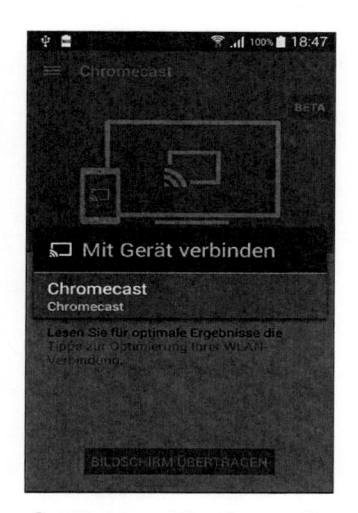

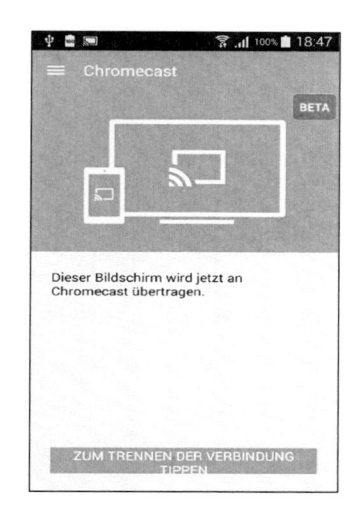

❶ Wählen Sie Ihren Chromecast-Stick aus.

❷ Verlassen Sie die Chromecast-Anwendung mit der ⬜- oder ↶-Taste unterhalb des Handy-Displays. Zum Beenden der Übertragung rufen Sie sie erneut auf und gehen auf *ZUM TRENNEN DER VERBINDUNG TIPPEN*.

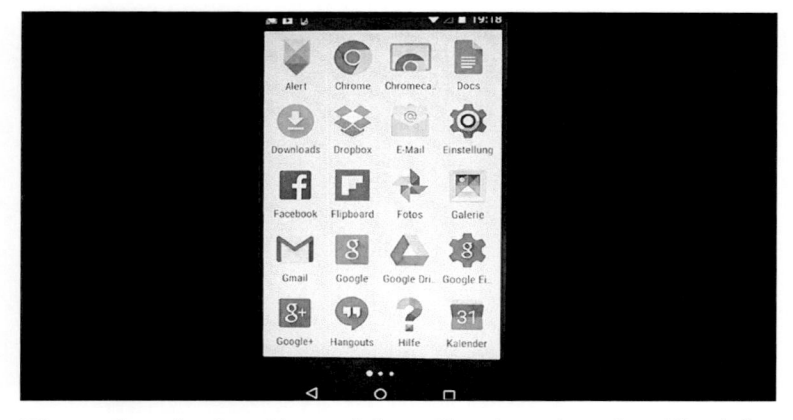

Tipp: Standardmäßig erfolgt die Anzeige im Hochformat. Um den ganzen TV-Bildschirm auszunutzen, drehen Sie einfach Ihr Handy um 90 Grad.

Eventuell schaltet das Handy nicht auf das Querformat um, wenn Sie es um 90 Grad gedreht halten. Dies liegt daran, dass einige Anwendungen und Funktionen wie der Startbildschirm und das Hauptmenü nur im Hochformat verfügbar sind, während die meisten Anwendungen das Querformat unterstützen. Eventuell müssen Sie auch erst die Funktion *Automatisch drehen* bei Ihrem Handy aktivieren.

### 35.4.8.b Bilderrahmen

Damit der Fernsehbildschirm nicht leer bleibt, wenn Sie Chromecast gerade nicht nutzen, werden nacheinander Bilder eingeblendet, die der Chromecast-Stick aus dem Internet nachlädt. Bei Bedarf laden Sie eigene Bilder von Ihrem Handy in den Stick hoch, die er dann exklusiv oder zusätzlich anzeigt.

Wichtig: Damit Sie nicht den Überblick verlieren, sollten Sie die Bilderrahmen-Einstellungen immer nur von einem Gerät aus vornehmen – Sie verlieren sonst den Überblick, woher die Bildereinblendungen kommen.

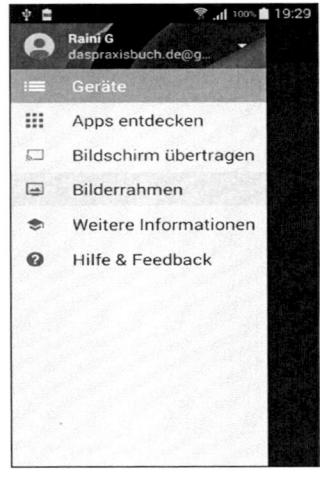

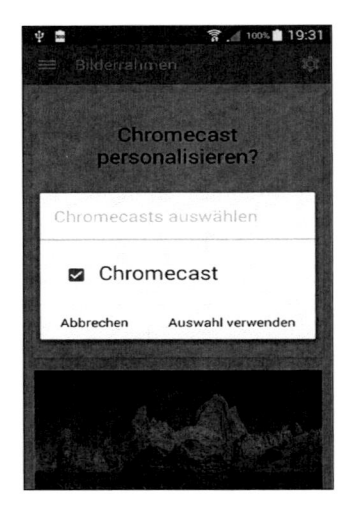

❶ Rufen Sie im Ausklappmenü *Bilderrahmen* auf.

❷❸ Gehen Sie auf *Ja* und wählen Sie den Chromecast-Stick aus. Schließen Sie den Vorgang mit *Auswahl verwenden* ab.

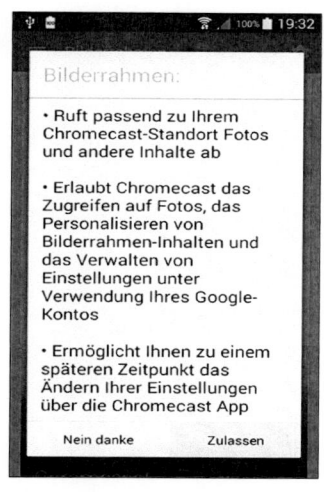

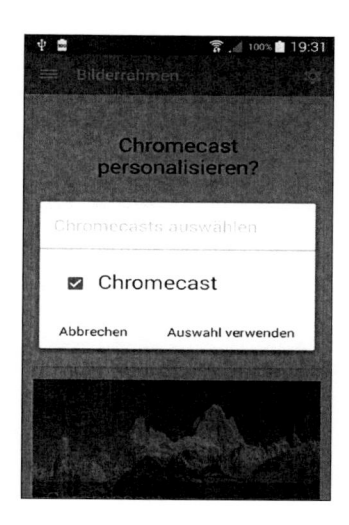

❶ Rufen Sie *Zulassen* auf.

❷ Das Menü:

- *Meine Fotos*: Wählen Sie mit der Gerätekamera erstellte Fotos aus, die Chromecast anzeigen soll.
- *Wetter*: Zeigt das aktuelle Wetter für Ihre Region an.
- *Kunst*: Kunstwerke aus verschiedenen Quellen.
- *Satellitenbilder*: Satellitenfotos von Google beziehungsweise der Nasa.
- *Empfohlene Fotos*: Nicht von Google dokumentiert. Sollte deshalb aktiviert bleiben.
- *Für Bilderrahmen genutzte Geräte*: Die Bilderrahmen-Einstellungen dürfen von mehreren Geräten aus verändert werden. Der Chromecast-Stick mischt die auf den verschiedenen Geräten konfigurierten Bilder. Im *Für Bilderrahmen genutzte Geräte*-Menü stellen Sie ein, welche Geräte die Bilderrahmen verändern. Damit Sie nicht den Überblick verlieren, sollten Sie auf jeden Fall die Einstellungen immer nur von einem Gerät aus vornehmen.

Der Chromecast-Stick rotiert nacheinander Fotos aus den verschiedenen Bildquellen. Sie haben weder Einfluss auf die Anzeigedauer noch auf die Anzeigereihenfolge.

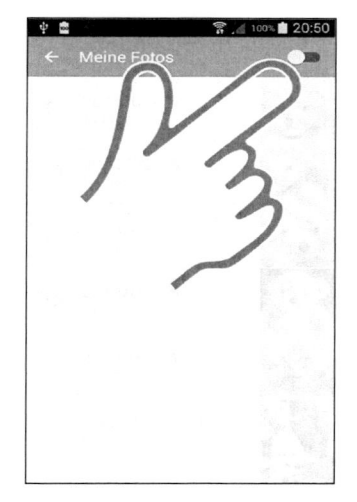

❶❷ So richten Sie Ihre eigenen Fotos ein: Rufen Sie *Meine Fotos* auf und aktivieren Sie den Schalter oben rechts (Pfeil).

❸ Aktivieren Sie die Abhakkästchen bei den abzuspielenden Fotos und verlassen Sie den Bildschirm über die ←-Schaltleiste oben links beziehungsweise die ⤺-Taste unterhalb des Displays.

> Möchten Sie nur Ihre eigenen Fotos und nicht die Satelliten- und Kunstbilder zu Gesicht bekommen, dann deaktivieren Sie deren Anzeige einfach in den Menüs *Kunst* und *Satellitenbilder*.

❶ Zur Einstellungsänderung rufen Sie erneut *Bilderrahmen auf*

❷❸ Tippen Sie dann das Zahnrad oben rechts (Pfeil) an.

❶❷ Im *Bilderrahmen*-Menü erhalten Sie mit MEHR ÜBER DIESES KUNSTWERK beziehungsweise PROFIL ANSEHEN zusätzliche Infos zum Kunstwerk oder Foto. Die Fotos stammen von Nutzern des sozialen Netzwerks Google+ (siehe Kapitel xxx), die diese für Google freigegeben haben.

## 35.4.9 Weitere Chromecast-Anwendungen

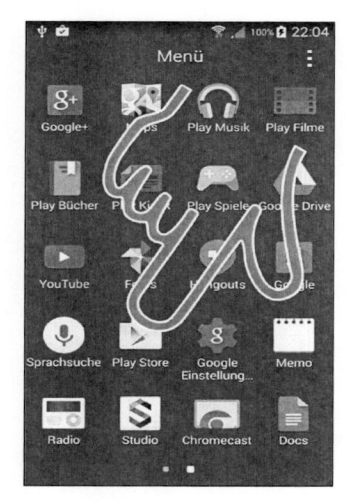

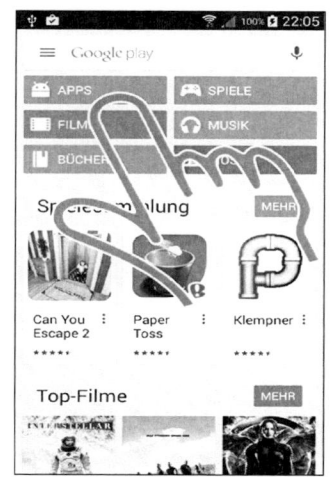

❶ Rufen Sie den *Play Store* auf.

❷ Gehen Sie auf *APPS* (Pfeil).

❸ Wischen Sie einmal von links nach rechts.

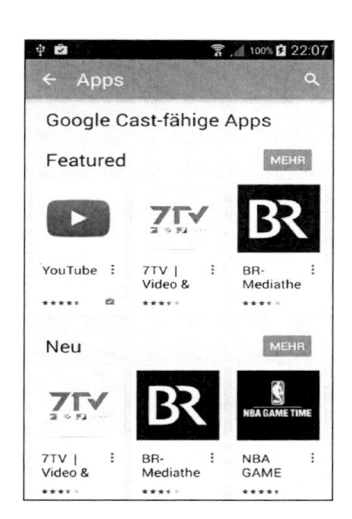

❶❷ Die Chromecast-unterstützenden Programme finden Sie unter *GOOGLE CAST*.

## 35.5 PC über Chromecast fernsteuern

Standardmäßig können Sie vom PC aus nur den Fensterinhalt Ihres Chrome-Browsers an einen TV übertragen. Ein kleiner Trick erlaubt aber auch eine Übertragung des kompletten Bildschirms, wobei Sie ein Android-Handy oder Tablet benötigen. Nebenbei steuern Sie so den kompletten PC von Ihrem Android-Gerät fern.

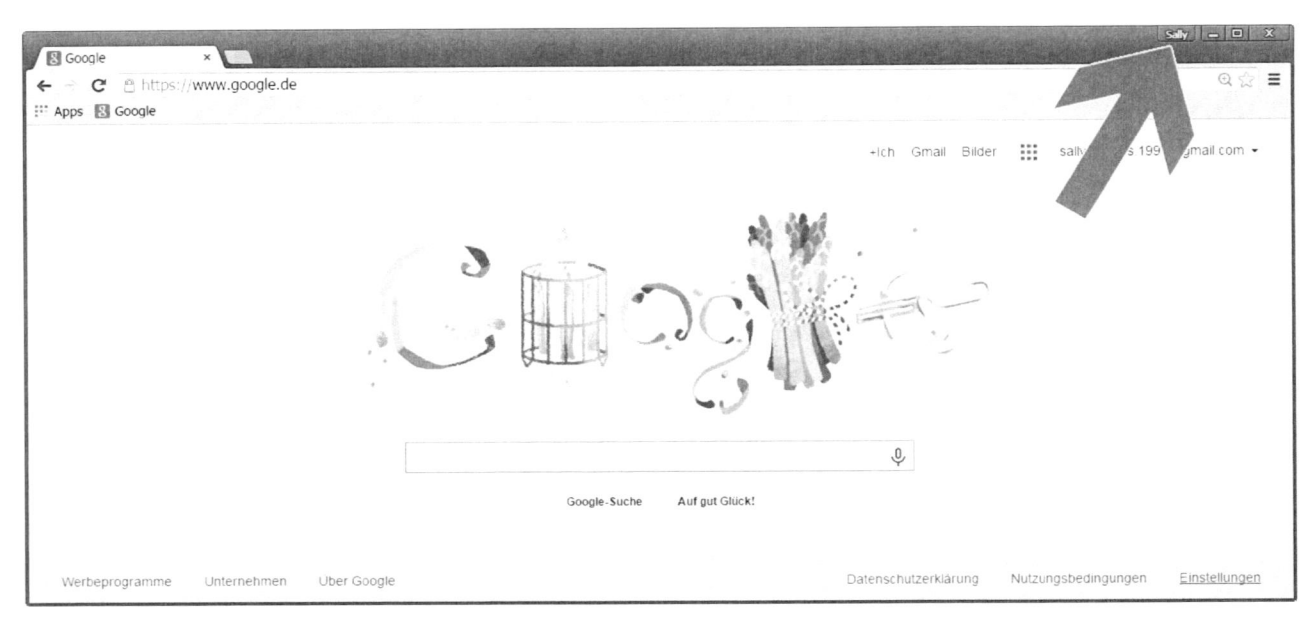

Bevor wir loslegen: Prüfen Sie in Ihrem Chrome-Browser zunächst mit einem Klick auf die Schaltleiste oben rechts (Pfeil), ob Sie bei Ihrem Google-Konto angemeldet sind. Dies muss das gleiche sein, welches Sie auch auf Ihrem Android-Gerät nutzen, über das später die Fernsteuerung erfolgt.

## 35.5.1 Einrichtung auf dem PC

Suchen und installieren Sie im Web Store (siehe Kapitel *7 Programmverwaltung*) die Erweiterung *Chrome Remote Desktop*.

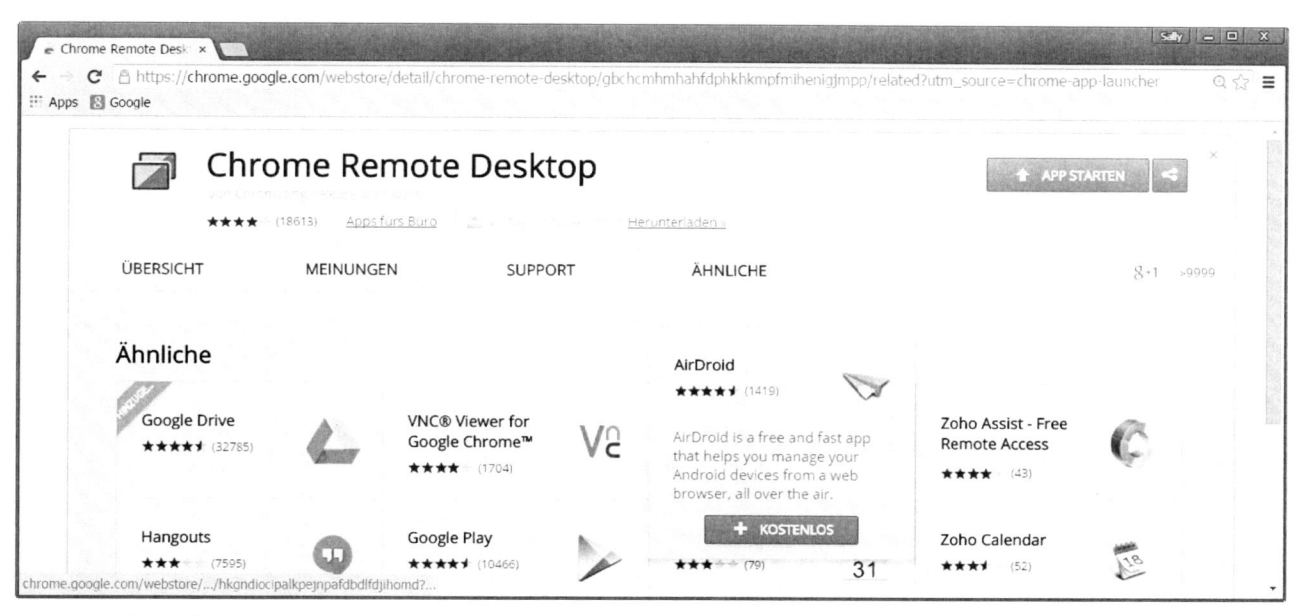

Gehen Sie auf *APP STARTEN*.

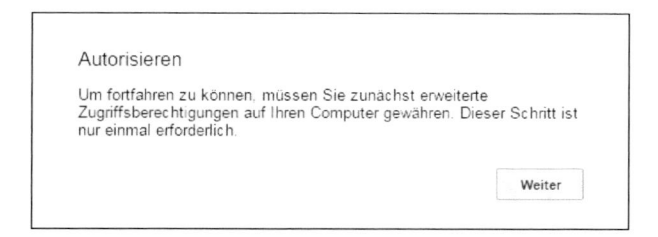

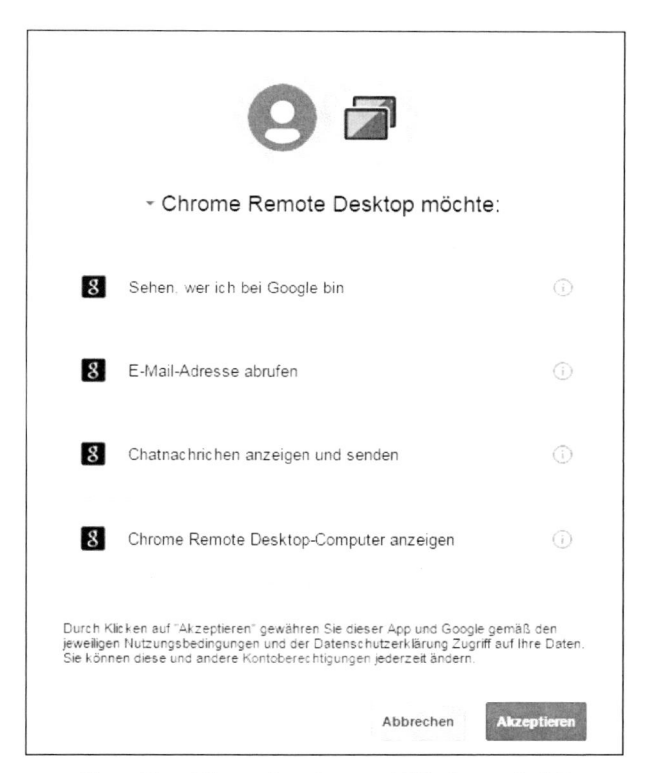

❶ Es ist zunächst eine einmalige Einrichtung notwendig, die Sie mit einem Klick auf *Weiter* starten.

❷ Betätigen Sie *Akzeptieren*.

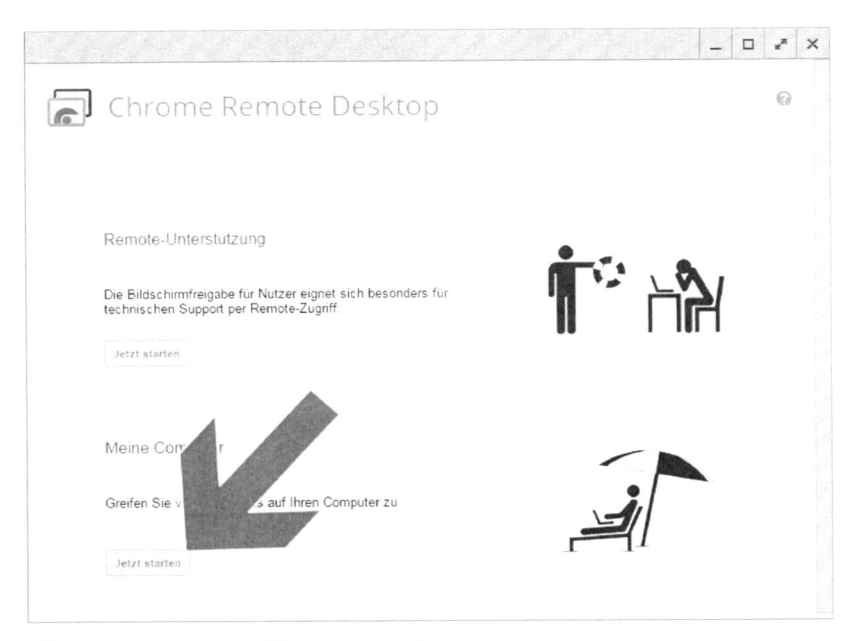

Sie haben nun die Wahl zwischen:

- *Remote-Unterstützung*: Wenn Sie nur zeitlich begrenzt jemand anderem den Zugriff auf Ihren Rechner gestatten möchten, beispielsweise zur Lösung von Computerproblemen. Google zeigt dann einen Code an, der von einem anderen Rechner eingegebenen werden muss.
- *Meine Computer*: Gibt den PC permanent für alle Geräte frei, die das gleiche Google-Konto nutzen. Auch hier ist der Zugriff durch eine PIN vor fremden Zugriff geschützt.

In unserem Beispiel klicken wir auf *Jetzt starten* (Pfeil) unter *Mein Computer*.

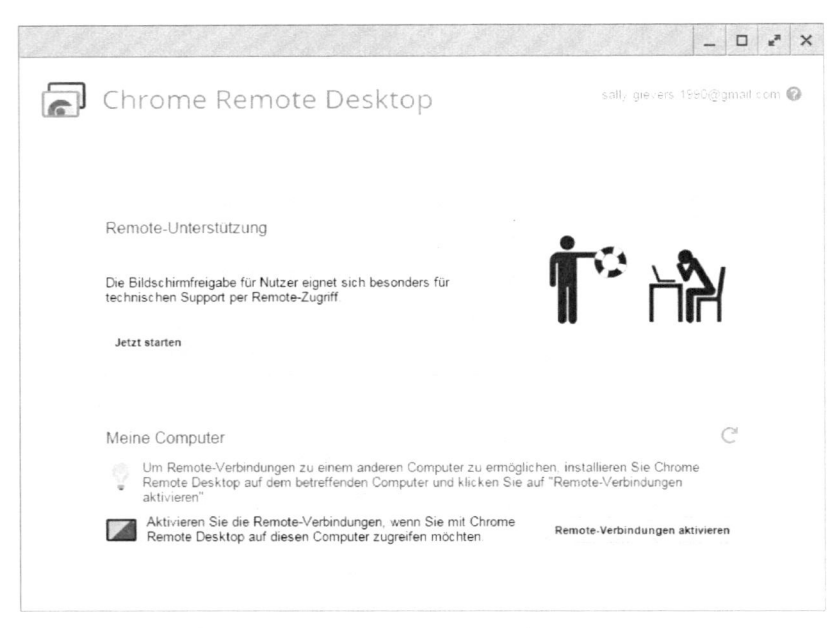

Gehen Sie auf *Remote-Verbindungen aktivieren*.

Sie erhalten einen Hinweis. Warten Sie einen Augenblick...

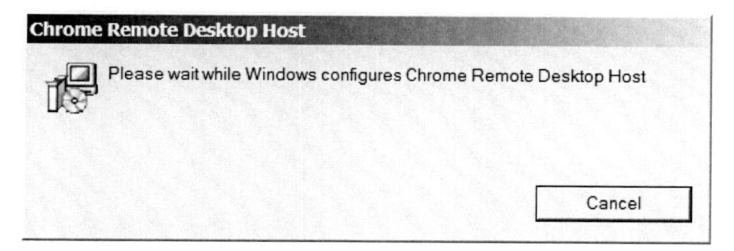

… es wird ein Programm heruntergeladen, das Sie starten.

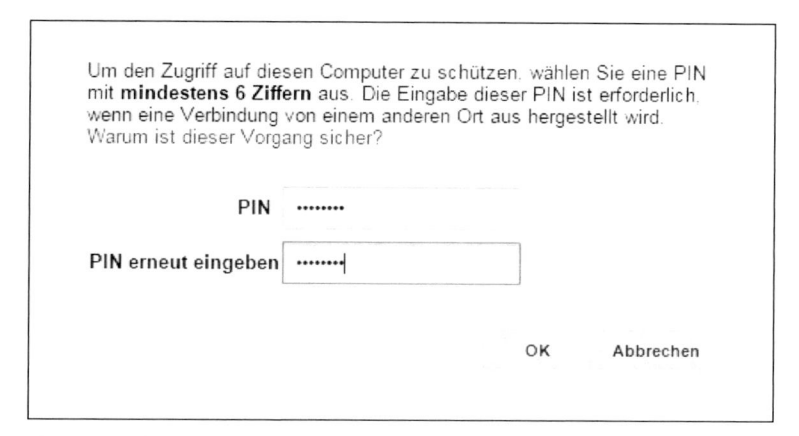

Geben Sie die PIN ein und schließen Sie den Dialog mit *OK*.

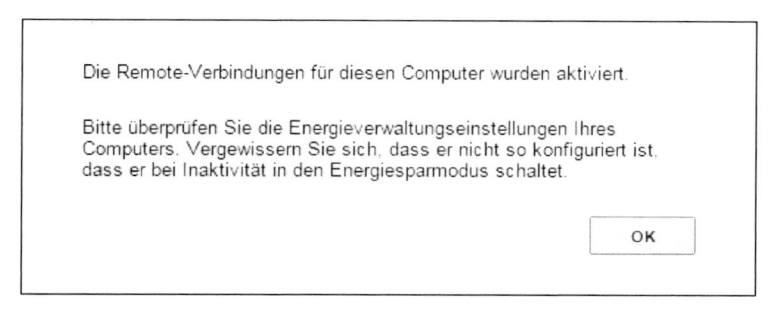

Der Warnhinweis macht Sie auf einen wichtigen Aspekt aufmerksam: Viele PCs und Notebooks schalten sich nach einer gewissen Zeitspanne ab und lassen sich dann natürlich nicht mehr über Chromecast fernsteuern. Passen Sie deshalb gegebenenfalls die automatische Abschaltungszeit in den *Energieoptionen* der *Systemsteuerung* Ihres PCs an.

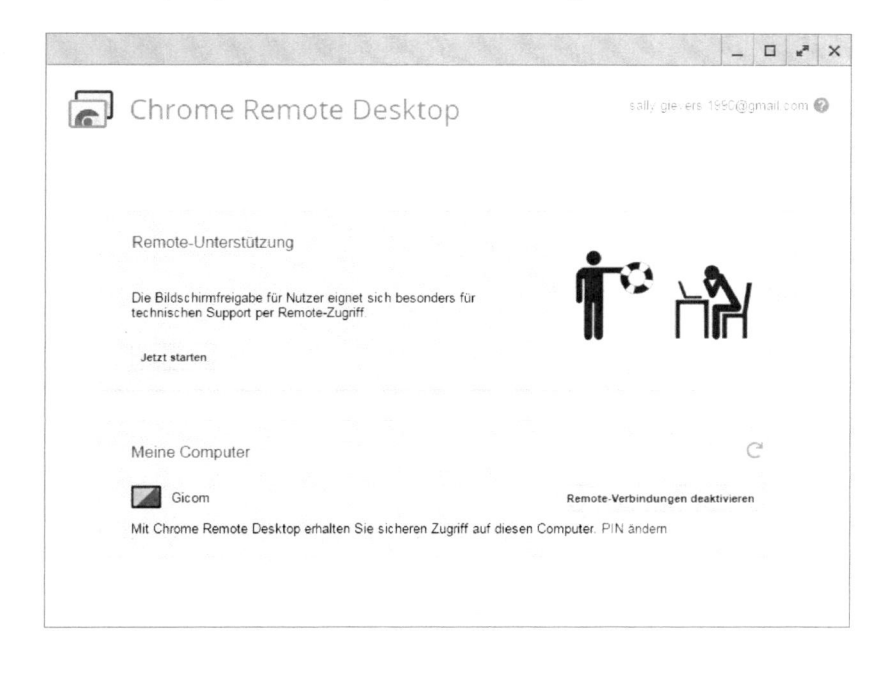

Dieses Fenster können Sie nun schließen, denn die Fernsteuerung läuft im Hintergrund weiter. Ein Klick auf *Remote-Verbindungen deaktivieren* (Pfeil) beendet im übrigens die Fernsteuerungsfunktion.

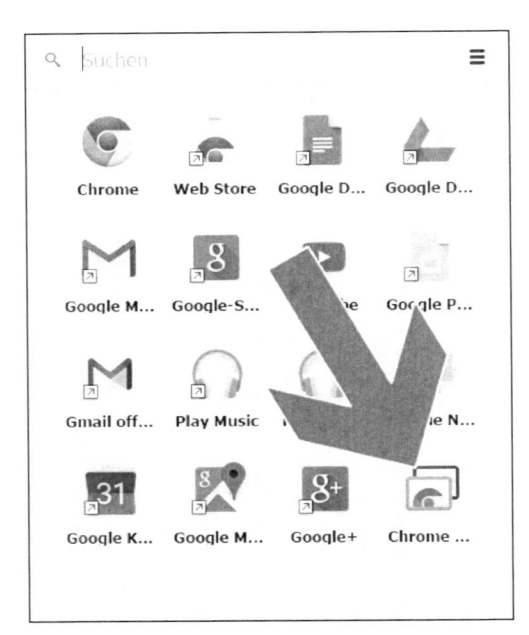

Die Remote Desktop-Konfiguration rufen Sie bei Bedarf im Apps-Menü oder im Chrome App launcher (siehe Kapitel *7.5 Der Chrome App Launcher*) unter *Chrome Remote Desktop* auf.

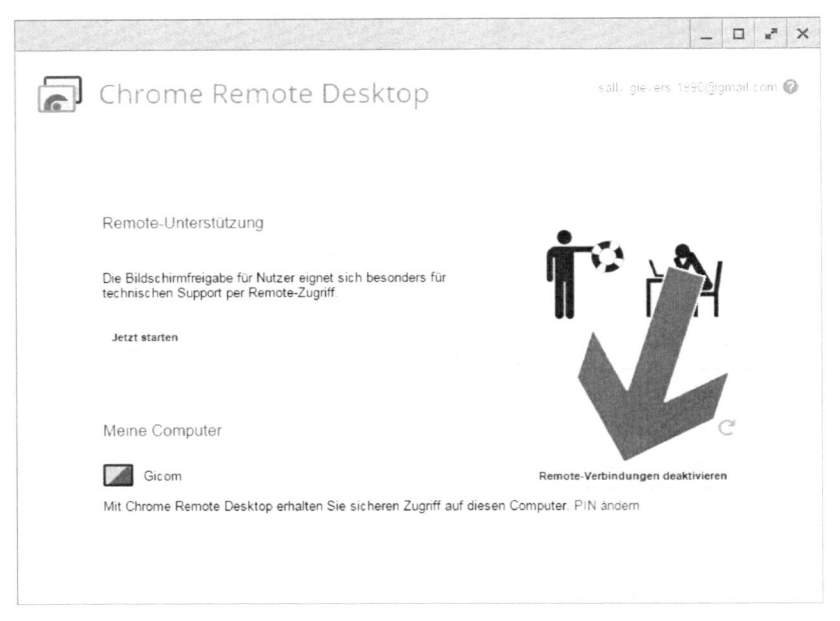

Ein Klick auf *Remote-Verbindungen deaktivieren* (Pfeil) beendet die Fernsteuerungsfunktion, wenn Sie sie nicht mehr benötigen.

### 35.5.2 Einrichtung auf dem Android-Gerät

Jetzt müssen Sie noch auf Ihrem Android-Handy oder Tablet ein Programm installieren und ausführen.

Hier nochmals der Hinweis: Damit die Fernsteuerung funktioniert, müssen Sie sowohl in Ihrem Chrome-Browser auf dem PC als auch auf dem Android-Gerät beim gleichen Google-Konto angemeldet sein!

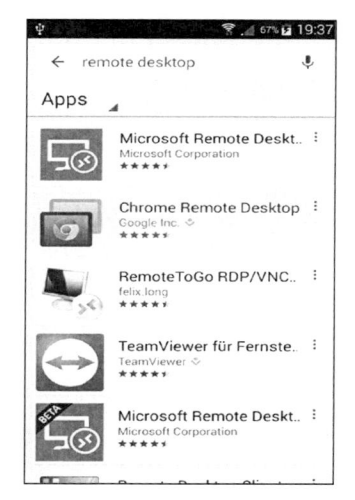

❶ Rufen Sie den *Google Play Store* auf (Pfeil).

❷❸ Suchen Sie darin nach *Chrome Remote Desktop* und installieren Sie es.

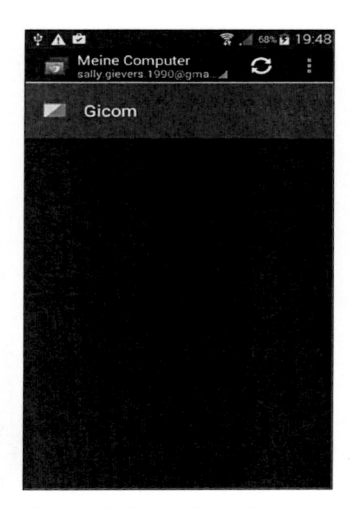

❶ Starten Sie den *Remote Desktop*, beispielsweise aus dem Hauptmenü.

❷ Wählen Sie Ihren PC aus. Falls Sie ihn hier nicht finden, sollten Sie überprüfen, ob Sie im Chrome-Browser und auf dem Handy mit dem gleichen Google-Konto angemeldet sind.

❸ Geben Sie die zuvor festgelegte PIN ein und schließen Sie mit *OK* ab.

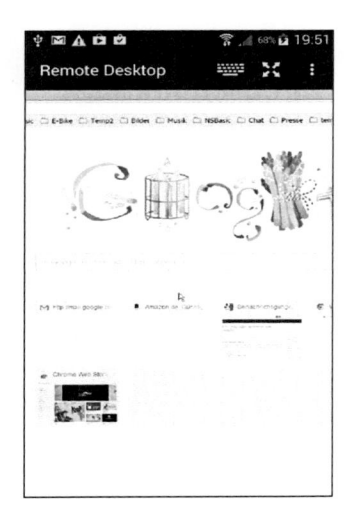

Sie haben nun vollen Zugriff auf Ihren PC! Ein Popup weist am PC auf die aktive Fernsteuerung hin, sodass niemand unbemerkt darauf zugreifen kann. Hierüber lässt sich auch der Zugriff beenden.

# 36. Stichwortverzeichnis

alt gr-Taste 16
alt-Taste 16
Anwendungsmanager 316f.
Apps-Menü 15
Ausklappmenü 249
Autonavigation 360
Bedienelemente 244
Benachrichtigungsfeld 247
Chrome App Launcher 106
Chrome-Apps 98
Chrome-Browser 33
Chrome-Designs 98
Chrome-Erweiterungen 98
Chrome-Webbrowser 261
ctrl-Taste 16
Dateien herunterladen 43, 267
Displaysperre 244
Drive 136, 344
DRM 388
Ebooks 229, 385
Einstellungen 247
enter-Taste 16
esc-Taste 16
Facebook 196
Fotos 14, 203, 374
Gastmodus 53
Gerätesperre 244
Gmail 55, 273
Google Docs 147
Google Drive 14, 136
Google Fotos 203, 374
Google Hangouts 217
Google Kalender 152
Google Kontakte 171
Google Local 193, 366
Google Maps 183, 351
Google Notizen 132, 341
Google Now 395
Google Office 147
Google Play Bücher 385
Google Play Music 109, 328
Google Play Store 305
Google Präsentationen 14, 147
Google Tabellen 14, 147
Google-Konto 26, 250

Google-Suche 17
Google+ 196, 369
GPS 354
Gruppen (Kontakte) 178
Hangouts 217
Hauptmenü 246
Hochstelltaste 16
In-App-Käufe 315
Internet Explorer 19
Kalender 152
Kontakte 171
Kontakterfassung 172
Kontaktfoto 176
Mozilla Firefox 18
MS Office 147
Musikflatrate 130
Notizbuch 132, 341
Notizen 341
Play Filme 390
Play Store 305
Playlists 123, 332
Routenplaner 360
SafeSearch 25
shift-Taste 16
Sideload 412
Softwarekauf 312
Sortierter Eingang 79, 289
Spielfilme 226
Startbildschirm 244, 245
Startseite 244
Street View 188, 358
Street View 359
strg-Taste 16
Systemsteuerung 247
Telefonbuch 171
Titelleiste 247
Videos 14, 203
Virenscanner 327
Warteschlange 332
Web Store 97
Web-Apps 98
Wichtig-Label 79, 289
Wiedergabeliste 332
Youtube 232, 393
Zurück-Taste 244

# 37. Weitere Bücher des Autors

Vom Technik-Journalisten Rainer Gievers sind zahlreiche Bücher zum Thema Mobile Computing erschienen. Eine Inhaltsübersicht und Bestellmöglichkeiten finden Sie auf unserer Website *www.das-praxisbuch.de*. Sie können die Bücher über die jeweilige ISBN auch direkt bei Ihrem lokalen Buchhändler bestellen.

Auszug der lieferbaren Bücher (vollständige Liste auf *www.praxisbuch.de*):

- Das Praxisbuch Sony Xperia Z3 Compact
  ISBN 978-3-945680-06-3

- Das Praxisbuch Sony Xperia Z1 Compact
  ISBN: 978-3-945680-01-8

- Das Praxisbuch E-Mail für Senioren
  ISBN: 978-3-938036-93-8

- Das Praxisbuch Chromebook
  ISBN: 978-3-945680-04-9

- Das Praxisbuch Samsung Galaxy A3 & A5
  ISBN: 978-3-945680-08-7

- Das Praxisbuch Samsung Galaxy S3 Neo
  ISBN: 978-3-938036-91-4

- Das Praxisbuch Samsung Galaxy S3
  ISBN 978-3-938036-56-3

- Das Praxisbuch Samsung Galaxy Tab 4
  ISBN: 978-9-38036-89-1

- Das Praxisbuch Samsung Galaxy Tab 3 (zweiteilige Buchreihe)
  Teil 1: ISBN 978-9-38036-71-6
  Teil 2: ISBN 978-9-38036-62-3

- Das Praxisbuch Samsung Galaxy S5 (zweiteilige Buchreihe)
  Teil 1: ISBN 978-9-38036-85-3
  Teil 2: ISBN 978-9-38036-86-0

- Das Praxisbuch Samsung Galaxy S4 (zweiteilige Buchreihe)
  Teil 1: ISBN 978-9-38036-63-1
  Teil 2: ISBN 978-9-38036-64-8

- Das Praxisbuch Samsung Galaxy S5 Mini
  ISBN: 978-3-938036-95-2

- Das Praxisbuch Samsung Galaxy S4 Mini
  ISBN 978-9-38036-66-2

- Das Praxisbuch Samsung Galaxy S3 Mini
  ISBN 978-9-38036-62-4

- Das Praxisbuch Samsung Galaxy Tab S
  ISBN: 978-3-938036-97-6

- Das Praxisbuch Samsung Galaxy Tab Pro (zweiteilige Buchreihe)
  Teil 1: ISBN 978-9-38036-81-5
  Teil 2: ISBN 978-9-38036-82-2

- Das Praxisbuch Motorola Moto G
  ISBN 978-3-938036-79-2